CB074973

MERCADO DE CAPITAIS

O GEN | Grupo Editorial Nacional – maior plataforma editorial brasileira no segmento científico, técnico e profissional – publica conteúdos nas áreas de ciências sociais aplicadas, exatas, humanas, jurídicas e da saúde, além de prover serviços direcionados à educação continuada e à preparação para concursos.

As editoras que integram o GEN, das mais respeitadas no mercado editorial, construíram catálogos inigualáveis, com obras decisivas para a formação acadêmica e o aperfeiçoamento de várias gerações de profissionais e estudantes, tendo se tornado sinônimo de qualidade e seriedade.

A missão do GEN e dos núcleos de conteúdo que o compõem é prover a melhor informação científica e distribuí-la de maneira flexível e conveniente, a preços justos, gerando benefícios e servindo a autores, docentes, livreiros, funcionários, colaboradores e acionistas.

Nosso comportamento ético incondicional e nossa responsabilidade social e ambiental são reforçados pela natureza educacional de nossa atividade e dão sustentabilidade ao crescimento contínuo e à rentabilidade do grupo.

JULIANO PINHEIRO

MERCADO DE CAPITAIS

+ Exemplos Práticos
+ Questões para Consolidação
+ Testes de Verificação
+ Com capítulo dedicado à B3 e seus novos segmentos de atuação

9ª Edição

gen | atlas

- O autor deste livro e a editora empenharam seus melhores esforços para assegurar que as informações e os procedimentos apresentados no texto estejam em acordo com os padrões aceitos à época da publicação, *e todos os dados foram atualizados pelo autor até a data de fechamento do livro.* Entretanto, tendo em conta a evolução das ciências, as atualizações legislativas, as mudanças regulamentares governamentais e o constante fluxo de novas informações sobre os temas que constam do livro, recomendamos enfaticamente que os leitores consultem sempre outras fontes fidedignas, de modo a se certificarem de que as informações contidas no texto estão corretas e de que não houve alterações nas recomendações ou na legislação regulamentadora.

- O autor e a editora se empenharam para citar adequadamente e dar o devido crédito a todos os detentores de direitos autorais de qualquer material utilizado neste livro, dispondo-se a possíveis acertos posteriores caso, inadvertida e involuntariamente, a identificação de algum deles tenha sido omitida.

- **Atendimento ao cliente: (11) 5080-0751 | faleconosco@grupogen.com.br**

- Direitos exclusivos para a língua portuguesa
  Copyright © 2019, 2021 (2ª impressão) by
  Editora Atlas Ltda.
  Uma editora integrante do GEN | Grupo Editorial Nacional
  Travessa do Ouvidor, 11
  Rio de Janeiro – RJ – 20040-040
  www.grupogen.com.br

  Reservados todos os direitos. É proibida a duplicação ou reprodução deste volume, no todo ou em parte, em quaisquer formas ou por quaisquer meios (eletrônico, mecânico, gravação, fotocópia, distribuição pela Internet ou outros), sem permissão, por escrito, da Editora Atlas Ltda.

- Capa: OFÁ DESIGN :: MANU
- Imagem de capa: monsitj | iStockphoto
- Editoração eletrônica: LBA Design
- Ficha catalográfica

CIP - BRASIL. CATALOGAÇÃO NA FONTE.
SINDICATO NACIONAL DOS EDITORES DE LIVROS, RJ.

P72m
9. ed.

Pinheiro, Juliano Lima
  Mercado de capitais / Juliano Lima Pinheiro. – 9. ed. – [2ª Reimpr.]. São Paulo: Atlas, 2021.

  ISBN 978-85-97-02143-1

  1. Mercado financeiro. 2. Mercado de capitais. 3. Bolsa de valores. I. Título.

19-56497 CDD: 332.6
CDU: 336.76

Vanessa Mafra Xavier Salgado – Bibliotecária – CRB-7/6644

Sumário

Prefácio, xiii

PARTE I – AMBIENTE FINANCEIRO, 1

1 **Origem da Moeda e Intermediação Financeira, 3**
    1.1   Atividade econômica, 4
    1.2   Primeiro estágio: economia de escambo, 10
    1.3   Segundo estágio: introdução da moeda, 11
           1.3.1   Histórico e evolução da moeda, 14
           1.3.2   O lastro da moeda, 17
           1.3.3   Oferta de moeda, 17
           1.3.4   Demanda por moeda, 23
    1.4   Terceiro estágio: intermediação financeira, 23
Questões para consolidação, 32
Teste de verificação, 32

2 **Sistema Financeiro, 35**
    2.1   Conceitos e funções, 36
    2.2   Sistema financeiro internacional, 39
           2.2.1   Investidores internacionais, 46
           2.2.2   Centros financeiros globais, 47

2.3 Sistema financeiro brasileiro, 49
    2.3.1 Órgãos normativos, 54
    2.3.2 Entidades supervisoras, 57
    2.3.3 Instituições financeiras, 64
    2.3.4 Bancos múltiplos, 68
    2.3.5 Bancos públicos operadores de políticas governamentais, 69
    2.3.6 Sistema de Pagamento Brasileiro (SPB), 73
    2.3.7 Sistema Especial de Liquidação e Custódia (Selic), 75
    2.3.8 Central de Custódia e de Liquidação Financeira de Títulos (Cetip), 77

Questões para consolidação, 79

Teste de verificação, 80

3 Mercados Financeiros, 85

3.1 Mercados, 86
    3.1.1 Classificação, 88
    3.1.2 Participantes, 95

3.2 Ativos ou produtos, 96
    3.2.1 Classificação, 98
    3.2.2 Ativos de renda fixa, 99
    3.2.3 Ativos de renda variável, 100

3.3 Fundos de investimento, 101

3.4 Tendências, 108
    3.4.1 Desregulamentação, 108
    3.4.2 Desintermediação, 108
    3.4.3 Securitização ou titularização, 109
    3.4.4 Inovação financeira, 111
    3.4.5 Globalização, 113

Questões para consolidação, 115

Teste de verificação, 116

4 Crises Financeiras Internacionais, 119

4.1 Anatomia das crises financeiras internacionais, 120
    4.1.1 Crises financeiras na história do pensamento econômico, 121
    4.1.2 Breves revisões das grandes crises, 123

4.2 Crises da década de 1990, 126
    4.2.1 Crise japonesa (crise financeira e de subconsumo), 126
    4.2.2 Crise do México (crise cambial-financeira), 127
    4.2.3 Crise asiática, 129
    4.2.4 Crise russa, 132
    4.2.5 Comparação das crises, 135

4.3 Crises financeiras no Mercosul, 136

4.4 Crises financeiras dos anos 2000, 138
    4.4.1 Crise do *subprime*, 139
    4.4.2 Crise financeira europeia: crise das dívidas soberanas, 147

Questões para consolidação, 152

Teste de verificação, 153

PARTE II – MERCADO DE CAPITAIS, 155

5 Mercado de Capitais, 157
- 5.1 Mercado de capitais e a economia, 158
  - 5.1.1 Conceito e características, 158
  - 5.1.2 Financiamento de investimentos, 162
  - 5.1.3 Crescimento e desenvolvimento econômico, 165
- 5.2 Mercado de capitais brasileiro, 167
  - 5.2.1 Evolução, 167
  - 5.2.2 Características, 181
- 5.3 Participantes (*players*), 186
- 5.4 Investidores institucionais, 187

Questões para consolidação, 188
Teste de verificação, 188

6 Valores Mobiliários, 191
- 6.1 Valores mobiliários, 192
- 6.2 Ações, 192
  - 6.2.1 Direitos das ações, 193
  - 6.2.2 Espécies de ações, 197
  - 6.2.3 Forma de circulação das ações, 202
  - 6.2.4 Classes das ações, 204
  - 6.2.5 Valor de uma ação, 204
  - 6.2.6 Ganhos com ações, 206
  - 6.2.7 Eventos societários, 211
- 6.3 *Depositary receipts* (DR), 211
  - 6.3.1 ADR, 212
  - 6.3.2 BDR, 215
- 6.4 Debêntures, 217
  - 6.4.1 Como surgem as debêntures?, 217
  - 6.4.2 Características das debêntures, 217
  - 6.4.3 Informações sobre debêntures, 219
  - 6.4.4 Colocação de debêntures, 220
  - 6.4.5 Debêntures de infraestrutura/incentivadas – Lei nº 12.431/2011, 222
  - 6.4.6 Vantagens e desvantagens das debêntures, 223
- 6.5 *Commercial papers*, 223
  - 6.5.1 Histórico, 224

Questões para consolidação, 224
Teste de verificação, 225

7 Mercado de Capitais e as Empresas, 229
- 7.1 O acesso das empresas ao mercado de capitais, 230
- 7.2 A abertura de capital, 238
  - 7.2.1 Razões para a abertura de capital, 239
  - 7.2.2 Preparações preliminares, 244
  - 7.2.3 A transformação societária, 245
  - 7.2.4 O processo de abertura de capital, 248

7.3 *Underwriting*, 252
    7.3.1 Formas de *underwriting*, 252
    7.3.2 Tipos de *underwriting*, 252
    7.3.3 Etapas do processo de *underwriting*, 254
    7.3.4 Selecionando o *underwriter*, 255

7.4 Oferta pública de ações, 261
    7.4.1 Ofertas públicas de venda, 262
    7.4.2 Oferta pública de aquisição de ações (OPA), 263

7.5 *Initial Public Offering* (IPO), 266
    7.5.1 Vantagens e desvantagens do IPO, 266
    7.5.2 Papel dos principais atores do processo, 267
    7.5.3 Custos da oferta pública, 268
    7.5.4 Resumo das etapas de um IPO, 269

Questões para consolidação, 280
Teste de verificação, 281

PARTE III – BOLSAS DE VALORES, 287

8 A Bolsa de Valores no Mundo, 289

8.1 Bolsa de valores, 290
    8.1.1 Histórico, 290
    8.1.2 Definição e funções da bolsa, 293
    8.1.3 Circuito da negociação com ações, 296
    8.1.4 Tratamento das ordens, 299
    8.1.5 Pregão, 303
    8.1.6 Índices de ações, 306

8.2 A bolsa no mundo, 308
    8.2.1 Bolsa de New York, 310
    8.2.2 Nasdaq, 313
    8.2.3 Bolsa de Tóquio, 314
    8.2.4 Bolsa de Londres, 316
    8.2.5 Comparação, 318

8.3 Tendências para as bolsas de valores, 319
    8.3.1 Desmutualização das bolsas de valores, 319
    8.3.2 Consolidação das bolsas, 320

Questões para consolidação, 323
Teste de verificação, 323

9 B3 – Brasil, Bolsa, Balcão, 327

9.1 Consolidação das bolsas regionais, 328
9.2 Como surgiu a B3, 332
    9.2.1 O surgimento da Bovespa, 334
    9.2.2 O surgimento da BM&FBovespa, 337
    9.2.3 A fusão da BM&FBovespa com a Cetip, 342

9.3 Estrutura e dinâmica da B3, 345
    9.3.1 O que é a B3, 345
    9.3.2 O papel da B3, 346
    9.3.3 Empresas do Grupo B3, 347
    9.3.4 Produtos e serviços do Grupo B3, 349
    9.3.5 Mercados de atuação da B3, 349
    9.3.6 Mercados de bolsa e balcão da B3, 350

9.3.7 Governança corporativa e o Novo Mercado, 354
9.3.8 Índices, 363
9.3.9 *Exchange Traded Funds* (ETFs), 367
Questões para consolidação, 371
Teste de verificação, 371

10 Negociações com Ações na B3, 375

10.1 Introdução, 376
    10.1.1 Negociações, 376
    10.1.2 Mercados disponíveis no segmento bolsas da B3, 378
    10.1.3 Classificação das ações para investimento, 380

10.2 Operações na B3, 381
    10.2.1 Participantes, 381
    10.2.2 Acesso aos sistemas de negociação e processamento de operações, 386
    10.2.3 PUMA Trading System, 387
    10.2.4 A câmara de ações, 389
    10.2.5 O funcionamento do pregão e *after-market*, 390
    10.2.6 Leilões no pregão eletrônico, 395
    10.2.7 Liquidação das operações, 397
    10.2.8 Custódia das ações, 399

10.3 Formador de mercado, 401
10.4 Operação *day trade*, 403
10.5 Aluguel de ações – BTC, 404
10.6 Custos e tributação das operações, 407

Questões para consolidação, 411
Teste de verificação, 412

11 Negociações a Prazo com Ações na B3, 415

11.1 Introdução, 416
11.2 Mercado a termo, 418
    11.2.1 Preço a termo, 418
    11.2.2 Liquidação do contrato, 419
    11.2.3 Operações de caixa e financiamento, 420
    11.2.4 Termo flexível, 421
    11.2.5 Termo em dólar, 422
    11.2.6 Termo em pontos, 422

11.3 Mercado futuro, 423
    11.3.1 Preço teórico no mercado futuro, 424
    11.3.2 Posições em futuro, 425

11.4 Mercado de opções, 426
    11.4.1 Opções de compra e de venda, 430
    11.4.2 Operações básicas, 435
    11.4.3 Prêmio no mercado de opções, 435
    11.4.4 Preço de uma opção, 437
    11.4.5 Opções sobre o Índice Ibovespa e o IBX, 444
    11.4.6 Opções com preço de exercício em pontos de IGP-M e CDI, 444
    11.4.7 Opções referenciadas em dólar, 446

11.5 Comparação dos mercados, 447

Questões para consolidação, 449
Teste de verificação, 449

PARTE IV – ANÁLISE DE AÇÕES, 451

12 A Análise Fundamentalista de Ações, 453
- 12.1 Origem e evolução da análise fundamentalista, 454
- 12.2 Conceitos e definições da análise fundamentalista, 455
- 12.3 Eficiência do mercado, 459
- 12.4 Etapas do trabalho do analista fundamentalista, 460
- 12.5 Análises top *down* e *bottom up,* 462

Questões para consolidação, 464

Teste de verificação, 464

13 Análise Macroeconômica e Setorial, 467
- 13.1 Análise macroeconômica, 468
  - 13.1.1 Taxas de juros, 470
  - 13.1.2 Inflação, 472
  - 13.1.3 Taxa de câmbio, 473
  - 13.1.4 Crescimento econômico, 474
  - 13.1.5 Risco-país, 476
  - 13.1.6 Aplicação da análise macroeconômica, 477
- 13.2 Análise setorial, 478
  - 13.2.1 Ciclo de vida de um setor, 480
  - 13.2.2 Perspectivas estratégicas do setor, 481
  - 13.2.3 Setor e o crescimento econômico, 482

Questões para consolidação, 483

Teste de verificação, 483

14 Análise dos Fundamentos das Empresas, 485
- 14.1 Introdução, 486
- 14.2 Análise da situação financeira, 489
  - 14.2.1 Análise da liquidez, 490
  - 14.2.2 Análise da estrutura patrimonial, 492
  - 14.2.3 Análise do ciclo operacional, 498
- 14.3 Análise da situação econômica, 501
  - 14.3.1 Análise do comprometimento do lucro (cobertura), 501
  - 14.3.2 Análise do retorno, 503
  - 14.3.3 Índices para análise de desempenhos específicos, 509

Questões para consolidação, 511

Teste de verificação, 511

15 Valorização de Ações, 513
- 15.1 Conceitos e definições, 514
- 15.2 Modelos baseados no valor patrimonial, 515
  - 15.2.1 Valor contábil, 515
  - 15.2.2 Valor contábil ajustado, 516
- 15.3 Modelos baseados no desconto do fluxo de fundos, 516
  - 15.3.1 Método geral para desconto de fluxos, 518
  - 15.3.2 Desconto dos fluxos de caixa, 519
  - 15.3.3 Desconto de dividendos, 524

15.4 Modelos baseados em índices bursáteis (múltiplos), 529
    15.4.1 Valor dos lucros (P/L), 532
    15.4.2 Valor do fluxo de caixa (PCFR), 534
    15.4.3 Preço/valor patrimonial ajustado (P/VPA), 534
    15.4.4 Índice do EV/EBITDA, 536
    15.4.5 Índice P/R (Múltiplo de Receita), 538
    15.4.6 Valor dos Dividendos (DY), 539
    15.4.7 Índice de *Pay-out*, 540
    15.4.8 Síntese dos indicadores bursáteis, 541
    15.4.9 *Stock Guide*, 542

Questões para consolidação, 542

Teste de verificação, 543

16 Análise Técnica de Ações, 545
16.1 Conceitos e definições da análise técnica, 546
16.2 Herança dos clássicos, 547
    16.2.1 Teoria de Charles Dow, 547
    16.2.2 Teoria das ondas de Elliot, 552
16.3 Análise gráfica, 556
    16.3.1 Tipos de gráficos, 556
    16.3.2 Princípio das tendências na análise gráfica, 562
    16.3.3 Figuras gráficas, 566
16.4 Indicadores técnicos, 571
    16.4.1 Indicadores de tendência, 571
    16.4.2 Osciladores, 572
    16.4.3 Aplicação dos indicadores técnicos à análise de tendências, 574

Questões para consolidação, 575

Teste de verificação, 576

Respostas dos Testes de Verificação, 579

Bibliografia, 593

Prefácio

Para aqueles que desejam conhecer e compreender o mercado de capitais ou especificamente a bolsa de valores, investir neles seus recursos ou tornar-se um analista de bolsa, eis um livro que eu gostaria de ter encontrado quando, há mais de duas décadas, comecei a dar os primeiros passos como estudioso do tema.

As bolsas de valores e seu entorno constituem um mundo apaixonante, que descobri em meados dos anos 1980. Em agosto de 1984, quando comecei minha graduação em Administração, quase não havia manuais e textos disponíveis que preenchessem, de forma didática e específica, as lacunas do conhecimento na área de mercado de capitais. Já no final da década de 1980, quando me iniciei nas atividades docentes, pensei em elaborar algumas apostilas para subsidiar minhas turmas de Mercado Financeiro, as quais posteriormente evoluíram para os rascunhos do que em 2001 viria a ser a primeira edição deste livro.

O passo para o início desta publicação foi minha ida, em 1997, para a Espanha fazer mestrado em busca de conhecimento científico sobre o tema. Em 1999, de volta ao Brasil a fim de obter informações para subsidiar meu doutorado, visualizei, com incentivo de colegas e alunos, o momento oportuno para lançar a primeira edição. A princípio, a ideia pareceu-me prematura, pois quanto mais aprofundava os estudos sobre o tema, mais ideias para seu aprimoramento surgiam. Portanto, a decisão mais importante que tive de tomar foi sobre qual o momento ideal para interromper tais estudos e transformá--los em livro. Mas, como dizia um grande mestre da pintura, referindo-se às obras de arte:

"As obras não se terminam, se param em algum momento". Com um livro pode ocorrer o mesmo. Devemos encontrar momentos para apresentá-lo e com isso gerar oportunidades para críticas e contribuições dos leitores com o intuito de dar continuidade a seu amadurecimento.

Este livro pretende, partindo do zero, aproximar passo a passo o leitor do mercado de capitais. Como consequência, ele não exige nenhum conhecimento prévio sobre o tema. O que se pretende é conduzir o leitor desde o básico sobre o ambiente financeiro, passando pelas bolsas de valores, até as análises de ações.

Foram utilizados exemplos, com certa profundidade, a partir da segunda parte do livro, quando a novidade ou complexidade dos temas tratados assim o requeriam. Na primeira parte, no entanto, onde os aspectos descritivos foram priorizados, os exemplos se limitaram ao possível.

Com a 9ª edição, o livro completa 18 anos desde o lançamento de sua primeira edição, em 2001. Neste ínterim, o mundo e especificamente o Brasil passaram por rápidas mudanças, profundas e constantes no mercado financeiro. Os avanços na tecnologia da informação e na teoria de investimentos levaram à criação de novos tipos de títulos e estratégias de negociação. A grande crise de 2008 também contribuiu para uma redefinição da regulação dos mercados e consequentemente dos tipos de operações e sua negociação. O livro, acompanhando esse dinamismo, também evoluiu com o mercado de capitais.

No caso brasileiro, as recentes mudanças ocorridas em seu mercado de capitais trouxeram uma nova configuração e para a bolsa com o surgimento da B3, bolsa resultante da fusão da BM&fBovespa com a CETIP, bem como da utilização ou acesso ao mercado por parte das empresas. A 9ª edição de *Mercado de capitais* resultou da atualização e ampliação da edição anterior tendo em vista essas transformações, do aprofundamento em temas diretamente relacionados com a compreensão desse novo cenário e da eliminação de algumas passagens que não faziam mais sentido nesse novo contexto.

Quanto à atualização e ao aprofundamento dos conhecimentos, esta edição traz avanços significativos se comparada à anterior. Os avanços ocorreram em três linhas:

- Na Parte I: Ambiente Financeiro, o Capítulo 3: Mercados Financeiros foi atualizado com as novas normas de fundos de investimento e um pouco de história do seu surgimento no Brasil. O Capítulo 4: Crises Financeiras Internacionais foi atualizado e reestruturado, principalmente nos itens das crises mais recentes.
- Já na Parte II: Mercado de Capitais, o Capítulo 6: Valores Mobiliários foi ampliado, especificamente no item sobre debêntures. O Capítulo 7: Mercado de Capitais e as Empresas foi totalmente reescrito e atualizado, visando proporcionar um aprofundamento nas questões relativas à captação de recursos através do mercado de capitais, no processo de abertura de capital e IPO.
- Na Parte III: Bolsas de Valores, o Capítulo 9: A Bolsa de Valores no Brasil foi totalmente reescrito. Seu nome foi alterado para B3 – Brasil, Bolsa, Balcão em razão da nova bolsa resultante da fusão da BM&FBovespa com a CETIP. Nele foram incluídos temas relacionados ao surgimento da B3, bem como de sua nova estrutura e dinâmica operacional.

Juliano Lima Pinheiro
jlp@gold.com.br

Parte I

Ambiente Financeiro

Apresentação

Que papel desempenha o ambiente financeiro no mundo moderno? Qual é a resposta para os críticos que alegam que os mercados financeiros não são produtivos e são orientados por especuladores ociosos?

Não temos dúvida de que o estudo do ambiente financeiro tem dimensão própria. Temas como a eficiência das instituições, as motivações financeiras dos agentes econômicos, a organização dos mercados e o desenho e a comercialização de produtos financeiros são objetos de análises e vêm adquirindo nos últimos anos grande grau de avanço e especialização.

A Parte I, de caráter introdutório, busca oferecer uma visão integrada de diversos conceitos fundamentais para a compreensão do ambiente financeiro, com base em uma abordagem sistêmica. Essa abordagem refere-se a uma metodologia de estudo derivada da teoria de sistemas, que permite uma visão mais ampla a respeito de determinado objeto do que se considerado isoladamente, bem como sua delimitação de estudo em determinado contexto. Desse modo, o estudo de um objeto requer o entendimento de suas relações com o contexto (ambiente) no qual se insere, bem como das interações entre suas partes componentes (subsistemas).

Nesta parte, formada pelos Capítulos 1 a 4, são analisadas a estrutura e a dinâmica do ambiente financeiro com base no fluxo da intermediação financeira. O Capítulo 1 trata da origem da moeda e da intermediação financeira, caracterizando o produto a ser utilizado nas negociações e a atividade a ser desenvolvida no processo.

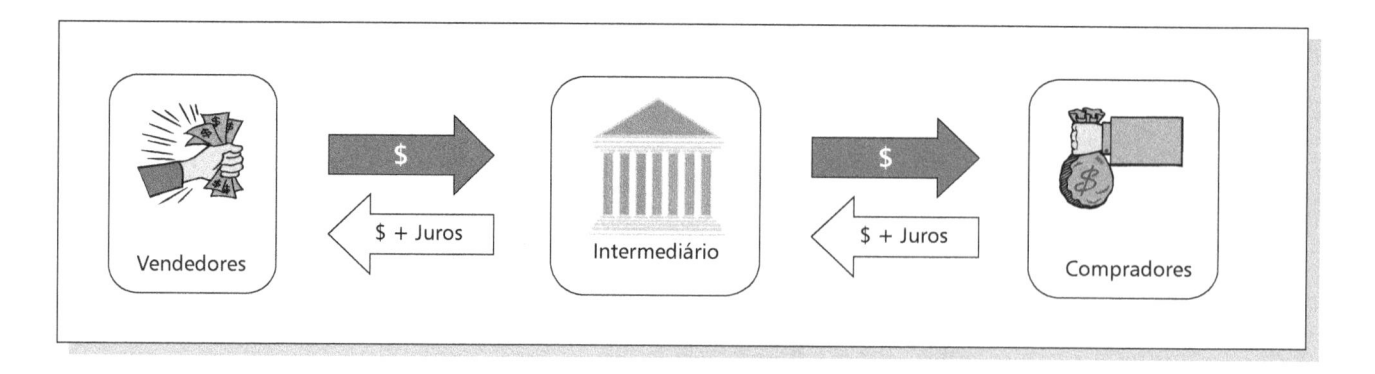

O Capítulo 2 mostra-nos o funcionamento de um sistema financeiro, ou seja, os agentes que possibilitarão as negociações, e apresenta uma breve descrição do sistema financeiro brasileiro.

O Capítulo 3 descreve o funcionamento e as características do mercado em que ocorrem essas negociações financeiras.

Já o Capítulo 4 trata das crises financeiras internacionais, um fenômeno que vem afetando o ambiente financeiro de forma cada vez mais rápida e com consequências na maioria dos mercados internacionais e locais.

O objetivo desta parte é possibilitar a análise do fluxo da intermediação financeira e criar uma base para a compreensão do ambiente financeiro.

Depois do estudo do sistema e dos mercados financeiros, são mostrados os fatores que afetam a evolução do ambiente financeiro.

1

Origem da Moeda e Intermediação Financeira

Conteúdo

1.1 Atividade econômica
1.2 Primeiro estágio: economia de escambo
1.3 Segundo estágio: introdução da moeda
    1.3.1 Histórico e evolução da moeda
    1.3.2 O lastro da moeda
    1.3.3 Oferta de moeda
    1.3.4 Demanda por moeda
1.4 Terceiro estágio: intermediação financeira
Questões para consolidação
Teste de verificação

1.1 Atividade econômica

Esta seção visa contemplar a atividade econômica de uma nação como um todo, tanto no aspecto descritivo como no funcional. Especificamente, utilizaremos alguns conceitos macroeconômicos para analisar o fluxo circulatório da renda que uma nação gera e suas repercussões no mercado de capitais.

Identificação dos agentes macroeconômicos

O estudo macroeconômico trata da formação e distribuição do produto e da renda gerada pela atividade econômica a partir de um fluxo contínuo que se estabelece entre os chamados agentes macroeconômicos. Os agentes macroeconômicos são os responsáveis diretos pelas ações econômicas que desenvolvem no sistema e podem ser agrupados em função da natureza de suas ações econômicas em quatro grupos:

Famílias

engloba todos os tipos de unidades domésticas, unipessoais ou familiares, com ou sem laços de parentesco, empregados ou não, que formam o potencial de recursos para o processamento de atividades produtivas e os que recebem transferências pagas pela previdência social ou outras entidades. Englobam também empresários proprietários de terras.

Empresas

são os agentes econômicos para os quais convergem os recursos da produção disponíveis. Reúnem todas as unidades produtoras dos setores primário (agricultura), secundário (indústria) e terciário (serviços). As empresas reúnem, organizam e remuneram os fatores de produção fornecidos pelas unidades familiares.

Governo

é um agente coletivo que contrata diretamente o trabalho de unidades familiares e que adquire uma parcela da produção das empresas para proporcionar bens e serviços úteis à sociedade como um todo. É considerado, portanto, um centro de produção de bens e serviços coletivos. Suas receitas resultam do sistema tributário e pagamentos efetuados nos fornecimentos de bens e serviços à sociedade.

Setor externo

envolve as transações econômicas entre unidades familiares, empresas e governo do país com agentes semelhantes de outros países.

Bens e serviços

Os bens e serviços podem ser:

De capital

são os bens utilizados na fabricação de outros bens, mas que não se desgastam totalmente no processo produtivo. Eles não atendem diretamente às necessidades humanas, mas destinam-se a multiplicar a eficiência do trabalho (máquinas, estradas etc.).

De consumo

destinam-se à satisfação direta das necessidades humanas. De acordo com sua durabilidade, podem subdividir-se em: bens de consumo duráveis (automóveis, eletrodomésticos etc.) e bens de consumo não duráveis (alimentação, roupas etc.).

Intermediários

são os bens transformados ou agregados na produção de outros bens e que são consumidos totalmente no processo produtivo, ou seja, são os bens que sofrem transformações para se tornar bens de consumo de capital (minério de ferro, trigo etc.).

O fluxo desses bens se dá entre as unidades produtoras e entre as unidades produtoras e a unidade familiar.

As unidades produtoras oferecem os fatores de produção e, em contrapartida, recebem salários e ordenados (remuneração ao trabalho) e juros, aluguéis e lucros (remuneração aos proprietários de bens de capital e recursos naturais).

Esse fluxo de renda é denominado fluxo monetário (ou nominal). O fluxo de renda permite à unidade familiar demandar bens e serviços no "mercado de produto", o qual, por sua vez, é suprido pelas unidades produtoras, que, para produzir, demandam "mercado de fatores".

Fatores de produção

Os recursos de produção formam o conjunto dos fatores de produção (trabalho, terra e capital) que definem o potencial produtivo do sistema econômico. A utilização desse potencial leva à realização da produção de uma infinidade de bens e serviços.

Trabalho

constitui-se de todas as pessoas disponíveis para trabalhar. Ou seja, é o potencial (disponibilidade) de mão de obra (trabalhadores) no sistema econômico. É o principal fator de produção.

Terra

são os recursos naturais disponíveis, incorporáveis às atividades econômicas. Seu volume disponível depende, entre outros fatores, da evolução tecnológica, do avanço da ocupação territorial, das facilidades de transportes etc. O seu estoque não é constante.

Capital

compreende o conjunto das riquezas acumuladas pela sociedade (fábricas, edifícios, máquinas, escolas, hospitais etc.). É com o emprego dessas riquezas que a população ativa se equipa para o exercício das atividades de produção. Portanto, o estoque de capital de uma economia é fundamental na eficiência do trabalho humano.

Inter-relações de agentes e setores

Para facilitar nossa discussão, partiremos de um plano elementar, hipotético, para chegar à incorporação real do processo de financiamento.

Podemos dizer que um fluxo circular de renda inicia-se com a participação de dois tipos de agentes: famílias e empresas. As famílias que são as detentoras dos fatores de produção, e as empresas utilizam, por determinado preço, seus recursos.

Cada agente, em economia, é ao mesmo tempo fornecedor de certos bens e serviços e solicitante de outros. Em geral, as famílias pedem bens transformados e serviços e fornecem recursos. As empresas requerem recursos (trabalho e capital) e fornecem bens e serviços. Diante dessas correntes reais, as famílias e as empresas devem pagar a valor de mercado o que utilizam (corrente monetária). Uma economia pode ser representada como um fluxo circular composto pelas famílias e as empresas trocando dinheiro pelos bens e serviços e pelos recursos de produção. Esse processo pode ser visto na Figura 1.1.

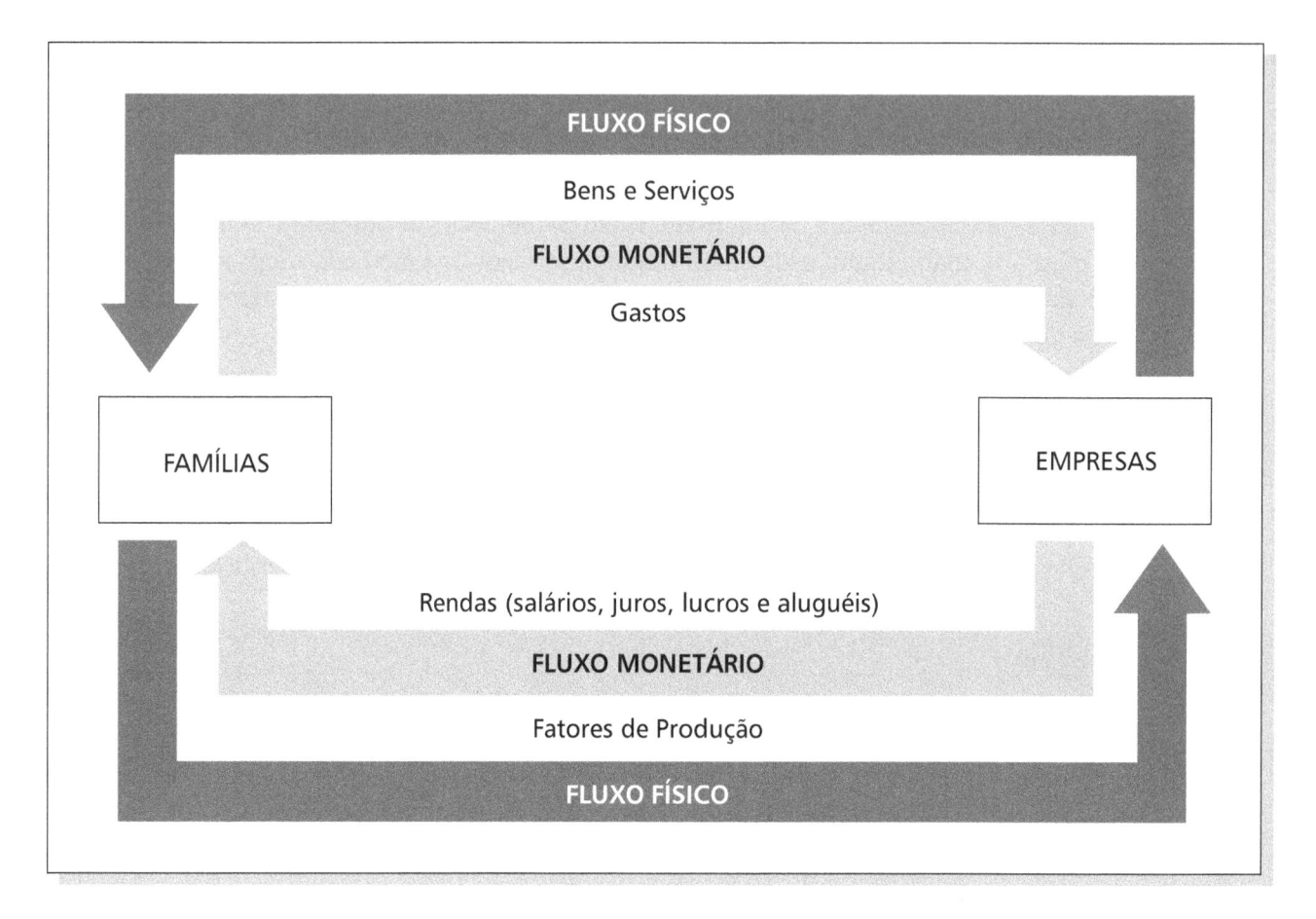

Figura 1.1 *Fluxo circular de renda da economia.*

Se incorporarmos à Figura 1.1 o processo de acumulação de capitais e dos fluxos de financiamento, teremos dois novos componentes: os bens destinados ao consumo e os bens destinados à acumulação.

Nas sociedades que têm economia em equilíbrio, a renda não é consumida integralmente. A parte não consumida da economia chama-se **poupança**. Há vários fatores que estimulam a poupança, destacando-se a ocorrência de taxas de juros elevadas e de expectativas negativas quanto a rendimentos futuros.

Os recursos da poupança podem ser utilizados em atividades produtivas, utilizando-se os fatores de produção, que podem aumentar ainda mais a renda. Essas utilizações produtivas chamam-se **investimento**.

Pode-se caracterizar, num sentido mais amplo, os investimentos como toda aplicação de recursos com expectativa de lucro. Já em sentido estrito, em economia, investimento significa a aplicação de capital em meios que levam ao crescimento da capacidade produtiva, ou seja, em bens de capital.

POUPANÇA
Parcela de renda não consumida

⬇

EM FUNÇÃO DOS SEGUINTES FATORES
- Capacidade de poupar
- Desejo de poupar
- Oportunidade de poupar

PODE GERAR:

⬇

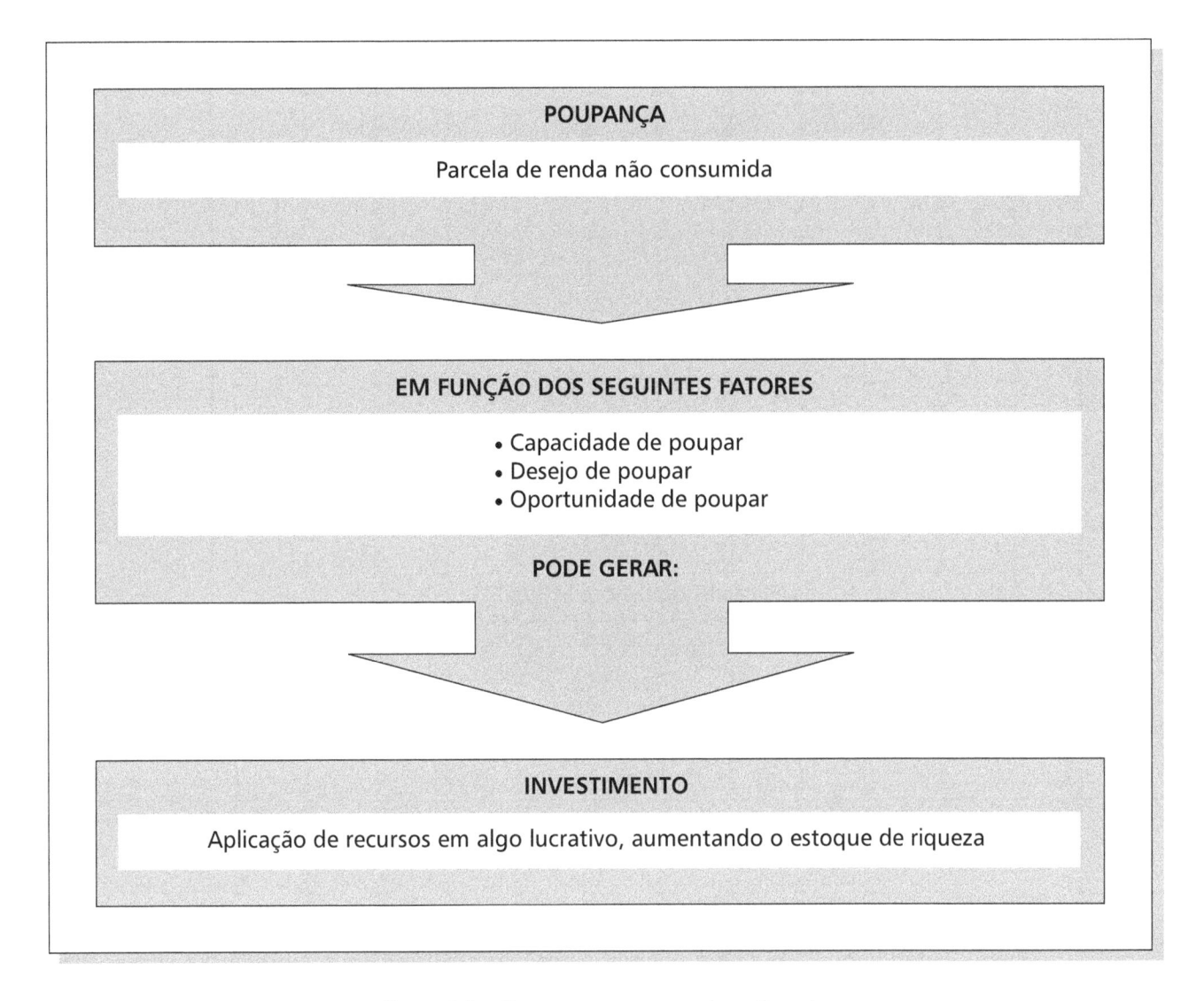

INVESTIMENTO
Aplicação de recursos em algo lucrativo, aumentando o estoque de riqueza

Figura 1.2 *O processo poupança-investimento.*

Encontramo-nos com uma primeira igualdade. O fluxo real e o fluxo monetário necessariamente devem coincidir. Esquecendo o primeiro, a totalidade da renda recebida não se gasta, já que uma parte se economiza e se recicla em forma de investimentos por meio da intermediação financeira.

No entanto, a denominada atividade econômica real (produção, consumo e investimento) apresenta descasamentos temporais em seus fluxos de recebimentos e pagamentos que geram aos sujeitos econômicos (consumidores, empresas e administrações públicas) excessos de liquidez (poupança) ou necessidades de liquidez a investir/financiar durante um período de tempo. Assim, é necessária a existência de algum mecanismo que permita a transferência de recursos de unidades econômicas com superávit de liquidez a unidades econômicas com necessidades de liquidez.

A existência de bens destinados à acumulação nos leva à necessidade da utilização dos intermediários financeiros, e, com isso, surgem os mercados financeiros. Ver Figura 1.3.

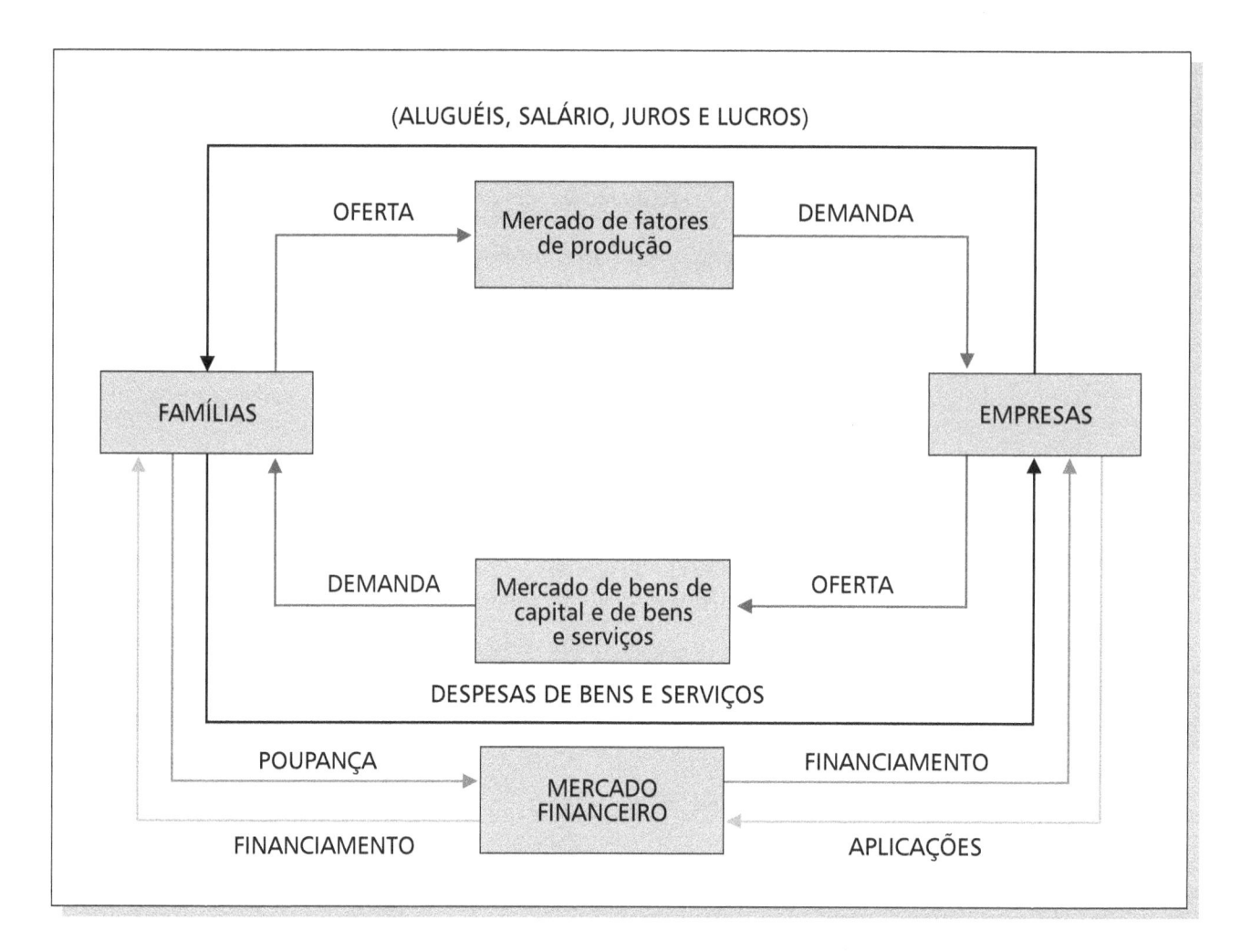

Figura 1.3 *Incorporação do processo de financiamento.*

A necessidade da existência de bens públicos justifica a incorporação do governo ao fluxo. Poderíamos dizer que o governo seria um avalista de uma ordem social na qual ocorreriam as atividades econômicas de todos os agentes privados e até mesmo dos agentes públicos. Ver Figura 1.4.

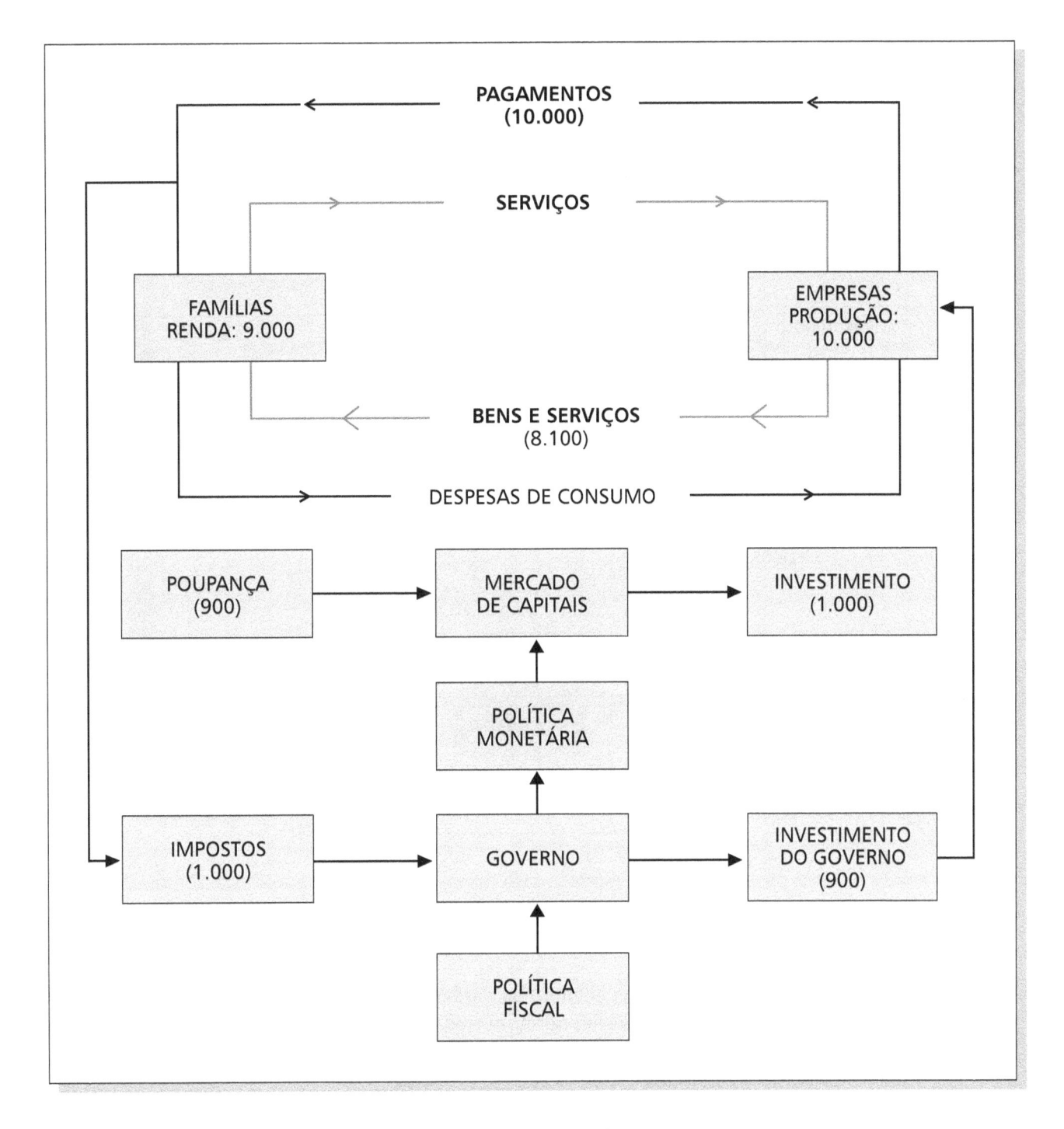

Figura 1.4 *Incorporação do governo.*

As economias relacionam-se com o resto do mundo, importando e exportando bens e serviços e emprestando e tomando dinheiro emprestado. Portanto, surge a necessidade da incorporação do mercado externo ao fluxo. Ver Figura 1.5.

Podemos dizer, também, que, quando numa economia a poupança doméstica não é suficiente para financiar o investimento e o déficit público, através da intermediação financeira se importará poupança exterior para cobrir esse desface.

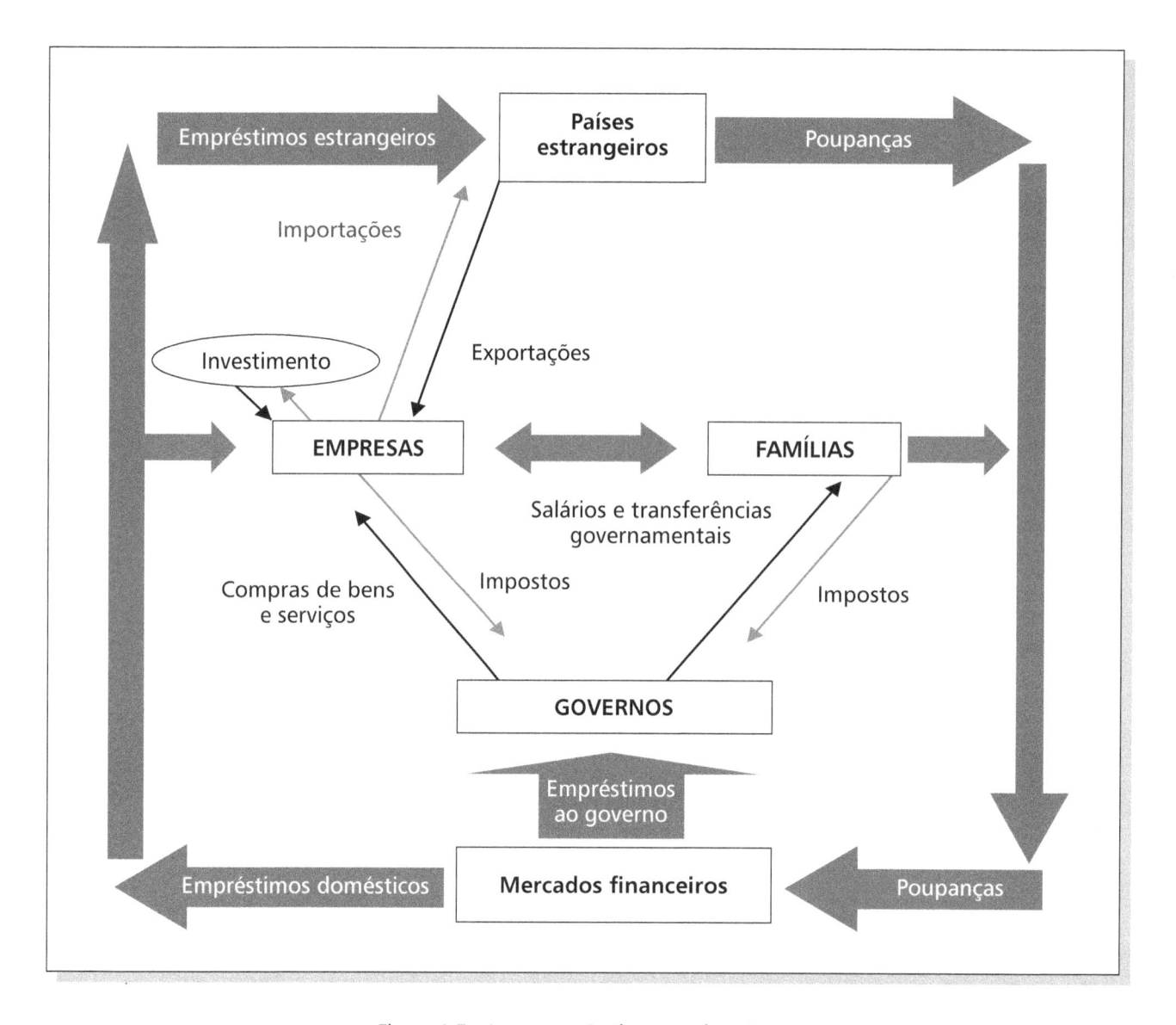

Figura 1.5 *Incorporação do mercado externo.*

A utilização da moeda nas economias modernas está tão generalizada que se torna difícil imaginar uma economia sem nenhum tipo de moeda e até mesmo compreender os benefícios gerados pela utilização da moeda. Assim, vamos analisar em três estágios o desenvolvimento da economia desde os seus primórdios.

1.2 Primeiro estágio: economia de escambo

O escambo é a troca direta de serviços ou mercadorias, sem intervenção de um instrumento monetário. Ele representa o estágio típico de economias com suas atividades econômicas voltadas para o consumo imediato. Ver Figura 1.6.

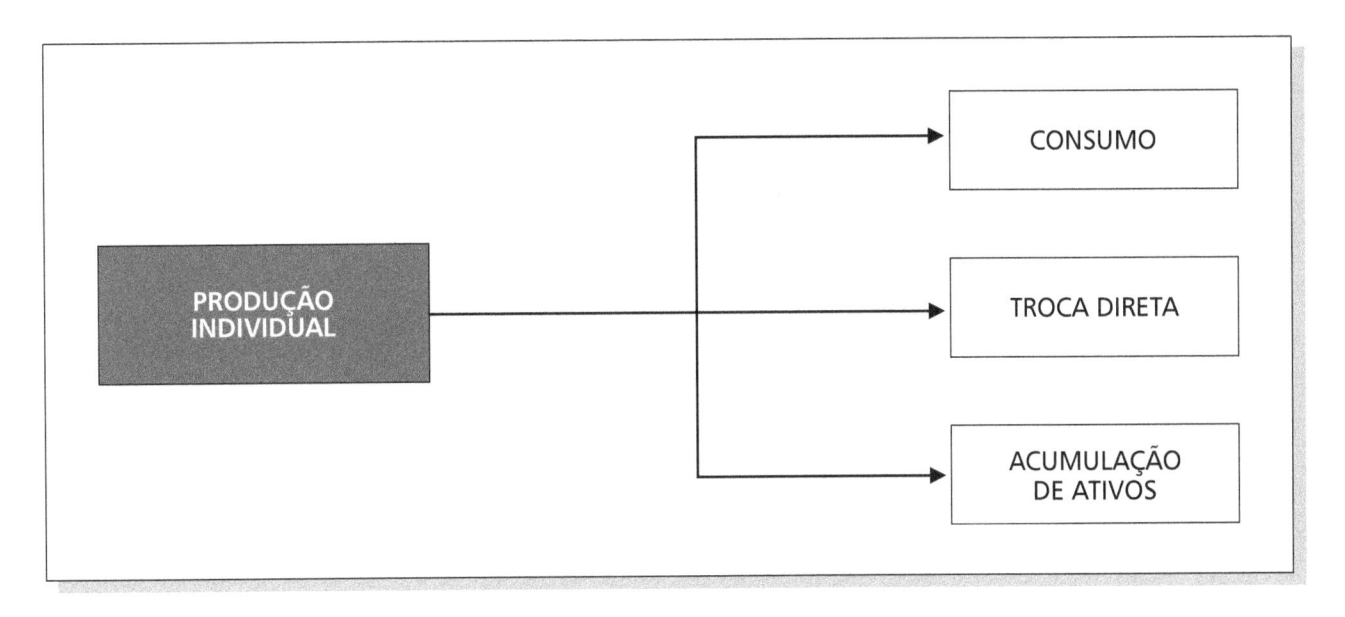

Figura 1.6 *Economia de escambo.*

Nesse estágio, os indivíduos suportam os seguintes inconvenientes:

- custo para manter a acumulação em ativos reais;
- dificuldade de especialização e divisão do trabalho; e
- perda de eficiência na alocação de recursos.

1.3 Segundo estágio: introdução da moeda

Num primeiro momento, poderíamos chamar de moeda o conjunto de notas e moedas que se encontram circulando na economia em poder do público. Contudo, esse conceito não contempla as diversas formas de moeda que circulam na economia; portanto, necessitamos entender melhor alguns conceitos que envolvem a moeda.

A moeda pode ser conceituada como um conjunto de ativos financeiros de uma economia que os agentes utilizam em suas transações. Ela é um bem com características específicas e diferenciadas em relação aos demais bens da economia, visto que não produz nada, não é um bem de investimento nem de consumo.

Podemos distinguir três conceitos de depósitos em relação à aceitação da moeda, segundo Córdoba (1996). Ver Figura 1.7.

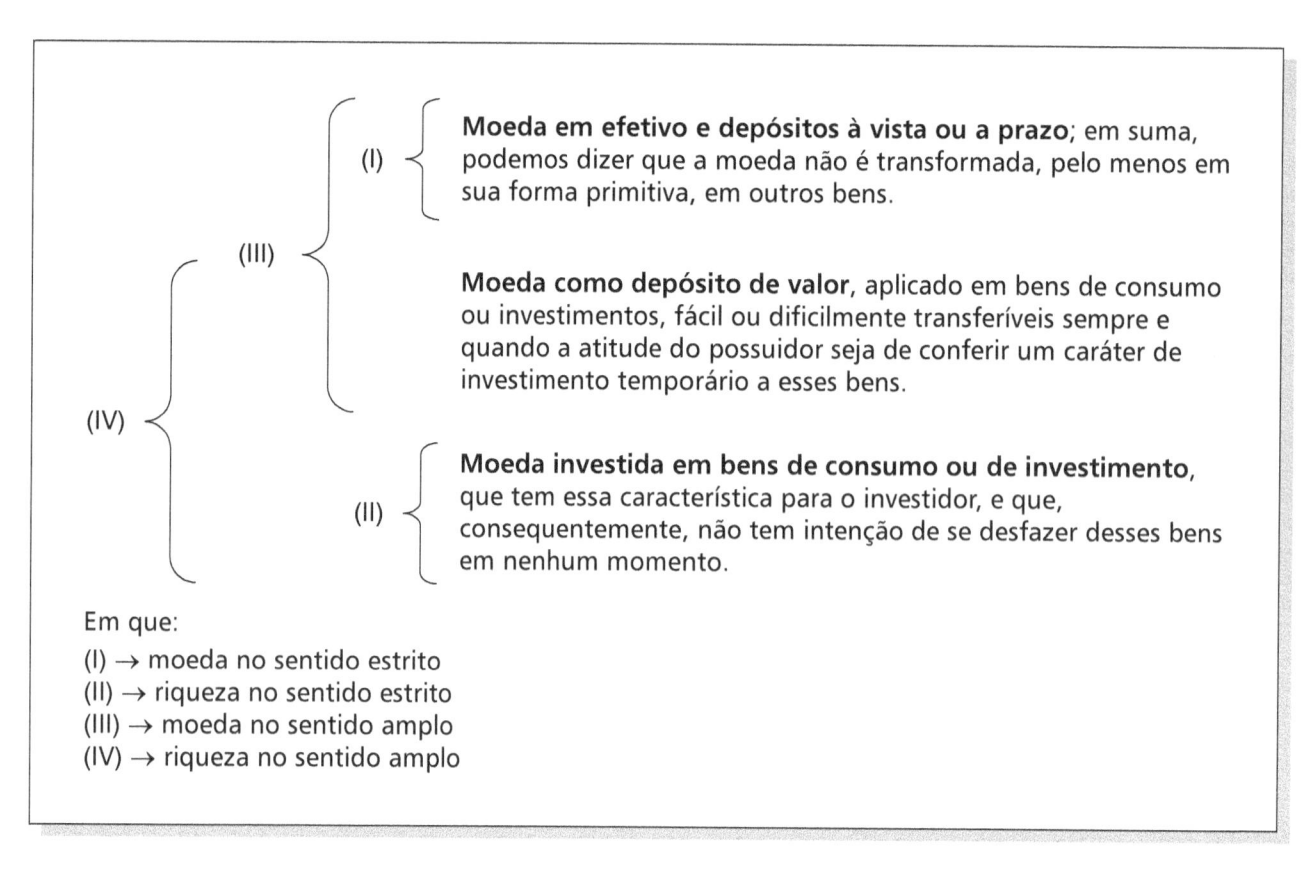

{
(IV) {
  (III) {
    (I) { **Moeda em efetivo e depósitos à vista ou a prazo**; em suma, podemos dizer que a moeda não é transformada, pelo menos em sua forma primitiva, em outros bens.

    Moeda como depósito de valor, aplicado em bens de consumo ou investimentos, fácil ou dificilmente transferíveis sempre e quando a atitude do possuidor seja de conferir um caráter de investimento temporário a esses bens.
  }
  (II) { **Moeda investida em bens de consumo ou de investimento**, que tem essa característica para o investidor, e que, consequentemente, não tem intenção de se desfazer desses bens em nenhum momento.
  }
}

Em que:
(I) → moeda no sentido estrito
(II) → riqueza no sentido estrito
(III) → moeda no sentido amplo
(IV) → riqueza no sentido amplo

Figura 1.7 *Conceitos de depósitos em relação à aceitação da moeda.*

Podemos agrupar a moeda em três tipos:

Moedas metálicas
emitidas pelo Banco Central, constituem pequena parcela da oferta monetária e visam facilitar as operações de pequeno valor e/ou com unidade monetária fracionária (troco).

Papel-moeda
também emitido pelo Banco Central, representa parcela significativa da quantidade de dinheiro em poder do público.

Moeda escritural
representada pelos depósitos à vista (depósitos em conta-corrente) nos bancos comerciais (é a moeda contábil, escriturada nos bancos comerciais).

A moeda é vista como um bem de uso comum em todo tipo de transação que permite a participação de operação de troca, na qual se realiza compra ou venda simultânea de mercadorias, em operações separadas de intercâmbio. O uso da moeda traz vários benefícios, entre eles:

- aumento do grau de especialização;
- redução no tempo gasto nas trocas; e
- eliminação da necessidade de dupla coincidência de desejos.

Uma mercadoria, para assumir o papel de moeda, deve possuir as seguintes qualidades:

Indestrutibilidade
a moeda deve ser durável no sentido de que não se destrua ou deteriore no seu uso e manuseio.

Inalterabilidade
segundo esse princípio, a moeda é preservada de eventuais processos de falsificação, por meio de mecanismos que a protegem de alterações.

Homogeneidade
quando comparadas, duas unidades monetárias distintas devem possuir valores idênticos e ser rigorosamente iguais.

Divisibilidade
a moeda deve possuir múltiplos e submúltiplos para que seja assegurada a realização de transações de valores grandes e pequenos sem dificuldades.

Transferibilidade
a moeda deve possibilitar a transferência da posse e propriedade de um detentor para outro, com grande rapidez e agilidade.

Facilidade de manuseio
o manuseio e o transporte da moeda não devem representar dificuldades para os agentes que a utilizam.

Na economia, a moeda cumpre quatro papéis importantes: meio de pagamento, reserva de valor, unidade-padrão de conta e intermediária de trocas entre os agentes.

Meio de pagamento

É a capacidade que a moeda tem de diminuir dívidas em última instância, ou seja, é um ativo financeiro de liquidez imediata.

Em quase todas as transações de mercado na nossa economia, a moeda, na forma de dinheiro ou cheques, é um meio de pagamento. Ela é usada para pagar por bens e serviços. O uso da moeda como meio de pagamento promove eficiência econômica, eliminando muito do tempo gasto no intercâmbio de bens e serviços.

> **Reserva de valor**
>
> A função da reserva de valor é ser um repositório de poder de compra sobre o tempo.
>
> Uma reserva de valor é usada para poupar o poder de compra da hora em que a renda é recebida até a hora em que ela é gasta. Com a adoção da moeda, os indivíduos adquiriram a capacidade de acumulação de riquezas, bem como um aliado na proteção contra a perda do poder de compra para o futuro.
>
> Convém ressaltar que a moeda serve como reserva de valor apenas para o indivíduo, não para a sociedade, pois o que determina a riqueza de uma nação é sua produção e não o montante de moeda existente.

> **Unidade-padrão de conta**
>
> A função da unidade-padrão de conta é fornecer uma unidade de conta, ou seja, criar medição de valor na economia.
>
> Uma unidade-padrão de conta é um instrumento que as pessoas utilizam para divulgar preços e registrar débitos. A moeda cumpre esse papel, uma vez que todos os bens e serviços de uma economia têm seus preços expressos em unidades monetárias.

> **Intermediária de trocas entre os agentes**
>
> Sendo um meio ou instrumento de troca geralmente aceito pelos agentes na concretização de suas transações, a mais importante função da moeda na economia é ser intermediária de trocas entre os agentes econômicos.
>
> Superando as dificuldades existentes no antigo escambo (no qual se trocavam mercadorias por mercadorias e nem sempre a pessoa que detinha um bem encontrava outro de sua preferência, na medida e quantidade desejadas), a moeda permite que cada um se especialize na produção de bens segundo sua capacidade.

1.3.1 Histórico e evolução da moeda

A moeda como intermediária nas trocas e meios de pagamento surgiu com o depósito de bens para atender às necessidades das sociedades primitivas, como eram os casos dos animais (bois, cavalos, porcos etc.), dos vegetais (tabaco, arroz etc.) e dos minerais (sal, conchas etc.). O elemento comum desses bens era sua capacidade, em determinados momentos e lugares, de representar uma aceitação geral como meio de troca e pagamento.

No alvorecer dos tempos, os primeiros agrupamentos humanos, em geral nômades, teriam vivido sob padrões bastante simples de atividade econômica. Eram grupos que não conheceram a moeda e, quando recorriam à atividade de troca, realizavam trocas diretas em espécie, denominadas escambo. As bases sobre as quais se desenvolviam suas atividades eram, em síntese, as seguintes:

- necessidades manifestadas pelo grupo eram limitadas e abrangiam apenas itens vitais; e
- membros do grupo tendiam a desenvolver primitivos processos de conservação dos produtos extraídos da natureza, acumulando excedentes que se destinavam, em um primeiro estágio, à garantia do suprimento e, em um estágio mais

avançado de cultura econômica, a trocas dentro do próprio grupo ou com outros grupos com os quais passavam a ter contato.

Essas formas rudimentares de relacionamento econômico foram, todavia, profundamente alteradas a partir do instante em que se verificou aquilo que os historiadores denominam primeira revolução agrícola, traduzida pela fixação de certos grupos humanos em determinadas áreas. Aproveitando os crescentes períodos de prosperidade de suas atividades econômicas, esses grupos começaram a praticar nessas regiões a agricultura organizada e a domesticação de animais. O nomadismo foi, gradativamente, cedendo lugar a uma forma sedentária de vida. Dentro dos grupos sedentários, novas funções passaram a ser definidas, interagindo em um ambiente socialmente mais complexo.

Para permitir o desenvolvimento de trocas, cada vez mais importante para o progresso econômico e social, o escambo foi dando lugar, gradativamente, a processos indiretos de pagamento. A generalizada aceitação de determinados produtos, recebidos em pagamento das transações econômicas que dia a dia se tornaram mais intensas, configurou a origem da moeda. Eleitos como moeda, esses produtos, mesmo que não fossem no momento úteis ou desejados pelos que os recebiam, eram aceitos sem grandes restrições, porque todos os aceitavam. A troca já não era mais direta. Separam-se nitidamente as operações de compra e de venda, intermediadas por esses produtos de aceitação geral, que atuam como moeda. Vista assim, a moeda, mesmo em seu estágio mais primitivo, era constituída de mercadorias usadas para intermediar processos rudimentares de troca.

A origem e a evolução da moeda podem ser divididas em cinco fases, como podemos ver na Figura 1.8.

Era da Troca de Mercadorias

Era da Mercadoria Moeda

Era da Moeda Metálica

Era da Moeda-Papel

Era da Moeda Escritural

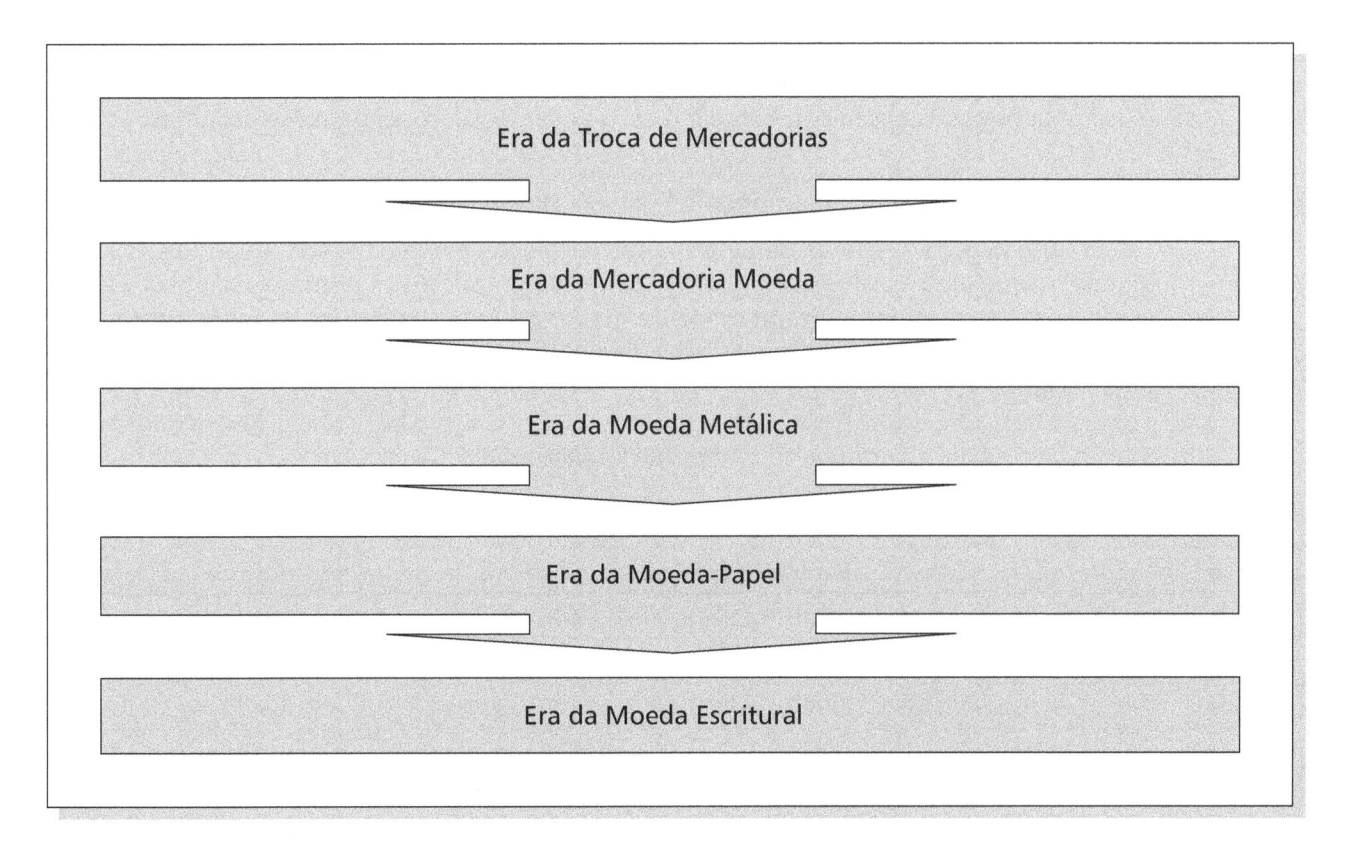

Figura 1.8 *Fases da evolução da moeda.*

Na era da moeda metálica, ela era cunhada em metal com formato circular. Em virtude das vantagens oferecidas ao comércio, a moeda metálica difundiu-se por todo o mundo. Os metais foram escolhidos como moedas por possuir as seguintes características:

- valor intrínseco;
- dureza;
- raridade relativa;
- grande valor;
- identidade;
- grande poder aquisitivo;
- pequena variação de valor;
- facilidade de reconhecimento;
- propriedades industriais; e
- ponto de fusão elevado.

A variação de tamanho das moedas metálicas e a diversidade de materiais utilizados em sua confecção, entre eles o ouro, obrigavam os comerciantes a pesar as moedas e verificar o teor do metal utilizado, em operações bastante morosas. Para facilitar as negociações, os ourives passaram a depositar as moedas em bancos, recebendo então certificados de depósitos, com a promessa de devolução ao portador da quantia entregue. Esses certificados, conversíveis à vista, deram início ao aparecimento da moeda de papel, ou representativa, que possuía um lastro de metal nobre. As vantagens que os certificados representavam para o comércio eram enormes, pois inspiravam confiança, sendo aceitos como se fossem a própria moeda. Com isso, os bancos de depósitos foram, aos poucos, transformando-se em bancos de emissão, lançando bilhetes representativos de moeda.

Hoje a tendência global para a moeda é que ela se torne um produto virtual e eletrônico, substituindo a atual moeda física. Outra tendência é a unificação da moeda, com a criação de blocos econômicos, como é o caso da União Europeia, do Mercosul etc.

Histórico das alterações na moeda brasileira desde 1942

O surgimento do sistema monetário brasileiro deu-se no século XIX, quando a Casa da Moeda, naquela época situada no Estado da Bahia, imprimiu as primeiras cédulas. Desde então, a nossa moeda foi alterada por diversas vezes, para adaptar-se às circunstâncias econômicas do país, especialmente a partir de 1964, quando se intensificou o processo inflacionário.

Quadro 1.1 *Histórico das alterações.*

Denominação	Símbolo	Vigência	Paridade em relação à anterior	
Cruzeiro	Cr$	1º-11-1942 a 12-2-1967	1.000 réis	= 1 cruzeiro
Cruzeiro Novo	NCr$	13-2-1967 a 14-5-1970	1.000 cruzeiros	= 1 cruzeiro novo
Cruzeiro	Cr$	15-5-1970 a 27-2-1986	1 cruzeiro novo	= 1 cruzeiro
Cruzado	Cz$	28-2-1986 a 15-1-1989	1.000 cruzeiros	= 1 cruzado
Cruzado Novo	NCz$	16-1-1989 a 15-3-1990	1.000 cruzados	= 1 cruzado novo
Cruzeiro	Cr$	16-3-1990 a 31-7-1993	1 cruzado novo	= 1 cruzeiro
Cruzeiro Real	CR$	1º-8-1993 a 30-6-1994	1.000 cruzeiros	= 1 cruzeiro real
Real	R$	Desde 1º-7-1994	2.750 cruzeiros	= 1 real

1.3.2 O lastro da moeda

Antigamente, como o valor do dinheiro dependia, entre outras coisas, da quantidade de dinheiro existente, a política para mantê-lo em igualdade com determinado peso de ouro requeria a regulamentação da oferta de moeda e, portanto, exigia, da autoridade monetária central, certa atividade permanente e consciente. Desde que as regras e os hábitos sobre as reservas sejam seguidos rigidamente pelas partes interessadas, há vários recursos para diminuir a iniciativa consciente, aumentando a reação automática, nas ações da autoridade central. O mais conhecido desses recursos é obrigar essa autoridade a estar sempre preparada, por um lado, para trocar pelo menos uma importante espécie de moeda conversível por ouro não cunhado, a uma taxa fixa, e, por outro, para adquirir ouro não cunhado em troca de moeda, também a uma taxa fixa.

Historicamente, observamos várias etapas no processo que resultou no atual lastro da moeda. O padrão-ouro, que vigorou de 1816 a 1933, foi um sistema de câmbio fixo que teve como base de troca o ouro. Nesse sistema, os países-membros fixavam certa quantidade de ouro pela qual sua moeda podia ser livremente convertida por meio de seus bancos centrais.

De 1944 a 1973, o sistema que vigorou foi o de Bretton Woods, que ficou assim conhecido em função do local em que foi realizada uma conferência entre 45 países para definir a nova ordem mundial após a Segunda Guerra Mundial. Com esse sistema passou a vigorar um padrão monetário internacional puro, isto é, o padrão dólar. Nele, as taxas de conversão eram fixas, mas ajustáveis em função de necessidades. Esse sistema funcionou bem até que o Acordo Smithsoniano, firmado entre os países do Grupo dos Dez, dificultou a estabilização das taxas de câmbio. No início de 1973, verificou-se uma nova onda de especulação contra o dólar dos Estados Unidos, o que marcou definitivamente o fim do sistema de taxas de câmbio fixas negociado em Bretton Woods.

Atualmente, podemos dizer que o lastro da moeda é resultante de um conjunto de macrovariáveis, como, por exemplo, as reservas cambiais que determinam o real poder aquisitivo de uma moeda.

1.3.3 Oferta de moeda

Mensuração da oferta de moeda

A moeda pode ser mensurada de acordo com várias definições. Portanto, para medir a oferta de moeda, precisamos de uma definição que nos diga exatamente quais ativos deveriam ser incluídos. A mais restritiva incluiria apenas dinheiro (notas e moedas metálicas – também chamado de papel-moeda em poder do público não bancário, moeda manual ou moeda corrente) na definição de moeda. Outras definições incluiriam outros ativos financeiros, como depósitos a prazo, depósitos em caderneta de poupança e, ainda, títulos públicos federais, que, apesar de não serem considerados moeda no sentido estrito, apresentam algumas características da moeda em sentido amplo. Assim sendo, costuma-se chamá-los de quase moeda, pois podem, sem grandes problemas, ser transformados em moeda.

Ao classificar-se o total de moeda de um país, tornam-se necessárias definições de medidas de oferta de moeda. A essa oferta chamamos agregados monetários ou meio de pagamento, que são definidos como estoque de moeda disponível para uso da coletividade (setor privado não bancário) a qualquer momento e que podem ou não incluir as quase moedas.

Objetiva-se com esse conceito medir a liquidez, ou seja, as necessidades do setor produtivo privado (excetuando-se o setor bancário), para satisfazer suas transações com bens e serviços.

Segundo Rossetti (1997), os agregados monetários de maior relevância conceitual são:

- **meio circulante**: designa a moeda em espécie (papel-moeda impresso e moedas metálicas cunhadas) resultante de processos industriais de impressão ou de cunhagem fornecida aos bancos centrais por instituições como a Casa da Moeda;
- **papel-moeda emitido**: trata-se do valor agregado que resulta na totalidade do meio circulante expresso nominalmente, ou seja, é o total de papel-moeda legal existente, autorizado pelo Banco Central. O papel-moeda emitido pode estar em poder do Banco Central, dos bancos comerciais e do público não bancário;
- **papel-moeda em circulação**: engloba todas as espécies emitidas do meio circulante. É calculado com base no papel-moeda emitido menos o que permanece no caixa do Banco Central. O papel-moeda em circulação é então o emitido menos os encaixes do Banco Central (papel-moeda em circulação menos os encaixes dos bancos comerciais). Portanto, podemos dizer que é a parcela do papel-moeda emitido que foi efetivamente posta em circulação;
- **depósitos à vista no sistema bancário**: também chamados de moeda escritural, trata-se de um agregado monetário que possui uma particularidade de alta relevância para a regulação da liquidez da economia como um todo. Esses depósitos possuem alto poder de expansão. Pode-se dizer que a maior parte dos saldos dos depósitos à vista é criada pelas operações ativas dos bancos. Não têm existência física. Quanto a esse aspecto, são diametralmente opostos aos demais agregados monetários;
- **base monetária**: consiste na soma de duas parcelas: o papel-moeda emitido e as reservas voluntárias e compulsórias, que os bancos mantêm no Banco Central; e
- **oferta monetária**: em sentido restrito e convencional, é dada pela totalidade dos ativos monetários mantidos pelo público: papel-moeda e depósitos à vista. Em sentido amplo, é dada pelos saldos totalizados de todos os ativos financeiros, monetários e quase monetários.

O primeiro conceito de moeda, com o qual trabalharemos, é o mais restrito, composto por dois elementos: moeda manual (moedas metálicas e notas em poder do público) e moeda escritural (depósitos à vista em instituições financeiras). Eles constituem o conceito de M_1, ou seja, a primeira definição de moeda.

M_1 = moeda manual (moedas metálicas e notas em poder do público) +

moeda escritural (depósitos à vista em instituições financeiras)

Dos dois componentes desse conceito, os depósitos à vista correspondem à maior parte dos meios de pagamento, portanto, para se controlar a moeda torna-se necessário um controle estrito dos bancos e sua capacidade de multiplicar moeda por meio de instrumentos de política monetária como o *open market*, o compulsório e o redesconto.

O segundo conceito de moeda, o agregado monetário M_2, inclui, além dos elementos que compõem o M_1, os títulos federais, estaduais e municipais em poder do público, excluindo-se os títulos que compõem as carteiras de títulos dos fundos de aplicações financeiras (FAF).

$$M_2 = M_1 + \text{títulos públicos}$$

O terceiro conceito de moeda inclui, além dos elementos que compõem o M_2, os depósitos de poupança mantidos pelo público em instituições financeiras.

$$M_3 = M_2 + \text{depósitos de poupança}$$

O quarto conceito de moeda inclui, além dos elementos que compõem o M_3, os depósitos a prazo, letras de câmbio e letras hipotecárias, excluindo-se os títulos pertencentes às carteiras de títulos dos FAF.

$$M_4 = M_3 + \text{depósitos a prazo} + \text{letras de câmbio} + \text{letras hipotecárias}$$

Os cartões de crédito, atualmente, constituem também um importante meio de pagamento. Mesmo não sendo utilizados, eles representam um potencial de gasto em função do limite que cada um possui. Em razão disso, Córdoba (1996) sugere a utilização de um novo conceito, o M_5, que seria calculado em função da capacidade aquisitiva dos cartões de crédito.

$$M_5 = M_4 + \text{capacidade aquisitiva dos cartões de crédito}$$

Oferta de moeda pelos bancos comerciais – efeito multiplicador

Os bancos comerciais também podem aumentar a oferta de moeda (meios de pagamento) com a multiplicação da moeda escritural ou depósitos à vista.

A capacidade de multiplicar moeda dos bancos resulta da possibilidade de manutenção de valores inferiores em espécie do total dos depósitos à vista recebidos de clientes. Isso ocorre em função da não utilização total dos recursos de forma simultânea por parte dos clientes e do resultado do fluxo de entrada e saída desses mesmos recursos. Ou seja, de cada R$ 100,00 recebidos como depósito à vista, os bancos só necessitam deixar disponível sob a forma de encaixe (moeda em espécie) de 3% a 5%. O restante eles poderiam utilizar para realizar empréstimos para seus clientes e com isso multiplicar a capacidade de pagamento dos mesmos depósitos iniciais.

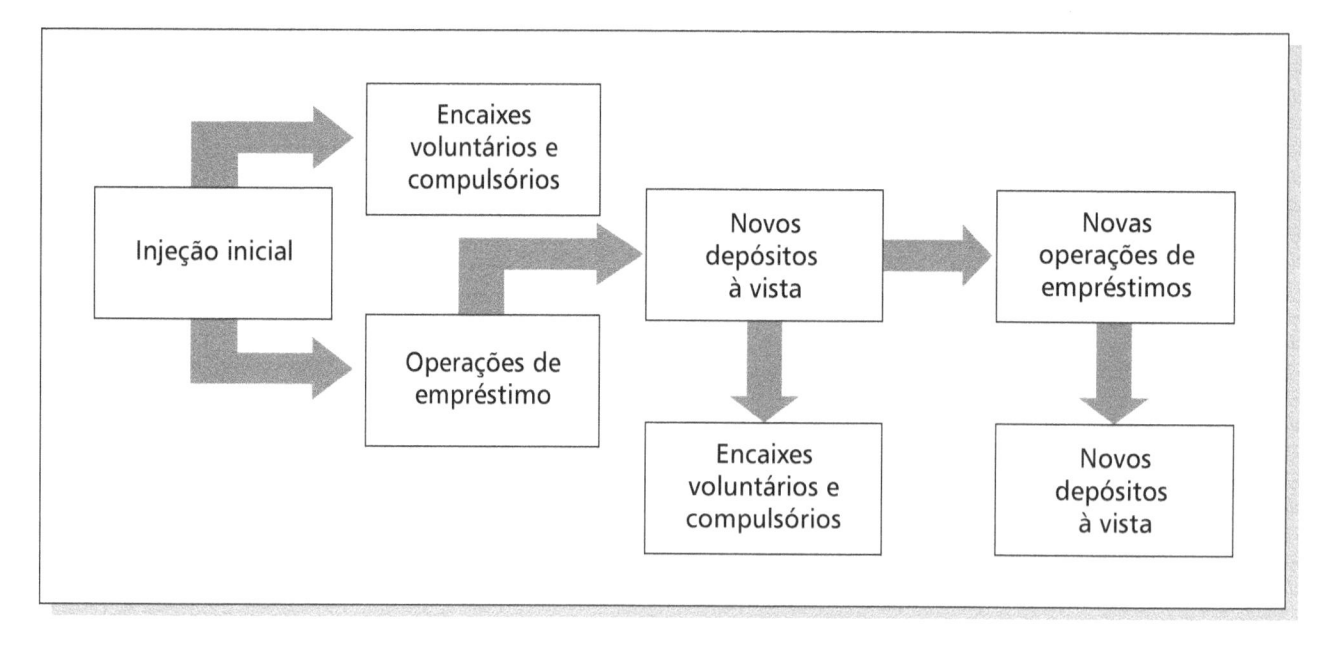

Figura 1.9 *Mecanismo de criação de moeda escritural segundo Rossetti (1997).*

Quadro 1.2 *Exemplo do efeito multiplicador.*

• **O cliente efetua um depósito de R$ 100,00:**
• o cliente passa a possuir a capacidade de utilização dos R$ 100,00 a qualquer momento que necessite, ou seja, sua capacidade de pagamento continua sendo de R$ 100,00; • o banco passa a possuir os R$ 100,00 como recursos, mas também adquire uma obrigação financeira no valor de R$ 100,00; e • como o banco está sempre recebendo novos depósitos de clientes e esses depósitos não serão utilizados simultaneamente, nem em montante nem em prazo, surge um *gap* (descasamento) entre as entradas e saídas e os prazos, o que possibilita a formação de uma "caixa-d'água" com recursos disponíveis para a utilização do banco.
• **O banco empresta R$ 95,00:**

• aproveitando sua capacidade de acumulação de recursos oriundos dos depósitos à vista, o banco utiliza R$ 95,00 dos R$ 100,00 inicialmente depositados para emprestá-los a outro cliente; e
• ao realizar um empréstimo de R$ 95,00 a um outro cliente, o banco multiplica a capacidade de pagamento dos R$ 100,00 para R$ 195,00, pois:
   ✓ o cliente inicial continua possuindo capacidade de pagamento de R$ 100,00 resultante de seu depósito; e
   ✓ o banco, que não possuía direitos sobre esses R$ 100,00, passa a ser credor de um outro cliente sobre um valor de R$ 95,00 baseando-se em recursos ociosos deixados pelos clientes.

• **O poder de pagamento do depósito de R$ 100,00 passa a ser de R$ 195,00.**

Controle de oferta de moeda pelo Banco Central – instrumentos de política monetária

Controle das emissões

O Banco Central controla, por força de lei, o volume de moeda manual da economia, cabendo a ele as determinações das necessidades de novas emissões e respectivos volumes. A emissão desenfreada de papel-moeda compromete a credibilidade do governo e tende a ter impactos inflacionários. Idealmente, a emissão de moeda deveria estar relacionada não só ao ritmo da atividade econômica, mas também a uma rigorosa disciplina fiscal por parte do governo.

Compulsório ou reservas obrigatórias

A taxa de reservas compulsórias é um instrumento de alta eficácia para controlar o processo de multiplicação da moeda escritural.

As operações realizadas por qualquer agente econômico com uma instituição financeira utilizam papel-moeda, cheques ou outras formas mais dinâmicas de transferência eletrônica de recursos. A cada operação, a conta de depósitos desses agentes na instituição se modifica.

Assim como as pessoas físicas e jurídicas e os governos mantêm depósitos à vista numa instituição financeira, através da qual realizam pagamentos e recebimentos, inclusive fazendo aplicações financeiras, os bancos, de forma equivalente, têm uma conta-corrente no Banco Central, por meio da qual recebem créditos e débitos das demais instituições financeiras e das autoridades monetárias (Banco Central e Tesouro Nacional), ou seja, é por essa conta que as instituições financeiras realizam suas operações. Essas contas são chamadas de reservas e representam ativos para os bancos e passivos para o Banco Central. As reservas consistem em depósitos no Banco Central mais a moeda fisicamente mantida nos bancos, os encaixes técnicos (chamados de encaixes técnicos ou encaixes bancários, porque estão disponíveis nas unidades bancárias para cobrir eventuais saques contra as instituições).

A conta de reserva bancária, além de possuir os depósitos voluntários (ou reservas livres), em que são lançados os cheques de compensação entre os bancos, também deve manter um saldo mínimo obrigatório, denominado depósito compulsório.

O Banco Central exige que instituições depositárias (bancos comerciais, bancos múltiplos com carteira comercial e caixas econômicas) mantenham uma parte de seus recursos à vista junto ao Banco Central na conta de reserva bancária. Dessa forma, são obrigadas a depositar um percentual determinado pelo Banco Central sobre os depósitos à vista, na forma de recolhimento em espécie ou ainda na forma de subscrição ou compra de títulos federais. Basta o Banco Central aumentar ou diminuir o percentual do depósito compulsório para influir no volume ofertado de empréstimos bancários e, portanto, na criação de depósitos ou moeda escritural.

Quadro 1.3 *Exemplos de compulsório e seus efeitos.*

Depósitos	Percentual	Efeito
Depósitos à vista	48%	Limitam a multiplicação de moeda hoje
Depósitos a prazo	18%	Reduzem e encarecem o crédito hoje
Depósitos de poupança	25%	Reduzem e encarecem o crédito hoje

Open market

As operações de *open market* (mercado aberto) consistem em compras e vendas de títulos do governo pelo Banco Central. É o mais importante instrumento de política monetária e o mais importante fator de determinação de movimentos da base monetária e da oferta de moeda. Uma compra de *open market* aumenta a base monetária, enquanto uma venda a reduz. Por outro lado, essas operações afetam o preço e a taxa de juros sobre os títulos do governo (Selic[1]). Uma compra de *open market* tende a aumentar o preço dos títulos, reduzindo, portanto, a taxa de juros, enquanto uma venda tende a reduzir os preços dos títulos e aumentar a taxa de juros.

O Banco Central coloca os títulos no mercado através de leilões, dos quais participam as instituições financeiras *dealers* de mercado. Os *dealers* são as instituições mais atuantes no mercado e são também chamados *market makers*.

Redesconto

O Banco Central realiza empréstimos, conhecidos por empréstimos de assistência a liquidez, a instituições financeiras visando equilibrar suas necessidades de caixa diante de um aumento mais acentuado de demanda por recursos de seus depositantes. A taxa de juros cobrada pelo Banco Central nessas operações é chamada de taxa de redesconto.

Essas operações englobam a liberação de recursos pelo Banco Central aos bancos comerciais, que podem ser empréstimos ou redesconto de títulos. Existem os redescontos de liquidez, que são empréstimos para os bancos comerciais cobrirem eventual débito na compensação de cheques, e os redescontos especiais ou seletivos, que são empréstimos autorizados pelo Banco Central visando beneficiar setores específicos. A mudança na taxa cobrada pelas autoridades monetárias influi no sentido de aumentar ou diminuir o crédito concedido aos bancos comerciais.

As operações de redesconto podem ser de dois tipos:

- redesconto intradia: operação sem custo que não gera crédito, mas gera liquidez; e
- redesconto *overnight*: operação com custo punitivo.

Quadro 1.4 *Impactos dos instrumentos de política monetária.*

Instrumentos	Níveis de liquidez	Taxa de juros
Controle das emissões		
⇨ Aumento do controle ⇨ Diminuição do controle	Diminuição Aumento	Aumento Queda
Compulsório		
⇨ Aumento da taxa ⇨ Diminuição da taxa	Diminuição Aumento	Aumento Queda
Open market		
⇨ Venda de títulos ⇨ Compra de títulos	Diminuição Aumento	Aumento Queda
Redesconto		
⇨ Aumento dos juros, redução de prazos e de limites operacionais ⇨ Diminuição dos juros, redução de prazos e de limites operacionais	Diminuição Aumento	Aumento Queda

---

[1] Selic – Serviço Especial de Liquidação e Custódia.

1.3.4 Demanda por moeda

A demanda ou procura de moeda pela coletividade corresponde à quantidade de moeda que o setor privado não bancário retém, em média, seja com o público, seja no cofre das empresas, e em depósitos à vista nos bancos comerciais.

Basicamente, existem três motivos que levam os agentes a utilizar moeda:

- realização de transações: os agentes necessitam manter saldos de caixa e de depósitos bancários à vista para atender às demandas cotidianas de transações, não previstas;
- liquidez: durante seu deslocamento para a concretização de transações, várias pessoas necessitam levar moeda para fazer frente a gastos inesperados que as impeçam de realizar seus objetivos; e
- realização da especulação: uma das características da moeda é ser reserva de valor; consequentemente, ela pode ser utilizada para acumulação ou especulação diante da ameaça de elevação das taxas de juros ou outros fatores que geram insegurança na economia.

1.4 Terceiro estágio: intermediação financeira

Define-se intermediação financeira como uma atividade que tem a finalidade de viabilizar o atendimento das necessidades financeiras de curto, médio e longo prazos, manifestadas pelos agentes econômicos carentes de recursos, aplicando ao mesmo tempo o excedente monetário dos agentes superavitários, com um mínimo de riscos.

De acordo com a abordagem de Gurley-Shaw, qualquer economia que tenha superado o estágio primitivo de troca direta, conte com bases institucionais para a operacionalidade do mercado financeiro e tenha agente econômico deficitário e superavitário disposto a transacionar nesse mercado, fatalmente terá desenvolvido condições para o estabelecimento da intermediação financeira.

As precondições para a existência da intermediação financeira são:

- superação do escambo;
- existência de moeda;
- excedente financeiro;
- bases institucionais para o funcionamento do mercado de intermediação financeira; e
- existência de agentes econômicos dispostos a trocar ativos monetários por ativos financeiros, dados os riscos e ganhos reais possíveis.

Para que haja a intermediação financeira, além das precondições já citadas, é necessário que também ocorra:

- casamento entre captação/aplicação;
- lei dos grandes números; e
- capital próprio.

A intermediação financeira justifica-se pelas imperfeições apresentadas pelo mercado que provocam a superioridade dos custos associados ao investimento direto nos mercados de valores quando comparados aos custos de intermediação. Essas imperfeições, amplamente tratadas na literatura econômica, são basicamente os custos de transação gerados pela mediação e a transformação de ativos e a existência de informação assimétrica.

Os problemas de informação assimétrica se baseiam no distinto conhecimento que os agentes deficitários e excedentários de financiamento têm sobre a situação do emprestador. Enquanto o emissor de títulos conhece a informação relevante possível sobre sua situação financeira, os demais agentes no mercado não o conhecem, e entre eles se encontram os emprestadores potenciais.

Além dos fatores que contribuem para a existência da intermediação financeira, há os que inviabilizam a intermediação e afastam os ofertadores dos tomadores, sendo eles:

- falta de garantia;
- volume de necessidades de capital; e
- prazo.

A justificativa para a existência de diversos tipos de intermediários financeiros se dá em função de vários tipos de desejos e circunstâncias específicas, nas quais se encontram os poupadores e os investidores. Com isso, temos:

- intermediação de valores;
- intermediação de prazos;
- intermediação de riscos de insolvência; e
- intermediação estocástica.

Segundo a forma de intermediação executada pelas instituições que participam do processo de intermediação financeira na economia, podemos distinguir dois tipos básicos: intermediação por repasse (Figura 1.10), que é realizada mediante a assunção do risco por parte do intermediário, e intermediação simples (Figura 1.11), na qual o intermediário não assume os riscos da operação passiva.

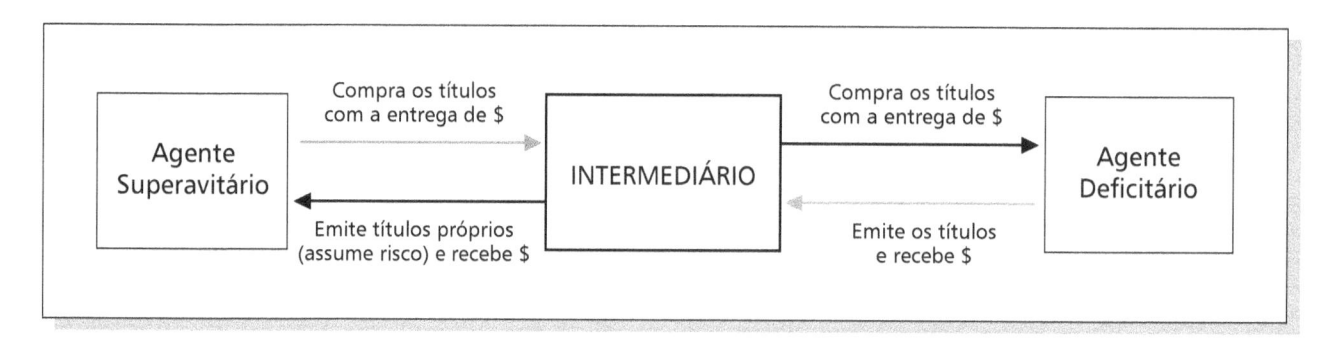

Figura 1.10 *Intermediação por repasse.*

Outra forma de classificar a intermediação financeira é pelo nível de previsibilidade que ela possibilita. Nesse caso, teríamos a intermediação determinística, pela qual se pode prever, ainda que assumindo certo nível de risco, os resultados do processo, ou seja, o recebimento ou não dos recursos ofertados aos tomadores, e a intermediação estocástica, na qual existem elementos aleatórios, que induzem a resultados probabilísticos e, consequentemente, a um nível de risco maior. Ver Figura 1.11.

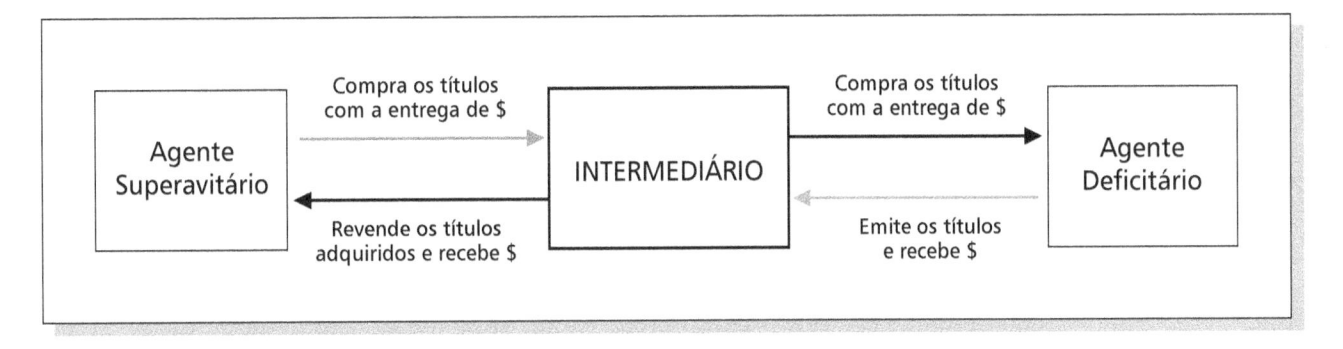

Figura 1.11 *Intermediação simples.*

Um exemplo de instituição que realiza a intermediação determinística é o banco comercial, que compra os recursos dos ofertadores e os vende aos tomadores mediante uma análise do risco ao qual está exposto. No caso da intermediação estocástica, temos as seguradoras, que trabalham com base na probabilidade da ocorrência ou não de sinistros.

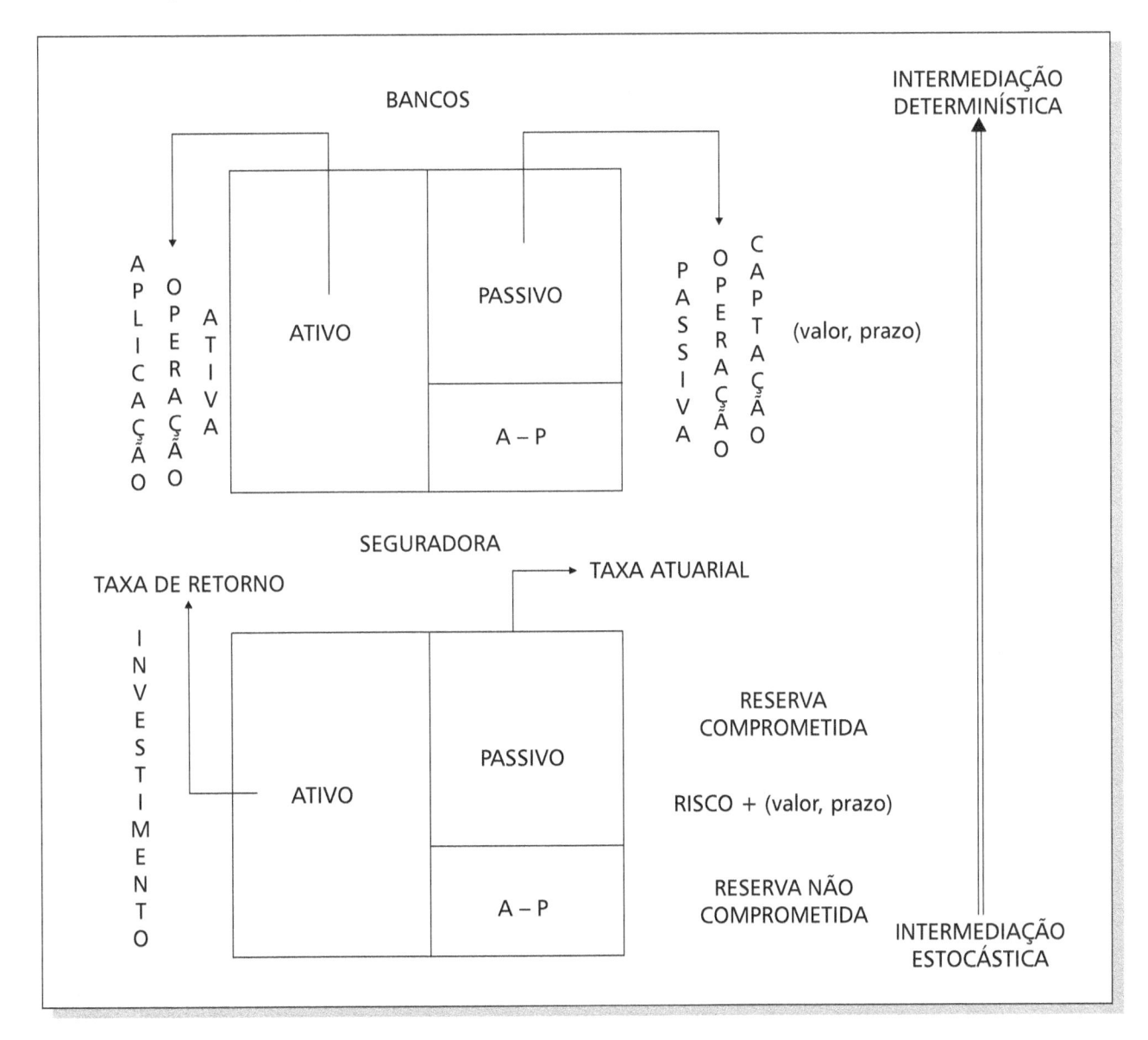

Figura 1.12 *Intermediação financeira determinística* versus *estocástica.*

O processo da intermediação financeira (ver Figura 1.13) funciona por meio da transferência de recursos entre ofertadores e tomadores. Para realizar essa transferência, cumprem-se as seguintes funções:

- gestão do sistema de pagamentos na economia;
- responsabilidade fiduciária perante os ofertadores;
- gestão entre ativos/passivos, reduzindo os riscos de liquidez, preços e créditos;
- compatibilização dos prazos entre agentes superavitários e deficitários; e
- aumento da eficiência do sistema todo, alocando os recursos nos melhores projetos.

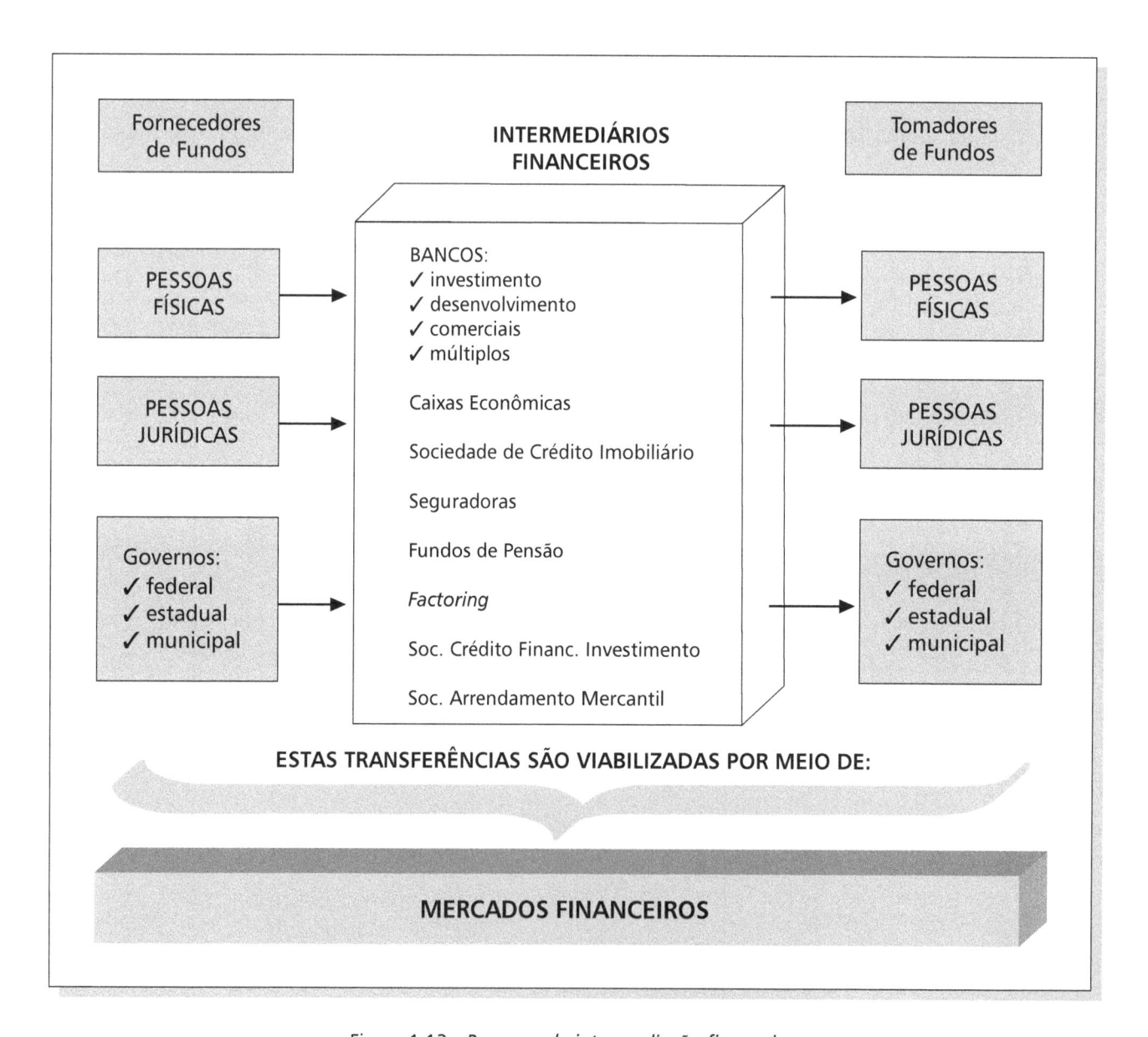

Figura 1.13 *Processo da intermediação financeira.*

A transferência de recursos entre agentes superavitários e deficitários é viabilizada pela transformação de títulos primários (emitidos diretamente pelos tomadores iniciais) em títulos secundários (emitidos por terceiros), tornando-os atrativos para os poupadores e aumentando sua liquidez. Ao executar essa transferência, os intermediários financeiros têm uma série de vantagens em relação aos mecanismos primitivos de escambo, entre elas:

- conhecimento especializado do mercado de capitais;
- economias de escala; e
- volumes suficientes para diversificação e estabilização de riscos (*pooling effect*).

Os intermediários financeiros interpretam papel importante na transformação dos ativos financeiros, que têm uma forma pouco desejável para o grande público, em outro tipo de ativos mais adequados às necessidades dos investidores. Essas transformações implicam algumas funções econômicas:

a) Redução do risco mediante a diversificação

Os passivos emitidos pelos intermediários financeiros constituem direitos sobre uma carteira diversificada de ativos financeiros. O efeito fundamental da diversificação dessa carteira de ativos é a redução do risco. Como consequência, ao escolher uma carteira de investimentos no lugar de colocar todos os seus fundos em um só ativo, qualquer agente reduz o risco de perda total do valor de sua riqueza. Esse é um fenômeno geral e bem conhecido que, sem dúvida, não explica a existência e o desenvolvimento dos intermediários financeiros. Pois, em princípio, o que um intermediário pode oferecer em termos de diversificação qualquer agente poderia assegurar-se por si mesmo, poupando-se além do custo da intermediação. A razão básica para a utilização desses intermediários financeiros é que eles têm economias de escala na gestão de carteiras de ativos, pelo que entendemos que o rendimento e o risco que se pode obter é tanto melhor quanto maior for a soma total investida. As economias de escala na gestão de carteiras surgem, por sua vez, por três razões principais:

a.1) Indivisibilidades. Nem todos os ativos financeiros estão disponíveis em todo tipo de valor nominal. Frequentemente, existem valores nominais mínimos que podem estar acima das possibilidades de investimento de muitos indivíduos. Os intermediários financeiros dispõem de volumes elevados de recursos que lhes permitem adquirir ativos financeiros que a outros agentes são vedados. Um intermediário pode diversificar mais simplesmente porque sua carteira de ativos é maior.

a.2) Economias de gestão. A gestão de uma carteira de investidores implica a necessidade de decidir constantemente a inclusão ou exclusão de determinados ativos de acordo com a evolução de seus preços e a previsão sobre seu desenvolvimento futuro. Essa atividade exige disponibilidade de informação rápida e confiável sobre a evolução dos mercados e das diversas circunstâncias que podem afetar a atividade dos agentes emissores de tais ativos.

Por seu volume de operações, um intermediário financeiro pode dedicar um volume de recursos muito superior ao do investidor individual típico à produção continuada da informação precisa para a gestão eficiente da carteira. Por outro lado, o custo por ter informações técnicas de qualidade é muito elevado para investidores individuais, mas para os intermediários que dispõem de um número elevado de profissionais qualificados dedicados em tempo integral ao acompanhamento de suas carteiras de ativos e à obtenção de ditas informações, ele é baixo.

a.3) Economias de transações. A carteira ótima de um investidor não permanecerá constante ao longo do tempo, mas requer frequentes compras e vendas de ativos. Essas mudanças na dimensão e composição de uma carteira não são gratuitas e, portanto, implicam custos de transação.

Normalmente, esses custos de transação se estabelecem como pagamentos fixos independentes do volume da operação ou como percentuais decrescentes da transação. Portanto, quanto maior é a quantidade implicada na operação, menor será o custo de transação unitário. Dessa forma, os intermediários financeiros podem beneficiar-se de custos mais baixos e rendimentos mais altos na recomposição continuada de suas carteiras de ativos do que é possível para o investidor individual típico.

b) Adequação às necessidades de emprestadores e tomadores

Já demonstramos como os intermediários financeiros pedem fundos emprestados a agentes econômicos, que logo emprestam, por sua vez, a outros. Nesse processo, os intermediários se adaptam às necessidades particulares dos agentes com os quais operam oferecendo diferentes tipos de passivos aos poupadores e modificando a quantia e a modalidade do crédito de acordo com as necessidades dos tomadores.

Parte importante dessa adequação é a transformação de prazos que é característica da atividade de muitos intermediários financeiros. Transformação de prazos significa que recebem fundos de curto prazo, frequentemente recuperáveis, e emprestam esses fundos em um prazo maior aos agentes que querem realizar investimentos. Assim, emprestadores e tomadores não têm que entrar em acordo diretamente sobre o prazo dos fundos que se trocam; essa função é cumprida pelo intermediário.

Os poupadores que emprestam fundos e recebem em troca ativos com prazo reduzido de maturação obtêm assim uma liquidez a que em outro caso teriam possivelmente que renunciar. Por sua vez, os tomadores que recebem fundos com maior período de maturação asseguram-se de uma disposição de fundos durante um prazo mais adequado ao investimento que pretendem realizar, sem ter que negociar tal prazo com um número possivelmente muito grande de poupadores. Realizando essa transformação, o intermediário financeiro assume um risco que, ademais, não pode reduzir-se através da diversificação; esse risco é de que subam as taxas de juros a curto prazo e ele tenha que pagar por seus fundos a curto prazo mais do que obtém de seus investimentos a largo prazo. Certamente, o pagamento dessa assunção de riscos se inclui no diferencial de juros entre o lado passivo e o lado ativo da atividade do intermediário.

c) Gestão do mecanismo de pagamentos

Em qualquer economia desenvolvida, uma parte muito importante das transações reais entre agentes se realiza trocando passivos de intermediários financeiros bancários, como são os saldos em contas-correntes. Considerando que os títulos que dão direitos a esses saldos, como os talões bancários, são geralmente aceitos pelo público, eles constituem meios de pagamento, e sua mobilização representa fração fundamental dos recebimentos e pagamentos que realizam na economia em qualquer período.

E considerando que esses passivos, ou melhor, os títulos que dão direitos a eles, como os talões bancários, são geralmente aceitos pelo público, eles constituem meios de pagamento, e sua mobilização representa fração fundamental dos recebimentos e pagamentos que realizam na economia em qualquer período.

Essa situação peculiar de certos intermediários, alguns cujos passivos são dinheiro, lhes permite desenvolver um papel central na gestão do mecanismo de pagamentos da economia, debitando ou creditando as contas dos agentes econômicos e mantendo com ele a contabilização e o controle de boa parte das transações realizadas na economia.

Nem todos os intermediários financeiros desenvolvem de igual maneira essa função, pois só alguns podem emitir passivos monetários. Por isso, devem distinguir-se entre intermediários financeiros bancários aqueles que podem emitir passivos que são dinheiro, e intermediários financeiros não bancários, o resto. Devido a essas particularidades de sua efetividade, os intermediários financeiros bancários gozam de uma posição central no sistema financeiro e seu comportamento é diretamente relevante para as autoridades monetárias, pois pode afetar o volume dos meios de pagamento existentes na economia.

Para melhor compreendermos essa transformação de títulos, vejamos como é o fluxo de recursos das instituições financeiras na Figura 1.14.

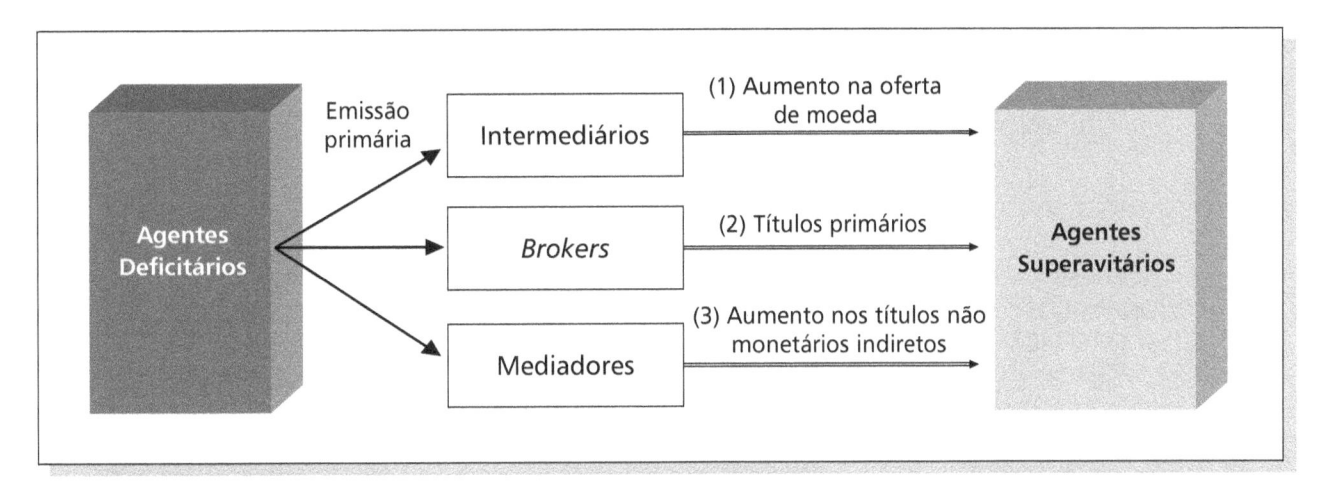

Figura 1.14 *Fluxo de recursos das instituições financeiras.*

Outra forma de visualizar as transformações realizadas pelos intermediários financeiros é por meio da relação entre fontes/captações e destinações/aplicações com os produtos negociados no mercado financeiro, conforme nos mostra o exemplo da Figura 1.15.

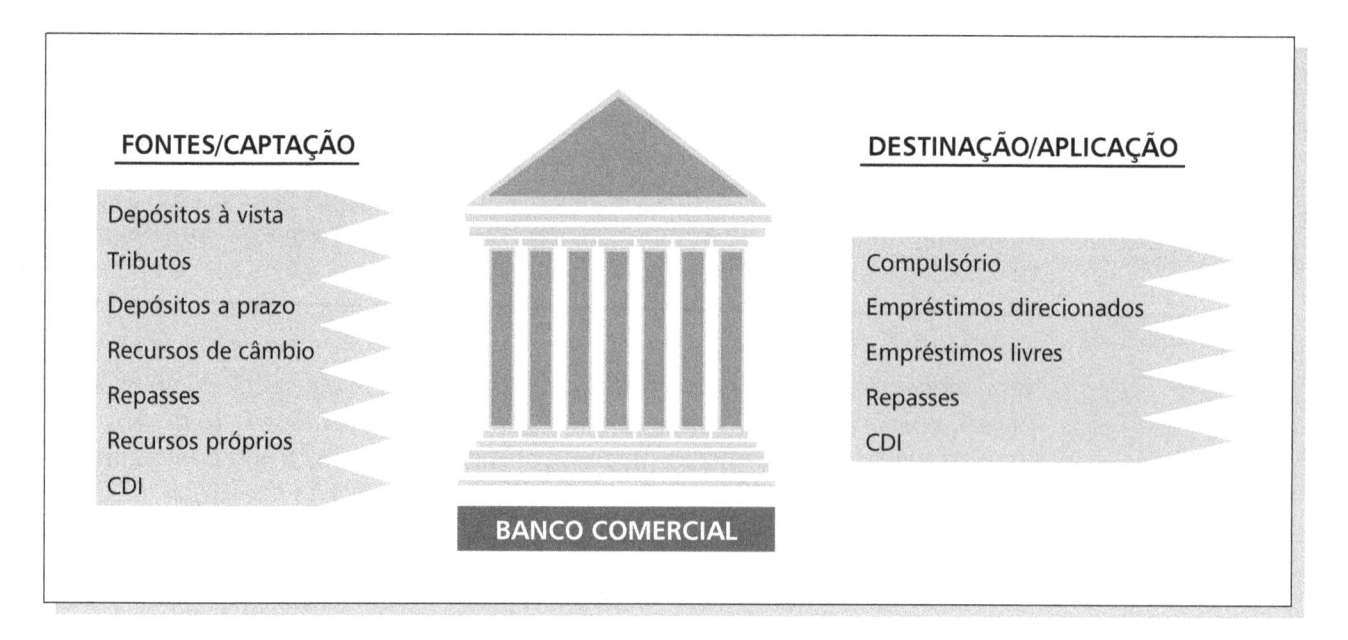

Figura 1.15 *Exemplo de transformações realizadas pelos intermediários.*

Os Certificados de Depósitos Interfinanceiros – CDI – são títulos utilizados pelas tesourarias dos bancos para fazer negociação de saldos positivos ou negativos em seus caixas.

Os intermediários financeiros em execução de suas atividades procuram compatibilizar as necessidades dos agentes superavitários e deficitários. Nesse processo minimizam ou eliminam alguns problemas básicos que dificultam as negociações, como é o caso da magnitude, dos prazos e dos riscos.

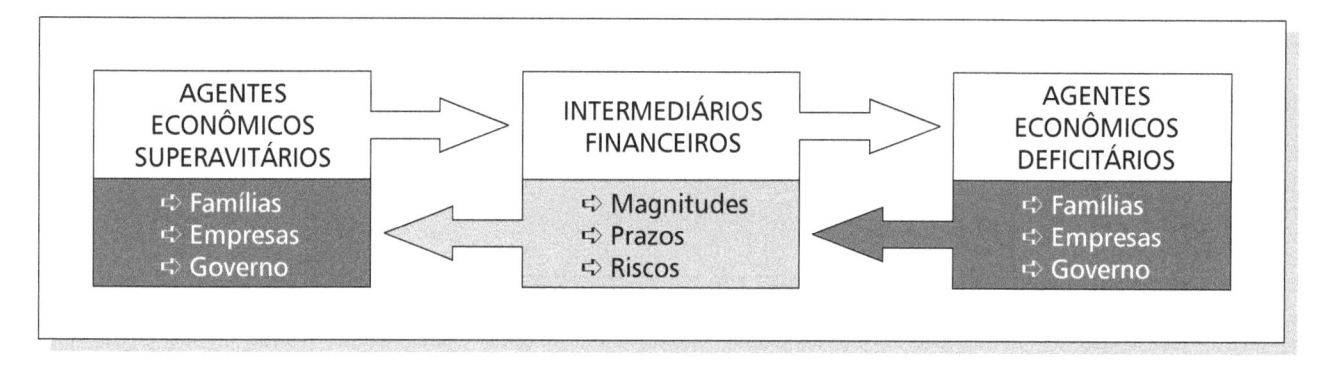

Figura 1.16 *Problemas solucionados pelos intermediários.*

Nas negociações entre agentes superavitários e deficitários, nem sempre existe a coincidência das necessidades de montantes, ou seja, nem sempre o montante que os ofertadores conseguem acumular é igual às necessidades dos demandantes de recursos. Como os intermediários financeiros captam recursos de vários ofertadores, obtêm volumes suficientes para a redistribuição desses recursos segundo as necessidades de cada um de seus clientes demandantes e, com isso, solucionam o problema de incompatibilidade de magnitudes entre os agentes.

Outro problema solucionado pelos intermediários financeiros é o de prazos das operações. Utilizando sua capacidade de represar os recursos canalizados dos agentes superavitários e de multiplicar a moeda, transformando-a em crédito, formam um "colchão" ou fundo com volume suficiente para dilatar os prazos de negociação. Com isso, podem oferecer prazos menores para quem está aplicando dinheiro e prazos maiores para quem está captando dinheiro. O melhor exemplo dessa transformação é o Sistema Financeiro da Habitação (SFH), em que os aplicadores de caderneta de poupança têm liquidez a cada trinta dias e os recursos captados são direcionados para financiamentos imobiliários que oferecem aos demandantes prazos que podem chegar a 25 anos.

O risco envolvido nas negociações entre agentes superavitários e deficitários também representa grande problema para sua concretização. Geralmente, quem está aplicando seus recursos procura obter a maior rentabilidade com o menor risco possível; já quem está tomando recursos procura obter o menor custo oferecendo um mínimo de garantias possível. Com isso, temos uma incompatibilidade entre as necessidades de risco e, consequentemente, de preços. Os intermediários financeiros conseguem compatibilizar essas necessidades mediante a capacidade de:

- reduzir o risco por meio de conhecimento ou critério técnico para as pessoas que estão captando; e
- não concentrar todo o dinheiro em uma empresa ou pessoa somente (princípio da diversificação).

Surge assim uma necessidade natural de se estabelecerem pessoas e instituições especializadas na tarefa de conectar o tomador e o ofertante.

Além disso, a atuação dos intermediários financeiros traz diversos benefícios ao sistema econômico:

- devido ao seu elevado grau de especialização e sofisticação, os intermediários financeiros podem oferecer produtos e serviços mais adequados para uma clientela diferenciada;
- ao conectar-se com vários ofertantes e tomadores de recursos, os intermediários podem aumentar a agilidade e reduzir custos através da escala com que trabalham, diferentemente dos agentes econômicos que operam de forma isolada;
- ao manejar um grande fluxo de informações sobre tomadores e ofertadores, os intermediários podem evitar a alocação de recursos de forma improdutiva, o que leva à perda desses para a economia; e
- os intermediários financeiros promovem a liquidez do mercado à medida que viabilizam o fluxo de negociação com ativos financeiros.

Note que existe um relacionamento íntimo entre desenvolvimento econômico do país e desenvolvimento de mecanismos da intermediação financeira. É lógico imaginar que, à medida que um país se desenvolve e enriquece, sua estrutura de intermediação financeira tende a se ampliar para fazer frente a maior exigência gerada pelo desenvolvimento econômico. Por outro lado, uma estrutura de intermediação financeira, superdimensionada para determinado nível de necessidades correntes, tenderá a se reduzir, adequando-se à nova situação.

Outros fatores que também determinam a evolução da intermediação financeira são o nível e o grau de estabilidade da inflação e a estrutura econômica do país. Neste último caso, observe que, à medida que os setores secundário e terciário assumem maior importância na economia, torna-se necessário ampliar e desenvolver novos mecanismos de intermediação financeira.

Questões para consolidação

1. Analise a inter-relação entre os agentes macroeconômicos, bens e serviços e fatores de produção no fluxo circular de renda mais completo.
2. Quais são as características da economia de escambo e a razão de sua substituição pela moeda?
3. Partindo da afirmação "o dinheiro de um país nem sempre pode ser considerado uma moeda", explique os requisitos para uma mercadoria assumir o papel de moeda e ilustre sua explicação com um exemplo.
4. O que aconteceria com uma economia se não existisse a moeda?
5. Analisando a origem e a evolução da moeda, qual será sua tendência para os próximos anos?
6. Qual é a importância do lastro da moeda e como ele é definido atualmente?
7. Qual é a diferença entre meio circulante, papel-moeda emitido e em circulação e depósitos à vista no sistema bancário?
8. Diferencie os conceitos de M_1, M_2, M_3, M_4 e M_5.
9. O que é o efeito multiplicador e por que ele ocorre?
10. Analise como o Banco Central controla a oferta de moeda e conduz sua política monetária.
11. O que leva à demanda por moeda?
12. Por que não podemos eliminar os intermediários financeiros do fluxo de negociação com ativos financeiros?
13. Analise as precondições para a existência da intermediação financeira.
14. Como os intermediários financeiros conseguem a minimização ou estabilização do risco envolvido nas negociações com ativos financeiros?

Teste de verificação

1.1. Os agentes macroeconômicos são os responsáveis diretos pelas ações econômicas que desenvolvem no sistema e podem ser agrupados em função da natureza de suas ações econômicas em quatro grupos. Com base nessa afirmação, classifique a segunda coluna de acordo com o seguinte critério:

(1) Famílias.   ( ) São os agentes econômicos para os quais convergem os recursos da produção disponíveis. Reúnem todas as unidades produtoras dos setores primário (agricultura), secundário (indústria) e terciário (serviços). As empresas reúnem, organizam e remuneram os fatores de produção fornecidos pelas unidades familiares.

(2) Empresas.   ( ) Engloba todos os tipos de unidades domésticas, unipessoais ou familiares, com ou sem laços de parentesco, empregados ou não, que formam o potencial de recursos para o processamento de atividades produtivas e os que recebam transferências pagas pela previdência social ou outras entidades. Englobam também empresários proprietários de terras.

(3) Governo.   ( ) É um agente coletivo que contrata diretamente o trabalho de unidades familiares e que adquire uma parcela da produção das empresas para proporcionar bens e serviços úteis à sociedade como um todo. É considerado, portanto, um centro de produção de bens e serviços coletivos. Suas receitas resultam do sistema tributário e despesas são pagamentos efetuados nos fornecimentos de bens e serviços à sociedade.

(4) Setor externo.   ( ) Envolve as transações econômicas entre unidades familiares, empresas e governo do país com agentes semelhantes de outros países.

1.2. Os recursos de produção são também chamados de fatores de produção e formam o conjunto dos fatores de produção que definem o potencial produtivo do sistema econômico. Com base nessa afirmação, classifique a segunda coluna de acordo com o seguinte critério:

(1) Trabalho. ( ) São os recursos naturais disponíveis. Elementos naturais incorporáveis às atividades econômicas. Seu volume disponível depende, entre outros fatores, da evolução tecnológica, do avanço da ocupação territorial, das facilidades de transportes etc. O seu estoque não é constante.

(2) Terra. ( ) Constitui-se de todas as pessoas disponíveis para trabalhar. Ou seja, é o potencial de mão de obra no sistema econômico. É o principal fator de produção.

(3) Capital. ( ) Compreende o conjunto das riquezas acumuladas pela sociedade (fábricas, edifícios, máquinas, escolas, hospitais etc.). É com seu emprego que a população ativa se equipa para o exercício das atividades de produção.

1.3. Poupança é:
( ) parcela da renda não consumida.
( ) uma aplicação financeira.
( ) um produto garantido pelo governo federal.
( ) um bem de capital.
( ) um ativo financeiro.

1.4. Os fatores motivadores para que se faça poupança são:
( ) taxas elevadas de juros.
( ) incerteza do futuro.
( ) sobra de renda ou produção.
( ) que os rendimentos futuros sejam inferiores.
( ) Todas as respostas estão corretas.

1.5. Não são papéis importantes que a moeda cumpre na sociedade:
( ) meio de pagamento.
( ) estoque de valor.
( ) unidade-padrão de conta.
( ) intermediária de trocas entre os agentes.
( ) facilidade de manuseio.

1.6. A justificativa para a existência de diversos tipos de intermediários financeiros se dá em função de vários tipos de desejos e circunstâncias específicas, nas quais se encontram os poupadores e os investidores. Não são tipos de intermediação financeira:
( ) intermediação de valores.
( ) intermediação substancial.
( ) intermediação de prazos.
( ) intermediação de riscos de insolvência.
( ) intermediação estocástica.

1.7. Ao executar a transferência de recursos entre agentes superavitários e deficitários, os intermediários financeiros têm uma série de vantagens em relação aos mecanismos primitivos de escambo. Não é(são) vantagem(ns) dos intermediários financeiros:
( ) conhecimento especializado do mercado de capitais.
( ) economias de escala.
( ) influência junto a órgãos de controle de mercado.
( ) volumes suficientes para diversificação e estabilização de riscos (*pooling effect*).

2

Sistema Financeiro

Conteúdo

2.1 Conceitos e funções
2.2 Sistema financeiro internacional
    2.2.1 Investidores internacionais
    2.2.2 Centros financeiros globais
2.3 Sistema financeiro brasileiro
    2.3.1 Órgãos normativos
    2.3.2 Entidades supervisoras
        2.3.2.1 Banco Central do Brasil (Bacen)
        2.3.2.2 Comissão de Valores Mobiliários (CVM)
        2.3.2.3 Superintendência de Seguros Privados (SUSEP)
        2.3.2.4 Superintendência Nacional de Previdência Complementar (Previc)
    2.3.3 Instituições financeiras
        2.3.3.1 Instituições financeiras captadoras de depósito à vista
        2.3.3.2 Demais instituições financeiras
    2.3.4 Bancos múltiplos
    2.3.5 Bancos públicos operadores de políticas governamentais
    2.3.6 Sistema de Pagamento Brasileiro (SPB)
    2.3.7 Sistema Especial de Liquidação e Custódia (Selic)
    2.3.8 Central de Custódia e de Liquidação Financeira de Títulos (Cetip)
Questões para consolidação
Teste de verificação

2.1 Conceitos e funções

Define-se o sistema financeiro de um país como um conjunto de instituições, instrumentos e mercados agrupados de forma harmônica, com a finalidade de canalizar a poupança das unidades superavitárias até o investimento demandado pelas deficitárias.

O sistema financeiro pode ser visto como uma rede de mercados e instituições cuja função é transferir os fundos disponíveis dos poupadores, ou seja, aqueles cuja renda é maior do que seus gastos, para investidores, isto é, aqueles cujas oportunidades de gastos são maiores do que sua renda.

Também podemos entender o sistema financeiro como a soma das unidades operacionais que o compõem e dos responsáveis pelas políticas monetária, creditícia, cambial e fiscal que regulam seu funcionamento, bem como os fluxos monetários entre os que dispõem de recursos financeiros e os que deles carecem para suas atividades de produção ou de consumo.

Com base nessa última visão, nada mais é, portanto, do que um conjunto, pois os agentes financeiros, sem as limitações doutrinárias ou normativas emanadas das autoridades competentes, resultariam em entidades mal definidas e indisciplinadas. Por outro lado, não teria sentido pensar em política econômico-financeira se não existissem as instituições financeiras. Dessa forma, sabe-se muito bem que um sistema que apresenta parcela importante das operações de seus agentes independentemente das autoridades monetárias revela um perigoso grau de instabilidade.

Caso isso ocorra, mais cedo ou mais tarde a situação se tornará insustentável e danosa para o próprio sistema. Assim, a satisfação dos diretores de instituições financeiras pelo alto índice de liberdade operacional que lhes é concedido acaba por se tornar muito onerosa para a coletividade, que sofrerá diretamente as consequências de tal estado de coisas. Conclui-se, então, que a criação de um banco central, para não se falar nas demais autoridades que caracterizam o colegiado que congrega, nas economias modernas, responsáveis pelas já mencionadas políticas econômico-financeiras, decorre não da imposição do Estado, mas da própria economia, que exige sua implantação e bom funcionamento.

Dessa maneira, fica evidenciado o motivo pelo qual o sistema financeiro de cada nação é sempre coerente com seu grau de desenvolvimento e com sua força econômica. As instituições surgem, evoluem e diversificam suas funções, como um imperativo do próprio progresso nacional. Compete às autoridades monetárias e fiscais anteciparem-se às necessidades de mercado e da produção, ao mesmo tempo em que cuidam de corrigir e disciplinar as distorções porventura existentes no sistema.

Segundo Rossetti (1997), o sistema financeiro das nações difere quanto a pelo menos cinco aspectos:

- os padrões com que as instituições normativas interferem nas regras de intermediação;
- a diversidade das instituições de intermediação e de suas carteiras operacionais;
- os tipos de instrumentos de captação de recursos e de operações ativas;
- a estrutura dos ativos financeiros, monetários e não monetários, quanto a taxas de participação de cada um deles no estoque do sistema como um todo; e
- os graus de abertura em relação ao sistema financeiro internacional.

O sistema financeiro é um dos setores mais regulamentados do mundo. Isso ocorre porque os governos devem aumentar a informação disponível aos participantes, garantir o adequado funcionamento do sistema e melhorar ou exercer o controle sobre a oferta de moeda.

Em outras palavras, o processo de desenvolvimento é, por definição, cambiante, requerendo e motivando transformações, a começar pelas de ordem estrutural. Por isso mesmo, se o sistema financeiro não acompanha as exigências das modificações acusadas pela economia, ou se funcionam em sentido oposto a elas, isso tenderá a constituir-se em grave obstáculo às atividades produtivas, desestimulando o esforço da coletividade, que verá frustrados seus justos anseios de progresso.

Resumindo, o mau funcionamento do sistema financeiro gera perturbações nos fluxos monetários, cujos efeitos, quando excessivos, são de demorada correção e manifestam-se sob as seguintes formas:

- luta desenfreada pelos recursos financeiros, encarecendo-os;
- transferência de atividades econômicas próprias da iniciativa privada para o setor público;
- instabilidade do nível de preços e consequente inutilização das previsões econômicas;
- desvirtuamento das funções das instituições financeiras elevando o custo do dinheiro e gerando um descrédito com o público;
- insuficiência de dinamização do mercado financeiro nacional, que passa a funcionar como um sistema arterial esclerosado; e
- desestímulo à poupança espontânea dos indivíduos e das empresas, que passa a ser substituída pela de caráter forçado, nem sempre transformada em investimento, mas em despesa de custeio do Estado.

O sistema financeiro, de maneira simplificada, pode assumir três funções básicas na economia:

- facilitar a designação temporal (e espacial) de recursos, permitindo que os agentes transladem suas decisões de investimento e consumo entre distintos momentos de tempo e áreas geográficas, aumentando suas possibilidades de eleição;
- possibilitar a canalização da poupança ao investimento, permitindo que a poupança encontre seu uso alternativo mais produtivo;
- proporcionar ferramentas para a redistribuição e a diversificação dos riscos, permitindo sua gestão por parte dos agentes.

Podemos dizer que as principais funções de um sistema financeiro na economia são:

- promover a poupança;
- arrecadar e concentrar a poupança em grandes volumes;
- transformar a poupança em créditos especiais;
- encaminhar os créditos às atividades produtivas; e
- gerenciar as aplicações realizadas e manter um mercado para elas.

A justificativa para o desenvolvimento do sistema financeiro é que, em determinado momento, algumas unidades econômicas gastam menos do que recebem e adiam temporariamente seu consumo (poupam), e outras, pelo contrário, gastam acima de seus ingressos, antecipam seus consumos e devem solicitar recursos emprestados no mercado. As primeiras são unidades superavitárias ou superavitárias de liquidez monetária, e as segundas, unidades deficitárias. Para canalizar a poupança das unidades superavitárias de liquidez até as deficitárias, faz falta um mercado organizado onde, por meio dos intermediários financeiros, se consiga pôr em contato com estas unidades.

A vantagem de dirigir-se a um mercado organizado por ambas as partes é a maximização do tempo, pois, além de encontrarmos transparência, há a operatividade, e como custo que as partes terão que suportar está a comissão que os intermediários cobram pela gestão.

As unidades deficitárias emitem nos mercados títulos dirigidos às unidades superavitárias que desejam emprestar sua liquidez em troca de um rendimento através de emissões no mercado primário. Uma vez que os títulos emitidos começam a ser negociados, esse mercado passa a se chamar mercado secundário.

Dentro do sistema financeiro e como resultado da presença de intermediários financeiros, os ativos vão se transformando segundo as necessidades dos mercados e dos investidores.

No sistema financeiro haverá sempre três elementos fundamentais:

1. instituições ou intermediários financeiros;
2. mercados financeiros; e
3. instrumentos ou ativos financeiros.

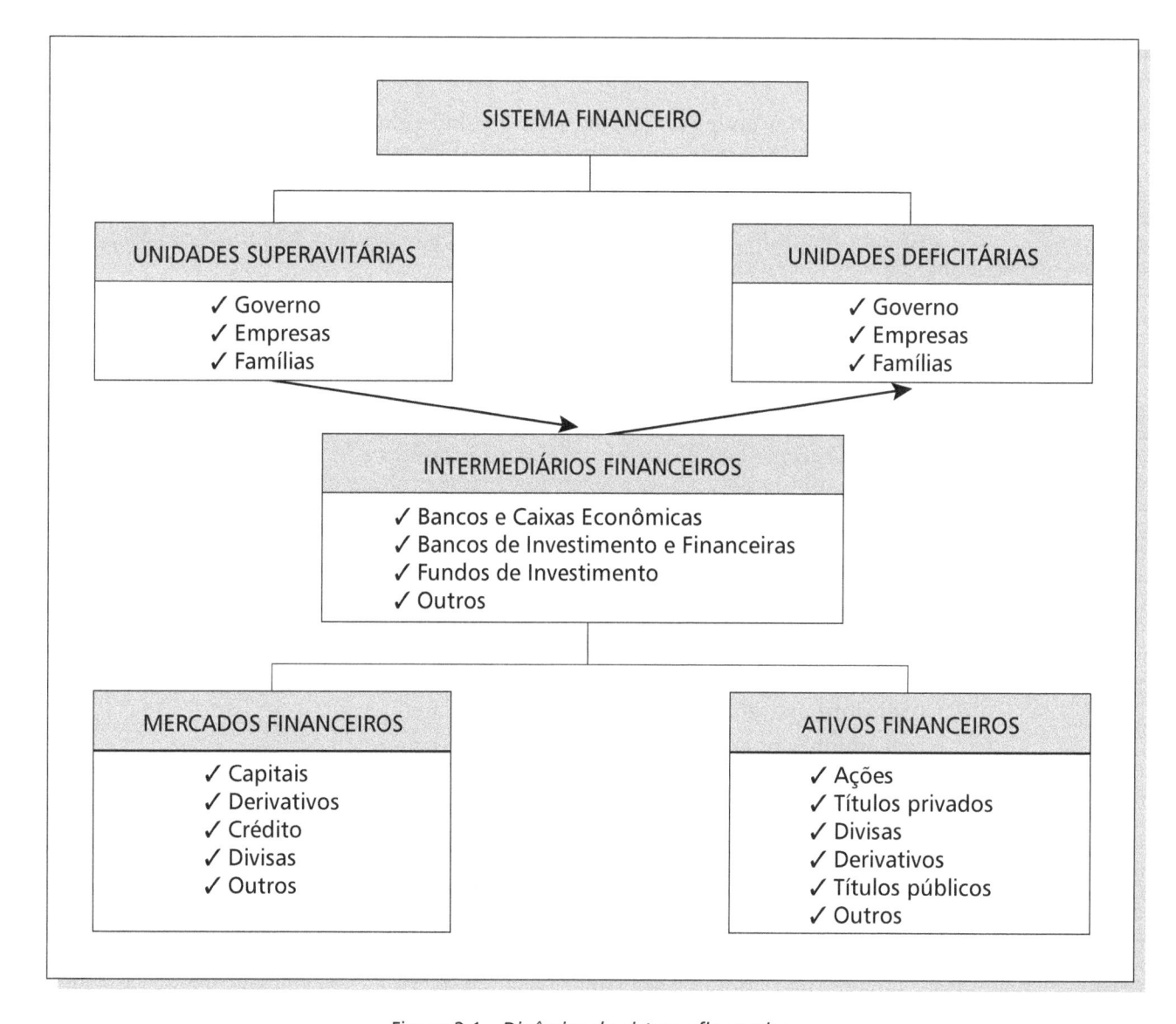

Figura 2.1 *Dinâmica do sistema financeiro.*

O sistema financeiro será o marco dentro do qual as unidades superavitárias e deficitárias buscarão os instrumentos financeiros de que necessitem, ofertados, geralmente, pelos intermediários financeiros dentro dos mercados financeiros.

A evolução dos sistemas financeiros pode ser distinguida em três etapas:

1ª) **Fase baseada nos bancos.**

A evolução caracteriza-se porque nela os bancos são os protagonistas no desempenho das funções básicas que assumem os sistemas financeiros: captação e investimento da poupança financeira; controle e disciplina da atuação de seus clientes; e administração do sistema de pagamentos da economia.

2ª) **Fase dirigida pelo mercado.**

Caracteriza-se pela aparição e crescente importância das instituições não bancárias. Essas instituições introduzem novos instrumentos financeiros nos mercados de capitais e monetários, competindo com os bancários na captação e colocação de fundos.

3ª) **Fase em que se produz um forte desenvolvimento da titularização.**

Caracteriza-se pela transferência da função de captação e alocação dos novos fluxos de poupança dos intermediários financeiros diretamente para os mercados.

O final da década de 1980 já sinalizava as necessidades que o novo panorama financeiro nos traria. Entre elas, destacam-se:

- transferência dos riscos em curso;
- transferência do risco de crédito;
- crescimento da liquidez dos empréstimos ou dos investimentos;
- acesso a novos recursos de fundos; e
- incremento dos fundos próprios e capital de risco.

Pode-se dizer que entramos numa etapa em que a força da empresa será sua estratégia financeira. Para responder às necessidades de investimento e endividamento das empresas, o sistema financeiro vem se estruturando para diversificar seus produtos e possibilitar a realização de estratégias financeiras mais sofisticadas.

2.2 Sistema financeiro internacional

O entendimento do sistema financeiro internacional inicia-se pela compreensão da ordem monetária internacional. Essa ordem pode ser definida como o conjunto de convenções, acordos e regras – explícitas ou não – estabelecido entre países interdependentes. Esse arcabouço de regulamentos deve servir de base para ações que envolvem dois ou mais países. Como as transações econômicas entre os países contemplam uma dimensão monetária, uma ordem monetária internacional deve estabelecer os instrumentos de pagamento a serem utilizados, bem como o relacionamento entre as diversas moedas dos países que aderirem a essa ordem.

As ações internacionais efetivas levadas a cabo pelos vários agentes econômicos dos países pertencentes a determinada ordem monetária fazem parte do sistema financeiro internacional, que poderá refletir as condições estabelecidas pela primeira ou refutar as determinações preestabelecidas. Se o sistema financeiro internacional passar a se distanciar do conjunto de regulamentos existentes, então deverá ocorrer transformação da ordem monetária internacional vigente.

De maneira geral, as diversas ordens monetárias internacionais que se sucederam historicamente contemplaram os seguintes aspectos:

- definição dos participantes;
- grau de adesão de cada membro ao conjunto de regras estabelecidas;
- regras para os ajustes dos balanços de pagamentos dos países-membros;
- padrão monetário;
- relação entre as várias moedas dos países participantes;
- tipo de câmbio (fixo ou flutuante);
- convertibilidade entre as moedas;
- liquidez internacional;
- financiamento dos desequilíbrios dos balanços de pagamentos; e
- criação de instituições tutelares.

Uma das mais fascinantes ordens financeiras internacionais é o euromercado, cujas origens remontam à década de 1950. Seu desenvolvimento introduziu a movimentação de um gigantesco volume de ativos líquidos internacionais, sob a forma de dólares e outras moedas, em mãos de bancos comerciais e bancos de investimento.

Os eurodólares correspondem especificamente aos dólares mantidos em depósitos num banco ou numa agência bancária localizada fora dos Estados Unidos, ou ainda aplicados em facilidades bancárias internacionais. Assim, o mercado de eurodepósitos equivale a depósitos em dólares americanos mantidos num banco fora dos Estados Unidos e que poderão ser emprestados nessa moeda. Como consequência, será gerado o mercado de eurocrédito em dólares, permitindo que a carteira dos investimentos seja realizada numa moeda forte e com credibilidade.

Seguem-se as singularidades que diferenciam o euromercado dos demais mercados:

1. a intermediação efetua-se em moeda distinta da utilizada no país em que se situa o intermediário; quer dizer, um dólar, nos Estados Unidos, é um dólar, enquanto em Frankfurt ou em Tóquio é um euro/dólar;
2. trata-se de mercados atacadistas, nos quais pequenas operações não têm sentido. Geralmente, as quantias negociadas são, pelo menos, de um milhão de dólares;
3. pelo motivo anterior, os agentes que intervêm são operadores importantes: bancos privados, bancos centrais, grandes empresas multinacionais, investidores institucionais e grandes fortunas internacionais;
4. são mercados monetários, nos quais prevalecem as operações de curto prazo que, geralmente, não ultrapassam o ano;
5. caracterizam-se por sua universalidade. Apesar do prefixo "euro", os principais centros encontram-se em zonas geograficamente muito distantes; e

6. as transações interbancárias alcançam grande importância, principalmente as de terceiros.

A evolução do sistema financeiro internacional registrou no século XX três fases principais: o padrão-ouro, o padrão-dólar e o padrão dos direitos especiais de giro.

Fase do padrão-ouro

Durante esse período, relacionava-se o valor da moeda ao ouro (uma moeda equivale a tantas onças de ouro) e permitiam-se, sem restrições, a importação e a exportação desse ouro; portanto, havia a liberdade de movimentos desse metal. Foi um sistema de câmbio fixo que teve como base de troca o ouro, que vigorou de 1816 a 1933. Nesse sistema, os países-membros fixavam certa quantidade de ouro pela qual sua moeda podia ser livremente convertida por meio de seus bancos centrais.

Em 1922, o sistema do padrão-ouro foi retomado e incorporou-se a libra como moeda de reserva. A Grã-Bretanha adotou oficialmente o padrão-ouro em 1816, com a paridade definida em 123,27 grãos de ouro por libra esterlina. A libra esterlina desempenhou papel fundamental no sistema financeiro internacional até o início da Primeira Guerra Mundial. Isso porque a confiança na força e na estabilidade do Estado britânico e o prestígio e a competência do Banco da Inglaterra fizeram com que o comércio internacional cotasse suas transações em libras esterlinas. Como essa era a principal moeda, muitos países a utilizavam como reserva.

Os anos 1930 viram o colapso do comércio internacional e dos fluxos financeiros internacionais à medida que os países levantavam barreiras tarifárias e impunham restrições dos fluxos de capital. Já em 1934, foi suspensa a convertibilidade ao ouro.

Fase do padrão-dólar (sistema de Bretton Woods)

Durante a Segunda Guerra Mundial, foi preparado um novo sistema internacional estável que devia assegurar desenvolvimento equilibrado das trocas internacionais e fomentar o crescimento das economias nacionais. Ganharam as propostas americanas que resultaram nos acordos de Bretton Woods.

O sistema ficou assim conhecido em função da cidade de mesmo nome, local em que foi realizada uma conferência com 45 países participantes para definir a nova ordem mundial após a Segunda Guerra Mundial. Com esse sistema, passou a vigorar um padrão monetário internacional puro, isto é, o padrão-dólar, e as taxas de conversão passaram a ser fixas, mas ajustáveis em função de necessidades. Esse sistema funcionou bem até o Acordo Smithsoniano, firmado entre os países do Grupo dos Dez, que dificultou a estabilização das taxas de câmbio.

Fase do padrão dos direitos especiais de giro (DEGs)

Em 1973, verificou-se nova onda de especulação contra o dólar dos Estados Unidos, que forçou a sua desvalorização e não se vinculou mais ao ouro. Em 1976, a primeira crise do petróleo fez com que se reunisse o Grupo dos Vinte e com que seus integrantes chegassem ao acordo da Jamaica, que definiu o atual sistema em vigor.

As principais características são:

- liberdade de eleição do regime da taxa de câmbio (fixo ou flutuante); e
- desmonetização do ouro como moeda de reserva, substituindo-o pelos direitos especiais de giro e apoio moderado aos países em desenvolvimento com problemas de Balanço de Pagamentos.

Quadro 2.1 *Evolução do lastro da moeda.*

Fases	Período	Características		Taxa do sistema	Acordo
		Base	Regras		
Padrão-ouro	1870-1922	Ouro	Paridade fixa	Câmbio fixo	Não existia
Padrão-ouro	1922-1944	Ouro	Paridade fixa	Câmbio fixo	Conferência de Genebra
Padrão $	1944-1971	Ouro/Dólar	± 1% paridade	Câmbio fixo	Bretton Woods
Padrão $	1971-1973	Dólar DEG	± 2,25% paridade	Câmbio fixo	Smithsoniano
Padrão DEG	1976	DEG	Flutuante	Câmbio flutuante	Conferência de Jamaica

Nas últimas três décadas, apesar das turbulências resultantes de altos níveis de inflação, instabilidade cambial, reciclagem de petrodólares e crises financeiras internacionais, surgiu um vasto mercado financeiro global. Alguns consultores internacionais estimam que o estoque total de ativos financeiros negociados nos mercados de capitais globais tenha crescido 16 vezes ao longo do período, aumentando de US$ 5 trilhões, em 1980, para um valor estimado em US$ 83 trilhões, em 2000. Os fluxos financeiros atingem hoje uma escala e um escopo sem precedentes e crescem incessantemente.

O sistema financeiro internacional atualmente baseia-se em um tripé fortemente armado por mais de 180 países. Esse tripé é constituído pelo Banco Mundial, o FMI e os diversos bancos centrais do mundo. Cada um deles tem a sua participação nas decisões econômicas e sociais pelo mundo inteiro e tem a responsabilidade de desenvolver o mundo financeira e socialmente, para aumentar o bem-estar da sociedade em geral.

BANCO MUNDIAL (THE WORLD BANK GROUP)

Concebido durante a Segunda Guerra Mundial, em Bretton Woods, no Estado de New Hampshire (EUA), o Banco Mundial inicialmente ajudou a reconstruir a Europa após a guerra. O trabalho de reconstrução permanece como um enfoque importante do Banco Mundial devido aos desastres naturais, emergências humanitárias e necessidades de reabilitação pós-conflitos, mas atualmente a principal meta do Banco Mundial é a redução da pobreza no mundo em desenvolvimento.

O Banco Mundial é uma importante fonte de assistência para o desenvolvimento, proporcionando cerca de US$ 30 bilhões anuais em empréstimos para os seus países clientes. Ele utiliza seus recursos financeiros, seu pessoal altamente treinado e sua ampla base de conhecimentos para ajudar cada país em desenvolvimento numa trilha de crescimento estável, sustentável e equitativo. O objetivo principal é ajudar as pessoas mais pobres e os países mais pobres. Para todos os seus clientes, o Banco Mundial ressalta a necessidade de:

- investir nas pessoas, especialmente por meio da saúde e da educação básica;
- proteger o meio ambiente;
- apoiar e estimular o desenvolvimento dos negócios das empresas privadas;
- aumentar a capacidade dos governos para prestar serviços de qualidade com eficiência e transparência;
- promover reformas para criar um ambiente macroeconômico estável conducente a investimentos e a planejamento de longo prazo; e
- dedicar-se a desenvolvimento social, inclusão, boa governança e fortalecimento institucional como elementos essenciais para a redução da pobreza.

O Banco Mundial também ajuda os países a atrair e a reter investimento privado. Com seu apoio, tanto por meio de empréstimos quanto de assessoramento, os governos estão reformando as suas economias, fortalecendo seus sistemas bancários e investindo em recursos humanos, infraestrutura e proteção ao meio ambiente, o que realça a atração e a produtividade dos investimentos privados.

Além de financiar projetos, o Banco Mundial também oferece sua grande experiência internacional em diversas áreas de desenvolvimento:

- é um dos pilares do desenvolvimento social e econômico mundial desde a Segunda Guerra Mundial;
- é a única agência supranacional de financiamentos com presença e impacto globais;
- angaria fundo nos mercados financeiros internacionais para combater a pobreza através do financiamento de projetos nos países em desenvolvimento;
- ajuda a atrair investimentos privados através de coinvestimentos, garantias e seguros de risco político; e
- oferece aconselhamento econômico e técnico aos países-membros.

O grupo do Banco Mundial é constituído por cinco instituições estreitamente relacionadas e sob uma única presidência:

Banco Internacional para a Reconstrução e o Desenvolvimento (Bird)

o Bird é uma organização internacional que promove cooperação internacional monetária e financeira e serve como banco para os bancos centrais. Fundado em 17 maio de 1930, é hoje a mais velha organização financeira internacional.

O Bird proporciona empréstimos e assistência para o desenvolvimento a países de rendas médias com bons antecedentes de crédito. O poder de voto de cada país-membro está vinculado às suas subscrições de capital, que por sua vez estão baseadas no poder econômico relativo de cada país. O Bird levanta grande parte dos seus fundos através da venda de títulos nos mercados internacionais de capital.

Como seus maiores clientes são os bancos centrais, o Bird não pode aceitar ou prover serviços financeiros para indivíduos privados ou corporações.

Associação Internacional de Desenvolvimento (AID)

a AID foi criada em 1960, com 164 membros. Desempenha papel importante na missão do Banco Mundial, que é a redução da pobreza. A assistência da AID concentra-se nos países mais pobres, aos quais proporciona empréstimos sem juros e outros serviços. A AID depende das contribuições dos seus países-membros mais ricos – inclusive alguns países em desenvolvimento – para levantar a maior parte dos seus recursos financeiros.

Corporação Financeira Internacional (IFC)

a IFC foi estabelecida em 1956, possui 175 membros e promove o crescimento no mundo em desenvolvimento mediante o financiamento de investimentos do setor privado e a prestação de assistência técnica e de assessoramento a governos e empresas. Em parceria com investidores privados, a IFC proporciona tanto empréstimos quanto participação acionária em negócios nos países em desenvolvimento.

Agência Multilateral de Garantia de Investimentos (Amgi)

criada em 1988, possui 163 membros e ajuda a estimular investimentos estrangeiros nos países em desenvolvimento por meio de garantias a investidores estrangeiros contra prejuízos causados por riscos não comerciais. A Amgi também proporciona assistência técnica para ajudar os países a divulgar informações sobre oportunidades de investimento.

Centro Internacional para Acerto de Disputas de Investimento (Ciadi)

o Ciadi foi estabelecido em 1966 e tem mais de 139 países-membros. Proporciona instalações para a resolução – mediante conciliação ou arbitragem – de disputas referentes a investimentos entre investidores estrangeiros e os seus países anfitriões.

Fundo Monetário Internacional (FMI)

O FMI é uma organização multilateral criada sob os auspícios das Nações Unidas, na Conferência realizada de 1º a 22 de julho de 1944, na cidade de Bretton Woods, no Estado de New Hampshire, nos Estados Unidos.

Após o *crack* da Bolsa de New York, uma grande crise se instaurou nos Estados Unidos, afetando todo o mundo. A fim de salvar os negócios da época, havia um grande esforço em pressionar as exportações e controlar as importações nos países. Porém, apenas alguns conseguiam se beneficiar, enquanto outros enfrentavam problemas cada vez maiores. Viu-se, então, a necessidade de uma organização para o comércio e finanças mundiais. A Segunda Guerra Mundial, no entanto, provocou um atraso no estabelecimento de qualquer acordo nesse sentido. Após a guerra, foram iniciados estudos para a criação de uma entidade mundial cujo papel seria fixar as normas internacionais e contribuir diretamente para a manutenção do equilíbrio dos pagamentos no comércio entre os países. O resultado foi a criação do Fundo Monetário Internacional. Suas operações tiveram início em março de 1947. É a principal instituição financeira internacional.

O objetivo geral do FMI é estimular a cooperação internacional, facilitar a expansão e o crescimento equilibrado do comércio mundial, promover a estabilidade cambial e colaborar para o estabelecimento de um sistema de pagamentos internacionais e para a eliminação de restrições cambiais. Outro de seus objetivos é que torna o FMI mais conhecido (ou temido). Numa tradução livre, "incutir confiança aos países-membros, disponibilizando temporariamente, sob adequadas salvaguardas, recursos para que possam corrigir desequilíbrios em seus balanços de pagamentos, sem que tenham que recorrer a medidas destrutivas da prosperidade nacional ou internacional". O FMI teria a função básica de fornecer recursos financeiros, tal como um banqueiro de última instância, para aqueles países que apresentassem déficits nas contas externas decorrentes de conjunturas internacionais adversas.

Na prática, tanto o FMI como o Banco Mundial ganharam importância com a crise da dívida externa, nos anos 1980, quando emprestaram ou autorizaram empréstimos apenas aos países que se dispuseram a adotar programas de ajuste de corte neoliberal.

Tanto o FMI quanto o Banco Mundial são dirigidos por um "comitê de governadores". Cada país é representado por um governador. Teoricamente, os governadores elegem o presidente do Banco Mundial, porém, na prática, o presidente do Bird é sempre um cidadão dos Estados Unidos, escolhido pelo governo norte-americano. Já o diretor-presidente do FMI é tradicionalmente um europeu. No dia a dia, o Banco Mundial e o FMI são conduzidos por seus diretores-executivos.

Os fundos do FMI são constituídos por cotas subscritas pelos países-membros, pagas em ouro, dinheiro e Direitos Especiais de Saque (DES). As cotas são determinadas de acordo com uma fórmula que leva em conta um conjunto de variáveis econômicas e financeiras, revistas a cada cinco anos. Em 1962, houve aumento substancial dos recursos disponíveis do FMI quando os países do Grupo dos Dez assinaram o Acordo Geral para Captação de Empréstimos, pelo qual foi concedido ao FMI um crédito de US$ 6,5 bilhões, a ser usado em caso de necessidade. Esse instrumento de crédito expandiu-se repetidamente.

Em 1970, houve novo aumento de fundos com a criação de uma nova forma de moeda internacional, os Direitos Especiais de Saque. Os DES são uma forma de moeda internacional criada pelo FMI para transações internacionais entre bancos centrais, e seu valor corresponde à média ponderada das principais moedas internacionais – dólar, iene, euro e libra esterlina. São alocados aos países-membros como proporção de suas cotas de subscrição no FMI.

Quanto à disponibilização de capital, o FMI pode emprestar até 25% da cota do país que solicita o empréstimo. Caso o empréstimo seja maior que 25%, o FMI deve seguir dois princípios. Primeiro: "as *reservas* de moedas no FMI existem para o benefício de todos os membros". Espera-se que cada membro que solicita empréstimo dessas reservas pague o empréstimo quando seus problemas financeiros estiverem resolvidos. Segundo: antes de o FMI retirar qualquer quantia das reservas, o país-membro deve demonstrar como pretende resolver seus problemas financeiros para que possa pagar o FMI no período normal de pagamento, de três a cinco anos. O FMI tem a obrigação para com todos os membros de preservar sua integridade financeira em suas transações, emprestando fundos somente caso o membro solicitante venha a usá-los eficazmente. Portanto, junto ao pedido de empréstimo, o membro solicitante apresenta ao FMI um plano de reforma para reduzir os gastos governamentais, introduzir uma política monetária eficaz e para lidar com certas "fraquezas estruturais" (como a necessidade de privatizar órgãos públicos ineficientes). Se os diretores-executivos se satisfizerem com a proposta de reformas apresentada pelo membro, o empréstimo será desembolsado em prestações de acordo com o andamento das reformas. Se tudo correr bem, o empréstimo será reembolsado no tempo estipulado, e o membro, com as reformas necessárias em andamento, sairá dessa experiência economicamente mais forte.

Assim, o FMI avalia políticas cambiais dos países-membros a partir de análise abrangente da situação econômica geral e das estratégias de política econômica de cada membro. O FMI desempenha suas funções de vigilância por meio de: consultas anuais bilaterais por país; inspeções semestrais multilaterais direcionadas por suas "perspectivas econômicas mundiais" e por sugestões preventivas individualizadas; fiscalização cada vez mais aprimorada e programas de monitoração dos resultados para membros individuais. Além disso, o FMI oferece assistência técnica, que é um apoio e consultoria oferecidos pelo FMI a seus membros em várias áreas: planejamento e implementação de políticas fiscais e monetárias; formação de instituições – como desenvolvimento de bancos centrais e departamentos do Tesouro; tratamento e prestação de contas de transações com o FMI; coleta e aperfeiçoamento de dados estatísticos; e treinamento de pessoal.

2.2.1 Investidores internacionais

Com o fenômeno da globalização dos mercados financeiros, os mercados de capitais, para acompanharem esse novo ciclo de desenvolvimento, tiveram que se reformular, e como resultado tivemos a redução dos entraves à entrada do capital estrangeiro. Com isso, o investidor estrangeiro passou a ter papel importante para o desenvolvimento de um país.

Os investidores estrangeiros continuamente deixam de aplicar em seus mercados locais e passam a investir em mercados internacionais, em busca de:

- maiores lucros;
- menor risco; ou
- menor volatilidade por meio da diversificação.

No caso brasileiro, como somos um país emergente, os investidores internacionais vêm em busca de oportunidades para alavancagem de rentabilidade. Portanto, o capital estrangeiro pode ser considerado como um capital volátil e sensível à conjuntura internacional.

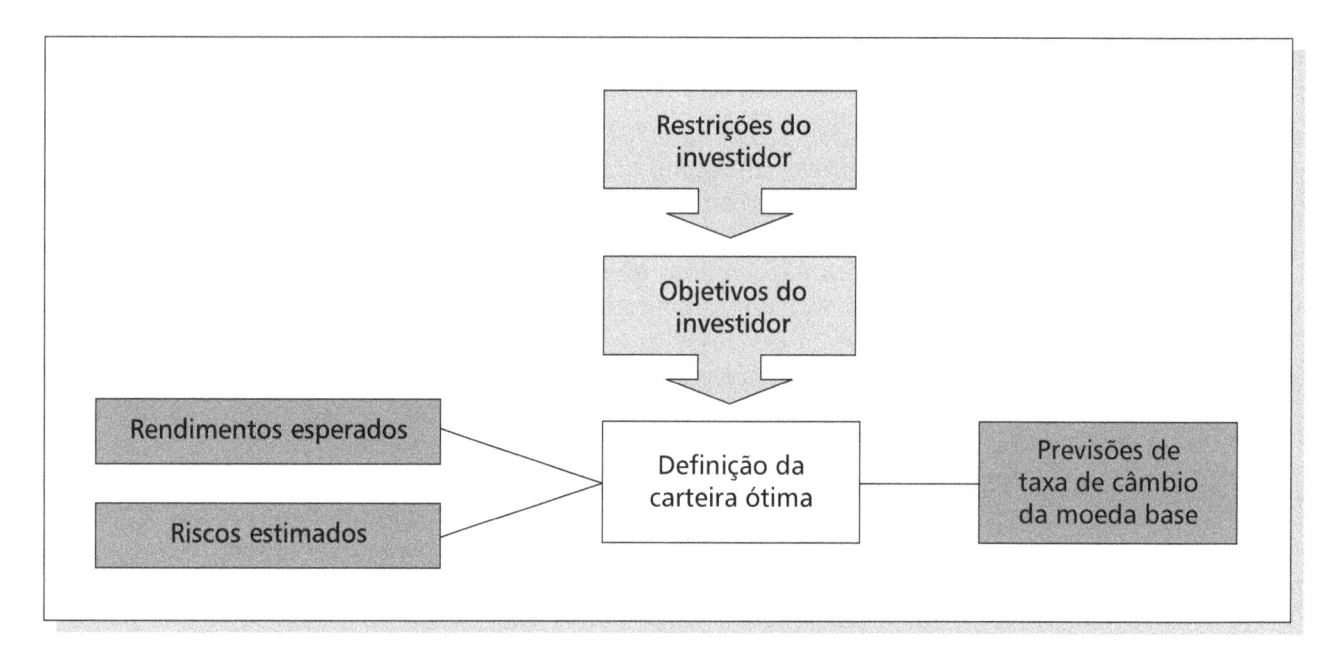

Figura 2.2 *Processo de tomada de decisões para o investimento estrangeiro.*

Os investimentos em mercados internacionais geralmente são feitos com:

- investimento direto em ações desses mercados;
- investimentos indiretos, mediante aquisição de empresas com registros em bolsas de outros países;
- fundos mútuos abertos e fechados, fundos fiduciários ou companhias de investimento; e
- recibos de depósito de ações (DR).

A entrada de investidores internacionais numa economia pode surtir efeitos positivos e negativos. Entre eles, destacamos:

Efeitos positivos	Efeitos negativos
• melhora na imagem internacional do país; • com entrada de divisas, o governo pode financiar seu déficit por prazos maiores e com taxas de juros menores; • aumento no fluxo de divisas favorece as empresas, propiciando maiores facilidades para investimentos em imobilizado e no aumento da produção, com custos mais favoráveis.	• um incremento descontrolado do fluxo de divisas pode causar desequilíbrio nas contas do país; • quando um país abre o mercado ao mesmo tempo em que busca uma estabilidade financeira, os investidores passam a se preocupar com o cumprimento das tarefas do governo (ajuste fiscal, reformas constitucionais etc.) e, a qualquer sinal de dificuldade para executá-las, perdem a confiança e retiram abruptamente seus recursos; • o país tem dificuldades para controlar uma fuga de capitais numa eventual crise financeira internacional.

2.2.2 Centros financeiros globais

Centros financeiros globais são cidades especializadas na prestação de serviços financeiros internacionais. Sua função é intermediar fluxo financeiro entre países. Isso é feito pelos mercados financeiros e pelas empresas neles instaladas. O conjunto de instituições financeiras presentes em um centro financeiro determina um leque de atividades a serem desenvolvidas.

As instituições financeiras concentram-se em determinados centros devido aos poderosos fatores de atração que afetam a atividade de serviços financeiros, que resultam em uma concentração de prestadores de serviços financeiros.

Os centros financeiros podem ser classificados de acordo com sua ordem hierárquica, em:

- **centros financeiros globais**: oferecem vasta gama de serviços, especialmente nos mercados atacadistas, para uma clientela mundial. Há três centros financeiros globais: Londres, New York e Tóquio. Cada um deles é o maior na área de seu fuso horário;
- **centros financeiros regionais internacionais**: prestam serviços financeiros a uma região e fazem a intermediação dos fluxos financeiros dos centros globais e de outros centros regionais e nacionais. Os principais centros desse tipo são: Amsterdã, Frankfurt, Luxemburgo, Milão, Paris e Zurique (na Europa); Hong Kong, Singapura, Sydney, Manila, Seul, Shangai e Taipei (na Ásia-Pacífico); Chicago, Boston, Los Angeles, Toronto (na América do Norte);
- **centros *offshore***: são entrepostos financeiros que fazem a intermediação entre fluxos financeiros com pouca ligação com o sistema financeiro do país em que estão situados. Em geral, a denominação aplica-se a lugares como as Ilhas Caimã, Bahamas, Antilhas Holandesas e Ilhas do Canal; e
- **centros financeiros nacionais**: atendem a necessidades nacionais ou regionais, atuando em serviços de varejo e comércio bilateral entre a própria economia e outras economias.

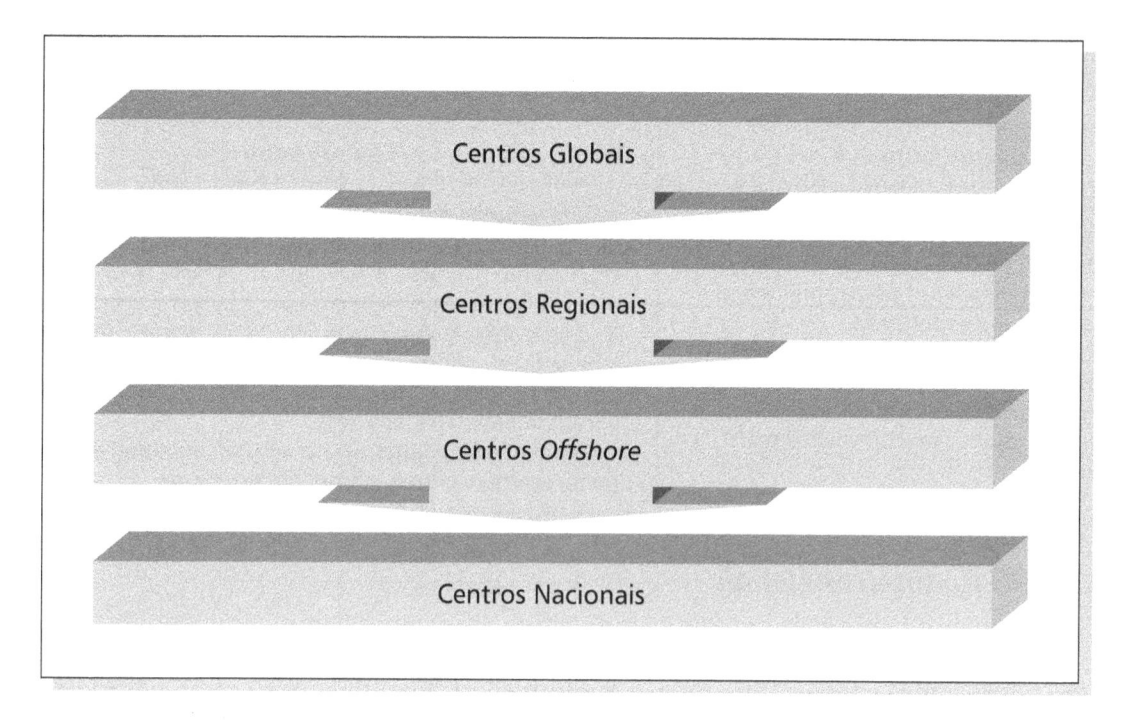

Figura 2.3 *Centros financeiros.*

A concentração dos mercados financeiros em centros especializados se deve às economias externas de escala e economias de aglomeração. Economias externas de escala ocorrem quando existe uma relação positiva entre eficiência e tamanho do segmento de atividade em que as instituições operam, proporcionando maior eficiência e liquidez e menores custos de transação, além de menores falhas de mercado. As economias de aglomeração ocorrem em consequência da concentração de atividades complementares nos centros financeiros, aumentando a competitividade das instituições financeiras e tornando mais atraente a localização em dado centro. Quanto maior o centro, mais ampla e mais variada a concentração de atividades complementares.

Historicamente, a Antuérpia pode ser considerada o primeiro centro financeiro no século XVI. Com sua invasão pelos espanhóis, em 1585, Amsterdã passa a ser considerada o principal porto e centro financeiro internacional, durante os dois séculos seguintes.

Em 1795, com a ocupação dos franceses, Londres, que já era considerada o maior porto do mundo, passou a ser o principal centro financeiro internacional da época.

Paralelamente ao desenvolvimento de Londres como centro financeiro de destaque, surgem outros centros, como o de Paris e Berlim. Mas durante a Primeira Guerra Mundial esses três centros deixam de funcionar, e New York assume a liderança internacional.

No início da década de 1960, com a deterioração do balanço de pagamentos dos EUA, em decorrência da Guerra do Vietnã, Londres volta a se destacar no cenário internacional e passa a desempenhar um papel de liderança no desenvolvimento dos mercados de eurodólares e eurobônus. Já na década de 1970, com o fluxo de petrodólares, Londres tem sua liderança reforçada.

O final da década de 1990 foi caracterizado pelas fusões de grandes bolsas de valores.

2.3 Sistema financeiro brasileiro

A origem do sistema financeiro brasileiro está na criação, em 1808, por alvará de D. João VI, príncipe regente, do primeiro banco, denominado Banco do Brasil. Como única instituição do gênero no país, ele passou a acumular, a partir de 1809, as funções de banco de depósitos, descontos e emissão, gozando ainda do privilégio da venda dos produtos comercializados pela Coroa.

Ao final dos anos 1920, foi criada a Inspetoria Geral de Bancos, que, junto à Carteira de Redescontos do Banco do Brasil, serviriam de base para a criação, em 1945, da Superintendência da Moeda e do Crédito (Sumoc). Essa inspetoria seria a responsável pela regulação e fiscalização das entidades bancárias.

O período que se seguiu foi marcado pela expansão da rede bancária. A Segunda Guerra Mundial, além de criar estímulos ao processo industrial brasileiro, trouxe também como consequência a nítida consciência de que um organismo como um Banco Central era extremamente necessário. Assim, em 1945, constitui-se a Sumoc.

No período de 1959 a 1961, proliferaram os bancos comerciais e o controle das operações tornava-se cada dia mais deficitário.

Em 1965, é aprovado o projeto que criou o Banco Central do Brasil, órgão coordenador do Sistema Financeiro Nacional.

A evolução do Sistema Financeiro Nacional pode ser dividida em duas grandes fases: antes e depois da Lei nº 4.595, de 31 de dezembro de 1964, dispondo sobre a política monetária e as instituições financeiras.

A Lei nº 4.595/64, após vinte anos de debates parlamentares, introduziu as diretrizes para a reestruturação, o disciplinamento e o posterior desenvolvimento do Sistema Financeiro Nacional, prevalecendo a tese de especialização das instituições por autuação, tanto na captação como na aplicação de recursos; isso possibilitou ganhos de escala e redução dos custos operacionais para que se criasse oferta de empréstimos a menores taxas.

A partir de 1967, a evolução do sistema foi caracterizada pela concentração das instituições financeiras, por meio de fusões e incorporações bancárias e de incentivos à capitalização das empresas. Durante esse processo, no qual os bancos foram incentivados pelos ganhos de escala, menores custos e menores taxas de juros, o sistema bancário adquiriu maior segurança e o governo pôde implantar sua estratégia de internacionalização.

As décadas de 1970 e 1980 são marcadas pela reserva de mercado, com a proibição de cartas patentes (1970) e o sistema de pontos (1985).

No período iniciado na década de 1980 e que alcança os dias atuais, verificou-se a intensificação do papel dos bancos privados como financiadores do setor público (União, estados, municípios e empresas estatais), inclusive em razão da redução da demanda por empréstimos pelos demais agentes econômicos.

Em 21 de dezembro de 1987, o Conselho Monetário Nacional, por meio da Resolução nº 1.524, permitiu que os intermediários financeiros se transformassem em bancos múltiplos, que englobassem atividades até então segmentadas por instituições financeiras. Tal fato permitiu grande mudança na estrutura das agências bancárias, que passaram a oferecer maior diversidade de produtos financeiros, desaparecendo, portanto, o organograma baseado na especialização.

No início dos anos 1990, havia um número elevado de instituições financeiras que se beneficiavam do ganho propiciado pelas transferências inflacionárias, o chamado *floating*, para viabilizar suas operações no âmbito do mercado financeiro. Essa situação foi resultante dos vários anos de inflação e desequilíbrios macroeconômicos, que levaram a constituição desse modelo de sistema financeiro.

Também nesse período os bancos obtinham lucros exorbitantes com a chamada "ciranda financeira". Contavam com grande número de agências para captação de recursos, já que, quanto maior era a inflação do mês, mais os correntistas depositavam o seu dinheiro em fundos de investimentos para que a desvalorização diária não o corroesse. Os bancos lucravam com a aplicação desse dinheiro em forma de empréstimos, já que os juros recebidos eram maiores que aqueles pagos aos correntistas por seus investimentos.

Com a estabilização macroeconômica, o sistema financeiro brasileiro teve que passar por várias mudanças. A estabilização dos preços fez com que a perda do *float*, ou seja, o ganho obtido por meio das transferências inflacionárias para viabilização das operações no mercado financeiro, tanto para os bancos privados como para os públicos, fosse da ordem de quase R$ 9 bilhões ao ano, mostrando que os bancos teriam de se adequar a uma nova era.

O grande número de agências que cada banco possui também se torna inviável economicamente, já que agora não importa mais a abrangência, que era a grande preocupação na década de 1970, e sim a qualidade dos serviços que o banco presta, assim como a automação dos serviços para que o cliente vá com menor frequência ao banco, propiciando uma redução nos custos em relação à folha de pagamento dos funcionários e uma diminuição do número de agências bancárias.

Com o processo de estabilização da economia, ocorreram medidas de restrições de crédito ao consumidor, como também a elevação em 90% dos depósitos compulsórios sobre os depósitos à vista, diminuindo o volume de dinheiro na praça. Em consequência, ocorreu o aumento da inadimplência e um desajuste na carteira de crédito dos bancos, tornando-os vulneráveis. Alguns bancos foram forçados a obter um redesconto com o Banco Central, pois não conseguiam cobrir os rombos diários com seus próprios recursos. Casos como o do Banco Econômico e o do Banco Nacional deram início à fase mais delicada do ajustamento do sistema financeiro brasileiro.

Com a possibilidade de esse quadro agravar-se, foi mais do que necessária a intervenção do governo por meio de medidas voltadas a reestruturar e fortalecer o sistema financeiro, que deram origem ao Proer (Programa de Estímulo à Reestruturação e ao Fortalecimento do Sistema Financeiro Nacional). Essas medidas foram:

- estabelecimento de incentivos fiscais para a incorporação de instituições financeiras;
- instituição do Proer;
- aprovação do estatuto e regulamento do Fundo de Garantia de Crédito; e
- criação de dificuldades à constituição de novas instituições financeiras e incentivo para os processos de fusão, incorporação e transferência de controle acionário.

Após a definição das linhas básicas do Proer, o Banco Central passou a adotar um conjunto de medidas para melhorar a fiscalização e a regulamentação bancária, facilitando sua ação em caráter preventivo, destacando-se:

- aumento do poder de intervenção do Bacen nas instituições financeiras e instituição da responsabilidade penal dos controladores, mesmo que esses não participassem diretamente da administração;
- instituição da responsabilidade das empresas de auditoria contábil ou dos auditores contábeis independentes em casos de irregularidades nas instituições financeiras; e
- alteração da legislação que trata da abertura de dependências dos bancos no exterior e consolidação das demonstrações financeiras dos bancos do Brasil com suas participações no exterior.

A partir da metade da década de 1990, os movimentos de fusões deixaram de ser apenas uma consequência das liquidações do Banco Central para se tornar uma verdadeira "corrida às compras". É possível verificar que as três maiores instituições do mercado bancário adquiriram outras, aumentando suas parcelas de mercado.

Nesse mesmo período, começou também a entrada dos estrangeiros nesse setor. Isso foi possível pela liberação do Banco Central, que antes limitava a presença do capital externo nesse segmento da economia de acordo com a Constituição de 1988. A entrada ou aumento de participação estrangeira no Brasil no setor bancário só era possível em três casos: se fosse considerada de interesse nacional, por reciprocidade a outro país ou em função de acordos internacionais.

A partir de agosto de 1995, o ministro da Fazenda, Pedro Malan, enviou ao presidente um estudo sugerindo que qualquer investidor estrangeiro pudesse participar ou aumentar sua participação no capital de bancos instalados no Brasil, em processos analisados caso a caso, defendendo a necessidade de capitalização, atualização tecnológica e aumento de competitividade do sistema financeiro nacional. A partir daí, ficou definido que o Banco Central controlaria as entradas e o direcionamento do capital estrangeiro.

Os primeiros bancos estrangeiros a entrar no país seguiram uma estratégia do Banco Central, pela qual era oferecida à instituição uma lista de instituições nacionais a serem liquidadas extrajudicialmente, sob intervenção ou em regime de administração especial temporária. Pode-se observar que a participação estrangeira nos ativos dos vinte maiores bancos privados nacionais apresentou um aumento de quase 50% só de 1997 para 1998.

A concentração acabou sendo uma consequência dessas transformações. Com o aparecimento de novos e fortes conglomerados, nacionais e estrangeiros, os outros bancos viram a necessidade de investir os ganhos para garantir a participação no crescimento. Dessa maneira, os grupos tornam-se cada vez maiores, o que caracteriza a concentração do capital, demonstrando parcelas variáveis de participações no mercado.

A evolução da concentração nas cinco maiores instituições do setor bancário brasileiro por patrimônio líquido em milhares de dólares pode ser vista na tabela a seguir.

Ano	Patrimônio Líquido
1994	6.517.465
1995	9.066.481
1996	9.335.435
1997	13.092.652
1998	13.143.471

Fonte: Revista *Suma Econômica*.

Estrutura atual do sistema financeiro brasileiro

O sistema financeiro nacional abrange instituições normativas, supervisoras e operadoras, agrupadas segundo as questões monetária, de seguros e de previdência.

Figura 2.4 *Estrutura do sistema financeiro brasileiro.*

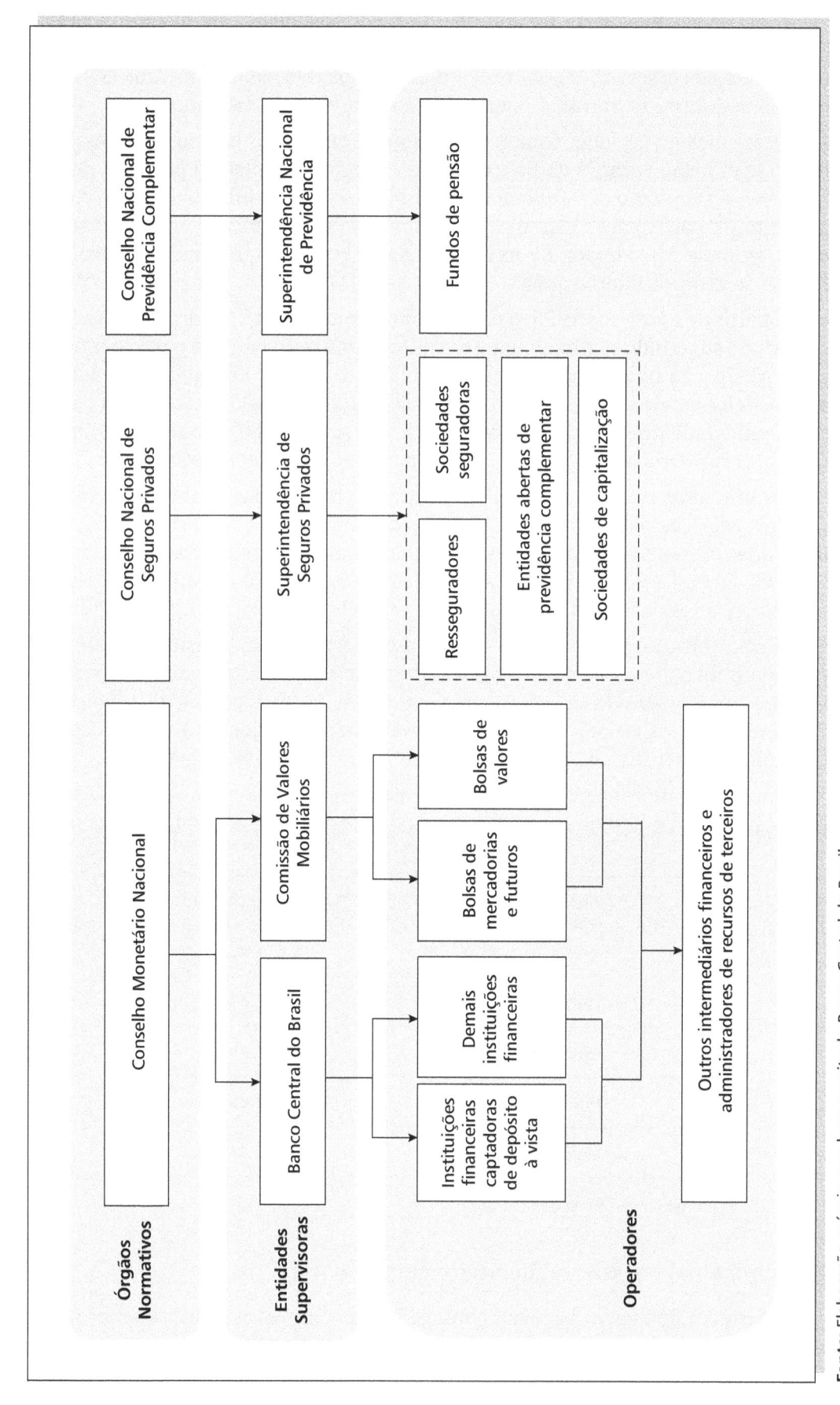

Fonte: Elaboração própria com base no síte do Banco Central do Brasil.

Estrutura do subsistema operativo supervisionado pelo Bacen

Instituições financeiras captadoras de depósito à vista
- ⇨ Bancos comerciais
- ⇨ Bancos múltiplos com carteira comercial
- ⇨ Caixa Econômica Federal
- ⇨ Cooperativas de crédito

Demais instituições financeiras
- ⇨ Bancos múltiplos com carteira comercial
- ⇨ Banco de investimento
- ⇨ BNDES
- ⇨ Bancos de desenvolvimento
- ⇨ Banco de câmbio
- ⇨ Sociedades de crédito, financiamento e investimento
- ⇨ Sociedades de crédito imobiliário
- ⇨ Agências de fomento
- ⇨ Associação de poupança e empréstimo
- ⇨ Companhias hipotecárias
- ⇨ Cooperativas centrais de crédito

Outros intermediários financeiros
- ⇨ Administradores de consórcio
- ⇨ Sociedade de arrendamento mercantil
- ⇨ Corretoras de câmbio
- ⇨ Corretoras de títulos e valores mobiliários (operações de renda fixa)
- ⇨ Distribuidoras de títulos e valores mobiliários (operações de renda fixa)

Estrutura do subsistema operativo supervisionado pela CVM

- Companhias abertas.
- Bolsas de valores.
- Bolsas de mercadorias e futuros.
- Corretoras de títulos e valores mobiliários (operações com títulos e valores mobiliários).
- Distribuidoras de títulos e valores mobiliários (operações com títulos e valores mobiliários).

Estrutura do subsistema operativo supervisionado pela SUSEP

- Sociedades seguradoras.
- Sociedades de capitalização.
- Resseguradoras.
- Entidades abertas de previdência complementar.

Estrutura do subsistema operativo supervisionado pela Previc

- Entidades fechadas de previdência complementar.

2.3.1 Órgãos normativos

Os órgãos normativos exercem um papel de suma importância para todo o sistema financeiro. Eles são partes integrantes de um mesmo todo, estruturadas de forma a promover o desenvolvimento equilibrado do país e a servir aos interesses da coletividade; portanto, nada mais natural que possuam muitas características comuns, relativas a controles hierárquicos, estabilidade no cargo de diretor, competência de regulamentar e de fiscalizar.

Os órgãos normativos são:

- Conselho Monetário Nacional (CMN);
- Conselho Nacional de Seguros Privados (CNSP); e
- Conselho Nacional de Previdência Complementar (CNPC).

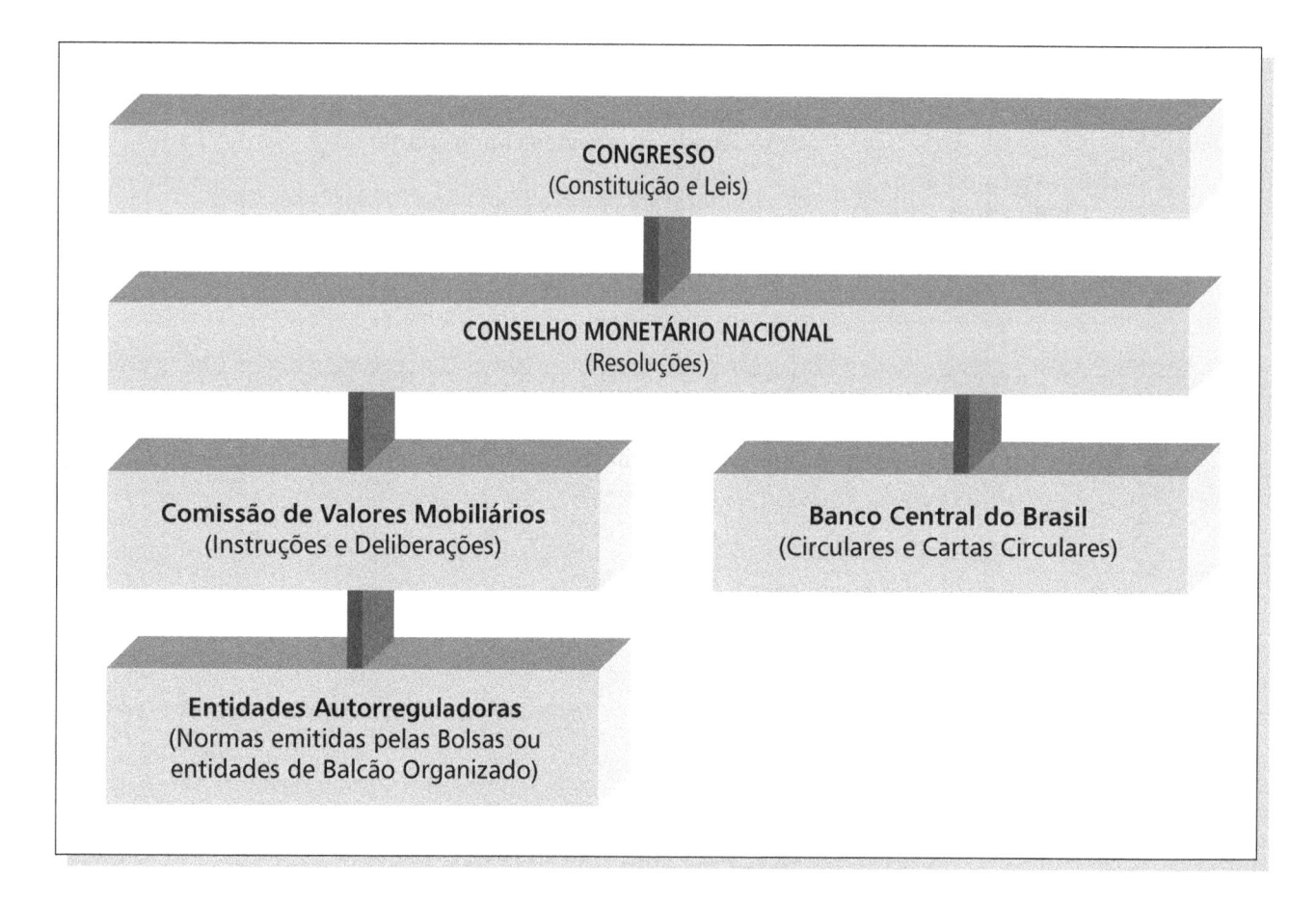

Figura 2.5 *Estrutura normativa do sistema financeiro nacional.*

O sistema financeiro nacional, na visão das questões monetárias, é o que normatiza, que cria as normas que orientarão o funcionamento do sistema. Suas funções são regular, controlar e exercer fiscalização sobre as instituições intermediadoras, disciplinar todas as modalidades de crédito, bem como emitir títulos e valores mobiliários. Essa regulação e controle são exercidos por meio de normas legais, expedidas pela autoridade monetária, ou pela oferta seletiva de crédito levada a efeito pelos agentes financeiros do governo.

O objetivo do sistema financeiro nacional, nas questões monetárias, é formular e executar a política de moeda e do crédito, objetivando o progresso econômico e social do país. Os órgãos normativos devem desempenhar suas funções com a máxima eficiência, para que seja alcançado o objetivo do sistema financeiro nacional.

Conselho Monetário Nacional

O Conselho Monetário Nacional é o órgão deliberativo máximo do sistema financeiro do país. Ele tem a finalidade de formular a política da moeda e do crédito, de acordo com a Lei nº 4.595, de 31 de dezembro de 1964, objetivando o progresso econômico e social do país.

Seus objetivos são:

- adaptar o volume dos meios de pagamentos do país, tendo em vista a melhor utilização dos recursos em moeda estrangeira;
- orientar a melhor aplicação dos recursos das instituições financeiras públicas e privadas nas diferentes regiões do país, gerando condições favoráveis ao desenvolvimento da economia nacional;
- propiciar o aperfeiçoamento das instituições e dos instrumentos financeiros, com vistas a maior eficácia do sistema de pagamentos e de mobilização de recursos;
- zelar pela liquidez e solvência das instituições financeiras;
- coordenar as políticas monetária, creditícia, orçamentária, fiscal e da dívida pública interna e externa, em conjunto com o Congresso Nacional;
- autorizar as emissões de papel-moeda pelo Bacen e as normas reguladoras do meio circulante;
- determinar as características gerais das cédulas e das moedas;
- aprovar os orçamentos monetários preparados pelo Bacen;
- fixar diretrizes e normas da política cambial;
- disciplinar o crédito em suas modalidades e as formas das operações creditícias;
- estabelecer limites para a remuneração das operações e serviços bancários ou financeiros;
- determinar as taxas do recolhimento compulsório das instituições financeiras;
- outorgar ao Bacen o monopólio de operações de câmbio quando o balanço de pagamento o exigir;
- estabelecer normas a serem seguidas pelo Bacen nas transações com títulos públicos;
- regular a constituição, o funcionamento e a fiscalização de todas as instituições financeiras que operam no país; e
- aplicar as penalidades previstas e limitar, sempre que necessário, as taxas de juros, descontos, comissões e qualquer outra forma de remuneração de operações, inclusive as prestadas pelo Bacen.

A composição do CMN foi modificada com a instituição do Plano Real, sendo criadas a Comissão Técnica da Moeda e do Crédito e sete comissões consultivas para funcionamento junto àquele Conselho. O CMN era constituído, até então, por vinte membros, ficando reduzido a três:

- Ministro de Estado da Fazenda, na qualidade de presidente;
- Ministro de Estado de Planejamento e Orçamento; e
- Presidente do Banco Central do Brasil.

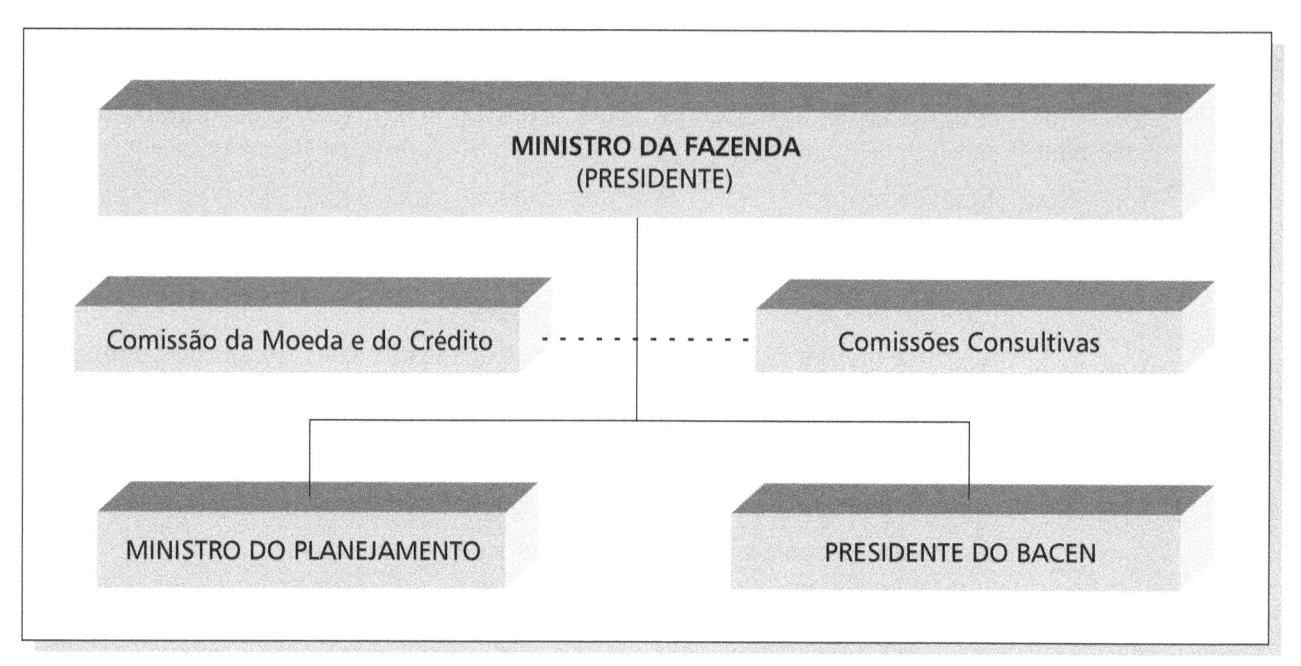

Fonte: Conselho Monetário Nacional.

Figura 2.6 *Estrutura atual do Conselho Monetário Nacional (CMN).*

Conselho Nacional de Seguros Privados

O Conselho Nacional de Seguros Privados é o órgão responsável por fixar as diretrizes e normas da política de seguros privados. É presidido pelo Ministro da Fazenda e integrado por representantes do Ministério da Justiça, Ministério da Previdência, Superintendência de Seguros Privados, Banco Central do Brasil e Comissão de Valores Mobiliários.

Dentre as suas funções, estão:

- fixar diretrizes e normas da política de seguros privados;
- regular a constituição, a organização, o funcionamento e a fiscalização dos que exercem atividades subordinadas ao Sistema Nacional de Seguros Privados, bem como a aplicação das penalidades previstas;
- fixar as características gerais dos contratos de seguro, previdência privada aberta, capitalização e resseguro;
- estabelecer as diretrizes gerais das operações de resseguro;

- prescrever os critérios de constituição das sociedades seguradoras, sociedades de capitalização, entidades de previdência privada aberta e resseguradores, com fixação dos limites legais e técnicos das respectivas operações; e
- disciplinar a corretagem de seguros e a profissão de corretor.

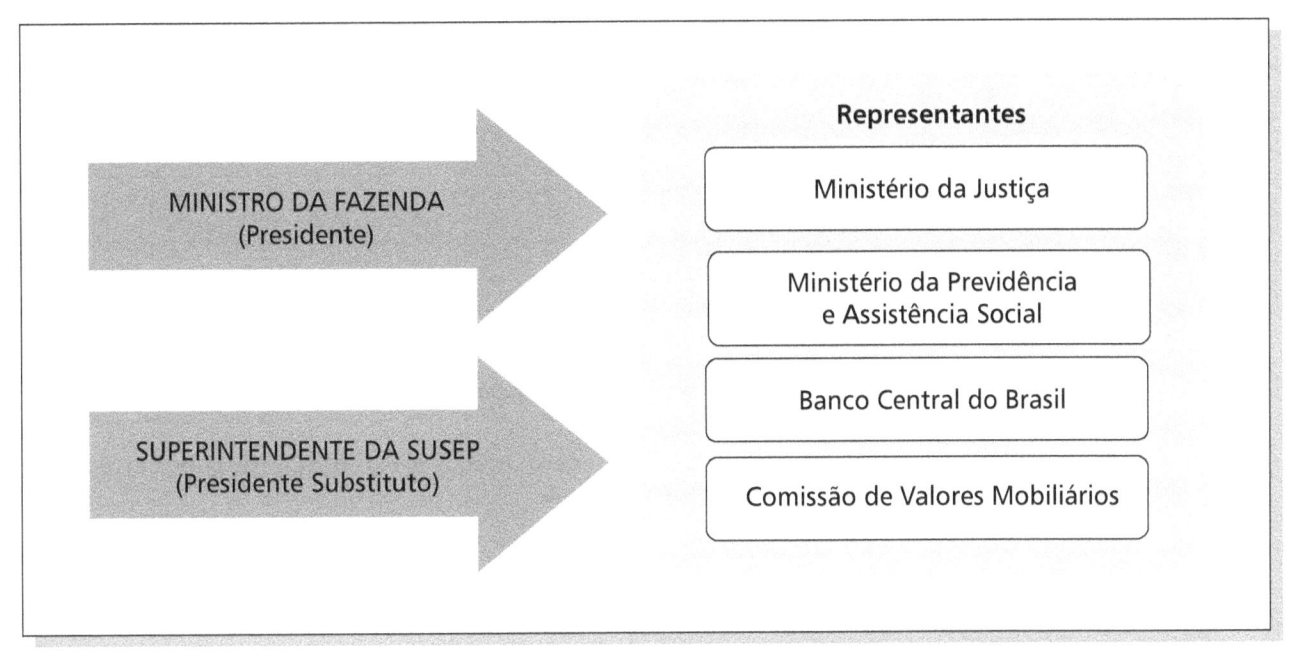

Fonte: SUSEP.

Figura 2.7 *Estrutura atual do Conselho Nacional de Seguros Privados (CNSP).*

Conselho Nacional de Previdência Complementar

O Conselho Nacional de Previdência Complementar é um órgão colegiado que integra a estrutura do Ministério da Previdência Social e cuja competência é regular o regime de previdência complementar operado pelas entidades fechadas de previdência complementar (fundos de pensão). É composto por representantes indicados pelos Ministérios da Previdência, Fazenda e Planejamento, pelos fundos de pensão, pelos participantes e assistidos e pelos patrocinadores de planos de previdência.

2.3.2 Entidades supervisoras

As Entidades entidades supervisoras têm como atribuição a edição de normas que definam os parâmetros para a transferência de recursos dos agentes superavitários para os deficitários, bem como o controle do funcionamento das instituições que operacionalizam a intermediação financeira.

As entidades supervisoras são divididas em quatro, segundo os mercados ou segmentos que supervisionam:

MERCADO	ENTIDADE SUPERVISORA
Financeiro	Banco Central do Brasil
Capitais	Comissão de Valores Mobiliários
Seguros privados e capitalização	Superintendência de Seguros Privados
Previdência complementar	Superintendência Nacional de Previdência Complementar

Figura 2.8 *Mercados ou segmentos supervisionados pelas entidades supervisoras.*

Apesar de as entidades supervisoras serem quatro, elas estão subordinadas a três conselhos normativos:

Conselho Monetário Nacional	Bacen e CVM
Conselho Nacional de Seguros Privados	SUSEP
Conselho Nacional de Previdência Complementar	Previc

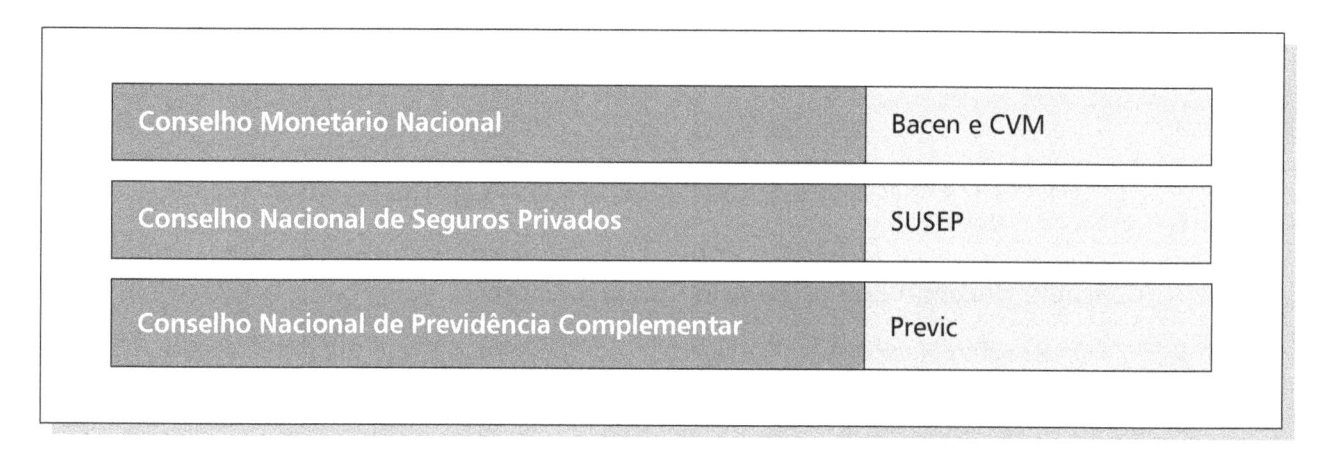

Figura 2.9 *Órgãos normativos e suas entidades supervisoras.*

Tal fato se deve às questões monetárias tratadas pelo Bacen e CVM que são doutrinadas pelo Conselho Monetário Nacional.

Entidades supervisoras das questões monetárias:
- Banco Central do Brasil
- Comissão de Valores Mobiliários

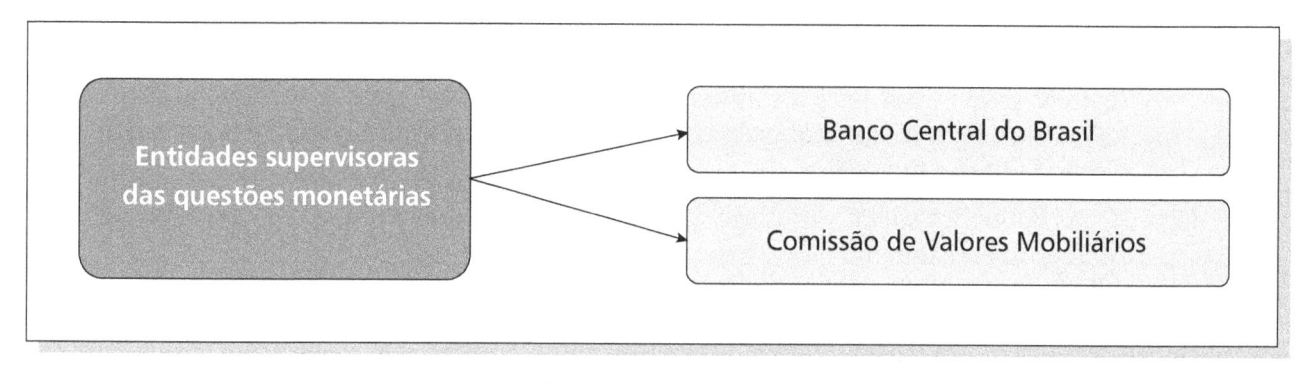

Figura 2.10 *Entidades supervisoras das questões monetárias.*

2.3.2.1 Banco Central do Brasil (Bacen)

O Banco Central do Brasil, criado pela Lei nº 4.595, de 31 de dezembro de 1964, é uma autarquia federal integrante do sistema financeiro nacional. No cumprimento de sua missão de ser o agente da sociedade para assegurar o equilíbrio monetário, o Bacen adota os seguintes objetivos: zelar pela adequada liquidez da economia, manter as reservas internacionais do país em nível satisfatório, assegurar a formação de poupança em níveis apropriados e garantir a estabilidade e o aperfeiçoamento do sistema financeiro nacional.

Pode ser considerado um órgão intermediário entre o CMN e as demais instituições financeiras do país, cuja finalidade é executar e fiscalizar o cumprimento de todas as normas criadas pelo Conselho Monetário Nacional.

O Bacen foi criado para atuar como órgão executivo central do sistema financeiro, cabendo-lhe a responsabilidade de cumprir e fazer cumprir as disposições que regulamentam o funcionamento do sistema e as normas expedidas pelo CMN. É por meio do Bacen que o Estado intervém diretamente no sistema financeiro e, indiretamente, na economia.

O Bacen tem como competência as seguintes atribuições:

- emitir papel-moeda e moeda metálica nas condições e limites autorizados pelo CMN;
- receber os recolhimentos compulsórios dos bancos comerciais e os depósitos voluntários das instituições financeiras e bancárias que operam no país;
- realizar operações de redesconto e empréstimo às instituições financeiras dentro do enfoque de política econômica do governo ou como socorro a problemas de liquidez;
- regular a execução dos serviços de compensação de cheques e outros papéis;
- efetuar, como instrumento de política monetária, operações de compra e venda de títulos públicos federais;
- emitir títulos de responsabilidade própria, de acordo com as condições estabelecidas pelo CMN;
- exercer o controle de crédito sob todas as suas formas;
- exercer a fiscalização das instituições financeiras, punindo-as quando necessário;
- autorizar o funcionamento, estabelecendo a dinâmica operacional, de todas as instituições financeiras privadas;
- vigiar a interferência de outras empresas nos mercados financeiros e de capitais; e
- controlar o fluxo de capitais estrangeiros garantindo o correto funcionamento do mercado cambial, operando, inclusive, via ouro, moeda ou operações de crédito no exterior.

O Bacen pode ser considerado, segundo suas atribuições, como no Quadro 2.2.

Quadro 2.2 *Atribuições e características do Bacen.*

Atribuições	Instrumentos/Características
⇨ Banco dos bancos	• depósitos compulsórios; e • redesconto de liquidez.
⇨ Gestor do sistema financeiro nacional	• normas/autorizações; e • fiscalizações/intervenções.
⇨ Executor da política monetária	• controle dos meios de pagamento; • orçamento monetário; e • instrumentos de política monetária.
⇨ Banco emissor	• emissão do meio circulante; e • saneamento do meio circulante.
⇨ Banqueiro do governo	• financiamento ao Tesouro Nacional; • administração da dívida pública; • gestor e fiel depositário das reservas internacionais do país; e • representante em instituições financeiras internacionais.

As diretorias que compõem o Bacen são:

- Diretoria de Organização do Sistema Financeiro e Controle de Operações do Crédito Rural (Diorf);
- Diretoria de Fiscalização (Difis);
- Diretoria de Regulação do Sistema Financeiro (Dinor);
- Diretoria de Assuntos Internacionais e de Gestão de Risco Corporativo (Direx);
- Diretoria de Administração (Dirad);
- Diretoria de Política Monetária (Dipom); e
- Diretoria de Política Econômica (Dipec).

Para se comunicar com as diversas instituições que compõem o sistema financeiro, o Bacen utiliza os documentos relacionados no Quadro 2.3.

Quadro 2.3 *Tipos de documentos do Bacen.*

Âmbito	Documentos	Conteúdo	Autoridade signatária
EXTERNOS	CIRCULAR	Regulamentação de decisões do Conselho Monetário Nacional ou da Diretoria, de interesse geral do sistema financeiro nacional ou de parte dele.	Um ou mais membros da Diretoria
EXTERNOS	CARTA CIRCULAR	Instruções ou esclarecimentos sobre deliberações do Conselho Monetário Nacional ou da diretoria, de dados diretamente do interesse do sistema financeiro nacional ou de parte(s) ligada(s) ao assunto dele.	Chefe(s) da(s) unidade(s) diretamente ligada(s) ao assunto
EXTERNOS	COMUNICADO	Divulgação, observada a conveniência do banco, das exigências de ordem legal e das instituições regulamentares a respeito de esclarecimentos diversos, de interesse geral.	Chefe(s) da(s) unidade(s) diretamente ligada(s) ao assunto
EXTERNOS	COMUNICADO CONJUNTO	Regulamentação, instrução ou esclarecimentos diversos sobre deliberações da diretoria do Banco Central, e da diretoria em conjunto com outros órgãos, observadas a conveniência das entidades signatárias, as exigências de ordem legal e as instruções regulamentares a respeito.	Um ou mais membros da diretoria de outro(s) órgão(s)
INTERNOS	PORTARIA	Deliberações da diretoria ou do presidente relacionadas com o funcionalismo em geral.	Presidente
INTERNOS	AVISO	Estabelecimento de normas e divulgação de assuntos administrativos diversos, de interesse do funcionalismo.	Diretor administrativo
INTERNOS	ORDEM DE SERVIÇO	Deliberações, instruções ou informações da diretoria, de seus membros ou de chefes de unidades, relacionadas com os serviços, que produzam efeitos somente no âmbito interno.	Chefes de unidades

2.3.2.2 Comissão de Valores Mobiliários (CVM)

A Comissão de Valores Mobiliários constitui órgão integrante do subsistema normativo do mercado de valores mobiliários. É uma autarquia vinculada ao Ministério da Fazenda, criada pela Lei nº 6.385, tendo assumido plenamente as suas funções em 6 de abril de 1978, com a responsabilidade de disciplinar, fiscalizar e promover a expansão, o desenvolvimento e o funcionamento eficiente do mercado de valores mobiliários, sob a orientação do Conselho Monetário Nacional.

A Comissão de Valores Mobiliários tem por finalidade contribuir para a criação de estrutura jurídica favorável à capitalização das empresas por meio do mercado de capitais de risco, fortalecimento da empresa privada nacional e defesa do acionista e investidor.

Ademais, a CVM, dada a natureza de suas atividades, recebe, processa e coloca à disposição do mercado uma enorme massa de informações que exigem constante atualização para permitir rapidez de acesso. Entre essas atividades, encontram-se as de verificar, indexar e colocar à disposição do público 10 mil documentos anuais encaminhados por companhias de capital aberto; realizar mensalmente 735 atendimentos de balcão e outros 943 atendimentos telefônicos de consultas de investidores; analisar e administrar a documentação referente a 2.500 carteiras de investidores estrangeiros, 300 fundos mútuos, 40 fundos de investimento de capital estrangeiro, 980 administradores de carteiras, além dos fundos de conversão de capital estrangeiro e das diversas modalidades de fundos de privatização; credenciar e acompanhar a atuação de 1.353 intermediários, entre bolsas, bancos múltiplos, corretoras e distribuidoras; além de acompanhar o desempenho, analisar processos e autorizar emissões referentes a 849 companhias abertas e 1.536 empresas incentivadas.

Assim, as funções da Comissão de Valores Mobiliários vão repercutir junto a três grandes grupos:

- instituições de mercado, uma vez que é de sua competência disciplinar e fiscalizar a emissão e distribuição de valores mobiliários no mercado, bem como sua negociação e intermediação; a organização, o funcionamento e as operações das bolsas de valores; a administração de carteiras e a custódia de valores mobiliários; os serviços de consultor e analista de valores mobiliários;
- companhias abertas, definidas pela nova Lei das Sociedades Anônimas como aquelas cujos valores mobiliários de sua emissão estejam admitidos à negociação em bolsa ou no mercado de balcão, pois tais empresas estão sujeitas à fiscalização da CVM no que concerne a emissão e distribuição de seus títulos no mercado; natureza das informações que devem divulgar; relatório de sua administração e demonstrações financeiras; compra de ações emitidas pela própria companhia; conduta de seus administradores e acionistas controladores; aprovação, ou não, de oferta pública de aquisição de ações que implique alienação de controle acionário; e
- investidores, uma vez que é de competência da CVM estudar as denúncias e práticas que contrariem os interesses dos investidores, a fim de que possa atuar em sua defesa.

Objetivos

A Comissão de Valores Mobiliários tem por finalidade a fiscalização e a regulação do mercado de títulos de renda variável. De acordo com a Lei nº 6.385, de 7 de dezembro de 1976, serão disciplinadas e fiscalizadas:

- emissão e distribuição de valores mobiliários no mercado;
- negociação e intermediação no mercado de valores mobiliários;
- organização, funcionamento e operações das bolsas de valores;
- administração de carteiras e custódia de valores mobiliários;
- auditoria das companhias abertas; e
- serviços de consultor e analista de valores mobiliários.

A Comissão de Valores Mobiliários exerce as atribuições previstas na lei para fim de:

- estimular a formação de poupança e sua aplicação em valores mobiliários;
- promover a expansão e o funcionamento eficiente e regular do mercado de ações e estimular as aplicações permanentes em ações do capital social de companhias abertas sob controle de capitais privados nacionais;
- assegurar o funcionamento eficiente e regular dos mercados da bolsa e do balcão;

- proteger os titulares de valores mobiliários e os investidores do mercado contra:
  - emissões irregulares de valores mobiliários;
  - atos ilegais de administradores e acionistas controladores das companhias abertas ou de administradores de carteira de valores mobiliários negociados no mercado;
- evitar ou coibir modalidades de fraude ou manipulação destinada a criar condições artificiais de demanda, oferta ou preço dos valores mobiliários negociados no mercado;
- assegurar o acesso do público a informações sobre os valores mobiliários negociados e as companhias que os tenham emitido;
- assegurar a observância de práticas comerciais equitativas no mercado de valores mobiliários; e
- assegurar a observância, no mercado, das condições de utilização de crédito fixadas pelo Conselho Monetário Nacional.

2.3.2.3 Superintendência de Seguros Privados (SUSEP)

A Superintendência de Seguros Privados (SUSEP) é uma autarquia vinculada ao Ministério da Fazenda. Foi criada pelo Decreto-lei nº 73, de 21 de novembro de 1966, que também instituiu o Sistema Nacional de Seguros Privados, do qual fazem parte ainda o Conselho Nacional de Seguros Privados (CNSP), o IRB Brasil Resseguros S.A., as sociedades autorizadas a operar em seguros privados e capitalização, as entidades de previdência privada aberta e os corretores de seguros habilitados.

É responsável pelo controle e fiscalização do mercado de seguro, previdência privada aberta, capitalização e resseguro no Brasil. Sua missão é atuar na regulamentação, supervisão, fiscalização e incentivo das atividades de seguros, previdência complementar aberta e capitalização, de forma ágil, eficiente, ética e transparente, protegendo os direitos dos consumidores e os interesses da sociedade em geral.

Dentre suas atribuições, estão:

- fiscalizar a constituição, organização, funcionamento e operação das sociedades seguradoras, sociedades de capitalização, entidades de previdência privada aberta e resseguradores, na qualidade de executora da política traçada pelo CNSP;
- atuar no sentido de proteger a captação de poupança popular que se efetua através das operações de seguro, previdência privada aberta, de capitalização e resseguro;
- zelar pela defesa dos interesses dos consumidores dos mercados supervisionados;
- promover o aperfeiçoamento das instituições e dos instrumentos operacionais a eles vinculados;
- promover a estabilidade dos mercados sob sua jurisdição;
- zelar pela liquidez e solvência das sociedades que integram o mercado;
- disciplinar e acompanhar os investimentos daquelas entidades, em especial os efetuados em bens garantidores de provisões técnicas;
- cumprir e fazer cumprir as deliberações do CNSP e exercer as atividades que por este forem delegadas; e
- prover os serviços de Secretaria Executiva do CNSP.

2.3.2.4 Superintendência Nacional de Previdência Complementar (Previc)

A Superintendência Nacional de Previdência Complementar é uma autarquia vinculada ao Ministério da Previdência Social, subordinada ao Conselho de Gestão da Previdência Complementar, responsável por fiscalizar as atividades das entidades fechadas de previdência complementar (fundos de pensão).

A Previc atua como entidade de fiscalização e de supervisão das atividades das entidades fechadas de previdência complementar e de execução das políticas para o regime de previdência complementar operado pelos fundos de pensão, observando, inclusive, as diretrizes estabelecidas pelo Conselho Monetário Nacional e pelo Conselho Nacional de Previdência Complementar.

2.3.3 Instituições financeiras

As entidades comerciais incluem empresas financeiras e não financeiras. As empresas não financeiras fabricam produtos (automóveis, aço, computadores) e/ou proporcionam serviços não financeiros (transporte, serviços, automações). As empresas financeiras, chamadas de instituições financeiras, proporcionam serviços relacionados a um ou mais dos seguintes temas:

- transformação de ativos financeiros (pelos intermediários financeiros) que se adquirem por meio do mercado e sua conversão a diferentes tipos de ativos que chegam a ser seus passivos;
- troca de ativos financeiros em benefício de seus clientes;
- troca de ativos financeiros para suas próprias contas;
- assistência na criação de ativos financeiros de seus clientes e a venda desses ativos financeiros a outros participantes do mercado;
- disponibilização de avisos de investimento a outros participantes do mercado; e
- administração de carteiras de outros participantes do mercado.

Segundo a legislação brasileira, consideram-se instituições financeiras as pessoas jurídicas, públicas e privadas, que tenham como atividade principal ou acessória a coleta, a intermediação ou a aplicação de recursos financeiros próprios ou de terceiros, em moeda nacional ou estrangeira, e a custódia de valor de propriedade de terceiros.

As instituições bancárias operam com ativos financeiros monetários, pertencendo, assim, a um subsistema do sistema financeiro nacional que poderia ser caracterizado como subsistema monetário, ao qual é dada a faculdade de emissão de moeda (moeda escritural). Essas instituições também são caracterizadas pela captação de depósitos à vista, livremente movimentados por meio de cheques emitidos pelos depositantes.

Podemos dizer que essas instituições se caracterizam também porque obtêm seu financiamento através da emissão de direitos financeiros contra si mesmo que serão vendidos aos participantes no mercado; uma vez conseguidos os ditos fundos, os intermediários financeiros procederam a reinvesti-los, geralmente na compra de outros ativos financeiros (ações ordinárias, obrigações e empréstimos). Os investimentos realizados pelos intermediários financeiros são denominados investimentos financeiros diretos, enquanto se denominam investimentos financeiros indiretos os que fazem os participantes no mercado financeiro quando adquirem os direitos emitidos por esses intermediários financeiros.

As instituições financeiras atuam no sistema financeiro de duas formas:

- instituições financeiras mediadoras: nesse grupo se encontram aquelas instituições que realizam funções de comissionadas, mediadoras ou *market makers*:
  - comissionadas ou *brokers*: são instituições que atuam como agentes entre os compradores e vendedores de fundos, colocando-os em contato e cobrando uma comissão por isso. Não tomam nenhuma posição própria, limitam-se a casar duas posições contrárias (compra-venda) ao preço que resulte satisfatório para ambas as partes. São agentes que operam exclusivamente por conta de terceiros, por encomenda, recebendo uma comissão por seus serviços, aportando seus conhecimentos, contatos e especialização em benefício das partes;
  - mediadoras ou *dealers*: são aquelas que atuam como "principal" em uma transação de valores, isto é, atuam por conta e risco, tomando posições próprias e fixando preços aos ativos primários. Como consequência, têm em cada momento um inventário ou estoque de valores. Compartilham um elemento de risco de carteira, que é o que distingue, em última instância, o *dealer* do *broker*; e
  - *market makers*: são instituições que mantêm um inventário ou carteira própria de valores e fazem cotações continuamente no mercado de preços de oferta e demanda do valor ou valores para os que foram contratados. Para isso, estão dispostas a comprar ou vender esses valores aos preços que publicam; e
- instituições financeiras intermediadoras: operam modificando a estrutura de ativos financeiros, arrecadando recursos mediante a oferta de toda uma série de produtos financeiros que colocam entre os investidores e em seguida emprestando esses recursos entre os demandantes de fundos.

As instituições financeiras podem ser agrupadas, com base no conceito convencional de moeda (M_1), em instituições bancárias e não bancárias.

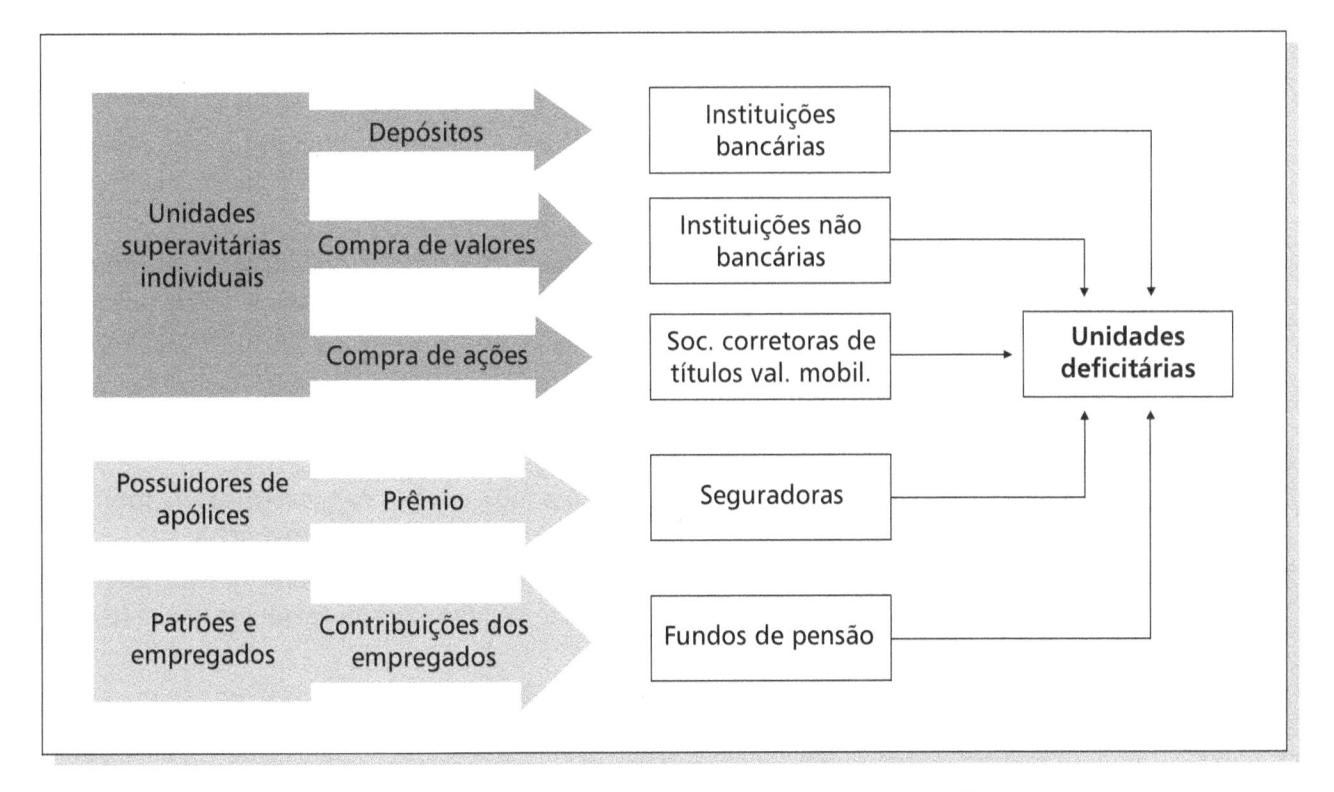

Figura 2.11 *Participação das instituições financeiras no sistema financeiro.*

Aproveitando as economias de escala, muitas instituições financeiras consolidaram-se (mediante fusões) em conglomerados financeiros, nos quais servem como subsidiárias do conglomerado ao mesmo tempo em que prestam seus serviços especializados. Dessa forma, alguns conglomerados financeiros podem proporcionar todo tipo de serviços financeiros.

SOCIEDADE CONTROLADORA DE UM CONGLOMERADO FINANCEIRO

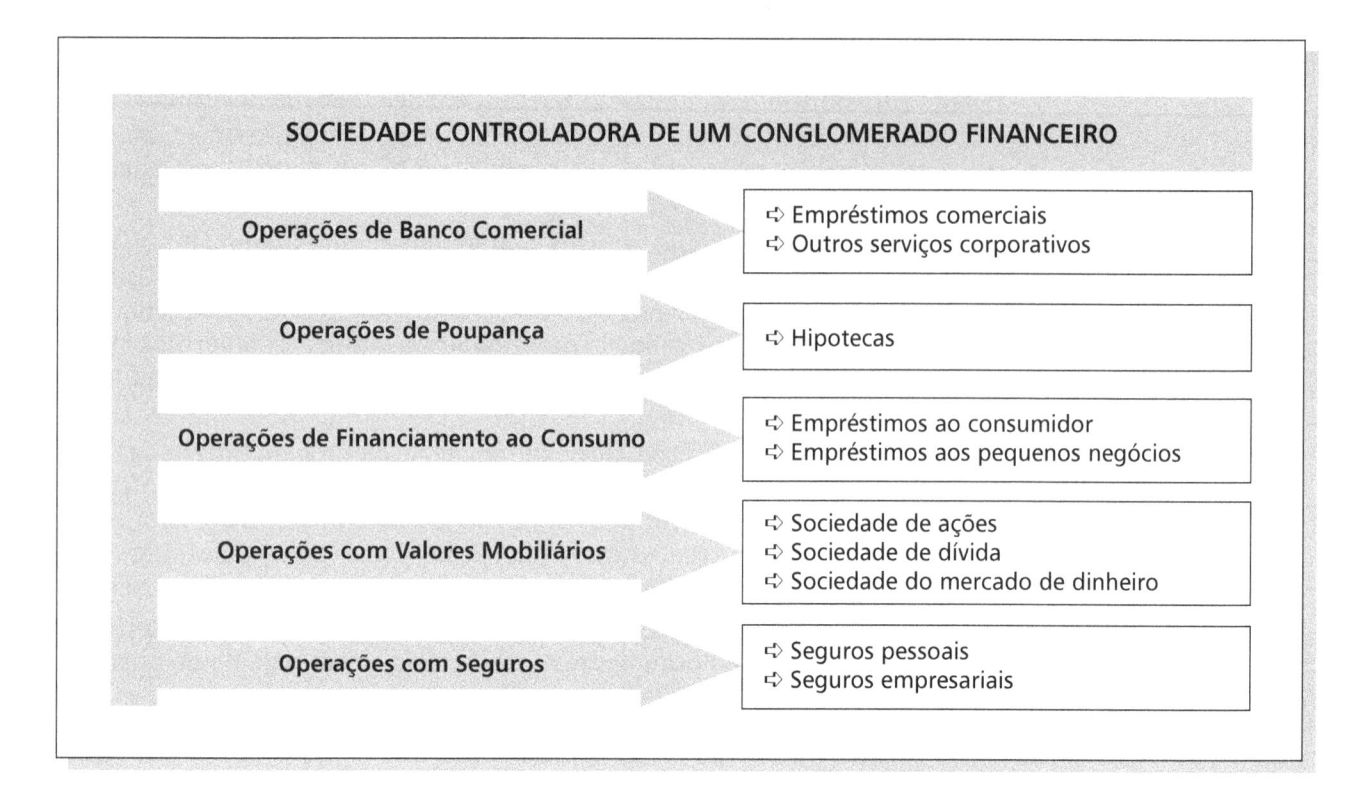

- Operações de Banco Comercial
  - ⇨ Empréstimos comerciais
  - ⇨ Outros serviços corporativos
- Operações de Poupança
  - ⇨ Hipotecas
- Operações de Financiamento ao Consumo
  - ⇨ Empréstimos ao consumidor
  - ⇨ Empréstimos aos pequenos negócios
- Operações com Valores Mobiliários
  - ⇨ Sociedade de ações
  - ⇨ Sociedade de dívida
  - ⇨ Sociedade do mercado de dinheiro
- Operações com Seguros
  - ⇨ Seguros pessoais
  - ⇨ Seguros empresariais

Figura 2.12 *Estrutura organizacional de um conglomerado financeiro.*

2.3.3.1 Instituições financeiras captadoras de depósito à vista

Um tipo importante de instituição financeira é a instituição financeira captadora de depósito à vista, que aceita fundos das unidades superavitárias e os concede em crédito às deficitárias mediante empréstimos e compra de títulos.

Essas instituições são caracterizadas pela captação de depósitos à vista, livremente movimentados por meio de cheques emitidos pelos clientes depositantes. Em função disso, elas podem ser caracterizadas também pela faculdade de emissão de moeda escritural.

As instituições financeiras captadoras de depósito à vista são muito utilizadas pelas seguintes razões:

- oferecem contas de depósito que podem ajustar-se às características de montante e liquidez desejadas pela maior parte das unidades superavitárias;
- movimentam os fundos recebidos de forma tal que lhes permite conceder empréstimos que se ajustam aos importes e vencimentos desejados pelas unidades deficitárias;
- aceitam o risco dos empréstimos que proporcionam;
- têm mais conhecimento que as unidades superavitárias individuais sobre a solvência das organizações deficitárias; e

- diversificam seus empréstimos entre numerosas unidades deficitárias, o que lhes permite absorver melhor a inadimplência dos empréstimos que as unidades superavitárias individuais.

Exemplos de instituições financeiras captadoras de depósito à vista	⇨ Bancos comerciais ⇨ Bancos múltiplos com carteira comercial ⇨ Caixa Econômica Federal ⇨ Cooperativas de crédito

2.3.3.2 Demais instituições financeiras

As instituições não bancárias são aquelas que operam com ativos financeiros não monetários, pertencendo, assim, ao subsistema não monetário do sistema financeiro nacional, ao qual não é permitida a emissão de moeda escritural, pela impossibilidade de captar depósitos à vista.

Apesar de gerarem fundos de fontes distintas aos depósitos, desempenham um papel importante na intermediação financeira.

Exemplos de demais instituições financeiras	⇨ Bancos múltiplos sem carteira comercial ⇨ Bancos de investimento ⇨ BNDES ⇨ Bancos de desenvolvimento ⇨ Bancos de câmbio ⇨ Sociedades de crédito, financiamento e investimento ⇨ Sociedades de crédito imobiliário ⇨ Agências de fomento ⇨ Associação de poupança e empréstimo ⇨ Companhias hipotecárias ⇨ Cooperativas centrais de crédito
Exemplos de outros intermediários financeiros e administradores de recursos de terceiros	⇨ Sociedades de arrendamento mercantil ⇨ Administradores de consórcios

2.3.4 Bancos múltiplos

Os bancos múltiplos são instituições financeiras com licença para fornecer uma ampla gama de serviços bancários comerciais, operações de câmbio, de investimento, financiamento ao consumidor e outros serviços, inclusive gerenciamento de fundos e financiamento de imóveis.

Os bancos múltiplos surgiram através da Resolução nº 1.524 do Conselho Monetário Nacional, de 21 de setembro de 1988, e da regulamentação pela circular do Banco Central do Brasil nº 1.364. São bancos que podem operar simultaneamente, com autorização do Banco Central, carteiras de banco comercial, de investimento, de crédito imobiliário, de crédito, financiamento e investimento, de arrendamento mercantil (*leasing*) e de desenvolvimento, constituindo-se em uma só instituição financeira de carteiras múltiplas, com personalidade jurídica própria, e que pode selecionar o que deseja operar, entre as modalidades referidas. Eles surgiram com a finalidade de racionalizar a administração das instituições financeiras, permitindo que ela tenha personalidade própria, modificando assim o sistema de conglomerados financeiros com razões sociais específicas que existiam desde o final da década de 1960 no Brasil. A criação dessas instituições permitiu a redução da burocracia das operações financeiras por concentrar em uma única razão social diversas carteiras de atividades.

As vantagens e desvantagens do surgimento dos bancos múltiplos são:

Vantagens	Desvantagens
• acesso a novas carteiras de negócios; • redução da burocracia e maior agilidade nas operações; • custos menores com a publicação de balanços e serviços de auditoria externa; • compensação dos prejuízos fiscais de uma controlada que tenha sido incorporada ao banco múltiplo; e • instituições de menor porte têm um desconto de 30% sobre o capital mínimo exigido pelo Banco Central para formar um banco múltiplo.	• dificuldade de unir instituições que tenham acionistas diferentes; • se os acionistas minoritários de uma instituição de capital aberto não concordarem com a transformação em banco múltiplo, os controladores serão obrigados a comprar-lhes os papéis pelo valor patrimonial; • a fusão pode aumentar a carga tributária; • os bancos estrangeiros que operam no Brasil como filiais não terão acesso a novas carteiras; • seguro de crédito para evitar dificuldades de liquidez no sistema.

Os bancos múltiplos passaram a operar em todos os segmentos de intermediação financeira, através das carteiras listadas a seguir, não havendo vinculação entre as fontes de recursos captados e as suas aplicações:

- carteira comercial (regulamentação BC);
- carteira de investimento (regulamentação BI);
- carteira de desenvolvimento (regulamentação BD);
- carteira de crédito imobiliário (regulamentação SCI);
- carteira de crédito, financiamento e investimento (regulamentação das SCFI); e
- em 1994, quando da adesão do acordo da Basileia, foi incluída a carteira de *leasing*.

Os bancos múltiplos resultantes de conglomerados estatais podem, ainda, oferecer a carteira de fomento (banco de desenvolvimento).

Para configurar a existência do banco múltiplo, deve-se possuir pelo menos duas das carteiras mencionadas, sendo uma delas, obrigatoriamente, **comercial** ou de **investimento**.

2.3.5 Bancos públicos operadores de políticas governamentais

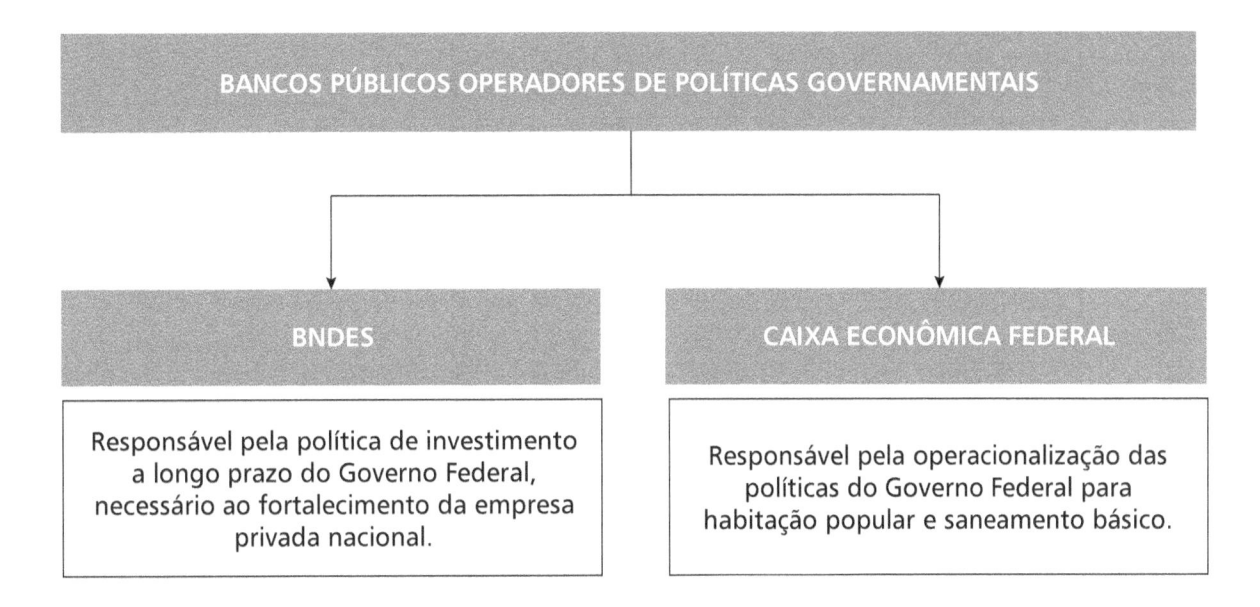

```
BANCOS PÚBLICOS OPERADORES DE POLÍTICAS GOVERNAMENTAIS
         │                              │
       BNDES                  CAIXA ECONÔMICA FEDERAL
Responsável pela política      Responsável pela operacionalização das
de investimento a longo        políticas do Governo Federal para
prazo do Governo Federal,      habitação popular e saneamento básico.
necessário ao fortalecimento
da empresa privada nacional.
```

Banco Nacional de Desenvolvimento Econômico e Social (BNDES)

O BNDES é um órgão vinculado ao Ministério do Desenvolvimento, Indústria e Comércio Exterior e tem como objetivo apoiar empreendimentos que contribuam para o desenvolvimento do Brasil. Dessa ação resultam a melhoria da competitividade da economia brasileira e a elevação da qualidade de vida da sua população.

O BNDES foi criado em 20 de junho de 1952, pela Lei nº 1.628, como autarquia federal, dispondo de autonomia administrativa e personalidade jurídica própria. Surgiu da decisão do governo de executar um plano orgânico de reaparelhamento de serviços básicos de infraestrutura – transportes ferroviários, energia e portos – que representavam, então, fatores de inibição da economia nacional, impedindo a utilização adequada dos meios de produção e dos recursos naturais.

Como instituição especializada no fomento da atividade econômica do país, o BNDES contribui, com investimentos prioritários, para o desenvolvimento setorial ou regional, segundo critérios seletivos próprios.

O objetivo principal dos bancos de desenvolvimento é proporcionar o suprimento oportuno e adequado dos recursos necessários ao financiamento, a médio e longo prazos, de programas e projetos que visem promover o desenvolvimento econômico e social, conforme determinação governamental.

Entre as operações ativas e passivas dos bancos de desenvolvimento, incluem-se:

Operações ativas	Operações passivas
• depósitos interfinanceiros; • financiamento de capital fixo; • financiamento de capital de giro; • repasses de empréstimos externos; • operações de *leaseback*; • operações com títulos e valores mobiliários; • aquisição de créditos com coobrigação da cedente; e • operações com derivativos.	• depósitos a prazo; • depósitos interfinanceiros; • empréstimos externos; • empréstimos de instituições financeiras oficiais; • operações de crédito ou contribuições do setor público; • cédulas de debêntures; • cédulas hipotecárias; • assunção de dívidas; • aluguel de títulos; • cessão de créditos com coobrigação; e • operações com derivativos.

O BNDES possui duas subsidiárias que formam o chamado Sistema BNDES:

- Finame (Agência Especial de Financiamento Industrial): criada com o objetivo de financiar a comercialização de máquinas e equipamentos; e
- BNDESPAR (BNDES Participações): criada com o objetivo de possibilitar a subscrição de valores mobiliários no mercado de capitais brasileiro.

Sua atividade vem se orientando para a consecução dos seguintes objetivos:

- impulsionamento do desenvolvimento econômico, visando estimular o processo de expansão da economia nacional, a fim de obter um crescimento continuado do PIB;
- fortalecimento do setor empresarial nacional, estimulando e propiciando a formação de grande empresa nacional nos setores básicos, em que as economias de escala têm maior significado, e apoiando as atividades das pequenas e médias empresas;
- atenuação de desequilíbrios regionais, estimulando a formação de novos polos de produção de acumulação de significativa importância para o desenvolvimento regional da Amazônia, do Nordeste e do Centro-Oeste, assegurando tratamento prioritário às iniciativas localizadas nessas regiões;
- promoção do desenvolvimento integrado, com maior inter-relacionamento e integração das atividades agrícolas, industriais e de serviços, na linha de compreensão de que será maior o dinamismo econômico com melhor compatibilização das iniciativas desse segmento;
- crescimento e diversificação das exportações, considerando prioritárias as iniciativas capazes de contribuir significativamente para esse crescimento; e
- fortalecimento do sistema nacional de bancos de desenvolvimento, procurando, como órgão líder do conjunto formado pelos bancos estaduais de desenvolvimento, o aperfeiçoamento e fortalecimento de todas essas entidades, assim como certa padronização nos métodos de atuação e integração com os processos, políticas e programas do BNDES, de maneira a caracterizar perfeitamente o funcionamento de um verdadeiro sistema nacional sob sua liderança.

Na execução de seus programas, o BNDES pratica as seguintes modalidades operacionais:

- financiamento (direto ou através de agentes): o BNDES atua diretamente no financiamento dos grandes projetos e basicamente através de agentes nas operações de pequena e média empresa;
- prestação de garantia (aval e fiança);
- participação societária;
- *underwriting*; e
- prestação de garantia a vencedores de concorrência de âmbito internacional.

Suas principais fontes de recursos são: depósitos, obrigações por empréstimos no país ou no exterior, recursos repassados para aplicação – fundo de participação no PIS/Pasep – e recursos próprios.

Conta com duas subsidiárias integrais, a Finame (Agência Especial de Financiamento Industrial) e a BNDESPAR (BNDES Participações), criadas com os objetivos de financiar máquinas e equipamentos e possibilitar a subscrição de valores mobiliários no mercado de capitais brasileiro, respectivamente. Seus principais programas são:

- **Agropecuário:**
  - ABC;
  - BNDES Cerealista;
  - BNDES PASS;
  - BNDES Proaquicultura;
  - Inovagro;
  - Moderagro;
  - Moderfrota;
  - Moderinfra;
  - PCA;
  - PROCAP AGRO;
  - Prodecoop;
  - PRONAF;
  - PRONAMP.

- **Indústria, Comércio e Serviços:**
  - BNDES Finame Componentes;
  - BNDES Finame-Moderniza BK;
  - BNDES Giro Ônibus e Caminhões;
  - BNDES MPME Inovadora;
  - BNDES P&G;
  - BNDES Micro e Pequena Empresa Aprendiz;
  - BNDES Procaminhoneiro;
  - BNDES Procapcoop;
  - BNDES Procult;
  - BNDES Prodesing;
  - BNDES Proengenharia;

BNDES Profarma;
BNDES Progeren;
BNDES Propapel;
BNDES ProBK;
BNDES Proplástico;
BNDES Prosoft;
BNDES Pro-Utilitário;
BNDES PSI;
Procapcred;
PROVIAS;
BNDES THAI.

- **Socioambientais:** BNDES PER;
BNDES PMAT Automático;
BNDES Qualificação;
PACEA;
Programa Fundo Clima;
BNDES Prorenova;
BNDES Pro-Logística;
BNDES Saúde;
PROPAE.

Caixa Econômica Federal (CEF)

Em 12 de janeiro de 1861, através de um decreto do imperador Dom Pedro II, foi criada a Caixa Econômica e Monte de Socorro. Seu propósito era incentivar a poupança e conceder empréstimos sob penhor, com a garantia do governo imperial. Essa característica diferenciava a instituição de outras da época, que agiam no mercado sem dar segurança aos depositantes ou que cobravam juros excessivos dos devedores. Desse modo, a Caixa rapidamente passou a ser procurada pelas camadas sociais mais populares, incluindo os escravos, que podiam economizar para suas cartas de alforria. Assim, desde o início, a empresa estabeleceu seu foco no social.

O Decreto-lei nº 759, de 12 de agosto de 1969, constituiu a Caixa Econômica Federal como instituição financeira, sob a forma de empresa pública do governo federal brasileiro, com patrimônio próprio e autonomia administrativa com sede em Brasília (DF), e com filiais em todo o território nacional. É um órgão vinculado ao Ministério da Fazenda do Brasil.

Atualmente, a Caixa Econômica Federal (também conhecida como Caixa Econômica, Caixa ou CEF), como um banco múltiplo, é responsável pela operacionalização das políticas do governo federal para a habitação popular e saneamento básico, utilizando os recursos de cadernetas de poupança e depósitos judiciais para o financiamento de habitações por meio do Sistema Financeiro da Habitação (SFH). Como gestora dos recursos do Fundo de Garantia do Tempo de Serviço (FGTS), direciona seus recursos para o saneamento e a infraestrutura urbana.

Hoje em dia, a CEF é o maior banco público da América Latina, focado também em grandes operações comerciais, mas ainda assim não perdendo seu lado social, uma vez que é centralizadora de operações como o Fundo de Garantia do Tempo de Serviço (FGTS), o Programa de Integração Social (PIS) e de habitação popular (PAR – Programa de Arrendamento Residencial, Carta de Crédito, FGTS, entre outros). É agente pagador também do bolsa-família, programa de complementação de renda do governo federal, e do seguro-desemprego. Atua ainda no financiamento de obras públicas, principalmente voltadas para o saneamento básico, destinando recursos a estados e municípios. A Caixa também faz a intermediação de verbas do governo federal destinadas ao setor público.

2.3.6 Sistema de Pagamento Brasileiro (SPB)

Um sistema de pagamentos é um conjunto de regras e mecanismos utilizados para transferir recursos e liquidar operações financeiras entre governos, empresas e agentes econômicos.

No Brasil, a Lei nº 10.214/2001 determinou que os serviços de transferência de fundos e liquidação de operações seriam veiculados por meio do Sistema de Pagamento Brasileiro (SPB). A grande contribuição desse sistema foi interligar não somente as instituições financeiras ao Banco Central do Brasil, como também interligar essas instituições com os agentes econômicos em geral. Dessa forma, um cheque dado como pagamento no comércio ou um DOC efetuado para saldar compromissos pessoais, por exemplo, precisam ser liquidados para que a quantia neles representada chegue efetivamente a seu destino.

O SPB possibilitou a transferência imediata do dinheiro, fazendo com que os clientes do sistema bancário pudessem emitir os recursos a outras pessoas em qualquer lugar do país. Tudo isso com agilidade, já que os recursos podem ficar disponíveis no mesmo dia e com segurança, pois a transferência de recurso não pode ser cancelada ou sustada como acontecia com os cheques. O Brasil passou a ter um sistema de pagamentos similar aos melhores do mundo.

Segundo o Banco Central do Brasil, o desenvolvimento e a implantação desse sistema possibilitaram melhora no gerenciamento e a redução dos riscos de liquidação e de crédito nas transações financeiras, pois qualquer transferência de recursos entre contas passou a ser condicionada à existência de saldo suficiente de fundos na conta do emitente da correspondente ordem.

A estrutura do SPB

A operacionalização da diretriz de não aceitação de saldo negativo na conta de reservas bancárias em qualquer momento do dia se deu através da estruturação do Sistema de Transferência de Reservas (STR) e da reformulação do Sistema de Liquidação e de Custódia (Selic), ambos na esfera do Bacen.

Os aspectos importantes para o funcionamento, no ambiente de liquidação em tempo real, do SPB, são:

a) a concessão do Bacen, aos participantes do STR que são titulares de conta de reservas bancárias, crédito intradia na forma de operações compromissadas com títulos públicos federais, sem custos financeiros; dessa forma, o preço da operação de retorno é igual ao da ida;

b) a verificação de cumprimento dos recolhimentos compulsórios é feita com base nos saldos de final de dia, destacando que esses recursos podem ser livremente utilizados ao longo do dia para fins de liquidação de obrigações; e

c) o Bacen, se e quando julgar necessário, pode acionar rotina para otimizar o processo de liquidação das ordens de transferência de fundos mantidas em filas de espera no âmbito do STR.

A Rede do Sistema Financeiro Nacional (RSFN) é uma estrutura de comunicação de dados criada com a finalidade de suportar as mensagens entre as instituições titulares de conta de reservas bancárias ou de conta de liquidação no Bacen, as câmaras e os prestadores de serviços de compensação e de liquidação, a Secretaria do Tesouro Nacional e o Bacen, no âmbito do SPB.

As diretrizes do SPB definiram a adaptação ou criação de sistemas de compensação ou liquidação capazes de assegurar que eventuais riscos surgidos sejam limitados e controlados naquele mesmo ambiente. As câmaras ou *clearings* privadas de ativos e de pagamentos foram estruturadas para atender às operações nos respectivos segmentos.

Para viabilizar a "camerização" do SBP, a legislação permitiu a compensação multilateral de obrigações no âmbito de uma mesma câmara ou prestador de serviços de compensação e de liquidação, de modo que se apure a soma dos resultados bilaterais devedores e credores de cada participante em relação aos demais.

Quanto aos integrantes, as principais características advindas da implantação do SBP referem-se à operacionalidade da *clearing* de derivativos da BM&F, da Central Brasileira de Liquidação e Custódia (CBLC), dos sistemas da Central de Custódia e de Liquidação Financeira de Títulos (Cetip) e da Câmara de Câmbio. No que se refere a pagamentos de cheques e outros papéis, é realizado através da Câmara de Compensação (Compe) e da Câmara Interbancária de Pagamentos (CIP).

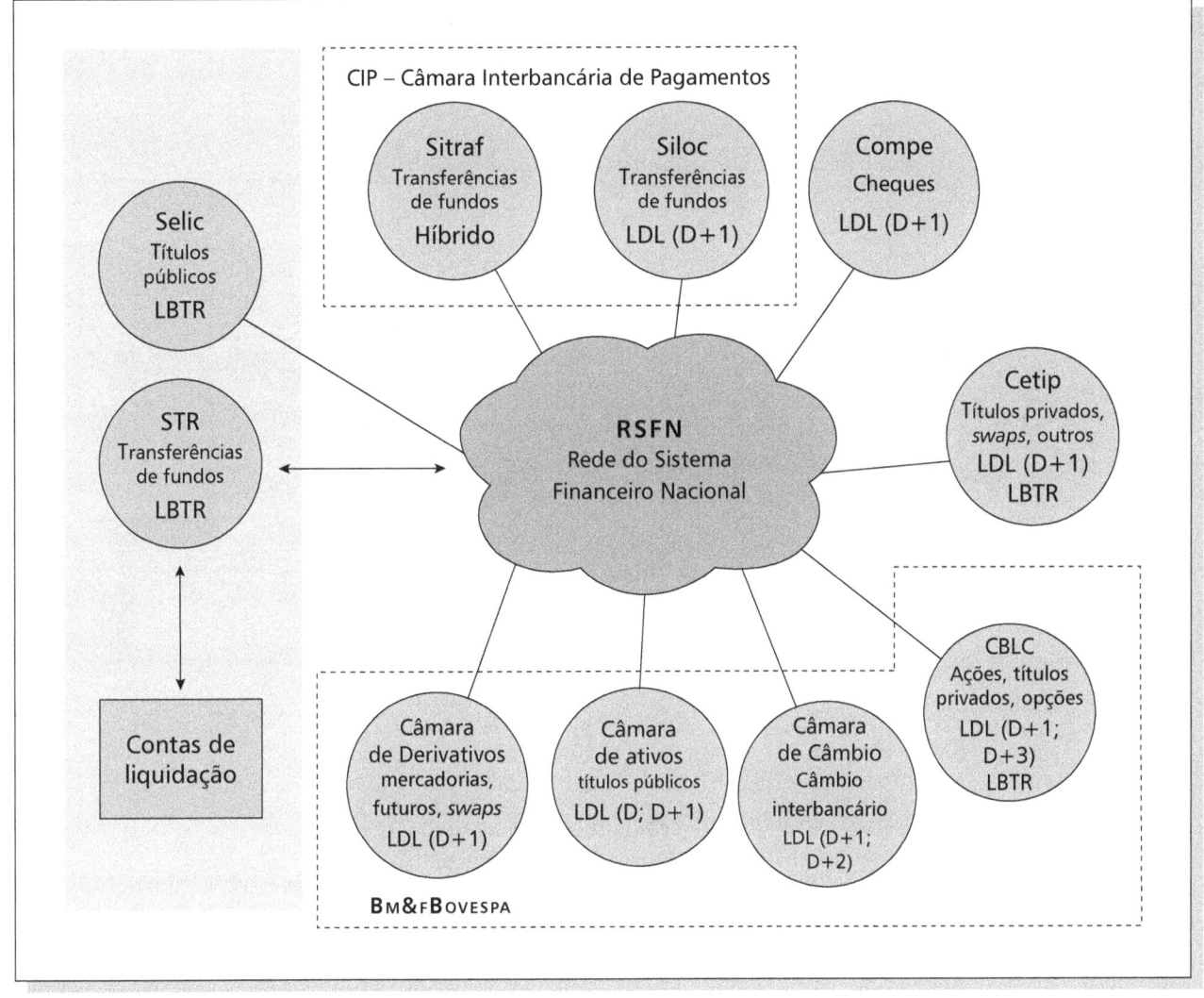

Figura 2.13 *Visão geral dos sistemas de liquidação.*

Fonte: Banco Central do Brasil.

2.3.7 Sistema Especial de Liquidação e Custódia (Selic)

Trata-se de um sistema para liquidação e custódia de títulos, para se compensar de forma automatizada as compras e vendas realizadas por todas as empresas financeiras que têm o direito de negociar títulos públicos. O Selic, na verdade, é um grande computador ao qual têm acesso apenas as instituições credenciadas no mercado financeiro, como bancos comerciais, bancos de investimento e corretoras. Por meio do Selic, os negócios têm liquidação imediata. Os operadores das instituições envolvidas, após acertarem os negócios envolvendo títulos públicos, transferem essas operações, via terminal, ao Selic. O computador imediatamente transfere o registro do título para o banco que o comprou e faz o crédito na conta do banco vendedor, e ambas as partes envolvidas têm certeza da validade da operação efetuada. Ver Figura 2.14.

Apenas títulos públicos federais, emitidos pelo Tesouro Nacional ou pelo Bacen, e os títulos públicos estaduais e/ou municipais são registrados no Selic.

O Selic visa promover segurança e eficiência na administração dos títulos, de forma a operacionalizar os negócios no mercado e reduzir o risco de mal-entendidos.

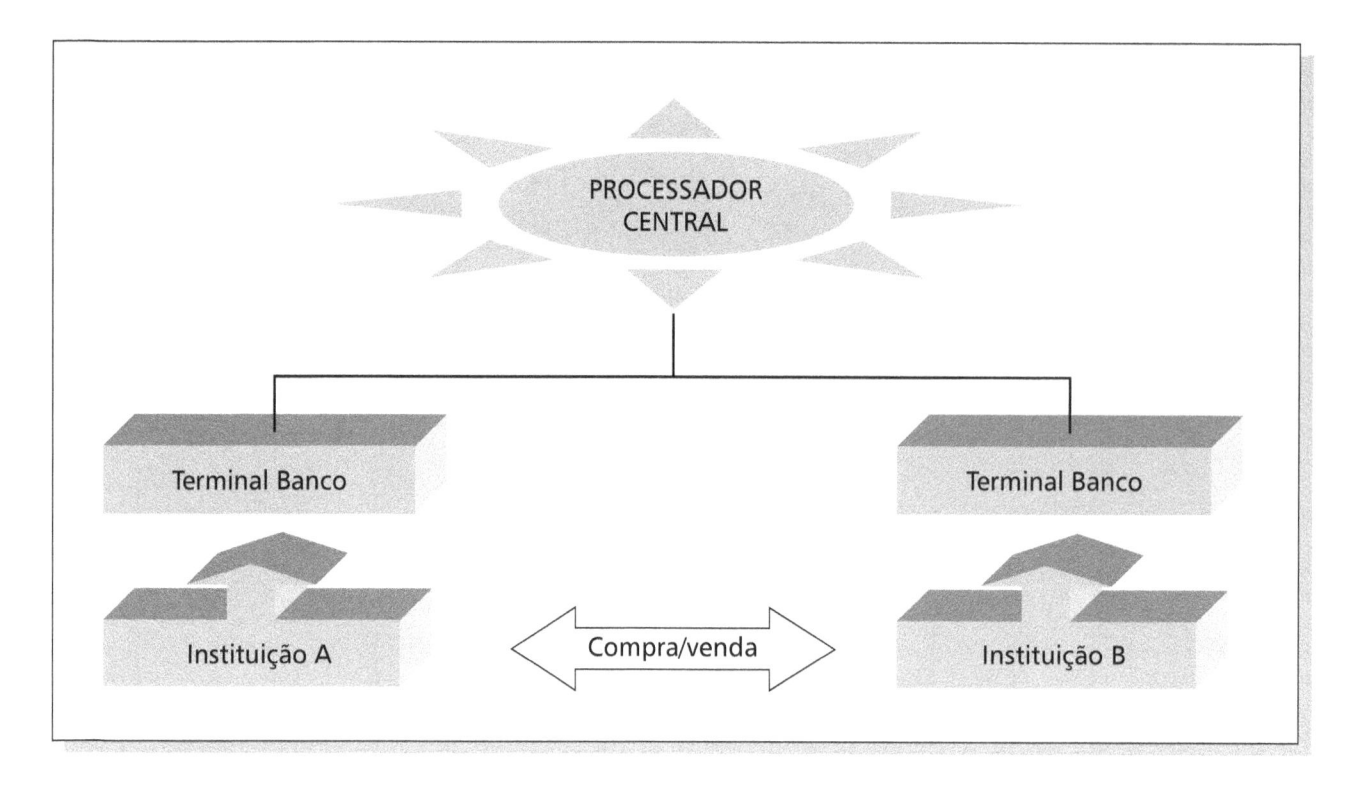

Figura 2.14 *Fluxo operacional do sistema.*

Sistema de Transferência de Reservas (STR)

O STR é um sistema de transferência de fundos com liquidação em tempo real que funciona com base em ordens de crédito, ou seja, a emissão de ordem de transferência de fundos só pode ser feita pelo titular da conta.

Segurança do sistema

Uma das principais características do Selic é o duplo comando das operações – um por parte do vendedor e outro por parte do comprador, representando autorização para que o débito na posição de custódia da instituição vendedora e o débito na posição financeira da instituição compradora sejam efetuados. Qualquer divergência é imediatamente detectada pelo sistema, anulando a negociação. Esse sistema, inédito no mundo, garante segurança absoluta às informações por ele veiculadas.

Com o Selic, a emissão física de títulos deixou de existir. Os registros de débitos e créditos financeiros, de títulos e de custódia são exclusivamente escriturais. A qualquer momento, os bancos podem saber, por terminal, as posições financeira e de custódia relativas às suas contas e à de seus subcustodiados. Ver Figura 2.15.

Informações fornecidas pelo sistema

- movimentação de custódia e financeira, que é extraída para cada instituição que teve sua conta movimentada no dia, abrangendo custódia normal, vinculada e posição financeira;

- posição de título, extraída também para cada instituição que teve sua conta movimentada no dia (custódia normal e vinculada); e
- operações compromissadas, extraídas para cada instituição que assumiu compromissos de recompra e revenda de títulos.

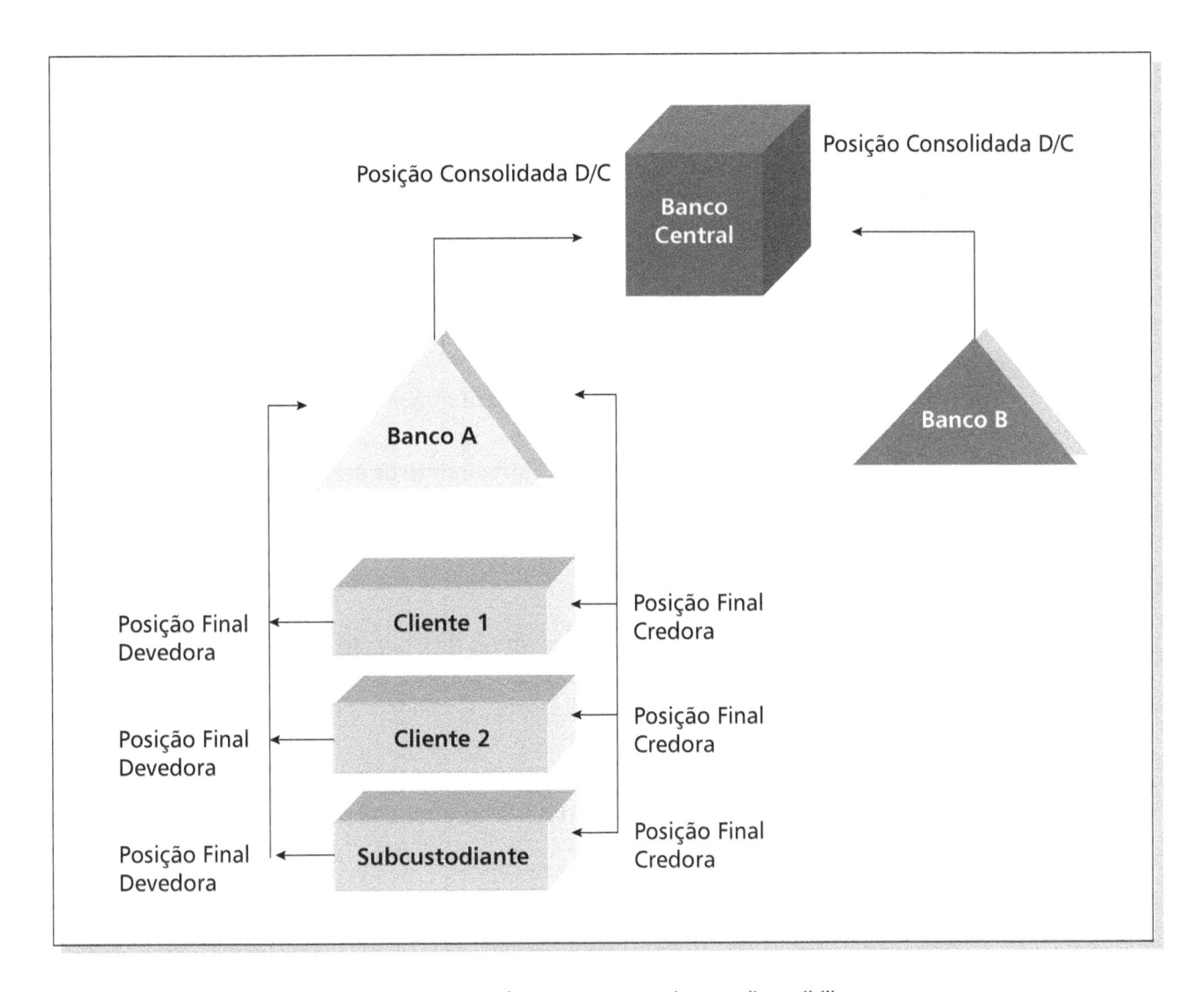

Figura 2.15 *Informações que o sistema disponibiliza.*

2.3.8 Central de Custódia e de Liquidação Financeira de Títulos (Cetip)

A Cetip é o local em que se custodiam, registram e liquidam financeiramente as operações feitas com todos os papéis privados e os títulos estaduais e municipais que ficaram fora das regras de rolagem.

Trata-se de associação civil localizada no Rio de Janeiro que não possui fins lucrativos e cujo objetivo é agir como central de custódia e de liquidação de títulos.

Por meio da Cetip, resguardam-se os direitos das partes que registram os títulos: os débitos e créditos das operações serão feitos, automaticamente, com a conta "reservas" dos bancos no Bacen, e a liquidação financeira é em D+1. Dessa forma, ficam garantidas as operações, pois quem compra tem certeza da validade do título e quem vende tem certeza do recebimento do valor. Os jornais publicam os volumes dos títulos diariamente negociados na Cetip, bem como a estimativa dos seus resgates.

Integram o sistema as seguintes subáreas:

- de livre movimentação;
- de movimentação especial; e
- de liquidação financeira e de imposto de renda.

Os sistemas operacionalizados pela Cetip destinam-se a registrar títulos e depósitos interfinanceiros em contas gráficas abertas em nome dos participantes, por meio de equipamento eletrônico e de teleprocessamento, bem como a processar, por meio do mesmo mecanismo, operações de transferência dos registros efetuados e, quando cabível, as suas respectivas liquidações financeiras.

As sensibilizações financeiras por meio do sistema ocorrem, obrigatoriamente, no dia útil seguinte ao dos processamentos (sistemática D+1), observando-se, entretanto, a não ocorrência dessas sensibilizações em qualquer evento operacional de que participe, como uma das partes, a conta do tipo "10" (clientes novos).

Como única exceção ao critério D+1, os juros relativos ao FND, pagos pelo BNDES, no primeiro dia útil de cada mês por meio do sistema MOP, obedecem à sistemática D+0.

Custódia

Os títulos registrados na Cetip não necessitam de emissão física de cautelas, já que são controlados eletronicamente pelos sistemas pertinentes a cada tipo de ativo. Isso proporciona redução de custos para os emissores e maior segurança e garantia para os investidores.

As posições dos ativos podem ser acompanhadas nos diversos sistemas, tanto por meio das telas dos terminais quanto pelos relatórios emitidos pela Cetip, diariamente.

Negociação

O sistema de negociação da Cetip é a operacionalização por meio de uma rede de terminais de computador que permite rapidez e agilidade no dinâmico mercado financeiro de hoje.

Esse sistema dispensa o uso de documentos, pois a informação é lançada diretamente nos terminais. O telex, ligado ao computador central, é utilizado pelas instituições fora do eixo Rio-São Paulo, para lançamentos de seus negócios, verificação de saldos, atualização das operações etc.

Ao abrir sua conta na Cetip, o participante recebe códigos e senhas que devem ser usados, obrigatoriamente, para o acesso aos sistemas. Para maior segurança do usuário, comprador e vendedor devem lançar suas operações, cabendo ao sistema confrontar as informações e atualizá-las. Ao longo do dia, essas informações podem ser acompanhadas pelos usuários, por meio de telas próprias. De qualquer forma, no final de cada dia, a Cetip fornece aos participantes do sistema uma série de relatórios relativos às operações realizadas.

Liquidação

Todo participante, ao se credenciar para negociar por meio da Cetip, deve indicar um banco responsável pela liquidação financeira de suas operações. No final de cada dia, o resultado financeiro líquido das operações é informado ao banco liquidante, para que ele as confirme e sejam processados os débitos e os créditos.

O resultado de cada banco liquidante é encaminhado ao Banco Central, para sensibilização de suas contas de reserva bancária. Dessa forma, o resultado financeiro das negociações de determinado dia estará debitado ou creditado em conta-corrente no dia útil seguinte (D+1).

- Sistema de Ativos Cambiais (SAC)
- Sistema de Cédula de Produto Rural (SCPR)
- Sistema de Certificado de Investimentos Audiovisuais (Cine)
- Sistema de Cessão de Crédito (SCC)
- Sistema de Letras Hipotecárias (SLH)
- Sistema de Nota Promissória (Nota)
- Sistema de Proteção Contra Riscos Financeiros (SPR)
- Sistema de Registro Documentacional de Operações a Termo (SRT)
- Sistema Financeiro de Bolsas (SFB)
- Sistema de Moedas de Privatização
- Sistema Nacional de Ativos (SNA)
- Sistema Nacional de Debêntures
- Sistema de Distribuição de Títulos (SDT)
- Sistema Nacional do Ouro (Sino)

Figura 2.16 *Os sistemas da Cetip.*

Questões para consolidação

1. O que é um sistema financeiro?
2. O que difere o sistema financeiro das nações?
3. Qual é a importância do sistema financeiro para o grau de desenvolvimento de uma economia?
4. Analise os problemas causados pela falta ou mau funcionamento do sistema financeiro.
5. Analise a evolução do sistema financeiro e suas perspectivas.
6. Como é estruturado o sistema financeiro internacional?
7. Analise o papel desempenhado pelos investidores internacionais.
8. O que são e como se classificam os centros financeiros internacionais?
9. Analise a origem e evolução do sistema financeiro brasileiro.
10. Qual a diferença entre os órgãos normativos e as entidades supervisoras?
11. Analise a importância das entidades supervisoras para o bom funcionamento do sistema financeiro.

12. O que são os bancos múltiplos?
13. O que é e como funciona o sistema de pagamento brasileiro?
14. Analise o funcionamento e o papel do Selic e da Cetip.

Teste de verificação

2.1. Assinale a alternativa que mais se aproxima do conceito de sistema financeiro:

( ) Conjunto de instituições financeiras bancárias.

( ) Conjunto de instituições financeiras que, utilizando instrumentos financeiros, transferem poupança entre pessoas físicas e jurídicas.

( ) Conjunto de instituições financeiras que, utilizando instrumentos financeiros, transferem poupança entre tomadores.

( ) Todas as alternativas estão corretas.

( ) Nenhuma das alternativas está correta.

2.2. Das funções listadas a seguir, qual não representa as de um sistema financeiro na economia:

( ) Promover a poupança.

( ) Solucionar problemas políticos.

( ) Arrecadar e concentrar a poupança em grandes volumes.

( ) Transformar a poupança em créditos especiais.

( ) Encaminhar os créditos às atividades produtivas.

2.3. A evolução do sistema financeiro internacional registrou no século XX três fases principais: o padrão-ouro, o padrão-dólar e o padrão dos direitos especiais de giro. Com base nessa afirmação, classifique a segunda coluna de acordo com o seguinte critério:

(1) Fase do padrão-dólar.
(2) Fase do padrão-ouro.
(3) Fase do padrão dos direitos especiais de giro.

( ) Suas principais características são:
- liberdade de eleição do regime da taxa de câmbio (fixo ou flutuante);
- desmonetização do ouro como moeda de reserva, substituindo-se pelos direitos especiais de giro, e oferecimento de apoio moderado aos países em desenvolvimento com problemas de balanço de pagamentos.

( ) Durante a Segunda Guerra Mundial, foi preparado um novo sistema internacional estável que devia assegurar um desenvolvimento equilibrado das trocas internacionais e fomentar o crescimento das economias nacionais. Ganharam as propostas americanas, que resultaram nos acordos de Bretton Woods.

( ) Durante esse período, relacionava-se o valor da moeda ao ouro (uma moeda equivale a tantas onças de ouro) e permitiam sem restrições a importação e exportação desse ouro; portanto, havia a liberdade de movimentos desse metal. Foi um sistema de câmbio fixo que teve como base de troca o ouro e que vigorou de 1816 a 1933. Nesse sistema, os países-membros fixavam certa quantidade de ouro pela qual sua moeda podia ser livremente convertida por meio de seus bancos centrais.

2.4. Sobre o Banco Mundial, não podemos dizer que:

( ) é um dos pilares do desenvolvimento social e econômico mundial desde a Segunda Guerra Mundial.

( ) é a única agência supranacional de financiamentos com presença e impacto globais.

( ) oferece aconselhamento econômico e técnico aos países-membros.

( ) ajuda a atrair investimentos privados através de coinvestimentos, garantias e seguros de risco político.

( ) é uma agência que realiza fomento e desenvolvimento nos países da Aladi.

2.5. Os investimentos em mercados internacionais geralmente são feitos com:

( ) investimento direto em ações desses mercados.

( ) investimentos indiretos, mediante aquisição de empresas com registros em bolsas de outros países.

( ) fundos mútuos abertos e fechados, fundos fiduciários ou companhias de investimento.

( ) recibos de depósito de ações (DRs).

( ) Todas as alternativas estão corretas.

2.6. Os centros financeiros podem ser conceituados como sendo cidades especializadas na prestação de serviços financeiros com seus mercados financeiros e suas instituições. Qual das alternativas sobre centros financeiros está incorreta?

( ) Os centros financeiros globais oferecem uma vasta gama de serviços, especialmente nos mercados atacadistas, para uma clientela mundial.

( ) Os centros financeiros regionais internacionais prestam serviços financeiros a um país e fazem a intermediação dos fluxos financeiros dos centros globais e de centros nacionais.

( ) Os centros *offshore* são entrepostos financeiros que fazem a intermediação de fluxos financeiros com pouca ligação com o sistema financeiro do país em que estão situados. Em geral, a denominação aplica-se a lugares como as Ilhas Caimã, Bahamas, Antilhas Holandesas e Andorra.

( ) Centros financeiros nacionais são aqueles que atendem às necessidades nacionais ou regionais, atuando em serviços de varejo e comércio bilateral entre a própria economia e outras economias.

2.7. Com base na estrutura do sistema financeiro brasileiro, classifique a segunda coluna de acordo com o seguinte critério:

(1) Órgãos normativos.
(2) Entidades supervisoras.

( ) Conselho Monetário Nacional.
( ) Banco Central do Brasil.
( ) Conselho Nacional de Seguros Privados.
( ) Comissão de Valores Mobiliários.
( ) Conselho Nacional de Previdência Complementar.
( ) Superintendência de Seguros Privados.
( ) Superintendência Nacional de Previdência.

2.8. Com base na supervisão dos subsistemas do sistema financeiro brasileiro, classifique a segunda coluna de acordo com o seguinte critério:

(1) Supervisionado pela CVM.
(2) Supervisionado pela SUSEP.
(3) Supervisionado pela Previc.

( ) Companhias abertas.
( ) Sociedades seguradoras.
( ) Sociedades de capitalização.
( ) Bolsas de valores.
( ) Bolsas de mercadorias e futuros.
( ) Entidades fechadas de previdência complementar.
( ) Corretoras de títulos e valores mobiliários.
( ) Distribuidoras de títulos e valores mobiliários.
( ) Resseguradoras.
( ) Entidades abertas de previdência complementar.

2.9. Com base na subordinação das entidades supervisoras do sistema financeiro brasileiro, classifique a segunda coluna de acordo com o seguinte critério:

(1) Conselho Monetário Nacional.   ( ) Bacen e CVM.

(2) Conselho Nacional de Seguros Privados.   ( ) SUSEP.

(3) Conselho Nacional de Previdência Complementar.   ( ) PREVIC.

2.10. A fiscalização das bolsas de valores é feita:

( ) pelo Banco Central.
( ) pelo Conselho Monetário Nacional.
( ) pela Comissão de Valores Mobiliários.
( ) pelo Ministério da Fazenda.
( ) pelo Ministério do Planejamento.

2.11. As empresas financeiras, chamadas de instituições financeiras, não proporcionam serviços relacionados a um ou mais dos seguintes temas:

( ) Troca de ativos financeiros em benefício de seus clientes.
( ) Troca de ativos financeiros para suas próprias contas.
( ) Assistência na criação de ativos financeiros de seus clientes e venda desses ativos financeiros a outros participantes do mercado.
( ) Administração de carteiras de outros participantes do mercado.
( ) Todas as alternativas estão corretas.

2.12. Não são consideradas instituições financeiras mediadoras:

( ) Comissionadas ou *brokers*.
( ) Intermediários financeiros.
( ) Mediadoras ou *dealers*.
( ) *Market makers*.
( ) Todas as alternativas estão corretas.

2.13. Algumas instituições financeiras são chamadas de bancárias porque:

( ) não criam moeda escritural.
( ) recebem moeda escritural e criam depósitos à vista.
( ) recebem depósitos à vista e criam moeda escritural.
( ) Todas as alternativas estão corretas.
( ) Nenhuma das alternativas está correta.

2.14. São exemplos de instituições financeiras captadoras de depósito à vista, exceto:

( ) bancos comerciais.
( ) bancos múltiplos com carteira comercial.
( ) Caixa Econômica Federal.
( ) cooperativas de crédito.
( ) BNDES.

2.15. Sobre os bancos múltiplos, não é correto afirmar:

( ) Surgiram através da Resolução nº 1.524 do Conselho Monetário Nacional de 21 de setembro de 1988.
( ) São bancos que podem operar simultaneamente, com autorização do Banco Central, carteiras de banco comercial, de investimento, de crédito imobiliário, de crédito, financiamento e investimento, de arrendamento mercantil (*leasing*) e de desenvolvimento.
( ) Foram os antepassados dos conglomerados.
( ) A criação dessas instituições permitiu a redução da burocracia das operações financeiras por concentrar em uma única razão social diversas carteiras de atividades.
( ) Para configurar a existência do banco múltiplo, devem-se possuir pelo menos duas das carteiras mencionadas, sendo uma delas, obrigatoriamente, comercial ou de investimento.

2.16. São instituições distribuidoras de títulos e valores mobiliários:

( ) CVM e Bacen.
( ) Bancos comerciais e bancos de investimentos.
( ) Financeiras e seguradoras.
( ) Sociedades corretoras de títulos e valores mobiliários, distribuidoras de títulos e valores mobiliários e agentes autônomos de investimento.
( ) Sociedades de crédito imobiliário e sociedade de arrendamento mercantil.

2.17. Um banco de desenvolvimento é chamado de não bancário porque:

( ) recebe depósitos à vista.
( ) é uma instituição bancária.
( ) não recebe depósitos à vista e consequentemente não cria moeda escritural.
( ) Todas as alternativas estão corretas.
( ) Nenhuma das alternativas está correta.

2.18. A diferença básica entre Selic e Cetip é, respectivamente, a liquidação e custódia predominantemente de:

( ) títulos privados e títulos públicos.
( ) títulos públicos e títulos privados.
( ) Todas as alternativas estão corretas.
( ) Nenhuma das alternativas está correta.

3

Mercados Financeiros

Conteúdo

- 3.1 Mercados
    - 3.1.1 Classificação
    - 3.1.2 Participantes
- 3.2 Ativos ou produtos
    - 3.2.1 Classificação
    - 3.2.2 Ativos de renda fixa
    - 3.2.3 Ativos de renda variável
- 3.3 Fundos de investimento
- 3.4 Tendências
    - 3.4.1 Desregulamentação
    - 3.4.2 Desintermediação
    - 3.4.3 Securitização ou titularização
    - 3.4.4 Inovação financeira
    - 3.4.5 Globalização
- Questões para consolidação
- Teste de verificação

3.1 Mercados

Em uma economia, existem diversos tipos de mercados, que podem ser agrupados em:

a) mercado de produtos, no qual operam bens manufaturados ou serviços; e
b) mercado de fatores, que corresponde aos fatores de produção.

Neste capítulo trataremos da parte do mercado de fatores conhecida como mercado financeiro.

Podemos definir os mercados financeiros como o mecanismo ou ambiente através do qual se produz um intercâmbio de ativos financeiros e se determinam seus preços. São mercados nos quais os recursos financeiros são transferidos desde unidades superavitárias, isto é, que têm um excesso de fundos, até aquelas deficitárias, ou seja, que têm necessidades de fundos.

A renda oferecida pelo sistema de produção não é homogênea, e isso leva à existência de agentes superavitários (que têm excedente de renda, porque a renda é maior que o consumo e, assim, dispõem de poupança) e deficitários (que não dispõem de excedentes de renda, porque o consumo é igual ou superior à renda), que precisam de crédito para complementar suas necessidades de consumo.

Os agentes superavitários que desejam aplicar suas poupanças para maximizar ganhos recorrem ao mercado financeiro, investindo suas economias em títulos para receber ganho ao final de determinado período. Essa oferta de recursos pelos superavitários irá financiar as necessidades dos deficitários, que buscam o mercado financeiro para obter crédito para complementar sua renda. Com isso, podemos afirmar que o mercado financeiro transfere as poupanças dos agentes superavitários para os deficitários de uma economia.

Antigamente, o mercado financeiro era o lugar físico ou ponto de encontro entre ofertadores e tomadores, mas hoje, com o avanço da informática e das telecomunicações, essa exigência física perdeu sua importância. O contato entre os agentes ocorre de diversas formas: por telefone, fax, correio, internet etc. Assim, temos dois tipos de mercados financeiros:

- com localização física; e
- sem localização física.

Dentro desse contexto, os mercados financeiros devem cumprir as seguintes funções:

- estabelecer o contato entre os agentes superavitários e deficitários;
- ser um mecanismo eficiente de fixação de preços para os ativos;
- proporcionar liquidez aos ativos; e
- reduzir os prazos e os custos da intermediação.

Com relação às características que todo mercado financeiro deve ter, podemos agrupá-las da seguinte forma: as do tipo institucional e as relacionadas à oferta e à demanda.

As características do tipo institucional são:

- **transparência**: possibilidade de obter informação relativa ao mercado de forma fácil, barata e rápida; e
- **liberdade**: trata-se da não existência de limitações de entrada ou saída de compradores e vendedores e da liberdade para negociar prazos e quantidades desejadas e formar preço.

As características relacionadas à oferta e à demanda são:

- **profundidade**: um mercado é considerado profundo quando existem ordens de compra e venda acima e abaixo do preço de equilíbrio, ou seja, existem curvas de oferta e demanda. A profundidade do mercado elimina as oscilações fortes do preço dos ativos. Quando ocorre um desequilíbrio entre as ordens de compra e venda de um ativo, isso pode provocar grandes flutuações de seu preço. Um mercado profundo implica a existência de ordens de venda e compra suficientes para exercer um efeito compensatório quando se produz esse desequilíbrio, moderando as flutuações de preços que em outro contexto se produziriam.

  Obviamente, um mercado profundo requer que cada agente participante possa conhecer com rapidez os desejos de compra e venda de outros agentes e possa, também, atuar em consequência aproveitando as oportunidades que o mercado oferece. Aos mercados fragmentados falta profundidade, pois podem existir ordens compensatórias de compra ou venda que não se conhecem ou que se conhecem unicamente ao longo de muito tempo. Um elemento importante que contribui para dotar de profundidade um mercado é a atuação, nele, de um número importante de intermediários, que se mantêm informados da evolução do mercado dispostos a comprar ou vender quando o preço lhes for mais conveniente, ou seja, o melhor possível de acordo com as ordens de seus clientes;

- **amplitude**: um mercado é amplo quando as ordens de oferta e de demanda existem em quantidade suficiente, ou seja, existe elasticidade nas curvas de oferta e demanda. Quanto mais amplo for um mercado, maiores serão as possibilidades de estabilização do preço dos ativos, se surgirem desequilíbrios temporais entre as ordens de compra e venda; menores serão, portanto, as flutuações dos preços. Um mercado será tanto mais amplo quanto maior for o número de investidores potenciais que obtêm pronta informação dos desejos de oferta e demanda de outros agentes e podem atuar em consequência; e

- **flexibilidade**: um mercado é flexível quando diante de qualquer variação no preço de um ativo aparecem rapidamente novas ordens de compra e venda. Um pré-requisito de um mercado flexível é a existência de canais de informação rápida sobre a evolução das cotações dos ativos. Note-se que a flexibilidade de um mercado refere-se à rapidez com que aparecem novas ordens em resposta a alterações do preço e não à existência prévia no mercado de ordens de compra e venda.

Resumindo, pode-se dizer que a igualdade de outras circunstâncias em um mercado torna-se mais profunda, ampla e flexível quanto mais rápida e barata for a informação que dele recebam os agentes participantes e quanto mais rápida e facilmente possam eles atuar de acordo com a informação recebida.

Essas características aproximam um mercado financeiro do ideal de mercado perfeito de acordo com a teoria econômica, mas a característica mais importante na hora de avaliar a "perfeição" de um mercado é o conceito de eficiência, que será trabalhado no Capítulo 12: Análise Fundamentalista de Ações.

3.1.1 Classificação

A classificação dos mercados financeiros é tarefa difícil em função do grande número de parâmetros utilizados para este fim. Segundo Martín e Ruiz (1994), essa dificuldade não deve nos surpreender, já que o mercado financeiro é um fenômeno complexo, de muitas facetas, suscetível de uma classificação multicritério. O Quadro 3.1 representa a tentativa de classificação dos mercados atendendo a diversos critérios.

Quadro 3.1 *Formas de classificação dos mercados financeiros.*

Critério	Classificação dos mercados
1. Grau de transformação dos ativos	• diretos (sem transformação); e • intermediados (com transformação)
2. Forma de funcionamento	• de busca direta; • prestadores de serviço (*brokers*); • mediadores (*dealers*); e • de leilão
3. Tipos de ativos	• monetários; e • de capitais
4. Fase de negociação	• primários; e • secundários
5. Prazo ou condições	• à vista ou *spot*; • de futuros; e • de opções
6. Tipo de moeda	• nacionais (local); e • internacionais (externo)
7. Grau de intervenção	• livres; e • regulados
8. Grau de formalização	• organizados; e • não organizados
9. Grau de concentração	• centralizados; e • não centralizados
10. Necessidades dos clientes	• de crédito; • de capitais; • cambiais; e • monetários

Classificação com base no grau de transformação dos ativos

De acordo com esse critério, os mercados podem ser diretos, sem transformação de ativos, e intermediados, com a intermediação de títulos primários e secundários. Cabe-nos destacar que pelo menos um dos participantes em cada operação de compra ou venda de ativos é um intermediário financeiro.

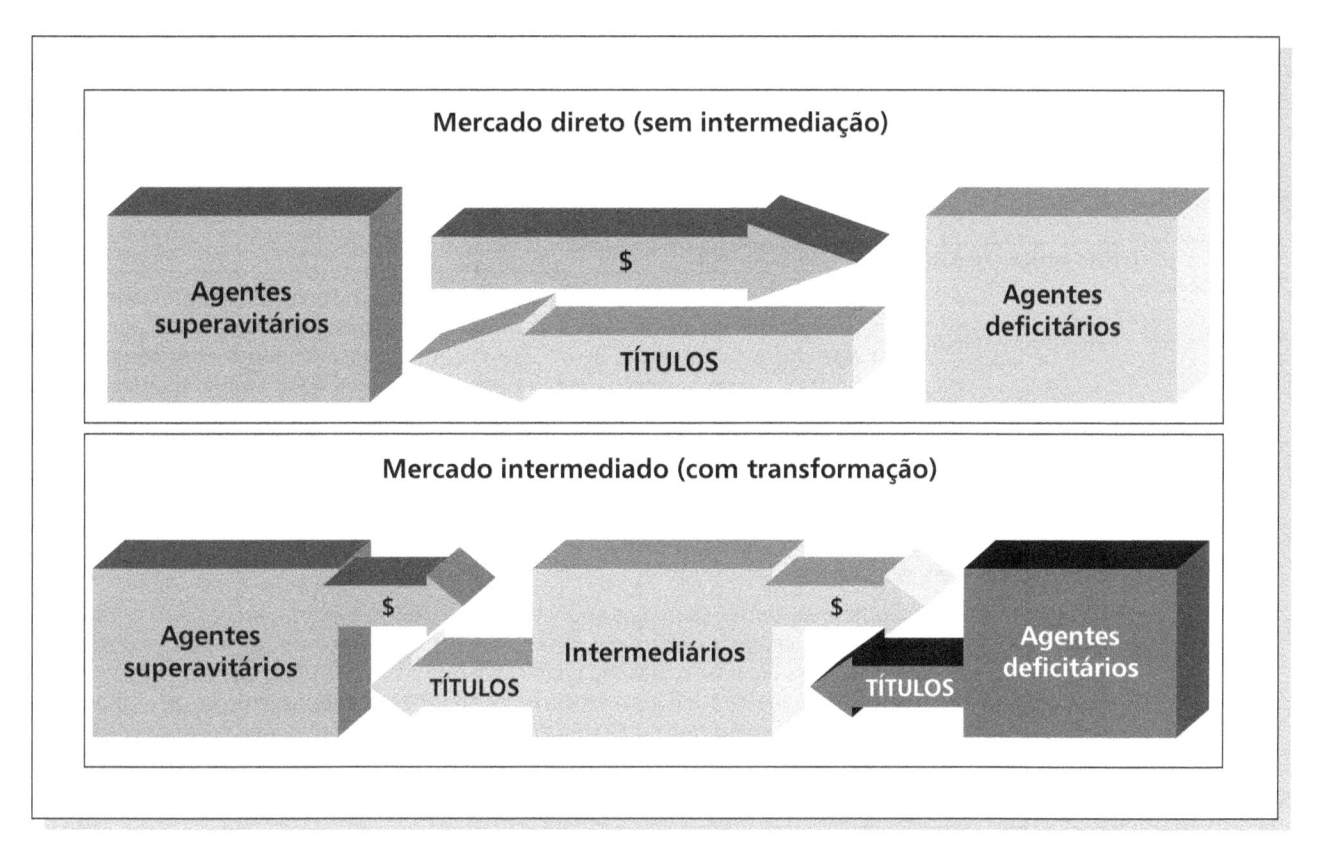

Figura 3.1 *Mercado direto e mercado intermediado.*

Classificação com base na forma de funcionamento

Pode-se distinguir os vários tipos de funcionamento dos mercados financeiros em:

Mercados de busca direta

esse é o tipo de funcionamento de um mercado mais distante do ideal de mercado perfeito. Nesse tipo de mercado, tanto os compradores como os vendedores de ativos têm que se encarregar de buscar sua contraparte sem a ajuda de agentes especializados. Em consequência, todos os custos da busca são suportados pelo agente individualmente, o que limita sobremaneira as próprias possibilidades de busca e faz com que cada agente negocie tipicamente a um preço pior do que poderia obter. Trata-se de mercados muito fragmentados nos quais é normal que um mesmo ativo se negocie em qualquer momento a diferentes preços, sendo inclusive difícil delimitar o que se pode entender por preço de equilíbrio. Nesses mercados, a informação geralmente existente é escassa e a reação dos agentes diante das modificações de preços é lenta e a médio prazo. Predominam mais as relações de "clientelismo" entre os agentes participantes.

Mercados de prestadores de serviço (*brokers*)

a complexidade crescente dos mercados, sua sofisticação, o volume das transações, a existência de importantes economias de escala, o melhor conhecimento dos mercados, os menores custos de busca, determinam que os agentes que intervêm nos mercados, em alguns casos, busquem um agente de confiança altamente especializado que selecione as contrapartidas mais adequadas para a operação que se desenha, pagando por isso uma comissão. Assim, em troca de uma comissão, os prestadores de serviço tratam de buscar uma contrapartida e/ou negociar preços aceitáveis para operações específicas de seus clientes.

Devido a seu frequente contato com distintos participantes de um mercado, o prestador de serviço pode conhecer melhor o preço pelo qual se pode trocar os ativos e, portanto, tem condições de oferecer preços de compra ou venda mais próximos aos melhores que é possível obter para os ativos trocados. Esse conhecimento do melhor preço possível, junto com seu custo menor de busca, fundamenta o papel do prestador de serviço num mercado.

Mercados de mediadores (*dealers*)

apesar de suas muitas vantagens sobre os mercados de busca direta, os mercados de prestadores de serviço não podem assegurar a execução rápida de uma ordem, que dependerá da maior ou menor facilidade com que o prestador de serviço possa encontrar no mercado a contrapartida adequada à ordem que trata de executar. Sem embargo, em certos mercados atuam agentes especializados cujo papel é oferecer aos participantes a liquidez implícita na execução imediata de suas ordens.

Os *dealers* compram e vendem por conta própria ativos financeiros aos preços que a cada momento são publicados. Seu benefício surge da diferença entre o preço de compra e o de venda de cada ativo, que constitui sua remuneração por assegurar a liquidez dos ativos e assumir o risco alheio à inclusão deles em suas carteiras.

Quanto menor for o diferencial entre os preços anunciados de compra e venda, menor será a fragmentação do mercado, pois, se esses preços são bem conhecidos, o preço de demanda é cotado acima do preço de oferta. Dessa forma, o máximo lucro extra que pode obter um agente efetuando sua operação sem recorrer ao mediador é justamente igual ao diferencial entre o preço de compra e o de venda. Portanto, quanto menor for tal diferença, menor será também o incentivo para atuar por canais alheios ao mediador.

Mercados de leilão

apesar de suas vantagens, o agente que participa num mercado de mediadores assume o custo de pesquisar as alternativas de preço que oferece cada um deles. Por outro lado, é claro que existe um lucro a ganhar se dois agentes podem executar uma transação sem concorrência de um mediador, pois dessa forma poderão repartir entre ambos o diferencial que seria cobrado.

Os mercados de leilão têm como característica permitir que todos os participantes se integrem num processo comum e único de fixação de preços. São mercados dotados de mecanismos centralizados para a publicação das ordens de compra e venda, tornando-as públicas a todos os participantes que operam.

Classificação com base nos tipos de ativos

Quando considerados os tipos de ativos negociados no mercado financeiro, podemos dividi-lo em mercado monetário ou de dinheiro e mercado de capitais, como no Quadro 3.2.

Quadro 3.2 *Classificação com base nos tipos de ativos.*

Mercado	Tipos	Exemplos de operações
Monetário ou de dinheiro	1. Mercado de crédito	⇨ Desconto comercial ⇨ Crédito comercial ⇨ Crédito bancário ⇨ Empréstimos a curto prazo
	2. Mercado de títulos	⇨ Dívida pública a curto prazo ⇨ Ativos de empresas ⇨ Ativos bancários

Continua

Mercado	Tipos	Exemplos de operações
De capitais	1. Crédito a longo prazo	⇨ Empréstimos ⇨ Créditos sindicados ⇨ Operações de *leasing* ⇨ Operações de vendas a prazo ⇨ Operações de *factoring* ⇨ Operações hipotecárias
	2. Mercado de valores	⇨ Bursátil ⇨ Balcão
	3. Ajudas oficiais	⇨ Operações do BNDESPAR

Classificação com base na fase de negociação

Essa classificação é baseada na transformação dos títulos que são negociados no mercado financeiro. Nesse caso, a fase em que serão criados os títulos ou em que ocorre a primeira negociação entre os vendedores (agentes deficitários) e os compradores (agentes superavitários) é classificada como primária. Já a fase em que os títulos são renegociados (a negociação ocorre entre o primeiro adquirente do título e outros interessados em adquiri-lo), de modo a gerar liquidez, tornando mais atraente sua aquisição, é chamada de secundária. Para compreendermos melhor esse processo, vejamos o fluxo da Figura 3.2.

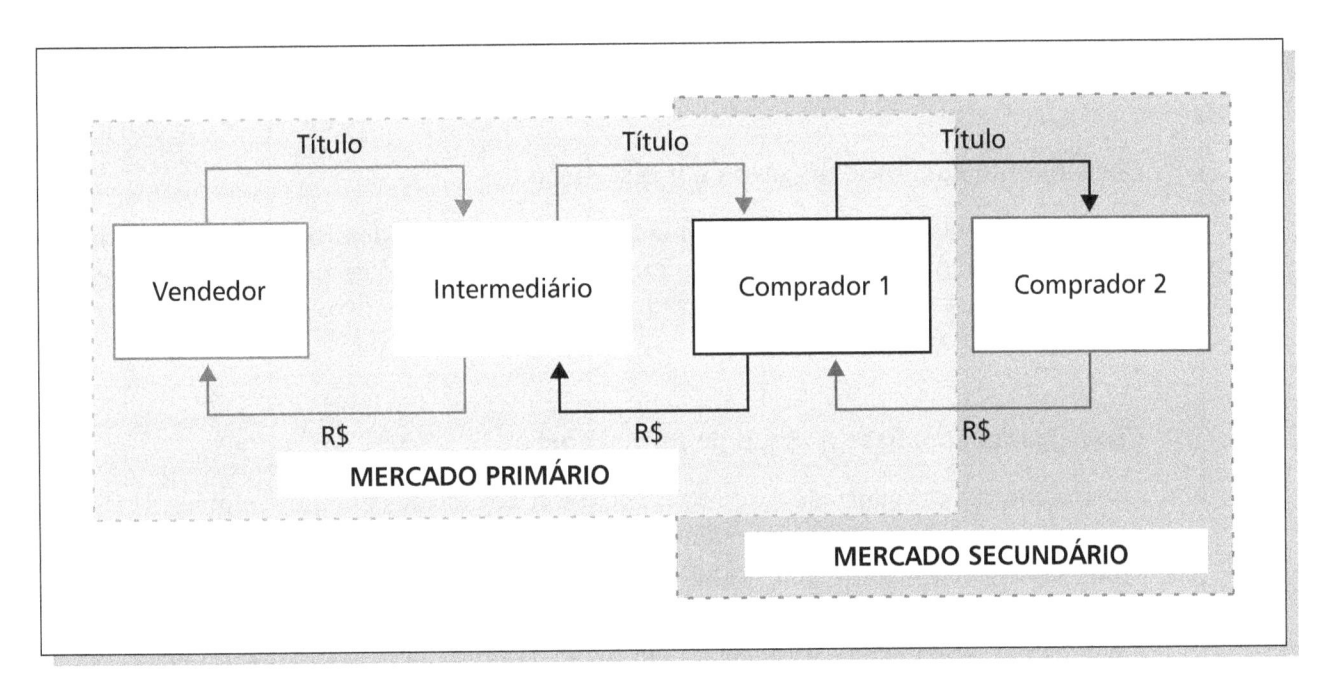

Figura 3.2 *Fluxo da negociação do título.*

Classificação com base no prazo ou nas condições

As operações nos mercados financeiros podem ser concretizadas à vista (*spot*), a futuro ou por meio de opções. Quando os participantes se encontram para negociar, eles possuem necessidades distintas de prazos; como consequência, agrupam-se em mercados específicos em termos de prazo.

Classificação com base no tipo de moeda

Com a globalização dos mercados financeiros, os agentes superavitários e os deficitários passaram a utilizar os mercados externos para atender às suas necessidades. Com isso passamos a classificar os mercados financeiros em mercados locais ou nacionais e mercados internacionais ou de divisas.

O mercado interno, também chamado de mercado nacional, pode dividir-se em duas partes: mercado doméstico, em que os emissores são habitantes de um país e seus valores se comercializam nesse país; e mercado estrangeiro, que é onde se comercializam e se vendem os valores dos emissores que não habitam no país.

O mercado externo, também chamado de mercado internacional, permite o comércio de valores com duas características distintas: (1) oferece-se a emissão de valores de maneira simultânea a investidores em vários países e (2) são emitidas divisas fora da jurisdição de qualquer país.

Os mercados financeiros internacionais são mercados globais, sem nacionalidade, que movem um volume de recursos que supera as possíveis atuações compensadoras que poderiam executar os bancos centrais. Não existe responsável final nem tomador de última instância, o que não quer dizer que não exista a possibilidade de controle por parte das autoridades monetárias ou financeiras do país onde começam as operações.

Os protagonistas do mercado financeiro internacional são, basicamente, instituições de caráter financeiro: fundos de pensões, fundos de investimento, seguradoras, bancos comerciais e industriais, que atuam assessorando e tomando também posições próprias de risco. Também participam ativamente departamentos financeiros ou filiais de empresas não financeiras.

Classificação com base no grau de intervenção

Quando o mercado é livre, o volume negociado e o preço dos ativos são determinados pela oferta e demanda. Mas nem todo mercado funciona conforme essas leis; nos mercados regulados, tanto o volume negociado como o preço dos ativos são determinados segundo uma orientação do governo.

Classificação com base no grau de formalização

Um mercado organizado é aquele no qual são negociados grandes volumes de títulos de forma simultânea, geralmente num único lugar e dentro de determinados parâmetros. Como exemplo, podemos citar as bolsas de valores.

Já o mercado não organizado é aquele no qual não há regra estrita para negociações e não há necessidade da existência de um lugar concreto para sua operacionalização.

Classificação com base no grau de concentração

Os mercados concentrados encontram-se nos grandes centros financeiros internacionais, como o de Wall Street, em New York, e o da City, em Londres. Nesses centros, existe forte concentração de atividades econômico-financeiras e, consequentemente, grande fluxo de recursos.

Os mercados não concentrados são aqueles em que ocorrem negociações e operações mais simples em função de seu tamanho e de sua relevância no contexto mundial. Podemos dizer, também, que um mercado é descentralizado quando a negociação de determinado ativo financeiro produz-se de maneira dispersa em múltiplos centros financeiros pelos diferentes agentes que com ele operam. Um exemplo seria o mercado de divisas.

Classificação com base nos clientes

A forma mais comum de classificar o mercado financeiro é por meio das necessidades de seus participantes, já que cada participante tem necessidades diferentes dependendo da situação em que se encontra durante suas negociações econômico-financeiras.

Essas necessidades que os participantes têm podem ser agrupadas em quatro tipos distintos: de crédito, de capitais, de câmbio e monetária.

A necessidade de crédito vai gerar o mercado de crédito, que é a parte do mercado financeiro, ao lado do mercado de capitais, em que se efetivam as transferências de saldos financeiros, disponíveis e demandados a curto e médio prazos, que se verificam em razão do desempenho entre entradas e saídas de recursos à vista nas diferentes unidades do sistema econômico.

Sua estrutura pode ser dividida em:

- mercado de crédito bancário; e
- mercado de crédito com intermediação não bancária.

A necessidade de capitais vai gerar o mercado de capitais, que funciona de modo a captar a poupança dispersa pelas diversas unidades econômicas para complementar a poupança interna das empresas, a fim de financiar a formação de capital da economia.

Outra necessidade que os participantes têm é a de câmbio (troca de moedas); para atendê-la, existe o mercado cambial, no qual são realizadas operações que envolvem a necessidade de conversão de moedas estrangeiras em moedas locais e vice-versa.

Um dos participantes, em função de suas características, tem suas necessidades satisfeitas em um mercado à parte; esse participante é o governo, que necessita do mercado financeiro para realizar políticas econômicas e gerenciá-las. Para ele, há o mercado monetário, no qual são realizadas as operações de curto prazo. Nele são financiados os desencaixes momentâneos das instituições financeiras e as necessidades de política monetária e rolagem de dívida do governo.

Os mercados resultantes dessa classificação podem ser mais bem compreendidos pelas características e pelos tipos das operações que são realizadas (ver Quadro 3.3).

Quadro 3.3 *Classificação dos mercados financeiros com base nas necessidades dos clientes.*

Mercado	Características e tipos de operações
De crédito	Supre as necessidades de crédito de curto e médio prazos; por exemplo, capital de giro para empresas e consumo para as famílias.
De capitais	Supre as necessidades de financiamento de longo prazo; por exemplo, investimentos para empresas e aquisição de bens duráveis para as famílias.

Continua

Mercado	Características e tipos de operações
Monetário	Supre as necessidades do governo de fazer política monetária e dos agentes e intermediários de caixa. Nesse segmento são realizadas operações de curto e curtíssimo prazo, e sua liquidez é regulada pelas autoridades monetárias.
Cambial	Supre as necessidades quanto à realização das operações de compra e venda de moeda estrangeira (fechamento de câmbio). Como exemplos dessas necessidades temos as importações (necessidade de compra de moeda estrangeira) e as exportações (necessidade de venda de moeda estrangeira) feitas pelas empresas.

Independentemente da classificação adotada, o mercado financeiro apresenta a estrutura de acordo com a Figura 3.3.

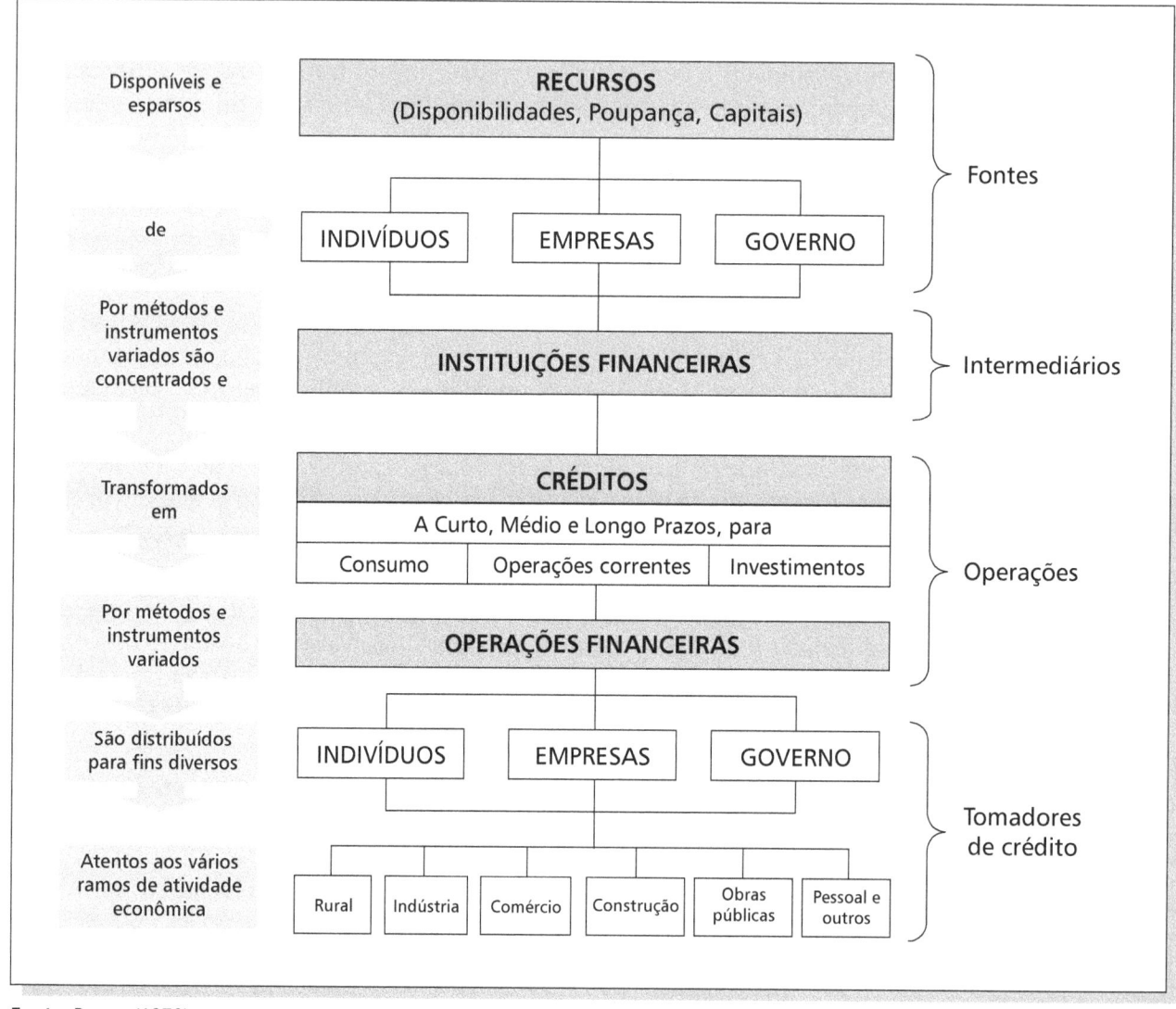

Fonte: Barros (1970).

Figura 3.3 *Estrutura do mercado financeiro.*

3.1.2 Participantes

Para definirmos os elementos e as características do mercado financeiro, é necessário conceituarmos os seus participantes. Os participantes do mercado financeiro são aqueles que se comprometem por meio de determinado contrato, com base numa motivação de caráter econômico ou financeiro.

De forma geral, podemos dizer que há três grupos de participantes de mercado financeiro: empresas, famílias e governo (ver Figura 3.4). Esses participantes podem assumir a condição de vendedores (agentes superavitários) ou compradores (agentes deficitários) em função de suas necessidades circunstanciais. Com isso, podem tornar-se vendedores e compradores do mesmo produto (moeda), várias vezes ao longo do tempo, ao contrário dos outros mercados com os quais estamos acostumados a nos relacionar, como, por exemplo, os mercados de bens duráveis ou de bens de consumo.

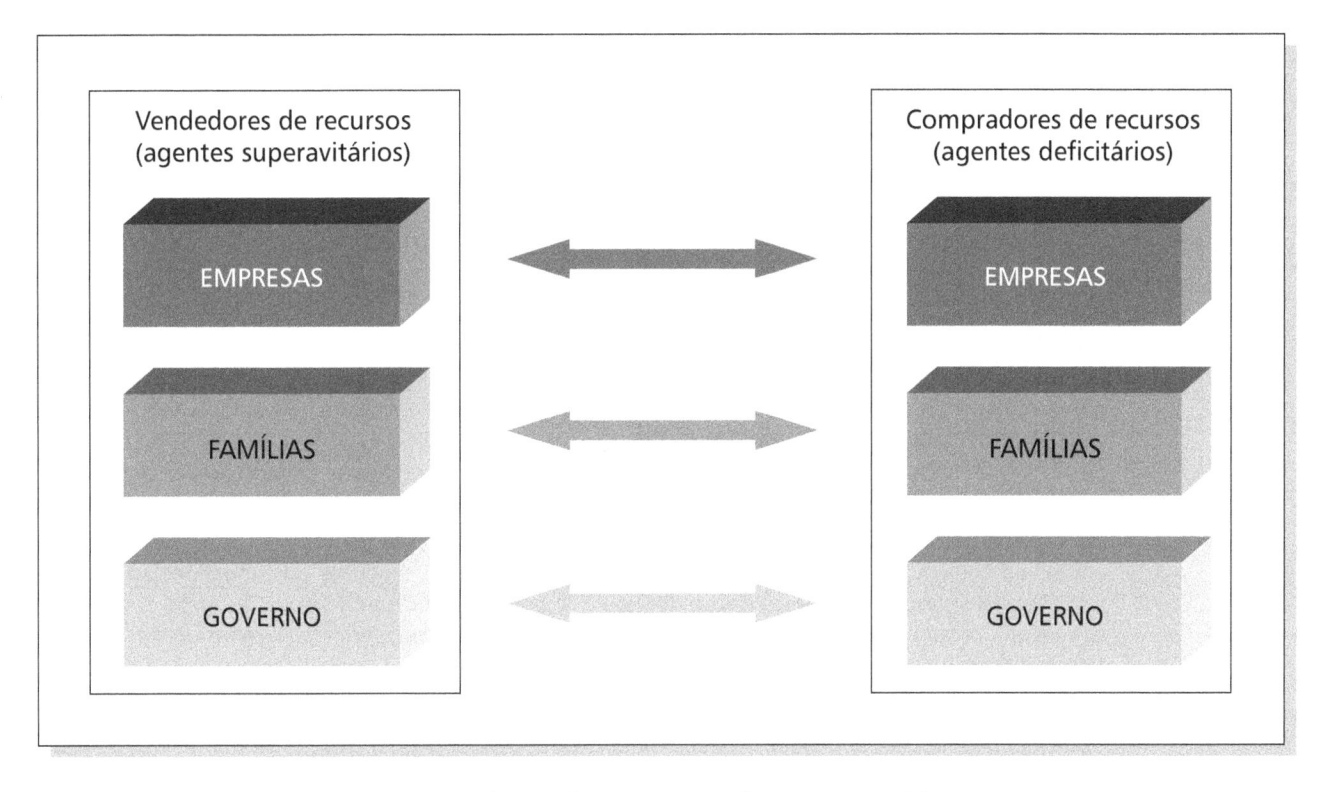

Figura 3.4 *Relações de compra e venda entre os participantes.*

As pessoas geralmente participam desse mercado para:

- obter financiamento a custo baixo;
- obter ativos de alta rentabilidade;
- cobrir posições em dívidas ou em taxas de juros, geradas pelo funcionamento normal do negócio;
- complementar as estratégias de curto prazo na administração de ativos e passivos;
- ter a opção de entrar diretamente num mercado de acesso difícil ou inacessível; e
- por questões de caráter especulativo, aproveitando sua boa qualificação ou posicionamento no mercado.

3.2 Ativos ou produtos

Um ativo financeiro é um instrumento que canaliza a poupança até o investimento. As empresas em sua busca por financiamento podem acessar o mercado através dos ativos financeiros emitindo ações ou emitindo títulos de dívida.

Poderíamos dizer que um ativo, no sentido amplo, consiste em algo que possuímos e que tem valor de troca. No esquema de unidades superavitárias e deficitárias, os ativos financeiros são títulos emitidos pelas unidades econômicas deficitárias e que constituem um passivo para elas. São como um meio de manter riqueza para quem o possui.

As funções que tradicionalmente atribuímos aos ativos financeiros são as seguintes:

a) transferência de fundos entre os diferentes agentes econômicos, dos superavitários aos deficitários. Dessa forma, converte-se em instrumentos idôneos de canalização da poupança gerada; e
b) transferência de riscos do emissor ao receptor dos ativos, posto que os ativos consistem basicamente num compromisso de pagamento que está sujeito às variações positivas ou negativas da atividade do emissor do ativo, pelo que, em definitivo, este está transferindo parte do risco derivado de seu ato de investimento.

As características principais dos ativos financeiros concentram-se em:

Liquidez
que é a facilidade, entendida tanto em termos de rapidez como de certeza na recuperação do valor nominal investido, com que o investidor possa obter os recursos investidos no ativo. Capacidade de conversibilidade em outros ativos ou bens.

Risco
entendido como variabilidade ou instabilidade na rentabilidade esperada ou a possibilidade de que o emissor descumpra com o pactuado, isto é, o pagamento do principal e dos juros. O risco dependerá, portanto, de um conjunto de variáveis relacionadas com o emissor, o mercado e outros fatores diversos.

Rentabilidade
que é a capacidade de o ativo produzir juros ou outros rendimentos para o adquirente como pagamento de sua cessão de fundos e sua assunção de riscos ao longo de um período de tempo determinado. Capacidade de ganho que esses ativos podem auferir aos seus possuidores.

Em geral, a rentabilidade é uma função que depende da liquidez e do risco, ou seja:

$$R = F(L,r)$$

em que: R = rentabilidade
L = liquidez
r = risco

As diferentes modalidades de ativos financeiros geram-se por combinações específicas dessas três características. Sob o ponto de vista dos emissores e compradores de ativos financeiros, podemos ter os enfoques resultantes demonstrados na Figura 3.5.

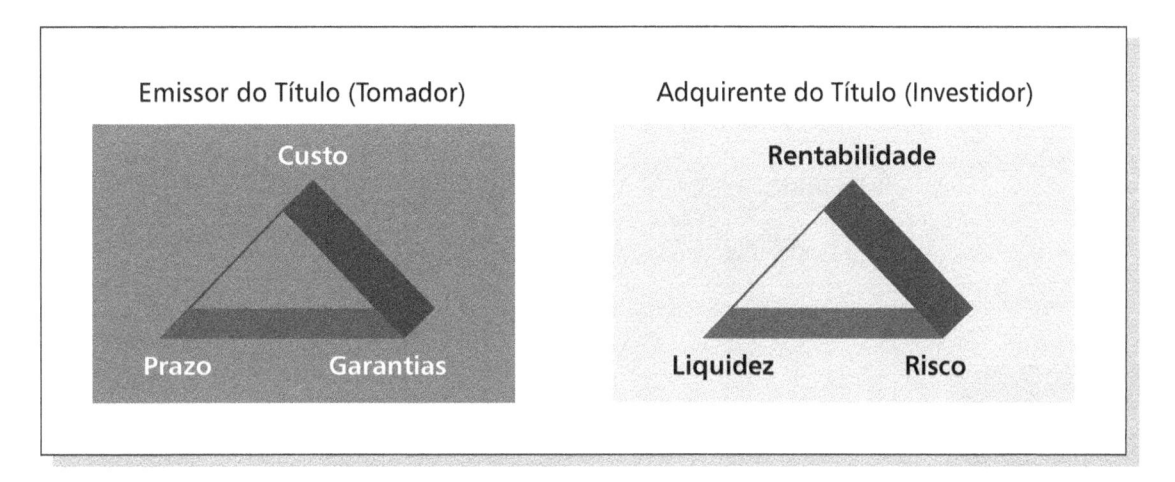

Figura 3.5 *Enfoques dos ativos financeiros.*

Um princípio econômico básico diz que o preço de qualquer ativo financeiro vem dado pelo valor atual de seus fluxos de caixa esperados, inclusive se a corrente destes últimos não é conhecida com certeza, entendendo por fluxos de caixa a corrente de dinheiro líquido que se espera receber ao longo da vida do investimento financeiro. Portanto, para determinar o preço, são necessárias:

- uma estimativa dos fluxos de caixa esperados; e
- uma estimativa do rendimento adequado exigido.

Os fluxos de caixa esperados para alguns instrumentos financeiros são simples de calcular; para outros, a tarefa é mais difícil. O retorno exigido reflete o retorno de instrumentos financeiros de risco comparável, ou investimentos alternativos.

O primeiro passo para determinar o preço de um ativo financeiro é determinar seus fluxos de caixa. Os fluxos de caixa de um ativo que não podem ser resgatados pelo emitente antes de sua data de vencimento consistem em:

- pagamentos periódicos de juros dos cupons até a data de vencimento; e
- valor ao par ou vencimento na data de vencimento.

O retorno esperado de um ativo financeiro está diretamente relacionado com a noção do preço. Dados o fluxo de caixa efetivo esperado de um ativo financeiro e seu preço, podemos determinar sua taxa de retorno esperada.

Quanto mais alto (baixo) o retorno exigido, mais baixo (alto) será o preço de um ativo financeiro. O preço de um ativo, portanto, muda em sentido oposto ao da mudança do retorno exigido. Quando a taxa do ativo for igual ao retorno exigido, o ativo será vendido pelo seu valor ao par. Quando a taxa do ativo for menor (maior) do que o retorno exigido, o ativo será vendido por menos (mais) do que seu valor ao par, e diz-se que está sendo negociado com desconto.

3.2.1 Classificação

Os ativos financeiros podem ser classificados de múltiplas formas, atendendo a alguma de suas características, segundo se materializem em documentos com suporte físico ou constituam simples lançamentos contábeis, sejam negociáveis ou não negociáveis, segundo seu grau de liquidez, em função da unidade de gasto que os emite etc.

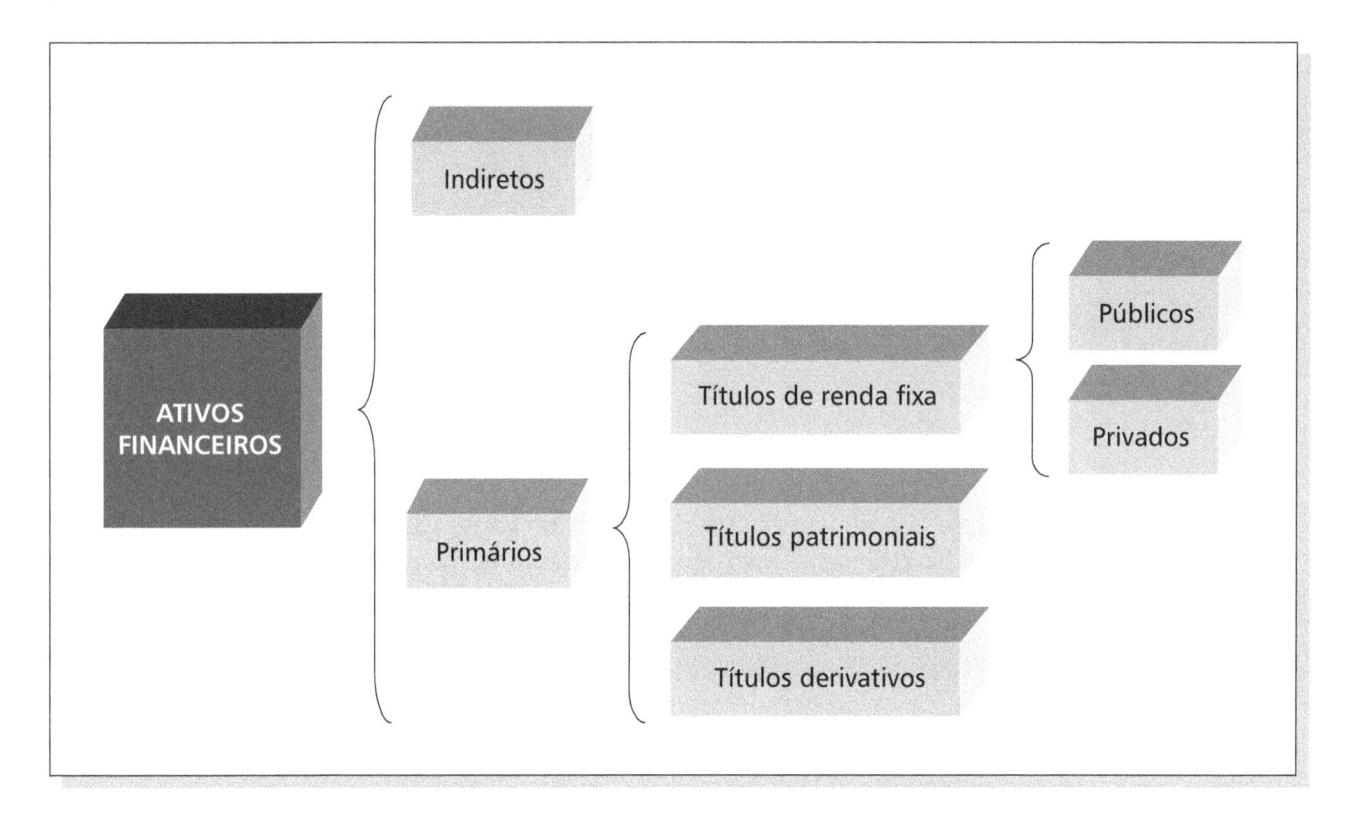

Figura 3.6 *Esquema de classificação dos ativos financeiros.*

Observando-se o suporte material que os sustenta, os ativos financeiros podem emitir-se sobre um papel ou documento ou podem manter a imaterialidade dos títulos (escriturais), que é a tendência atual de todos os ativos.

Outra opção de classificação desses ativos financeiros consistiria em considerar as vias pelas quais eles fluem entre os ofertadores e demandantes de fundos. Assim:

- **ativos primários**: são ativos emitidos pelos tomadores últimos, os demandantes últimos de fundos ou as unidades de gasto com déficit, colocados em contato direto pelos mediadores financeiros para negociar com os poupadores últimos ou unidades de gasto com superávit; isto é, quando a oferta se encontra com a demanda em sua origem, no momento da criação do ativo. Os intercâmbios entre unidades de gasto superavitárias e deficitárias de ativos primários dão lugar a transações diretas; e
- **ativos indiretos**: nas complexas sociedades modernas nas quais os agentes econômicos encontram-se dispersos e suas necessidades são cada vez mais sofisticadas, o sistema financeiro tem um papel-chave. Subscreve ou adquire uma parte importante das emissões de títulos levadas a cabo pelas unidades demandantes de fundos ou deficitárias, ao mesmo tempo em que emite outros passivos mais adequados às necessidades dos poupadores ou unidades de gasto superavitárias.

```
┌─────────────────────────────────────────────────────────────────────┐
│                                                                     │
│                        Títulos primários      ┌──────────────────┐  │
│   ┌──────────────────┐ ─────────────────────▶ │ Tomadores últimos│  │
│   │                  │ ◀─────────────────     └──────────────────┘  │
│   │ Poupadores últimos│                           ↕ Títulos primários│
│   │                  │                       ┌────────────────────┐ │
│   └──────────────────┘ ─────────────────────▶│Intermediários      │ │
│                         Títulos indiretos    │financeiros         │ │
│                                              └────────────────────┘ │
└─────────────────────────────────────────────────────────────────────┘
```

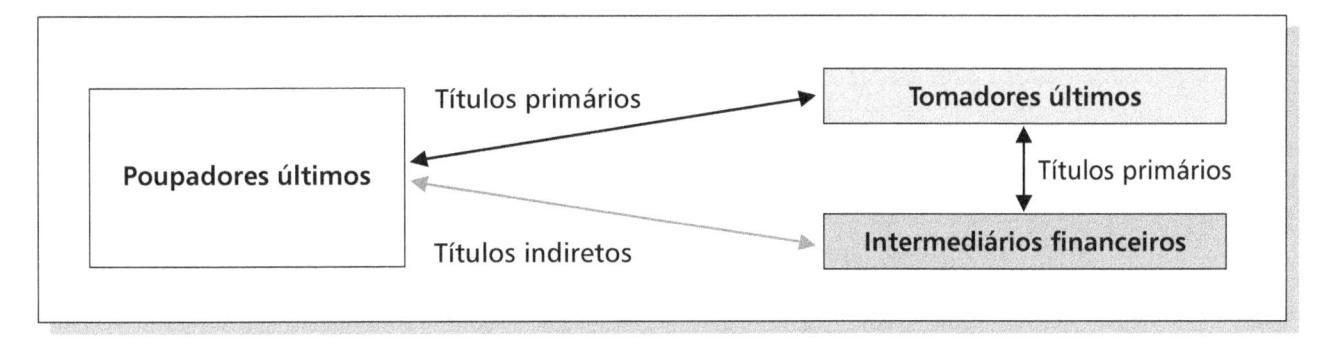

Figura 3.7 *Esquema de criação de títulos primários e indiretos.*

A existência de intermediários financeiros determina que uma parte apreciável dos recursos gerados pelos poupadores últimos não vai diretamente à subscrição dos ativos emitidos pelos demandantes últimos de recursos, senão que se canalizem até os passivos emitidos pelos próprios intermediários financeiros, que, por sua vez, emprestam-nos aos demandantes últimos de fundos. Esses instrumentos emitidos pelos intermediários financeiros e subscritos pelos poupadores últimos denominam-se ativos financeiros indiretos ou ativos secundários. As transações nas quais intervém o sistema financeiro em seu papel de intermediário denominam-se transações intermediadas.

Podemos, ainda, dividir os ativos finaceiros em três grupos distintos:

- **títulos de renda fixa**: prometem rendimento fixo (taxas prefixadas) ou determinado por parâmetros conhecidos (taxa pós-fixada);
- **títulos patrimoniais**: representam participação na propriedade de uma empresa. Esses títulos, ao contrário dos anteriores, não prometem rendimento específico aos proprietários (acionistas), e sua remuneração é baseada nos dividendos que a empresa possa pagar e na valorização de seus ativos. Se a empresa for bem-sucedida, seu valor patrimonial aumentará; caso contrário, diminuirá. Portanto, podemos dizer que esses títulos têm sua renda variável; e
- **títulos derivativos**: têm seus rendimentos determinados ou derivados dos preços de outros ativos, como os contratos de opções e de futuros. Esses títulos podem ser emitidos com base em moedas, mercadorias, ações etc.

3.2.2 Ativos de renda fixa

Adotando a classificação mais habitual, podemos diferenciar os ativos financeiros em ativos de renda fixa ou de dívida e os ativos de renda variável ou ações.

Os ativos de renda fixa envolvem uma programação determinada de pagamentos. Por isso, nesses ativos os investidores conhecem antecipadamente os fluxos monetários que vão obter.

Em sua maioria, esses títulos representam promessas de pagamentos futuros de valores específicos em datas estipuladas. Geralmente, isso acontece mediante pagamentos integrais ou à vista em datas específicas. Quando da não realização de algum pagamento específico, o título é colocado em situação de inadimplência, fazendo com que todos os pagamentos restantes vençam imediatamente.

Os detentores dos títulos de renda fixa têm três direitos fundamentais:

1. receber os juros periódicos predeterminados;
2. devolver o principal, uma vez finalizada a vida do produto; e
3. transmitir o produto.

Além dos direitos, apresentam como principais características para o investidor:

- retorno previamente conhecido;
- pagamento do rendimento e principal, nos prazos estabelecidos; e
- torna-se credor da instituição emissora.

E os principais riscos apresentados por esses títulos são:

- risco de crédito;
- risco de liquidez;
- risco da taxa de juros;
- risco de inflação; e
- risco de planos econômicos.

A aquisição de títulos de renda fixa é um tipo de investimento em títulos emitidos pelo governo ou por uma empresa, com direito ao recebimento de juros.

Ao fazer um investimento em renda fixa – que no Brasil tem como ponto de referência o CDI –, você está comprando um título de dívida. Trata-se de um contrato por meio do qual você empresta dinheiro ao emissor do papel, que, em troca, lhe paga quantias fixas a intervalos regulares, que são o pagamento de juros, até uma data específica, a data do vencimento do papel, quando então é feito um pagamento final, o resgate do título.

A minimização dos riscos dos títulos de renda fixa é feita pelo **Fundo Garantidor de Crédito**. Esse fundo é uma associação civil sem fins lucrativos (portanto, não é do governo) que tem por objetivo dar garantia de crédito em nome de instituições financeiras e associações de poupança e empréstimo. A garantia é dada por investidor, até o valor de R$ 70.000,00, controlado pelo número do CPF ou CNPJ, e os títulos garantidos são: depósitos à vista, em poupança e a prazo e letras de câmbio, imobiliárias e hipotecárias.

Os investidores de renda fixa podem manter o ativo até seu vencimento ou vender no mercado e obter ganho ou perda.

3.2.3 *Ativos de renda variável*

Os ativos de renda variável são aqueles em que não há um conhecimento prévio dos rendimentos futuros e o valor de resgate pode assumir valores superiores, iguais ou inferiores ao valor aplicado.

As ações e as debêntures conversíveis em ações são os produtos de renda variável de mais destaque e, talvez, os mais popularmente conhecidos pelos investidores no mercado de capitais.

As ações são títulos de participação negociáveis que representam parte do capital social de uma sociedade econômica, a qual confere ao seu possuidor o direito de participação em seus resultados. Podem ser consideradas um certificado ou título de propriedade, representativo das partes do capital social de uma sociedade econômica. O acionista é, portanto, proprietário de uma parcela da empresa correspondente ao número de ações que possui.

Dado que uma ação é uma parte proporcional do capital social de uma empresa, quem a adquire converte-se em coproprietário dessa empresa.

As principais características das ações são:

Para o investidor	Para a instituição emissora
• o retorno não é previamente definido, mas potencialmente alto; • não há obrigatoriedade do retorno do capital e/ou pagamento de dividendos; e • o investidor torna-se acionista da empresa.	• é um título patrimonial; e • não representa uma obrigação perante terceiros.

Apesar da oscilação de preço no curto prazo, é preciso ter em mente que uma ação é um ativo real que dá direito a seu possuidor de participar da rentabilidade futura da empresa. Cedo ou tarde o preço de uma ação acaba convergindo para a evolução dos lucros.

Mais detalhes sobre as ações serão vistos no Capítulo 6, especificamente na seção 6.2, denominada "Ações".

Quadro 3.4 *Comparação entre os ativos financeiros.*

	Renda fixa	Renda variável
Ingressos	Compreendem um fluxo de ingressos, previamente estabelecidos entre as partes, que é recebido pelo subscritor e pago pelo emissor de tais ativos com independência do resultado de outras variáveis e cujo montante pode ser fixo ou variável.	Emitidos pelas empresas, implicam a recepção de determinado fluxo de ingressos em função dos resultados dessas empresas e uma vez satisfeitos todos os compromissos com os possuidores de ativos de dívida ou de renda fixa.
Recebimento	Tem prioridade na recepção de seus ingressos.	Fica submetido aos resultados da atividade da empresa.
Risco	Menor	Maior
Rentabilidade	A incerteza associada à percepção dos fluxos de caixa comprometidos é inferior, portanto os ingressos finais dos ativos de renda fixa devem ser inferiores.	Maior

3.3 Fundos de investimento

Apesar de já fazerem parte de nosso mercado financeiro desde a década de 1950, os fundos de investimento ainda são uma incógnita para os investidores.

O primeiro fundo de investimento no Brasil foi o Crescinco. Aberto à captação no dia 18 de janeiro de 1957, foi idealizado por uma companhia financeira norte-americana, a

International Basic Economy Corporation, e apoiado por influentes bancos brasileiros e investidores particulares. O fundo foi constituído em "regime de condomínio aberto", com estruturas muito próximas às das companhias de investimento norte-americanas do tipo aberto. Sua administração foi confiada à Companhia de Empreendimentos e Administração IBEC, uma subsidiária brasileira do grupo Rockefeller. Foi, até os anos 1970, o maior fundo brasileiro.

Segundo a CVM, fundos de investimento são condomínios constituídos com o objetivo de promover a aplicação coletiva dos recursos de seus participantes. São regidos por um regulamento e têm na assembleia geral seu principal fórum de decisões.

> Fundo de investimento é uma comunhão de recursos, constituído sob a forma de condomínio, destinado à aplicação em carteira de títulos e valores mobiliários, bem como em quaisquer outros ativos disponíveis no mercado financeiro e de capitais.

Fundos mútuos de investimento

São como um condomínio que investe em um portfólio diversificado. São entidades financeiras que, pela emissão de títulos de investimento próprios, concentram capitais de inúmeros indivíduos para aplicação em carteiras diversificadas de títulos e valores mobiliários. São regidos por um regulamento e têm na Assembleia Geral seu principal fórum de decisões.

Os fundos buscam a conveniência da aplicação em condições técnicas mais favoráveis do que as que seriam possíveis para cada um de seus participantes se estes operassem por conta própria nos mercados financeiros.

O patrimônio de um fundo mútuo é composto por recursos de vários investidores que são aplicados em uma carteira diversificada de títulos. A administração dos recursos de um fundo mútuo é feita por administradores especializados com *expertise* de mercado. O investidor não adquire títulos que compõem o fundo mútuo e sim compra e vende cotas desse fundo.

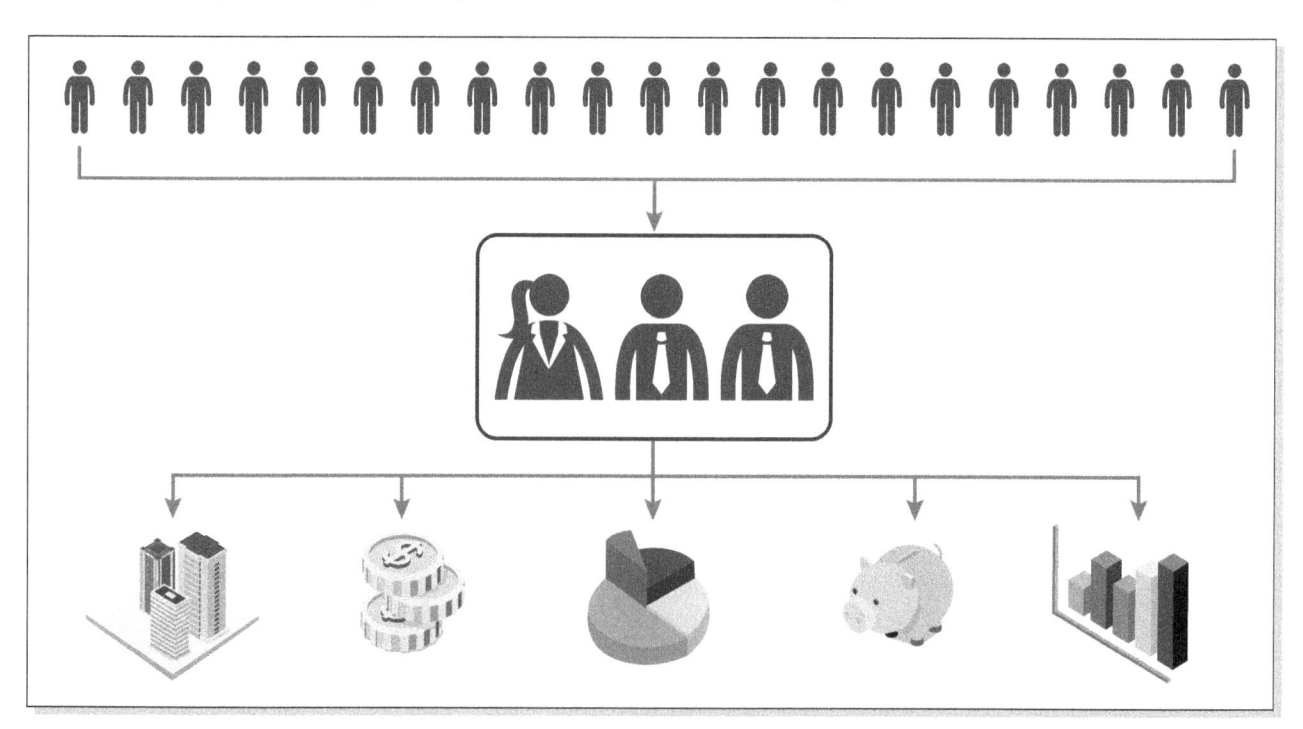

É importante destacar que o fundo não é de propriedade de uma instituição financeira, mas sim dos condôminos que o compõem.

Os fundos agem em nome de uma coletividade, substituindo grande número de investidores, oferecendo as vantagens decorrentes dessa concentração. Os principais elementos que os diferem das demais modalidades de aplicação são:

A administração dos recursos de um fundo mútuo é feita por administradores especializados com *expertise* de mercado. O investidor não adquire títulos que compõem o fundo mútuo e sim compra e vende cotas desse fundo.

Os fundos são condomínios voluntários porque seus proprietários participam dele por livre e espontânea vontade, visando atender a interesses individuais de investimento. Por meio desses fundos, cada cotista participa até o limite de suas cotas, expressas por um único título representativo de propriedade, chamado certificado de investimento, emitido pelo administrador do fundo. Os cotistas proprietários do fundo nomeiam – ou aceitam, se já nomeado – um administrador ou mandatário, que se serve de um contrato de mandato, regulamentos e outros instrumentos jurídicos para administrar os valores do condomínio, segundo regras previamente estabelecidas. Os principais agentes na estrutura de fundos são:

- **Administrador:** constitui o fundo e o representa em todos os seus atos. Não há necessidade de o administrador estar vinculado a uma instituição financeira tradicional, uma vez que o mesmo deterá apenas a propriedade fiduciária dos ativos, fato que evita que os mesmos sejam atingidos por falência ou recuperação judicial.
- **Gestor:** identifica oportunidades de investimento e administra a carteira de ativos do fundo.
- **Custodiante:** responsável pela custódia (guarda) dos ativos do fundo. Recomenda-se a eleição de uma instituição financeira sólida, uma vez que há o risco dos ativos custodiados virem a ser atingidos por falência ou recuperação judicial.
- **Auditor independente:** auditor registrado na CVM, encarregado de auditar as Demonstrações Financeiras do fundo.

Por serem constituídos sob a forma de condomínio, todos os cotistas devem possuir direitos, receitas e despesas iguais. Em função de sua forma jurídica os investimentos em cotas de fundos não contam com a garantia do fundo garantidor de crédito (FGC).

O administrador deverá manter em ordem todos os livros legais e fiscais do fundo, assim como a sua contabilidade e o arquivamento de sua documentação, apresentar tempestivamente ao Bacen e a quem mais de direito os balancetes e balanços, aplicar e resgatar os recursos aplicados e zelar por todos os direitos dos condôminos.

Não é permitido aos fundos aplicar recursos dos condôminos em outros ativos que não sejam aqueles específicos do mercado financeiro e de capitais, como fazer empréstimos e prestar avais e fianças e fazer outras exposições do patrimônio dos condôminos.

No Brasil, como em todo o mundo, o mercado financeiro oferece inúmeras opções de aplicações em fundos, que têm várias opções de risco, montante de aplicação, prazo e volume de negócios.

Analisando sob o aspecto jurídico, podemos classificar os fundos em dois tipos: aberto e fechado. O fundo aberto emite cotas ilimitadamente, aceita investidores em geral e não tem limite de capital. Os recursos captados são investidos em novos ativos. O fundo fechado (no Brasil só é permitido para renda variável) é lançado com número fixo de cotas; após a venda dessa quantidade de cotas, o fundo fica fechado para novos investidores.

Fundo Aberto
- Podem receber novos aportes de novos quotistas a qualquer tempo.
- Quotistas existentes podem solicitar o resgate de suas quotas a qualquer tempo.

Fundo Fechado
- Quotistas somente podem adquirir quotas durante o período de distribuição.
- Quotas somente são resgatadas ao término do prazo de duração do Fundo.

Figura 3.8 *Dinâmica dos fundos abertos e fechados.*

Os recursos dos fundos podem ser aplicados em carteira diversificada – títulos de renda fixa públicos e privados, títulos de renda variável, *commodities*, mercado de índices etc. – dependendo de seu perfil operacional. Por causa do risco que o aplicador assume no ato de seu ingresso no fundo, é obrigação do administrador prestar-lhe todas as informações necessárias, entregando-lhe cópia do regulamento do fundo, para que ele possa optar por aplicar ou não naquele fundo.

Para administrar esses recursos, os administradores cobram dos condôminos um percentual sobre o valor da carteira que somente pode ser alterado se devidamente autorizado pela assembleia de condôminos. Esse percentual varia de acordo com a concorrência entre os administradores em remunerar melhor os seus investidores ou na alavancagem que esses recursos possam lhes trazer.

Normalmente, os principais custos relacionados a fundos são:

- **Taxa de administração:** remunera os gestores pela análise dos ativos a serem colocados na carteira de investimentos, pela decisão e administração. Incide sobre o patrimônio do fundo.
- **Taxa de *performance*:** em alguns fundos, o gestor cobre um percentual do ganho do cliente caso a rentabilidade supere um indicador predefinido.
- **Taxa de entrada e/ou saída:** pode ser cobrada no momento de aplicação ou no resgate das cotas e pode ser utilizada como forma de inibir resgates antes do tempo estabelecido em estatuto.

A regulamentação prevê completa segregação entre as atividades do fundo e de seu administrador:

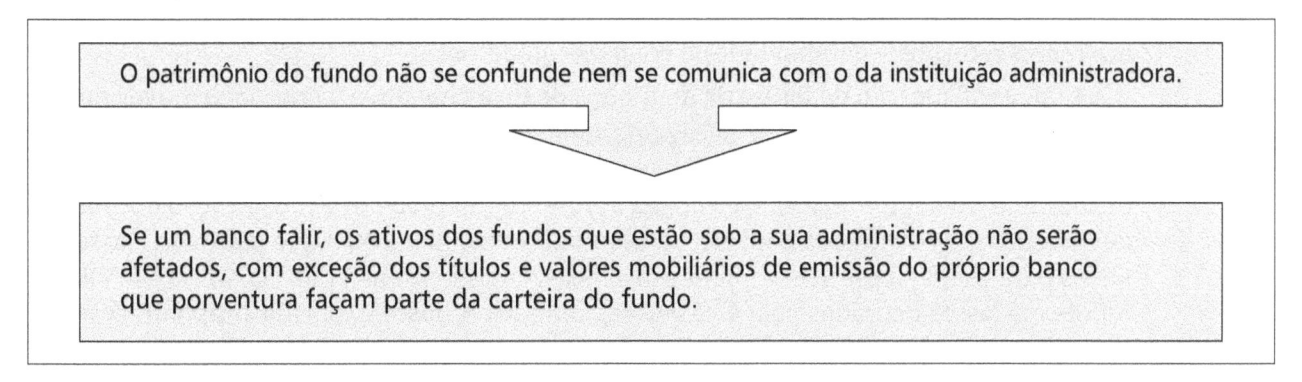

> O patrimônio do fundo não se confunde nem se comunica com o da instituição administradora.
>
> ↓
>
> Se um banco falir, os ativos dos fundos que estão sob a sua administração não serão afetados, com exceção dos títulos e valores mobiliários de emissão do próprio banco que porventura façam parte da carteira do fundo.

Além da segregação de atividades entre o fundo e seu administrador, deve haver, também, segregação entre as demais funções, conforme mostra a Figura 3.9.

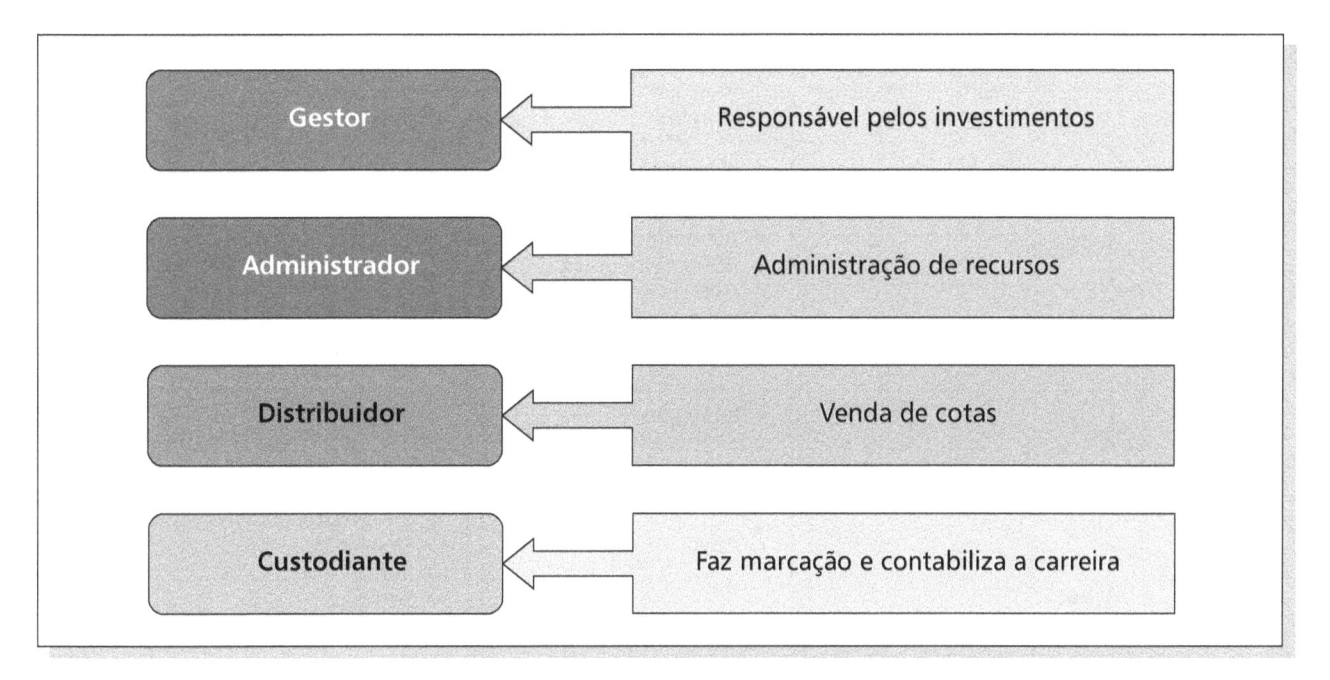

Gestor	Responsável pelos investimentos
Administrador	Administração de recursos
Distribuidor	Venda de cotas
Custodiante	Faz marcação e contabiliza a carteira

Figura 3.9 *Responsabilidade nos fundos de investimento.*

No Brasil, como em todo o mundo, temos inúmeras opções de fundos, tendo esses várias opções de risco, montante de aplicação, prazo e volume de negócios. Para a escolha do fundo mais adequado a suas necessidades, os investidores devem avaliar qual a sua tolerância a risco e custos envolvidos em cada fundo. Portanto, alguns aspectos devem ser avaliados, como:

- estratégia e objetivo adotados pelo fundo;
- composição da carteira do fundo;
- custos;
- rentabilidade comparada ao risco oferecido (relação risco-retorno);
- rotatividade dos gestores do fundo;
- liquidez;
- volatilidade (risco em relação à taxa); e
- regulamento do fundo.

As gestoras desses fundos estruturam suas carteiras de acordo com algumas variáveis exógenas determinadas pelo Bacen ou CVM, como, por exemplo, os limites de composição da carteira e perfil de liquidez. Os resultados dessa estruturação geram fundos com diferentes retornos (rentabilidade) e composição de risco.

Com a sofisticação da indústria de fundos de investimento e a criação de novos produtos nos últimos anos, tornou-se necessária uma nova classificação que se adequasse cada vez melhor a essa nova realidade. Nesse sentido, em 1º de julho de 2015, representantes de mercado e a equipe técnica da Anbima apresentaram uma nova classificação dos fundos de investimento, dividida em níveis, apresentando uma hierarquia que parte das classes de ativos para chegar a estratégias mais específicas. O primeiro nível da classificação Anbima reflete as classes definidas pela CVM. O segundo nível busca explicitar o tipo de gestão e os riscos a ele associados. O terceiro nível traz a estratégia específica do fundo.

Quadro 3.5 *A nova classificação de fundos da Anbima.*

Regulação	Autorregulação	
Classe de ativos	Categoria	Subcategoria
Renda fixa	✓ Simples	⇨ Simples
	✓ Indexado	⇨ Índices
	✓ Ativo baixa duração ✓ Ativo média duração ✓ Ativo alta duração ✓ Ativo livre duração	⇨ Soberano ⇨ Grau de investimento ⇨ Crédito livre
	✓ Investimento exterior	⇨ Investimento exterior ⇨ Dívida externa
Ações	✓ Indexado	⇨ Índices
	✓ Ativo	⇨ Valor/Crescimento ⇨ Dividendos ⇨ Sustentabilidade/Governança ⇨ *Small caps* ⇨ Índice ativo ⇨ Setoriais ⇨ Livre
	✓ Específicos	⇨ FMP-FGTS ⇨ Fechados de ações ⇨ Monoações
	✓ Investimento exterior	⇨ Investimento exterior
Multimercado	✓ Alocação	⇨ Balanceados ⇨ Flexível
	✓ Estratégia	⇨ Macro ⇨ *Trading* ⇨ *Long and short* – Neutro ⇨ *Long and short* – Direcional ⇨ Juros e moedas ⇨ Livre ⇨ Capital protegido ⇨ Estratégia específica
	✓ Investimento exterior	⇨ Investimento exterior
Cambial	✓ Cambial	⇨ Cambial

Fonte: Anbima.

Para o controle e fiscalização dos fundos, a CVM os classifica segundo as seguintes classes:

a. Fundos regidos pela ICVM nº 409:
- Fundos de Curto Prazo
- Fundos de Renda Fixa
- Fundos de Ações
- Fundos de Dívida Externa
- Fundos Multimercado
- Fundos Cambiais
- Fundos Referenciados

b. Fundos regidos por regulamentação própria
- Fundos de Investimento em Participações
- Fundos de Investimento em Empresas Emergentes
- Fundos de Investimentos em Direitos Creditórios
- Fundos de Investimento Imobiliário

Fundos de investimento em cotas

Os fundos que contêm em seu nome a expressão "Fundo de Investimento em Cotas de Fundos de Investimento", também conhecidos como FIC ou FICFI, são fundos que, em vez de investir diretamente nos ativos objetos de seu regulamento, optam por adquirir cotas de outros fundos de investimento.

Muitas instituições optam por criar alguns fundos de investimento principais (FIs) e outros diversos FICFIs, que investem naqueles FIs principais. Essa estrutura é conhecida como Master & Feeder.

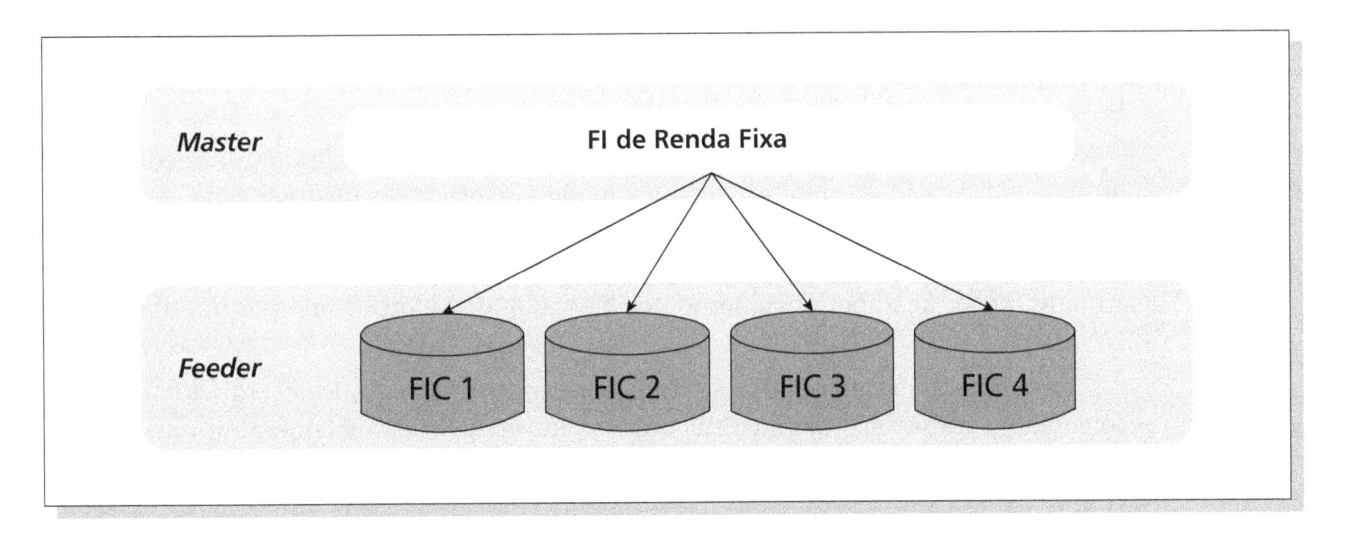

Figura 3.10 *Estrutura* Master & Feeder *dos fundos de investimento.*

3.4 Tendências

Atualmente, observamos algumas tendências que têm transformado os mercados financeiros. Entre elas, destacamos: desregulamentação, desintermediação, securitização ou titularização, inovação financeira e globalização.

3.4.1 Desregulamentação

O termo desregulamentação passou a ser de uso generalizado a partir do início dos anos 1980, tendo sido criado nos Estados Unidos no primeiro governo Reagan. Foi utilizado tanto para caracterizar o processo de alteração da regulamentação estrutural do sistema bancário quanto para outros setores, como de telecomunicação e transporte aéreo.

A desregulamentação é o processo de eliminação de restrições e travas legais à atividade financeira.

Essa tendência apresenta vantagens e inconvenientes para os próprios intermediários financeiros, haja vista as novas oportunidades de negócios criados e a maior liberdade na tomada de decisões. Temos que considerar a ameaça de entrada de novos competidores pela eliminação da barreira que a regulamentação propicia.

A implantação da desregulamentação nos mercados e sistemas financeiros não foi absolutamente pacífica, provocando problemas derivados da falta de preparação de entidades para certas áreas de negócio financeiro. De todas as formas, o que tentam realizar as autoridades nesse sentido é centralizar a regulamentação na garantia da solvência das entidades e na proteção do cliente. É por isso que há tantos debates a respeito de novas regulamentações em vez de desregulamentações. O setor financeiro é muito importante na atividade real, por isso sempre estará regulado em maior ou menor medida.

A aparição da desregulamentação está fortemente vinculada ao fenômeno da desintermediação.

3.4.2 Desintermediação

Nos últimos anos, observamos uma diminuição na importância da intermediação financeira, em função da aparição dos chamados investidores institucionais. Esse novo tipo de intermediários não só altera significativamente a relação entre os investidores e os tomadores nos mercados financeiros, como também pode, como consequência, provocar modificações de importância tanto nos mercados de valores como nos intermediários financeiros.

O processo de desintermediação financeira consiste na substituição da atividade intermediadora tradicional das instituições financeiras pelo financiamento direto dos tomadores no mercado de capitais, através da emissão de valores que possam adquirir diretamente não só dos investidores, como também dos novos investidores institucionais, que baseiam sua atividade na aquisição de ativos financeiros através da formação de um *pool* de investidores.

A desintermediação é um processo tendente à relação direta entre investidores e emissores de ativos financeiros. Essa tendência está acontecendo em função da redução do papel de transformação de ativos e da importância crescente da colocação de títulos diretamente entre os investidores.

As razões básicas associadas a esse processo são múltiplas, tanto pelo lado dos ofertantes como pelo dos demandantes de títulos:

1. o crescimento empresarial e sua diversificação espacial e produtiva se fundamentarão em muitos casos numa melhora da qualidade do risco associada a tais empresas, enquanto as repetidas crises financeiras dos anos 1970 e 1980 afetaram duramente a qualidade dos riscos associados a algumas das entidades financeiras bancárias. O resultado foi uma igualação, ou mesmo uma melhora, dos *ratings* (valorações do risco associado a determinado investimento) de algumas grandes empresas, países, governos, os grandes demandantes de fundos, com relação ao obtido pelas próprias entidades bancárias. Em tais circunstâncias, resultava mais rentável para os demandantes de fundos acudir diretamente os investidores ou geradores últimos de fundos que os próprios bancos;
2. as taxas de juros tão elevadas das décadas dos anos 1970 e 1980 forçaram as empresas a buscar mecanismos de poupança em toda sua estrutura de custos, especialmente financeiros, enquanto os subscritores de títulos buscavam melhorar a rentabilidade esperada de seus investidores, evitando em ambos os casos os custos de intermediação; e
3. a volatilidade das taxas de juros e a maior incerteza do mercado traduzem-se num incremento dos *spreads* e um custo financeiro superior.

3.4.3 Securitização ou titularização

Entre as inovações financeiras mais significativas dos últimos anos está a securitização ou titularização, cujo uso, cada vez maior, a põe em destaque no mercado.

O conceito de securitização engloba a colocação de títulos tradicionais (bônus e ações) e dos novos produtos que foram criados a partir dos anos 1980 num processo acelerado de introdução de inovações financeiras.

Securitização é uma operação que permite uma renegociação dos débitos financeiros e comerciais de uma empresa por meio da colocação de papéis de longo prazo no mercado com garantias operacionais. É utilizada como instrumento de antecipação de recebimentos de recursos, e os recebimentos originais funcionam como garantia, possibilitando uma troca de sistemas de títulos que oferece maior garantia, prazo e liquidez. A diferença básica entre a operação de securitização e a operação de empréstimo convencional é que na securitização os recebíveis são isolados em uma companhia à parte, e, no caso de *default* do originador, esses títulos são facilmente cobrados diretamente do mercado; assim, a operação de securitização é considerada AAA (excelente) em matéria de risco.

Para a estruturação dessa operação, é necessário que haja uma venda dos recebíveis, de boa qualidade, para uma entidade neutra SPC (Special Purpose Co.), que os usa como lastro para a emissão de títulos, sendo que o tomador desses títulos não fica exposto ao risco do gerador do seu lastro.

A SPC é uma empresa independente criada especialmente para operação de securitização; sua administração é exercida pela empresa originadora da operação e controlada pelo *trustee* e pelo auditor contratado. A SPC emite relatórios diários de seu fluxo de caixa e balanços mensais. A vantagem da SPC é que seu único ativo são os recebíveis da operação de securitização e seu único passivo são títulos de crédito emitidos e lastreados pelos recebíveis. Dessa forma, consegue-se isolar os recebíveis, eliminando-se o risco de inadimplência do originador.

Outro fator importante é o histórico de inadimplência dos recebíveis utilizados, que vai permitir uma formação adequada de garantias, ou seja, quanto maior a taxa de perda do recebível, maior será a exigência de proporcionalidade entre recebíveis/títulos emitidos.

Em que:

Originador	Empresas que vendem produtos ou serviços, que geram recebíveis.
SPC	*Special Purpose Co.*, empresa criada com o único objetivo de isolar os recebíveis em seu ativo e emitir títulos de crédito lastreados unicamente nesse ativo.
Trustee	Instituição idônea, com tradição de prestação desse tipo de serviço. Seu papel é semelhante ao do agente fiduciário. A responsabilidade do *trustee* é controlar e administrar o fluxo de recebimentos dos ativos e passivos da SPC.
Auditoria	Empresa que vai opinar sobre a qualidade do crédito. São qualificadoras de risco reconhecidas que atuam no padrão *Standard and Poor's*.
Investidores	São uma das pontas importantes no processo. Eles são os que compram os papéis que foram securitizados.

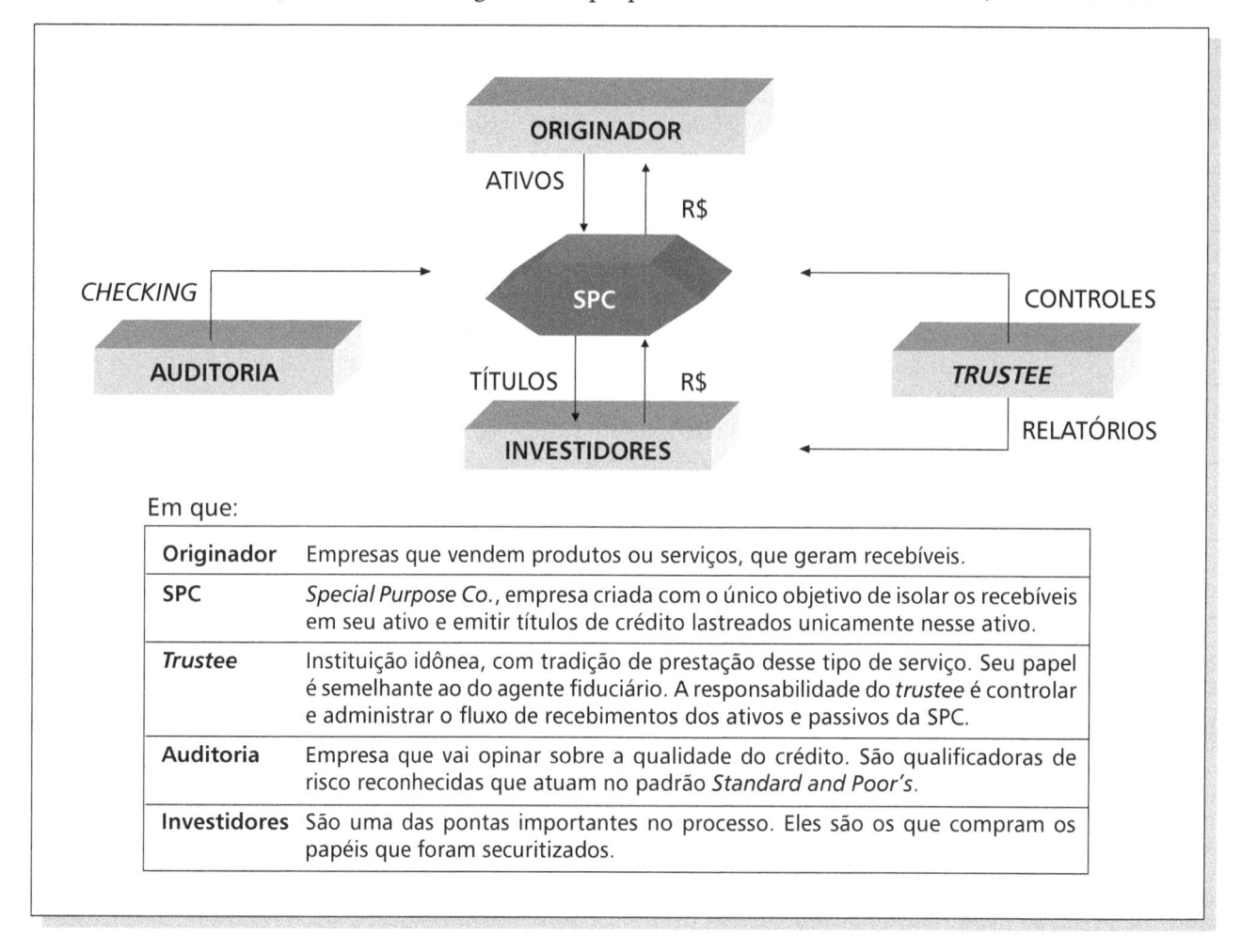

Figura 3.11   *Fluxo de uma operação de securitização.*

Quadro 3.6   *Vantagens dessa operação.*

Para as empresas emissoras	Para o investidor
• custo de captação reduzido dado o baixo risco da operação para os investidores; no primeiro lançamento o custo foi 5,6% abaixo das taxas de mercado; • aumento das fontes de financiamento para o emissor; • melhora nos índices financeiros da empresa, dado que o endividamento estará presente apenas nos balanços da SPC; • *disclosure* das informações limitado aos ativos que serão securitizados. A empresa não precisa mostrar suas projeções de resultado nem suas estratégias operacionais; • o pagamento dos juros e o do principal das debêntures emitidas são feitos por *cash flow* dos recebimentos dos ativos que serão utilizados como lastro da operação; e • SPC é isolada do grupo comercial e tem seu fluxo de caixa controlado pelo *trustee*, o que assegura o risco de crédito.	• o risco inerente à recuperação judicial ou falência da empresa originadora é zero, dado que os títulos recebíveis estão contabilizados e alocados na SPC, que é controlada pelo *trustee*, ficando, assim, limitado ao dos recebíveis e diluído em diversos títulos, em vez de estar concentrado em uma empresa; • o lastro da operação é controlado diariamente por um *trustee* de primeira linha e auditado por um auditor também de primeira linha; • títulos de alta liquidez; • taxas atraentes se considerarmos os riscos similares; e • operação controlada e registrada na CVM, segundo as Leis n°s 6.385/76 e 6.404/76.

3.4.4 Inovação financeira

As inovações produzidas nos mercados financeiros ao longo dos últimos anos podem ser classificadas, segundo o Banco Internacional de Pagamentos, da seguinte forma:

a) inovações na transferência preço-risco. São aquelas que proporcionam meios mais eficientes aos participantes no mercado de forma a tratar com o preço ou com o risco de câmbio;

b) instrumentos de transferência crédito-risco. Têm como missão a redesignação do risco de insolvência;

c) inovações geradoras de liquidez. São aquelas que aumentam a liquidez do mercado; permitem aos tomadores operar com novas fontes de financiamento; permitem aos participantes no mercado financeiro desviar-se das restrições legais sobre o uso dos capitais;

d) instrumentos geradores de créditos. São aqueles que aumentam as quantidades de recursos financeiros alheios disponíveis pelas empresas; e

e) instrumentos geradores de ações. São aqueles que aumentam as quantidades de recursos financeiros próprios disponíveis pelas empresas.

Há diversas opiniões sobre quais teriam sido os motivos do auge da inovação financeira. Algumas se baseiam na hipótese de que a tentativa de saltar os obstáculos postos pelas legislações financeiras e fiscais de âmbito nacional são as responsáveis por essa ascensão. Outras se centram na redistribuição do risco de forma eficiente entre os participantes do mercado financeiro como propulsoras da introdução de instrumentos financeiros. As demais poderiam listar outras causas que parecem mais adequadas para a compreensão desses motivos:

1. o aumento da volatilidade nas taxas de juros, nas taxas de câmbio, nas taxas de inflação e nos preços dos ativos financeiros;
2. os avanços produzidos na informática e nas telecomunicações;
3. a maior cultura financeira existente nos participantes profissionais do mercado;
4. a concorrência entre os intermediários financeiros;
5. os incentivos para o descumprimento da normativa legal e fiscal existente; e
6. as mudanças havidas nos modelos globais de bem-estar financeiro.

Os benefícios da inovação financeira são:

1. os custos de intermediação financeira reduzem-se por dois fatores fundamentais: (a) por permitir aos tomadores de créditos acessar a maior quantidade de meios e mercados financeiros; e (b) por permitir, em certos casos, que as diversas instituições explorem suas vantagens comparativas;
2. os novos instrumentos financeiros permitem a arbitragem entre mercados de diferentes países e entre instrumentos e vão, pouco a pouco, eliminando as anomalias que possam existir nos preços. Tudo isso pode reduzir as imperfeições do mercado;
3. certos instrumentos e certas técnicas permitem que os tomadores de créditos explorem suas vantagens comparativas em diversos mercados, o que serve, uma vez mais, para reduzir os custos financeiros. Os *swaps* poderiam servir como exemplo;

4. vários instrumentos financeiros proporcionam maior variedade de possibilidades de proteção e, portanto, permitem proteger-se contra determinados riscos;

5. como parte do mesmo processo, existem certos instrumentos financeiros que permitem estabelecer um preço para os riscos e transferi-los para aqueles que possam e desejem assumir a responsabilidade sobre eles;

6. dado que as inovações financeiras criam mercados secundários, contribuem, portanto, para facilitar a gestão e o ajuste das carteiras de valores, além de servir também para precificar os riscos;

7. existem muitos instrumentos que permitem separar riscos, precificá-los separadamente e "vendê-los" a um preço correto; isso melhora a designação de recursos de forma eficiente;

8. aumenta o número de opções oferecidas e pode estabelecer-se que se atente com maior eficiência à demanda dos usuários.

Dentro do processo de inovação financeira encontram-se a construção e a elaboração de produtos financeiros, quer dizer, a engenharia financeira.

A engenharia financeira é a parte da administração financeira que trata da combinação de instrumentos de aplicação e captação, na forma mais adequada para conseguir um objetivo preestabelecido. Para isso são desdobrados os fluxos de caixa dos títulos convencionais e reagrupados, visando a criação de novos títulos que satisfaçam a seus propósitos.

O neologismo engenharia financeira tem sua origem no termo inglês *engineering* e pode ser definido como conselho ou assistência em matéria de estruturação financeira e todos os serviços destinados a facilitar a criação e o desenvolvimento das empresas. Desde então, as operações de controle empresarial, a gestão da tesouraria e as coberturas de risco, que caracterizam os âmbitos da inovação financeira, adquirirão relevância incontestável, especialmente motivada pela incerteza econômica que acompanha os importantes câmbios sociopolíticos mundiais.

A engenharia financeira refere-se à estruturação e à criação de novos produtos personalizados para atender às necessidades dos clientes. Para isso, são desdobrados os fluxos de caixa dos títulos convencionais e reagrupados, visando a criação de novos títulos.

Ainda que a expressão engenharia financeira seja empregada algumas vezes em sentido muito amplo, podemos resumi-la na atividade de reestruturar um perfil financeiro existente e obter, assim, outro com propriedades mais desejáveis. Nesse contexto, as características básicas da engenharia financeira são:

a) a existência de um objetivo. Trata-se de elaborar uma operação com vistas a conseguir algo, como pode ser a diminuição do risco ou a concessão de um crédito;

b) a combinação de instrumentos financeiros. Precisamente a engenharia financeira surge quando aparecem instrumentos financeiros que podem ser combinados entre si com efeitos inclusive diferentes daqueles para os que foram originariamente criados;

c) a conjunção de operações, que isoladamente podem ser consideradas de investimento e financiamento, geralmente com a intenção de que as posições fiquem compensadas;

d) operações sempre sob medida e, portanto, em número praticamente infinito, já que cada operação pode ser diferente em função das condições do problema, dos instrumentos empregados e do objetivo a alcançar; e

e) internacionalização das operações. A maior parte das operações requer a utilização de instrumentos de mercados internacionais ou que só se negociam nesses mercados.

O papel de um engenheiro financeiro é visualizar os tradicionais títulos como diferentes grupos de fluxo de caixa que podem ser separados e reordenados de acordo com as necessidades dos clientes, sejam eles vendedores, sejam compradores de recursos.

As constantes mudanças ocorridas na gestão financeira das empresas vêm tornando suas necessidades cada vez mais sofisticadas e complexas. Nesse contexto, esse processo de reestruturação e *design* de novos produtos adquire grande importância e representa uma nova tendência na negociação entre os tomadores e fornecedores de recursos.

Quadro 3.7 *Áreas cujos problemas têm sido solucionados com a utilização da engenharia financeira.*

Operações estratégicas	Operações de gestão financeira
• Financiamento de tomada de controle: reestruturação acionária das sociedades (*management buy-out, management buy-in, leverage buy-out* e *leverage employee buy-out*) e utilização de produtos sofisticados. • Financiamento de projetos (*project finance*).	• Gestão de risco financeiro. • Gestão do ativo imobilizado. • Melhora da imagem do balanço patrimonial.

3.4.5 Globalização

Nos últimos anos, os mercados financeiros passaram por muitas mudanças. Sem embargo, o fenômeno da globalização foi o que provocou as maiores repercussões.

O mercado financeiro, de forma geral, vem sofrendo várias transformações devido à tendência de globalização ocasionada pelo avanço tecnológico atual. A base principal dessas transformações está na constante adaptação do mercado a uma série de inovações produzidas pelos intermediários financeiros em busca de sobrevivência num mercado cada vez mais competitivo. O fenômeno da desintermediação bancária motivada pelo mercado de capitais através da securitização também pode ser considerado outro fator importante responsável por essas mudanças. Como consequência disso, esses intermediários tiveram que buscar novos mercados e produtos como opção de crescimento. Nesse contexto, os mercados internacionais ganharam relevância, já que as inovações encontram um clima mais propício para depois ser implementadas nos mercados nacionais.

Um aspecto singular e importante dessa globalização é que, em todos os mercados financeiros, as operações internacionais das empresas cresceram e excederam as fronteiras nacionais. Isso permitiu que fosse criada uma rede com grande dimensão que se move com volumes e rapidez crescentes, que proporciona empregos e motiva setores situados na vanguarda do progresso. Entretanto, ela provocou grandes mudanças nos mercados financeiros, como:

- novas oportunidades de negócios;
- criação de um mercado global;
- surgimento nos mercados locais da figura dos *players* internacionais;
- aumento de liquidez nos mercados emergentes;

- disseminação de novas tecnologias; e
- fluxo de informações em tempo real, 24 horas por dia.

As causas que proporcionam esse grande avanço da globalização e que ditam essa tendência para o mercado financeiro podem ser atribuídas a quatro forças impulsoras:

1. as mutações no desejo dos consumidores de produtos financeiros, que passaram a exigir mais sofisticação e menos custos;
2. o próprio mercado local, que não podia atender às necessidades em termos de volume, prazos e preços, o que obrigou as empresas a buscar mercados internacionais maiores e mais desenvolvidos;
3. a revolução tecnológica e o extraordinário avanço dos meios de comunicação ocorridos nos últimos dez anos possibilitaram grande desenvolvimento das transações com capitais. Hoje, com somente um telefone ou *notebook*, pode-se fazer todo tipo de transações financeiras e transferir grandes volumes de capital aos mais distantes mercados do planeta. Com uma boa "mesa de operações" e vários turnos de operadores, pode-se trabalhar 24 horas, utilizando as diferenças entre fusos horários de cada país; e
4. afrouxamento e, posteriormente, abolição dos controles de câmbio sobre os fluxos de capital das economias. A falta de recursos dos governos e seu crescente endividamento acabaram com o sistema "intervencionista" e deram início ao chamado "neoliberalismo", com o retorno da visão de mercado.

Especificamente no caso dos mercados financeiros, podemos dizer que seu desenvolvimento é resultado da expansão das transações bancárias internacionais e de alguns fatores, tais como:

- liberalização dos fluxos internacionais de capitais;
- desregulamentação dos mercados financeiros;
- revolução na tecnologia e nas comunicações; e
- inovações financeiras.

Como principais pontos positivos e negativos da globalização, podemos destacar os seguintes:

- a globalização possibilitou às empresas ampliar suas opções de captação e investimentos, com acesso a uma escala e a um volume de recursos maiores que os dos mercados locais, assim como a associação com empresas estrangeiras. Com isso, foram criadas novas referências para a avaliação do comportamento dos diferentes mercados e, consequentemente, grande desenvolvimento da análise técnica e fundamentalista; e
- a internacionalização dos mercados financeiros pode causar transferência de liquidez dos mercados locais pequenos para os grandes, ou, ao contrário, com grande rapidez, ampliando, com isso, sua dependência dos capitais especulativos (voláteis) e, principalmente, ao desenvolvimento internacional. Esse excessivo grau de dependência dos mercados com relação aos grandes centros financeiros causa diminuição em sua capacidade de desenvolvimento e dificulta o acesso ao capital para as empresas de menor porte.

Como consequência dessa globalização, os mercados financeiros tiveram seu comportamento afetado, apresentando novas características, como:

- forte aumento da volatilidade dos ativos negociados;
- maior sensibilidade dos mercados internos às turbulências externas, acentuando os riscos assumidos, susceptíveis de gerar episódios de instabilidade financeira;
- imediata reação dos mercados globais aos acontecimentos político-econômicos do dia a dia; e
- redução do alcance dos controles governamentais sobre os mercados financeiros globalizados.

Em face dessas consequências, a globalização levou à necessidade de adaptação dos participantes, como:

- acompanhamento dos diversos mercados externos;
- identificação dos riscos aos quais a empresa está exposta;
- utilização de instrumentos eficientes na medição dos riscos; e
- análises e seleção de estratégias de *hedge* adequadas.

A globalização é um fenômeno que vem afetando os mercados financeiros tanto de forma positiva como negativa. A evolução da tecnologia de informação e a diminuição das restrições à movimentação de capitais estrangeiros vêm proporcionando o crescimento desse movimento. Um exemplo disso é o crescimento do mercado de ADRs e outros títulos internacionais.

Questões para consolidação

1. Analise o mercado financeiro enfocando suas funções e características.
2. Qual é a importância do conhecimento da segmentação do mercado financeiro para sua utilização?
3. Sendo os participantes dos mercados financeiros as empresas, as famílias e o governo, o que os torna compradores/tomadores ou vendedores/ofertadores de recursos?
4. O que são e para que servem os ativos financeiros?
5. Analise os ativos financeiros segundo suas características (liquidez, risco e rentabilidade).
6. Quais são os parâmetros utilizados para a classificação dos ativos financeiros?
7. Analise comparativamente os ativos de renda variável e fixa.
8. Qual é a diferença entre títulos de crédito e propriedade?
9. Como funciona o sistema de votos das ações ordinárias?
10. Analise as diferenças entre ações preferenciais e ordinárias.
11. Quais são as formas de circulação das ações?
12. Analise os direitos dos acionistas.
13. Os mercados financeiros vêm sofrendo uma série de transformações ao longo dos anos. Analise suas principais tendências e avalie como eles estarão nos próximos anos.
14. Analise comparativamente as vantagens da securitização para as empresas emissoras e o investidor.
15. Analise as modalidades e classes de fundos.
16. Qual é a diferença entre fundo de investimento e fundo de investimento em cotas?
17. Quais são os impactos da globalização sobre os mercados financeiros?

Teste de verificação

3.1. Os mercados financeiros não devem cumprir as seguintes funções:

( ) Estabelecer contato entre os agentes superavitários e deficitários.
( ) Subsidiar os créditos para regiões caracterizadas como bolsões de pobreza.
( ) Ser um mecanismo eficiente de fixação de preços para os ativos.
( ) Proporcionar liquidez aos ativos.
( ) Reduzir os prazos e os custos da intermediação.

3.2. A classificação dos mercados financeiros é tarefa difícil em função do grande número de parâmetros utilizados para este fim. Com base nas formas mais comuns de classificação, classifique a segunda coluna de acordo com o seguinte critério:

(1) Grau de transformação dos ativos
(2) Fase de negociação
(3) Prazo ou condições
(4) Necessidades dos clientes
(5) Outros

( ) Direto (sem transformação)
( ) Intermediado (com transformação)
( ) Monetários
( ) Primários
( ) Secundários
( ) À vista ou *spot*
( ) Crédito
( ) Futuros
( ) Moeda nacional (local)
( ) Opções
( ) Capitais
( ) Mediadores (*dealers*)
( ) Busca direta
( ) Cambial

3.3. Os títulos no mercado primário são:

( ) emitidos pelos tomadores.
( ) emitidos pelos poupadores.
( ) emitidos pelos intermediários financeiros.
( ) A segunda e a terceira alternativa estão corretas.
( ) Nenhuma das alternativas está correta.

3.4. Os títulos no mercado secundário são:

( ) emitidos pelos tomadores.
( ) emitidos pelos poupadores.
( ) negociados pelos intermediários financeiros aos poupadores.
( ) A segunda e a terceira alternativa estão corretas.
( ) Nenhuma das alternativas está correta.

3.5. São segmentos do mercado financeiro, com base nas necessidades dos clientes, exceto:

( ) Crédito.
( ) Capitais.
( ) Primário.
( ) Cambial.
( ) Monetário.

3.6. Não são razões pelas quais as pessoas participam deste mercado:

( ) Finalidades de caráter especulativo, aproveitando sua boa qualificação ou posicionamento no mercado.
( ) Obtenção de financiamento a custo baixo e ativo de alta rentabilidade.
( ) Obtenção de vantagens políticas.
( ) Complementação das estratégias de curto prazo na administração de ativos e passivos.
( ) Opção de entrar diretamente num mercado de acesso difícil ou inacessível.

3.7. Os ativos financeiros são títulos emitidos pelos agentes deficitários que representam uma forma de manter a riqueza de seus possuidores e um compromisso por parte dos que o geraram. Com base nessa afirmação, classifique a segunda coluna de acordo com o seguinte critério:

(1) Títulos de renda fixa
(2) Títulos patrimoniais
(3) Títulos derivativos

( ) Títulos que prometem rendimento fixo (taxas prefixadas) ou determinado por parâmetros conhecidos (taxa pós-fixada).
( ) Títulos que têm seus rendimentos determinados ou derivados dos preços de outros ativos, como os contratos de opções e de futuros. Esses títulos podem ser emitidos com base em moedas, mercadorias, ações etc.
( ) Títulos que representam participação na propriedade de uma empresa. Esses títulos, ao contrário dos anteriores, não prometem rendimento específico aos proprietários (acionistas); sua remuneração é baseada nos dividendos que a empresa possa pagar e na valorização de seus ativos. Se a empresa for bem-sucedida, seu valor patrimonial aumentará; caso contrário, diminuirá. Portanto, podemos dizer que esses títulos têm sua renda variável.

3.8. Com base nos principais títulos públicos, classifique a segunda coluna de acordo com o seguinte critério:

Tipo de Remuneração

(1) Taxa prefixada.
(2) IGP; TR; variação cambial + juros.
(3) Variação cambial + juros.
(4) Taxa média Selic.

Títulos

( ) BBC
( ) LTN
( ) NTN
( ) NBC-E
( ) LFT
( ) LBC

3.9. Associe os participantes de um fundo ao papel que desempenha:

(1) Gestor
(2) Administrador
(3) Distribuidor
(4) Custodiante

( ) Faz marcação e contabiliza a carteira
( ) Responsável pelas decisões de investimentos
( ) Venda de cotas
( ) Responsável pelo controle e prestação de informações

3.10. Atualmente, observamos algumas tendências que têm transformado os mercados financeiros. Entre elas, destacam-se:

( ) Regulamentação, titularização, inovação financeira e globalização.
( ) Desregulamentação, desintermediação, titularização, inovação financeira e globalização.
( ) Desregulamentação, desintermediação, titularização e redução.
( ) Regulamentação, titularização, inovação financeira e desintermediação.
( ) Nenhuma das alternativas está correta.

4

Crises Financeiras Internacionais

Conteúdo

4.1 Anatomia das crises financeiras internacionais
    4.1.1 Crises financeiras na história do pensamento econômico
    4.1.2 Breves revisões das grandes crises
4.2 Crises da década de 1990
    4.2.1 Crise japonesa (crise financeira e de subconsumo)
    4.2.2 Crise do México (crise cambial-financeira)
    4.2.3 Crise asiática
    4.2.4 Crise russa
    4.2.5 Comparação das crises
4.3 Crises financeiras no Mercosul
4.4 Crises financeiras dos anos 2000
    4.4.1 Crise do *subprime*
    4.4.2 Crise financeira europeia: crise das dívidas soberanas
Questões para consolidação
Teste de verificação

4.1 Anatomia das crises financeiras internacionais

Com o surgimento da globalização, as economias passaram a ser mais interligadas, diminuindo, consideravelmente, suas barreiras alfandegárias, formando blocos econômicos e expondo-se mais aos agentes internacionais. Somando-se a esse fenômeno, a fragilidade de sistemas econômicos que não aplicam os fundamentos macroeconômicos pode levar a uma crise financeira.

Podemos dizer que a globalização apresenta risco em função de três fatores: a intercomunicação instantânea, que aumenta a volatilidade dos capitais; a interligação do sistema financeiro internacional; e os novos agentes financiadores, que estão além do controle dos bancos centrais.

Uma crise financeira é uma forte e rápida perda de riqueza e substância social, política e institucional em uma economia, manifestada pelo colapso dos preços dos ativos, recessão e desemprego, gerando ameaça à estabilidade da moeda e do sistema bancário.

Normalmente, uma crise financeira caracteriza-se pela falta de liquidez momentânea de um sistema. Ou seja, há desequilíbrio no sistema financeiro por causa da supervalorização da moeda, déficit público incompatível com a arrecadação, grande dependência de capital estrangeiro e descredibilidade internacional, que gera medo nos investidores e especuladores quanto à capacidade de serem quitados os compromissos, levando-os a retirar seus investimentos.

Uma crise financeira seria então uma dificuldade momentânea em que um país se encontra por não conseguir administrar suas finanças, o que, consequentemente, afetará seu equilíbrio financeiro.

Comumente, confunde-se crise financeira com crise econômica. Para evitar isso, cabe ressaltar que a crise financeira envolve basicamente aspectos de liquidez momentânea de um sistema e nunca a incapacidade de um sistema em gerar riquezas; no momento em que um sistema não possui mais condições de gerar riquezas, aí, sim, temos uma crise econômica.

A questão mais complexa de uma crise financeira é que essas perdas de riqueza são distribuídas entre sete canais distintos, que atingirão, de forma diferenciada, os seguintes atores e variáveis:

- taxa de juros (depositantes e devedores);
- taxa de câmbio (detentores de ativos indexados em dólares);
- alíquotas tributárias (contribuintes);
- inflação (produtores e consumidores);
- preços de ativos (proprietários de riqueza econômica e financeira);
- salários (trabalhadores); e
- transferências intergerações (por meio da dívida pública).

Enquanto os bancos centrais tentam manter estável o valor de suas moedas, os investidores modernos possuem sofisticadas ferramentas para proteger o valor de seus ativos, medindo o risco inerente aos seus portfólios. Assim, em relação ao agregado, ocorrem grandes mudanças nesses portfólios, que criam volatilidade nos fluxos de capitais, como se tem verificado na última década. Nesse contexto, a informação incompleta causa volatilidade nos valores dos ativos e o temor de quebras nos contratos aumenta ainda mais os riscos inerentes a esses portfólios.

Algumas vezes, os especuladores pressionam os mercados, e os bancos centrais veem suas reservas caírem perigosamente, não tendo outra alternativa a não ser desvalorizar a moeda local. Depois da desvalorização, os especuladores realizam seus lucros, com negócios fechados quando o câmbio era outro, demonstrando a fragilidade no controle da economia de alguns países. A seguir, traçamos os perfis de várias crises financeiras de origem macroeconômica e microeconômica, como a que chamamos de "Tulipamania".

Ao citarmos alguns importantes fatos notáveis que antecederam e precederam as crises financeiras, podemos evidenciar causas importantes que desencadeiam as crises, como seus impactos e trajetórias diferenciadas, embora frequentemente imprevisíveis.

Segundo Aschinger (1997), o desenvolvimento teórico das crises financeiras internas pode ser decomposto em uma série de estágios, a saber:

1. Deslocamento
um choque exógeno afeta o sistema macroeconômico.

2. Desenvolvimento de um *boom*
novas oportunidades sobrepujam as perdas, os investimentos e a produção elevam-se e culminam em um surto de desenvolvimento.

3. Início de especulação
o surto de desenvolvimento é alimentado por uma expansão do crédito bancário e/ou pela criação de novos instrumentos financeiros. Isso aumenta a demanda por bens ou ativos financeiros. Com as capacidades de oferta limitadas, os preços sobem. A especulação, nesse estágio, ainda reflete as condições fundamentais prevalecentes.

4. Especulação desestabilizadora
os aumentos de preços atraem mais investidores e intensificam a especulação. Como consequência, os mercados reagem exageradamente, criando uma "bolha especulativa".

5. Euforia
o comportamento do mercado é dominado pela dinâmica social.

6. Pânico
durante longo período de *boom*, aumenta gradativamente a instabilidade do mercado e os preços mostram tendência de aumento exponencial. As expectativas dos investidores tornam-se mais frágeis. Algum fragmento de informação é suficiente para gerar o abandono do mercado. O pânico das vendas faz os preços despencarem. A bolha especulativa estoura. A crise faz os preços retornarem ao patamar compatível com as condições fundamentais prevalecentes na economia.

Como vemos, essa sequência não é facilmente identificável nem é determinística, mas é importante para as peculiaridades de cada caso.

4.1.1 Crises financeiras na história do pensamento econômico

As crises financeiras têm-se situado no centro da atenção dos economistas desde os tempos de Adam Smith, que se referiu a elas qualificando-as de "excesso de trocas" seguido pelo rechaço e desprestígio. Lord Overston, distinguido monetarista de meados do século XIX, ampliou para nove a classificação das três fases descritas por Adam Smith: tranquilidade, confiança, prosperidade, exaltação, excesso de intercâmbio, convulsão, pressão e estancamento, para concluir de novo em tranquilidade. Em sua famosa obra, *Lombard street*, Bagehot (1962) assinalou que "todas as grandes crises revelam a excessiva especulação de muitas casas de investimento das quais nada havia suspeitado anteriormente, e que, habitualmente, não haviam iniciado ou não haviam chegado muito longe em tais especulações até que se viram tentadas por um incremento diário dos preços e da febre circulante".

Já para Guitián e Varela Parache (2000), o desenvolvimento moderno das teorias sobre ataques especulativos encontra sua origem num estudo de Salant e Henderson (1978), dentro das investigações elaboradas pelo Federal Reserve dos Estados Unidos, sobre o colapso do Sistema de Breton Woods. Nele, os autores analisam o ataque especulativo provocado pela percepção da insuficiência do "estoque" de ouro utilizado para respaldar a convertibilidade de uma moeda. Krugman (1979) partiu da mesma ideia, aplicando-a ao ataque especulativo contra uma moeda que mantenha taxas de câmbio fixas com respeito a outra. Seu modelo mostra as inconsistências que podem ser produzidas entre o objetivo de manter taxas de câmbio fixas e algum objetivo de caráter interno perseguido pelas autoridades, como a manutenção de certo nível de crescimento.

Depois dessas primeiras tentativas de definir crise financeira, centradas principalmente na especulação, surgiram duas escolas de pensamento econômico sobre essas questões: os monetaristas e os defensores da teoria do ciclo econômico.

Quadro 4.1 *Comparação das escolas sobre crise financeira.*

	Monetaristas	Ciclo Econômico
Principais Representantes	Friedman e Schawartz	Minsky e Kindleberger
Definição	Não há crises financeiras, a não ser que a transformação de ativos financeiros em efetivos leve a uma retirada massiva de depósitos dos bancos.	As crises financeiras são inerentes ao ciclo e, portanto, inevitáveis.
Frequência	Muito limitada. Para Schawartz (1986), só se produziu uma vez nos Estados Unidos (1929) e também uma vez no Reino Unido (1866). Considera que todas as restantes são "pseudocrises". Ele atribui a quase desaparição do número de crises sistêmicas a: (a) mudanças institucionais ocorridas a partir de 1933 nos Estados Unidos e desde 1866 no Reino Unido, como a introdução do tomador de última instância; e (b) familiaridade e confiança do setor privado sobre as respostas das instituições e das autoridades.	O número de crises financeiras é cada vez menor por causa de: a) prática desaparição das leis de usura, que torna possível que as taxas de juros subam o suficiente para limitar o risco moral; b) ausência de extravagâncias em mercados que aprenderam com a experiência; c) apaziguamento das ansiedades em razão do conhecimento da existência de um tomador de última instância. Não obstante isso, há maior frequência das crises cambiais, relacionada com a eleição do regime de câmbio (Kindleberger, 1982 e 1996).
Início	Inicia-se com uma crise bancária.	Inicia-se com uma crise de liquidez e pode se converter numa crise de dívida e/ou bancária.
Soluções	Requer a intervenção do ofertador de última instância nacional. Não é necessário um ofertador de última instância internacional.	Requer a intervenção do ofertador de última instância nacional. Também é necessário um ofertador de última instância internacional, especialmente no caso de crises sistêmicas.
Outras Características	⇨ Evitável. ⇨ Compatível com expectativas racionais. ⇨ A atividade econômica real se vê afetada pela marcada redução dos agregados monetários, devido aos saques massivos de depósitos.	⇨ Inevitável. ⇨ Ainda que se tente compatibilizar com expectativas racionais, tende-se a assumir que existe ilusão monetária. ⇨ A atividade econômica real se vê afetada pela queda dos preços dos ativos, que reduz o patrimônio líquido e os lucros dos distintos setores e pode conduzir a quebras.

4.1.2 Breves revisões das grandes crises

As turbulências financeiras não são um fenômeno recente, como apresenta o Quadro 4.2, que faz um breve retrospecto das últimas turbulências financeiras internacionais.

Quadro 4.2   *Cronologia das grandes turbulências financeiras.*

Período	Crise	Países Diretamente Afetados
■ 1634 até 1637	Tulipamania	Holanda
■ 1716 até 1720	Bolha do Mississípi	França
■ 1717 até 1720	South Sea Bubble	Grã-Bretanha
■ 1929	Crise de 1929	Estados Unidos
■ 1987	Crise de 1987	Estados Unidos
■ 1990	Crise japonesa	Japão
■ 1994 até 1995	Crise do México	México
■ 1997 até 1998	Crise asiática	Tailândia, Filipinas, Malásia, Indonésia, Singapura, Coreia do Sul, Taiwan e Hong Kong
■ 1998	Crise russa	Rússia
■ 1999	Crise brasileira	Brasil
■ 2001	Crise argentina	Argentina
■ 2007	Crise do *subprime*	Estados Unidos
■ 2010	Crise europeia	Zona do Euro

A seguir, desenvolveremos essa revisão, agrupando as crises em quatro grandes grupos:

- **breve revisão das grandes turbulências**, incluindo Tulipamania, a Bolha do Mississípi, The South Sea Bubble e as crises de 1929 e 1987;
- **turbulências da década de 1990**, incluindo a crise japonesa, a crise do México, a crise asiática e a crise russa;
- **turbulências financeiras no Mercosul**, incluindo a crise brasileira e a crise argentina; e
- **turbulências financeiras dos Anos 2000**, incluindo as últimas turbulências ocorridas: a crise do *subprime* e a crise europeia.

Quadro 4.3 *Breve revisão das grandes turbulências.*

Crise	Local	Período	Descrição
Tulipamania (Crise de superprodução)	Holanda	Século XVIII (1634 a 1637)	Durante o século XVII, as tulipas eram símbolos de *status* na sociedade holandesa. Existiam dois tipos de tulipas: as raras, que tinham padrões de cores especiais, e as comuns, que tinham formas e cores normais. Originariamente, as tulipas eram comercializadas apenas nos mercados livres nos meses de verão, mas a demanda por essas espécies fora da estação gerou a negociação em mercados futuros. O aumento dos preços das tulipas raras estava de acordo com os fundamentos econômicos, mas a especulação fez com que as tulipas tivessem um aumento inexplicado.[1] A crise surgiu em janeiro de 1637, quando a demanda excessiva causou rápido aumento nos preços das tulipas, e culminou em fevereiro, quando houve um surto de pânico, provocando colapso dos preços, resultante da produção e venda em massa. Foi uma crise de desequilíbrio microeconômico.
A Bolha do Mississípi (Crise da bolha financeira)	França	Século XVIII (1716 a 1720)	Com a finalidade de resolver os problemas econômicos da França, após a morte do rei Luís XIV, John Law, um economista escocês, difundiu uma teoria que pretendia garantir o financiamento das atividades do lado real da economia. Inicialmente, ele fundou uma empresa, a Compagnie d'Occident, que emitia ações em troca de obrigações do Estado e de moedas. Essas conversões tornaram John Law o maior credor do governo francês. Depois fundou o Banque Génerale, que mais tarde se tornou o Banque Royale, e várias outras empresas ligadas ao comércio, mediante os direitos de monopólio obtidos do regente como recompensa por serviços prestados. As emissões de ações da companhia Law eram muito atrativas para o público, e a demanda crescente por esses títulos fez com que eles alcançassem preços elevados a partir de meados de 1719. Como a Compagnie d'Occident não estava tendo bom desempenho, a desconfiança generalizou-se e o público começou a trocar ações e notas bancárias por moedas. Em 1720, a então euforia do mercado transformou-se em pânico e as ações perderam seu valor. Para proteger sua vida, John Law, ao final de 1720, teve de fugir da França.
The South Sea Bubble (Bolha do Mar do Sul)	Grã--Bretanha	Século XVIII (1717 a 1720)	A Companhia South Sea emitiu ações garantidas por obrigações do governo, que tiveram evolução semelhante às da Compagnie d'Occident, de John Law. O êxito do esquema da South Sea dependia de inflar o valor das ações para que um número cada vez menor desses títulos fosse trocado por títulos ingleses, o que representava uma espécie de securitização da dívida britânica.

---

[1] O preço aumentou de 1.500 guinéus em 1634 para 7.500 guinéus em 1637, o equivalente ao preço de uma casa na época.

Quadro 4.4 *Breve revisão das grandes turbulências nos Estados Unidos.*

Período	Crise	Descrição
Outubro de 1929	**Crise de 1929** (Crise de superprodução e bolha financeira conjugadas)	O dia 28 de outubro de 1929 tornou-se conhecido como a "Segunda-Feira Negra". O índice Dow Jones, que mede a variação das principais ações negociadas na New York Stock Exchange (Bolsa de New York), caiu 12,82%. Essa queda gerou o *crack* da Bolsa de New York, que causou o desemprego de 13 milhões de pessoas e mergulhou os Estados Unidos em uma séria depressão, além de provocar grande recessão em todo o mundo. A crise é o desfecho de um período de grande expansão dos EUA, que, após a Primeira Guerra Mundial, assumem a hegemonia econômica do mundo. O aumento da produção industrial, a melhora do poder aquisitivo da população e a liberalização do crédito provocam explosão de consumo. Os investidores, atraídos pela expansão das empresas, tomam empréstimos bancários para comprar ações e revendê-las com lucro. Esse processo especulativo faz com que, de 1925 a 1929, o valor das ações das empresas suba de US$ 27 bilhões para US$ 87 bilhões. A capacidade de consumo interno não acompanha o crescimento da produtividade, resultando em enorme excedente. O preço dos produtos agrícolas começa a baixar, o que ocasiona a falência de fazendeiros. As indústrias reduzem a produção, gerando muito desemprego. Os acionistas, alarmados com a situação das empresas, procuram vender todos os papéis na Bolsa de New York. A crise aprofundou quando houve a Bankruptcy, ou seja, a degradação bancária. Esse período passou a ser conhecido como "Grande Depressão" e durou até 1933. As economias do mundo capitalista tinham os EUA como seu principal mercado produtor e consumidor, e, para defender-se dessa crise, os países tiveram de adotar medidas protecionistas, inclusive suspendendo o pagamento de suas dívidas externas.
Outubro de 1987	**Crise de 1987** (Crise de euforia irracional)	Depois da recessão, causada pelo choque do preço do petróleo, a economia norte-americana passou por um período de rápido crescimento. No entanto, os déficits orçamentários dos EUA e seus déficits em conta-corrente saltaram para níveis elevados entre 1982 e 1987, refletindo desequilíbrios fundamentais nos gastos do governo. Durante esse período, houve tendência altista no mercado acionário, que levou os preços das ações a níveis superavaliados. Também, nessa época, intensificaram-se as utilizações dos "derivativos", uma vez que eles possibilitam assumir maiores riscos com um baixo custo de transação. A especulação ganhou força em 1986, levando a uma euforia do mercado, mas surgiu o pânico, quando as ordens de vendas antecipadas de 16 de outubro de 1987 causaram atraso na abertura da Bolsa de New York. No dia 19 de outubro de 1987, o índice Dow Jones caiu de 2.246 a 1.738, perdendo 22,6% de seu valor total em um só dia. O índice Standard and Poor 500 caiu de 282,7 a 225,06, desvalorizando-se em 20,4%.

4.2 Crises da década de 1990

4.2.1 Crise japonesa (crise financeira e de subconsumo)

A trajetória de consistente crescimento apresentada pelo Japão após a Segunda Guerra Mundial surpreendeu as maiores potências econômicas capitalistas. No período entre 1953 e 1973, esse crescimento atingiu a taxa média de 10% e, em vinte anos, uma economia considerada destruída tornou-se uma das maiores potências econômicas mundiais.

A crise do Japão teve início com a desvalorização da moeda japonesa, o iene, e a consequente queda de preço dos produtos nipônicos no mercado. A adoção dessa política aumentou a vantagem dos artigos japoneses, mas obrigou os outros países a desvalorizarem também suas moedas. O iene chegou à cotação de ¥ 147,20 por dólar, gerando quedas nas principais bolsas de valores do mundo.

Em 2 de abril de 1990, o índice Nikkei 225 da Bolsa de Tóquio fechou em 28.002 pontos (uma baixa de 28% em relação ao fechamento do ano anterior), o processo continuou e em 1º de outubro a queda foi de 48%. Até 18 de agosto de 1992, não se chegou ao fundo, mas nesse dia o índice chegou aos 14.309 pontos e marcou um solo. Diante de possível catástrofe internacional, os Estados Unidos trocaram US$ 2 bilhões por ienes, evitando o perigo de uma crise pior do que o *crash* dos "Tigres Asiáticos". Resumindo, em pouco mais de 30 meses o índice perdeu 63% do nível máximo alcançado ao final de 1989.

A bolha financeira não se produziu unicamente no mercado de capitais; os preços dos imóveis e do solo registraram comportamentos sincronizados com os preços das ações.

A euforia teve seu fim em 1992, quando as ações japonesas que estavam supervalorizadas foram ofertadas no mercado. A baixa procura dos compradores gerou a queda do preço dessas ações, ocasionando o início da crise.

Causas da crise

A situação difícil em que se encontrava o Japão pode ser explicada pelo excessivo crescimento de sua economia sem correspondente melhora nas variáveis fundamentais.

Durante a segunda metade dos anos 1980, ocorreram mudanças importantes no âmbito da regulamentação financeira do Japão. Nesse período, iniciou-se a liberalização financeira, tanto no âmbito internacional como nos mercados internos, que relaxaram progressivamente os controles sobre as taxas de juros das operações bancárias e ampliaram a possibilidade de obtenção de financiamento exterior por parte de residentes.

O aumento de liquidez combinado com as baixas taxas de juros facilitou o financiamento da compra de ativos, tanto financeiros quanto reais. O preço dos ativos sob a pressão da forte demanda teve importantes reavaliações. A partir dessas subidas, iniciou-se um processo de retroalimentação, já que o aumento dos preços dos ativos incrementou a riqueza financeira dos investidores, com uma melhora aparente em seu nível de solvência, enquanto o valor patrimonial era utilizado como garantia de novos endividamentos.

Esse fenômeno provocou aumento do valor sem precedentes nos ativos do Japão (principalmente aços e imóveis), desencadeando um processo especulativo. Nas seis cidades mais importantes do Japão, entre 1985 e 1990 os preços imobiliários tiveram crescimento médio de 20% ao ano. Em Tóquio, no mesmo período, os preços se multiplicaram por 2,4. Os imóveis comprados a um preço muito elevado serviam de garantia para a aquisição de novos imóveis. Segundo Torres (1997), o valor dos terrenos do Japão saltou de US$ 4,2 trilhões para US$ 18,4 trilhões nesse período. O consumismo era tão grande que bens de consumo, como os eletrodomésticos, eram trocados a cada dois anos.

4.2.2 Crise do México (crise cambial-financeira)

O México foi o primeiro país emergente a passar por profunda crise financeira. Em 1989, o país sofreu o primeiro ataque especulativo, que resultou na desvalorização de sua moeda e gerou uma fuga de capitais. Após a passagem por um ajuste fiscal drástico, com geração de superávit nas contas públicas, ampla abertura comercial, descompressão financeira e livre movimento de capitais, acompanhados de intensa privatização de empresas estatais, da desregulamentação e da eliminação de subsídios e incentivos, a economia mexicana viu-se em ruínas, com um déficit em conta-corrente que se aproximava dos US$ 30 bilhões por ano. Além disso, foram acumulados passivos em moeda estrangeira, no setor público e na esfera privada que chegaram a US$ 200 bilhões. Entre esses débitos, os mais problemáticos, a curto prazo, são os Tresobonos, que venceram à razão de US$ 700 milhões por semana ao longo de 1995. Com isso, o país não conseguiu honrar seus compromissos, entrando numa recessão.

No período 1988-1993, o governo desenvolveu uma política econômica de austeridade fiscal e monetária. Segundo Edwards (1997), o programa de reformas conduzido pelo governo pode ser resumido em quatro pontos:

- uma forte abertura da economia à concorrência internacional;
- um processo drástico de privatizações e desregulamentação;
- um programa de estabilização baseado em ancoragem da taxa cambial nominal, apoiado no desenvolvimento de políticas restritiva monetária e fiscal;
- um amplo acordo econômico e social estabelecido entre o governo, o setor privado e os sindicatos.

Após o ajuste promovido a partir de meados da década de 1980, a economia do México adotou um novo perfil de funcionamento. Desde então, o país perseguiu a estabilização da economia apoiando-se basicamente na âncora cambial e na abertura comercial e financeira, que geraram déficits comerciais crescentes, financiados pelo aporte de capitais voláteis e especulativos.

Em decorrência desse quadro, em 1994 o governo mexicano desembolsou cerca de US$ 30 bilhões apenas para saldar as despesas com o serviço das dívidas interna e externa, o que acarretou verdadeiro colapso em suas contas públicas.

A grave situação econômica a que chegou o México, aliada às conturbações políticas, resultou num clima de desespero no mês de dezembro, que culminou em uma forte desvalorização do peso – em apenas dez dias, a moeda mexicana perdeu cerca de 50% de seu valor.

Em 20 de dezembro de 1994, as autoridades mexicanas, diante da impossibilidade de manter o valor do peso mexicano, ampliaram a banda cambial em 15%, gerando uma perda nas reservas de mais de 4 bilhões de dólares. Diante desses fatos, as autoridades deixaram flutuar o peso mexicano, conscientes de que tentar defendê-lo dentro da banda só resultaria no esgotamento das reservas. A partir desse momento, produziu-se uma saída massiva de capitais, especialmente nos investimentos de carteira. As vendas massivas de ações e bônus nomeados em pesos mexicanos e a compra de dólares produziram uma sangria nas reservas e uma forte pressão à queda da taxa cambial.

Quebrado, o México recebeu uma ajuda de US$ 65 bilhões dos Estados Unidos e de organismos internacionais, como o FMI, e conseguiu se recuperar.

Causas e repercussões da crise

A liberalização financeira e a abertura econômica foram peças importantes da política econômica e que tiveram grande incidência sobre os acontecimentos posteriores. Outro fator importante foi a evolução do sistema bancário mexicano, que havia sido nacionalizado em 1982 e, nos anos 1990, foi privatizado, sendo seus compradores, em muitos casos, grupos vinculados a empresas, sem muita experiência bancária.

Em 1994, a economia mexicana viu-se novamente dentro de uma crise, ocorrendo diversos acontecimentos que debilitaram o otimismo reinante até chegar ao desenlace da crise. As reformas econômicas do início dos anos 1990 e a queda das taxas de juros nos EUA levaram os investidores a buscar o exterior, o que resultou numa maciça entrada de recursos no México.

Fuga de capitais

O motivo apontado para o desencadeamento da vigorosa fuga de capitais no México a partir da segunda metade de dezembro foram as sucessivas revoltas ocorridas na região de Chiapas, agravando a crise política no país. Às vésperas de uma eleição, foi assassinado Luis Donaldo Colosio, candidato pelo Partido Revolucionário Institucional (PRI), e tornou-se público o movimento zapatista na região de Chiapas. Como consequência, os preços dos títulos e das ações subiram expressivamente, bem como o déficit na conta-corrente e os gastos públicos. Quando se registrou um início de distúrbio político, no final de 1994, os investidores internacionais se apavoraram, temendo uma nova moratória mexicana.

Tal alegação, no entanto, é pouco para se compreender as verdadeiras razões da deflagração do processo de saída de recursos e seus desdobramentos sobre a economia mexicana. A mudança da paridade de um dólar para 3,46 pesos mexicanos (registrada antes da desvalorização de 15%, em 19 de dezembro) até atingir mais de 6 pesos mexicanos por dólar em poucos dias resultou na perda de US$ 10 bilhões para os investidores estrangeiros e mexicanos. Daí ocorreu a espetacular fuga de capitais noticiada pela imprensa. As reservas cambiais mexicanas, que atingiam no início de 1994 mais de US$ 25 bilhões, chegaram a somar no final de dezembro menos de US$ 6 bilhões, impedindo assim a desvalorização do peso mexicano, até acumular perdas superiores a 60%.

Déficit comercial

Em 1987, as importações mexicanas totalizaram o equivalente a US$ 19 bilhões e saltaram, em 1993, para US$ 63 bilhões. Sem contar com uma sólida estrutura industrial que possibilitasse alavancar as exportações no rumo da integração competitiva, as vendas externas do México diminuíram em relação ao volume das importações. O resultado foi um déficit de US$ 24,5 bilhões na balança comercial, em 1994, o que tornou o país dependente de capitais externos em cerca de US$ 30 bilhões para conseguir fechar o balanço de pagamentos.

Com um déficit de US$ 8,4 bilhões na balança comercial e inflação alcançando três dígitos, o novo presidente assume e tenta fazer uma desvalorização controlada de 15%, mas, sem credibilidade internacional, a desvalorização perde o controle e chega a 80%.

A crise mexicana foi considerada a mais importante da História até então, não só para o México, como também para a economia internacional, já que o México foi o primeiro país emergente a passar por profunda crise financeira e esta foi a primeira crise num mercado financeiro mundial livre e globalizado. Outras economias tiveram problemas de pressões elevadas sobre suas divisas e episódios de instabilidade financeira. Um caso importante foi o da Argentina.

4.2.3 Crise asiática

Na segunda-feira, 27 de outubro de 1997, assustada com a queda recorde do índice Hang Seng, da Bolsa de Hong Kong (1.211 pontos em um só dia), a Bolsa de New York afundou. Foi uma queda livre de 554 pontos, lembrando a catástrofe em outros dois outubros negros: 1929 e 1987. Ondas de choque varreram o mundo. As bolsas caíram 27% no Brasil, 21% no Japão, 12% na Austrália, 10% no México e 9% na Inglaterra.

A crise asiática explodiu na Tailândia em julho de 1997, quando os emprestadores estrangeiros deram-se conta do enorme déficit na conta-corrente do país e do rápido incremento de sua dívida externa. Mas, para sua melhor compreensão, descreveremos alguns episódios que ocorreram no ano de 1997:

- janeiro: a Hambo Steel, uma das grandes *chaebols* coreanas, declara falência, gerando uma dívida de US$ 6 bilhões. Foi a primeira vez, em dez anos, que uma das grandes empresas coreanas fechou dessa forma;
- fevereiro: a Somprasong é a primeira empresa tailandesa a falhar um pagamento de sua dívida externa;
- março: o governo tailandês promete apoio às empresas financeiras, em forte exposição a dívidas do setor imobiliário, mas depois retrocede;
- maio: o baht tailandês, a mais frágil das moedas da região devido ao desempenho fraco de sua economia, é atacada por especuladores;
- julho: o Banco Central da Tailândia anuncia a entrada do baht num regime de taxa flutuante administrada e pede ajuda ao FMI, que oferece US$ 1,1 bilhão ao governo das Filipinas. O Bank Negara (Banco Central da Malásia) abandona a defesa do Ringgit;
- a Indonésia (outubro) e a Coreia do Sul (novembro) declaram que solicitariam apoio financeiro ao FMI.

Quadro 4.5 *Países afetados pela crise.*

Tailândia	Onde a crise começou. Sendo o país mais frágil de todos os "Tigres", quando os especuladores apostaram contra sua moeda, o baht, esta se desvalorizou em 41% e sua bolsa caiu 53%.
Filipinas	Teve seu dólar desvalorizado em 37% e queda em sua bolsa de 36%.
Malásia	Elevou suas taxas de juros em 50% e desvalorizou sua moeda em 39%. Como consequência, sua bolsa de valores teve uma queda de 39%.
Indonésia	Desvalorizou em 83% a rúpia e teve queda de 58% em sua bolsa de valores.
Singapura	Desvalorização de 15% no dólar filipino e queda de 46% em sua bolsa de valores.
Coreia do Sul	Desvalorização de 35% no uon e queda de 56% na bolsa de valores.
Taiwan	Desvalorização de 19% no dólar taiwanês e queda em sua bolsa de 16%.
Hong Kong	País no qual a crise ganhou proporções catastróficas, quando os especuladores decidiram atacar o centro financeiro da Ásia e o dólar. Como resultado, sua bolsa caiu 46%.

A crise da Coreia resolveu-se, ou começou a ser resolvida, com a grande operação de apoio do FMI, que conseguiu ampla colaboração dos bancos internacionais. No caso da Tailândia, houve também apoio do FMI e um profundo ajuste econômico. Já no caso da Indonésia, houve uma negociação com o Clube de Paris.

Causas da crise:

- **fragilidade de alguns fundamentos econômicos dos "Tigres"**: uma das principais causas que afetaram o desempenho dos "Tigres" baseia-se na estratégia que quase todos eles empreenderam ao atrelar sua moeda ao dólar, o chamado *peg*. O modelo exportador das economias do Sudeste Asiático funcionou bem, enquanto o iene valorizava-se diante do dólar. Entretanto, em 1995, quando o dólar desceu quase à marca dos 75 ienes, os Estados Unidos e o Japão decidiram desvalorizar a moeda japonesa em relação à americana. Com isso, houve uma valorização relativa das moedas no Sudeste Asiático, que diminuiu a competitividade dos "Tigres" no mercado internacional. De um lado, o Japão aprimorou seu apetite exportador, desaquecendo sua moeda, e roubou mercado dos "Tigres" em bens de alto valor, gerados em indústrias de uso intensivo de capital, como computadores, semicondutores e produtos petroquímicos. De outro, a subida do dólar e a consequente valorização de suas moedas prejudicaram os "Tigres" na competição com a China em bens de baixo valor, gerados em indústrias de uso intensivo de mão de obra, como têxteis, sapatos e brinquedos. Comprimidas entre dois pesos pesados, um no *high end* e outro no *low end* do mercado, as economias do Sudeste Asiático experimentaram desaceleração em suas exportações e, por conseguinte, deterioração em suas contas. A tabela a seguir mostra o saldo em transações correntes em porcentagem do PIB de 1990 a 1996 dos Tigres Asiáticos e Asian Four.

	1990	1991	1992	1993	1994	1995	1996
Tailândia	(8,7)	(7,7)	(5,6)	(5,1)	(5,6)	(8,0)	(8,0)
Indonésia	(3,1)	(3,8)	(2,4)	(1,5)	(1,7)	(3,3)	(3,4)
Malásia	(3,2)	(8,8)	(3,8)	(4,8)	(7,8)	(10,0)	(4,9)
Filipinas	(6,1)	(2,3)	(1,9)	(5,5)	(4,6)	(4,4)	(4,7)
Coreia do Sul	(0,9)	(3,0)	(1,5)	(0,1)	(1,2)	(2,0)	(4,7)
Taiwan	6,8	6,9	4,0	3,2	2,7	2,1	4,0
Singapura	8,3	11,2	11,3	7,5	17,1	16,9	15,0
Hong Kong	8,9	7,1	5,7	7,4	1,6	(3,1)	(0,6)
China	3,1	3,1	1,1	(2,1)	1,2	0,0	0,6

Outro fator que impactou a economia dos "Tigres" foi o endividamento externo. Evidentemente, economias crescendo a taxas anuais próximas dos dois dígitos necessitam de financiamento. O problema é que boa parte do financiamento, contraída principalmente pelo setor privado com o aval do governo, em vez de ser investida no aumento da produtividade e no desenvolvimento de novas tecnologias, acabou sendo desviada para a especulação imobiliária ou para o incremento da produção em indústrias já saturadas, como a metalúrgica, a automobilística e a de transporte aéreo. Em vez de investir na capacitação de sua força de trabalho ou na redução de seus problemas de infraestrutura, muitos "Tigres" contraíram empréstimos para construir campos de golfe, condomínios e escritórios de luxo ou investir em indústrias de baixa rentabilidade. Assim, acabaram criando para si um problema adicional: capacidade ociosa. Além disso, bilhões foram enterrados em projetos do governo faraônicos que não tinham a menor condição de gerar o retorno necessário para a cobertura dos empréstimos. Outro fator foi o tráfico de influência e a troca de favores entre o governo e as grandes corporações. Redes de interesse e conchavos realizados nos bastidores dificultavam a averiguação do que pertencia ao Estado e do que era da iniciativa privada. Muito dinheiro público foi emprestado em condições excepcionais a empresas que o governo considerava vitais para a economia ou para o prestígio do país. A análise objetiva do perfil do tomador, das condições do mercado e do risco da transação pesava pouco nas decisões de crédito; e

- **dinâmica dos mercados financeiros internacionais**: o setor bancário na Ásia mostrou-se fechado à concorrência internacional, e boa parte das instituições que o compõem servia apenas para canalizar capital para projetos de prioridade e valor muitas vezes duvidosos. O fato é que o dinheiro fácil que os bancos do Sudeste Asiático captaram no exterior e jogaram em seus mercados nos últimos anos, sem cuidar da qualidade dos investimentos, jamais retornou. Essa bola de neve gerou a necessidade de socorro externo.

Repercussões da crise:

- **descapitalização das bolsas**: as quedas vertiginosas das bolsas de valores e a desvalorização das moedas da região levaram a uma redução na capitalização total das bolsas. Na bolsa de valores tailandesa, a capitalização total, em dólares, valia menos de 15% de seu valor de três anos antes. O mercado indonésio sofreu queda semelhante em pouco menos de um ano;
- **insolvência de bancos**: a súbita queda da demanda interna, as altas taxas de juros e os empréstimos externos, que a desvalorização das moedas deixou proibitivamente caros, aumentaram a inadimplência das empresas e a consequente insolvência dos bancos;
- **tutelamento do FMI**: com o desenrolar da crise, os orgulhosos regimes nacionalistas da Tailândia, Indonésia e Coreia estavam submetidos aos condicionamentos econômicos impostos pelo FMI. Foram forçados a abrir seus mercados, abolir monopólios, acabar com subsídios de natureza arbitrária e prestar informações com transparência e prontidão.

4.2.4 Crise russa

No ano de 1998, a economia russa passou por uma série de episódios que culminaram no que se chamou de moratória russa.

Em maio, numa tentativa desesperada de acalmar o mercado financeiro, conter a fuga de investidores internacionais e manter o valor do rublo, o Banco Central da Rússia triplicou suas principais taxas de juros de curto prazo (redesconto e Lombarda) de 50% para 150% ao ano.

Para reduzir a pressão gerada pela liquidez, em agosto o Banco Central liberou um empréstimo de US$ 100 milhões para o SBS-AGRO Bank, segunda maior instituição bancária do país, para ajudar a estabilizar o sistema financeiro. Como consequência, em 15 de agosto, o principal índice de ações da Bolsa de Moscou reagiu com alta de 13,67%, o que ocasionou uma suspensão temporária dos negócios no início da sessão.

No dia 17 de agosto de 1998, o governo russo declarou o que se chamou de moratória russa. O núcleo das decisões tomadas afetava os compromissos de pagamentos privados com os não residentes e os pagamentos da dívida pública, cujo vencimento estava situado antes de 1999. Também se incluíam mudanças relevantes na condução da política de taxa cambial com a ampliação da banda de flutuação do rublo em relação ao dólar dos Estados Unidos.

A incerteza política, aliada à crise na Ásia e à queda nos preços do petróleo (a Rússia é um grande exportador de petróleo), afasta os investidores e a Rússia sofre um "ataque especulativo". A Bolsa de Valores da Rússia já havia acumulado perdas de 50%, o que leva o governo russo a cogitar pedido de ajuda ao FMI.

Causas da crise:

- **atrofia econômica produzida por quase oito décadas de burocracia estatal sob o regime comunista**: a abertura do país ao resto do mundo a partir de 1991, com a dissolução da União Soviética e o fim do comunismo, serviu para expor o tamanho da crise. Além disso, os russos não souberam administrar sua economia depois dessas mudanças. Os anos de comunismo trouxeram algumas vantagens, como bom nível de educação, moradia e acesso à saúde. O que não se conhecia era a dimensão dos problemas que se acumularam nesse período. Na Rússia, por exemplo, o governo não conseguia arrecadar com os impostos, porque não existiam fiscais, e não existiam fiscais porque na época do comunismo não se recolhiam impostos. Havia mais de 200 taxas que as empresas e as pessoas deveriam pagar, mas, como nada acontecia com os sonegadores, a sonegação era geral;

- **a inflação estava nas ruas, em forma de filas, porque havia escassez de produtos**: o modelo soviético entrou em colapso, porque a economia planejada por burocratas não foi capaz de suprir os russos dos produtos de que eles precisavam. O dinheiro para a produção de manteiga era transferido arbitrariamente para a fabricação de mísseis, ou de arame farpado para prender os dissidentes. A insatisfação cresceu, produziu uma pressão interna para modificações políticas, e todo o sistema caiu em 1991, quando o presidente Ieltsin assumiu;

- **abertura do mercado sem o devido preparo das estatais russas**: as empresas estatais russas, que sob regime comunista nunca tiveram de enfrentar a concorrência estrangeira, tomaram um choque quando foram expostas à competição. Descobriu-se com isso que eram improdutivas, que fabricavam carros e roupas ruins e que não havia mercado para seus produtos no exterior. Sem dinheiro para modernizá-las, o governo decidiu vendê-las. Entre 1991 e 1994, mais de 120 mil empresas foram privatizadas, mas o programa não deu certo. Como elas já estavam sucateadas, os investidores estrangeiros não se interessaram muito. As estatais acabaram sendo vendidas aos próprios russos, que também não tinham dinheiro nem interesse para modernizá-las. No campo das importações, até as caixas de fósforos eram importadas. Como importações são pagas em divisas, a sangria quebrou o país. No campo das exportações, a Rússia dependia basicamente do petróleo e do gás natural, bens cujos preços despencaram nos últimos tempos no mercado internacional.

Repercussões da crise:

- **câmbio interno**: quando o presidente Ieltsin declarou moratória por 90 dias, a dívida externa das empresas privadas russas estava avaliada em 40 bilhões de dólares. A promessa do Kremlin era pagá-la após esse prazo, mas em rublos e sem correção. A dificuldade gerada é que o rublo não era conversível no mercado internacional e quem comprou esses títulos pagando em dólares iria receber, se recebesse, em rublos. Depois veio outro calote, dessa vez em parte da dívida interna de 32 bilhões de dólares em títulos que venceriam até o final de 1999. O presidente Ieltsin trocou os títulos do governo federal russo, que venceriam nos próximos dias, por outros papéis, com vencimento em até cinco anos. Ou seja, só poderia comprar algo dentro da própria Rússia. Outro problema é que o rublo não valia mais nada. Sofreu uma desvalorização real de 75% em relação ao dólar;

- **taxa de juros**: para conter a fuga de capitais, o Banco Central russo triplica a taxa de juros básicos para 150%, depois de quedas nos títulos russos e no mercado de ações. Com taxa de juros muito alta e o já agravado déficit do país, ele não poderia ficar com essas taxas altas por muito tempo. Como o mercado tinha mais ou menos se estabilizado, o governo achou melhor, depois de uma semana, reduzir as taxas de juros de 150% para 60%. O governo também disse que havia aumentado a taxa de juros para que o mercado visse que ele estaria disposto a fazer qualquer coisa para defender o rublo.

- **bolsas de valores**:
    - **queda no volume negociado**: quando o ataque especulativo contra o rublo intensificou-se, a Bolsa de Valores da Rússia, que no ano anterior à crise negociava 200 milhões de dólares por dia, passou a girar apenas 10 milhões de dólares por dia. Para resumir, em 15 dias um capital da ordem de 33 bilhões de dólares pertencentes a investidores estrangeiros evaporou;
    - **mercados internacionais**: a bolsa suíça caiu 5%. O Credit Suisse First Boston, suíço, declarou uma perda de 250 milhões. O dólar canadense, que só se altera de meio em meio século, foi desvalorizado. Atingiu a menor cotação em 140 anos de existência. Em Wall Street, o índice Dow Jones industrial caiu 4,2%, a terceira pior queda em 11 anos. O americano Bank of America perdeu 220 milhões;
    - **investidores internacionais**: a implosão da economia russa abalou investidores experientes, que ganhavam muito dinheiro especulando em economias emergentes. O mais importante exemplo foi o do megainvestidor George Soros, um húngaro naturalizado americano conhecido por ter ganho 1 bilhão de dólares numa aposta contra a moeda inglesa em 1992, num dos primeiros e mais famosos ataques especulativos contra um país. Ele enviou uma carta ao jornal inglês *Financial Times* afirmando que a Rússia deveria ancorar o rublo ao dólar. Os investidores desataram a vender ações e títulos, e o governo russo acabou caloteando seus credores. Soros, que administra mais de 20 bilhões de dólares em diversos fundos de investimento e é o maior aplicador estrangeiro na Rússia, perdeu 2 bilhões de dólares em ações e títulos do governo. Outros fundos de investimento americanos, menos conhecidos do grande público, como o Everest Capital, o Omega Fund, do investidor Leon Cooperman, e o Hub Fund, perderam mais de 500 milhões de dólares, cada um, na Rússia.

4.2.5 Comparação das crises

	Origem	Gestão das Crises	Repercussões
Mexicana	Emprega-se uma taxa de câmbio fixa como âncora para conseguir a estabilização (1987-1994). Liberalização financeira sem fortalecer a supervisão bancária (1987-1994). Entradas de capital substanciais que dão lugar à acumulação da dívida externa, principalmente no setor privado, ainda que em muitos casos com garantias implícitas do setor público (1991-1994). Apreciação real do peso mexicano e déficits crescentes por conta-corrente (1991-1994). Política monetária restritiva, mas política fiscal mais relaxada. Redução do perfil de vencimentos da dívida externa e intervenção substancial no mercado cambial para enfrentar as pressões sobre a taxa de câmbio, que esgota as reservas de divisas do Banco Central (1994).	Uso substancial do ofertador de última instância nacional para injetar liquidez nos bancos quebrados (que foram nacionalizados) e internacional através de um pacote de ajuda do FMI e ajuda bilateral adicional. Condicionalidade baseada em políticas fiscais e monetárias restritivas. Os credores privados estrangeiros não incorreram praticamente em perdas (aumentando o risco moral em mercados emergentes).	O ataque à moeda finaliza com uma forte desvalorização do peso mexicano e a conseguinte flutuação da moeda, assim como a queda da bolsa (1994). Contagia outros países latino-americanos, em especial a Argentina (afeta também, ainda que em menor medida, alguns países emergentes de outras regiões). Argentina consegue manter a taxa de conversão com a crise bancária (1994-1995). Marcada recessão no México e Argentina em 1995.
Russa	Recorre-se à taxa de câmbio fixa para conseguir a estabilização (1993-1998). Pressão por superávit em conta-corrente, devido à rápida acumulação da dívida pública externa (em dólares) e da dívida pública em moeda local em mãos de não residentes (1993-1998). Queda do superávit por conta-corrente devido, principalmente, à queda dos preços do petróleo (1997-1998). Paralisam-se as entradas de capitais ao mesmo tempo em que se acelera a fuga de capitais. Crescentes problemas para financiar o déficit fiscal (1998).	Uso internacional do ofertador de última instância através de um programa do FMI. Grande parte da injeção de liquidez chegou antes da brusca desvalorização do rublo e da quebra técnica e desapareceu rapidamente, motivo pelo qual o pacote total teve que ser enorme. Condicionalidade baseada em políticas fiscal e monetária rígidas. Grandes perdas por parte dos credores estrangeiros privados resultantes da moratória anunciada pelas autoridades russas de maneira unilateral.	Em consequência dos ataques à moeda e da falta de divisas, as autoridades russas decidem que o rublo flutue e proíbem que os bancos cumpram seus compromissos em divisas, o que se traduz em uma quebra técnica com respeito à dívida do país (agosto de 1998), e também suspendem o pagamento de juros sobre dívida em rublos a residentes e inclusive a não residentes. Enorme fuga de capitais, forte depreciação do rublo e rápido aumento da inflação, forte queda do PIB.
Asiática	Taxa de câmbio fixa (ou quase fixa) na maioria dos países asiáticos (desde os primeiros anos da década de 1980 até 1997). Liberalização financeira sem fortalecer a supervisão dos bancos (desde os primeiros anos da década de 1980 até 1997). Fortes entradas de capital, que levam a um rápido aumento da dívida externa privada (1990-1997). Crescentes déficits por conta-corrente, em especial na Tailândia (menores nos outros países asiáticos afetados por crise). Rígida política fiscal, mas política monetária mais flexível e rápida expansão do crédito doméstico (desde os últimos anos da década de 1980 até 1997).	Uso substancial do ofertador de última instância através de ajuda do FMI e de pacotes bilaterais. No caso da Coreia, parte da injeção de liquidez chegou antes da brusca desvalorização do uon, o que significa que essa ajuda foi utilizada, ao menos em parte, para defender a moeda. Condicionalidade do FMI baseada num primeiro momento em políticas fiscais e monetárias restritivas, que se relaxaram posteriormente. Os programas do FMI começam a incluir microcondicionalidade relacionada com a reestruturação do sistema financeiro e das grandes empresas que haviam acumulado dívida externa. No início, os credores privados estrangeiros receberam ajuda, mas incorreram em algumas perdas posteriormente ao participar na reestruturação da dívida externa dos países asiáticos.	Ataque ao baht tailandês ao mesmo tempo em que os capitais estrangeiros fogem do país, o que se traduz numa grande desvalorização e conseguinte flutuação (julho de 1997). A pressão cambial alcança o uon coreano (outubro de 1997) e outros países do Sudeste Asiático, incluindo o dólar de Hong Kong, sujeito a uma taxa de conversão. O uon coreano desvaloriza-se e passa a flutuar livremente em dezembro de 1997. A rupia indonésia desvaloriza-se mais ainda, mas o dólar de Hong Kong aguenta. Profunda recessão em toda a região (1997-1998).

4.3 Crises financeiras no Mercosul

Como já mencionamos, o fenômeno da globalização exigiu a formação de blocos de cooperação entre países de uma mesma região com o objetivo de fortalecer-se ante o mercado internacional. No caso dos países da América do Sul, esse bloco foi chamado Mercosul.

O Mercosul, composto por Argentina, Brasil, Paraguai e Uruguai, teve sua origem com a assinatura do Tratado de Assunção em 26 de março de 1991, constituindo um dos mais importantes blocos econômicos do mundo, em virtude de sua posição geográfica e das dimensões territoriais e demográficas dos países-membros.

O objetivo do tratado era criar um mercado unificado entre esses países, o que pressupunha a livre circulação de mercadorias, serviços e fatores de produção, trabalho e capital, com o fim de aumentar a eficiência econômica, reduzindo barreiras tarifárias e custos de exportação, e propiciar condições para um nível maior de concorrência no setor produtivo.

A partir de janeiro de 1995, consolidou-se a união aduaneira, o que implica a existência de uma zona de livre-comércio, dada pela inexistência de barreiras de importação entre os países que o constituem, e uma tarifa externa comum.

Atualmente, o Mercosul está em fase de implementação do Mercado Comum, o que implicará a livre mobilidade de serviços e fatores produtivos entre os membros e a adoção de uma política comercial comum para exportar.

Quadro 4.6 *Comparação das repercussões das crises na Argentina e no Brasil.*

	Argentina	**Brasil**
Cenário político	Conjuntura política muito fraca; com o presidente Fernando de La Rúa, enfrentou graves disputas e problemas políticos, entre outros.	O presidente Fernando Henrique Cardoso havia sido reeleito, em primeiro turno, para seu segundo mandato.
Inflação	Hiperinflação nos anos 1980. Os preços chegaram a subir até 200% ao mês. Não havia mecanismos de reajustes monetários para a proteção.	Havia mecanismos de reajustes monetários para a proteção da classe média por meio de aplicações financeiras.
Estabilização	Para estabilizar a economia, os argentinos optaram pelo regime de convertibilidade cambial, que tirou a competitividade do país.	O Brasil conseguiu estabilizar a economia sem fixar o câmbio e manteve a estabilidade dos preços.
Ajuste fiscal	A recessão diminuiu a arrecadação e os déficits eram constantes.	Depois da crise, o país alertou-se para sua responsabilidade fiscal e começou a apresentar superávit primário a partir 1998.
Cadeia produtiva	Dependia da exportação de commodities agrícolas.	A indústria brasileira modernizou-se depois da abertura comercial e ganhou competitividade com a desvalorização do real.
Crescimento	Estava no quarto ano de recessão.	Seis anos consecutivos de expansão econômica.
Câmbio	Fixo.	Administrado.
Desvalorização	A maioria dos agentes estava endividada em dólares, o que dificultava a desvalorização e gerava graves consequências sociais.	A maior parte dos agentes econômicos estava protegida contra a desvalorização.

Continua

	Argentina	Brasil
Desvalorização da moeda	Na primeira semana de liberação do câmbio, o peso perdeu 52,38% de seu valor. Nesse período, o dólar flutuante fechou cotado a 2,10 nas casas de câmbio, para operações até US$ 20 mil.	Na primeira semana de liberação do câmbio, o real perdeu 29% de seu valor.
Desgaste político	Crise política generalizada com trocas de presidente de república e ministros. A crise afetou a credibilidade política do país.	Crise de credibilidade do Banco Central com trocas do presidente dessa instituição financeira. A crise não afetou as estruturas do Executivo e deixou intacto tanto o presidente Fernando Henrique Cardoso quanto o ministro da Economia Pedro Malan.
Desgaste econômico	A falta de uma política monetária e a moratória internacional geraram perda de credibilidade internacional e dificuldade para as negociações junto a organismos internacionais como o FMI.	Quando Armínio Fraga assumiu a presidência do Banco Central, houve elevação da taxa de juros básica de 37% para 45% ao ano, com a finalidade de controlar a inflação e atrair investidores externos.

Como foi apresentado, historicamente há notáveis diferenças entre a intensidade das crises do Brasil e da Argentina. Nos anos 1990, o Brasil realizou grandes progressos até a estabilização e, portanto, tinha melhores fundamentos macroeconômicos para enfrentar suas dificuldades. Ao mesmo tempo, a gravidade da crise argentina alcançou magnitudes desconhecidas até então, na América Latina, como resultado de seu atraso em tomar medidas efetivas e graves problemas políticos.

Destas últimas turbulências ocorridas no Mercosul, podem-se tirar algumas lições para se prevenir de crises, como será visto a seguir.

Eleição do regime de taxa cambial e estratégia de política monetária

A experiência das taxas de câmbio fixas nos países emergentes põe em dúvida sua conveniência como estratégia permanente para países expostos ao risco de crise.

Para os países com taxas de inflação razoáveis, é preferível utilizar estratégias de política monetária distintas a um regime de câmbio fixo. As estratégias mais comuns têm como objetivo direto a inflação e, em outros casos, um objetivo intermediário monetário.

A estratégia de taxa mais adequada para acompanhar a fixação de objetivos monetários ou de inflação é a flutuação.

Para reduzir a probabilidade de crise, os países emergentes devem adotar estratégias de taxa cambial e de política monetária mais adequadas para seu tamanho e sua situação em termos de estabilização. Quanto mais alta é a inflação, mais conveniente faz-se uma âncora nominal baseada na taxa cambial, mas deveria considerar-se uma estratégia temporal.

Liberação financeira

A liberalização do sistema financeiro doméstico e a liberalização da conta de capital que não venham acompanhadas de reforço da regulamentação e supervisão aumentam os riscos das instituições financeiras e, como consequência, vem à tona sua fragilidade.

Entradas de capital

Os controles da taxa cambial podem ser úteis para limitar temporariamente entradas de capital, mas têm pouco efeito sobre as saídas e, ademais, contribuem para a má alocação de recursos. Além disso, se se decide introduzir esses controles, eles só deveriam ser aplicados aos investidores de carteira a curto prazo, com o objetivo de não prejudicar a inversão estrangeira direta.

As autoridades supervisoras devem assegurar-se de que os bancos nacionais que recebem capital estrangeiro não realizam empréstimos excessivamente arriscados (risco de crédito) ou com duração muito mais longa que ditos fluxos (*gap* de vencimentos) ou em moeda doméstica (*gap* de moeda), para o que é importante que desenvolvam técnicas internas de gestão de riscos.

Administração da dívida

A gestão da dívida externa não deve centrar-se na minimização a curto prazo dos custos de endividamento; em particular se supõe incremento da dívida a curto prazo. Essa estratégia, que em uma situação de calma pode parecer rentável, é demasiado arriscada para um país emergente, já que o torna mais vulnerável ainda às vendas apressadas de dívida externa emergente por um câmbio adverso dos fundamentos, ou inclusive por contágio de outro país em dificuldades de características similares.

Crises bancárias

A forma natural de prevenir as crises bancárias, além de seguir uma política econômica prudente, é fortalecer a regulamentação e a supervisão bancárias e utilizar a função de emprestador de última instância do Banco Central, no caso de problemas de liquidez de alguma entidade. Uma regulamentação inadequada permite que os bancos operem sem limites, aumentando sua exposição ao risco. A ausência de supervisão ou uma supervisão inadequada permitem que não se descubra dita exposição excessiva ao risco.

4.4 Crises financeiras dos anos 2000

Considerada a maior crise desde a quebra da Bolsa de New York em 1929, a crise financeira internacional afetou a todos os países. Iniciada em 2007, com a crise do *subprime*, a crise financeira internacional dos anos 2000 se desdobrou em duas grandes ondas: a primeira onda da crise derrubou os bancos em 2008, e a segunda onda da crise derrubou os governos em 2010.

```
┌─────────────────────────────────────────────────────────────┐
│  2007/08 – Dívida privada                                    │
│  Crise do subprime se origina nos Bancos Americanos.         │
└─────────────────────────────────────────────────────────────┘
                            ▼
┌─────────────────────────────────────────────────────────────┐
│  2008/09 – Crédito/bancária                                  │
│  Crise bancária sistêmica se espalha dos EUA para Europa.    │
└─────────────────────────────────────────────────────────────┘
                            ▼
┌─────────────────────────────────────────────────────────────┐
│  2010 – Dívida soberana                                      │
│  Problemas de dívida soberana na periferia da Zona do Euro.  │
└─────────────────────────────────────────────────────────────┘
                            ▼
┌─────────────────────────────────────────────────────────────┐
│  2011 – Política                                             │
│  Dificuldades políticas quanto aos acordos de consolidação   │
│  fiscal e ajustamento.                                       │
└─────────────────────────────────────────────────────────────┘
```

Figura 4.1   *Fases da crise financeira internacional dos anos 2000.*

4.4.1 Crise do subprime

A crise do *subprime* foi a maior notícia do cenário econômico mundial de 2007. Considerada a maior crise desde a quebra da Bolsa de New York em 1929, ela gerou uma grande falta de liquidez no mercado, criando uma bola de neve na qual quem tem dinheiro não empresta, fazendo com que a moeda não gire e deixe toda a economia estagnada.

A crise do *subprime* foi desencadeada em 2006, com a quebra de instituições de crédito dos Estados Unidos que concediam empréstimos hipotecários de alto risco, arrastando vários bancos para uma situação de insolvência e repercutindo nas bolsas de valores de todo o mundo. A crise ganhou destaque a partir de fevereiro de 2007, culminando na crise econômica de 2008.

O gatilho dessa crise foi o *subprime* (em inglês: *subprime loan* ou *subprime mortgage*), uma linha de crédito de alto risco em que o banco empresta dinheiro para a compra de casas sem a necessidade de o indivíduo comprovar renda, ou dar qualquer outra garantia, apostando somente no crescimento do mercado imobiliário.

Causas da crise do *subprime*

Pode-se dizer que o início da crise foi em 2001, com a ruptura da "bolha da internet". Para proteger os investidores, o presidente do Federal Reserve americano decidiu orientar os investimentos para o setor imobiliário. Adotando uma política de juros baixos e redução de despesas financeiras, os intermediários financeiros e imobiliários foram induzidos a incentivar o investimento em imóveis, principalmente através da Fannie Mae e da Freddie Mac, que já vinham crescendo muito desde que os governos norte-americanos as utilizaram para financiar casas para a população de baixa renda. O governo garantia os investimentos realizados por essas duas instituições. Bancos de vários países do mundo, atraídos pelas garantias do governo norte-americano, acabaram emprestando dinheiro a imobiliárias através da Fannie Mae e da Freddie Mac, que estavam autorizadas a captar empréstimos em qualquer parte do mundo.

O *boom* do mercado imobiliário norte-americano

Nos últimos anos, como os preços dos imóveis estavam em alta nos Estados Unidos e havia uma grande liquidez no mercado internacional, os bancos e as financeiras norte-americanas começaram a aumentar o volume de empréstimos destinados àquelas pessoas com histórico de crédito ruim, para que elas pudessem comprar imóveis. Esse aumento nos empréstimos se deu via elevação de empréstimos *subprime*, que se refere a uma espécie de crédito de segunda linha que é concedido a pessoas físicas ou jurídicas que não preenchem os requisitos dos créditos de primeira linha; ou seja, são créditos com alto risco de inadimplência. Por essa razão, os credores cobram taxas anuais altas, o que os torna mais atraentes para os gestores de fundos e bancos em busca de retornos melhores.

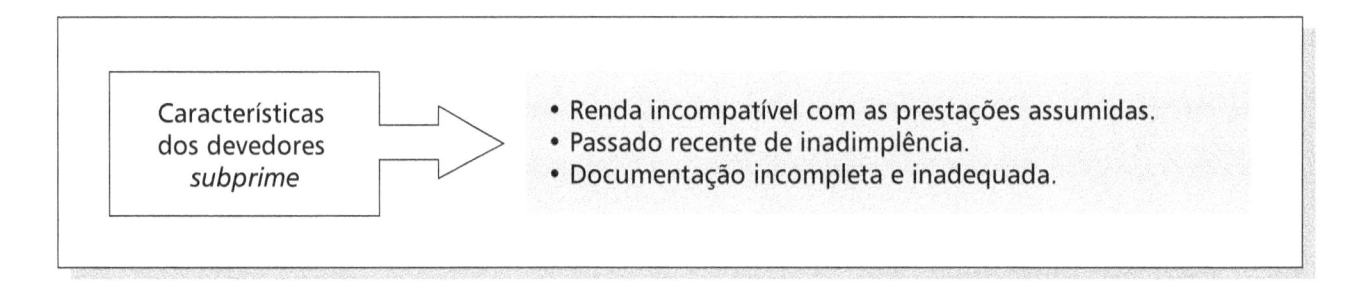

Características dos devedores *subprime*	→	• Renda incompatível com as prestações assumidas. • Passado recente de inadimplência. • Documentação incompleta e inadequada.

Durante esse período, operações conhecidas com Ninjas (*no income, no job or asset*), ou seja, aquelas que envolviam devedores que não tinham renda, patrimônio ou trabalho, cresceram, aumentando sua participação no montante de operações hipotecárias convencionais, como demonstra o Gráfico 4.1.

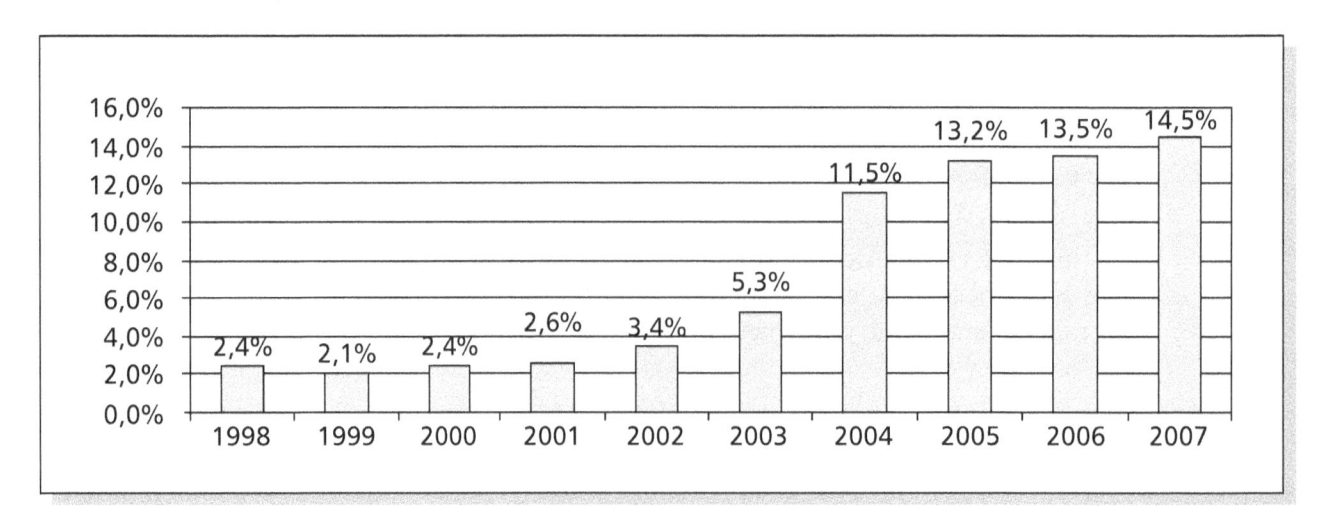

Ano	Participação
1998	2,4%
1999	2,1%
2000	2,4%
2001	2,6%
2002	3,4%
2003	5,3%
2004	11,5%
2005	13,2%
2006	13,5%
2007	14,5%

Gráfico 4.1 *Participação do* subprime *nos empréstimos hipotecários.*

Os prazos de pagamentos dessas operações constituíam outro fator preocupante. Na maioria dos casos, esses prazos eram para trinta anos, o que agrava ainda mais o risco desses financiamentos. Podemos desmembrá-las em dois regimes de pagamentos:

- período inicial: dois ou três anos iniciais de financiamento em que as prestações e as taxas de juros eram fixas e baixas;
- período subsequente: nos 27 ou 28 anos restantes, as taxas de juros e as prestações eram mais elevadas que no regime anterior, além de serem reajustadas periodicamente a um indexador de mercado.

Tais empréstimos eram também conhecidos por 2/28 e 3/27. Os tomadores, por sua vez, começaram a ter dificuldade em honrar com suas obrigações quando estas passavam do regime inicial para o subsequente. Uma das maneiras que os indivíduos encontraram de se livrar desse problema era trocar a dívida em vigência por uma nova, do tipo 2/28 ou 3/27, porém de valor menor. Essa manobra era possível até meados de 2006, dado que os preços dos imóveis estavam se valorizando cada vez mais. Assim, o devedor voltava ao início dos dois e três anos iniciais, quando as prestações e as taxas de juros eram baixas.

A participação dos bancos

O crescimento do mercado de *subprime* foi viabilizado por causa das instituições financeiras que vendiam títulos para obter recursos. Entender os processos de como as instituições financeiras operacionalizavam esses títulos é de grande valia para percebermos como a bolha se formou e gerou a crise internacional.

Por securitização entende-se uma tecnologia financeira usada para converter uma carteira relativamente homogênea de ativos em títulos mobiliários passíveis de negociação. É uma forma de transformar ativos relativamente ilíquidos em títulos mobiliários líquidos e de transferir os riscos associados a eles para os investidores que os compram. Os títulos de securitização são, portanto, caracterizados por um compromisso de pagamento futuro, de principal e juros, a partir de um fluxo de caixa proveniente de carteira de ativos selecionados. Para entendermos melhor todo esse processo, utilizamos um esquema que ilustra a securitização nos mercados financeiros norte-americanos.

```
                              DEVEDORES

                               Imóvel

         Hipoteca          Empréstimo          Pagamentos

                                BANCO

                    Fundo de Hipotecas (mortgage pool)

              Hipoteca                        Pagamentos

         EMPRESAS DE SECURITIZAÇÃO (Structured Investment Vehicles)

                        Captações através de:
                        • Títulos de crédito
                        • Ações
```

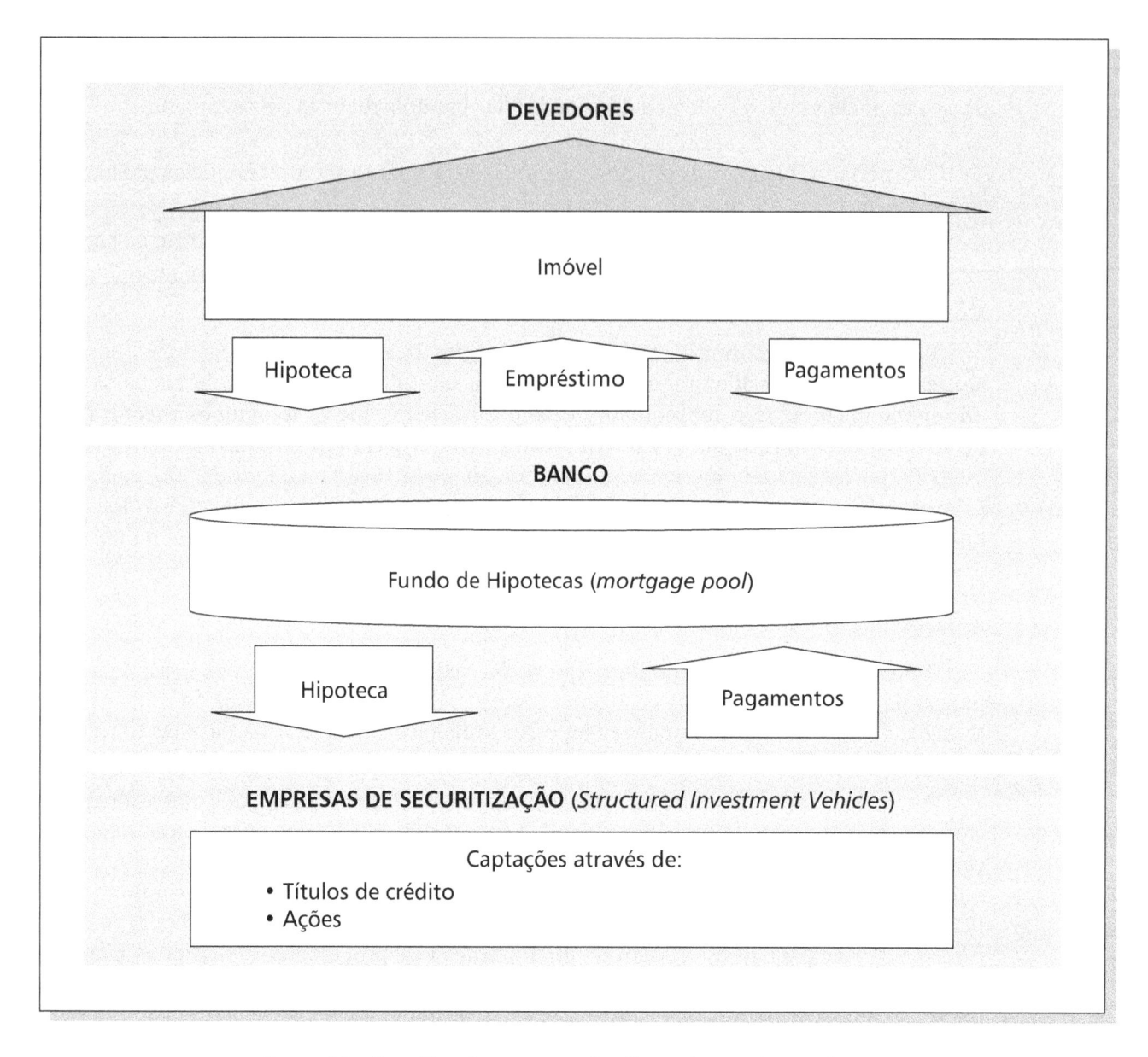

Figura 4.2   *Securitização nos mercados financeiros norte-americanos.*

Num primeiro momento, vemos as operações originais que ligam os devedores aos bancos através de transferências de diferentes contratos de hipotecas, para o mesmo fundo de investimento conhecido como *mortgage pool*. Este então emitia cotas (*tranches*) de classes diferentes, cada uma representando uma taxa de retorno que era proporcional ao risco assumido pelo cotista. A parcela que assumia as primeiras perdas recorrentes a atrasos e inadimplência era conhecida como capital (*equity*) ou lixo tóxico (*toxic waste*), dada a dificuldade de descarte dessa categoria. Os cotistas que tinham esse ativo recebiam taxas mais elevadas de remuneração como contrapartida do risco corrido, e esse mecanismo funcionava como um amortecedor de riscos para as outras parcelas de investidores que completavam esse mercado. Se os prejuízos adquirissem magnitude superior ao comportamento com *equity*, a responsabilidade era passada para o próximo nível (o B) e assim sucessivamente. As instituições financeiras derivavam essas cotas em três grupos: as de risco menor (AAA, AA e A) eram vendidas diretamente ao investidor. As de risco médio (BBB, BB e B) e as de risco extremo (*equity*) eram submetidas a operações financeiras para melhorar sua classificação de risco, fazendo uso de derivativos. Cotas de nível médio eram transferidas para um fundo de Títulos Garantidos por Dívidas (CDO – Collateralised Debt Obligations), que também possuíam derivativos, títulos de dívidas, entre outros. O CDO de hipotecas residenciais era composto de direitos sobre contratos distribuídos em diversos tipos de modalidades. Esses instrumentos financeiros visavam maximizar a diluição de risco das hipotecas e melhorar a sua classificação diante do mercado. Toda essa operação permitia que os bancos transmutassem 75% das dívidas de uma CDO por novos títulos com classificação superior aos ativos que integravam o fundo. Os bancos conseguiam assim recursos mais em conta para financiar as parcelas mais arriscadas do *subprime*.

Para resolver os problemas com os títulos menos atraentes foram criadas empresas como as Empresas de Investimentos Estruturados (SIV – Structured Investment Vehicles), que tinham como objetivo emitir títulos de curto prazo (*commercial papers*) para dar liquidez ao capital de giro das empresas norte-americanas. Para consertar o descompasso das durações dos *commercial papers* (que tinham duração de três ou seis meses) entre os títulos de trinta anos que compunham sua carteira, as SIV colocavam e resgatavam seus títulos através de programas permanentes. Unindo as rentabilidades elevadas das cotas com as taxas de juros baixas dos *commercial papers*, as SIV transpareciam para o investidor grande atratividade de soluções de liquidez.

No Gráfico 4.2 percebe-se como a proporção dessas hipotecas securitizadas aumentou substancialmente (em 2001, representava 50,4%, e passou para 80,5% no ano de 2006).

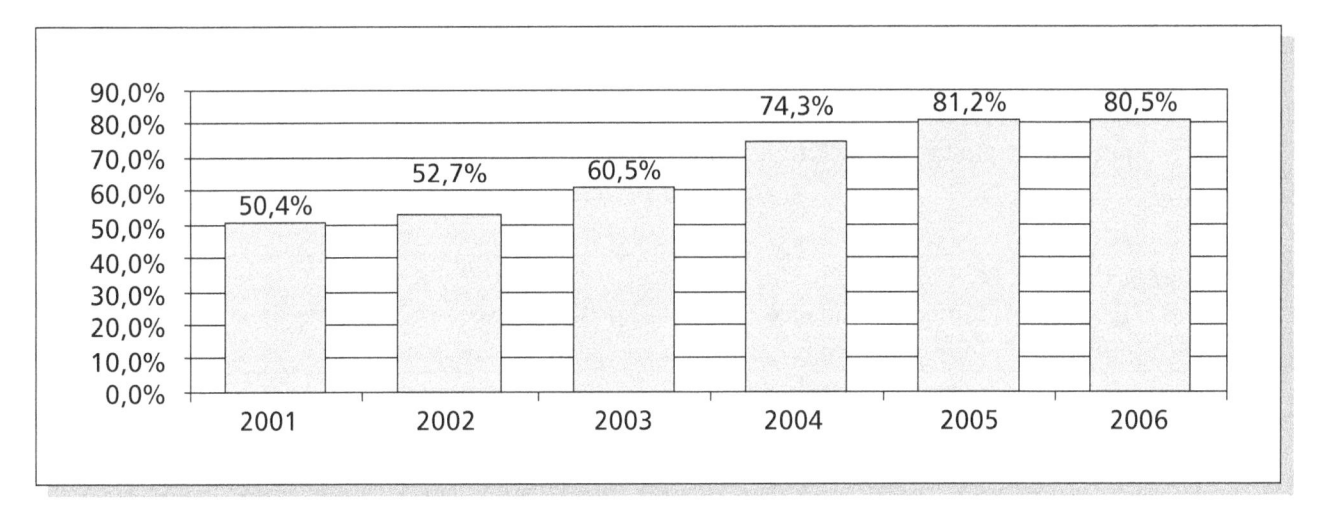

Gráfico 4.2 *Evolução do percentual de hipotecas* subprime *securitizadas.*

A reversão das expectativas dos tomadores de hipotecas

Os tomadores de hipotecas acreditavam que, com o preço das casas em alta e os juros baixos, conseguiriam refinanciar seus empréstimos e obter condições mais favoráveis quando o período de juros baixos terminasse. Porém, aconteceram duas coisas contrárias às expectativas desses agentes. A primeira é que o Federal Reserve aumentou a taxa de juros de forma a conter o consumo e a inflação; logo, as parcelas do financiamento das casas começaram a subir. A segunda é que a bolha dos preços de casas estourou e eles começaram a cair; com isso, ficou mais difícil renegociar as hipotecas *subprime*, o que levou a uma onda de inadimplência, e muitas famílias perderam suas casas.

O mercado imobiliário, que se mostrava em forte expansão até meados de 2006, iniciou uma trajetória de queda acentuada. Em setembro de 2006, houve redução de 30% nas vendas totais de imóveis residenciais nos Estados Unidos. Os preços de imóveis caíram de forma expressiva no final de 2006 devido à queda acentuada na demanda. Essa redução da demanda é em boa parte explicada pelo aumento de juros da economia norte-americana, que no contexto estava sendo praticado para combater a inflação. Os devedores, diante de uma queda nos preços das casas, com um aumento tanto das taxas de juros quanto das mensalidades, começaram a deixar de honrar suas dívidas, o que repercutiu em um aumento significativo do índice de inadimplência. Um dado relevante divulgado pela *Le Monde Diplomatique* de setembro de 2007 revelou que 14% dos tomadores de empréstimo *subprime* se tornaram inadimplentes no primeiro trimestre daquele ano.

Os atrasos das prestações atingiram não somente as cotas *equity*, mas também as outras categorias que compunham os CDO. Sem informações claras sobre os prejuízos com que arcariam, os investidores começaram a resgatar suas aplicações sobre esses fundos e deixaram de renová-las junto às SIV. Toda essa atmosfera de incertezas retraiu a liquidez dos bancos, que viram seus custos de captação aumentar, atingindo até os mercados interbancários. Os bancos centrais foram incentivados a intervir, ofertando taxas mais baratas para melhorar a liquidez das instituições. O *rating* das SIV piorou diante das classificações de risco, e em dezembro de 2007 o Citigroup anunciou que estava assumindo as obrigações das SIV (nesse momento já havia proporcionalmente um total de 49 bilhões de dólares em ativos ruins). Em setembro de 2008, as grandes hipotecárias, Fannie Mae e Freddie Mac, apresentavam sinais de falência, e o governo injetou 200 bilhões para salvá-las. Mas a crise se agravou de maneira expressiva com o pedido de concordata do Lehman Brothers, que, diferentemente das hipotecárias citadas, não recebeu intervenção estatal. Com a notícia, outras instituições começaram a ser vendidas, e uma crise de confiança se alastrou nos mercados financeiros de todo o mundo. Subsequentemente, a crise, que a princípio era financeira, tomou proporções que atingiram também a economia real.

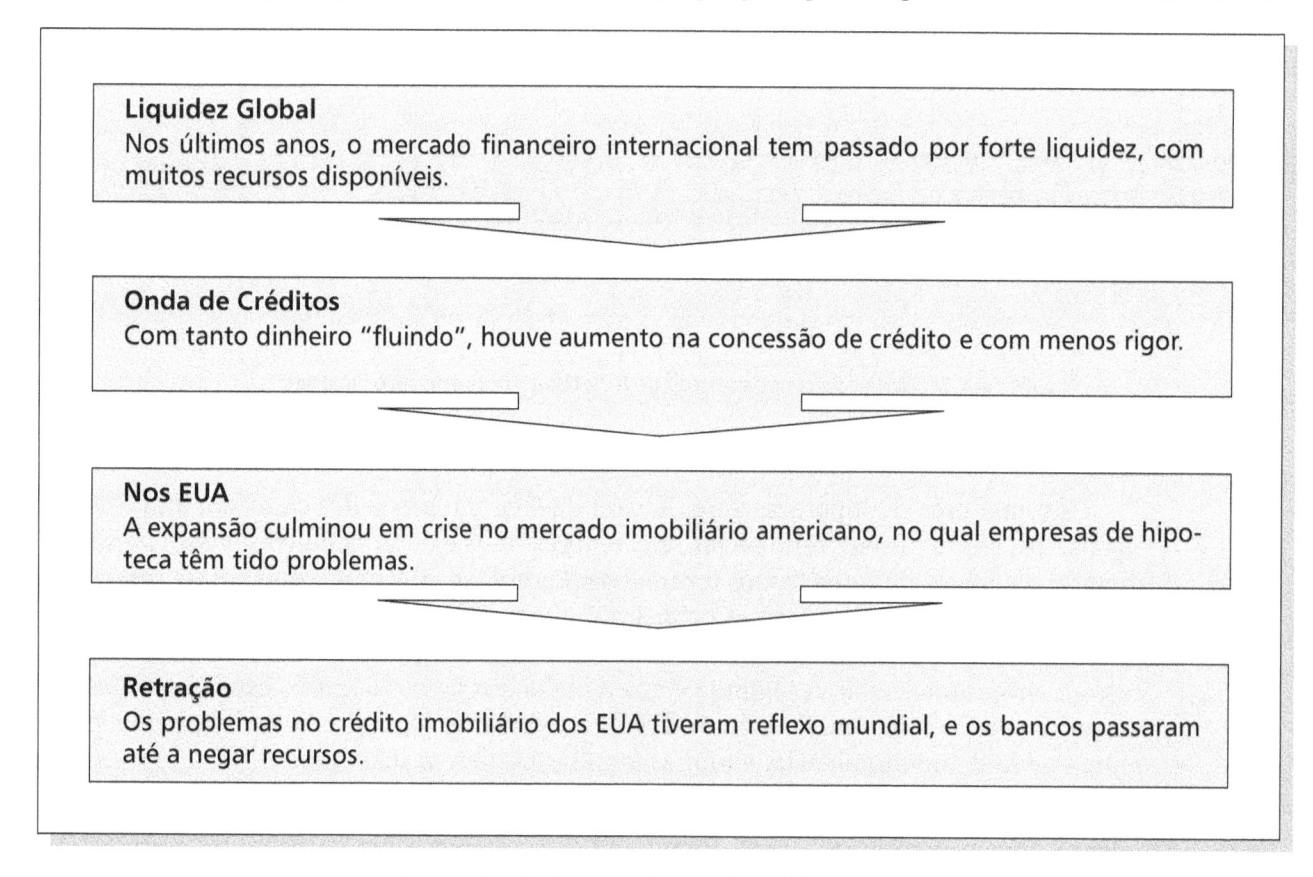

Liquidez Global
Nos últimos anos, o mercado financeiro internacional tem passado por forte liquidez, com muitos recursos disponíveis.

Onda de Créditos
Com tanto dinheiro "fluindo", houve aumento na concessão de crédito e com menos rigor.

Nos EUA
A expansão culminou em crise no mercado imobiliário americano, no qual empresas de hipoteca têm tido problemas.

Retração
Os problemas no crédito imobiliário dos EUA tiveram reflexo mundial, e os bancos passaram até a negar recursos.

Figura 4.3 *A dinâmica da crise imobiliária nos EUA.*

Repercussão da crise do *subprime*

De fato, a crise que se iniciou no sistema financeiro tomou tamanha proporção que repercutiu fortemente na economia real de bens e serviços. Em um mundo globalizado, os efeitos negativos que tiveram origem na economia norte-americana se alastraram para o resto da economia mundial.

Medidas adotadas para solucionar a crise do *subprime*

Principais medidas adotadas pelos países para diminuir os efeitos da crise:

- pacotes econômicos;
- diminuição da taxa de juros;
- socorro a países; e
- resgate de instituições financeiras.

Medidas	Países que adotaram
Pacotes dos governos	• Estados Unidos • Países da zona do euro • Grã-Bretanha • Japão • China • Brasil
Diminuição das taxas de juros	• Estados Unidos • Países da zona do euro • Grã-Bretanha • Japão • China • Índia • Canadá • Brasil
Políticas institucionais	• Países da zona do euro • Países do G20
Socorro a países	• Ucrânia • Islândia • Hungria • Paquistão

Socorro a países

Países	Origem	Valor (em bilhões de dólares)
Ucrânia	FMI	16,5
Islândia	FMI	2,1
	Finlândia, Suécia, Noruega e Dinamarca	2,5
Hungria	FMI	15,7
	União Europeia	8,1
	Banco Mundial	1,3
Paquistão	FMI	7,6

Resgate de instituições financeiras

Exemplos de resgates de instituições financeiras nos Estados Unidos.

Instituição	Resgate
Countrywide	Vendido em janeiro de 2008 para o Bank of America através de ações.
Bear Stearns	O JP Morgan o compra em 16 de março de 2008, pela soma irrisória de US$ 236 milhões, com ajuda do Fed.
IndyMac	O FDIC (órgão garantidor de contas bancárias) assume o controle em julho de 2008.
Fannie Mae e Freddie Mac	Em 14 julho de 2008, autoridades financeiras dos Estados Unidos prestam assistência oferecendo garantias de até US$ 100 bilhões para as dívidas de cada uma dessas instituições.
Lehman Brothers	Pede concordata e depois fecha acordo para vender parte de suas operações de brokers e dealers para o britânico Barclays, em 16 setembro de 2008. Em 23 de setembro de 2008, o japonês Nomura Holdings chega a um acordo para comprar por US$ 225 milhões a filial do Lehman Brothers na Ásia-Pacífico.
Merril Lynch	Vendida para o Bank of America através de ações, em 16 de setembro de 2008, por cerca de US$ 50 bilhões.
AIG	Em 16 de setembro de 2008, o Federal Reserve a socorreu com US$ 85 bilhões, para tentar evitar sua falência. Em contrapartida, o governo assumiu o controle de quase 80% das ações da empresa e o gerenciamento dos negócios.
Goldman Sachs e Morgan Stanley	Em 21 de setembro de 2008, o FED aceita a proposta de transformação dos bancos em holdings, o que os faz perder sua condição de banco de investimento. Agora, além de poderem atender como banco comercial a correntistas, esses bancos terão acesso a crédito federal.
Washington Mutual (WaMu)	O FDIC assume o controle em setembro de 2008 e o vende para o JP Morgan Chase por US$ 1,9 bilhão.
Wachovia	É comprado pelo Citigroup, em 29 de setembro de 2008, em um acordo de resgate que conta com o apoio das autoridades americanas. Segundo esse acordo, o Citigroup vai absorver até US$ 42 bilhões dos prejuízos do Wachovia.

Exemplos de resgates de instituições financeiras na Europa.

País	Instituição	Resgate
Grã-Bretanha	Northern Rock	Recebe ajuda financeira do Tesouro Britânico e Banco da Inglaterra em 13 de setembro de 2007. É nacionalizado em 17 de fevereiro de 2008 pelo governo britânico.
Espanha	Alliance & Leicester	É comprada pelo Santander em julho de 2008.
Grã-Bretanha	Desbyhire & Cheshire Building Societies	A Nationwide assume os bancos em setembro de 2008.
Grã-Bretanha	HBOS	É vendido em 18 de setembro de 2008 para o Lloyd TSB por 12,2 bilhões de libras.
Grã-Bretanha	Bradford & Bingley	É resgatado pelo Tesouro Britânico em 29 de setembro de 2008. O governo assume o controle de financiamentos e empréstimos do banco no valor de 50 bilhões de libras enquanto suas operações de poupança e agências são vendidas ao Santander, da Espanha.

Continua

País	Instituição	Resgate
Bélgica	Fortis	Nacionalização parcial pelas autoridades belgas em 29 de setembro de 2008. O BNP Paribas compra 75% e o governo belga concede 11 bilhões de euros ao banco.
Alemanha	Hypo Real Estate	Resgatado pelo governo alemão em 29 de setembro de 2008.
Bélgica	Dexia	Resgatado pelo governo belga em 30 de setembro de 2008.
Islândia	Kaupthing Landsbanki & Glitnir	O governo da Islândia assumiu os bancos em 8 de outubro de 2008.

Comparação da crise do *subprime* com a Grande Depressão

	A Grande Depressão	Crise do *subprime*
Origem/causas	Estouro da bolha especulativa. Superprodução. Queda nos preços dos produtos agrícolas. Redução da produção e aumento do desemprego.	*Boom* dos financiamentos *subprime*. Aumento dos juros dos EUA. Queda dos preços dos imóveis. Securitização dos títulos podres.
Medidas adotadas	Adoção do plano econômico New Deal. Forte intervenção governamental na economia. Investimento maciço em infraestrutura para reduzir o desemprego.	Redução da taxa de juros. Adoção de pacotes econômicos. Estatização de bancos. Intervenção governamental para aquisição de títulos podres.
Repercussões	Quebra da Bolsa de New York. Redução do comércio internacional. Retração e recessão de diversas economias em todo o mundo. Alavancagem da industrialização brasileira. Aumento abrupto do desemprego. Perdas repentinas de enormes quantias. Falência de empresas e fazendeiros.	Contração de diversas economias. Quedas expressivas nas bolsas de valores. Quebras de bancos e empresas em geral. Aumento do desemprego. Contração do crédito.

4.4.2 Crise financeira europeia: crise das dívidas soberanas

Em 2010, uma segunda onda da crise originada com a crise do *subprime* atingiu os países da zona do euro, levando-os a situações de insolvência. Fragilizados pelo seu elevado endividamento, alguns países tiveram dificuldade no pagamento ou refinanciamento de suas dívidas sem a ajuda de terceiros. Isso reduziu a confiança dos investidores nesses países e levou a uma grande crise e turbulência em seus mercados, que ficou conhecida como crise financeira europeia ou crise da zona do euro.

A crise começou com a difusão de rumores sobre o nível da dívida pública da Grécia e o risco de suspensão de pagamentos pelo governo grego. Apesar das dificuldades com a dívida grega terem tido início no final de 2009, só se tornaram públicas em 2010. A crise grega resultou tanto da crise econômica mundial como de fatores internos ao próprio país, como forte endividamento (cerca de 120% do PIB) e déficit orçamentário superior a 13% do PIB.

A crise não só gerou efeitos adversos nas economias dos países mais atingidos, como também teve impacto político significativo na governabilidade de 8 dos 17 países da zona do euro, levando a mudanças de poder na Grécia, na Irlanda, na Itália, em Portugal, na Espanha, na Eslovênia, na Eslováquia e nos Países Baixos.

Causas da crise da zona do euro

A recente crise europeia teve como origem vários fatores: globalização dos mercados financeiros; facilidades nas condições de crédito no período 2002-2008 que encorajaram práticas com elevados riscos de crédito; crise do *subprime*; desequilíbrios no comércio internacional; políticas orçamentais que geraram déficits crônicos; e as soluções adotadas por alguns países para resgatar os bancos em dificuldades, transferindo para a dívida pública o passivo dessas entidades.

Competitividade

Para a formação da zona do euro, esperava-se que houvesse uma convergência mínima no tocante à competitividade entre as nações: a ideia de que todas as nações eram ou poderiam ser competitivas entre si sem necessidades especiais de intervenção. Porém, após a união das nações, percebeu-se que já havia um diferencial de competitividade preexistente, e essa perda de competitividade, ano após ano, notadamente nos países periféricos, foi um dos fatores-chave para o desequilíbrio que estabeleceu as raízes da crise.

Falta de autonomia de política monetária

A carência institucional resultante da própria formação da União Europeia foi um ponto importante. Faltou união do sistema bancário, o que possibilitou desequilíbrios entre bancos com custos menores de captação e bancos com custos mais elevados. Os gastos com seguro-desemprego não estavam adequados às características de cada país. Faltou a criação de uma entidade fiscal centralizadora.

Uma arma para conter uma massiva fuga de capitais pelas autoridades monetárias é a elevação considerável das suas taxas de juros nominais. Essa medida foi tomada inicialmente por países como Grécia, Irlanda e Portugal, que naquele momento eram as nações que estavam com maior problema fiscal.

Porém, nesse momento em que a economia estava abalada, questionada, a citada majoração das taxas de juros nominais não se revelou suficiente para acalmar os ânimos do mercado, que, considerando e eminente risco de não pagamento dos títulos daqueles países, passou a exigir taxas de retorno cada vez mais altas.

Acreditava-se que a qualquer momento, e sempre que necessário, os países com dificuldades fiscais poderiam contar com países da zona do euro que estavam com suas contas equilibradas, porém se chegou a um limite em que mesmo o apoio do Fundo Monetário Internacional (FMI) não surtiu mais os efeitos desejados no combate à crise.

A falta de hegemonia entre países da zona do euro deixou as instituições supranacionais impedidas de agir em prol de seu objetivo principal, que seria atender ao interesse de todos os países de maneira similar. Assim sendo, quando se fez necessária uma tomada de posição ativa dessas instituições, estas acabaram por privilegiar os interesses das nações centrais.

Dívidas soberanas

Dívida soberana é uma dívida cujo pagamento é garantido pelo Estado. A dívida soberana pode ser interna, em que os residentes dessa nação são seus credores, ou externa, em que um ou mais países ou até mesmo organizações são credoras. Como exemplo de credores deste último tipo, pode-se citar a União Europeia (EU) ou o FMI.

Desde a adoção do euro em 2002, a dívida soberana de alguns países da União Europeia aumentou significativamente e se tornou o grande desafio para os países membros do bloco. Países como Grécia, Portugal, Espanha, Itália e Irlanda apresentavam endividamento muito acima do estabelecido no Tratado de Maastricht (1992), que criou a zona do euro. O tratado previa que a relação do PIB e o endividamento não poderiam ultrapassar 60%, porém esses países já haviam ultrapassado essa porcentagem, como se pode ver na tabela a seguir.

Países	Relação dívida/PIB (em %)	
	2010	2011
Grécia	144,9	165,6
Itália	118,4	121,0
Irlanda	94,9	109,3
Portugal	93,3	106,0
Alemanha	83,2	82,6
França	82,3	86,8
Reino Unido	79,9	80,7
Espanha	61,0	67,4

Parte desse endividamento pode ser explicada pelas renúncias fiscais, além de suas possibilidades feitas pelos governos com intuito de salvar suas economias das consequências da ruptura do sistema de financiamento de imóveis nos Estados Unidos, da queda de preços de *commodities* internacionais e da falta de coordenação política da União Europeia para resolver questões de endividamento público das nações do bloco.

Apesar de a dívida soberana ter aumentado substancialmente em poucos países da zona do euro e de os três países mais afetados, Grécia, Irlanda e Portugal, representarem apenas 6% do PIB da zona do euro, tal fato foi entendido como sendo um problema da zona do euro como um todo e levou à especulação acerca do contágio a outros países europeus e do possível desmantelamento da zona do euro.

Mas o problema não estava somente no endividamento elevado dos países europeus. Começou a surgir certa desconfiança, por parte dos investidores, de que os governos não poderiam honrar as suas dívidas, e isso afetou a entrada de novos investimentos nesses países. Menos investimento implica menor capacidade de expansão das economias e, como resultado direto, redução do emprego e da capacidade de consumo das famílias.

Falta de liquidez

A liquidez corresponde à velocidade e facilidade com a qual um ativo pode ser convertido em dinheiro em caixa.

As nações que tinham sido previamente consideradas investimentos seguros estavam agora ameaçadas de serem potenciais inadimplentes, e custos de empréstimos começaram a se mover de maneira a dar credibilidade a esse temor. Uma vez potenciais inadimplentes, os títulos públicos delas poderiam ser meros papéis para os investidores e não mais moeda de troca por dinheiro em caixa.

Após o estouro da crise dos *subprimes*, houve um aumento da aversão ao risco – aumento do rigor na classificação de risco de cada país por parte das agências de classificação (com a avaliação dos indicadores individuais, vários países tiveram suas notas rebaixadas) – e perda da confiança dos investidores. Assim, a corrida para a liquidação dos ativos desestabilizou diversas nações. Nesses termos, a crise que estava restrita a cada país se transformou na crise da zona do euro.

A preocupação com a solvência da dívida dos países deu lugar a uma crise de liquidez que envolveu todos os países da União Europeia. Dessa forma, o endividamento dessas instituições/nações também ultrapassou o limite de dívida considerado sustentável, o que ocasionou a Crise da zona do euro.

Repercussão da crise da zona do euro

A crise iniciada na zona do euro causou desequilíbrios ao redor do mundo. O produto interno bruto da União Europeia representava, em 2012, 23% da economia mundial, totalizando € 13,4 trilhões, levando em consideração o PIB e o câmbio da época. A significância da zona do euro na economia mundial fez com que diversos países sofressem com a diminuição do nível de investimento, a queda nas exportações de bens e serviços e, consequentemente, enfrentassem dificuldades para manter o crescimento e a difícil recuperação em curso desde a crise do *subprime*.

Dentre os países-membros da zona do euro, cinco são colocados no grupo daqueles que registraram maior deterioração nos seus quadros econômicos: Grécia, Irlanda, Portugal, Espanha e Itália.

Esses países registraram uma forte deterioração da situação fiscal e se viram muito expostos aos riscos de não conseguirem rolar suas dívidas públicas. Dessa forma, conforme mencionado anteriormente, todos eles tiveram que adotar fortes medidas de austeridade fiscal e fazer importantes reformas estruturais em suas economias, que resultaram em um processo de ajuste doloroso.

Além disso, a crise também trouxe consequências como:

- fuga de capitais de investidores;
- escassez de crédito;
- aumento do desemprego;
- descontentamento popular com medidas de redução de gastos adotadas pelos países como forma de conter a crise;
- redução dos *ratings* das nações e dos bancos dos países mais envolvidos na crise;
- queda do PIB dos países da União Europeia como consequência do desaquecimento da economia mundial; e
- recessão econômica mundial provocada pela contaminação da crise para países fora da zona do euro.

A tabela a seguir demonstra a cronologia da deterioração do *rating* de alguns países da zona do euro. O *rating* é uma nota ou classificação de risco atribuída a um país emissor de dívida de acordo com a avaliação sobre sua capacidade de honrar, pontual e integralmente, suas dívidas. Essa análise é feita por agências especializadas na análise de crédito. As principais agências internacionais de classificação de risco são a Standard & Poor's (S&P), a Fitch Ratings e a Moody's.

País	Ano	Data	Agência	*Rating* anterior	Novo *rating*
Grécia	2009	8/12	Fitch		BBB +
		22/12	Standard & Poor's	A1	A2
	2010	9/4	Fitch	BBB	BBB −
		22/4	Moody's	A3	A2
		27/4	Standard & Poor's	BBB −	BB+
		14/6	Moody's	BAA2	BAA3
	2011	14/1	Fitch	BBB −	BB −
		7/3	Moody's	BAA3	BA1
		29/3	Standard & Poor's	BB+	B−
		9/5	Standard & Poor's	B−	B
		20/5	Fitch	BB −	B+
		1º/6	Moody's	B1	CAA1
		13/6	Standard & Poor's	B	CCC
		25/7	Moody's	CAA1	CAA2
		27/7	Standard & Poor's	CCC	CCC−
Portugal	2010	27/4	Standard & Poor's	A +	A
		13/7	Moody's	AA3	A1
	2011	15/3	Moody's	A1	A3
		24/3	Fitch	A +	A −
		25/3	Standard & Poor's	BBB+	BBB
		29/3	Standard & Poor's	BBB	BBB
		1º/4	Fitch	A −	BBB
		5/7	Moody's	BA1	BA2
Irlanda	2010	24/11	Standard & Poor's	AA −	A
		9/12	Fitch	A +	BBB +
	2011	2/2	Standard & Poor's	A	A −
		15/4	Moody's	BAA2	BAA3

Continua

País	Ano	Data	Agência	Rating anterior	Novo rating
Espanha	2009	1º/2	Standard & Poor's	AAA	AA+
	2010	28/5	Fitch	–	–
	2011	29/7	Moody's	AA2	–
	2012	26/4	Standard & Poor's	A	BBB+
		7/6	Fitch	A	BBB
		14/7	Moody's	BAA2	BAA3
Itália	2012	13/7	Moody's	A3	BAA2
França	2011	18/12	Fitch	Estável	Negativo
Estados Unidos	2011	6/8	Standard & Poors	AAA	AA+

Em 2010 foi criado o Fundo Europeu de Estabilidade Financeira (EFSF, na sigla em inglês) com o objetivo de preservar a estabilidade financeira na Europa providenciando ajuda financeira aos países que foram mais afetados pela crise. Foi criado também o Mecanismo Europeu de Estabilização Financeira (EFSM, na sigla em inglês), um programa de financiamento de emergência que utilizava fundos dos mercados financeiros. Tais programas foram substituídos, em 2012, pelo Mecanismo de Estabilidade Europeu (ESM, na sigla em inglês), que visava providenciar acesso imediato dos estados-membros da zona do euro a programas de assistência financeira.

Como resultado de uma consolidação fiscal bem-sucedida, da implementação de reformas estruturais nos países mais em risco e de várias medidas políticas tomadas pelos líderes da União Europeia e do Banco Central Europeu, o nível de estabilidade financeira da zona do euro melhorou significativamente. Em meados de 2012, as taxas de juro passaram a uma tendência de descida. Isso também reduziu bastante o risco de contágio de outros países da zona do euro. Em outubro de 2012, apenas três países se debatiam com taxas de juro de longo prazo superiores a 6%: Grécia, Portugal e Chipre.

Questões para consolidação

1. Como surgem e o que são as crises financeiras internacionais?
2. Qual é a diferença entre crise financeira e crise econômica?
3. Analise as etapas comuns das crises financeiras internacionais.
4. Historicamente, qual é a frequência das crises financeiras internacionais e como estão ocorrendo atualmente?
5. Analise comparativamente as crises da década de 1990.
6. Analise comparativamente as crises do Mercosul.
7. Cite as fases da crise financeira internacional dos anos 2000.
8. O que foi a crise do *subprime*?
9. Analise as causas e repercussões da crise do *subprime*.
10. Análise as medidas adotadas para solucionar a crise do *subprime*.

11. Em 2010, uma segunda onda da crise originada com a crise do *subprime* atingiu os países da zona do euro, levando-os a situações de insolvência. Como começou a crise financeira europeia ou crise da zona do euro?

12. Analise as causas e repercussões da crise da zona do euro.

13. Quais lições podemos tirar das crises financeiras internacionais?

Teste de verificação

4.1. Segundo Aschinger, o desenvolvimento teórico das crises financeiras internas pode ser decomposto em uma série de estágios. Enumere, em ordem cronológica, as etapas de uma crise financeira:

( ) Deslocamento.
( ) Início de especulação.
( ) Pânico.
( ) Euforia.
( ) Especulação desestabilizadora.
( ) Desenvolvimento de um *boom*.

4.2. Com base nas grandes turbulências financeiras, classifique a segunda coluna de acordo com o seguinte critério:

Período		Crises
(1) 1634 até 1637	( )	South Sea Bubble
(2) 1716 até 1720	( )	Tulipamania
(3) 1717 até 1720	( )	Bolha do Mississípi
(4) 1929	( )	Crise de 1987
(5) 1987	( )	Crise do *subprime*
(6) 1990	( )	Crise asiática
(7) 1994 até 1995	( )	Crise do México
(8) 1997 até 1998	( )	Crise japonesa
(9) 1998	( )	Crise brasileira
(10) 1999	( )	Crise russa
(11) 2001	( )	Crise argentina
(12) 2007	( )	Crise de 1929

4.3. Qual dos países listados a seguir não foi afetado pela crise asiática?

( ) Tailândia.
( ) Mongólia.
( ) Filipinas.
( ) Singapura.
( ) Coreia do Sul.
( ) Hong Kong.

4.4. Sobre os antecedentes da crise brasileira, não é correto afirmar:

( ) Havia mecanismos de reajustes monetários para a proteção da classe média, através de aplicações financeiras.
( ) Estava no quarto ano de recessão.
( ) A indústria brasileira modernizou-se depois da abertura comercial e ganhou competitividade com a desvalorização do real.
( ) Houve seis anos consecutivos de expansão econômica.
( ) A maior parte dos agentes econômicos estava protegida contra a desvalorização.
( ) O câmbio era administrado, restringindo a competitividade.

Parte II

Mercado de Capitais

Apresentação

Para facilitar a compreensão e utilização do mercado de capitais, a Parte II foi dividida em três capítulos.

O Capítulo 5, Mercado de Capitais, apresentará os principais conceitos que envolvem o entendimento do mercado de capitais, ou seja, nesse capítulo são focados os aspectos que justificam a existência desse mercado, bem como a delimitação de sua importância para as empresas e a economia como um todo, bem como a dinâmica de sua estrutura.

Já o Capítulo 6, Valores Mobiliários, abordará as características dos principais títulos negociados no mercado de capitais brasileiro como as ações, os recibos de depósitos e as debêntures.

Por fim, o Capítulo 7, Mercado de Capitais e as Empresas, tratará da dinâmica do acesso das empresas ao mercado de capitais brasileiro.

Ao final desta parte, esperamos que os leitores tenham subsídios para o entendimento do que é o mercado de capitais e o porquê de seu surgimento.

5

Mercado de Capitais

Conteúdo

5.1 Mercado de capitais e a economia
    5.1.1 Conceito e características
    5.1.2 Financiamento de investimentos
    5.1.3 Crescimento e desenvolvimento econômico
5.2 Mercado de capitais brasileiro
    5.2.1 Evolução
    5.2.2 Características
5.3 Participantes (players)
5.4 Investidores institucionais
Questões para consolidação
Teste de verificação

5.1 Mercado de capitais e a economia

5.1.1 Conceito e características

O mercado de capitais pode ser definido como um conjunto de instituições e de instrumentos que negociam com títulos e valores mobiliários, objetivando a canalização dos recursos dos agentes compradores para os agentes vendedores. Ou seja, o mercado de capitais representa um sistema de distribuição de valores mobiliários que tem o propósito de viabilizar a capitalização das empresas e dar liquidez aos títulos emitidos por elas.

O surgimento do mercado de capitais ocorreu quando o mercado de crédito deixou de atender às necessidades da atividade produtiva, no sentido de garantir um fluxo de recursos nas condições adequadas em termos de prazos, custos e exigibilidades. Desse modo, seu surgimento foi fundamentado em dois princípios:

- contribuir para o desenvolvimento econômico, atuando como propulsor de capitais para os investimentos, estimulando a formação da poupança privada; e
- permitir e orientar a estruturação de uma sociedade pluralista, baseada na economia de mercado, permitindo a participação coletiva de forma ampla na riqueza e nos resultados da economia.

De acordo com sua estrutura, o mercado acionário pode ser dividido em duas etapas: mercado primário e mercado secundário.

A diferença básica entre os mercados primário e secundário é que, enquanto o primeiro caracteriza-se pelo encaixe de recursos na empresa, o segundo apresenta mera transação entre compradores e vendedores de ações, não ocorrendo assim alteração financeira na empresa. Ver Figura 5.1.

Mercado primário
- criação de títulos;
- capitalização das empresas.

Mercado secundário
- negociação de títulos;
- troca da propriedade do título;
- proporciona liquidez aos títulos e incentiva o mercado primário.

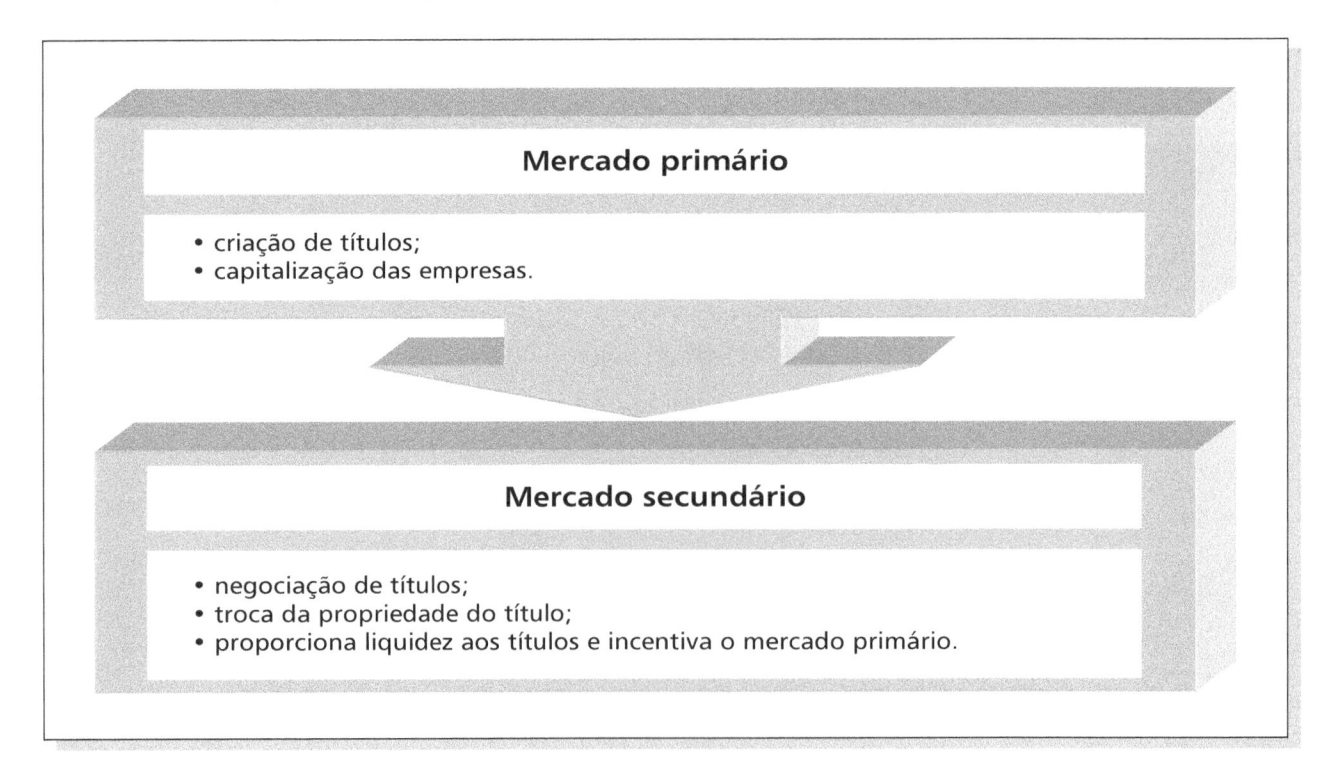

Figura 5.1 *Estrutura do mercado de capitais.*

O mercado primário de ações é onde se negocia a subscrição (venda) de novas ações ao público, ou seja, o lugar no qual a empresa obtém recursos para seus empreendimentos. Quando a emissão é subscrita pelos antigos acionistas, embora a empresa seja registrada em bolsa, chama-se de subscrição particular e é feita diretamente na empresa ou por meio da bolsa de valores. Nessa etapa, ocorre a primeira negociação da ação, e o dinheiro da venda vai para a empresa.

Assim, esse importante segmento do mercado de capitais, o mercado primário de ações, exerce a função de canalizar recursos dos que poupam para o investimento nas atividades produtivas.

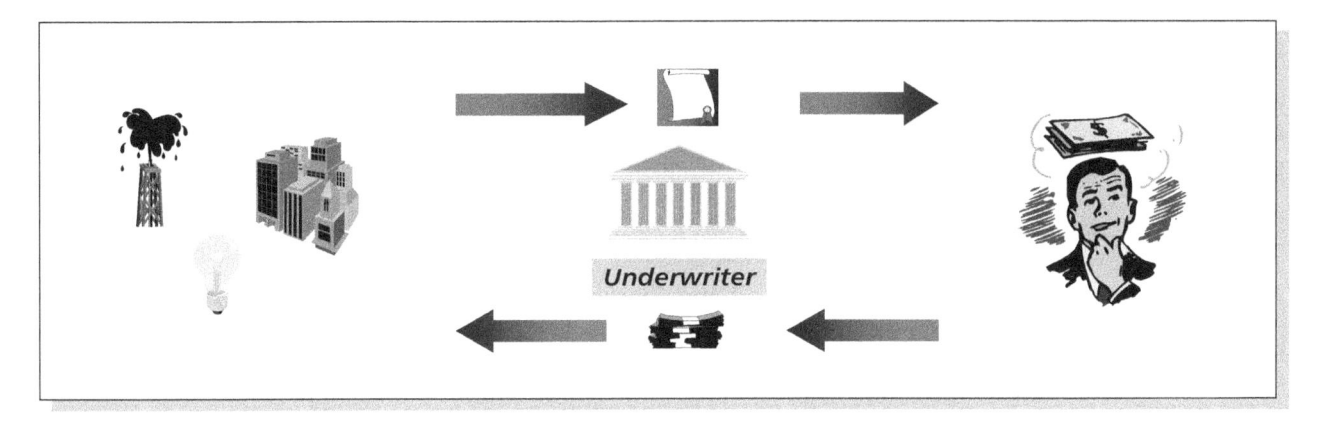

Figura 5.2 *Mercado primário.*

Depois da compra de ações no mercado primário, o investidor desejará, ao fim de um período, converter as aplicações realizadas novamente em dinheiro, vendendo suas ações para um futuro comprador que não adquiriu as ações no momento da emissão primária, porém deseja fazê-lo agora. Para a realização da operação, o vendedor deverá recorrer a uma instituição financeira credenciada a operar com valores, para que ela realize uma operação denominada secundária.

Para realizar a operação, o vendedor deverá dirigir-se a uma sociedade corretora; o mesmo procedimento deverá adotar o investidor comprador. As corretoras receberão as ordens de venda e compra de seus clientes e executarão a operação de fechamento do negócio no "pregão" das bolsas de valores, caso a empresa seja registrada na bolsa e, consequentemente, suas ações sejam aceitas para negociação.

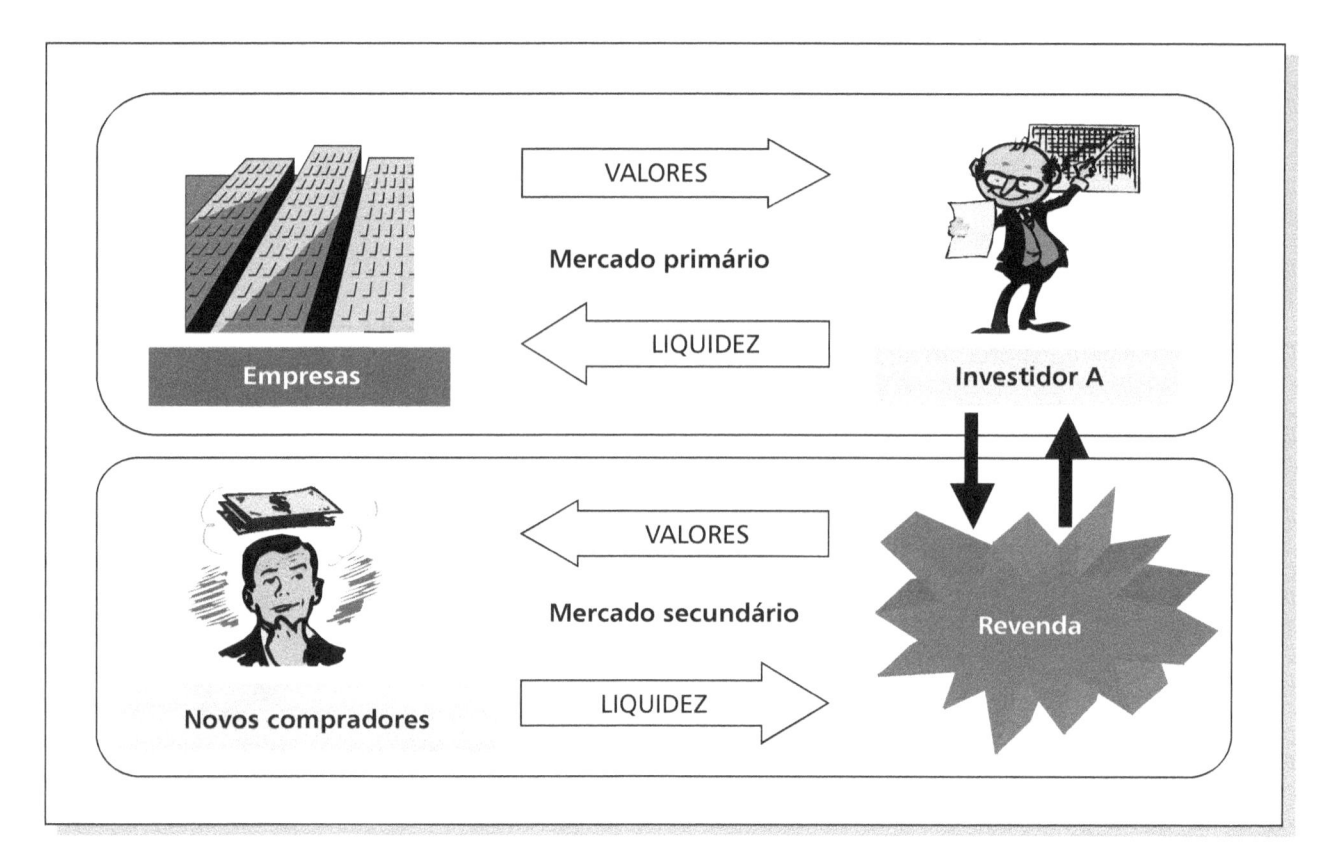

Figura 5.3 *Funcionamento dos mercados.*

O mercado secundário de ações é o lugar onde se transferem títulos entre investidores e/ou instituições. Portanto, torna-se uma condição para a existência do mercado primário, em que as empresas podem efetivamente obter recursos financeiros. O fator fundamental na decisão do investidor quando compra ações de novos lançamentos é a possibilidade de que, mais tarde, ao necessitar do total ou parte do capital investido, possa desfazer-se delas e reaver seu dinheiro com lucro.

Assim, podemos concluir que a função do mercado secundário, o lugar onde atuam as bolsas de valores, é dar liquidez ao investidor, possibilitando que, no momento que realizar uma operação de venda, exista o comprador e vice-versa, o que viabilizará o crescimento do mercado primário, e a consequente capitalização das empresas via mercado de ações, para compreender melhor o funcionamento e a inter-relação dos mercados primário e secundário.

Os mercados secundários devem possuir as seguintes características:

- **Transparência**: acesso fácil e livre à informação pontual e exata sobre preços e volumes negociados, oferta e demanda etc.
- **Liquidez**: facilidade de comprar e vender ações com pouco risco de perda de capital. Quanto menor a diferença entre o preço de compra e de venda das ações, maior será a eficiência do mercado.
- **Eficiência**: quanto mais rápido se ajustarem os preços, por qualquer motivo que seja, com maior eficiência operará o mercado.

Geralmente, as negociações do mercado secundário podem ser realizadas por meio de dois locais distintos, que representam os mercados secundários de balcão e de bolsa de valores, conforme se observa na Figura 5.4.

Podemos definir o mercado de balcão como simplesmente um mercado organizado de títulos cuja negociação não se faz em local determinado (como o mercado de bolsa), mas, principalmente, por telefone. Por não serem empresas registradas em bolsas, suas ações estão fora do controle e sem as garantias de uma bolsa de valores.

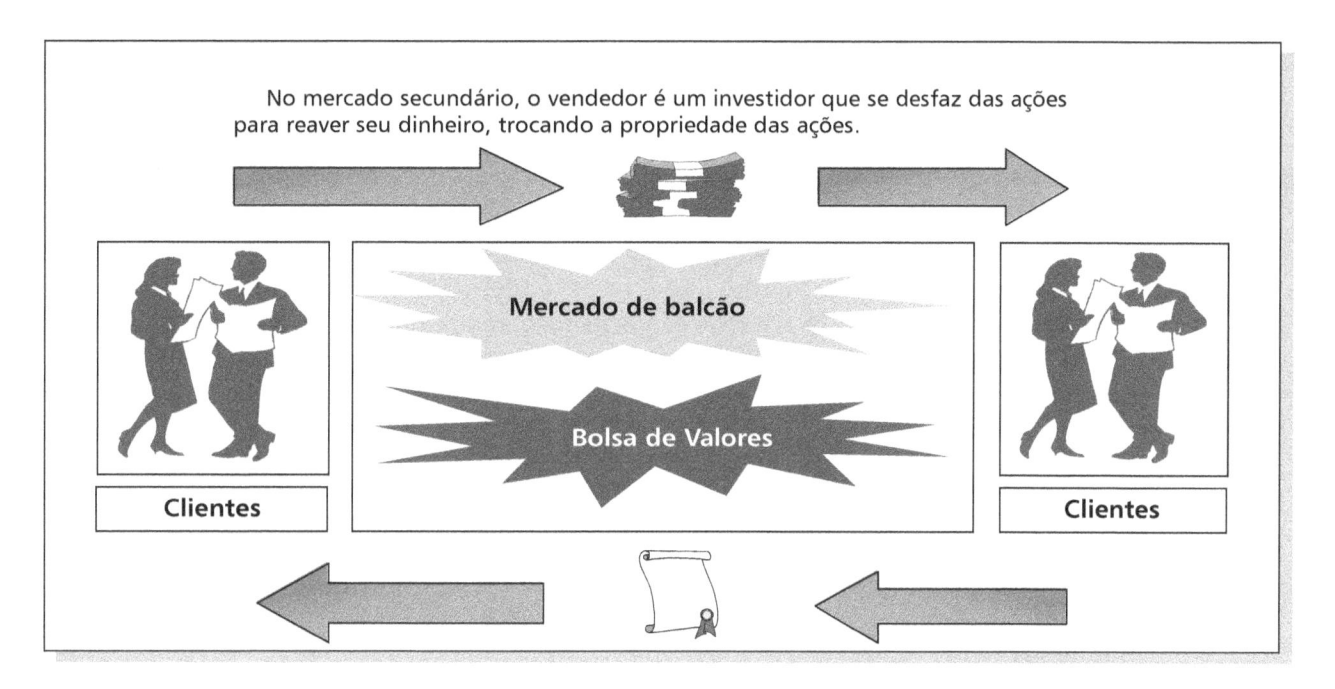

Figura 5.4 *Dinâmica do mercado secundário.*

As principais características desse mercado são:

- ausência de um local de negociação centralizado fisicamente, com a consequente dependência de um sistema de comunicação para a realização da divulgação das informações;
- as operações realizadas nesse mercado têm pouca influência nas negociações seguintes, em termos de preço, porque não há divulgação massificada, como ocorre nas bolsas de valores; e
- não há homogeneidade em termos de participantes e operações.

Nas transações com ações, os mercados de balcão, em muitos países, servem para que empresas novas e pequenas coloquem seus papéis ao público.

O mercado de bolsa é aquele em que se compram e vendem ações e nele os clientes (compradores e vendedores) e as instituições do sistema de distribuição de títulos e valores mobiliários viabilizam a negociação com títulos e valores mobiliários. Suas principais características são:

- livre concorrência e pluralidade de participações: nesse mercado, existe um número suficiente de clientes e instituições, de modo que nenhum tenha privilégio sobre o outro;
- homogeneidade de produto: todos os títulos negociados têm as mesmas características, o que facilita as negociações; e
- transparência na fixação de preços: proporciona credibilidade e segurança ao mercado. Para que o processo de formação de preços seja mais transparente e atraente, existem as práticas equitativas de mercado, segundo as quais todos aqueles que compram e vendem ações em bolsa terão o mesmo tratamento, obedecerão aos mesmos procedimentos e terão idêntico acesso às informações.

5.1.2 Financiamento de investimentos

A empresa em fase de crescimento necessita de recursos financeiros para financiar seus projetos de expansão. Mesmo que o retorno oferecido pelo projeto seja superior ao custo de um empréstimo, o risco do negócio recomenda que exista um balanceamento entre o financiamento do projeto com recursos externos e próprios. Para tanto, pode-se recorrer às fontes indicadas na Figura 5.5.

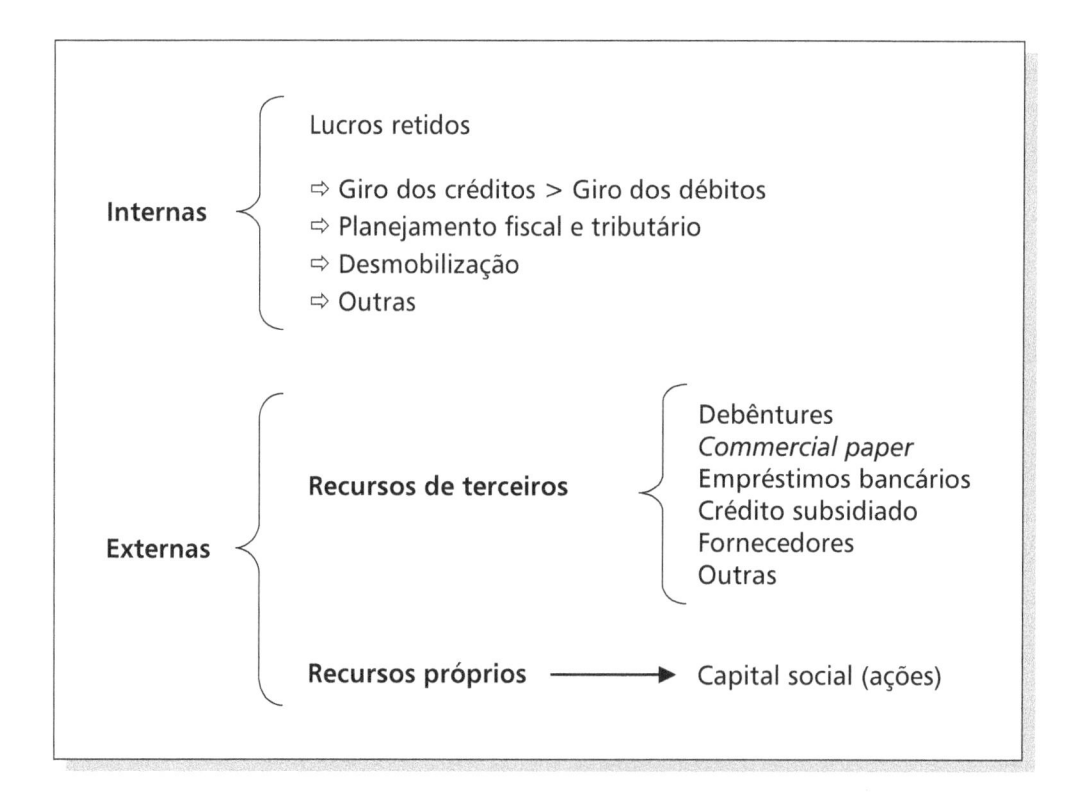

Internas
- Lucros retidos
- ⇨ Giro dos créditos > Giro dos débitos
- ⇨ Planejamento fiscal e tributário
- ⇨ Desmobilização
- ⇨ Outras

Externas
- **Recursos de terceiros**
  - Debêntures
  - *Commercial paper*
  - Empréstimos bancários
  - Crédito subsidiado
  - Fornecedores
  - Outras
- **Recursos próprios** ⟶ Capital social (ações)

Figura 5.5 *Fontes de financiamento para a empresa.*

A captação de recursos por meio de fontes externas aumenta o nível de endividamento e, consequentemente, reduz a capacidade da empresa de reobtê-los. Outro aspecto a considerar sobre a utilização de capital de terceiros é o risco de cobertura. Podemos comparar o lucro operacional da empresa com um bolo a ser dividido entre três agentes econômicos famintos: o governo, os proprietários e os credores. Quando a empresa não produz o bolo (lucro operacional), o governo não pode tributá-lo e os proprietários não têm o que receber, mas os credores têm de ser pagos. Daí vem a pergunta: de onde virão os recursos para honrar os compromissos com os credores? A resposta é do capital de giro, e isso pode levar a empresa a uma crise de liquidez que, se não solucionada rapidamente, provocará sua morte lenta e agonizante.

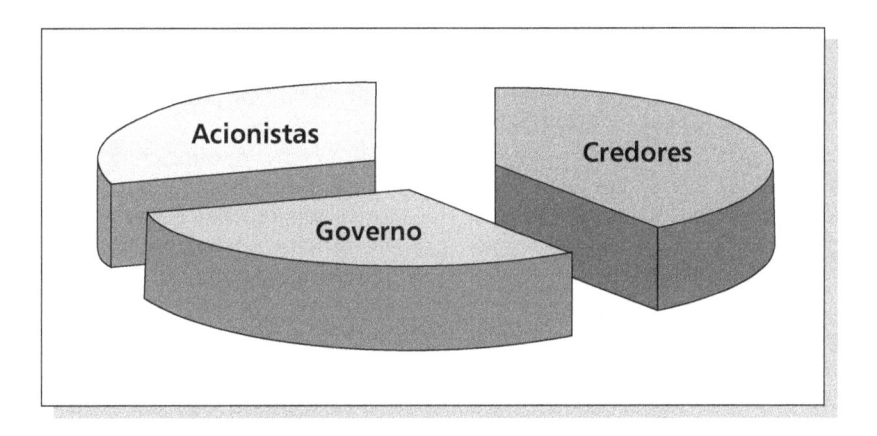

Figura 5.6 *Distribuição do lucro.*

Já as fontes próprias diminuem o nível de endividamento e ampliam a capacidade de obtenção de recursos externos, caso seja necessário. E, como consequência, melhoram os indicadores econômico-financeiros da empresa.

Quando uma empresa precisa fortalecer sua base de capital próprio, nem sempre os atuais acionistas são capazes de subscrever as ações de uma nova emissão. Nesse caso, é preciso que mais gente se associe a essa empresa. Diante dessa necessidade, surge o prestador de serviço financeiro, que converterá os poupadores em investidores por meio da operação de *underwriting* no mercado primário de ações. Dessa forma, o mercado primário cumpre seu papel de obter novos sócios e canalizar seus recursos para a execução de projetos de investimentos.

A abertura de capital é uma fonte alternativa de recursos das empresas que apresenta grandes vantagens sobre os recursos ofertados pelas instituições financeiras, pois estes últimos são geralmente de prazos limitados e padronizados. Além disso, a empresa é obrigada a aderir às condições contratuais surgidas unilateralmente no âmbito das instituições financeiras, enquanto nos lançamentos de ações e debêntures são os subscritores que aderem às condições e cláusulas impostas pela empresa emissora.

Outra vantagem que leva os empresários a abrir seu capital é o fato de que as organizações passam a ter melhores condições para se expandir através da aquisição/incorporação de outras empresas. A empresa pode entrar com suas ações ou debêntures na transação sem precisar desembolsar dinheiro do caixa.

Cabe-nos destacar que nem todas as necessidades podem ser satisfeitas com a abertura de capital; apenas aquelas que, geralmente, estão ligadas à necessidade de financiamento dos projetos de expansão, como ampliação da produção, modernização da empresa, criação de novos produtos, informatização.

As principais vantagens e desvantagens da utilização das ações como fonte de fundo das empresas são apresentadas no Quadro 5.1.

Quadro 5.1 *Vantagens e desvantagens da utilização das ações como fonte de fundo.*

Vantagens	Desvantagens
• não acarretam encargo fixo para a empresa; • não têm prazo de resgate; • abastecem uma garantia contra perdas para os credores da empresa. Isso significa que a venda de ações ordinárias aumenta o crédito de valorizações da empresa; e • proporcionam ao investidor melhor barreira contra a inflação, porque representam a propriedade da empresa, que geralmente tem sua valorização, ao longo do tempo, atrelada à inflação.	• venda de novas ações ordinárias estende o direito de voto ou controle aos novos compradores de ações; • dão aos novos proprietários o direito de participação nos lucros; • tipicamente, devem ser vendidas sobre a expectativa de alto retorno básico; e • os dividendos das ações ordinárias não são dedutíveis como despesa para o cálculo de imposto de renda, não possuindo, assim, benefícios tributários, como é o caso das debêntures que são dedutíveis.

Não existe regra para determinar o equilíbrio ou balanceamento entre nível de capital de terceiros e de capital próprio empregado. Portanto, a decisão de buscar capital próprio por meio da emissão de novas ações para serem adquiridas pelo público em geral envolve diversos fatores, alguns de natureza objetiva e outros de natureza subjetiva. Esses motivos podem ser sintetizados nos seguintes:

- captação de recursos para realização de investimentos;
- reestruturação financeira (ativos e passivos);
- engenharia jurídica (reestruturação societária);
- profissionalização da gestão;
- melhoria da imagem institucional etc.

Comparando as principais fontes de captação, verificam-se algumas vantagens da emissão de ações sobre as demais, segundo o Quadro 5.2.

Quadro 5.2 *Comparação das principais fontes de captação.*

	Dívida Bancária	Títulos	Ações
Possibilidade de juros fixos	Sim	Sim	Não
Diversificação dos investidores	Não	Sim	Sim
Manter linhas bancárias disponíveis	Não	Sim	Sim
Longo prazo, não amortizável	Difícil	Sim	Sim
Mais flexibilidade nos pactos	Não	Sim	Sim
Apresentação nos mercados de capitais	Não	Sim	Sim
Financiamento em moeda local	Sim	Sim	Sim
Tamanho mínimo	Não	Sim	Não
Supervisão da CVM	Não	Sim	Sim

5.1.3 Crescimento e desenvolvimento econômico

Todas as economias necessitam de crescimento e desenvolvimento para proporcionar aos seus agentes um nível melhor de vida. Para que haja essa expansão, é preciso que as empresas façam investimentos para acumulação de capital produtivo e aumento de sua produtividade. Os investimentos em economia podem ser considerados a mola propulsora do crescimento econômico.

Para a existência desses investimentos, é necessário que a poupança seja canalizada para esse fim. A eficiência na utilização da poupança é importante, pois determinará o custo dos investimentos.

Existem três caminhos para associar a poupança ao investimento:

- autofinanciamento, em que as empresas geram internamente seus próprios recursos;
- governo, quando financia certas atividades usando a arrecadação de tributos ou a imposição de mecanismos compulsórios de poupança; e
- financiamento por meio de mercados financeiros.

Analisando essas formas de associação, podemos concluir que a primeira, apesar de ser a mais simples, nem sempre é a mais fácil de se conseguir. A segunda, em função das limitações e distorções, é a mais difícil. Já a terceira é comprovadamente a mais eficiente.

Os intermediários financeiros têm como função a aproximação de agentes superavitários, que têm excesso de recursos, mas não têm oportunidade de investi-los em atividades produtivas, e os agentes deficitários, que estão em situação inversa. Dessa forma, viabilizam o aproveitamento desses recursos e promovem aumento da produtividade da economia. Cabe-nos ressaltar que dentro dos mercados financeiros existem diferentes segmentos e, consequentemente, formas para a realização dessa função. Se analisarmos os mercados de dinheiro, entendidos aqui como aqueles que realizam operações que envolvem crédito, esses, apesar de canalizarem os recursos dos ofertadores para oportunidades de negócios com ativos financeiros, possibilitam o crescimento da economia, mas não seu desenvolvimento. Isso porque a forma como canalizam os recursos por meio de aplicação financeira para os superavitários e crédito para as empresas representa um aumento em endividamento e, consequentemente, comprometimento de resultados futuros com credores financeiros. Já a canalização de recursos por meio do mercado de capitais dá-se pela busca de novos sócios para os empreendimentos que a empresa necessita fazer.

O mercado de capitais e, especificamente, o mercado primário de ações constituem possibilidades importantes para a realização de investimentos com riscos diluídos e representam uma das maiores fontes de desenvolvimento econômico.

O mercado de capitais é fundamental para o crescimento econômico, porque:

- aumenta as alternativas de financiamento para as empresas;
- reduz o custo global de financiamentos;
- diversifica e distribui risco entre os aplicadores; e
- democratiza o acesso ao capital.

Outro aspecto importante quanto ao nível de desenvolvimento de uma economia está associado às opções de captações que ela oferece para o financiamento de projetos de investimento.

Considerando que o mercado de capitais é a principal fonte de capital próprio para as empresas, a sua efetividade torna-se vital para o oferecimento dessa opção dentro da economia.

O mercado de capitais, além de democratizar o capital e o poder, cria condições para o desenvolvimento econômico, uma vez que:

- a capitalização das empresas via mercado acionário induz a uma participação ativa do poupador nos riscos e nos resultados da atividade produtiva, em vez de somente receber juros como nos empréstimos;
- a existência de ações permite que o valor do patrimônio das empresas seja representado e repartido por várias parcelas, possibilitando a participação ativa de um grande número de pessoas na propriedade e uma maior flexibilidade de transmissão dos direitos;
- a pulverização da propriedade acionária pode conduzir diretamente (através de investidores individuais) ou indiretamente (por meio de investidores institucionais) a uma maior participação social nos lucros gerados pelo desenvolvimento advindos do crescimento das empresas;
- a distribuição da propriedade de ações de uma empresa constitui um instrumento flexível capaz de aproximar mais facilmente o fator trabalho do fator capital, seja diretamente (empregados acionistas das empresas) ou indiretamente (através de fundos de pensão);
- a transferência da propriedade e mesmo a programação da distribuição de riqueza do país através de impostos sobre o capital podem ser facilitadas pela existência de ações, principalmente por permitir que essas transferências não interfiram na administração e eficiência das empresas. Isso vale também no caso de morte ou aposentadoria de seus proprietários. Esses objetivos ficam mais difíceis de ser alcançados quanto maior for a concentração da propriedade de ações;
- a abertura do capital das empresas e a transformação de unidades familiares em empresas com parcelas de capital em poder do público, em situações em que a forma jurídica constitui um empecilho à maximização dos lucros e a outros objetivos de eficiência, podem ser agilizadas com o mercado de ações – não somente pela pressão do público em atingir objetivos de eficiência através de uma administração mais profissional, mas também mais sujeita à divulgação pública de suas atividades;
- maior abertura social através da desvinculação da figura do empresário da do capitalista. Além disso, os projetos de grande viabilidade econômica e financeira, introdutores de novas tecnologias tanto no tocante ao produto final quanto no que diz respeito ao processo de produção, podem ser levados adiante por meio do levantamento de recursos no mercado acionário. Essa oferta de capital de risco incentiva o aproveitamento e a concretização de novas ideias pelos elementos empreendedores da sociedade;
- o mercado de ações pode ser um instrumento, dentro do quadro da política governamental, que concorre para o encaminhamento da solução de diversos problemas econômicos, mesmo quando eles interessam mais vivamente à sociedade como um todo do que ao mercado propriamente dito. O mercado acionário, ao atuar como um instrumento de capitalização da empresa privada nacional, pode enriquecer sua estrutura de capital, capacitando-a a enfrentar mais facilmente os

embates ocasionados por uma reversão conjuntural no mercado de produtos e/ou na oferta de crédito, servindo pois como instrumento auxiliar de grande valia no combate anti-inflacionário a médio e longo prazos;

- no tocante à convivência entre formas de captação forçada de recursos (e sua aplicação) e formas voluntárias, devemos ter em mente que, com a agilidade do mercado acionário no aporte de recursos para as empresas do setor privado, evita-se a expansão, de forma exagerada, de linhas oficiais de crédito subsidiado, que, se de um lado podem constituir um elemento positivo como acelerador do processo de desenvolvimento, de outro podem resultar também em um maior grau de imperfeição no mercado.

Para que um mercado de capitais seja efetivo, ele necessita de dois elementos fundamentais: investidores dispostos a investir e empresas dispostas a abrir o capital.

Conclui-se, portanto, que o crescimento e o desenvolvimento de uma economia estão diretamente relacionados com os mecanismos de canalização de suas poupanças para o investimento produtivo. Assim, pode-se afirmar com segurança que uma economia é desenvolvida quando possui um mercado de capitais eficiente, e que está em desenvolvimento quando não possui um mercado de capitais eficiente. Uma prova disso é que todos os países desenvolvidos ou em acelerado processo de desenvolvimento ostentam elevadas taxas de poupança e sofisticados mercados de capitais.

5.2 Mercado de capitais brasileiro

5.2.1 Evolução

Antes da década de 1960, o mercado de capitais possuía pouca expressão no contexto brasileiro. Os investimentos eram direcionados para ativos reais (imóveis), evitando os ativos financeiros, como os títulos públicos e privados. Cabe-se destacar que a lei da usura, que limitava em 12% a taxa máxima de juros anual, bem como a aceleração do processo inflacionário, que alcançou o patamar de 100% ao ano no primeiro trimestre de 1964, inviabilizava as operações com títulos de prazo superior a quatro meses. Devido à falta de estrutura das bolsas de valores e das corretoras, o mercado não se desenvolvia, ficando restrito a poucos negócios com ações de algumas empresas.

Com a reestruturação do mercado financeiro e sua legislação, resultante das grandes reformas iniciadas pelo governo que assumiu em abril de 1964, esse cenário começa a se modificar. As leis que instituíram a correção monetária e a reforma bancária, bem como a primeira Lei de Mercado de Capitais, reformularam todo o sistema de intermediação financeira, criaram o Conselho Monetário Nacional e o Banco Central e estabeleceram médias para o funcionamento dos mercados financeiros.

O ano de 1965 representou um marco no processo de desenvolvimento do mercado de capitais brasileiro. A Lei nº 4.728/65, também conhecida como Lei de Mercado de Capitais, fez parte da ampla reformulação do sistema financeiro. Eis os três objetivos básicos dessa lei:

- estabelecimento de padrões de conduta para os participantes do mercado de capitais, naturalmente bastante sensíveis à confiança do público;
- criação de novas instituições e fortalecimento das existentes; e
- concessão de incentivos a companhias que procedem à abertura de capital.

A implementação dessa legislação resultou em diversas modificações no mercado acionário, tais como: reformulação da legislação sobre bolsas de valores; transformação dos corretores de fundos públicos em sociedades corretoras de títulos e valores mobiliários, forçando a sua profissionalização; e criação dos bancos de investimento, a quem foi atribuída a tarefa de desenvolver a indústria de fundos de investimento.

Nesse período foi criada uma diretoria de mercado de capitais do Banco Central para regulamentar e fiscalizar o mercado de valores mobiliários, as bolsas de valores, os intermediários financeiros e as companhias de capital aberto.

O início da década de 1970 foi marcado pelo movimento especulativo, conhecido como "*boom* de 71". Esse movimento teve início com os incentivos fiscais criados pelo governo federal para a compra de ações sem um correspondente aumento nas emissões de ações pelas empresas. Tal fato levou a um rápido crescimento na demanda por ações e consequentemente a uma grande valorização de seus preços, que alcançou seu ponto máximo em julho de 1971. Após esse ponto, os investidores mais esclarecidos e experientes começaram a realizar seus lucros e iniciaram um movimento de queda, que se agravou com a emissão de novas ações em um período de baixa demanda. As perdas geradas por esse movimento trouxeram traumas aos investidores, que, apesar dos novos incentivos, não acreditavam no mercado de capitais brasileiro da mesma forma.

Em uma tentativa de recuperação do mercado acionário, foram introduzidas, em 1976, a Lei das Sociedades Anônimas e a segunda Lei do Mercado de Capitais, que criou a Comissão de Valores Mobiliários (CVM), que substituiria a diretoria de mercado de capitais do Banco Central.

A partir de meados da década de 1990, com a aceleração do movimento de abertura da economia brasileira, aumenta o volume de investidores estrangeiros atuando no mercado de capitais brasileiro.

Na década de 1990, com o Plano Collor, foi acelerado o movimento de abertura da economia brasileira e consequentemente a participação de investidores estrangeiros no mercado acionário do país. Algumas empresas nacionais também começaram a negociar suas ações nos Estados Unidos através dos ADR, o que gerou a necessidade de melhoria nos padrões de governança corporativa.

Apesar disso, a bolsa brasileira não era utilizada por empresas como fonte de financiamento, como demonstra o reduzido número de aberturas de capital (apenas 5 IPOs entre 1995 e 2000).

Quadro 5.3 *IPOs entre 1995 e 2003.*

Ano	IPOs
1995	2
1996	0
1997	1
1998	0
1999	1
2000	1
Total	5

Após ter passado por um período de forte crescimento induzido por abertura, privatização e estabilização na década de 1990, o mercado de capitais brasileiro volta a perder expressão com a estagnação do mercado primário e a perda do dinamismo do mercado secundário, relegando-o a parcela irrelevante da formação de capital fixo. Dessa forma, o número de empresas listadas na Bovespa reduziu-se e os negócios da Bovespa ficaram concentrados.

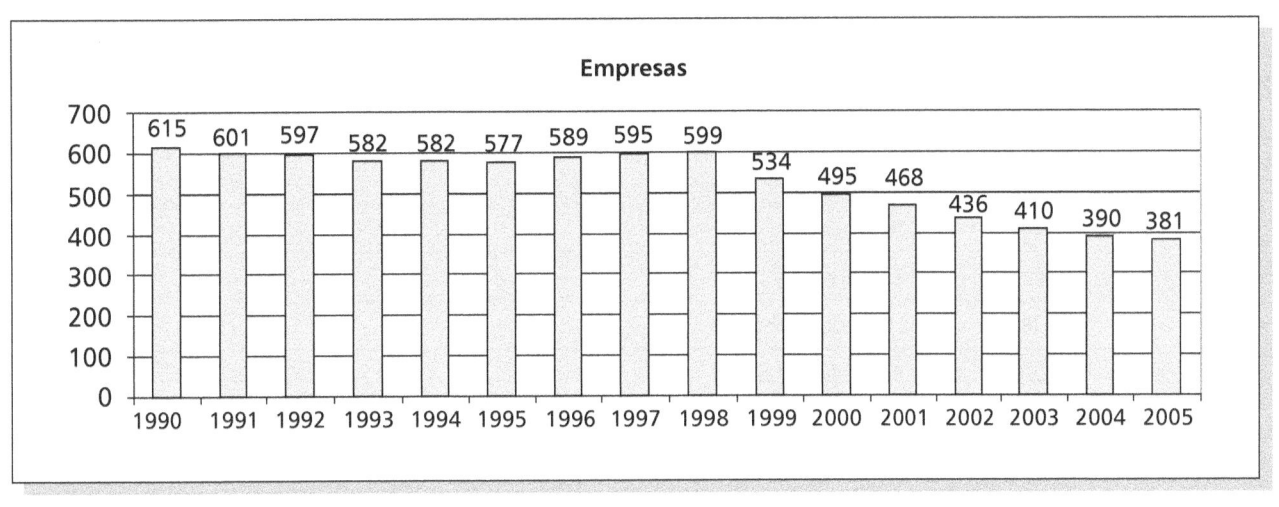

Empresas

Ano	Empresas
1990	615
1991	601
1992	597
1993	582
1994	582
1995	577
1996	589
1997	595
1998	599
1999	534
2000	495
2001	468
2002	436
2003	410
2004	390
2005	381

Fonte: Bovespa.

Gráfico 5.1 *Evolução do número de companhias listadas na Bovespa.*

Tabela 5.1 *Comparação entre o volume negociado nas bolsas do mundo em 2002 (em US$ milhões).*

Posição	Bolsa	Empresas
1	NYSE Euronext (US)	10.310,1
2	NASDAQ OMX	7.254,6
3	London SE	4.001,3
4	NYSE Euronext (Europe)	1.974,1
5	Tokyo SE	1.564,2
6	Deutsche Börse	1.212,3
7	BME Spanish Exchanges	653,2
8	American SE	642,2
9	Borsa Italiana	634,5
10	Taiwan SE Corp.	633,6
11	SIX Swiss Exchange	599,7
12	Korea Exchange	596,6
13	Bermuda SE	413,7
14	TSX Group	408,2
15	Australian SE	295,4
16	OMX Stockholm	279,9
17	Shanghai SE	211,6

Continua

Posição	Bolsa	Empresas
18	Hong Kong Exchanges	194,0
19	OMX Helsinki	178,2
20	Shenzhen SE	140,7
21	National Stock Exchange India	128,5
22	Osaka SE	124,0
23	Johannesburg SE	78,4
24	Istanbul SE	69,9
25	Singapore Exchange	63,0
26	Bombay SE	68,5
27	Oslo Børs	56,1
28	OMX Copenhagen	53,3
29	BM&FBovespa	46,3

Fonte: World Federation of Exchange.

Além disso, o mercado era extremamente concentrado com poucas empresas representando quase a totalidade dos negócios em bolsa. Em uma comparação internacional com 41 países quanto ao volume de transações no período de 1996 a 1998 (segundo a World Federation of Exchange), a Bovespa ocupa a sexta posição dentre as mais concentradas da amostra. O volume de transações dos 5% correspondentes às maiores empresas representa 76% do valor transacionado total.

Tabela 5.2 *Concentração das negociações no mercado à vista da Bovespa (em porcentagem).*

	2002
A maior	15,47
As 5 maiores	40,58
As 10 maiores	56,51
As 20 maiores	76,08
As 30 maiores	84,84
As 40 maiores	90,29
As 50 maiores	93,87
As 60 maiores	95,81
As 70 maiores	97,06
As 80 maiores	97,93
As 90 maiores	98,50
As 100 maiores	98,86

Nesse contexto, surge, em 2002, o movimento Ação Cívica pelo Desenvolvimento do Mercado de Capitais, liderado pela Bovespa e com a participação de 45 entidades. No âmbito desse movimento foi elaborado o Plano Diretor do Mercado de Capitais, sob a coordenação técnica da APIMEC e do IBMEC, com o apoio de 24 entidades que subscreveram o documento.

O documento propunha medidas práticas para a retomada do mercado como instrumento fundamental para que o país voltasse a crescer de maneira sustentada, considerando seu papel de alavancador de recursos.

> O mercado de capitais eficiente é condição necessária para o crescimento sustentado e instrumento para atingir objetivos sociais.

Os objetivos do Plano Diretor eram:

- identificar ações do governo e do setor privado para superar obstáculos ao seu desenvolvimento;
- promover adequado grau de coordenação entre ações públicas e privadas;
- mobilizar todos os segmentos da sociedade em favor da prioridade e urgência do desenvolvimento desse mercado.

Os três pontos focais das diretrizes e ações do Plano Diretor eram:

- empresas: o mercado de capitais deve ser fonte de liquidez e recursos;
- investidores: o mercado de capitais deve ser melhor alternativa de investimento; e
- regulação: o mercado de capitais deve preservar a credibilidade e promover o desenvolvimento de instituições, mercados e produtos.

O Plano Diretor compreendia 12 diretrizes e 50 ações, que podem ser agrupadas em seis temas principais: política-econômica; empresas; investidores; agentes de mercado; regulamentação e autorregulamentação; e ações voltadas para a mobilização, a sensibilidade e a divulgação.

A missão do mercado de capitais segundo o Plano Diretor de Mercado de Capitais é:

- oferecer as condições financeiras necessárias para retomar e sustentar o crescimento econômico, gerar empregos e democratizar oportunidades e capital;
- mobilizar recursos de poupança, oferecendo alternativas de investimento seguras e rentáveis para servir também de base aos planos de previdência complementar; e
- direcionar esses recursos para financiar os investimentos mais produtivos e socialmente desejáveis, inclusive infraestrutura, habitação e empresas emergentes em condições competitivas com o mercado internacional.

As ações necessárias deveriam buscar:

- isonomia competitiva: juros, tributação e regulamentação harmonizadas com melhores práticas internacionais; e
- condições de eficiência: proteção aos investidores, transparência, *enforcement*, proteção da concorrência nos mercados e baixos custos de transação.

Analisando o contexto no qual os investidores brasileiros estavam inseridos, pode-se observar que:

- a volatilidade do mercado brasileiro traz insegurança aos seus participantes e, consequentemente, a busca pela realização rápida de ganhos e em proporções maiores para compensar o risco assumido; e
- o imediatismo dos investidores transforma-os em especuladores, que acabam se esquecendo do ganho através dos dividendos e buscando-o pela diferença entre os preços de compra e venda das ações.

No caso das empresas brasileiras, a primeira constatação que se fazia era de que a cultura dos empresários dificultava a transparência das informações e o tratamento adequado aos acionistas minoritários (governança corporativa).

Outra constatação que se fez é de que poucas empresas com capital aberto negociadas em bolsas representavam uma base inadequada para um mercado dinâmico. Essa constatação ainda permanece, conforme evidenciado na comparação do número de empresas listadas em bolsa no Brasil com outros países em 2002.

Tabela 5.3 *Comparação com países emergentes.*

Países	Número de empresas	PIB (em US$ bilhões)
China	1.223	1.237
México	169	642
Índia	6.566	502
Coreia do Sul	679	462
Brasil	399	449
Taiwan	641	282
Tailândia	398	126
África do Sul	451	105
Argentina	114	103
Chile	246	65
Hungria	351	64

Fontes: CVM e Bovespa, dados de dezembro de 2002.

Tabela 5.4 *Comparação com países desenvolvidos.*

Países	Número de empresas	PIB (em US$ bilhões)
Estados Unidos	6.590	10.446
Japão	2.153	3.992
Alemanha	934	1.990
Reino Unido	2.272	1.557
Itália	295	1.188
Canadá	1.287	728
Espanha	3.015	655
Brasil	399	449
Austrália	1.421	399
Hong Kong	978	163

Fontes: CVM e Bovespa, dados de dezembro de 2002.

Os elementos cruciais para o desenvolvimento do mercado de capitais, segundo o Plano Diretor, eram:

- incentivos ao desenvolvimento da indústria de fundos e securitização;
- incentivo à indústria de fundos de pensão: na área pública, crescimento deve se seguir à aprovação da reforma da Previdência;
- proteção ao investidor: avanços já conseguidos (Lei das S.A.) melhoram a governança corporativa. O fortalecimento da CVM também é necessário;
- tributação: regime tributário promove distorções na alocação da poupança (falta de incentivos para poupança de longo prazo etc.);
- fundos FGTS e FAT: sem prejuízo de suas funções sociais, o desafio está em promover o uso eficiente desses recursos, cuja alocação o mercado de capitais deve promover; e
- existência de instrumentos adequados e condições institucionais que favoreçam o cumprimento dos contratos e a pronta execução das garantias.

As ações a serem adotadas para a criação das condições necessárias à funcionalidade e à eficiência do mercado de capitais deviam almejar a criação de:

- condições de isonomia competitiva: caracterizadas principalmente por taxas de juros, tributação e regulação harmonizadas com as melhores práticas internacionais;
- condições de eficiência:
    ⇨ legislação: tratamento equitativo no relacionamento entre agentes econômicos, com adequada proteção aos investidores;
    ⇨ transparência: padrões de contabilidade e demais critérios de divulgação que assegurem amplo acesso dos investidores e demais agentes do mercado a todas as informações relevantes para a correta avaliação das expectativas de risco e retorno das aplicações;

⇨ *enforcement*: garantia de respeito a leis e contratos pela eficaz operação de órgãos reguladores, do Poder Judiciário e/ou de mecanismos de arbitragem;

⇨ criação e preservação das condições de concorrência nos mercados, por intermédio de ações e critérios que incentivem e preservem a atuação de grande número de participantes, inclusive mediante eliminação de barreiras à entrada, controle sobre manipulação de preços e integração competitiva ao mercado internacional de capitais;

⇨ custos de transação: minimização de custos de transação e quaisquer outras restrições de natureza burocrática ou tributária que onerem a negociação nos mercados financeiros e de capitais.

A implementação do Plano Diretor do Mercado de Capitais de 2002 foi uma experiência bem-sucedida. Um balanço realizado em 2007 revelou que cerca de três quartos das ações propostas haviam sido executadas total ou parcialmente. Os indicadores do mercado, como demonstra a Tabela 5.5, explicam a positiva evolução na época.

Tabela 5.5 *Indicadores do mercado acionário brasileiro.*

Indicador	2002	2007
Capitalização de mercado (R$ bilhões)	438	2.478
Capitalização de mercado/PIB	32%	97%
Volume diário de operações (R$ bilhões)	600	4.900
IPOs – número	1	64
Ibovespa (pontos – mil)	11,3	63,9
Companhias no nível mais alto de governança	2	92
Clubes de investimento	250	2.147
Ofertas primárias e secundárias registradas na CVM (R$ milhões)	26,5	167

No ano de 2008, em uma comparação internacional com outros países do volume de transações, a Bovespa melhorou sua posição dentre as mais concentradas da amostra, passando para o 27º lugar. O volume de transações dos 5% correspondentes às maiores empresas representa 61% do valor transacionado total.

Tabela 5.6 *Comparação da concentração de mercado.*

Posição	Bolsas	Número de Empresas
1	Malta SE	1
2	Bermuda SE	1
3	Budapest SE	2
4	Luxembourg SE	2
5	Irish SE	3
6	Ljubljana SE	4
7	Colombia SE	4
8	Buenos Aires SE	5
9	Mauritius SE	5
10	Mexican Exchange	6
11	WienerBörse	6
12	Cyprus SE	6
13	New Zealand Exchange	7
14	Lima SE	10
15	Oslo Børs	10
16	Colombo SE	12
17	Philippine SE	12
18	Santiago SE	12
19	Amman SE	13
20	SIX Swiss Exchange	14
21	Borsa Italiana	15
22	Athens Exchange	15
23	Istanbul SE	16
24	Warsaw SE	17
25	Tehran SE	18
26	Egyptian Exchange	19
27	BM&FBovespa	19

Fontes: World Federation of Exchange.

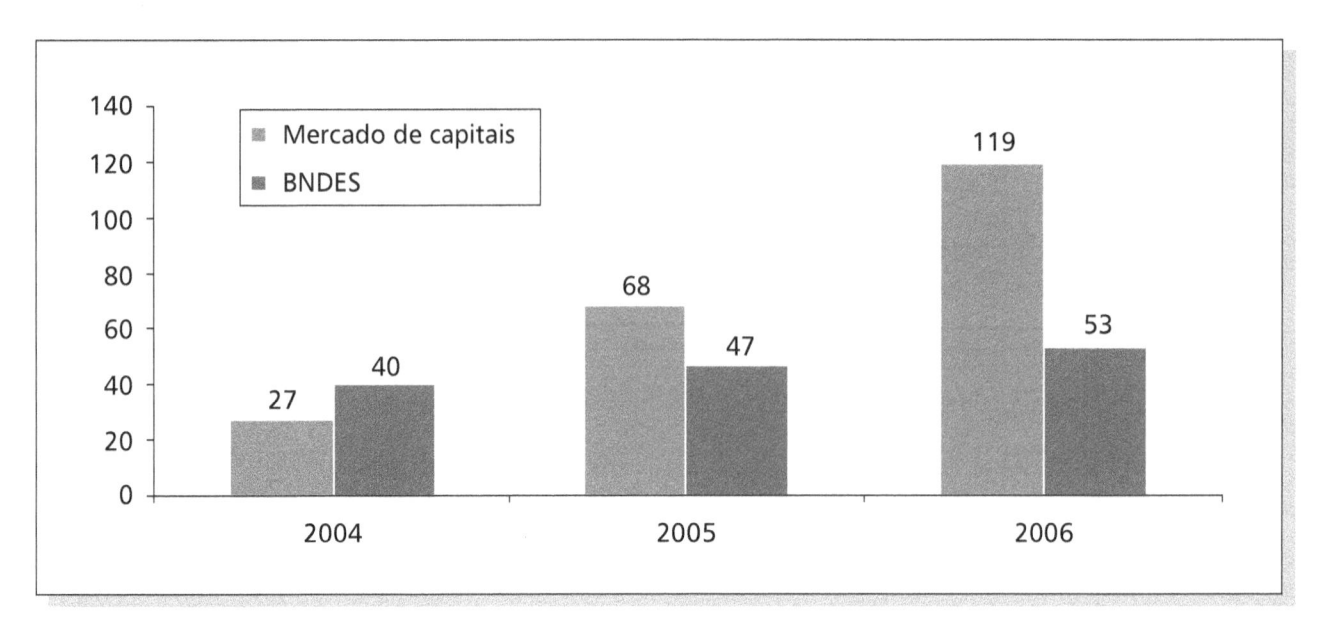

```
         140
                 ■ Mercado de capitais                              119
         120     ■ BNDES
         100
          80
                                              68
          60                                              53
                                                   47
          40            40
                   27
          20
           0
                      2004                  2005              2006
```

Gráfico 5.2 *Mudança no perfil das captações das empresas (em bilhões de reais).*

Em 2008, o Plano Diretor de Mercado de Capitais foi atualizado, adotando três bases para sua formulação:

- Plano Diretor de Mercado de Capitais de 2002 e os resultados de sua implementação;
- desempenho do mercado de capitais brasileiro no período 2002-2008; e
- lições da crise financeira internacional.

Suas diretrizes passaram a ser:

- o papel prioritário do mercado de capitais no financiamento da economia;
- ações coordenadas para redução do custo de capital;
- isonomia competitiva na tributação da atividade econômica e do mercado de capitais;
- reforma previdenciária com equilíbrio entre regimes de repartição e capitalização;
- ampliação do acesso dos investidores ao mercado de capitais com adequada proteção;
- ampliação do acesso das empresas ao mercado de capitais;
- fortalecimento e atuação harmonizada de reguladores e autorreguladores; e
- esforço conjunto das entidades privadas na promoção da cultura do mercado de capitais.

A necessidade de desenvolvimento do mercado de capitais brasileiro levou os setores público e privado a tomar uma série de medidas para sua obtenção. Dentre as iniciativas que vêm ocorrendo para o desenvolvimento do mercado de capitais brasileiro, destacam-se:

Iniciativas do setor público

• Em 2000, a Resolução CMN 2.689 facilitou o ingresso de investidores estrangeiros no mercado brasileiro.
• Em 2001 houve a reforma dos marcos regulatórios:
  ⇨ **Lei do Mercado de Valores Mobiliários** (Lei nº 6.385/76, alterada pela Lei nº 10.303/2001); e
  ⇨ **Lei das Sociedades por Ações** (Lei nº 6.404/76, alterada pela Lei nº 10.303/2001).
• Em junho de 2002, o fim da CPMF para operações realizadas em bolsa tornou o mercado acionário brasileiro mais competitivo.
• Aprimoramento dos padrões contábeis das empresas abertas e exigência de transparência para empresas fechadas a partir de certo tamanho.
• Regulamentação da previdência privada complementar, para os setores público e privado, incentivando hábitos de poupança a longo prazo.
• Revisão da Lei de Falências, visando favorecer a realocação eficiente do custo do crédito.
• Ampliação da atuação da CVM na regulação e fiscalização do mercado.

Iniciativas do setor privado (Bovespa)	
• 1997:	Novo sistema operacional: Mega Bolsa.
• 1997:	Criação da CBLC – *clearing* independente.
• 1999:	Introdução do sistema *home broker*.
• 1999:	Início das operações *after market*.

• 2001:	Criação do novo mercado:
	  ⇨ padrões mais elevados de governança corporativa para as companhias listadas; e
	  ⇨ aumento do interesse de investidores locais e estrangeiros pelo mercado acionário brasileiro.

Esforços para ampliação da base de investidores.	
• 2001:	Programas de popularização voltados para investidores individuais.
• 2004:	Maior divulgação do mercado brasileiro: Brazil Excellence in Securities Transactions (BEST), iniciativa da BM&FBovespa, da Anbid, da CVM, do Tesouro Nacional e do Banco Central.
• 2007:	Desmutualização.
• 2008:	Fusão da Bovespa com a BM&F.

Após a adoção das iniciativas para seu desenvolvimento e com a melhora dos fundamentos da economia brasileira, o mercado de capitais brasileiro passa a ganhar expressão e apresenta melhora em seus indicadores.

O número de empresas listadas voltou a apresentar uma pequena tendência de queda a partir de 2015, semelhante à observada de 1996 a 2005. Essa tendência foi estabilizada com a troca de Governo em 2017.

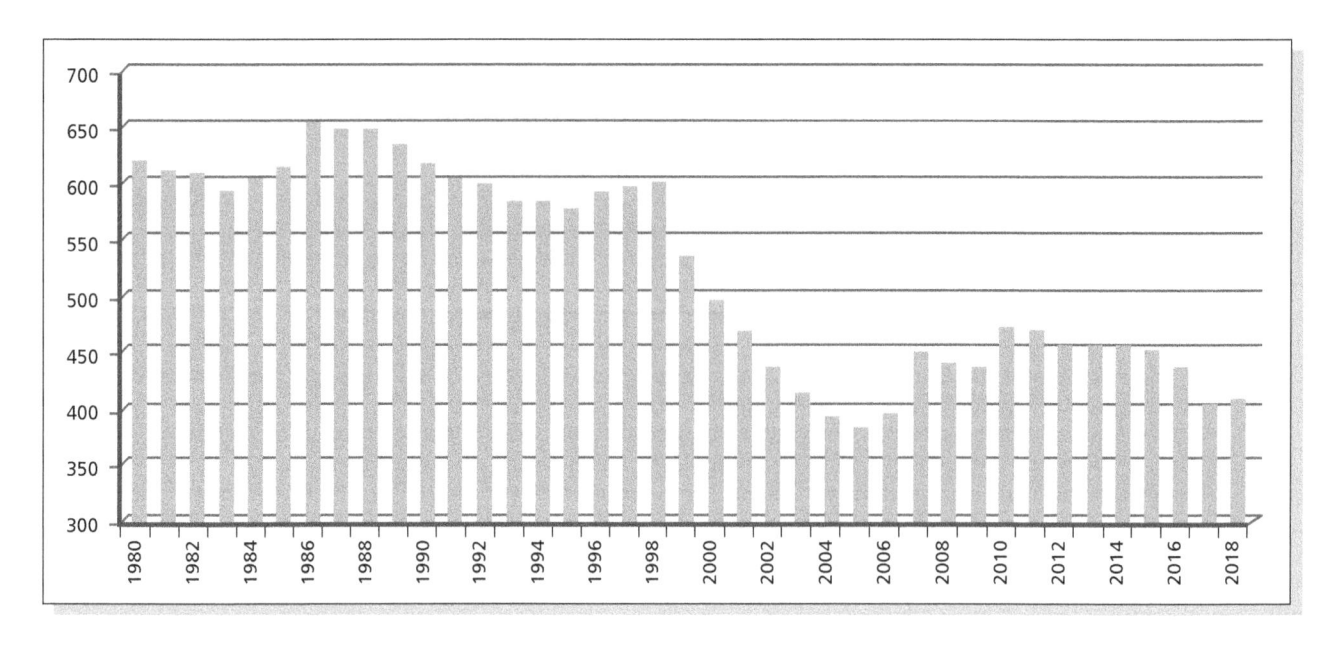

Gráfico 5.3 *Evolução das empresas listadas na B3.*

Mesmo com a piora no cenário externo, as ofertas de títulos, encabeçadas pelas debêntures, estão em níveis superiores a sua média e com tendência de alta desde 2015.

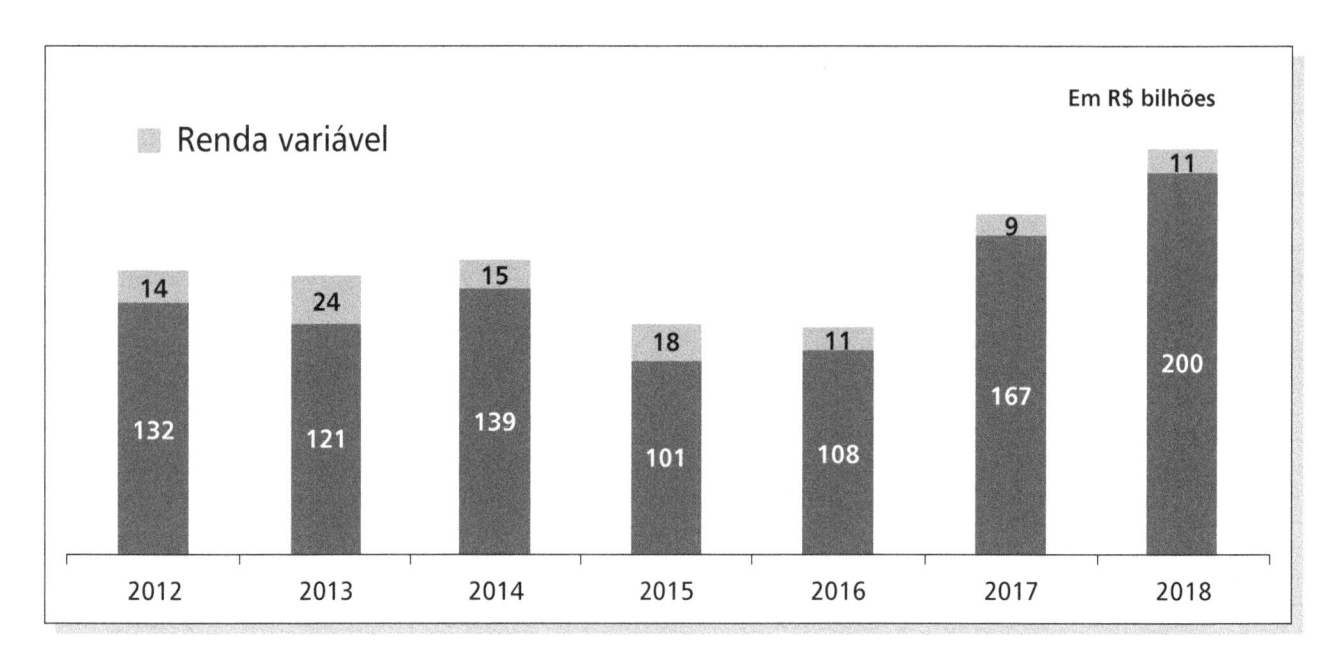

Gráfico 5.4 *Evolução das ofertas de títulos no mercado brasileiro.*

Outro fato importante foram as reduções nos desembolsos do BNDES acompanhadas por aumento nas emissões corporativas.

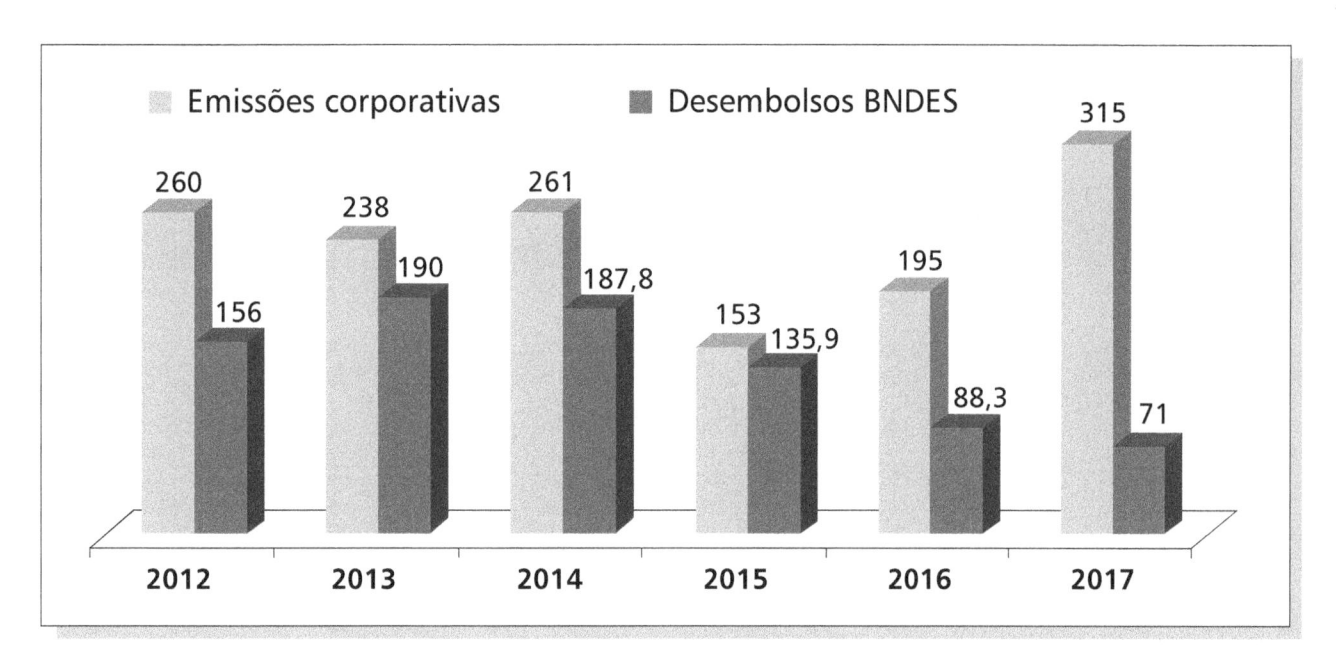

Gráfico 5.5 *Comparação entre a evolução dos desembolsos do BNDES e as emissões corporativas.*

A capitalização bursátil das empresas cotadas na Bovespa também se manteve em níveis superiores à média dos anos anteriores.

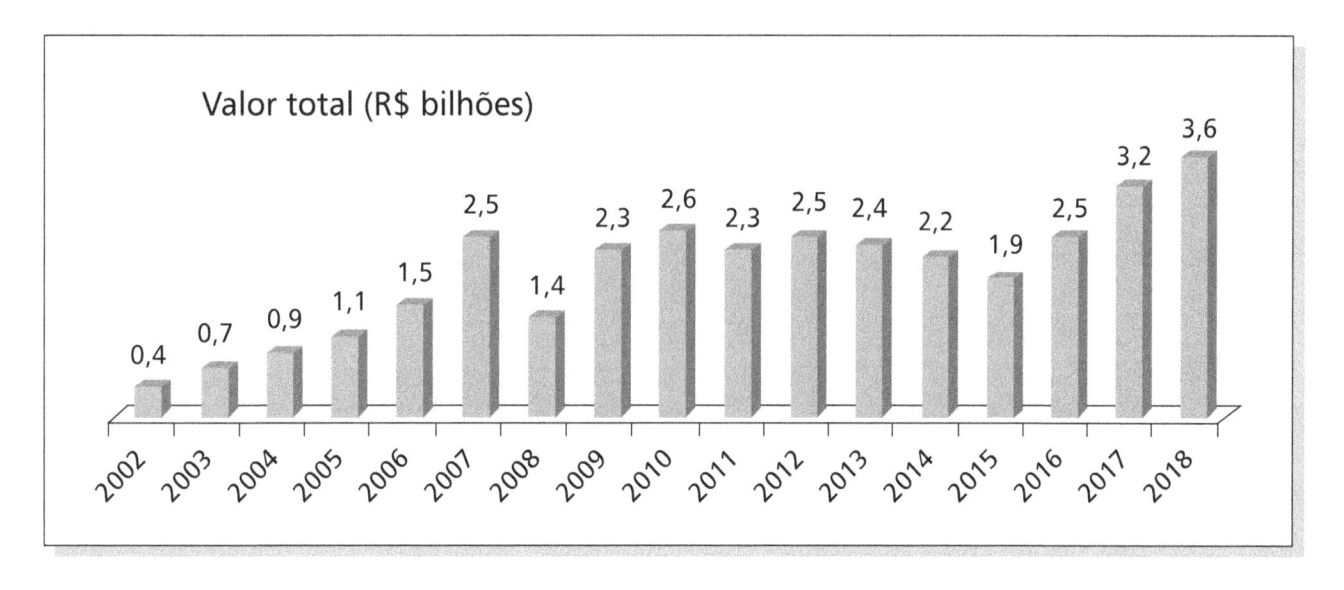

Gráfico 5.6 *Evolução da capitalização bursátil das empresas com ações cotadas na B3.*

O número de negócios e a média de negociações diárias de ações na B3 vêm apresentando crescimento constante ao longo dos últimos anos, com especial destaque para 2018.

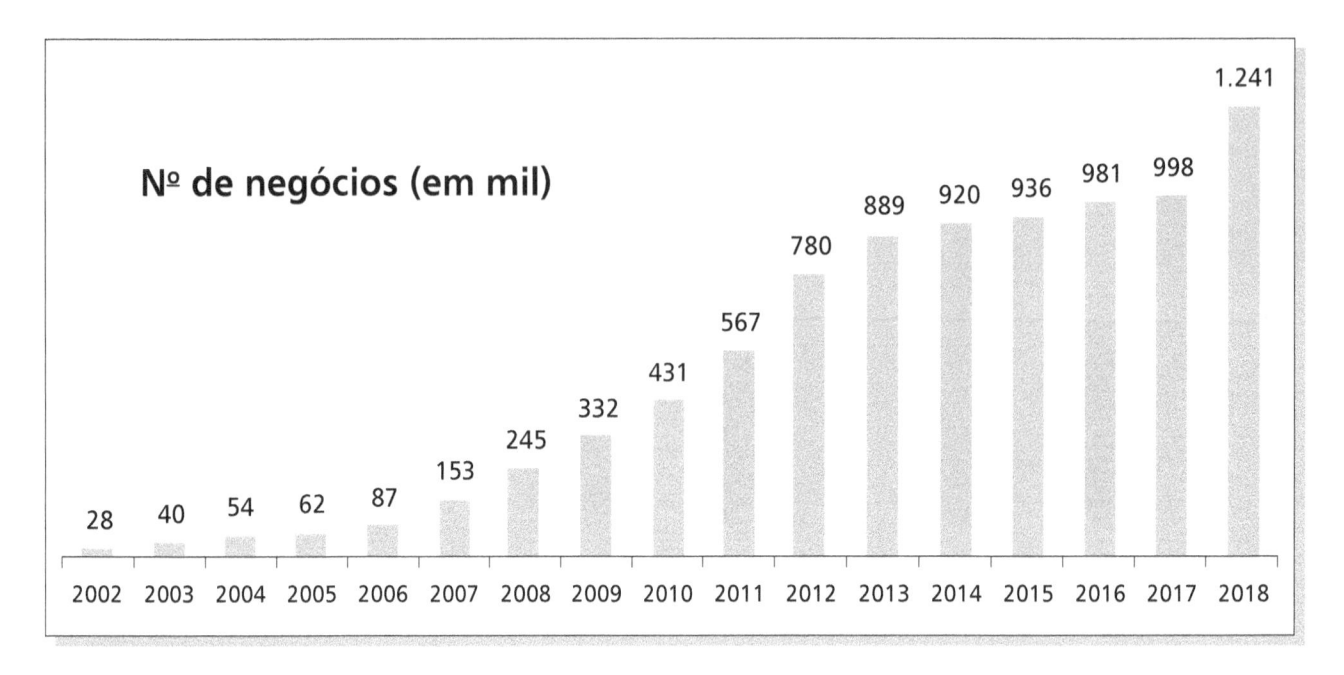

Gráfico 5.7 Evolução dos negócios na B3.

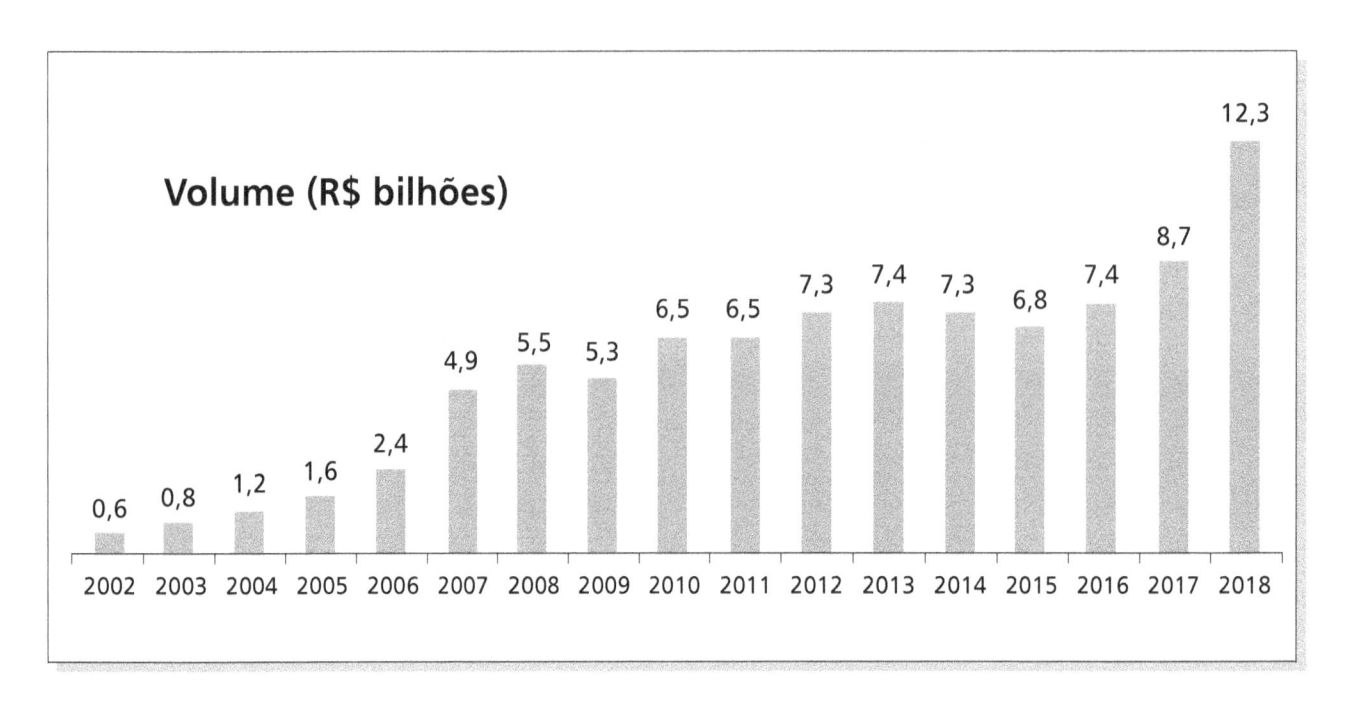

Nº de negócios (em mil)

Ano	2002	2003	2004	2005	2006	2007	2008	2009	2010	2011	2012	2013	2014	2015	2016	2017	2018
Nº	28	40	54	62	87	153	245	332	431	567	780	889	920	936	981	998	1.241

Gráfico 5.8 Evolução das negociações médias diárias de ações na B3.

Volume (R$ bilhões)

Ano	2002	2003	2004	2005	2006	2007	2008	2009	2010	2011	2012	2013	2014	2015	2016	2017	2018
Volume	0,6	0,8	1,2	1,6	2,4	4,9	5,5	5,3	6,5	6,5	7,3	7,4	7,3	6,8	7,4	8,7	12,3

A mudança na participação dos investidores durante as últimas décadas demonstra um amadurecimento do mercado brasileiro. Antes um mercado com grande participação de instituições financeiras e empresas que operavam como especuladoras, hoje destacam-se os investidores com perfil de longo prazo.

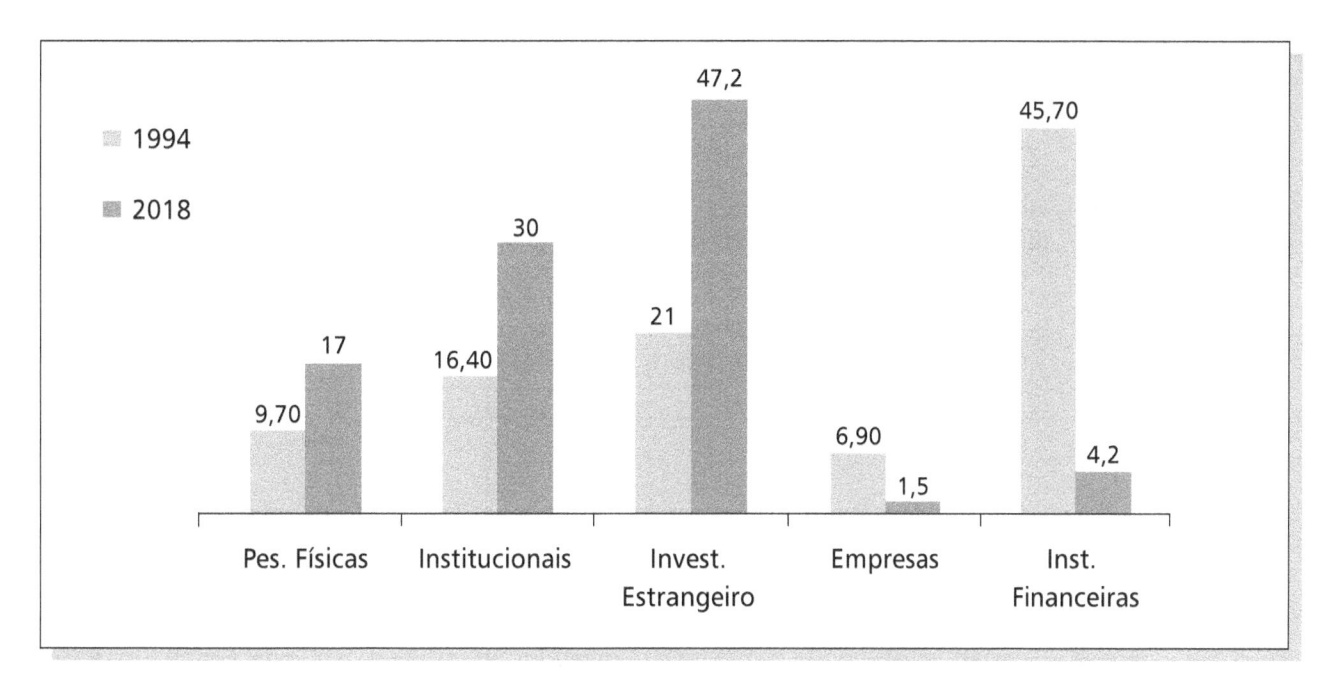

Gráfico 5.9 *Mudança na participação dos investidores na B3.*

5.2.2 Características

O sistema de distribuição de valores mobiliários do mercado de capitais brasileiro tem como finalidade a viabilização da relação entre investidores e empresas que necessitam de recursos para a realização de projetos de investimento. Para isso, ele é formado por um conjunto de instituições que compreende:

- as instituições financeiras e demais sociedades que tenham por objeto distribuir emissão de valores mobiliários:
    a) como agentes da companhia emissora;
    b) por conta própria, subscrevendo ou comprando a emissão para colocar no mercado.

- as sociedades que tenham por objeto a compra de valores mobiliários em circulação no mercado, para os revender por conta própria;
- as sociedades e agentes autônomos que exerçam atividades de mediação na negociação de valores mobiliários, em bolsas de valores ou no mercado de balcão;
- as bolsas de valores e mercadorias; e
- os agentes e empresas de liquidação e custódia de títulos.

Exemplos de instituições do sistema de distribuição de títulos e valores mobiliários	⇨ Bolsas de valores ⇨ Sociedades corretoras de títulos e valores mobiliários ⇨ Sociedades corretoras de câmbio ⇨ Sociedades distribuidoras de títulos e valores mobiliários ⇨ Corretores de mercadorias ⇨ Operadores especiais de mercadorias ⇨ Agentes autônomos de investimento ⇨ Companhia Brasileira de Liquidação e Custódia – CBLC ⇨ Bancos de investimento ⇨ Bancos de desenvolvimento

O sistema de distribuição e prestação de serviço do mercado de capitais brasileiro é composto por sociedades corretoras de valores mobiliários, sociedades distribuidoras de valores mobiliários, bancos de investimento e bancos de desenvolvimento. Existem também as empresas de liquidação e custódia de valores. No Brasil, não existem títulos ao portador e quase a totalidade dos títulos negociados é escritural, o que demanda alto grau de sofisticação operacional das empresas de liquidação e custódia. Todos os negócios em bolsas de valores são realizados por meio das sociedades corretoras. As comissões praticadas são estabelecidas de forma competitiva, e todos os negócios são executados em nome do cliente final.

Quadro 5.4 *Principais marcos regulatórios do mercado de capitais brasileiro.*

Marcos	Descrição
Lei do Mercado de Valores Mobiliários (Lei nº 6.385/76, alterada pela Lei nº 10.303/2001)	Regulamenta a CVM, os intermediários, as bolsas e questões de quaisquer valores mobiliários.
Lei das Sociedades por Ações (Lei nº 6.404/76, alterada pela Lei nº 10.303/2001)	Regulamenta companhias abertas e emissores no mercado de valores mobiliários.
Instrução sobre o funcionamento das bolsas (Instrução nº 461/2007 da CVM)	Governa a estrutura e o funcionamento das bolsas e estabelece as regras para o mecanismo de ressarcimento de prejuízos.

Podemos subdividir o mercado de capitais em dois grandes segmentos: um institucionalizado e um não institucionalizado.

O segmento não institucionalizado é aquele que não está sujeito à regulamentação e ao controle das autoridades. Nesse mercado, a negociação é de forma direta entre empresa e investidor sem a participação de instituições financeiras. Geralmente, as negociações desse mercado ocorrem no mercado de balcão.

As negociações no segmento institucionalizado são controladas pelos órgãos de controle e acompanhamento de mercado. O sistema de regulação do mercado de capitais brasileiro é formado por quatro principais organismos: o Conselho Monetário Nacional, a Comissão Técnica da Moeda e do Crédito, o Banco Central do Brasil e a Comissão de Valores Mobiliários. Cada um desempenha uma ou mais funções de normatização, regulamentação, fiscalização e assessoria relativa às atividades do sistema distribuidor de títulos e valores mobiliários. Exercem igualmente papel relevante as entidades autorreguladoras, como é o caso da BM&FBovespa Supervisão de Mercados (BSM).

Para realizar seu monitoramento do mercado, a CVM utiliza sistemas *on-line* e *off-line*. O controle *on-line* ocorre durante os pregões e o *off-line* ocorre à noite, após o encerramento das negociações, com o objetivo de rastrear as causas das variações que não se enquadraram nos limites previamente estabelecidos.

Além dos controles realizados pela CVM, existem também os executados pelas próprias bolsas de valores que garantem e protegem os clientes que acompanham o mercado. Um exemplo é o sistema do *circuit-breaker*, que interrompe o pregão sempre que ocorrem oscilações bruscas nos preços das ações. Outro exemplo é o mecanismo de ressarcimento de prejuízos (MRP), que cobre perdas decorrentes de falhas operacionais das corretoras.

O *circuit-breaker*

O *circuit-breaker* é o mecanismo utilizado pela Bovespa que permite, na ocorrência de movimentos bruscos de mercado, o amortecimento e o rebalanceamento das ordens de compra e de venda. Esse instrumento constitui-se em um "escudo" à volatilidade excessiva em momentos atípicos de mercado.

O mecanismo de *circuit-breaker* está baseado em duas regras:

Regra 1: quando o Ibovespa atingir limite de baixa de 10% em relação ao índice de fechamento do dia anterior, os negócios na Bovespa, em todos os mercados, serão interrompidos por 30 minutos.

Regra 2: reabertos os negócios, caso a variação do Ibovespa atinja uma oscilação negativa de 15% em relação ao índice de fechamento do dia anterior, os negócios na Bovespa, em todos os mercados, serão interrompidos por 1 hora.

Além dessas regras existem as regras gerais a serem seguidas:

- não haverá acionamento das regras 1 ou 2 na última meia hora de funcionamento do pregão;
- ocorrendo a interrupção dos negócios na penúltima meia hora de negociação, na reabertura dos negócios o horário será prorrogado em, no máximo, mais 30 minutos, sem qualquer outra interrupção, de tal forma que se garanta um período final de negociação de 30 minutos corridos; e
- serão cancelados os negócios eventualmente registrados após a ultrapassagem dos limites citados nas regras 1 ou 2.

O *circuit-breaker* na bolsa de New York
A Bolsa de New York possui três níveis de *circuit-breaker*. Eles são calculados no início de cada trimestre e representam 10%, 20% e 30% de queda em relação ao nível de pontos do índice Dow Jones na ocasião do recálculo.
Utilizado como exemplo os números do segundo trimestre de 2010, as negociações seriam interrompidas por uma hora se o Dow Jones caísse 1.050 pontos antes das 14:00 horas (hora local) ou por 30 minutos se a queda ocorresse entre 14:00 e 14:30 horas.
O segundo estágio do *circuit-breaker*, caracterizado por um recuo de 2.150 pontos, determina a interrupção dos negócios por 2 horas se a queda ocorrer antes das 13:00 horas, por 1 hora se acontecer entre 13:00 e 14:00 horas ou pelo restante do dia se for registrada depois das 14:00 horas.
Após as 14:30 horas, os negócios não param se a queda ficar entre os 1.050 e os 2.150 pontos.
Se a queda alcançar 3.200 pontos, as negociações serão interrompidas pelo restante do dia, independentemente do horário.
O *circuit-breaker* foi acionado pela primeira vez em New York em outubro de 1997, em um dos piores momentos da crise na Ásia.

Fonte: *Agência Estado*, 6 de maio de 2010.

Mecanismo de ressarcimento de prejuízos (MRP)

Formado por contribuições das corretoras e administrado pela Bovespa Supervisão de Mercado, é um mecanismo que procura ressarcir os investidores de prejuízos decorrentes da ação ou omissão dos participantes do mercado em relação à intermediação de negociações realizadas na bolsa ou aos serviços de custódia. Entre as causas previstas estão desde simples erros de execução de ordens até a interrupção da operação ou a intervenção do Bacen sobre o agente executor.

O mecanismo de ressarcimento de prejuízos (MRP) é um instrumento de indenização que assegura aos investidores o ressarcimento de prejuízos decorrentes de erros operacionais das corretoras na intermediação de operações realizadas em bolsa ou na prestação de serviços de custódia.

Situações em que o MRP pode ser acionado:
• inexecução ou infiel execução de ordens;
• uso inadequado de numerário e de valores mobiliários ou outros ativos, inclusive em relação a operações de financiamento ou de empréstimo de valores mobiliários;
• entrega ao investidor de valores mobiliários ou outros ativos ilegítimos ou de circulação restrita;
• inautenticidade de endosso em valores mobiliários ou outros ativos, ou ilegitimidade de procuração ou documento necessário à sua transferência; e
• encerramento das atividades.

As corretoras contribuem mensalmente para o MRP com 0,0012 do volume operado e o teto para ressarcimento de prejuízos sofridos é definido por instruções da CVM. Em 13 de julho de 2011, a CVM editou a Instrução nº 499, que trata do teto para ressarcimento de prejuízos sofridos no mercado de capitais referentes a falhas operacionais das corretoras, aumentando de R$ 60 mil para R$ 70 mil por reclamante. Em agosto de 2012, o fundo tinha cerca de R$ 300 milhões, fruto da taxa cobrada de corretoras.

Os investidores com queixas podem acioná-lo com a abertura de processo até 18 meses após a data do fato.

É preciso reunir evidências – como gravações, notas de corretagem e *e-mails* –, e informar o valor e a forma desejada de ressarcimento, se em dinheiro ou ações.

Depois de avaliado por relator, o processo vai a julgamento em um tribunal da bolsa.

A corretora pode recorrer à CVM (Comissão de Valores Mobiliários)

O ressarcimento é limitado a R$ 70 mil.

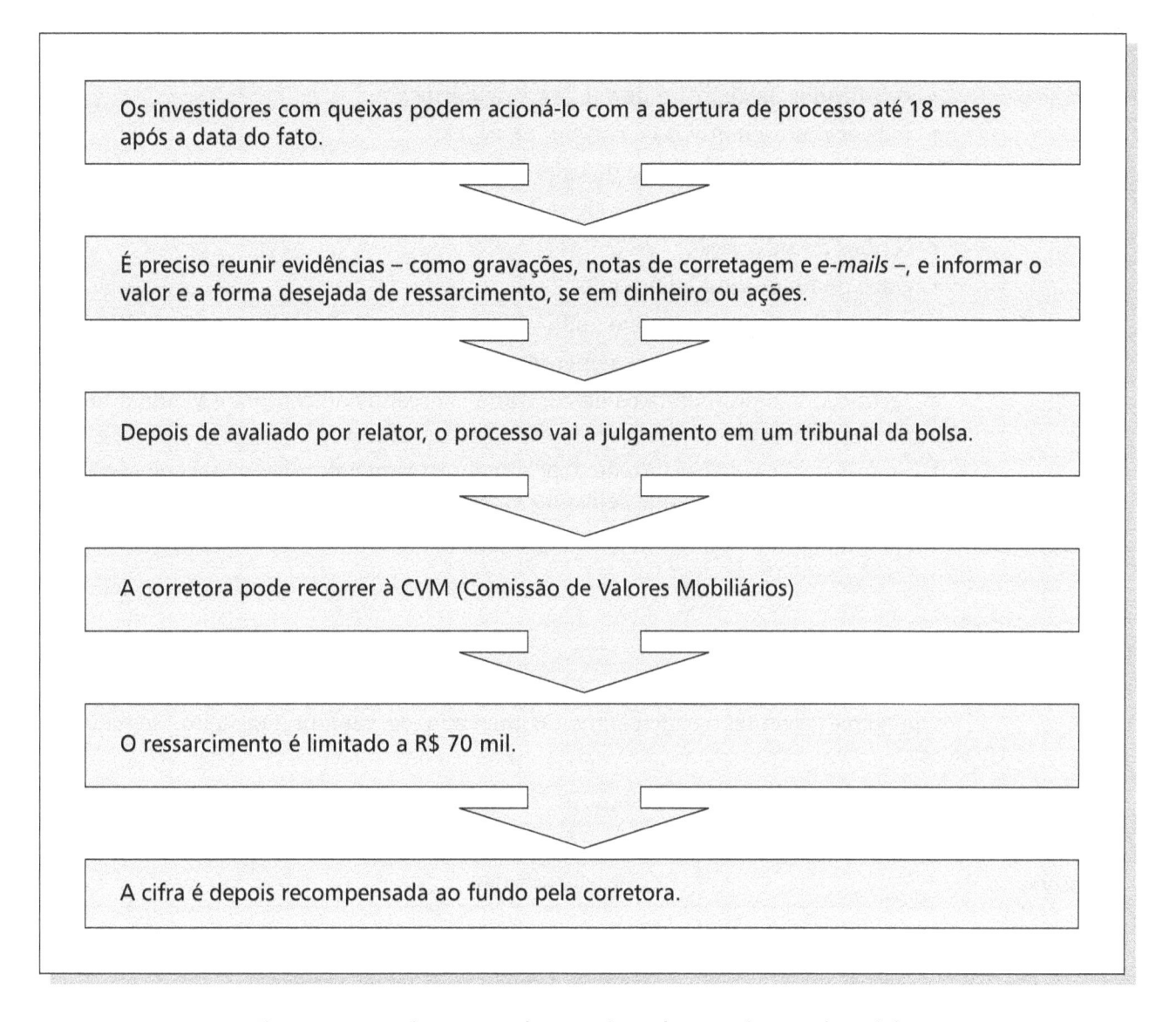

A cifra é depois recompensada ao fundo pela corretora.

Figura 5.7 *Funcionamento do mecanismo de ressarcimento de prejuízo.*

Outras formas de controle e acompanhamento do mercado são os mecanismos de garantias que são administrados pelas câmaras de compensação, constituídos por:

- margens de garantias depositadas por clientes;
- garantias do agente de compensação;
- fundo de garantia da câmara de compensação; e
- patrimônio da câmara de compensação.

No mercado de capitais, os principais títulos negociados são os representativos do capital das companhias, as ações, ou os representativos de empréstimos tomados por essas empresas, via mercado.

No mercado de capitais brasileiro são negociados diversos títulos, como:

- debêntures (conversíveis ou não em ações);
- notas promissórias comerciais (*commercial papers*);
- bônus de subscrição;
- certificados de depósito de valores mobiliários;
- índices representativos de carteira de ações;
- opções de compra e venda de valores mobiliários;
- direitos de subscrição;
- recibos de subscrição;
- cotas de fundos imobiliários;
- certificados de investimento audiovisual;
- contratos de parceria para a engorda de animais;
- certificados representativos de contratos mercantis de compra e venda a termo de energia elétrica;
- *depositary receipts* (recibos de depósitos), instrumento utilizado na colocação de ações de companhias brasileiras no exterior; e
- certificados de recebíveis imobiliários (CRI).

5.3 Participantes (*players*)

Os principais agentes participantes do mercado de capitais brasileiro, segundo a CVM, são:

Tipos	Agentes
Emissores	• Companhias abertas
Intermediários	• Bancos de investimento • Corretoras de mercadorias • Corretoras de títulos e valores mobiliários • Distribuidoras de títulos e valores mobiliários • Agentes autônomos de investimento • Administradores de carteira
Administradores de Mercado	• Bolsas de valores • Depositárias • Consultorias
Outros	• Analistas de mercado de valores mobiliários • Empresas de auditoria • Consultorias
Investidores	• Pessoas físicas • Investidores • Empresas • Estrangeiros • Outros

Fonte: CVM, Portal do Investidor.

Os participantes do mercado de capitais podem ser vistos em dois grupos. Os que normatizam (no caso brasileiro, a CVM e as bolsas de valores) e os que operacionalizam.

Os investidores aplicam seus recursos com a expectativa de ganho durante sua utilização. Como já vimos, esse ganho está relacionado com a quantidade de risco assumido no mercado de capitais.

Com a finalidade de proteger os pequenos investidores, a CVM também segrega os investidores, segundo sua capacidade de avaliação das opções de investimentos ofertados no mercado, em qualificados e não qualificados.

Segundo a Instrução nº 409/2004 da CVM, são considerados investidores qualificados:

- instituições financeiras;
- companhias seguradoras e sociedade de capitalização;
- entidades abertas e fechadas de previdência complementar;
- fundos de investimento destinados exclusivamente a investidores qualificados;
- administradores de carteira e consultores de valores mobiliários autorizados pela CVM, em relação a seus recursos próprios;
- regimes próprios de previdência social instituídos pela União, pelos estados, pelo Distrito Federal ou por municípios; e
- pessoas físicas ou jurídicas que possuam investimentos financeiros em valor superior a R$ 300.000,00 e que, adicionalmente, atestem por escrito sua condição de investidor qualificado mediante termo próprio.

5.4 Investidores institucionais

Os investidores do mercado de capitais podem ser classificados em dois grupos:

- particulares ou individuais, que são pessoas físicas ou jurídicas que participam diretamente no mercado, seja comprando ou vendendo ações, por si próprios, assumindo sozinhos o risco; e
- institucionais, que são as pessoas jurídicas que movimentam recursos vultosos no mercado financeiro de forma geral.

Os investidores institucionais devem ser considerados os participantes mais importantes dos mercados de dinheiro, em face de suas imensas massas de manobras, que são os recursos captados de seu público. São profissionais da aplicação de poupanças, ou seja, investidores que dispõem de vultosos recursos mantidos com certa estabilidade, destinados a reserva de risco ou a renda patrimonial, e que investem esses recursos no mercado de capitais. Assim, os investidores institucionais são pessoas jurídicas que, por determinações governamentais, são obrigadas a investir parte de seus capitais no mercado de ações, constituindo uma carteira de investimento.

Em síntese, os investidores institucionais podem ser agrupados em:

- sociedades seguradoras;
- entidades de previdência privada;
- sociedades de capitalização;

- clubes de investimento em ações;
- fundos externos de investimento; e
- fundos mútuos de investimento.

Questões para consolidação

1. Como se define o mercado de capitais?
2. Qual é a diferença básica entre os mercados primário e secundário de ações?
3. Analise comparativamente os mercados secundários de bolsa e balcão.
4. Analise comparativamente as diversas fontes de financiamento para as empresas.
5. Quais são as vantagens e desvantagens da utilização das ações como fonte de fundos?
6. Pode-se dizer que um país só tem uma economia desenvolvida quando possui um mercado de capitais desenvolvido. Por que o mercado de capitais é tão importante para o crescimento e o desenvolvimento econômico?
7. Analise a evolução do mercado de capitais brasileiro.
8. O que é o Plano Diretor de Mercado de Capitais e qual é a sua importância para o desenvolvimento do mercado de capitais brasileiro?
9. Qual é a diferença entre investidor e especulador?
10. Analise o mecanismo de *circuit-breaker* para proteção contra volatilidade.
11. O que é o mecanismo de ressarcimento de prejuízos (MRP) administrado pela Bovespa Supervisão de Mercado?
12. O que são investidores individuais e institucionais?

Teste de verificação

5.1. Marque com V (verdadeiro) ou F (falso) as afirmativas sobre a estrutura do mercado de capitais.

( ) O surgimento do mercado de capitais ocorreu quando o mercado de crédito deixou de atender às necessidades da atividade produtiva, no sentido de garantir um fluxo de recursos nas condições adequadas em termos de prazos, custos e exigibilidades.

( ) Podemos subdividir o mercado de capitais em dois grandes segmentos: um institucionalizado e um não institucionalizado.

( ) O papel de monitoramento e controle do mercado de capitais é exercido pela CVM, cabendo aos demais participantes sua operacionalização.

( ) Podemos considerar como investidores institucionais as pessoas jurídicas que movimentam recursos vultosos no mercado financeiro de forma geral.

( ) O mercado primário de ações é o mais importante para o mercado de capitais, já que nele são criadas as ações e as empresas obtêm recursos para investimentos.

5.2. São características do mercado de bolsa, exceto:

( ) Livre concorrência e pluralidade de participações: nesse mercado, existe um número suficiente de clientes e instituições, de modo que nenhum tenha privilégio sobre o outro.

( ) Homogeneidade de produto: todos os títulos negociados têm as mesmas características, o que facilita as negociações.

( ) Transparência na fixação de preços: proporciona credibilidade e segurança ao mercado.

( ) Ausência de um local de negociação centralizado fisicamente com a consequente dependência de um sistema de comunicação para realização da divulgação das informações.

5.3. Com base nas fontes de financiamento para a empresa, classifique a segunda coluna de acordo com o seguinte critério:

(1) Externas
(2) Internas

( ) Ações preferenciais.
( ) Ações ordinárias.
( ) Passivo circulante.
( ) Crédito subsidiado.
( ) Exigível a longo prazo.
( ) Lucros retidos.

5.4. O mercado de capitais é fundamental para o crescimento econômico porque:

( ) aumenta as alternativas de financiamento para as empresas;
( ) reduz o custo global de financiamentos;
( ) diversifica e distribui risco entre os aplicadores;
( ) democratiza o acesso ao capital.
( ) Todas as alternativas estão corretas.

5.5. Além do processo de fusão das bolsas de valores, o mercado de capitais brasileiro vem sofrendo transformações no setor público e privado. Com base nas iniciativas que vêm ocorrendo para o desenvolvimento do mercado de capitais brasileiro, classifique a segunda coluna de acordo com o seguinte critério:

(1) Iniciativas do setor público
(2) Iniciativas do setor privado

( ) Aprimoramento dos padrões contábeis das empresas abertas e exigência de transparência para empresas fechadas a partir de certo tamanho.
( ) Regulamentação da previdência privada complementar, para os setores público e privado, incentivando hábitos de poupança a longo prazo.
( ) Reforma da Lei das Sociedades por Ações.
( ) Novo sistema operacional: megabolsa.
( ) Criação da CBLC – *clearing* independente.
( ) Revisão da Lei de Falências.
( ) Novo mercado.

5.6. Com base nas descrições dos Marcos Regulatórios, classifique a segunda coluna de acordo com o seguinte critério:

(1) Lei do Mercado de Valores Mobiliários.
(2) Lei das Sociedades por Ações.
(3) Instrução nº 461/2007 da CVM.

( ) Regulamenta companhias abertas e emissores no mercado de valores mobiliários.
( ) Regulamenta a CVM, os intermediários, as bolsas e questões de quaisquer valores mobiliários.
( ) Governa a estrutura e o funcionamento das bolsas e estabelece as regras para o mecanismo de ressarcimento de prejuízos.

5.7. São investidores institucionais:

( ) Seguradoras.
( ) Entidades de previdência privada.
( ) Clubes de investimento.
( ) Fundos de investimento.
( ) Todas as alternativas estão corretas.

6

Valores Mobiliários

Conteúdo

6.1 Valores mobiliários
6.2 Ações
    6.2.1 Direitos das ações
    6.2.2 Espécies de ações
    6.2.3 Forma de circulação das ações
    6.2.4 Classes das ações
    6.2.5 Valor de uma ação
    6.2.6 Ganhos com ações
    6.2.7 Eventos societários
6.3 *Depositary receipts* (DR)
    6.3.1 ADR
    6.3.2 BDR
6.4 Debêntures
    6.4.1 Como surgem as debêntures?
    6.4.2 Características das debêntures
    6.4.3 Informações sobre debêntures
    6.4.4 Colocação de debêntures
    6.4.5 Debêntures de infraestrutura/incentivadas – Lei nº 12.431/2011
    6.4.6 Vantagens e desvantagens das debêntures
6.5 *Commercial papers*
    6.5.1 Histórico
Questões para consolidação
Teste de verificação

6.1 Valores mobiliários

Segundo as Leis nº 6.385/76 e nº 10.303/01, os valores mobiliários são todo investimento em dinheiro ou em bens suscetíveis de avaliação monetária, realizado pelo investidor em razão de uma captação pública de recursos, para fornecer capital de risco a um empreendimento, em que ele, o investidor, não tem ingerência direta, mas do qual espera obter ganho ou benefício futuro.

1. cupons, direitos de subscrição e certificados de desdobramento relativos aos valores mobiliários;
2. certificados de depósito de valores mobiliários;
3. cédulas de debêntures;
4. cotas de fundos de investimento em valores mobiliários ou de clubes de investimento em quaisquer ativos;
5. notas comerciais;
6. contratos futuros, de opções e outros derivativos, cujos ativos subjacentes sejam valores mobiliários;
7. outros contratos derivativos, independentemente dos ativos subjacentes;
8. quando ofertados publicamente, quaisquer outros títulos ou contratos de investimento coletivo, que gerem direito de participação, de parceria ou de remuneração, inclusive resultante de prestação de serviço, cujos rendimentos advêm do esforço do empreendedor ou de terceiros.

Figura 6.1 *Valores mobiliários.*

6.2 Ações

Como forma jurídica, as ações surgiram na Inglaterra, em 1553, para financiar a posteriormente chamada Muscovy Company.

Tratava-se de uma operação para captar a significativa quantia de 6 mil libras para enviar navios mercantes pela passagem de Nordeste, a fim de alcançar a Rússia por mar. Cada um dos mercadores subscreveu uma parte (*share*) daquele montante, suportando um pouco do risco e adquirindo o direito de auferir a sua cota-parte do lucro da operação.

À medida que o sistema, bem-sucedido, foi estendido a outras empresas e projetos, as ações (*shares*) começaram a ser negociadas nas tabernas da Rua Threadneedle, mais tarde local da sede da London Stock Exchange (Bolsa de Londres).

As ações são títulos de participação negociáveis, que representam parte do capital social de uma sociedade econômica, que confere ao seu possuidor o direito de participação de sua vida social.

Elas podem ser consideradas como um certificado ou título de propriedade, representativo das partes do capital social de uma sociedade econômica.

Quem tem ações, portanto, pode se considerar sócio da empresa emissora.

Daí vem sua grande diferença para os títulos de dívida, no qual quem investe torna-se um credor da empresa, ou seja, está emprestando dinheiro com expectativa de devolução em uma data futura com ganho financeiro.

Como dissemos no Capítulo 3, na seção 3.2.3, Ativos de renda variável, as ações são títulos de renda variável.

As ações diferenciam-se segundo os seguintes critérios:

- empresa emissora;
- espécie;
- forma de circulação; e
- classe.

As principais características das ações:

Para o investidor:
- o retorno não é previamente definido, mas potencialmente alto;
- não há obrigatoriedade do retorno do capital e/ou pagamento de dividendos;
- o investidor torna-se acionista da empresa.

Para a instituição emissora:
- é um título patrimonial;
- não representa uma obrigação perante terceiros.

6.2.1 Direitos das ações

O investimento em ações outorga a seus proprietários uma série de direitos e responsabilidades.

Basicamente, o acionista tem apenas uma obrigação: desde que tenha subscrito ações de um aumento de capital (a prova é o boletim de subscrição), é obrigado a integralizar sua parte no capital (isto é, pagar o valor das ações que subscreveu). Entretanto, no Brasil, a Lei nº 6.404/76, que regulamenta o funcionamento das sociedades anônimas, lhe confere uma série de direitos, que nem o estatuto social nem a assembleia geral lhe podem tirar.

- direito de participar nos lucros;
- direito de fiscalização;
- direito à informação;
- direito de preferência na subscrição de ações em aumento de capital;
- direito de retirada (recesso);
- direito de voto;
- direito de indicação de membros do conselho de administração;
- direito de requerer a convocação e o adiamento de assembleias gerais;
- direito de participar de oferta pública por alienação de controle de companhia aberta (tag along);
- direito de transmissão;
- direito de propor ações indenizatórias em benefício da companhia.

Figura 6.2 *Direitos dos acionistas.*

Direito a participação nos lucros

O lucro de uma empresa em um exercício destina-se, em primeiro lugar, a compensar as perdas dos anos anteriores, se existirem; depois, devem pagar-se os impostos correspondentes; e a parte restante poderá destinar-se a reservas e dividendos.

As reservas são a parte do lucro que se mantém na sociedade com objetivo de aumentar a capacidade econômica da empresa e, assim, financiar com recursos próprios os investimentos produtivos previstos.

O dividendo é a parte do lucro que a companhia distribui entre seus proprietários, quer dizer, seus acionistas.

Como se pode concluir, o valor dos dividendos depende do resultado de cada companhia, assim como de sua política de distribuição de lucros; por isso, as ações são consideradas um produto de renda variável.

O mais habitual é que as empresas paguem dois dividendos ao ano a seus acionistas (dividendo anual e semestral).

Direito a informações

Os direitos dos acionistas não se restringem apenas às distribuições. A lei lhes assegura o acesso a todas as informações que dizem respeito à empresa e que possam afetar seus interesses como sócios.

A empresa é obrigada por lei a divulgar balanços, balancetes e diversos outros demonstrativos contábeis, acompanhados de notas explicativas, relatórios da diretoria e pareceres dos auditores independentes e do conselho fiscal. Esse conjunto de informações deve ser divulgado amplamente ao público. A periodicidade é estabelecida pela CVM.

Por outro lado, o conteúdo dos documentos a serem divulgados, bem como sua forma, deve abranger todos os atos e os fatos importantes ocorridos durante o período, mostrar a real posição econômica da empresa, com clareza e exatidão, de modo que seja possível, aos investidores em geral e aos acionistas, avaliar a situação atual dos negócios e as perspectivas futuras da empresa.

A empresa deve informar, também, todas as decisões tomadas por assembleias gerais ordinárias ou extraordinárias e qualquer fato importante que possa afetar o preço ou o futuro de suas ações no mercado (fatos relacionados com a gestão dos seus negócios).

Direito de preferência na subscrição de novas ações

Os acionistas de uma companhia têm preferência na compra de novas ações emitidas por ela: é o chamado direito de preferência na subscrição. Esse direito é assegurado por lei e consiste na prioridade comum a todos (acionistas ordinários e preferenciais) de adquirir, pelo preço de emissão, uma parcela das novas ações proporcionais às já adquiridas. Geralmente, os aumentos de capital por meio de subscrições ocorrem quando as condições do mercado apresentam-se favoráveis, de modo que os acionistas, subscrevendo as ações novas, ganham a diferença entre seu preço de mercado e seu valor de emissão.

O acionista terá que exercer esse direito de preferência de subscrição, em determinado período de tempo fixado pelo estatuto ou pela assembleia geral, em período não inferior a trinta dias. Em qualquer aumento do capital de uma sociedade anônima, os acionistas têm o direito de subscrever ações na proporção do capital que possuem.

Além de garantir a possibilidade de manter a mesma participação no capital total, esse direito pode significar ganho adicional, dependendo das condições de lançamento. Se não exercido, o direito de subscrição pode ser vendido a terceiros, por meio de venda desse direito em pregão da bolsa, e as sobras de ações não subscritas pelos atuais acionistas podem ser oferecidas aos demais investidores.

No que se refere à subscrição, o acionista corre o risco de perder o direito caso não o exerça dentro do prazo estipulado pela assembleia geral extraordinária.

Direito de retirada (recesso)

O direito de retirada, ou recesso, consiste na faculdade assegurada aos acionistas minoritários de, caso discordem de certas deliberações da assembleia geral, nas hipóteses expressamente previstas em lei, retirar-se da empresa, recebendo o valor das ações de sua propriedade.

O objetivo desse direito é proteger os acionistas minoritários contra determinadas alterações na estrutura da empresa ou contra redução nos direitos assegurados por suas ações, desobrigando-os de permanecer sócios de uma empresa diferente daquela à qual se associaram ao adquirir as ações.

A assembleia geral dá ao acionista o direito de retirada da sociedade, mediante o reembolso do valor de suas ações, nos seguintes casos:

- criação de ações preferenciais ou aumento de classes existentes sem guardar proporções com as demais, salvo se já previstas ou autorizadas pelo estatuto;
- alterações nas preferências, vantagens e condições de resgate ou amortização de uma ou mais classes de ações preferenciais ou criação de nova classe mais favorecida;

- alteração do dividendo obrigatório;
- mudança do objeto da companhia;
- incorporação da companhia em outra, sua fusão ou cisão;
- dissolução da companhia ou cessação do estado de liquidação;
- participação em grupo de sociedade;
- desapropriação de ações do controle da companhia em funcionamento por pessoa jurídica de direito público; e
- aquisição, pela sociedade aberta, do controle de sociedade mercantil se o preço pago superar determinados limites. O acionista dissidente tem o direito de retirar-se da companhia mediante o reembolso do valor de suas ações, se o reclamar à companhia, no prazo de trinta dias, contados da publicação da ata da assembleia geral. O estatuto pode estabelecer normas para determinação do valor de reembolso, que, em qualquer caso, não será inferior ao valor patrimonial das ações, de acordo com o último balanço aprovado pela assembleia geral.

Direito a voto

Os acionistas ordinários têm direito a voto na assembleia geral da empresa. A assembleia geral é a reunião entre os acionistas que ocorre, ordinariamente, uma vez ao ano (no mínimo), e extraordinariamente em determinadas circunstâncias, para tomar decisões sobretudo relativas à empresa, assim como aprovar exercícios concluídos, nomeações etc.

Os acionistas têm direito a voto com simples restrição: só podem votar diretamente aqueles que reúnam o número mínimo de ações que se determine; os acionistas que possuam um número inferior de ações podem unir-se para cobrir esse mínimo e votar conjuntamente.

Direito de requerer a convocação e o adiamento de assembleias gerais

A Lei das S.A. estabelece as regras sobre a competência para a convocação das assembleias gerais das sociedades anônimas. No entanto, a assembleia geral poderá ser convocada também por iniciativa dos acionistas minoritários nas seguintes hipóteses:

- convocação por acionista individual (nos casos em que a lei ou o estatuto a imponham);
- convocação por acionistas que representam 5% do capital social;
- convocação para deliberar sobre a instalação do conselho fiscal; e
- convocação para deliberar sobre a proposta de nova avaliação da empresa.

Direito de participar de oferta pública por alienação de controle de companhia aberta (tag along)

Nos casos em que ficar caracterizada a alienação de controle da empresa aberta, o novo controlador tem a obrigação de realizar oferta pública para adquirir as ações pertencentes aos acionistas minoritários com direito a voto.

Essa é uma maneira de os acionistas minoritários com participação no capital votante obterem o direito ao *tag along* (possibilidade atribuída ao minoritário de alienar suas ações ao novo controlador, por ocasião da transferência do controle de empresa aberta).

Os elementos que tornam obrigatória a realização da oferta pública para aquisição das ações pertencentes aos acionistas minoritários são:

- que os integrantes do bloco de controle cedam suas ações para terceiro e este assuma posição dominante na empresa, isto é, que o resultado da operação institua a presença de um novo acionista controlador ou grupo de controle; e
- que a transparência do controle apresente caráter oneroso, ou seja, que os antigos controladores recebam algum pagamento pela cessão das ações que compõem o bloco de controle.

Direito de transmissão

Todo acionista tem direito a receber a parte proporcional que lhe corresponda, resultante da liquidação da sociedade. Isso não significa que tenha direito a solicitar à sociedade que lhe devolva o valor de seu investimento em qualquer momento. Sem dúvida, todo acionista tem o direito de transmitir suas ações, sempre e quando encontre um comprador. No caso das ações que são negociadas em bolsa, a transmissão está praticamente assegurada, dado que uma das principais funções da bolsa é precisamente dar liquidez aos valores negociados.

6.2.2 Espécies de ações

De acordo com esse critério, são considerados os direitos e as vantagens conferidos aos acionistas. Dessa forma, temos as ações ordinárias, preferenciais e de fruição.

Ações ordinárias

As ações ordinárias têm como característica principal o direito a voto. Numa sociedade anônima, é por meio do voto que o acionista tem o direito legal de controle da organização.

São nas assembleias gerais de acionistas e nas convocações especiais que o acionista ordinário vota, sendo o peso do seu voto correspondente à quantidade de ações que possui, podendo assim participar das decisões, dos lucros e dos riscos do negócio, decidindo o seu destino. Convém lembrar, no entanto, que, como assunto prático, em muitas empresas os principais acionistas constituem toda ou a maioria da junta de diretores, e, em tais circunstâncias, controlam o negócio. Entre nós, as ações preferenciais têm preponderado nos financiamentos recentes, e uma das razões para isso está no fato de que um dos atuais portadores de ações ordinárias, frequentemente, opõe-se à diluição do seu poder de voto.

O direito de voto pode ser transferido por meio de procuração. Nela, coloca-se uma cláusula para a transferência do direito de voto normalmente limitada na sua duração e usada tipicamente em ações especiais, como no encontro anual dos acionistas. O acionista ordinário, como proprietário, tem responsabilidades e obrigações e as assume apenas no montante das ações que possui. Quando houver liquidação da empresa, ele é o último em prioridade de reclamação dos bens.

Nos sistemas de votos das ações ordinárias:

- o número de votos confirma as decisões na companhia. O aumento de poder por meio da compra de mais ações por um investidor ou grupo pode ser intensificado por outros grupos cujas ideias sejam contrárias às daquele que iniciou as compras;
- esses deverão também reforçar suas posições em ações. O aumento da procura vai gerar, inevitavelmente, movimento nos preços das ações nos mercados em que elas são negociadas; e
- ao mesmo tempo, a pulverização das ações por grande número de acionistas permite que um grupo com pequena quantidade de ações nos mercados em que é negociada tenha maior participação nas decisões.

As características dos direitos gerais de um acionista ordinário são relativamente uniformes em muitos aspectos e estão estabelecidas por leis. As mais importantes são:

- adotar e corrigir o estatuto da companhia;
- eleger a junta de dirigentes;
- autorizar a fusão com outra companhia;
- autorizar a venda do ativo fixo ou imobilizado;
- mudar a quantidade autorizada das ações ordinárias; e
- autorizar a emissão de ações preferenciais, debêntures e outros tipos de títulos.

As decisões das companhias são tomadas pelo voto de seus acionistas nas assembleias gerais.

As assembleias são convocadas pelos administradores das companhias ou, em casos especiais, pelos próprios acionistas. As condições em que se farão essas convocações estão definidas em lei e no estatuto de cada companhia.

Nas sociedades por ações, a autoridade maior é a assembleia dos acionistas. A ela cabe auferir os direitos e resultados e cumprir com as obrigações societárias. A assembleia delibera sobre a atividade da companhia, aprova as contas patrimoniais, o destino dos lucros, a eleição dos diretores e as alterações estatutárias dos interesses da companhia. Ver Quadro 6.1.

Quadro 6.1 *Comparação entre as assembleias gerais ordinária e extraordinária.*

	AGO (ordinária)	AGE (extraordinária)
Quem convoca	Diretoria	• Diretoria. • Conselho. • Acionistas.
Quando	Uma vez por ano no mínimo.	Quando necessário.
Matéria de debate	• Tomada de contas à administração. • Verificação dos resultados. • Votação de relatórios. • Eleições de conselhos e diretoria.	Qualquer assunto de interesse social.
Quem vota	Acionistas ordinários.	Acionistas ordinários.
Acionistas preferenciais	Só votam se o estatuto permitir.	Só votam se o estatuto permitir.

Os dividendos pagos às ações ordinárias são 10% menores do que os pagos às ações preferenciais, caso não seja especificado no estatuto. As ações ordinárias geralmente possuem valor de mercado e liquidez menores que os das preferenciais; isso se deve ao fato de que a maioria dessas ações encontra-se em poder de proprietários que desejam controlar a empresa e, consequentemente, não estão dispostos a negociá-las.

Ações preferenciais

As ações preferenciais têm como característica fundamental a prioridade sobre as ações ordinárias no recebimento de dividendos e de receber, no caso de dissolução da sociedade, a sua parte. Podem existir diversas classes de ações preferenciais (classe A, classe B etc.), dependendo das vantagens ou restrições que elas apresentam. As vantagens ou preferências, bem como as restrições que essas ações possuem, devem constar claramente nos estatutos da companhia.

Conforme o modo de participação, temos os seguintes tipos de ações:

- ações com direito a um primeiro dividendo fixo, pago as preferenciais e ordinárias, mais um segundo dividendo fixo (se os lucros permitirem), cabendo o restante do lucro às ações preferenciais;
- ações com direito a um primeiro dividendo fixo, pago as preferenciais e ordinárias, e participação total nos lucros que restarem, desde que seja concedido primeiro uma bonificação suplementar às ações ordinárias;
- ações com direito a um primeiro dividendo fixo, pago as preferenciais e ordinárias, e participação integral nos lucros restantes; e
- ações com direito a um primeiro dividendo fixo pago mais uma bonificação suplementar que as ordinárias não recebem por não participarem integralmente dos lucros restantes. Já as preferenciais são ações que participam integralmente dos lucros restantes. As que não possuem essas características são chamadas de ações preferenciais de participação parcial. As preferenciais de participação integral são as classes de ações que mais interesse apresentam para a generalidade dos investidores.

Ainda conforme a forma de participação, as ações preferenciais deverão conferir aos seus titulares ao menos uma das vantagens segundo o artigo 17, § 1º, da Lei das S.A.:

- direito a participar de uma parcela correspondente a, no mínimo, 25% do lucro líquido do exercício, e, desse montante, lhes será garantido um dividendo prioritário de pelo menos 3% do valor do patrimônio líquido da ação e, ainda, o direito de participar de eventual saldo desses lucros distribuídos, em igualdade de condições com as ordinárias, depois de a estas assegurado dividendo igual ao mínimo prioritário;
- direito de receber dividendos pelo menos 10% maiores que os pagos às ações ordinárias; ou
- direito de serem incluídas na oferta pública em decorrência de eventual alienação de controle.

Já conforme a cláusula de regras:

- são três preferências que os acionistas detentores de ações preferenciais podem adquirir com suas ações (ver Figura 6.3);

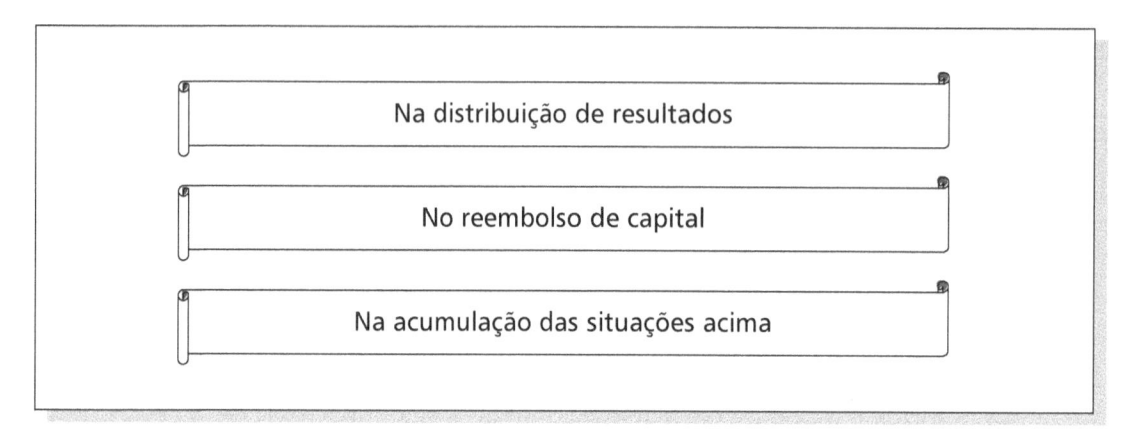

- Na distribuição de resultados
- No reembolso de capital
- Na acumulação das situações acima

Figura 6.3 *Preferências.*

- em caso de não distribuição de resultados por três exercícios consecutivos, as ações preferenciais adquirem poder de voto, capaz de comprometer a situação do acionista controlador. O estatuto da companhia pode conferir poder de voto às preferenciais;
- os capitais dos controladores não ficam ociosos: podem ser aplicados na compra de mais companhias, criando os grandes conglomerados empresariais. Em alguns casos, o controle acionário não precisa de mais do que 5% do capital; e
- em países de mercados desenvolvidos, as ações preferenciais são conhecidas como *window strocks* (ações das viúvas), porque têm conotação de rendas, de garantia de distribuição de resultados econômicos oriundos da atividade da companhia. O lucro é mais importante do que o comando das decisões, o poder na companhia.

Em composição acionária de uma companhia aberta, algumas considerações relevantes devem ser feitas pelo empresário com respeito ao controle acionário da sociedade anônima. O tipo das ações que serão emitidas e colocadas aos futuros acionistas é uma consideração importante para a manutenção do controle acionário.

Existem, basicamente, dois tipos de ações:

1. ações ordinárias ou comuns, que gozam, em toda a plenitude, dos direitos de participação na administração da sociedade e nos resultados financeiros; portanto, têm como característica básica o direito do voto; e
2. ações preferenciais que em troca de determinados privilégios (preferência nos resultados da empresa) têm privado o seu direito de voto.

De acordo com a Lei das Sociedades por Ações, uma empresa terá obrigatoriamente que emitir, no mínimo, 50% do seu capital social em ações do tipo ordinária. Essa determinação repercute na emissão das ações no sentido de que:

- ações ordinárias (O) devem ter uma emissão mínima de 50%; e
- ações preferenciais (P) podem ter uma emissão máxima de 50%.

Com base nessas proporções (50% do total da emissão seria de ações ordinárias e 50% de ações preferenciais), podemos constatar que existe uma intenção de proteção aos interesses dos proprietários originais, já que, para obter o controle acionário de uma empresa, normalmente seriam necessárias 50% mais uma das ações ordinárias, mas com essas proporções, para manter esse controle, basta possuir maioria absoluta sobre 50% do total das ações emitidas. Na prática, isso se traduz em apenas 25% do total (50% mais uma dos 50% das ordinárias).

Ações de fruição

As ações de fruição são atribuídas aos sócios cujas ordinárias ou preferenciais foram totalmente amortizadas pelas reservas patrimoniais. Amortização é a antecipação ao acionista do valor que ele provavelmente receberia, na hipótese de liquidação da empresa.

As ações de fruição não possuem necessariamente as mesmas condições (vantagens ou restrições) que as ações que foram amortizadas. Dessa forma, suas possíveis vantagens ou restrições devem ser previstas no estatuto da empresa emissora.

Existem, porém, três restrições independentemente de previsão estatutária ou deliberação em assembleia às quais são sujeitos os titulares dessas ações:

- concorrem ao acervo líquido da empresa somente após a compensação em favor das ações não amortizadas;
- ao exercerem o direito de recesso, o reembolso das ações também é objeto de compensação; e
- não têm direito ao recebimento de juros de capital próprio.

Units

Uma alternativa híbrida para negociação em bolsa de valores com as ações são as *units*. As *units* são certificados de depósitos que podem combinar diferentes tipos de ativos para negociação em conjunto. Dessa forma, mais de uma classe de ativos pode ser comprada e vendida no mercado como uma unidade. Os ativos são negociados por lotes e/ou unidades, e cada unidade contém tipos diferentes de ativos.

> **As *units* são ativos compostos de diferentes tipos de valores mobiliários. Portanto, não são ações, mas um "pacote" de vários ativos.**

As *units* podem ser formadas por ações ordinárias, preferenciais, bônus de subscrição etc. e são identificadas pelo número 11 no seu código.

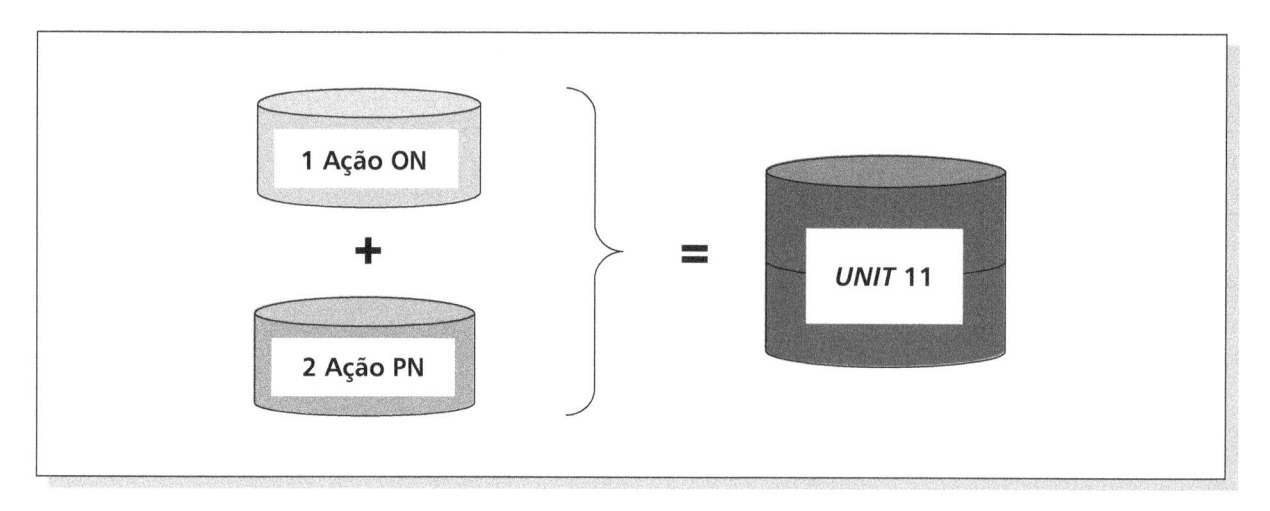

Figura 6.4 *Formação de uma* unit.

Geralmente as *units* são criadas para aumentar a liquidez ou a atratividade através da soma das características de mais de um ativo em um único ativo.

Alguns exemplos podem ser vistos na tabela com as *units* negociadas na B3.

Nome de pregão	Código	Composição
Abril Educa	ABRE11	1 ação ON + 2 ações PN
Alupar	ALUP11	1 ação ON + 2 ações PN
Btg Pactual	BBTG11	1 ação ON + 2 ações PNA do BCO BTG Pactual e 1 BDR A + 2 BDR B do BTG Pactual Participations
Contax	CTAX11	1 ação ON + 4 ações PN
Energisa	ENGI11	1 ação ON + 4 ações PN
Renova	RNEW11	1 ação ON + 2 ações PN
Santander Br	SANB11	55 ações ON + 50 ações PN
Santos Brp	STBP11	1 ação ON + 4 ações PN
Sul America	SULA11	1 ação ON + 2 ações PN
Taesa	TAEE11	1 ação ON + 2 ações PN

Fonte: B3.

6.2.3 *Forma de circulação das ações*

Além da classificação das ações segundo os direitos que outorgam (ordinárias e preferenciais), podemos classificá-las também segundo sua forma de circulação. Dessa maneira, teremos as ações nominativas, ao portador e escriturais. Ver Figura 6.5.

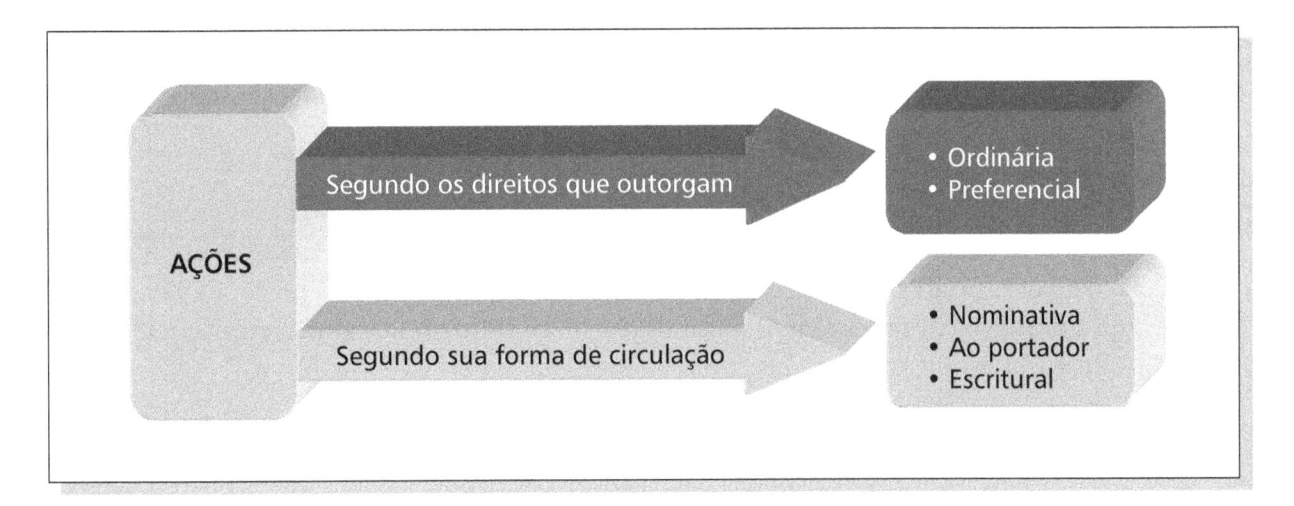

Figura 6.5 *Classificação das ações.*

As ações nominativas são emitidas na forma de títulos de propriedade, unitárias ou múltiplas, denominadas cautelas. A cautela identifica, entre outros dados:

- a companhia;
- o proprietário;
- o tipo de ação;
- a forma de emissão; e
- os direitos já exercidos com menção às assembleias onde eles foram decididos.

A transferência das ações nominativas ocorre por meio do registro no livro próprio da sociedade anônima emissora (livro de transferência de ações nominativas).

As ações nominativas podem ser:

- emitidas com o nome do comprador e só podem ser transferidas mediante o termo de transferência assinado pelo comprador e pelo vendedor em livro próprio da companhia. Essa transferência pode ser feita por procuração passada ao corretor ou a outro agente, sendo mais fácil de transferir; e
- endossáveis, que se transferem na prática por endosso, mas não dispensam o termo de transferência na companhia, que continua a reconhecer como seu acionista aquele em cujo nome as ações estão registradas em seus livros. Na maioria dos casos, as companhias reconhecem aos seus acionistas o direito de converter as suas ações de uma forma para outra, passando-as de ações ao portador para ações nominativas ou nominativas endossáveis e vice-versa. Isso é feito mediante o pagamento de uma taxa.

Já as ações ao portador são emitidas sem constar o nome do comprador e são transferidas de uma pessoa para outra manualmente. Gozam da preferência de muitos investidores, tendo geralmente curso mais amplo no mercado do que as ações nominativas. No entanto, desde a proibição da circulação de títulos ao portador durante o governo Collor, essa forma de circulação está proibida no Brasil.

Outra modalidade é a ação escritural que dispensa a emissão de título de propriedade, funcionando como conta-corrente. Nesse caso, não ocorre a movimentação física dos documentos, e sua transferência é realizada por meio da empresa custodiante.

6.2.4 Classes das ações

Durante sua emissão, as ações também podem ter diferentes classes em função dos objetivos específicos a que se propõem ou restrições quanto a sua posse. Cada classe reúne ações cujos titulares têm os mesmos direitos e restrições. Algumas recebem letras para diferenciá-las (A, B, C etc.).

Um exemplo de denominações de ações combinando seu tipo e classe é PNA, PNB ou PNC, que se referem às ações preferenciais que possuem características distintas das preferenciais comuns. Essas diferenças são definidas no estatuto da empresa, variando, portanto, de caso a caso. Além dessas, existem outras siglas de identificação de ações, relacionadas no Quadro 6.2.

Quadro 6.2 *Outras siglas de identificação de ações.*

Siglas de identificação	Significado
A	Classe (A, B etc.)
C	Cupom
DIR ORD	Direitos às ordinárias
DIR PRE	Direitos às preferenciais
EB	Ex-bonificação
EBD	Ex-bonificação e dividendo
EBS	Ex-bonificação e subscrição
ED	Ex-dividendo
EDS	Ex-dividendo e subscrição
ES	Ex-subscrição
EX	Ex-direitos
I03	Direitos integrais para 2003
INT	Direitos integrais para esse exercício
P03	Direitos *pro rata* para 2003
P	Dividendo *pro rata*

6.2.5 Valor de uma ação

Quando se ouve falar do valor de determinada ação, geralmente faz-se referência a seu preço em bolsa, o que se denomina cotação. Mas, em algumas ocasiões, ouve-se falar em valor nominal e, em outras, em valor contábil ou de liquidação. Portanto, conforme as circunstâncias, as ações apresentam valores monetários diferentes. Para simplificar o seu manejo, essa terminologia será definida de forma simples.

Valor nominal

É o valor facial de uma ação, quer dizer, é aquele estabelecido pelos estatutos da companhia e que vem impresso na ação. O valor nominal corresponde ao capital dividido pelo número de ações emitidas, independentemente de espécie ou classe.

O principal objetivo desse valor é a garantia relativa contra a diluição do patrimônio acionário no caso de aumento de capital com emissão de novas ações.

Valor patrimonial

Valor global do patrimônio líquido do exercício considerado dividido pelo número de ações emitidas. Pode servir de referência para o exercício de direitos do acionista em diferentes ocasiões. Quando ocorre liquidação da empresa, é realizada a partilha do acervo social remanescente (patrimônio líquido). Nessa ocasião, é pago a cada acionista o valor patrimonial correspondente ao número de ações que ele possui independentemente de previsão estatutária. Outra ocasião é no caso de amortização, que é uma antecipação ao acionista do montante que ele receberia caso a sociedade fosse liquidada.

Valor contábil

Valor lançado no estatuto e nos livros da companhia. Pode ser explícito (valor nominal e preço de emissão) ou indiscriminado (sem valor). Se explícito, pode servir de referencial para o exercício de direitos do acionista.

Valor de liquidação

Valor avaliado em caso de encerramento das atividades da companhia.

Valor intrínseco

Valor real avaliado no processo de análise fundamentalista.

Valor de subscrição

Preço de emissão fixado em subscrições para aumento de capital (não pode ser inferior ao valor nominal contábil).

Valor de mercado

É o valor que os compradores aceitam pagar e os vendedores recebem para fazê-lo em mercados organizados.

Saber o valor de mercado de uma ação dependerá de onde a ação foi negociada, se em bolsa ou no mercado de balcão. Se foi em bolsa, basta consultar o prospecto de lançamento para saber o valor de mercado; se foi no mercado de balcão, não há meios práticos para saber o valor de mercado.

A cotação de uma empresa não precisa coincidir com seu valor nominal, contábil ou de liquidação. Em certas ocasiões, o preço das ações não tem nenhuma relação com o desempenho da empresa.

> Uma ação vale hoje o que o mercado está disposto a pagar por ela.

6.2.6 Ganhos com ações

As ações têm rendimentos e resultados distribuídos pela própria companhia, ou seja, benefícios propiciados a seus acionistas, sob a forma de proventos (dividendos, bonificações) ou de direito de preferência na aquisição de ações (subscrição), e outros decorrentes dos movimentos de preços dos mercados organizados.

Quanto à rentabilidade do investimento, independentemente da valorização (ou desvalorização) das ações nas bolsas, as ações podem proporcionar benefícios aos seus possuidores ligados aos **resultados da companhia** e à **comercialização das ações** (lucro na venda).

Resultados da companhia
- ✓ Dividendos
- ✓ Bonificações
- ✓ Alterações no valor nominal (substituições)
- ✓ Juro sobre capital próprio

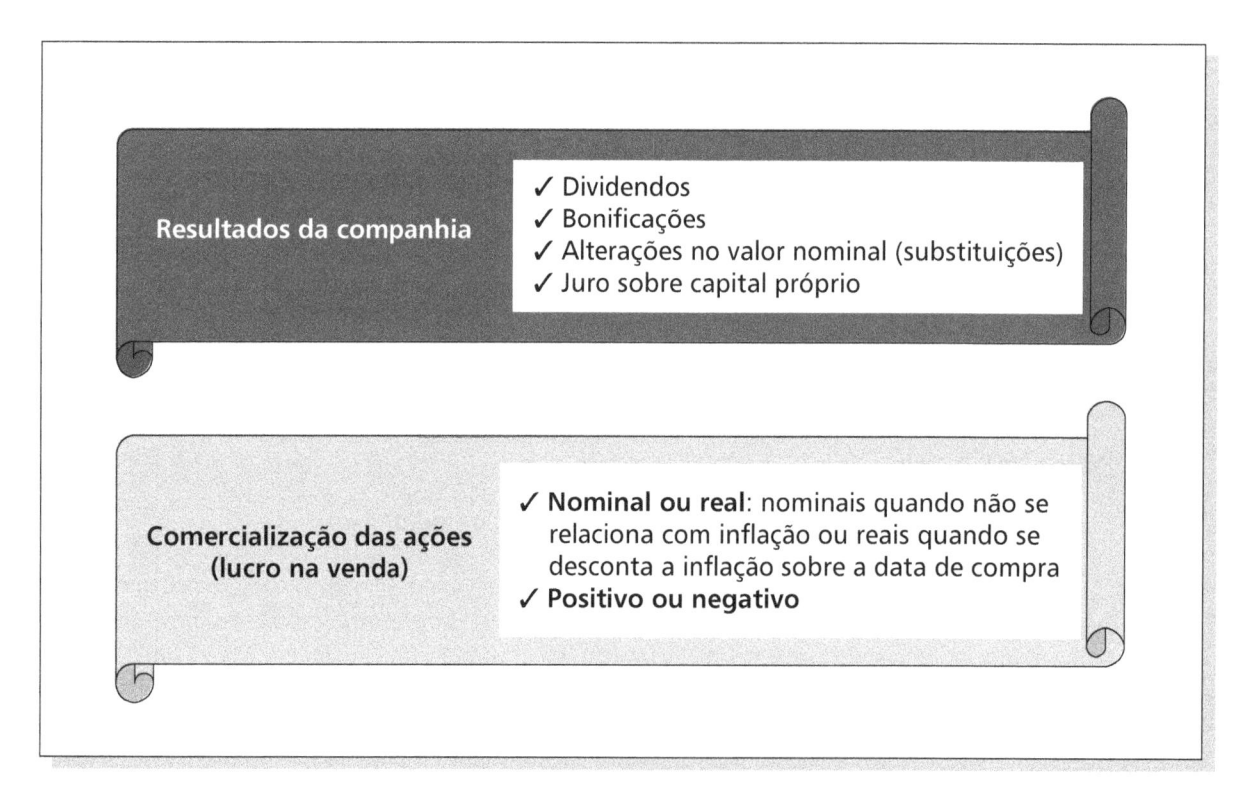

Comercialização das ações (lucro na venda)
- ✓ **Nominal ou real**: nominais quando não se relaciona com inflação ou reais quando se desconta a inflação sobre a data de compra
- ✓ **Positivo ou negativo**

Figura 6.6 *Resultados das ações.*

Dividendos

Os dividendos são valores representativos de parte dos lucros da empresa, que são distribuídos aos acionistas, em dinheiro, na proporção da quantidade de ações possuídas. Normalmente, é resultado dos lucros obtidos por uma empresa, no exercício corrente ou em exercícios passados. Permanecendo na empresa, o dividendo é creditado ao acionista, mesmo que ele não vá recebê-lo. Passados cinco anos, caso o acionista não tenha reclamado o recebimento, sua parcela de dividendo será incorporada a um fundo de reserva da empresa.

> O dividendo é uma parcela do lucro da empresa distribuída para seus acionistas. Quem recebe dividendos está isento do pagamento do imposto de renda porque a empresa já pagou tributos antes de distribuí-los.

A lei permite às empresas a fixação, em seus estatutos, de um dividendo a ser distribuído anualmente a seus acionistas. Estabelece, porém, a porcentagem mínima de 25% do lucro líquido. Dentro desse limite, a empresa optará pela política que melhor se adapte às suas peculiaridades. Quando uma empresa adota uma política de redução do percentual do lucro pago em forma de dividendo (*pay-out*), uma proporção maior do lucro será reinvestida. Entretanto, quando a política adotada for a de redução, deve-se observar a regra de que a fixação de dividendos só pode ser inferior a 25% quando for aprovada por todos os acionistas em assembleia; aqueles que discordarem terão o direito de recesso, e a empresa será obrigada a comprar suas ações pelo valor patrimonial, caso a cotação em bolsa seja inferior a esse valor.

Opcionalmente, os dividendos podem ser fixados em 6% sobre o capital ou 36% do patrimônio líquido, ou, se o estatuto for omisso, metade do lucro líquido do exercício diminuído ou acrescido dos seguintes valores:

- cota destinada à constituição da reserva legal;
- importância destinada à formação de reservas para contingências e reversão das mesmas reservas formadas em exercícios anteriores; e
- lucros a realizar transferidos para a respectiva reserva e lucros anteriormente registrados nessa reserva que tenham sido realizados no exercício.

Quadro 6.3 *Os dividendos no mundo.*

	Brasil	EUA	Inglaterra
Uso do Lucro	Empresas abertas precisam distribuir aos acionistas ao menos 25%.	Empresas abertas têm liberdade no uso do lucro.	Empresas abertas têm liberdade no uso do lucro.
Benefícios mais Comuns	Pagamento de dividendos em dinheiro.	Recompra de ações.	Recompra de ações.
Função da Recompra	Sinaliza ao mercado que o papel está barato.	Sinaliza que o papel está barato e eleva participação de quem decide manter.	Sinaliza que o papel está barato e eleva participação de quem decide manter.
Frequência dos Dividendos	Anual na maioria das empresas; mensal nos grandes bancos.	Trimestral.	Semestral.

Fonte: *Investimentos*, Ano 6, nº 20, jun. 2008.

O pagamento de dividendos possibilita a implementação de uma estratégia muito conhecida para operações com ações chamada *"Buy-and-Hold"*, onde um investidor compra ações e as mantém por um longo período. Essa estratégia parte do pressuposto de que parte do lucro da empresa é dividida aos acionistas, e, à medida que a empresa vai crescendo, seus dividendos também crescerão.

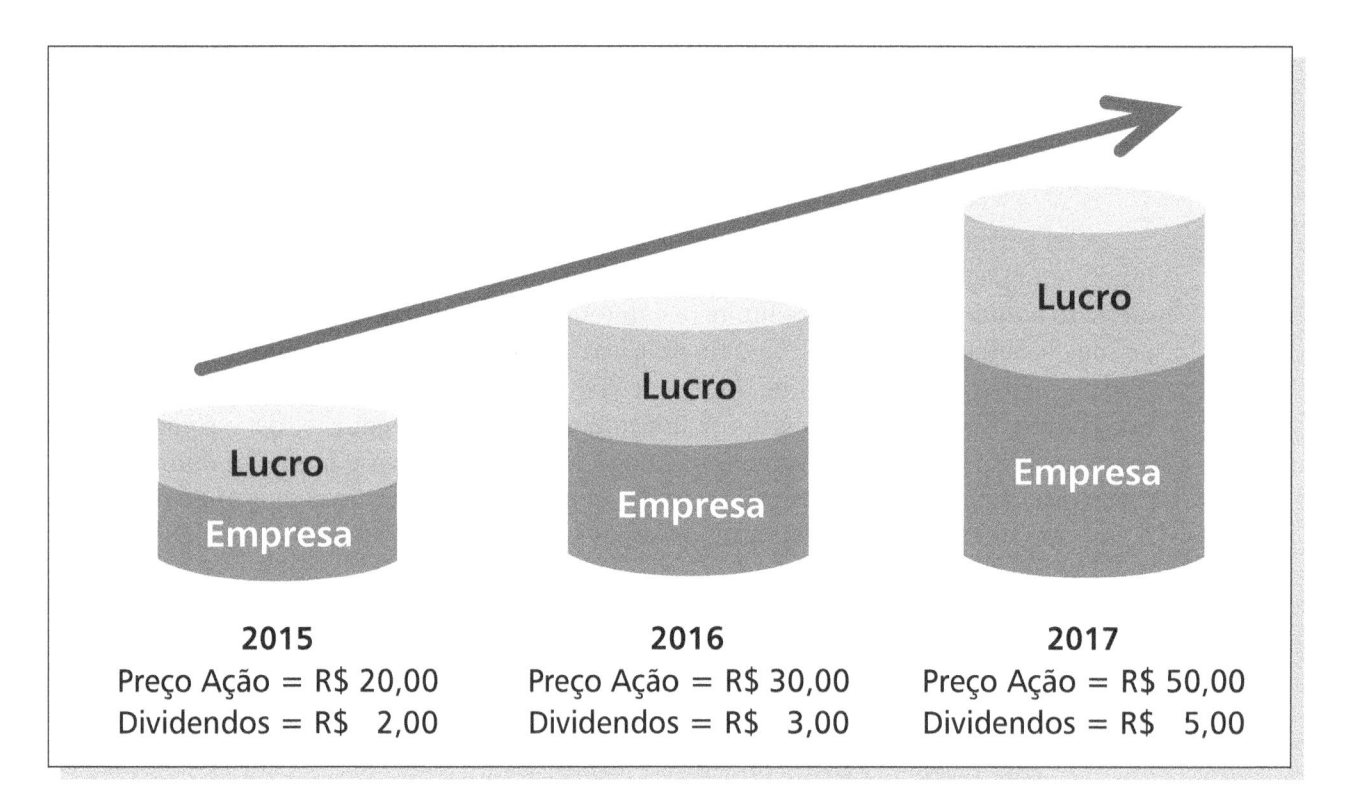

2015	2016	2017
Preço Ação = R$ 20,00	Preço Ação = R$ 30,00	Preço Ação = R$ 50,00
Dividendos = R$ 2,00	Dividendos = R$ 3,00	Dividendos = R$ 5,00

Figura 6.7 *Exemplo de* Buy-and-Hold.

Juros sobre capital próprio

Os juros sobre capital próprio são uma forma de remuneração ao acionista da empresa, originada pelo lucro retido em períodos anteriores. Geralmente, essa remuneração é paga em dinheiro pela empresa aos seus sócios.

Os juros baseiam-se nas reservas de lucro, ou seja, nos lucros apresentados nos anos anteriores e que ficaram retidos na empresa. Para a empresa, a principal vantagem da distribuição de juros sobre o capital, em vez de dividendos, é que o valor pago aos acionistas é contabilizado como custo e, portanto, reduz o montante do imposto de renda pago pela companhia.

Depois do lançamento das ações, a companhia pode fazer desdobramentos ou agrupamentos em função de suas necessidades.

Quadro 6.4 *Comparação dos dividendos com juros sobre o capital próprio.*

	JCP	Dividendos
Fundamento	Indisponibilidade de recursos para o acionista.	Existência de resultado positivo (lucro) derivado do sucesso da atividade empresarial.
Tratamento	São considerados despesas, dedutíveis do lucro.	Não são despesas, não podendo ser deduzidos do lucro.
Base de cálculo	Patrimônio líquido e a taxa de juros de longo prazo (TJLP).	Lucro Líquido.
Tratamento pelo acionista	Para o acionista que os recebe, são receitas tributáveis pelo IR.	São isentos de IR ao acionista.
Obrigatoriedade	Não são obrigatórios por efeito da lei, tratando-se de faculdade das empresas.	Em ocorrendo os pressupostos legais, são devidos dividendos obrigatórios.

Bonificações

As bonificações consistem no recebimento de um número de ações proporcional à quantidade já adquirida. Resultam do aumento de capital por incorporação de reservas ou lucros em suspenso. Para o patrimônio da empresa nada representam, uma vez que apenas há transferência de um valor inscrito em uma conta (do patrimônio líquido – reservas de lucros, reservas de reavaliações etc.) para outra (de capital).

A bonificação representa a atualização da cota de participação do acionista no capital da empresa. Pode ser feita mediante a emissão de novas ações ao valor nominal ou simplesmente pelo aumento do valor nominal de ações ("carimbo") já existentes (sempre na mesma proporção da bonificação distribuída).

O aumento do valor nominal das ações, mais comumente conhecido por carimbo, representa a atualização da participação do acionista, da mesma forma que a distribuição de novas ações, e com uma vantagem:

- para a empresa, significa redução de custos e de serviços, pois não são emitidas novas cautelas (somente é afixado o novo valor nominal no verso das cautelas antigas); e
- para o acionista, porque obterá atendimento mais eficiente e mais rápido por parte da empresa.

Em princípio, as duas formas são indiferentes para os acionistas, pois a bonificação, em razão da diluição das ações, provoca um ajustamento do preço de mercado, compensado pelo aumento do número de ações possuídas, enquanto o aumento do valor nominal não altera o preço. Nas duas hipóteses, o que pode aumentar é o fluxo de dividendos, isso no caso em que a empresa efetue a distribuição tomando como parâmetro o capital social da companhia. Já conforme a Lei das Sociedades por Ações, os dividendos serão calculados, em geral, sobre o lucro líquido.

Um aspecto muito importante no ganho resultante da propriedade é a atenção sobre as datas ou momentos que as ações passarão a ser negociadas sem os direitos já anunciados. Por essa razão o mercado utiliza a terminologia **Ações "Com"** e **Ações "Ex"**, para determinar o momento da perda deste direito. As Ações "Com" ou cheias são aquelas que oferecem a seu titular o direito de proventos distribuídos pelas empresas. Já as Ações "Ex" ou vazias são ações cujo direito ao provento já foi exercido pelo acionista.

Já o ganho com a comercialização das ações resulta da valorização da ação pela alteração em sua cotação resultante de atos e fatos relacionados à empresa e/ou ao mercado. Ao vender as ações, o investidor apura o resultado, que pode ser positivo ou negativo. No caso do resultado positivo, o investidor apura um lucro que pode ser nominal ou real: nominais quando não se relaciona com inflação ou reais quando se desconta a inflação sobre a data de compra.

Ao comprar ações buscando a rentabilidade/comercialização, o investidor deve se basear em estratégias consistentes e evitar as crenças tradicionais que levam a perdas no mercado. Dentre as crenças e práticas mais comuns deve-se evitar:

- O **investimento sem objetivo**: muitos investidores compram ações sem uma meta ou objetivo de ganho e isto lhes traz o predomínio da emoção sobre a racionalidade. Se o investimento não tem foco, qualquer resultado pode ser válido, o que é um perigo no mercado acionário.

- Achar que o **mercado está errado e você está certo**: o mercado não é uma pessoa e nunca está certo ou errado; ele representa as forças de oferta e demanda e você pode ou não estar interpretando-o corretamente.

- **Investir o dinheiro que vai precisar** no curto prazo: a cotação das ações são preços que, temporariamente, podem não refletir o seu real valor. Portanto, o momento mais adequado para realizar/vender uma ação pode ser diferente de sua necessidade. Dessa forma, dizemos que não se deve utilizar recursos para pagar as "contas do final do mês" para negociar com ações.

- **Investir sem entender como funciona o mercado**: ao decidir participar do mercado acionário, o primeiro passo é estudá-lo e compreendê-lo. Isso parece o óbvio, mas diversos investidores compram ações sem entender o que representam, achando que são fichas de apostas para um jogo emocionante em que pode se tornar um milionário da noite para o dia. Ou pior, acreditam que por meio da participação em algumas palestras e cursos, bem como a leitura de livros de autoajuda, tornaram-se os grandes mestres do mercado e sabem mais que todos os demais investidores de mercado.

- **Associar a Bolsa de Valores a um cassino**: crença muito comum entre os investidores novatos ou aqueles que escutam histórias fantasiosas dos amigos em "mesa de boteco". Acreditam, assim como os jogadores de cassino, que as oscilações das cotações das ações estão associadas à sorte e que vão dar uma "grande tacada" a qualquer hora. Para a decepção da maioria desses apostadores, o mercado não é um jogo e existe uma lógica em seus movimentos.

- **As "dicas quentes" ou "barbadas" vão me deixar rico**: nos anos 1970, era muito comum investidores trabalharem com operadores que muitas vezes lhes antecipavam fatos que influenciariam as ações. O mercado evoluiu e se tornou mais profissional. Tais práticas hoje são consideradas ilegais pela Comissão de Valores Mobiliários (CVM) – o xerife do mercado de capitais –, e as informações são fundamentadas e com transparência para trazer credibilidade aos seus participantes. Buscar as "dicas quentes" de ações que vão explodir da noite para o dia é caminho certo para a perda de dinheiro. Não existe fórmula mágica para ganhar dinheiro operando com ações.

6.2.7 Eventos societários

Split (desdobramento)

Distribuição gratuita de novas ações aos acionistas pela diluição do capital em maior número de ações, com o objetivo de dar liquidez aos títulos no mercado. A diferença entre o desdobramento e a bonificação é que, nesse caso, não há alteração do capital da companhia, apenas aumento do número de ações.

Nesses últimos anos, difundiu-se, entre as companhias abertas, o uso do *split*, ou desdobramento do número de ações, pelo qual as empresas emitem novas ações que vão desde uma, duas, três ou quatro novas para cada ação antiga até várias dezenas ou mesmo centenas.

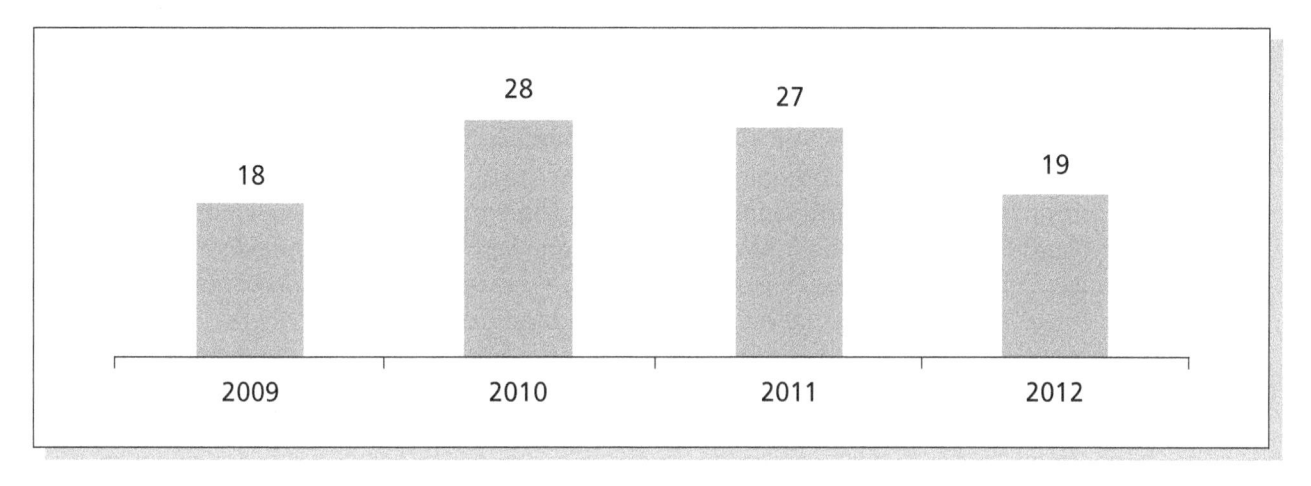

Gráfico 6.1 *Quantidade de empresas que fizeram desdobramento nos últimos anos no Brasil.*

O desdobramento é permitido tanto para as ações com valor nominal quanto para aquelas sem esse valor. A operação de desdobramento de ações (*stock, split* ou *split off*) não altera o capital da empresa, modificando, exclusivamente, o valor individual das ações. O aumento do valor nominal das ações, por bonificação, representa a atualização da participação do acionista da mesma forma que a distribuição.

Inplit (agrupamento)

Condensação do capital em um menor número de ações com consequente aumento do valor patrimonial da ação. É realizado, geralmente, com o objetivo de ajustar o valor nominal da ação.

6.3 *Depositary receipts* (DR)

Os *depositary receipts* são recibos de depósitos lastreados em ações negociados livremente nos mercados financeiros do exterior. As ações ou ativos subjacentes são custodiados em uma instituição financeira local e, com base nesse depósito, são emitidos os recibos (DR) negociados no mercado internacional.

Para as empresas que necessitam captar recursos, as emissões de *depositary receipts* representam uma ampliação de sua base de captação, já que isso possibilita a elas alcançar outros mercados fora de seu país.

Esses recibos podem ser identificados segundo os mercados onde são lançados, como no caso dos ADR, GDR, IDR e BDR. O American Depositary Receipts (ADR) é a forma como as ações de empresas estrangeiras são negociadas no mercado acionário norte-americano. A expressão Global Depositary Receipts (GDR) refere-se ao mesmo mecanismo, mas nesse caso as negociações podem incluir outros mercados além do norte-americano. O International Depositary Receipts (IDR) é um instrumento basicamente europeu, com funções parecidas com as do ADR, mas com algumas diferenças, como serem títulos ao portador e denominados em outras moedas que não o dólar.

6.3.1 ADR

O ADR é um recibo representativo de uma ação de empresa estrangeira que se encontra depositada em um banco no país de origem, negociado nos Estados Unidos.

Um programa de ADR é viabilizado por iniciativa da própria empresa, com nova emissão de ações, ou aproveitando ações já em poder do mercado. Para se ter um ADR, determinado lote de ações (emitido pela própria empresa ou em poder do mercado) é depositado em um banco do próprio país em que está sediada a empresa, o banco custodiante. Com lastro nesses depósitos, um banco no exterior, o chamado banco depositário, ou emissor, emite o ADR, que é negociável no mercado norte-americano. Para todos os efeitos, o ADR tem exatamente os mesmos direitos que os das ações depositadas: dividendos, bonificações, desdobramentos e um valor cotado pelo mercado.

O ADR, como dissemos, é um certificado emitido por banco norte-americano (banco emissor) que é depositado em um banco no país de origem da empresa (banco custodiante). Ele é cotado em dólares e negociado livremente em bolsas ou mercado de balcão nos EUA como qualquer outro valor mobiliário norte-americano. No caso brasileiro, o fluxo de recursos inicia-se quando uma corretora ou banco norte-americano compra, no mercado brasileiro, títulos de uma empresa e os entrega para custódia em um banco local. Este, por sua vez, atuando como agente do banco norte-americano emissor dos ADR, o instrui a emitir os certificados, que são entregues ao investidor americano. O programa de lançamento de ADR deve ser examinado e aprovado pela CVM no Brasil, e, dependendo do nível da emissão, pela SEC nos Estados Unidos. Ver Figura 6.8.

```
┌─────────────────────────┐         ┌─────────────────────────┐
│       Primário          │         │       Secundário        │
├─────────────────────────┤         ├─────────────────────────┤
│   Empresa emissora      │         │  Corretora compra ações em │
│   emite ações           │         │  nome do comprador       │
└───────────┬─────────────┘         └───────────┬─────────────┘
         Deposita                           Deposita
            ▼                                   ▼
┌─────────────────────────────────────────────────────────────┐
│                    Custodiante local                        │
└─────────────────────────────────────────────────────────────┘
```

CVM/Bacen

Brasil
- -
Estados Unidos

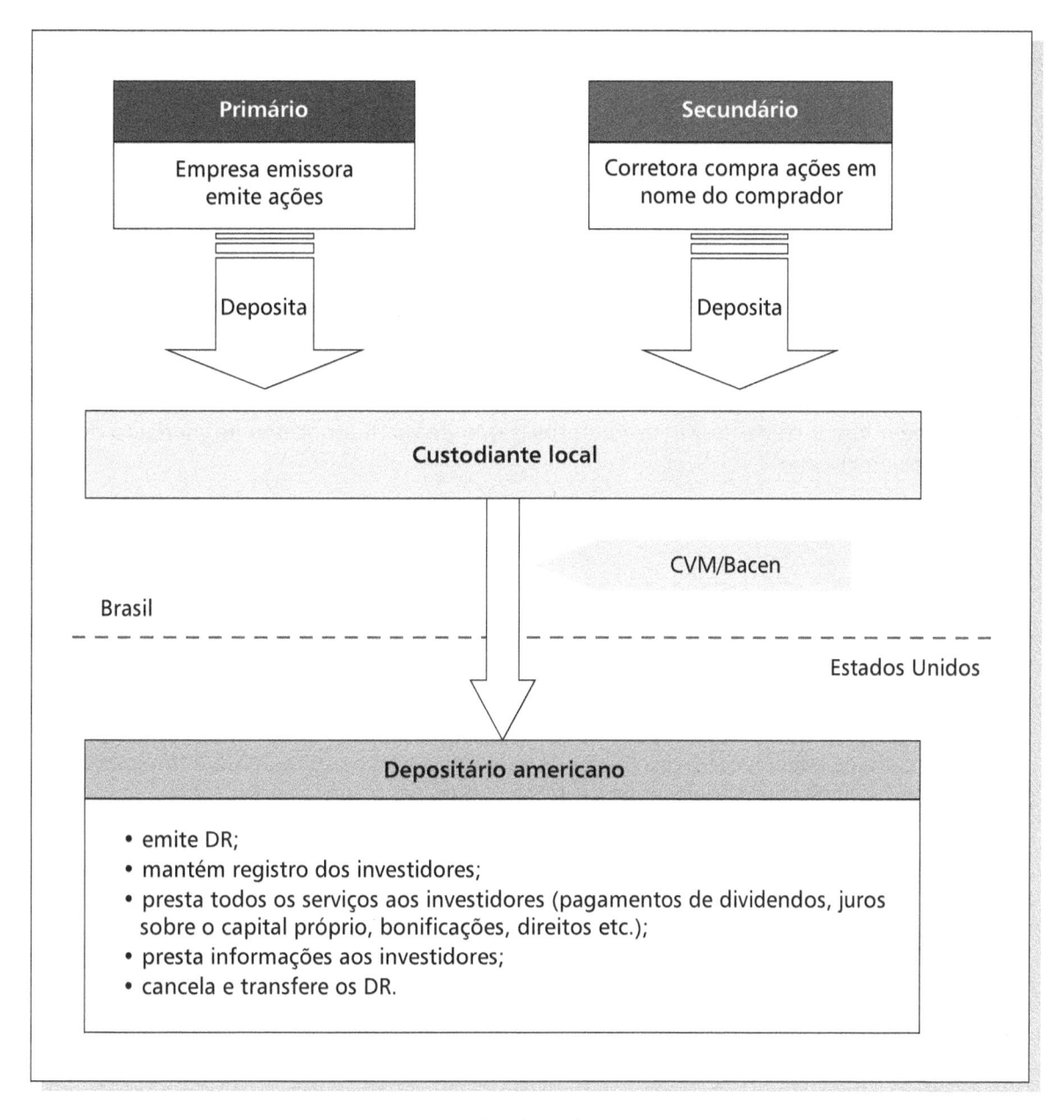

```
┌─────────────────────────────────────────────────────────────┐
│                  Depositário americano                      │
├─────────────────────────────────────────────────────────────┤
│ • emite DR;                                                 │
│ • mantém registro dos investidores;                         │
│ • presta todos os serviços aos investidores (pagamentos de  │
│   dividendos, juros sobre o capital próprio, bonificações,  │
│   direitos etc.);                                           │
│ • presta informações aos investidores;                      │
│ • cancela e transfere os DR.                                │
└─────────────────────────────────────────────────────────────┘
```

Figura 6.8 *Fluxo de um ADR.*

Diz-se que um programa de ADR é patrocinado (*sponsored* ADR) quando a empresa emissora está diretamente envolvida com seu lançamento. Mesmo assim, isso não corresponde a dizer que todo lançamento patrocinado de ADR é, necessariamente, um instrumento de captação de recursos para a empresa emissora. Dependendo do nível do programa, pode não haver emissão de ações novas e, consequentemente, não haverá ingresso de recursos para a empresa. Mas, então, qual seria a vantagem para ela? Poderia inicialmente lançar um programa sem emissão de ações (que tem menos exigências e, portanto, é mais barato) apenas para testar o mercado e garantir liquidez para um futuro lançamento em condições mais vantajosas.

Já o ADR não patrocinado não conta com a participação direta da empresa emissora dos títulos de dívida. Esses são comprados no mercado secundário e utilizados nos EUA como lastro de um programa de ADR. Por esse motivo, os lançamentos de ADR não patrocinados não têm sido muito usuais ultimamente.

Os ADR patrocinados podem ser divididos em categorias:

Nível I

É o método mais simples de lançamento de ADR. Nesse nível, não há colocação de ações novas e, portanto, a empresa não capta recursos. Os ADR são negociados no mercado de balcão, o que diminui sobremaneira as exigências legais quanto à documentação a ser apresentada. As demonstrações financeiras, por exemplo, são entregues da mesma forma e em moeda do país de origem; a única mudança é a tradução para o inglês. Outro aspecto que simplifica bastante a emissão de ADR no nível I é a isenção de registro na SEC. A implementação após a entrega dos documentos é de seis a oito semanas. Os lançamentos de programas de ADR no nível I são utilizados como primeira etapa (menos dispendiosa e trabalhosa) para empresas que desejam ter acesso ao mercado de capitais norte-americano.

Nível II

Para um lançamento de ADR no nível II, é exigido registro completo na SEC. Além disso, não há emissão de ações e, consequentemente, não há levantamento de capital por parte da empresa emissora. Principalmente por esses dois motivos, o programa nesse nível é o menos utilizado, pois seus custos são mais elevados que os do nível I, e os benefícios são menores que os do nível III. Nessa modalidade, os ADR já não são negociados no mercado de balcão, e sim nas bolsas de valores. O prazo estimado para implementação de um programa nível II é de cerca de 15 semanas.

Nível III

As exigências legais para se montar um lançamento de ADR nesse nível são as mesmas do nível II: registro completo na SEC e consequente cumprimento de suas rigorosas determinações, tradução e conversão de moeda das demonstrações financeiras, que devem ser representadas segundo as regras contábeis americanas etc. As diferenças principais entre os programas nos níveis II e III são a forma de oferta (que é pública, ao contrário dos dois primeiros tipos, que são lançamentos privados) e o levantamento de recursos por parte da empresa, pois nesse caso o lançamento é lastreado por ações novas.

Nível 144-A

O nível 144-A, ou nível intermediário, é um nível pelo qual as empresas obtêm permissão para fazer uma captação de recursos, mas apenas no mercado de balcão.

Com o intuito de acompanhar a globalização do mercado de capitais, a regra 144-A foi criada para regular as condições básicas para a venda de papéis (*bonds*) ou ações no mercado primário ou secundário norte-americano por empresas estrangeiras. Para que o sistema de registro dos papéis permitisse atender tanto ao euromercado como ao mercado doméstico norte-americano, foi desenvolvido o DTC (Depositary Trust Co.), que é o sistema "postal" para registro eletrônico das operações de balcão. O perfeito funcionamento é supervisionado pela SEC.

Quadro 6.5 Os níveis de ADR.

	Nível I	Nível II	Nível III	Nível 144-A
Descrição	Programa não listado nos EUA	Programa listado em uma bolsa dos EUA	Certificados oferecidos e listados em uma bolsa dos EUA	Colocação privada entre QIBs dos EUA
Negociação	Mercado de balcão	• Amex • NYSE • Nasdaq	• Amex • NYSE • Nasdaq	Entre QIBs dos EUA
Registro na SEC	Sim	Sim	Sim	Não
Emissão de ações	Ações já emitidas	Ações já emitidas	Novas ações	Novas ações

Fonte: B3.

6.3.2 BDR

A partir da Resolução CMN nº 2.318, de 26 de setembro de 1996, foi criada no Brasil a possibilidade de negociação de recibos de empresas estrangeiras no mercado brasileiro. Dessa forma, foi criado um mecanismo semelhante ao ADR para as empresas estrangeiras que desejem lançar seus títulos no Brasil.

> Os **BDR** são certificados representativos de valores mobiliários de emissão de companhia aberta, ou assemelhada, com sede no exterior e emitidos por instituição depositária no Brasil.

Há duas categorias de programas de BDR: os patrocinados e os não patrocinados. No programa patrocinado, a companhia emissora dos valores mobiliários, denominada patrocinadora, se responsabiliza pelos custos do programa. Já no programa não patrocinado não há um acordo entre a companhia emissora dos valores mobiliários e a instituição depositária.

Quadro 6.6 Os níveis de BDR.

	Nível I	Nível II	Nível III
Negociação entre investidores qualificados em mercado de balcão	X		
Negociação em bolsa de valores		X	X
Lastro em distribuição pública			X
Registro obrigatório na CVM		X	X
Registro não obrigatório na CVM	X		
Exigência de adaptação das demonstrações financeiras ao padrão contábil brasileiro		X	X
Não exigência de adaptação das demonstrações financeiras ao padrão contábil brasileiro	X		
Obrigatoriedade de informações adicionais às do país de origem		X	X
Não obrigatoriedade de informações adicionais às do país de origem	X		

Fonte: B3.

Em 5 de outubro de 2010, em um evento realizado na sede da BM&FBovespa, foram lançados os primeiros BDR não patrocinados nível I do mercado brasileiro.

O Deutsche Bank, que auxiliou a bolsa na estruturação dos programas, foi o emissor dos dez primeiros recibos, e a corretora Indusval Multistock foi escolhida pelo banco para atuar como formadora de mercado, ou seja, fazer o processo de formação de preços e assegurar uma liquidez mínima dos papéis.

A aquisição dos BDR foi através dos fundos de investimento cujas carteiras podiam ser compostas de até 10% desses títulos e os fundos multimercado que podiam ter até 20%.

Quadro 6.7 *Os primeiros dez BDR emitidos pelo Deutsche Bank.*

Empresas	País	Setor	Código de negociação
Apple Inc.	EUA	Tecnologia	AAPL118
Google Inc.	EUA	Tecnologia	GOOG118
Bank of America Corporation	EUA	Financeiro	BOAC118
Goldman Sachs Group Inc.	EUA	Financeiro	GSGI118
Arcelor Mittal	Índia	Siderúrgica	ARMT118
Avon Products Inc.	EUA	Cosméticos	AVON118
Wal Mart Stores Inc.	EUA	Varejo	WALM118
Exxon Mobil Corporation	EUA	Petróleo	EXXO118
McDonald's Corporation	EUA	Alimentos	MCDC118
Pfizer Inc.	EUA	Farmacêutico	PFIZ118

Atualmente, os BDR mais negociados são:

Não patrocinados	1. Apple 2. Microsoft 3. Time Warner 4. Walt Disney 5. Home Depot
Patrocinados	1. Dufry 2. Cosan Limited 3. Wilson Sons 4. GP Investments 5. BTG

Suas principais vantagens e desvantagens são:

Vantagens	Desvantagens
Esses certificados permitem investir em ações estrangeiras sem pagar os custos relacionados à remessa de recursos para o exterior e necessidade de ter uma conta fora do país.	Como qualquer ativo de renda variável, o investimento em BDR envolve riscos, além de sofrer a influência do câmbio. Só podem investir diretamente em BDR não patrocinados os investidores qualificados (com R$ 1 milhão em aplicações financeiras).

6.4 Debêntures

Debênture é um título emitido por uma sociedade anônima, previamente autorizado pela CVM, com a finalidade de captar recursos de médio e de longo prazo, destinados normalmente a financiamento de projetos de investimento ou alongamento do perfil do passivo. Caracteriza-se como um título de valor mobiliário, com remuneração baseada em taxas de renda fixa.

Debêntures são valores mobiliários representativos de dívida de médio e longo prazo, emitidos por sociedade por ações, de capital aberto ou fechado, que conferem ao detentor do título (debenturista) o direito de crédito junto à emissora.

Ou seja, **debêntures nada mais são do que títulos de dívida emitidos por empresas de diversos setores**. Portanto, o **investidor, ao aplicar em uma debênture, está emprestando dinheiro para a empresa que a emitiu**.

São títulos flexíveis, pois a emissora pode determinar o fluxo de amortizações de acordo com seu fluxo de caixa.

Para serem emitidas publicamente, a emissora precisa ter registro na CVM.

6.4.1 Como surgem as debêntures?

Debêntures são emitidas por empresas quando precisam captar recursos a médio e longo prazo no mercado destinados, normalmente, a financiamentos de projetos de investimentos ou alongamento do perfil de dívida. Para emiti-las, as empresas devem ser constituídas como sociedades por ações (sociedades anônimas ou em comandita por ações), de capital aberto ou fechado.

Em 2017, **as empresas brasileiras captaram R$ 90,8 bilhões** por meio de operações com debêntures, o volume mais alto da série histórica da ANBIMA, iniciada em 2002. Esse montante representou **crescimento de 49,8% no total** de emissões na comparação com 2016, fruto dos juros menores, que tornam mais barato o custo de captação por parte das empresas.

6.4.2 Características das debêntures

As debêntures asseguram aos seus titulares um direito de crédito contra a companhia nas condições constantes da escritura de emissões e do certificado, havendo preferência quanto ao recebimento do capital aplicado. Prestam-se ao carregamento de recursos para o financiamento de capital fixo e de giro das empresas.

As debêntures podem ser emitidas por sociedades por ações (sociedades anônimas ou em comandita por ações), de capital aberto ou fechado.

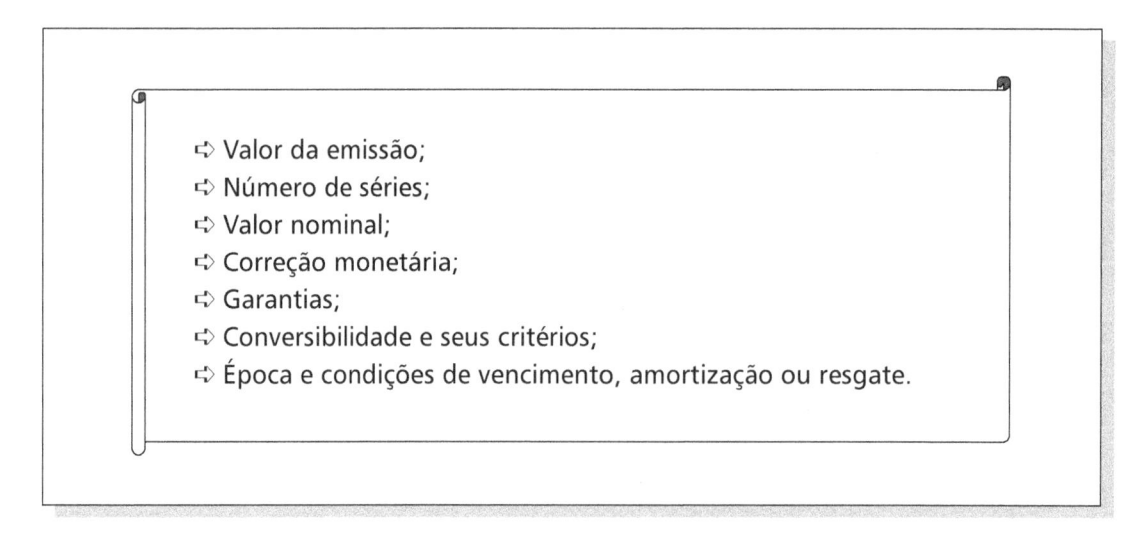

⇨ Valor da emissão;
⇨ Número de séries;
⇨ Valor nominal;
⇨ Correção monetária;
⇨ Garantias;
⇨ Conversibilidade e seus critérios;
⇨ Época e condições de vencimento, amortização ou resgate.

Figura 6.9 *Características das debêntures.*

Em função do enfoque adotado, as debêntures podem ser classificadas em oito grupos:

- quanto à forma assumida pelo título (nominativa ou endossável);
- quanto à época do seu vencimento (prefixado ou não determinado);
- quanto à possibilidade ou não de conversão em ações (conversível ou permutável);
- quanto às espécies de garantias oferecidas;
- quanto ao tipo de remuneração (juros/lucro, participação, prêmio de reembolso e deságio);
- quanto à forma de amortização (resgate facultativo, resgate programado, emissão em séries, amortização parcelada e fundo de amortização);
- quanto ao tipo de emissão (públicas ou em caráter privado); e
- quanto ao destino (emissão para o exterior ou local).

Considerando a possibilidade de conversão em ações, as debêntures podem possuir cláusula de conversibilidade, criando-se a debênture conversível em ações, ou seja, título de crédito com base em renda fixa com opção de conversibilidade em uma renda variável (ações). Em função dessa conversibilidade, as debêntures podem ser classificadas em:

- debêntures conversíveis em ações;
- debêntures não conversíveis ou simples; e
- debêntures permutáveis, que podem ser transformadas em ações de emissão de outras companhias que não a emissora dos papéis, ou, ainda, apesar de raro, em outros tipos de bens.

Debêntures não estão cobertas pelo FGC (Fundo Garantidor de Créditos) porque não são emitidas por instituições financeiras, e sim por empresas privadas. Em função da atratividade que as empresas emissoras querem dar a debênture, elas podem ser emitidas com ou sem garantia. No caso das emissões garantidas elas podem ser:

- com garantia real: envolve o comprometimento de bens ou direitos que não poderão ser negociados sem a aprovação dos debenturistas, para que a garantia não fique comprometida. Como exemplo, temos o penhor ou hipoteca sobre bens do ativo;
- com garantia flutuante: assegura privilégio geral sobre o ativo da emissora.

No caso das emissões sem garantias, elas podem ser:

- quirografária, em que não há privilégio especial ou geral;
- subordinada, que representa crédito subordinado aos demais credores em geral e, normalmente só tem preferência em relação aos acionistas.

Para diminuir o risco de seu investimento, o investidor deve analisar vários aspectos ligados a debêntures como:

- *rating*: olhar a nota de crédito que as agências de classificação de risco dão à empresa;
- **segurança:** debêntures com garantia real tendem a ser mais seguras;
- **capital:** ver a relação entre a dívida da empresa e seu caixa livre (EBITDA):
- **rendimento:** conhecer as formas de remuneração em relação a indexadores e pagamentos antecipados sob a forma de cupom;
- **tempo:** prazo do investimento.

6.4.3 *Informações sobre debêntures*

A principal fonte de informações sobre as debêntures é o prospecto. O prospecto (inglês e português) é o documento da operação mais elaborado, e também o material mais importante. Deve respeitar todos os aspectos jurídicos e servir como material de venda, sobretudo nos EUA. Nele encontramos informações sobre:

- Sumário da Oferta
- Sumário da Emissora (Formulário de Referência)
- Cronograma
- Condições e Período de Reserva
- Preço ou Faixa de Preço
- *Bookbuilding*
- Distribuição Parcial e Rateio
- Destinação de Recursos
- Diluição
- Fatores de Risco

6.4.4 Colocação de debêntures

A colocação de debêntures poderá ser via oferta pública, por meio de uma instituição financeira, ou privada, quando os papéis são colocados diretamente aos investidores, sem a intermediação de instituições financeiras. O valor total das emissões de debêntures, em princípio, não pode ultrapassar o valor do capital social da empresa. No caso de debêntures com garantia real, elas não devem ultrapassar 80% do valor dos bens gravados próprios ou de terceiros, e, no caso de debêntures com garantia flutuante, não devem ultrapassar 70% do valor contábil do ativo da companhia, subtraindo do montante as suas dívidas garantidas por direitos reais. Em se tratando de debêntures conversíveis, o montante de emissão não pode exceder o patrimônio líquido apurado.

Requisitos básicos para emissão pública de debêntures:

- registro de companhia aberta;
- registro da emissão na CVM;
- publicação e arquivamento, no registro do comércio, da ata da assembleia geral e/ou da reunião do conselho de administração que deliberou sobre a emissão;
- inscrição da escritura de emissão no registro do comércio;
- constituição das garantias reais, se for o caso.

Quadro 6.8 *Agentes envolvidos na emissão de debêntures para a empresa.*

Agente	Responsabilidades
CVM	Autorização e controle.
Emissor	Empresa que originará o ativo.
Estruturador/coordenador	• Modelagem da operação. • Registro na CVM. • Apresentação ao mercado. • Formação do *pool* de distribuição. • Colocação dos títulos aos investidores. • Elaboração, com a empresa emissora, da escritura de emissão e o prospecto.
Agente fiduciário	Representante dos debenturistas, protege os seus direitos com a emissora e fiscaliza o cumprimento das cláusulas especiais (*covenants*).
Banco mandatário	Responsável pela confirmação financeira de todos os pagamentos e movimentações efetuados pelo emissor.
Instituição depositária	Registro da emissão para distribuição no mercado primário e negociação no mercado secundário.
Agências de *rating*	Avaliação do risco da emissão (qualidade de crédito).

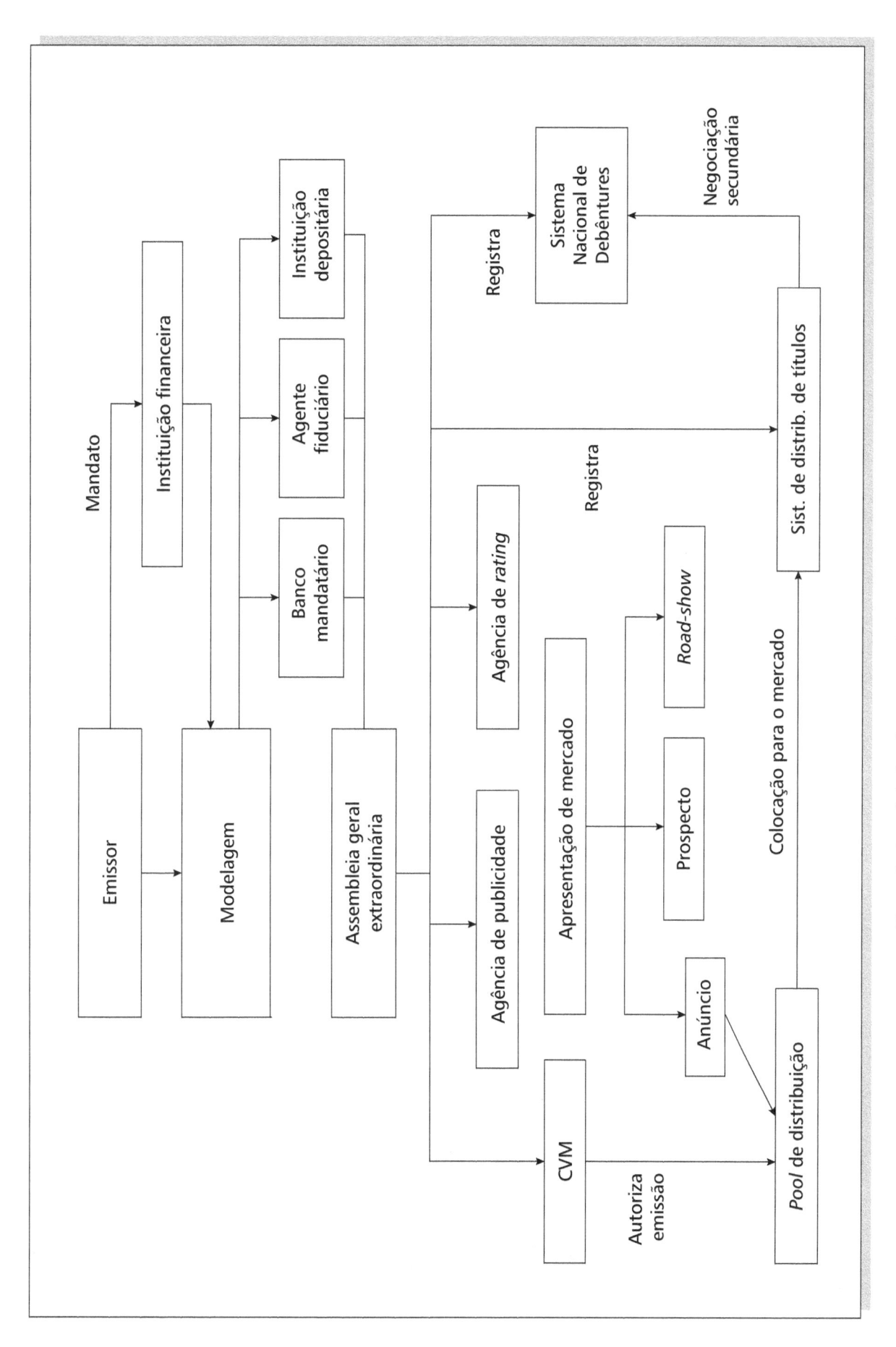

Figura 6.10 *Dinâmica do processo de lançamento de debêntures.*

Quadro 6.9 *Custos relacionados à emissão de debêntures para a empresa.*

Tipos	Descrição
Emissão pública	• Publicação da ata da AGE que autorizou a emissão. • Arquivamento da ata na junta comercial. • Lavratura da escritura de emissão em cartório. • Contratação do agente fiduciário. • Publicação do edital de chamada para exercício do direito de preferência. • Impressão dos boletins de subscrição. • Impressão dos certificados de debêntures. • Divulgação do anúncio de distribuição pública. • Impressão do prospecto de lançamento. • Promoção do lançamento.
Intermediação financeira	• Comissão de coordenação. • Comissão de garantia. • Comissão de colocação.
Manutenção da companhia aberta	• Departamento de acionista. • Manutenção de fluxo de informações para a CVM, bolsa de valores etc. • Divulgação dos atos e fatos relevantes ocorridos e das demonstrações contábeis e de administração na imprensa. • Remuneração do conselho de administração e dos serviços de auditoria externa.

O prazo de investimento das debêntures varia de médio a longo, a partir de 2 anos. É recomendado que o investidor mantenha o investimento até o final, porém, caso o investidor necessite receber o capital investido antes do prazo, ele pode utilizar o mercado secundário.

Normalmente, as debêntures são negociadas no mercado de balcão por meio do Sistema Nacional de Debêntures da Anbima (SND), criado em junho de 1988. Porém, elas também podem ser negociadas em bolsa. O Bovespafix é um sistema eletrônico de negociação de títulos oferecido pela Bovespa que proporciona aos emissores e demais participantes um ambiente de negociação transparente e líquido para a negociação das debêntures.

6.4.5 *Debêntures de infraestrutura/incentivadas – Lei nº 12.431/2011*

São títulos emitidos por empresas que buscam recursos para financiar obras de infraestrutura, criados em 2011 para fomentar o mercado de financiamento privado de longo prazo. Para atrair investidores, o governo isentou a tributação desses títulos. Portanto, elas são isentas de Imposto de Renda e IOF, o que as tornam muito atrativas para o investidor que deseja aplicar pagando menos taxas.

Pela característica do prazo, muitas debêntures incentivadas oferecem uma remuneração atrelada à inflação – como alguns dos títulos públicos mais longos do Tesouro Direto. Assim, elas pagam uma taxa de juros prefixada (de 5% ou 10% ao ano, por exemplo), mais a variação de algum índice de inflação (o IPCA é o mais comum). Por isso, esses papéis são interessantes para quem quer proteger o poder de compra do dinheiro.

6.4.6 Vantagens e desvantagens das debêntures

Podemos resumir as vantagens e desvantagens das debêntures em:

Vantagens	Desvantagens
• Rentabilidade atrativa • Isenção de Imposto de Renda • Taxas • Diversificação	• Risco de crédito • Risco de mercado nas repactuações • Liquidez • Prazos longos

6.5 Commercial papers

Os *commercial papers* são um tipo de nota promissória de curto prazo, emitido por sociedade por ações, destinada a oferta pública, colocada no mercado com desconto (deságio), a favor dos investidores ou com pagamento de juros periódicos. Constituem-se em um instrumento do mercado monetário e representam uma fonte de captação, pelas empresas, de recursos de curto prazo. Sua emissão é regulamentada pela CVM.

> *Commercial papers* são notas promissórias comerciais de emissão pública, negociáveis mediante endosso, emitidas por uma sociedade tomadora de recursos para obtenção de recurso a curto prazo.

Os prazos de vencimento dos *commercial papers* devem ser de trinta dias no mínimo e podem ter um máximo de:

- 180 dias (companhias fechadas); e
- 360 dias (companhias abertas).

Os *commercial papers* também podem ser colocados de duas formas:

a) diretamente pelo emitente, no caso de empresas de renome, sem risco de crédito; e
b) através de *dealers*, com um banco intermediando a operação e muitas vezes um banco garantidor.

> ➪ A garantia do título é o próprio desempenho da empresa.
> ➪ Sua maior vantagem é o custo muitas vezes inferior às taxas de juros praticadas nos empréstimos bancários, principalmente em função de o emitente poder colocar diretamente o título no mercado.
> ➪ Os títulos são mantidos em custódia em nome de seus titulares junto ao banco emissor com emissão de recibos de aplicação.
> ➪ Usualmente rendem juros, pagos em forma de desconto.

Figura 6.11 *Características dos* commercial papers.

O estatuto social da empresa emissora deverá dispor quanto à competência para deliberar a emissão de notas promissórias. Além disso, deverá dispor, também, de:

- O valor da emissão e a sua divisão em séries.
- A quantidade e valor nominal das notas promissórias.
- As condições de remuneração.
- O prazo de vencimentos dos títulos.
- As garantias, quando for o caso.
- O local de pagamento.

6.5.1 Histórico

Nos Estados Unidos – mais antigo e bem-sucedido mercado – as transações com título ao portador vendidos com desconto e com prazos curtos para resgate começaram ainda no tempo das colônias, por volta de 1704.

Por razões conjunturais, as empresas norte-americanas não estavam conseguindo, no fim do século passado, acessar o mercado de empréstimos bancários. Em consequência, elas buscaram formas alternativas de alavancagem de recursos, notadamente em empresas não financeiras.

O desenvolvimento desse mecanismo, que extrapolou os níveis regionais, deu origem aos *commercial papers*, que se consolidaram nos Estados Unidos a partir de 1980, com as dificuldades das empresas em obter créditos (*regulation K*).

Ao longo dos anos 1980, os *commercial papers* desenvolveram-se em vários outros países, e principalmente no euromercado, tornando-se importantes instrumentos de captação de curto prazo para empresas comerciais, industriais e financeiras dos principais países industrializados.

No Brasil, os *commercial papers* ficaram durante várias décadas fora do mercado até serem regulamentados pela Instrução CVM nº 134, de 1º de novembro de 1990.

A grande dificuldade para colocação dos *commercial papers* no exterior por parte de uma empresa brasileira reside na necessidade de uma garantia adequada. Isso porque as limitações de juros impostas pelo Banco Central não permitem que os *commercial papers* tenham uma remuneração adequada ao risco envolvido (crédito e do país). Esse fato, em verdade, altera as características tradicionais desse papel, ou seja, a remuneração proporcional ao risco e a sua colocação sem qualquer garantia. Tratando-se, no entanto, de empresas transnacionais essa colocação no exterior é enormemente facilitada sob o ponto de vista do risco e eventualmente até de remuneração.

Questões para consolidação

1. O que são valores mobiliários?
2. Quais são os direitos do acionista segundo a Lei nº 6.404/76?
3. Analise comparativamente as ações preferenciais e ordinárias.
4. O que são e para que servem as *units*?
5. O que são as assembleias gerais e quais são seus tipos?
6. Por que existem diversos valores para as ações e quais as diferenças entre eles?

7. Analise as formas de ganhos com as ações, diferenciando os ganhos resultantes da comercialização daqueles ligados aos resultados da empresa.
8. Descreva os eventos societários *split* e *inplit*.
9. Analise os DR como instrumentos alternativos para a capitalização das empresas.
10. Qual é a diferença entre ADR e BDR?
11. O que são as debêntures e o que as diferencia das ações?
12. Como são classificadas as debêntures?
13. Como é o processo de lançamento de uma debênture?
14. O que são os *commercial papers*?
15. Quanto à emissão dos *commercial papers*, quais os prazos mínimo e máximo de vencimento?

Teste de verificação

6.1. Das alternativas listadas, qual não representa valores mobiliários negociados no mercado de capitais brasileiro?
   ( ) Debêntures.
   ( ) Notas comerciais.
   ( ) Bônus de subscrição.
   ( ) Certificados de depósito de valores mobiliários.
   ( ) Certificados de depósitos bancários (CDB).
   ( ) Índices representativos de carteira de ações.
   ( ) Opções de compra e venda de valores mobiliários.
   ( ) Direitos de subscrição.

6.2. Das alternativas listadas, qual não representa características das ações?
   ( ) Menor parcela do capital social de uma empresa.
   ( ) Valores negociáveis no mercado primário e secundário.
   ( ) Classificadas de acordo com a natureza dos direitos e vantagens que conferem ao acionista.
   ( ) Títulos que representam dívida ou crédito.
   ( ) Um título patrimonial.

6.3. São direitos dos acionistas:
   ( ) Participação nos lucros sociais.
   ( ) Voto.
   ( ) Informações.
   ( ) Preferência na subscrição de novas ações.
   ( ) Todas as alternativas estão corretas.

6.4. Não são preferências que os acionistas detentores de ações preferenciais adquirem com suas ações:
   ( ) Preferência na distribuição de resultados.
   ( ) Preferência no reembolso de capital.
   ( ) Preferência na acumulação das duas situações anteriores.
   ( ) Preferência nas assembleias gerais.

6.5. Chamamos de preferenciais as ações que:
   ( ) Têm direito a voto se a empresa não distribuir dividendos por três anos consecutivos.
   ( ) Não têm preferência sobre as ordinárias no pagamento de dividendos caso os lucros sejam insuficientes.
   ( ) Têm preferência no reembolso do capital, em caso de liquidação da sociedade.
   ( ) Todas as alternativas estão corretas.
   ( ) A primeira e a terceira alternativas estão corretas.

6.6. A principal característica das ações ordinárias é:
- ( ) Deter 1/3 do capital social com direito pleno de voto.
- ( ) Não ter direito de voto na AGO e AGE.
- ( ) Ter direito a voto somente quando a empresa passar três anos consecutivos sem distribuir resultados.
- ( ) Todas as alternativas estão corretas.
- ( ) Nenhuma das alternativas está correta.

6.7. O acionista detentor de ações ordinárias goza dos direitos a seguir, exceto:
- ( ) Decidir sobre a destinação dos resultados.
- ( ) Deliberar sobre os destinos da companhia.
- ( ) Ter preferência no recebimento de dividendos.
- ( ) Ter o direito de voto nas assembleias.
- ( ) Aprovar as contas patrimoniais.

6.8. Quanto à circulação, podemos encontrar ações, exceto:
- ( ) Ordinária nominativa, preferencial nominativa, ordinária escritural, preferencial escritural.
- ( ) Ordinária nominativa, preferencial nominativa classe A, ordinária escritural ex-dividendo, preferencial escritural.
- ( ) Ordinária nominativa sem valor nominal, preferencial nominativa classe C com valor nominal, ordinária escritural ex-bonificação, preferencial escritural ex-juros sobre capital próprio.
- ( ) Ordinária nominativa escritural, preferencial nominativa escritural, ordinária escritural nominativa, preferencial escritural nominativa.

6.9. Sobre as ações escriturais não é correto afirmar que:
- ( ) elas não são representadas por cautelas;
- ( ) funcionam como um registro eletrônico;
- ( ) são escrituradas por um banco (fiel depositário);
- ( ) não existe movimentação física de documentos;
- ( ) a empresa processa, diretamente aos acionistas, os pagamentos de direitos e resultados e as transferências de propriedade.

6.10. Com base nos valores das ações, classifique a segunda coluna de acordo com o critério a seguir:

(1) Patrimonial.   ( ) Valor avaliado em caso de encerramento das atividades da companhia.

(2) Contábil.   ( ) Preço de emissão que não pode ser inferior ao valor nominal contábil.

(3) De liquidação.   ( ) Valor real avaliado no processo de análise fundamentalista.

(4) Intrínseco.   ( ) É o valor que os compradores estão aceitando para pagar e os vendedores recebendo para fazê-lo em mercados organizados.

(5) De subscrição.   ( ) Valor lançado no estatuto e nos livros da companhia. Pode ser explícito ou indiscriminado.

(6) De mercado.   ( ) Valor global do patrimônio líquido do exercício considerado dividido pelo número de ações. Pode servir de referência para o exercício de direitos do acionista.

6.11. As ações têm rendimentos e resultados distribuídos pela própria companhia, exceto:
- ( ) Os dividendos.
- ( ) O lucro na venda.
- ( ) As bonificações.
- ( ) As alterações no valor nominal (subscrições).

6.12. Com base nas categorias dos ADR patrocinados, classifique a segunda coluna de acordo com o seguinte critério:

(1) Nível I ( ) Nessa modalidade, os ADR já não são negociados no mercado de balcão, e sim nas bolsas de valores. O prazo estimado para implementação de um programa nesse nível é de cerca de 15 semanas.

(2) Nível II ( ) As diferenças principais entre os programas nesse nível e o anterior são a forma de oferta (que é pública, ao contrário dos dois primeiros tipos, que são lançamentos privados) e o levantamento de recursos por parte da empresa, pois nesse caso o lançamento é lastreado por ações novas.

(3) Nível III ( ) Nesse nível, ou nível intermediário, como também é conhecido, as empresas obtêm permissão para fazer captação de recursos, mas apenas no mercado de balcão.

(4) Nível 144-A ( ) É o método mais simples de lançamento de ADR. Nesse nível, não há colocação de ações novas e, portanto, a empresa não capta recursos.

6.13. Com base nos agentes envolvidos na emissão de debêntures para a empresa e suas responsabilidades, classifique a segunda coluna de acordo com o seguinte critério:

(1) CVM ( ) Autorização e controle.

(2) Emissor ( ) Empresa que originará o ativo.

(3) Coordenador ( ) Responsável pela confirmação financeira de todos os pagamentos e movimentações efetuados pelo emissor.

(4) Agente fiduciário ( ) Registra a emissão para distribuição no mercado primário e negociação no mercado secundário.

(5) Banco mandatário ( ) Representante dos debenturistas, protege os seus direitos com a emissora e fiscaliza o cumprimento das cláusulas especiais (*covenants*).

(6) Instituição depositária ( )
- Modelagem da operação.
- Registro na CVM.
- Apresentação ao mercado.
- Formação do *pool* de distribuição.
- Colocação dos títulos aos investidores.
- Elaboração, com a empresa emissora, da escritura de emissão e o prospecto.

(7) Agências de *rating* ( ) Avaliação do risco da emissão (qualidade de crédito).

6.14. Quanto ao prazo de vencimento, os *commercial papers* devem ter trinta dias no mínimo e, no caso das companhias fechadas, podem ter um máximo de:
( ) 180 dias.
( ) 360 dias.

7

Mercado de Capitais e as Empresas

Conteúdo

- 7.1 O acesso das empresas ao mercado de capitais
- 7.2 A abertura de capital
    - 7.2.1 Razões para a abertura de capital
    - 7.2.2 Preparações preliminares
    - 7.2.3 A transformação societária
    - 7.2.4 O processo de abertura de capital
- 7.3 *Underwriting*
    - 7.3.1 Formas de *underwriting*
    - 7.3.2 Tipos de *underwriting*
    - 7.3.3 Etapas do processo de *underwriting*
    - 7.3.4 Selecionando o *underwriter*
- 7.4 Oferta pública de ações
    - 7.4.1 Ofertas públicas de venda
    - 7.4.2 Oferta pública de aquisição de ações (OPA)
- 7.5 *Initial Public Offering* (IPO)
    - 7.5.1 Vantagens e desvantagens do IPO
    - 7.5.2 Papel dos principais atores do processo
    - 7.5.3 Custos da oferta pública
    - 7.5.4 Resumo das etapas de um IPO
- Questões para consolidação
- Teste de verificação

7.1 O acesso das empresas ao mercado de capitais

O mercado de capitais desempenha papel dos mais relevantes no processo de financiamento das empresas. Ele oferece diversos instrumentos de financiamento a médio e longo prazo para suprir as necessidades dos agentes econômicos, tais como debêntures, Fundos de Investimento em Direitos Creditórios (FIDCs) e Certificados de Recebíveis Imobiliários (CRIs), títulos externos. Oferece ainda financiamento com prazo indeterminado, como as operações que envolvem a emissão de ações.

Títulos
- Renda fixa
  - CRI (isenção para PF)
  - Debêntures
- Renda variável
  - Ações
  - Ações de PMEs (isenção para PF)

Fundos
- Fundos de Investimento em Direitos Creditórios (FIDC)
- Fundos de Investimento em Participação (FIP)
- Fundos de Investimento em Empresas Emergentes (FMIEE)

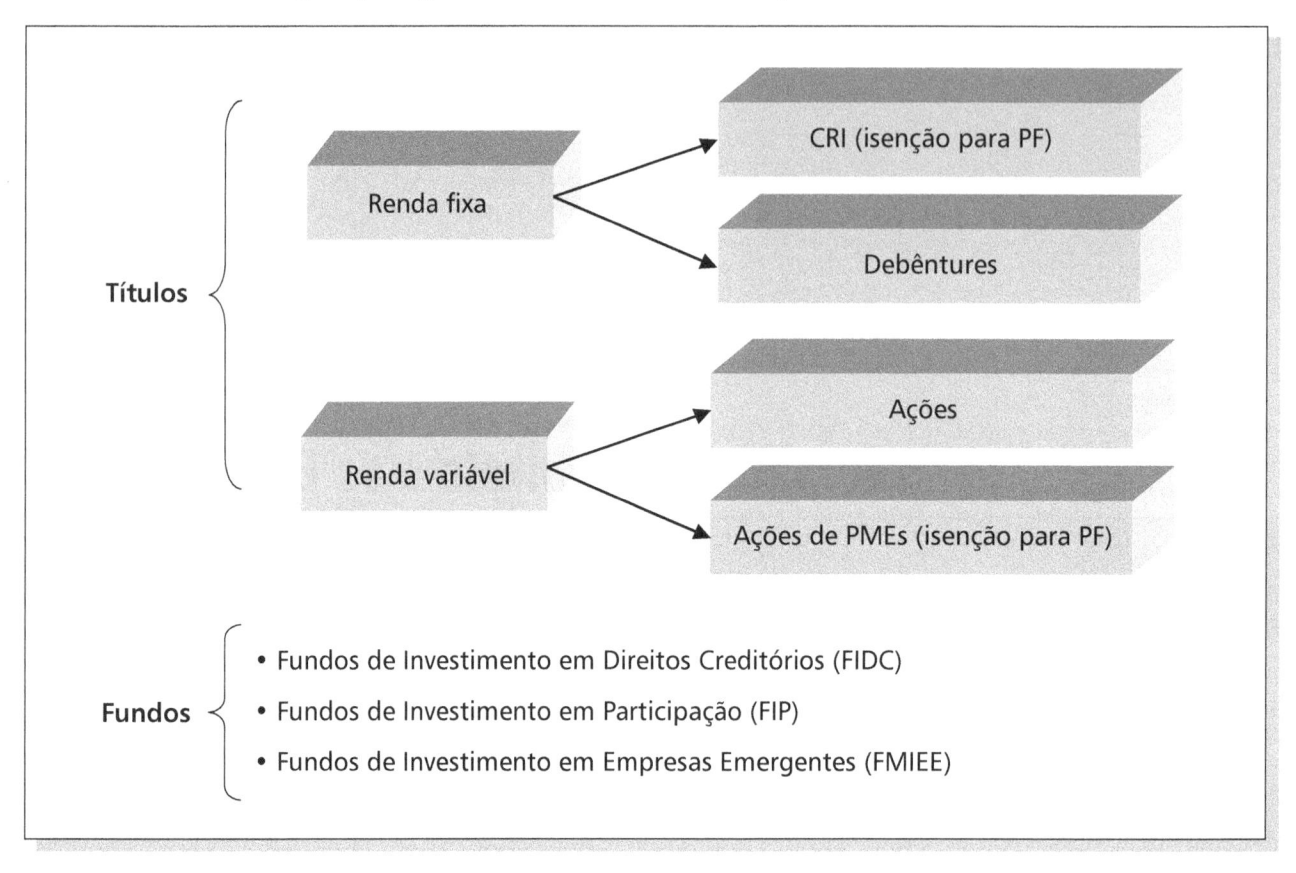

Figura 7.1 *Instrumentos (veículos) de mercado de capitais.*

Desde a sua criação por um número pequeno de sócios, até sua posterior entrada na bolsa, uma empresa vai passando por diferentes processos de financiamento. Na Figura 7.2 é apresentado um exemplo típico na cronologia de financiamento de uma empresa americana.

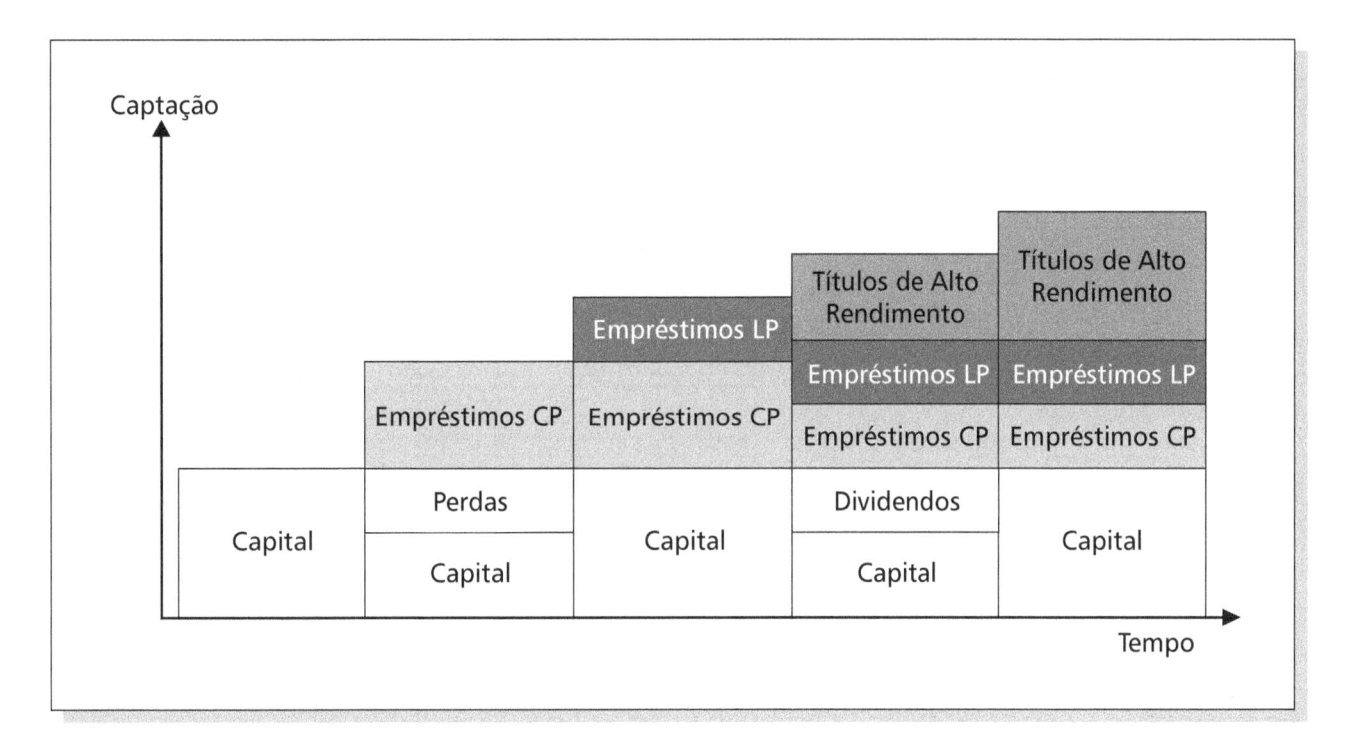

```
Captação
   ↑
   │                                              ┌──────────────┐
   │                                              │  Títulos de Alto │
   │                               ┌──────────────┤   Rendimento  │
   │                               │ Títulos de Alto │              │
   │                               │  Rendimento  ├──────────────┤
   │                ┌──────────────┤              │ Empréstimos LP│
   │                │ Empréstimos LP├──────────────┤              │
   │ ┌──────────────┤              │ Empréstimos LP│              │
   │ │              │ Empréstimos CP├──────────────┤ Empréstimos CP│
   │ │ Empréstimos CP│              │ Empréstimos CP│              │
   │ ├──────────────┼──────────────┼──────────────┼──────────────┤
   │ │              │   Perdas     │              │  Dividendos  │  Capital │
   │ │   Capital    ├──────────────┤   Capital    ├──────────────┤          │
   │ │              │   Capital    │              │   Capital    │          │
   └─┴──────────────┴──────────────┴──────────────┴──────────────┴──────────→
                                                                       Tempo
```

Figura 7.2 *Cronologia de financiamento de uma empresa.*

A relação entre tipo de financiamento e ciclo de vida da empresa vai mudando ao longo de sua evolução. Em cada etapa de seu ciclo é necessário um tipo de financiamento adequado ao seu momento econômico-financeiro. Através do mercado de capitais, a empresa consegue compatibilizar seu momento de maturidade com as características dos tipos de opção oferecidos.

Quadro 7.1 *Comparação entre as opções de captações oferecidas pelo mercado de capitais.*

Captação	*Seed money* *Start-up*	*Venture capital*	Mercado acionário	Mercado de dívidas
Objetivos	Capital	1ª expansão Parceiro para aporte de recursos	Crescimento Abertura de capital	Maturidade Pulverização de capital
Estratégia	Endividamento de longo prazo para crescer	Busca de mercado, credibilidade, governança e tecnologia	Criação de referência de valor, profissionalismo e transparência	Perpetuidade da gestão
Destinação dos recursos	Pesquisa de mercado Aquisição de equipamentos	Crescimento das vendas Desenvolvimento/ melhorias de produto	Expansão da planta Novos produtos Novas aquisições	Manutenção da rentabilidade Retirada dos sócios

A natureza jurídica da companhia também determina o acesso às diversas opções de captações que ela pode fazer. No Quadro 7.2, temos uma comparação das opções de captações no mercado de capitais relacionadas à natureza jurídica da companhia.

Quadro 7.2 *Comparação entre as opções de captações e a natureza jurídica das empresas.*

	Empresa Ltda.	S.A.	
		Capital fechado	Capital aberto
Empréstimos diretos com os bancos comercias	✓	✓	✓
Notas promissórias comerciais (até 180 dias)	✓	✓	✓
Notas promissórias comerciais (até 360 dias)	✗	✓	✓
Debêntures (ICVM 476)	✗	✓	✓
Debêntures (ICVM 400)	✗	✗	✓
IPO	✗	✗	✓
	Acesso somente a empréstimos bancários	Acesso a investidores qualificados	Acesso a todos os investidores

Durante o processo decisório da escolha de fontes, alguns fatores devem ser observados. Os principais fatores que influenciam na escolha da fonte de captação de recursos são:

- **Maturidade do negócio:** negócios mais maduros são mais facilmente entendidos pelo investidor.
- **Perfil dos fluxos de caixa:** setores com fluxos de caixa mais previsíveis apresentam mais alternativas e menor custo de captação.
- **Perfil do endividamento/alavancagem:** uma alavancagem elevada, antes ou depois de uma aquisição, pode levar à necessidade de injeção de capital.
- ***Rating* da empresa:** afeta a credibilidade para a operação para captação e seus custos.
- **Momento de mercado:** os mercados de ações e dívida são cíclicos e podem estar indisponíveis durante determinado período, não necessariamente ao mesmo tempo, pois estes não possuem uma relação direta.

Historicamente, as empresas brasileiras distinguem-se pelo acesso restrito ao capital privado de terceiros, financiando seus projetos de investimento principalmente com recursos próprios e financiamento público. O modelo de financiamento brasileiro pode ser caracterizado pela utilização de bancos públicos como uma fonte especial de recursos. O Banco Nacional de Desenvolvimento Econômico e Social (BNDES), por exemplo, fornece a quase totalidade do financiamento de longo prazo, sobretudo com recursos do Fundo de Amparo ao Trabalhador (FAT).

No entanto, nos últimos anos, tem-se observado um aumento significativo das emissões de valores mobiliários, com a crescente utilização de instrumentos de renda fixa, como debêntures ou fundos de investimento em direitos creditórios. Entre as captações no ano de 2012, 80% foram realizadas com ofertas de títulos de renda fixa. Esse fato vem se repetindo ao longo dos anos, como se pode observar no Gráfico 7.1, e concentradas em debêntures que representaram 62% das captações.

Total de ofertas renda fixa e renda variável (R$ bilhões)

Ano	Renda fixa	Renda variável
2012	132	14
2013	121	24
2014	139	15
2015	101	18
2016	108	11
2017	167	40
2018	200	11

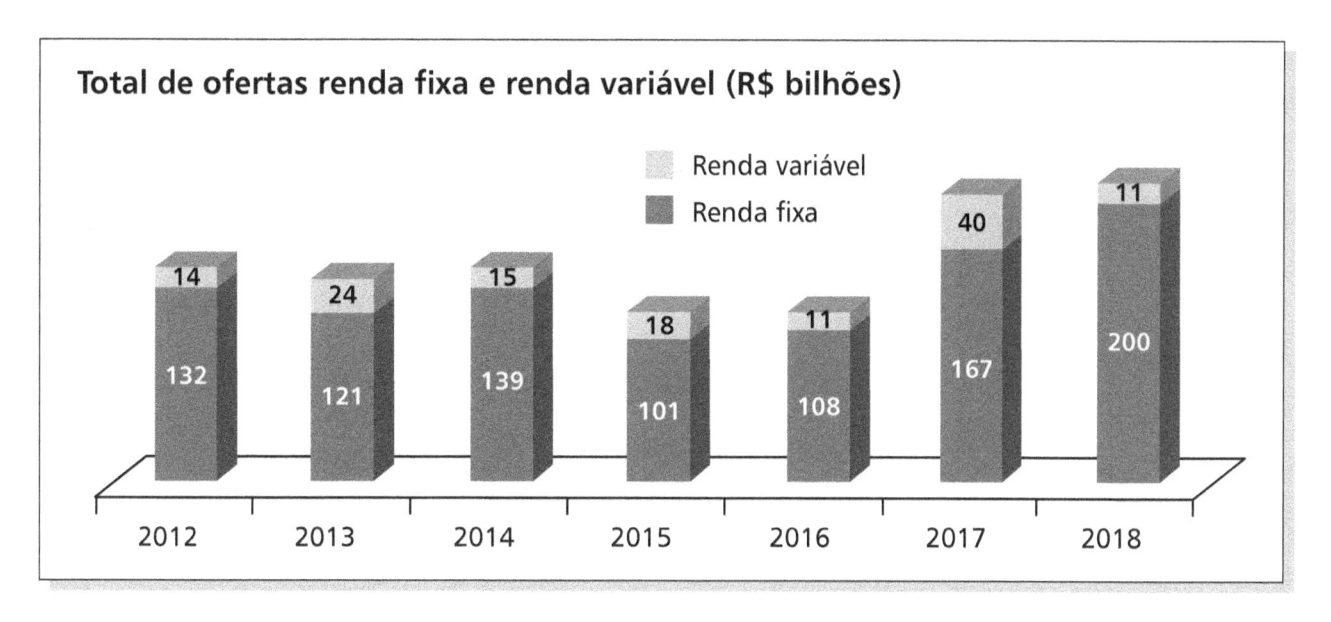

Fonte: Anbima.

Gráfico 7.1   *Evolução das captações no mercado doméstico.*

O mercado de títulos corporativos assistiu a um *boom* nos últimos anos. Não apenas o volume de emissões ampliou-se, como também a base de emissores experimentou uma diversificação, com grandes empresas nacionais optando pelo endividamento doméstico através do lançamento de debêntures. Esse crescimento, além de fortalecer o mercado de dívida como um todo, contribui para a formação de estruturas de riscos diferenciadas.

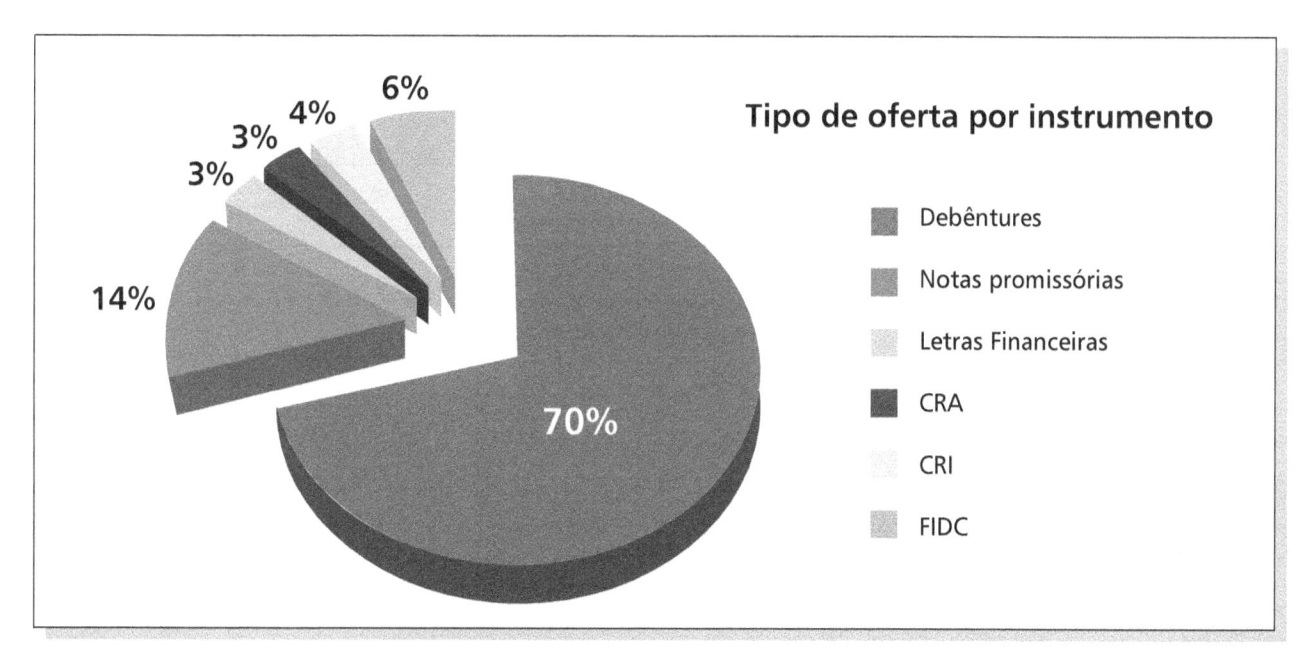

Tipo de oferta por instrumento

- Debêntures: 70%
- Notas promissórias: 14%
- Letras Financeiras: 3%
- CRA: 3%
- CRI: 4%
- FIDC: 6%

Fonte: Anbima.

Gráfico 7.2   *Captações em 2018 por instrumento.*

Quando a empresa defronta-se permanentemente com questões relativas ao financiamento de seus investimentos ou à reestruturação de seus passivos financeiros, a captação de recursos pelo lançamento de valores mobiliários é uma alternativa aos financiamentos bancários. Essa alternativa abre para a companhia um amplo espectro de investidores potenciais, tanto no Brasil quanto no exterior, destacando-se os fundos de investimento, fundos de pensão e seguradoras, chamados de investidores institucionais.

A companhia deve aproximar-se dos investidores antes de ir a mercado, aprofundando o conhecimento sobre seu modelo de negócios e posicionamento estratégico.

Quadro 7.3 *Principais investidores de recursos no mercado de capitais.*

• **Fundos soberanos**	Instrumento financeiro adotado por alguns países que utilizam parte de suas reservas internacionais para investimentos.
• *Global/emerging markets*	Fundos internacionais que buscam ativos em países emergentes com alto potencial de crescimento e rentabilidade.
• **Fundos de pensão**	Fundações que atuam como entidades fechadas de previdência complementar.
• *Assets*	Gestoras de recursos de terceiros, ativos financeiros com foco em investimentos.
• *Hedge funds*	Fundos mais arrojados que, em sua grande maioria, têm total liberdade de investimento e alavancagem.

As captações no mercado de capitais podem ser realizadas em três mercados diferentes:

Mercado de dívida	• Debêntures: ✓ CVM 476 ✓ CVM 400 (registro de companhia aberta). • Notas Comerciais • *Bond/notes*
Mercado de *equity*	• Oferta Pública Inicial (IPO) • Oferta subsequente (*follow-on*)
Securitização de crédito	• FIDIC – Fundo de Direitos Creditórios • CRI – Certificado de Recebíveis Imobiliários • FII – Fundo de Investimento Imobiliário

Quadro 7.4 *Benefícios do acesso ao mercado de capitais para as empresas e seus acionistas.*

Públicos	Benefícios	IPO	Private equity	Dívida
Empresa	• Ampliação da base de captação de recursos financeiros	✓	✓	✓
	• Moeda para futuras aquisições	✓	✗	✗
	• Melhoria da imagem institucional	✓	✓	✗
Acionistas Controladores	• Aumento de liquidez e monetização	✓	✗	✗
	• Institucionalização e perpetuação do negócio	✓	✓	✗

As operações de captação no mercado de capitais são realizadas em diversas modalidades onde instituições financeiras exercem diferentes papéis.

Modalidades de operações	• Melhores esforços • Garantia de subscrição total • Garantia parcial de subscrição • *Bookbuilding*
Papéis exercidos pelas instituições financeiras	• Coordenador principal • Coordenador contratado • Participação especial • Líder • Subcontratado/consorciado

O acesso aos recursos do mercado de capitais pode-se dar através de ofertas privadas ou públicas de ações.

Financiamento via mercado de capitais

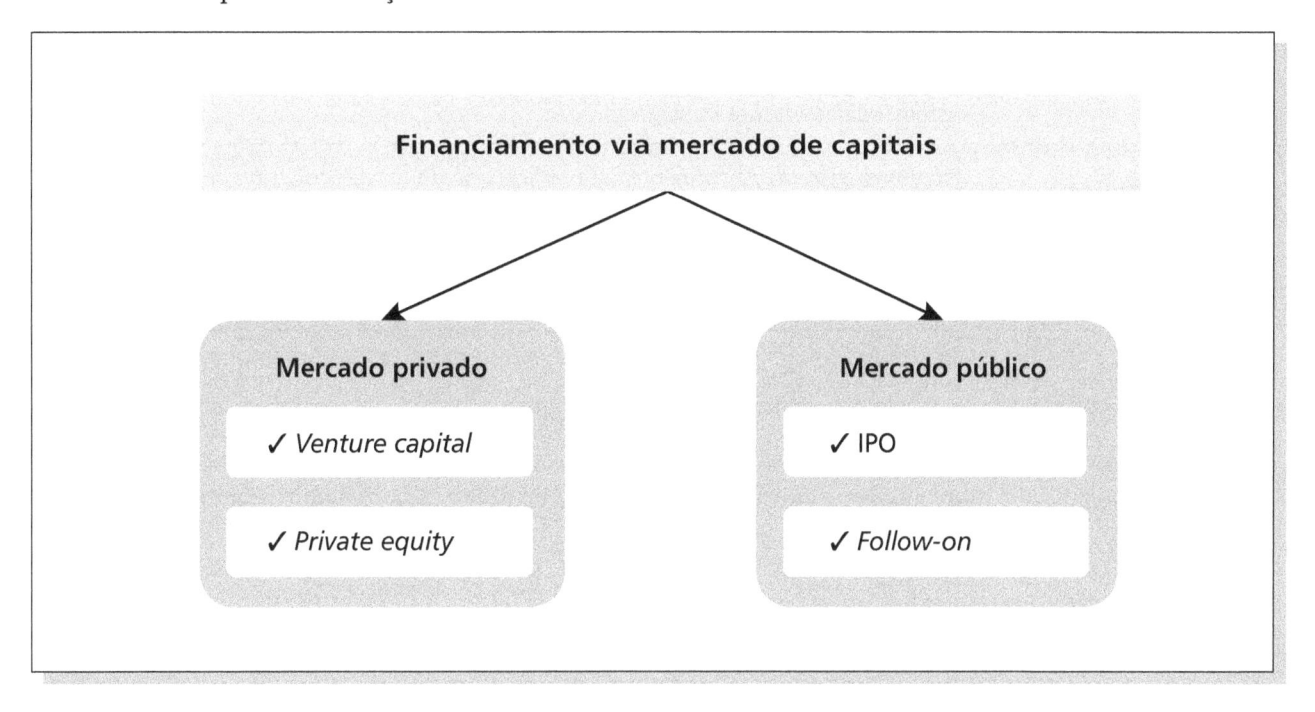

Mercado privado
✓ *Venture capital*
✓ *Private equity*

Mercado público
✓ *IPO*
✓ *Follow-on*

Figura 7.3 *Alternativas de financiamento via mercado de capitais.*

Comparação dos mercados	Público	Privado
Acesso	Público	Privado
Número de empresas	Restrito	Irrestrito
Número de investidores	Irrestrito	Restrito
Preço (múltiplo)	Menos atrativo	Mais atrativo
Crescimento das empresas	Moderado	Acelerado
Rentabilidade	Moderada	Elevada

As ofertas privadas de ações visam acessar um número restrito de investidores, dentre os quais: *hedge funds*; fundos de pensão; seguradoras; *family offices*; *private equity*; e fundos mútuos específicos (*private placement*), ou um único investidor, ou um número extremamente restrito de investidores (*private equity*). Geralmente representam uma venda de participação minoritária ou do controle como um passo intermediário a um IPO ou operação de fusão & aquisição.

As ofertas privadas de ações podem ser feitas através de *venture capital* ou *private equity*.

Venture capital	
Conceito	São fundos que investem em empresas de pequeno ou médio portes.
Empreendimentos--alvo	Empreendimentos em fase inicial de sua existência, usualmente baseados em grandes inovações, em tecnologias avançadas, com modelos de negócios que necessitem de ajustes, times empreendedores em formação com alto potencial de crescimento.
Objetivo	Fazer com que as empresas deslanchem por meio de criação de estruturas adequadas de governança corporativa, com foco no crescimento e lucratividade, bem como na sustentabilidade futura do negócio.
Uso dos recursos	Uso dos recursos principalmente para financiamento de expansões ou implementação do plano de negócios da empresa.
Saída	• Fusão com outras empresas. • Venda de participação.

Private equity	
Conceito	São fundos que investem em empresas já consolidadas e com faturamento que atinge a casa de milhões de reais.
Empreendimentos--alvo	Empreendimentos consolidados, que requerem aportes de capital para sustentar um crescimento rápido, visando, por exemplo, consolidação a partir de uma empresa.
Objetivo	• Tornar a empresa mais madura, reestruturá-la ou prepará-la para consolidação ou expansão dos negócios. • Tornar a empresa apta para acessar o mercado de capitais.
Uso dos recursos	Maior flexibilidade para monetização dos acionistas (oferta secundária).
Saída	Normalmente via abertura de capital da empresa.

Os fundos de *private equity* e *venture capital* são veículos/instrumentos que possuem certa complexidade em sua estruturação e operacionalização. Dessa forma, para melhor controle, a CVM através de suas instruções define os principais agentes que participam da composição e operacionalização do fundo. Os principais são:

• **Gestor**	Responsável pela estratégia de entrada e saída no investimento.
• **Administrador**	Responsável legal pela operacionalização do Fundo.
• **Custodiante e controlador**	Responsável pela guarda e serviços de administração dos ativos financeiros, títulos e valores mobiliários.
• **Auditor**	Responsável pela auditoria independente.
• **Comitês de investimento**	✓ Responsável pela decisão de investimentos e desinvestimentos nas empresas apresentadas pelo gestor. ✓ Podem também acompanhar e fiscalizar o desempenho do gestor e do Administrador do Fundo.

Os fundos de *private equity* não aportam apenas capital, eles trazem muitas oportunidades para as empresas das quais participam. Este, talvez, pode ser considerado o grande benefício que este sócio pode trazer à empresa. Como principais oportunidades trazidas por um *private equity*, podemos citar:

Acelera a captura de oportunidades.
- Expansão em mercados geográficos.
- Oportunidade para a compra de ativos estratégicos.
- Conclusão de projetos.
- Salto qualitativo e quantitativo na *performance* da empresa.

Evolução em governança e gestão.
- Investidores com experiência em desenvolvimento de empresas.
- Colaboração significativa nas definições de estratégia.
- Desenvolvimento das competências internas da empresa.
- Preparação para acesso aos mercados de capitais local e internacional.

Credibilidade perante o mercado.
- Um investidor *private equity* de reputação sólida na estrutura acionária da empresa aumenta o grau de reputação desta perante o mercado.
- Facilita contatos que podem levar a oportunidades de investimento futuras.
- Abre portas para parcerias estratégicas.
- Geram novas oportunidades de negócios.

Aumento do *network* local e global.
- Investidor que já investe em outras empresas aumenta a capacidade de *network* da empresa.
- Ao receber investimentos de fundos que investem em várias empresas, a empresa passa a fazer parte de uma comunidade que aumenta suas oportunidades de negócios.

7.2 A abertura de capital

Abrir o capital de uma empresa significa tornar-se uma companhia de capital aberto, ou seja, emitir ações para o público em geral, que poderão ser transacionadas em bolsas de valores ou nos mercados de balcão. Esse conceito aparentemente simples envolve um processo que altera significativamente a estrutura societária de uma empresa. O controle que antes era exercido um grupo concentrado de sócios passa a ser disperso em um grande número de novos sócios que não têm relação familiar ou de amizade com os antigos proprietários.

> Em síntese, abrir o capital significa ter novos sócios.

No entanto, a abertura de capital pode ocorrer com ou sem oferta de ações no mercado.

Para a abertura do capital, segundo a Lei nº 6.385/76, a empresa pode emitir os seguintes tipos de títulos de propriedade:

- Ações
- Bônus de subscrição
- Debêntures
- Partes beneficiárias
- Notas promissórias para distribuição pública

A decisão de abertura do capital de uma empresa não deve estar associada, exclusivamente, a uma necessidade imediata de captação de recursos. Quando o horizonte de planejamento empresarial indica uma futura necessidade, os dirigentes ou acionistas podem promover colocações secundárias, ou primárias de pequeno porte, de forma a preparar a empresa e o mercado para uma posterior operação maior.

Durante o processo de decisão sobre a abertura de capital da empresa devem ser consideradas as vantagens e desvantagens para a empresa. Dentre elas, destacam-se:

Vantagens

- Aumento no caixa no caso de uma emissão privada e/ou da liquidez para os sócios em uma colocação secundária.
- Criação de moeda de troca na aquisição ou incorporação de outra empresa.
- Aumento da visibilidade, possibilitando eventuais fusões, aquisições ou incorporações.
- Diversificação das fontes de financiamento (inclusive otimizando o perfil da dívida/patrimônio), possibilitando realizar estratégias de crescimento.
- Possibilidade de remuneração diferenciada da equipe através de opção de compra de ações da empresa, com objetivo de retenção.

Desvantagens

- A distribuição de lucros aos novos acionistas.
- Obrigatoriedade de auditoria.
- Apresentação de contas de resultado.
- Pagamento de anuidade à bolsa de valores.
- Manutenção de informações à CVM, bolsas e mídia, entre outras.

Antes de decidir sobre a abertura de capital, o empresário deve avaliar as repercussões de suas opções:

1. A empresa continuar "fechada"
- Decisão concentrada nos sócios.
- Autonomia na gestão.
- Decisões estratégicas não divulgadas.
- Crescimento limitado.
- Concentração de risco.

2. A empresa receber aporte de um *private equity*
- Acelera crescimento.
- Boas práticas de governança.
- Acesso a outros parceiros estratégicos.
- Mudança cultural.
- Interferência na gestão.

3. Abertura de capital
- Acesso aos mecanismos de financiamento do mercado de capitais.
- Boas práticas de governança.
- Acelera crescimento.
- Vantagens competitivas.
- Mudança cultural.
- Autonomia relativa.

7.2.1 Razões para a abertura de capital

A abertura de capital justifica-se por motivações técnicas ou decorrentes da cultura da companhia emissora.

Quadro 7.5 *Exemplos de razões para a abertura de capital.*

Razões	Empresa	Operação
Investimentos	Helbor	IPO de R$ 252 MM
Liquidez para o investidor	Locamerica	*Private equity* – no IPO R$ 109 MM Total do IPO R$ 273 MM
Liquidez para o empreendedor	Estácio	João U. C. Neto – no IPO R$ 179 MM Total do IPO R$ 447 MM
Moeda de troca e referencial	Raia Drogasil	2,29 ações ONs da Drogasil para cada ação ON da Raia
Perpetuidade	Natura	"A empresa não precisa de recursos para se alavancar." "A marca já é forte e com a abertura de capital assumimos um compromisso público de transparência e governança." Pedro Passo (Fundador) Total do IPO R$ 768 MM
Maior visibilidade		Bloomberg, Reuters, Valor Econômico, Globo News...

Fonte: B3.

A seguir, são mencionadas as principais razões para abertura de capital, em que tais motivações apresentam-se em maior ou menor grau.

1. **Captação de recursos**

    A abertura de capital é uma fonte atrativa de financiamento, representando uma opção de captação que auxilia as empresas a reduzirem níveis elevados de endividamentos e, através do acesso ao mercado de capitais, coloca a empresa em contato com investidores do mundo todo.

    Alguns exemplos de captações em bolsa e o que as empresas fizeram com o recurso que receberam:

Empresa	Valor da oferta (R$ bi)	Parcela para o caixa (R$ bi)	Projeto
Alupar	0,8	0,8	Aquisição de ativos
Azul	1,8	1,3	Pagamento de dívida e capital de giro
Biotoscana	1,3	0,4	Pagamento de dívidas e resgate de ações
BR Malls	1,7	1,7	Resgate de bônus, novas aquisições e fortalecimento de ativos
BR Properties	0,9	0,9	Pagamento de dívida e desenvolvimento de imóveis
Carrefour	4,5	3,0	Pagamento de dívida e capital de giro
CCR	4,1	4,1	Investimentos e reforço de caixa
Hermes Pardini	0,9	0,2	Expansão
Lojas Americanas	2,4	2,4	Capitalização da B2W, expansão de lojas e reforço de capital
Movida	0,6	0,5	Pagamento de dívida e crescimento
Omega	0,7	0,5	Aquisição de ativos

2. **Obtenção de liquidez patrimonial**

    A abertura de capital permite a diversificação de investimentos e patrimônio, além de possibilitar a saída de investidores, como fundos de *private equity/venture capital* ou BNDESpar, por exemplo.

3. **Ganho de visibilidade**

    Abrir o capital melhora a imagem institucional da companhia, que ganha projeção e reconhecimento da mídia e do mercado financeiro. Vale destacar também o aumento da visibilidade com os investidores. A companhia passa a ser conhecida em âmbito nacional e, muitas vezes, internacional.

4. **Obtenção de moeda de troca e referencial**

    A abertura de capital possibilita à empresa adquirir ativos (empresas) em processos de M&A sem utilizar recursos do caixa, ou seja, uma aquisição pode ser paga com ações da própria companhia, tornando o processo mais rápido e ágil.

5. Facilitação de processos de reestruturação societária

A abertura de capital pode ser uma solução para problemas relativos a estrutura societária, partilhas de heranças e processos sucessórios.

6. Melhoria do relacionamento com *stakeholders*

Com a abertura de capital, ocorre o fortalecimento da relação com funcionários, clientes, fornecedores, instituições financeiras, concorrentes, entre outros.

7. Aprimoramento das práticas de governança corporativa

Para a abertura de capital, a empresa tem de aprimorar suas práticas de governança, corporativa que representam uma melhora a imagem institucional da companhia, que ganha projeção e reconhecimento da mídia e do mercado financeiro.

8. Aumento das vantagens competitivas

Uma companhia aberta tende a ter um diferencial competitivo em relação aos seus concorrentes ainda fechados. Quando recorre ao endividamento bancário, por exemplo, seu custo financeiro é normalmente inferior ao de uma companhia fechada. Ao negociar com um fornecedor ou cliente, também pode ter preferência pelo fato de ser aberta.

9. Perenização da empresa

A abertura de capital irá perenizar a empresa, isto é, eternizará o seu negócio, desejo de qualquer empreendedor.

O tipo de razão que leva a empresa a abrir seu capital deve ficar bem claro para facilitar a decisão da modalidade de operação que será realizada.

Quadro 7.6 *Razões para a abertura de capital e as modalidades de operações.*

Razões para a abertura de capital	Modalidades de operação
• Captação de recursos financeiros para investimento. • Reestruturação de passivos.	Lançamento primário
• Imagem institucional. • Arranjos societários. • Liquidez patrimonial. • Profissionalização. • Novo relacionamento com funcionários.	Distribuição secundária

Um aspecto importante na decisão de abertura de capital é a análise de viabilidade do processo. Normalmente devem ser avaliados o retorno esperado da utilização do capital, o preço da emissão e o volume a ser captado.

Durante a definição do preço de emissão das ações, devem-se considerar:

- A compatibilização do preço predefinido com a disposição do mercado para a compra das ações.

- O deságio que podem sofrer as ações em relação à sua cotação em bolsa, estimulando o acionista a exercer seu direito de preferência e realização de ganho.
- O preço justo na visão do mercado baseado na expectativa de renda futura.

O volume da captação deve ser compatível com os projetos que a empresa pretende realizar. Porém não deve saturar o mercado nem ser tão pequeno a ponto de prejudicar a liquidez da ação em bolsa.

A definição do volume da captação nas ofertas primária e secundária pode estar relacionada da seguinte forma:

- **Oferta primária**: o volume está relacionado à necessidade de capital que a empresa precisa para crescer.
- **Oferta secundária**: o volume está relacionado à intenção dos sócios de se desfazerem parcial ou totalmente de suas participações na empresa.

Outro aspecto importante durante a análise preliminar sobre a conveniência da abertura é o momento no qual a empresa deve fazer a abertura. O melhor momento para a abertura de capital deve ser:

- Quando as condições de mercado estiverem boas.
- Quando o desempenho da empresa estiver forte.
- Quando houver uso para os recursos.
- Quando as demonstrações contábeis estiverem disponíveis.

Além do momento no qual se deve fazer a abertura, a empresa, muitas vezes, se deparará com uma série de desafios internos a serem superados como:

- Controles internos insuficientes.
- Deficiência no planejamento orçamentário/estratégico.
- Estrutura societária inadequada.
- Problemas sucessórios e/ou de governança.
- Ausência de demonstrações financeiras auditadas.

A abertura de capital desencadeia a aceleração da profissionalização da empresa, atingindo os dirigentes e todo o quadro de pessoal. Em princípio, o processo é consequência da regulamentação das companhias abertas, que exige o Conselho de Administração e o Conselho Fiscal, com a possibilidade de serem eleitos conselheiros representantes dos novos acionistas e de criação do cargo de diretor de relações com investidores, que será o profissional responsável por prestar informações à CVM, ao público investidor e às bolsas ou mercado de balcão organizado.

Tratando-se especificamente de emissão de ações, essas representam interessante opção frente às modalidades de recursos que implicam pagamento de juros, cujo comportamento decorrente da política monetária foge ao controle da companhia.

Além das vantagens para as empresas, existem também as vantagens para a economia. Ao investir, as empresas aumentam a produção, geram empregos e renda, proporcionam aumento na arrecadação de impostos etc.

A publicação de informações da empresa, como os lucros gerados, o volume de venda, a fórmula de cálculo do preço de venda, os seus fornecedores etc., pode também causar desastres para uma organização, dependendo do mercado onde ela se encontra inserida. A publicação pode gerar desequilíbrios na concorrência, principalmente se os competidores não forem companhias abertas.

Um fator que também desencoraja os empresários a abrir o capital de uma empresa é a distribuição de dividendos. Quando uma empresa encontra-se em fase de expansão e crescimento ou em dificuldades, a distribuição de dividendos pode ser vista como um empecilho.

Considerando que os novos sócios adquirem direito à participação nos resultados, a empresa precisa remunerar adequadamente seus acionistas. A forma tradicional de distribuição de resultados são os dividendos, que são estabelecidos em Estatuto e obedecem ao mínimo legal de 25% do lucro líquido ajustado, podendo haver a distribuição de dividendos intermediários. A distribuição de dividendos poderá ser suspensa no exercício social no qual os órgãos da administração informarem à Assembleia Geral Ordinária que o referido pagamento é incompatível com a situação econômico-financeira da empresa.

Além disso, ao abrir o capital, uma série de consequências legais e práticas passa a influenciar a empresa, reduzindo a sua flexibilidade operacional e administrativa. Dentre as consequências, podemos destacar como principais o reembolso das ações por parte dos acionistas, a realização de quóruns em assembleias especiais e o direito de recesso dos acionistas dissidentes. Todas elas podem impedir ou retardar a empresa de tomar decisões mais compatíveis com seus interesses e lucratividade ou sua sobrevivência. E, para completar, a CVM passa a ter poderes para opinar legalmente sobre assuntos da empresa, podendo até obrigá-la a tomar uma atitude contrária a seu próprio interesse.

Outro fator que influencia negativamente a decisão dos empresários em relação à abertura de capital e que talvez seja o mais importante é que todas as pessoas que possuem ações da empresa passam a ser sócias dela, e isso afeta o controle dos empresários sobre a empresa.

Além disso, a abertura de capital impõe à companhia a adoção de uma postura ética, que não deve restringir-se ao mero atendimento dos dispositivos legais. Isso se aplica a seus administradores, no manejo de informações privilegiadas, na comercialização dos valores mobiliários de emissão da empresa e na divulgação pública imediata dos atos ou fatos relevantes.

Finalmente, a companhia aberta deve progressivamente implantar um programa de relações com investidores, pautado nos seguintes princípios:

- transparência, entendida como a qualidade de gerar informações que sinalizem as principais tendências do comportamento da empresa;
- ampla divulgação das informações, evitando privilegiar determinados grupos de investidores;
- confiabilidade das informações divulgadas, em especial quanto às demonstrações financeiras;
- tratamento respeitoso ao acionista minoritário;
- contribuição para o desenvolvimento de todo o mercado acionário, seja atuando adequadamente nesse mercado, seja por meio de ações coletivas para o aprimoramento das regras, da qualidade e do aumento do volume de negócios.

7.2.2 Preparações preliminares

Após a decisão de captar recursos, pela primeira vez, através do mercado de capitais, a empresa deve passar por um processo de ajustes que envolvem aspectos jurídicos, organizacionais, culturais e econômico-financeiros. Esses ajustes levam a uma preparação adequada da empresa para a abertura de capital, com atividades chamadas de pré-abertura.

1. Ajustes societários e/ou de governança.
- Organização da estrutura societária de forma a refletir adequadamente os negócios desenvolvidos.
- Estabelecimento e/ou adaptação de acordo de acionistas.
- Conselho de administração com mínimo de cinco membros.

2. Adequações legais.
- Demonstrações auditadas por pelo menos três anos.
- Adequação dos atos constitutivos (contrato social/estatuto).
- Registro na CVM como companhia de capital aberto.

3. Melhoria de gestão.
- Controles internos.
- Plano de negócios adequados.
- Relações com investidores bem desenvolvidas.

Durante as preparações preliminares, alguns temas devem ser discutidos exaustivamente. Entre eles, podemos citar:

- ajustes necessários para a transformação de Ltda. para S.A.;
- acerto de pendência com o governo (fiscais, trabalhistas ou outros débitos que possam afetar a imagem da companhia);
- contratação de auditoria de renome para auditar as Demonstrações Financeiras;
- estruturação do Departamento de Acionistas ou contratação de instituição financeira para relacionamento com investidores acionistas ou debenturistas;
- profissionalização da gestão; e
- manutenção de fluxo de informações a CVM, bolsa de valores e mercado.

No Brasil, uma companhia é aberta se os valores mobiliários de sua emissão estão admitidos à negociação em bolsa de valores ou no mercado de balcão. A abertura, portanto, é restrita às companhias ou sociedades anônimas.

A admissão de ações ou debêntures, de missão da companhia, à negociação em bolsa ou mercado de balcão é viabilizada através de registro prévio específico, na CVM.

A simples admissão à negociação no mercado de balcão, ou em bolsa de valores, de valores mobiliários de sua emissão já dá à empresa a condição de companhia aberta, de acordo com a legislação societária. Estaticamente, a admissão à negociação já caracteriza a abertura, independentemente de a empresa estar oferecendo ou ter oferecido publicamente seus valores mobiliários.

A emissão pública de ações ou debêntures, para ser distribuída e colocada no mercado de capitais, também é objeto de registro específico na CVM, registro este que autoriza também a negociação em balcão. Se a empresa desejar ter seus valores mobiliários negociados em bolsa, após o lançamento, além do registro da emissão pública, deverá obter o registro para negociação em bolsa na CVM, complementando-o pelo registro próprio na bolsa de valores que a empresa escolher.

7.2.3 A transformação societária

Para que possa abrir o capital, uma companhia deve ser constituída sob a forma de uma sociedade por ações (S.A.). No entanto, a maioria das empresas no Brasil tem a natureza jurídica de uma sociedade limitada.

Quadro 7.7   *Tipos societários mais utilizados no Brasil.*

Sociedade limitada (Novo Código Civil e Lei nº 10.406/2002)	Sociedade anônima (Leis nº 6.404/76 e 9.457/97)
• Capital social composto de cotas divididas entre os sócios. • Mais flexibilidade conforme direitos e obrigações no contrato social. • Controle da Sociedade Limitada após o Novo Código Civil: 3/4 do capital social. • Possui constituição e contabilidade mais simples, encargos menores, além de não precisar cumprir com tantas formalidades.	• Capital social composto de ações. • O capital social não está vinculado a uma pessoa específica. • Mais burocrática. • Publicação obrigatória das Demonstrações Financeiras na imprensa. • Mais onerosa.

Por ser proibida de ir ao mercado para captar recursos, a sociedade limitada só faz sentido quando os sócios possuem capital suficiente para o desenvolvimento da empresa. Portanto, para ascender ao mercado em busca de novos sócios, faz-se necessária a transformação da limitada em S.A.

O poder de controle nas sociedades, segundo o Código Civil, é exercido pelos detentores de:

- **Sociedade limitada**: ¾ do capital social.
- **Sociedade anônima**: 50% das ações ordinárias + 1 ação.

A transformação societária é um movimento de reorganização societária que permite que a sociedade passe de limitada para anônima, independentemente de dissolução e liquidação, ou seja, a sociedade limitada passa a ser anônima, sem se extinguir. Para isso, é necessário o consentimento unânime dos sócios, exceto nos casos em que houver previsão anterior no contrato social.

```
┌─────────────────────────────────────────────────────────────────────┐
│           Deliberação da transformação da limitada em anônima.      │
│                                  ↓                                  │
│     Os sócios deverão redigir um documento assinado pela totalidade │
│                         dos cotistas da empresa.                    │
│                                  ↓                                  │
│                                         ┌─ Movimento de reorganização│
│     Ata de assembleia de transformação ─┤                           │
│                                         └─ Estatuto da empresa      │
└─────────────────────────────────────────────────────────────────────┘
```

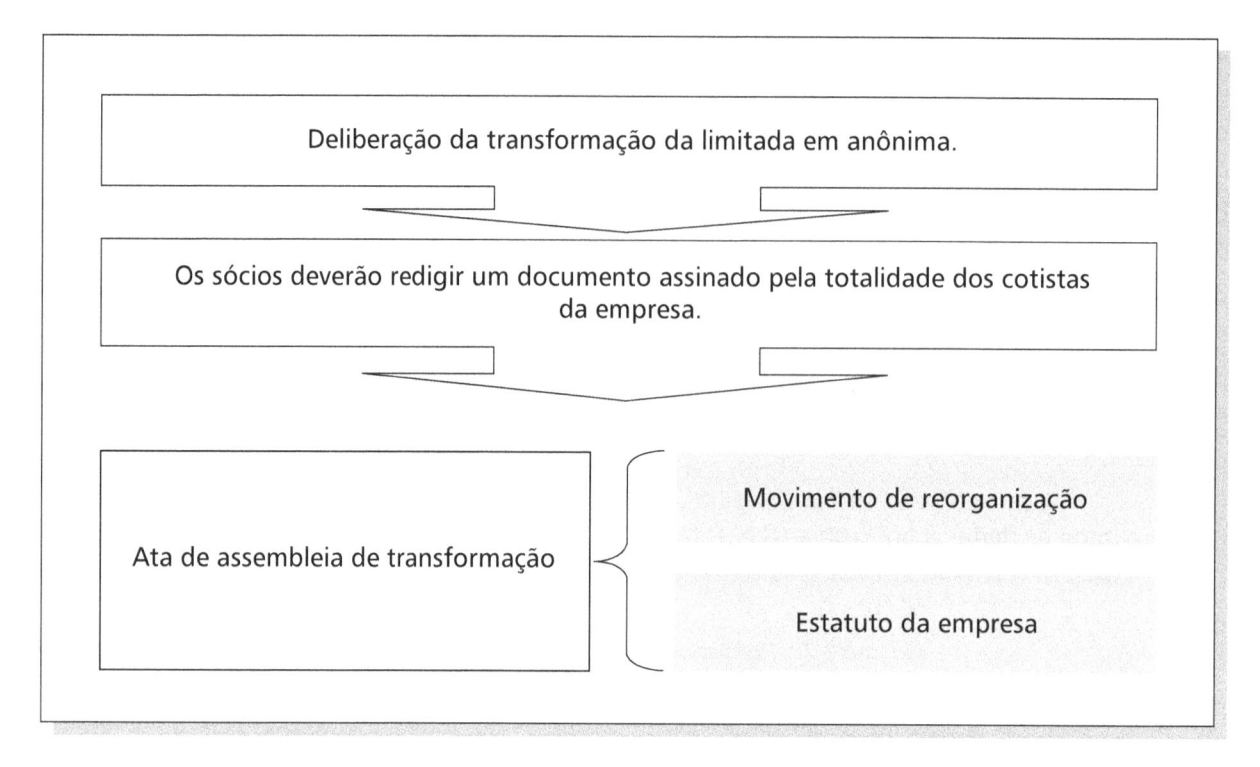

Figura 7.4 *Transformação da empresa em S.A.*

Durante a transformação societária, é importante a preocupação com a situação dos sócios dissidentes e dos credores. Segundo a legislação vigente, na transformação societária, a situação dos sócios dissidentes e dos credores é tratada da seguinte maneira:

- **Sócio dissidente**:
  - **Código Civil**: o sócio poderá retirar-se da sociedade e receber seus haveres.
  - **Lei das S.A.**: os sócios podem renunciar, no contrato social, ao direito de retirada no caso de transformação.

- **Credores**: os direitos dos credores continuam os mesmos até o pagamento integral de seus créditos, com as mesmas garantias que o tipo societário anterior lhes oferecia.

Sociedade anônima

A sociedade anônima (normalmente abreviada por S.A., SA ou S/A) é uma forma de constituição de empresas na qual o capital social não se encontra atribuído a um nome específico, mas está dividido em ações que podem ser transacionadas livremente, sem necessidade de escritura pública ou outro ato notarial. Por ser uma sociedade de capital, prevê a obtenção de lucros a serem distribuídos aos acionistas.

> **Sociedade anônima** é uma empresa que tem o capital dividido em ações, com a responsabilidade de seus acionistas limitada, proporcionalmente, à participação no capital social da empresa. Por isso, costuma-se dizer que, enquanto a limitada é basicamente uma sociedade de pessoas, a por ações é uma sociedade de capitais.

As sociedades anônimas ou companhias são reguladas pela Lei nº 6.404, de 15 de dezembro de 1976, com as alterações dadas pela Lei nº 9.457, de maio de 1997. De acordo com o novo Código Civil, "a companhia ou sociedade anônima terá o capital dividido em ações e a responsabilidade dos sócios ou acionistas será limitada ao preço da emissão das ações subscritas ou adquiridas".

As principais características da sociedade anônima:

a) É uma sociedade de capitais. Nela, o que importa é a aglutinação de capitais, e não a pessoa dos acionistas, inexistindo o chamado *intuitu personae*, característico das sociedades de pessoas.

b) Divisão do capital em partes iguais, em regra, de igual valor nominal – ações. É na ação que se materializa a participação do acionista.

c) Responsabilidade do acionista limitada apenas ao preço das ações subscritas ou adquiridas. Isso significa dizer que, uma vez integralizada a ação, o acionista não terá mais nenhuma responsabilidade adicional, nem mesmo em caso de falência, quando somente será atingido o patrimônio da companhia.

d) Livre cessibilidade das ações. As ações, em regra, podem ser livremente cedidas, o que gera uma constante mutação no quadro de acionistas. Entretanto, poderá o Estatuto trazer restrições à cessão, desde que não impeça jamais a negociação (art. 36 da Lei nº 6.404/76). Dessa forma, as ações são títulos circuláveis, tal como os títulos de crédito;

e) Possibilidade de subscrição do capital social mediante apelo ao público.

f) Uso exclusivo de denominação social ou nome de fantasia.

A companhia ou sociedade anônima pode ser constituída por subscrição pública (quando dependerá de prévio registro da emissão na Comissão de Valores Mobiliários e haverá a intermediação obrigatória de instituição financeira – art. 82 da Lei nº 6.404/76) ou por subscrição particular (quando poderá fazer-se por deliberação dos subscritores em assembleia geral ou por escritura pública – art. 88 da Lei nº 6.404/76).

S.A. fechada ou aberta?

Uma sociedade por ações pode ser de dois tipos: fechada ou aberta. As abertas são companhias com valores mobiliários registrados na CVM, admitidos à negociação no mercado de títulos e valores mobiliários, de bolsa ou de balcão. Já as fechadas são companhias cujos valores mobiliários não estão admitidos à negociação no mercado de títulos e valores mobiliários. Portanto, não há necessidade de que a sociedade registre a emissão pública de ações na CVM.

Ao contrário das companhias de capital fechado, as abertas podem emitir e vender títulos ou ações ao público em geral. Outra diferença entre essas sociedades está relacionada aos níveis de fornecimento de informações. Como a sociedade de capital fechado não acessa o mercado, captando recursos da poupança pública dos investidores, não tem de cumprir com regras de transparência e prestação de contas como uma companhia de capital aberto.

Quadro 7.8 *Espécies de sociedades anônimas.*

Companhia aberta	São companhias que captam recursos junto ao público e são fiscalizadas pela CVM.
Companhia fechada	São companhias que obtêm seus recursos dos próprios acionistas.

Para que a sociedade anônima seja considerada companhia aberta, deve ter os títulos e valores mobiliários de sua emissão admitidos à negociação em bolsa de valores ou no mercado de balcão. No entanto, para ter seus papéis negociados nesses mercados, ela tem de atender a uma série de obrigações previstas em lei.

A companhia aberta sujeita-se ao cumprimento de uma série de normas quanto a:

a) natureza e periodicidade de informações a divulgar;

b) forma e conteúdo dos relatórios de administração e demonstrações financeiras;

c) padrões contábeis, relatório e parecer de auditores independentes;

d) informações prestadas por diretores e acionistas controladores, relativos à compra, permuta ou venda de ações emitidas pela companhia, sociedades controladas e controladoras;

e) divulgação de deliberações de assembleia de acionistas, órgãos da administração, fatos relevantes ocorridos nos negócios, que possam influir de modo ponderável na decisão de comprar ou vender ações, por parte de investidores.

7.2.4 O processo de abertura de capital

O processo de abertura de capital de uma empresa requer o pedido de registro da empresa como companhia aberta na CVM e registro para negociação na Bovespa, para que seus títulos possam ser negociados em bolsa ou mercado de balcão.

Registros necessários para a abertura de capital:

- Registro de companhia aberta para negociação dos valores mobiliários no mercado de bolsa ou no mercado de balcão (Instrução da CVM nº 480);
- Registro de distribuição pública de ações (Instrução da CVM nº 400); e
- Registro para negociação na Bovespa (Resoluções do CA da Bovespa nºs 282 e 310).

A formalização desse processo na CVM segue as orientações de Instruções, conforme o tipo de processo: com ou sem oferta de ações. A CVM regula **o acesso** das companhias ao mercado de capitais por meio:

(i) da obtenção do **registro de companhia emissora** (regulado pela Instrução CVM nº 480/2009); e

(ii) do **registro da oferta pública de distribuição de valores mobiliários** (regulado pela Instrução nº 400/2003).

Instrução CVM nº 480: Estabelece regras de registro de emissores, bem como o regime informacional a que tais emissores estão sujeitos.

- Categoria de emissores de acordo com os valores mobiliários emitidos.
- Assegura um padrão uniforme e estabelece a prestação de informações periódicas adequadas a cada categoria de emissor.
- Adota modelo em que as informações referentes ao emissor são reunidas em um único documento.
- Define os critérios que identificam o emissor considerado estrangeiro – Programa de BDR.

Instrução CVM nº 400: Regula as ofertas públicas de distribuição de valores mobiliários.

- Assegura a proteção dos interesses do público investidor e do mercado em geral.
- Tratamento equitativo aos investidores.
- Informações sobre a oferta, valores mobiliários ofertados, a companhia emissora, o ofertante e demais pessoas envolvidas.
- Aspectos relacionados ao período de silêncio.

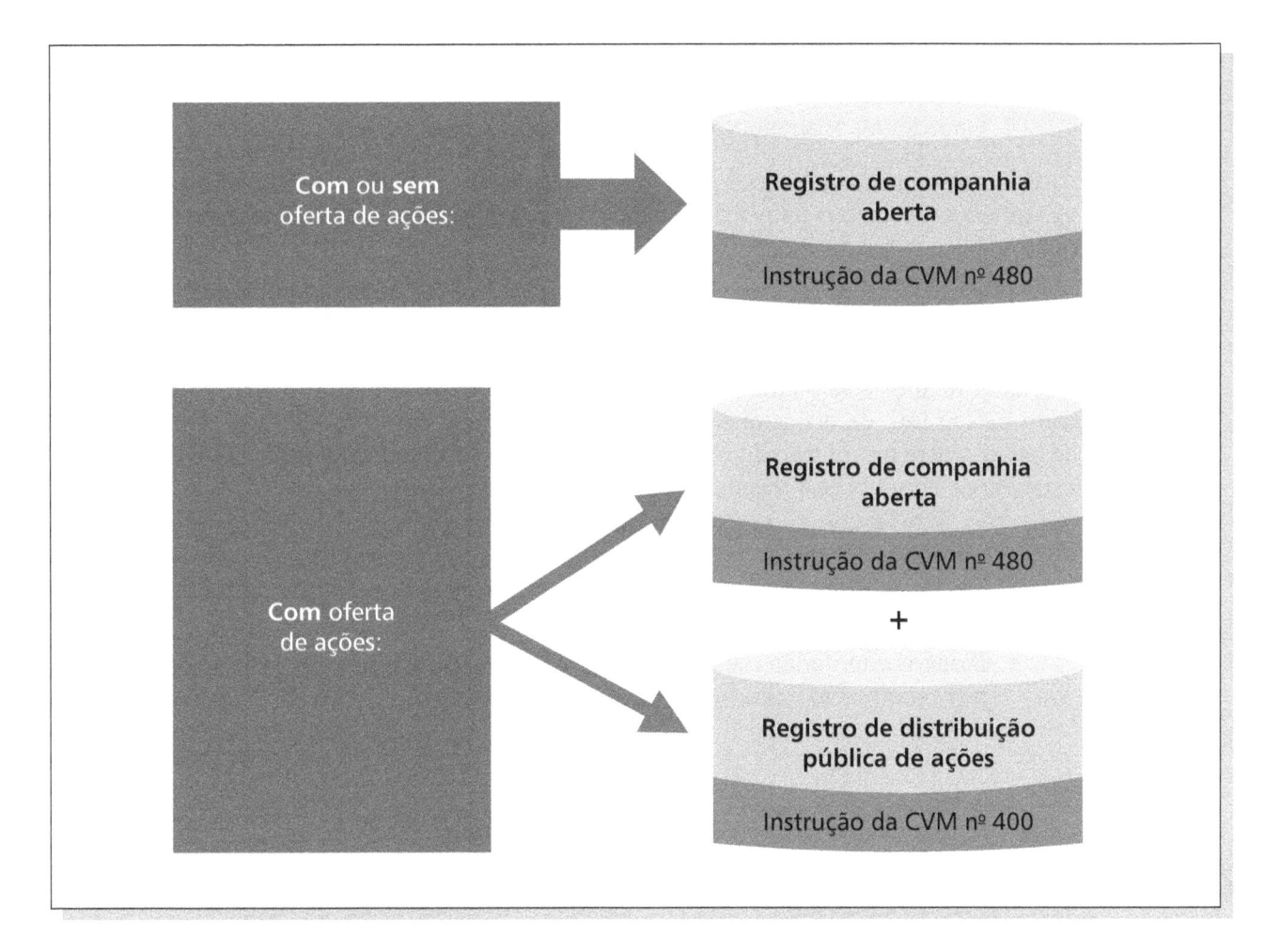

Figura 7.5 *A formalização da abertura de capital na CVM.*

Para a abertura do capital, segundo a Lei nº 6.385/76, a empresa pode emitir os seguintes tipos de títulos de propriedade:

- ações;
- bônus de subscrição;
- debêntures;
- partes beneficiárias; e
- notas promissórias para distribuição pública.

Desses títulos, os mais utilizados como instrumentos de abertura de capital são:

- **ações:** como já mencionado, ação é a menor parcela em que se divide o capital de uma sociedade anônima;
- **partes beneficiárias:** são títulos sem valor nominal e estranhos ao capital social, que a empresa pode criar a qualquer momento e que conferem a seus titulares direitos de crédito eventual contra a empresa, consistentes na participação dos lucros anuais, para os quais, contudo, a empresa emitente não pode utilizar mais de 10% dos mesmos;
- **bônus de subscrição:** são títulos negociáveis emitidos por uma empresa dentro do limite de aumento de capital autorizado por seu estatuto e que dão direito à subscrição de ações, o qual será exercido mediante apresentação do título da empresa e pagamento do preço de emissão da ação.

Concomitantemente com o pedido de abertura de capital, é possível ser solicitado o registro e a autorização para a distribuição de novos valores mobiliários através de subscrição pública (*underwriting*).

O processo de abertura de capital pode realizar-se em duas modalidades (ver Figura 7.6), por meio do mercado primário e do mercado secundário. Quando ocorre um lançamento público de ações via mercado primário, a empresa emissora oferece novas ações para obter recursos. Já o lançamento público via mercado secundário ocorre por meio da oferta de um lote de ações que os atuais acionistas da empresa possuem. Neste último caso, não ocorre a captação de recursos por parte da empresa, mas pelos acionistas que se desfazem de suas ações e recebem em dinheiro suas posições em ações.

As formas de abertura de capital são:

- *Underwriting*: operação de aumento de capital com colocação de novas ações junto ao público investidor.
- *Block-trade*: leilão de ações antigas (de posse da companhia ou de algum acionista) com colocação junto ao público investidor.

Abertura de capital via *underwriting*

Emissão de títulos novos no mercado primário → Empresa emissora recebe os recursos oriundos do lançamento dos novos títulos

Abertura de capital via *block-trade*

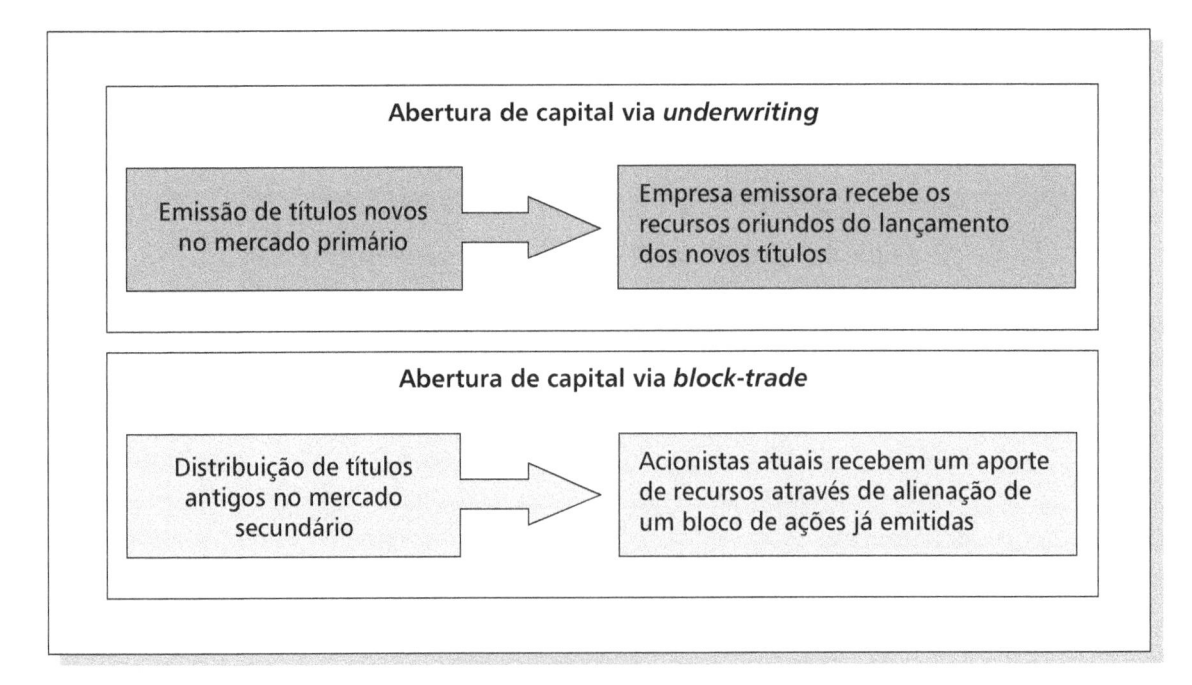

Distribuição de títulos antigos no mercado secundário → Acionistas atuais recebem um aporte de recursos através de alienação de um bloco de ações já emitidas

Figura 7.6 *Modalidades de abertura de capital.*

A abertura de capital exige o cumprimento de uma série de etapas, cuja legislação básica referente consta das Leis n⁰ˢ 6.404/76 (Lei das S.A.), 6.385/76 (Lei da CVM) e 9.457/97 (que altera as anteriores) e das Instruções CVM n⁰ˢ 13/80, 88/88 e 202/93.

- Análise preliminar sobre a conveniência da abertura
- Escolha de auditoria independente e instituição financeira
- Definição de preço e volume da operação
- Procedimentos legais
- Negociação com as instituições financeiras
- Assembleia Geral Extraordinária deliberativa
- Registro na Comissão de Valores Mobiliários e nas bolsas de valores
- *Pool* de instituições financeiras
- Divulgação da empresa
- Anúncio do início do processo de distribuição pública
- *Underwriting*
- Liquidação dos títulos
- Anúncio de encerramento da distribuição pública
- Manutenção da condição de companhia aberta
- Política de distribuição de resultados

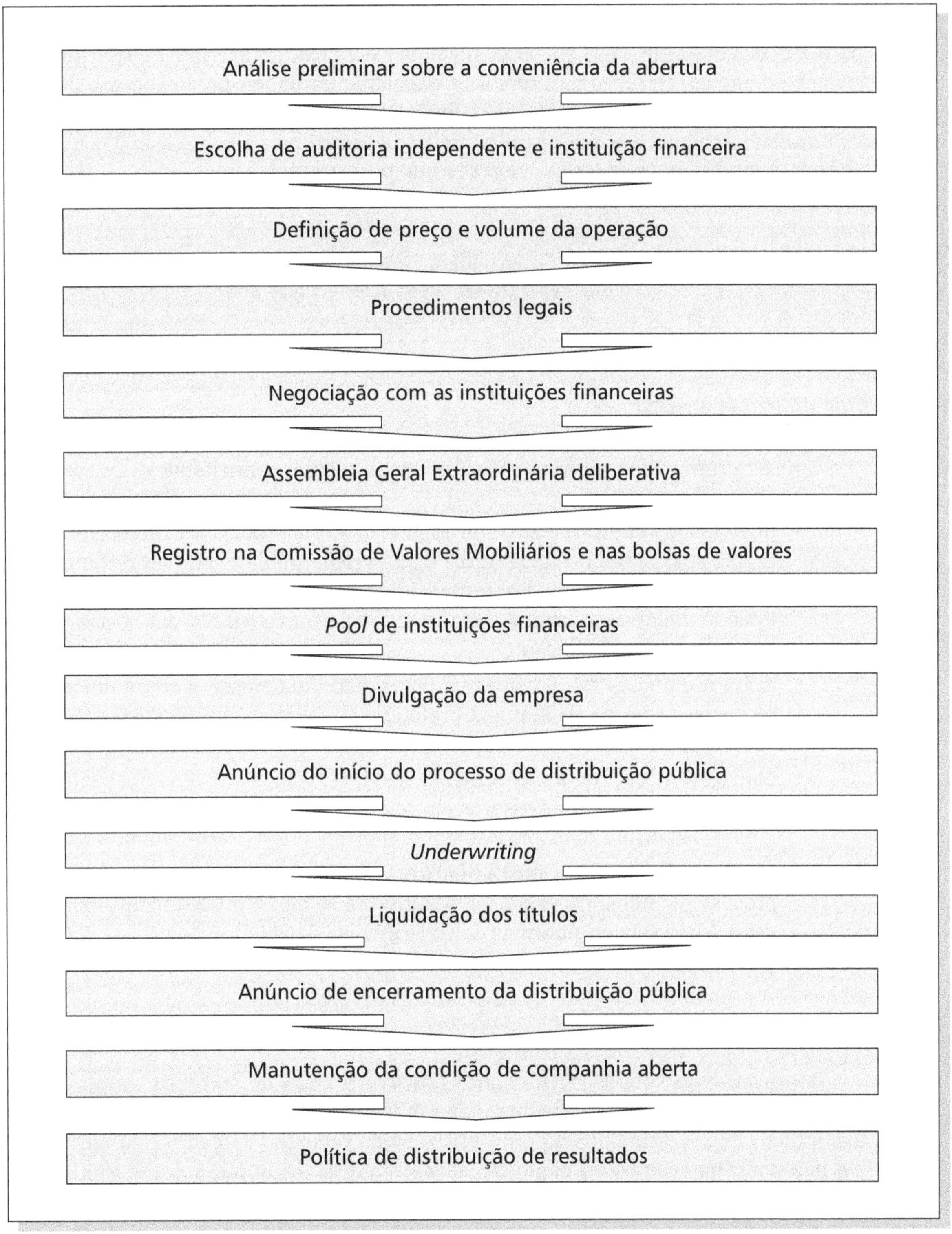

Figura 7.7 *Etapas do processo de abertura de capital.*

7.3 Underwriting

O *underwriting* é um esquema de lançamento de uma emissão de ações para subscrição pública no qual a empresa encarrega uma instituição financeira da colocação desses títulos no mercado, ou seja, é uma operação realizada por uma instituição financeira, mediante a qual, sozinha ou organizada em consórcio, subscreve títulos de emissão por parte de uma empresa, para posterior revenda no mercado. O termo *underwriting* ("subscrição" em inglês) significa lançamento ou emissão de papéis para captação de recursos de acionistas. A instituição financeira subscreve somente as sobras da emissão, já que a lei brasileira assegura aos acionistas o direito de preferência à subscrição das novas ações a serem emitidas, na proporção das ações que possuírem na época.

> *Underwriting* é uma operação de distribuição pública primária ou secundária de títulos em que são lançadas novas ações no mercado.

7.3.1 *Formas de* underwriting

O *underwriting* pode ser feito para atender às seguintes finalidades:

- **abertura de capital:** é a operação pela qual uma sociedade oferece pela primeira vez suas ações ou debêntures à subscrição pública, através de uma ou mais instituições financeiras. Em termos legais, essa abertura ocorre quando seus valores mobiliários passam a ser admitidos para negociação em bolsas de valores ou no mercado de balcão;
- **aumento de capital:** é a operação pela qual uma empresa de capital aberto oferece suas ações ou debêntures preferencialmente a seus acionistas e ao público em geral;
- **abertura de capital através de *block-trade*:** trata-se de uma operação de leilão promovida em bolsa de valores em que são negociadas ações ou debêntures relativas à abertura do capital de uma empresa, a um preço mínimo estabelecido;
- ***block-trade* de ações ou debêntures de companhias abertas:** nesse caso, o processo é análogo ao anterior, porém está sujeito a procedimentos especiais de negociação segundo normas da CVM e bolsa de valores.

7.3.2 *Tipos de* underwriting

O processo de subscrição de ações envolve o risco de fracasso. Ao emitir ações para captação de recursos, geralmente a empresa se compromete com a realização de um projeto de investimento no qual utilizará os recursos captados. No entanto, caso ela não obtenha sucesso na captação, terá de realizá-lo sem o volume total de recursos necessários.

Para mitigar esse risco, os contratos de *underwriting* são realizados prevendo a assunção total ou parcial do risco, conforme a Figura 7.8.

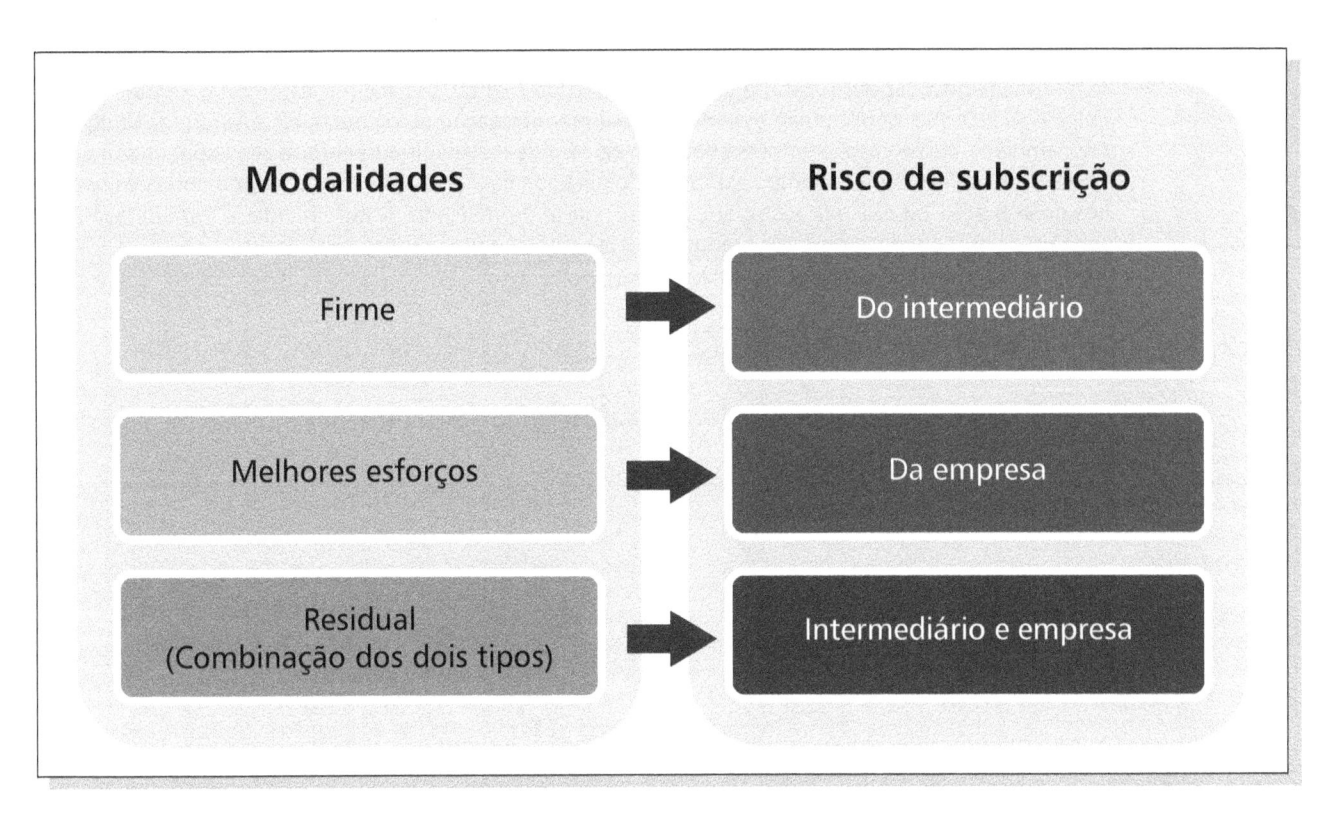

Figura 7.8 *Modalidades de underwriting e os riscos de subscrição.*

Dessa forma, os principais tipos de contrato de *underwriting* são:

1. "Firme" (*straight*)

As instituições subscrevem integralmente a emissão de ações para tentar revendê-las posteriormente ao público. Nessa forma de contrato, a empresa não tem risco algum, pois tem certeza da entrada de recursos, já que o intermediário subscreve para si o total da emissão. O risco da aceitação ou não do lançamento pelo mercado fica por conta do intermediário financeiro.

O intermediário financeiro compromete-se a subscrever todas as ações objeto da emissão. Isso não impede que antes de cumprir essa obrigação o intermediário tente colocar as ações junto ao público em geral.

No contrato com garantia firme, o coordenador e/ou outro(s) participante(s) assumem a responsabilidade de subscrever os valores mobiliários não colocados no mercado, o que não ocorre no regime de melhores esforços. Essa prática traz diferenças no custo de contratação da operação, por acrescentar às comissões de coordenação e distribuição (ou colocação) a comissão de garantia total ou parcial. Esses custos são destacados na seção "Custos de Emissão".

2. "Residual" ou com garantias de sobras (stand-by)

Nesse caso, o intermediário financeiro compromete-se a colocar as sobras de ações junto ao público em determinado espaço de tempo, após o qual ele próprio subscreve o total de ações não colocadas. Isso significa que, depois de decorrido o prazo no qual o intermediário comprometeu-se a vender as sobras da subscrição ao público, o *underwriting* torna-se do tipo firme.

O intermediário compromete-se a subscrever as ações que não conseguir vender ao público, em prazo fixado no contrato. A quantidade de ações objeto da garantia poderá estar limitada a certo montante.

3. "Melhores esforços" (*best-efforts*)

O intermediário financeiro assume o compromisso de realizar seu melhor esforço no sentido de colocar as ações ao público, não assumindo qualquer obrigação de comprar, ele mesmo, os títulos não vendidos. Nesse caso, a empresa não tem certeza de conseguir aumentar o seu capital na proporção pretendida, nem no tempo estabelecido para sua concretização, já que assume todos os riscos de aceitação ou não das ações lançadas por parte do mercado. Naturalmente, a remuneração para esse tipo de serviço deve ser menor que a destinada a um compromisso firme.

7.3.3 Etapas do processo de underwriting

As principais etapas do processo de *underwriting* estão ilustradas na Figura 7.9.

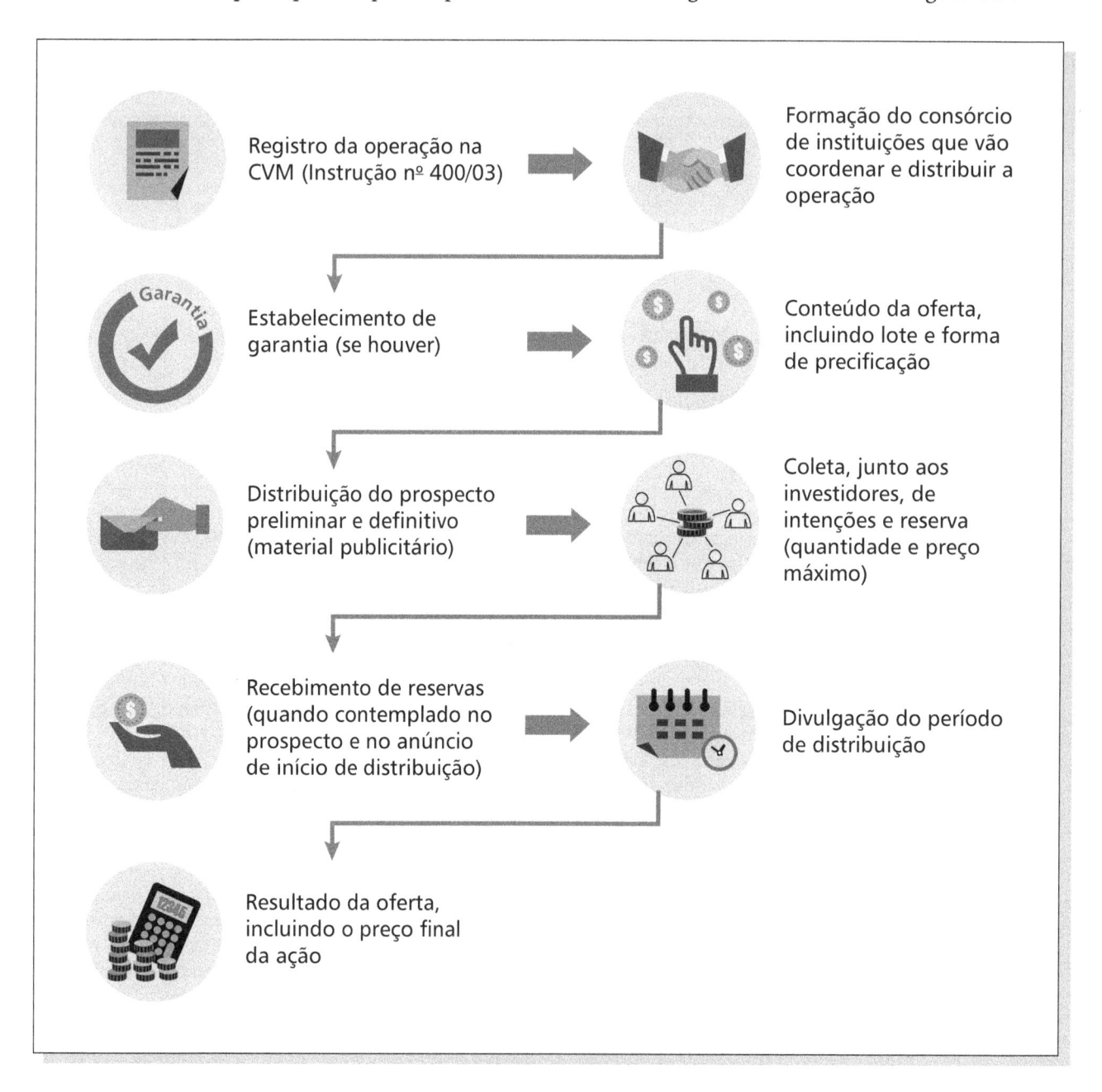

- Registro da operação na CVM (Instrução nº 400/03)
- Formação do consórcio de instituições que vão coordenar e distribuir a operação
- Estabelecimento de garantia (se houver)
- Conteúdo da oferta, incluindo lote e forma de precificação
- Distribuição do prospecto preliminar e definitivo (material publicitário)
- Coleta, junto aos investidores, de intenções e reserva (quantidade e preço máximo)
- Recebimento de reservas (quando contemplado no prospecto e no anúncio de início de distribuição)
- Divulgação do período de distribuição
- Resultado da oferta, incluindo o preço final da ação

Figura 7.9 Underwriting: *principais etapas*.

7.3.4 Selecionando o underwriter

Tratando-se de emissão para oferta pública, a distribuição ou colocação no mercado só poderá ser feita através de instituições autorizadas, vedada a oferta direta pela empresa. Portanto, a empresa deve contratar instituições especializadas, tais como: bancos de investimento, sociedades corretoras e sociedades distribuidoras, para a colocação de novas ações no mercado. O trabalho realizado pela instituição financeira compreende:

• Coordenação	Serviço de montagem e estruturação da operação, incluindo: ⇨ a elaboração da tese de investimento; ⇨ *valuation* preliminar; ⇨ tamanho e característica da oferta; ⇨ tipo de listagem; ⇨ segmento de listagem; ⇨ precificação e estratégia de distribuição.
• Garantia	Garantia de que os títulos serão inteiramente colocados no mercado.
• Colocação	Colocação das ações no mercado junto aos investidores.

Pelos serviços de coordenação da operação, liderança da operação, venda de valores mobiliários e eventual garantia de subscrição, as instituições financeiras cobram taxas percentuais sobre o valor da operação e garantia de subscrição:

Quadro 7.9 *Taxas cobradas no processo de abertura.*

Taxas	Descrição
Coordenação	Varia de 1 a 2% da emissão e refere-se à remuneração dos serviços de coordenação da emissão, que vão desde a elaboração da documentação do pedido de registro, formação do *pool*, até a liquidação financeira.
Garantia	Varia de 3 a 5% da emissão e é paga ao coordenador pela garantia da colocação dos papéis; nesse caso, é repassado de 0,5 a 1,0% para as demais instituições participantes do lançamento. Quando o contrato é de melhor esforço, essa garantia é suprimida. A garantia pode ser estabelecida sobre a emissão toda, sobre as sobras ou, ainda, sobre parte da emissão previamente estabelecida.
Colocação	Varia de 4 a 5% da emissão e refere-se à remuneração paga ao coordenador, que a repassa totalmente às instituições colocadoras.

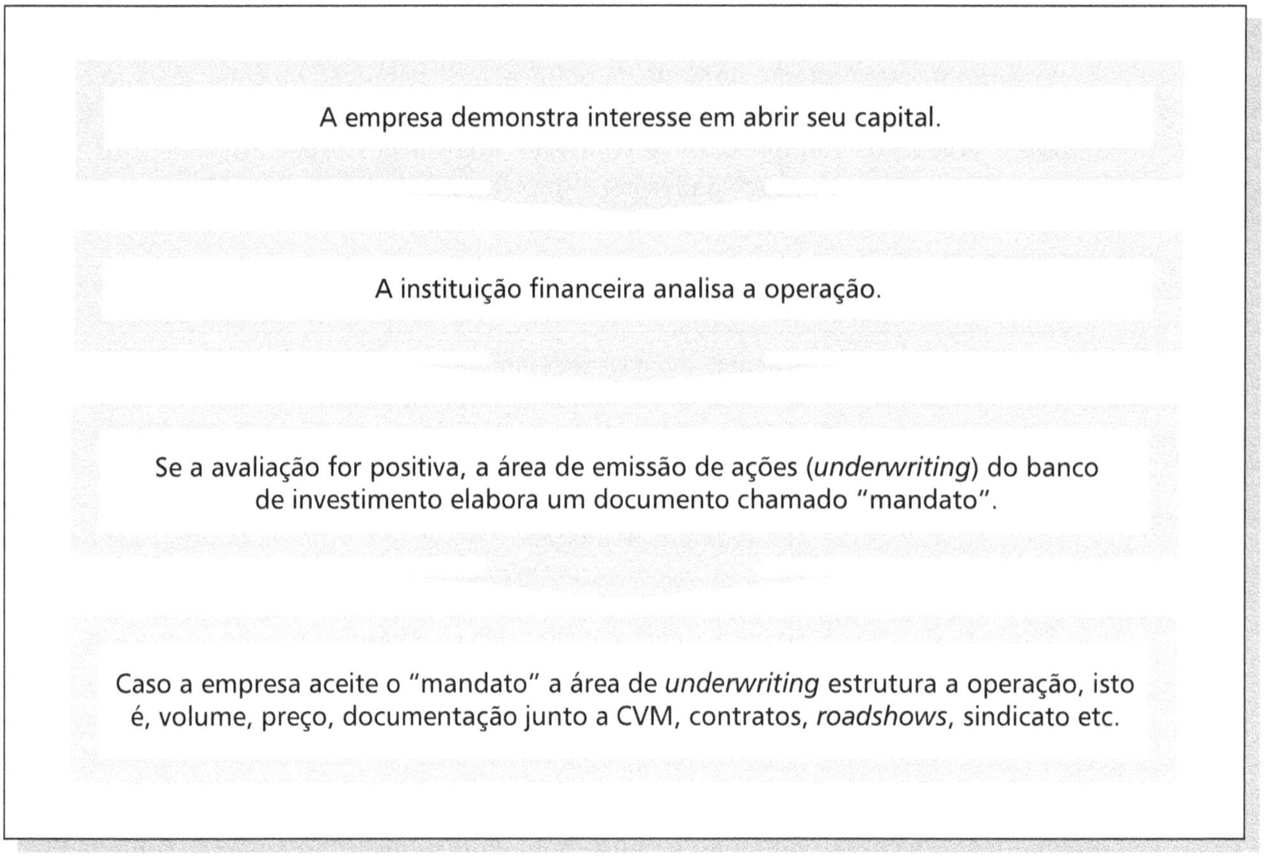

> A empresa demonstra interesse em abrir seu capital.
>
> A instituição financeira analisa a operação.
>
> Se a avaliação for positiva, a área de emissão de ações (*underwriting*) do banco de investimento elabora um documento chamado "mandato".
>
> Caso a empresa aceite o "mandato" a área de *underwriting* estrutura a operação, isto é, volume, preço, documentação junto a CVM, contratos, *roadshows*, sindicato etc.

Figura 7.10 *Etapas do processo de contratação da instituição financeira.*

A instituição financeira coordenadora tem papel importante na estruturação – análise das condições da empresa e do mercado de capitais. Juntamente com a empresa, a instituição coordenadora realiza estudos visando definir:

- a melhor forma de operação a ser realizada;
- o volume de recursos envolvido;
- o público-alvo;
- os procedimentos de distribuição;
- as garantias a serem oferecidas aos investidores; e, se for o caso, a remuneração que será atribuída aos títulos;
- o plano de repactuação ou de conversão em ações, no caso de debêntures;
- o tipo e o preço do título; e os custos de todo o processo e sua análise de viabilidade.

Oferta base

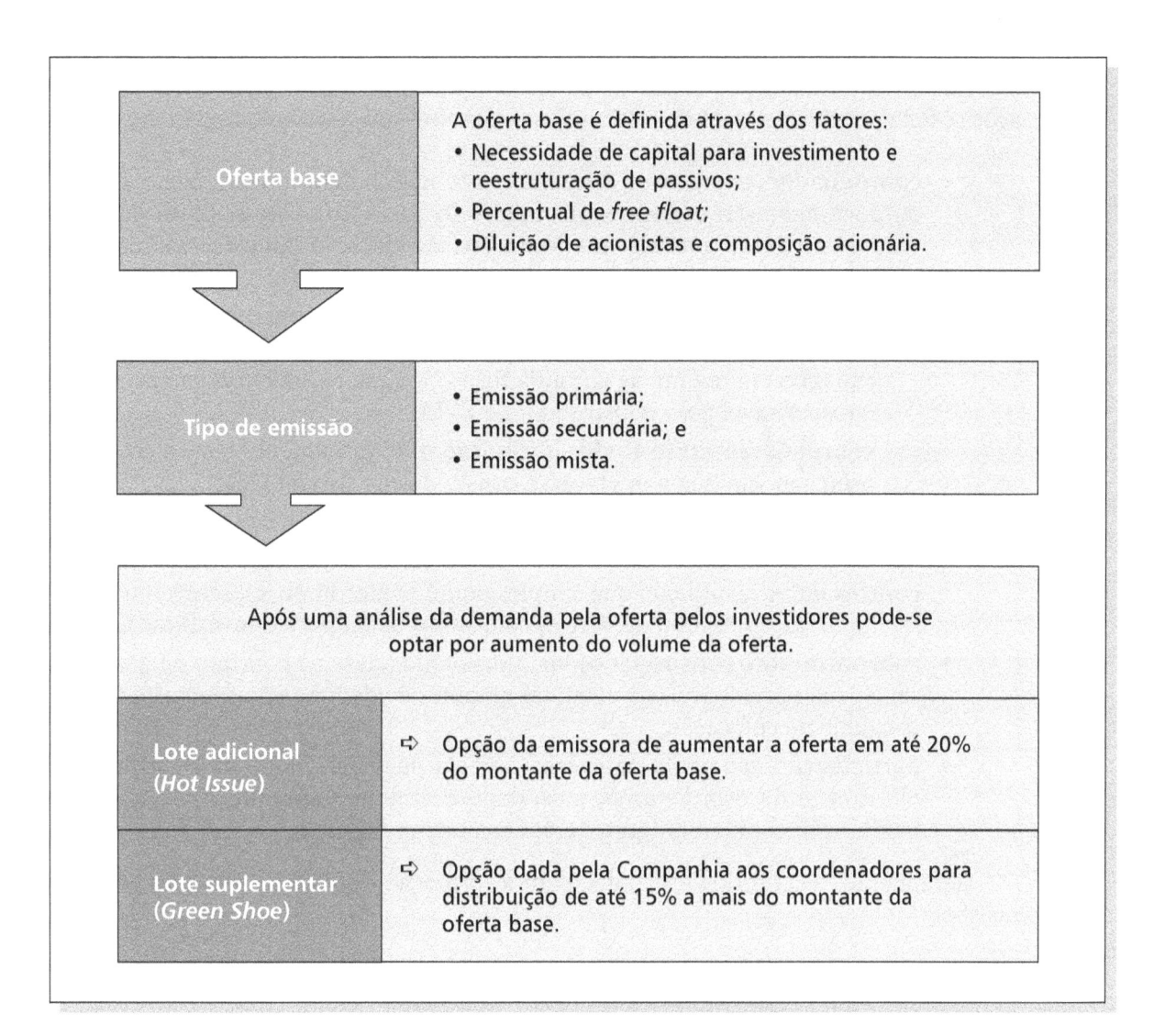

A oferta base é definida através dos fatores:
- Necessidade de capital para investimento e reestruturação de passivos;
- Percentual de *free float*;
- Diluição de acionistas e composição acionária.

Tipo de emissão

- Emissão primária;
- Emissão secundária; e
- Emissão mista.

Após uma análise da demanda pela oferta pelos investidores pode-se optar por aumento do volume da oferta.

Lote adicional (*Hot Issue*)
⇨ Opção da emissora de aumentar a oferta em até 20% do montante da oferta base.

Lote suplementar (*Green Shoe*)
⇨ Opção dada pela Companhia aos coordenadores para distribuição de até 15% a mais do montante da oferta base.

Figura 7.11 *Estrutura de uma oferta.*

Quadro 7.10 *Responsabilidades nas etapas da operação de* underwriting.

Responsável	Etapas da operação de *underwriting*
Empresa emissora	• preparações preliminares; • definição da ação a ser lançada, montante em reais e preço unitário; • negociação e contratação de instituição coordenadora;
Empresa emissora e instituição coordenadora	• Assembleia Geral Extraordinária (AGE) para a autorização da emissão; • preparo e envio da documentação para registro na CVM; • formação do *pool* de instituições financeiras para a distribuição; • marketing da operação e *disclosure* da companhia; • concessão do registro e anúncios de início e término da distribuição; • boletins de subscrição e liquidação financeira da operação; • registro nas bolsas de valores.

Um *underwriting* pode ser executado por apenas um intermediário financeiro ou por um consórcio formado por várias instituições financeiras. Dessa forma, a colocação das ações é feita por um conjunto de instituições financeiras que assumem as seguintes funções:

- **coordenador:** coordena a operação, desempenhando funções como elaboração da documentação e acompanhamento do processo; apresentação da empresa para o mercado; controle financeiro etc. A operação pode ser coordenada por mais de uma instituição, originando, assim, a figura do:
    - ⇨ **coordenador principal:** instituição que gerou a operação; portanto, faz a interface entre a empresa e o mercado; normalmente, fica com o maior risco (quando em regime de garantia firme), o maior comissionamento e também é responsável pelo registro junto à CVM;
    - ⇨ **coordenador contratado:** instituição que, juntamente com o coordenador principal, conduz a operação e consta do registro da CVM;
- **líder:** instituição que possui algum prestígio no mercado e assume o risco de lote significativo de ações, distribuindo-o perante os consorciados;
- **consorciado:** instituição que simplesmente comprou ou subscreveu o papel, ou seja, que faz o trabalho de varejo, colocando papel para o investidor final;
- **subcontratado/consorciado:** instituição que adere ao contrato de garantia; assim, a sua participação na eventual garantia é adequada ao seu porte ou sua capacidade de colocação;
- **participação especial:** caracteriza-se pela participação de uma instituição que não consta da coordenação, mas, dado o volume garantido e o seu relacionamento com o emissor, figura na operação com destaque.

Geralmente, os critérios utilizados para a formação do *pool* de instituições financeiras são:

- Liderança de mercado.
- Capacidade de colocação.
- Relação reciprocidade × empresa × banco líder.

A estrutura de um *pool* não é rígida, podendo haver instituições que desempenhem mais de um papel.

A instituição líder irá primeiramente fazer uma análise da empresa com vistas a medir o porte, oportunidades de investimento, rentabilidade, liquidez, imagem e conceito no mercado. Com base nisso, o líder poderá quantificar melhor as chances de o processo de *underwriting* ser um sucesso (ou mesmo se vale a pena prosseguir com a transação). Soma-se a isso o empenho do *underwriter* em conscientizar a empresa das exigências às quais ela terá que se submeter com o objetivo de dar uma imagem de credibilidade.

A seguinte etapa resume-se em negociações que objetivam decidir sobre o montante e o tipo de ações a serem emitidas, a estratégia de colocação e o cronograma de assembleias. O preço de emissão não costuma ser discutido nessa etapa, uma vez que há defasagem entre o período de negociação e a efetiva colocação, bem como variações (consideráveis na nossa economia) no mercado.

Após a efetivação do *pool* de distribuição, é efetivado o contrato formal de *underwriting*. Aqui o preço é estabelecido e inicia-se o processo para atender às exigências para distribuição de títulos. Monta-se também uma estratégia para garantir a liquidez dos títulos, que é imediatamente posta em funcionamento. O processo de estipulação do preço de emissão é o aspecto mais importante dessa fase.

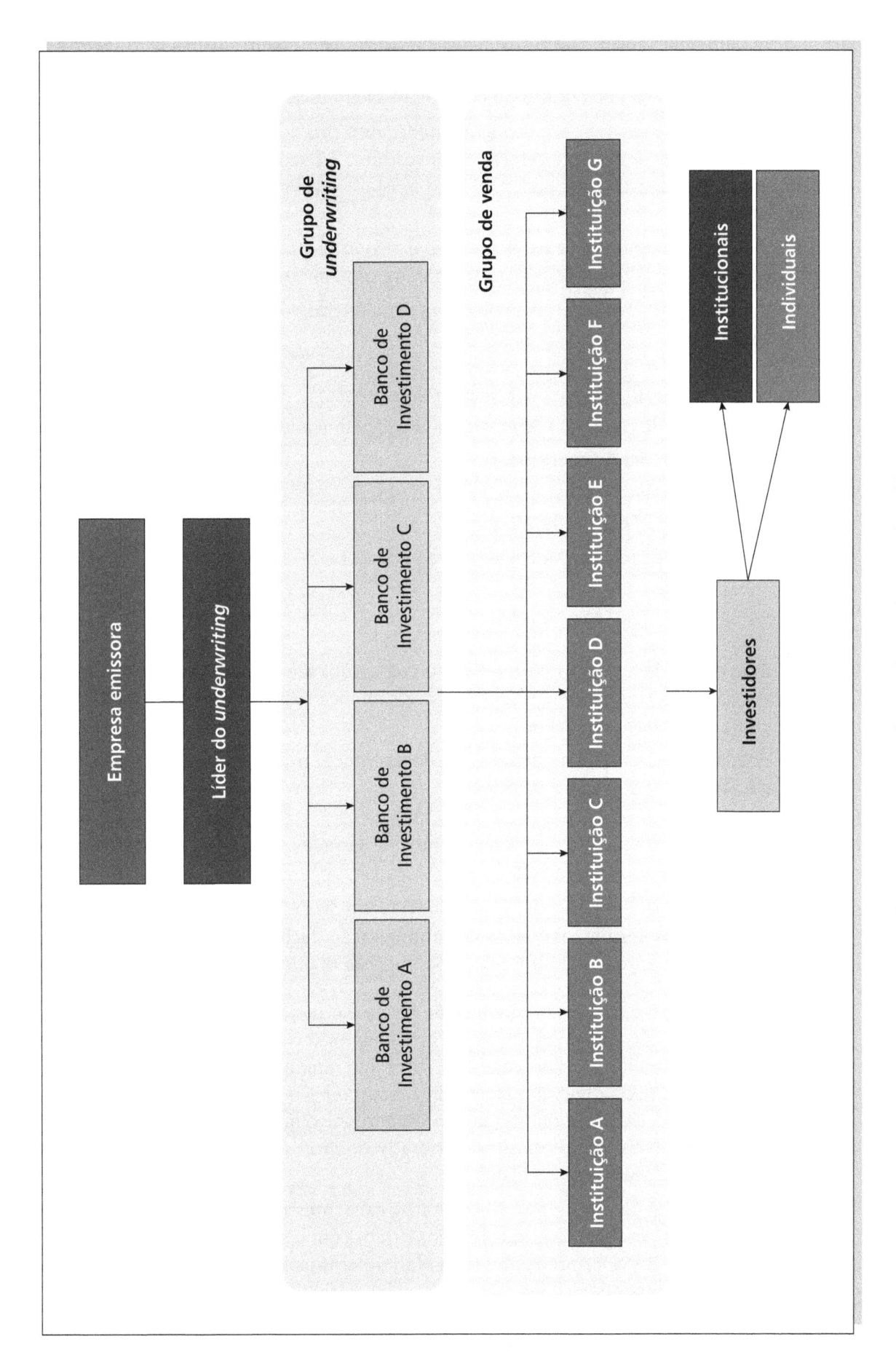

Figura 7.12 *Estrutura de organização de um underwriting.*

Geralmente, ocorre um confronto de interesses nessa etapa entre a empresa e o líder, uma vez que para a empresa é interessante o maior preço possível, enquanto o *underwriter* busca a colocação dos títulos ao preço mais baixo possível.

O sucesso da emissão está fundamentado num preço que satisfaça à empresa, dilua os riscos do *underwriter* e dê retorno ao investidor. A fixação do preço é um processo de barganha. Quem tiver mais poder de fogo ajustará o preço para mais próximo dos seus parâmetros.

O relacionamento entre esses agentes é regido por contratos de adesão livremente firmados e negociados entre as partes, sem ônus adicional para a companhia emissora.

O contrato de coordenação e colocação firmado entre a companhia emissora e o *pool* dispõe sobre:

- autorização da emissão e suas características;
- regime de colocação (com garantia ou melhores esforços);
- cronograma da operação;
- registro na CVM;
- obrigações das partes e remuneração;
- adesão de terceiros à colocação, se houver;
- duração;
- rescisão, penalidades e foro.

Caso admitida a adesão de terceiros à colocação, são firmados contratos de adesão entre coordenador(es) e demais intermediários financeiros (contrato de distribuição) participantes do *pool* de colocação.

Uma negociação entre a empresa que deseja lançar títulos e uma instituição financeira deve abordar os seguintes aspectos:

- **porte do lançamento:** lançamentos de grandes portes são geralmente coordenados por grandes instituições;
- **custos:** comissão de coordenação, comissão de garantia e comissão de colocação;
- **serviços gerais:** marketing do produto-ação, fechamento dos estudos econômicos e financeiros, definições de políticas de dividendos etc.

Geralmente, o custo de lançamento de ações é o ponto de conflito econômico entre emissor e subscritor. O objetivo do subscritor é comprar os títulos pelo menor preço possível, pois isso facilita sua habilidade de diminuir rapidamente seu estoque de títulos, além de evitar o risco comercial associado à manutenção de qualquer estoque. É lógico que o emissor (sociedade anônima) deseja obter o preço mais alto possível, pois aumenta os fundos disponíveis para propósitos corporativos, reduz o custo de capital e minimiza a diluição de posse atual dos acionistas.

Daí advêm os diversos tipos de contratos existentes nesse mercado, pois empresas mais experientes geralmente negociam seus títulos com o subscritor, sem a determinação de garantia total do valor prefixado. Em geral, determinam prazo de 30 dias para manutenção do preço predefinido.

Outras empresas preferem redução do valor das ações, porém com garantia total da negociação pelo subscritor, geralmente com custos financeiros no lançamento maiores que os citados anteriormente, pois o subscritor adquire os títulos do emissor e os vende aos investidores diretamente de seu estoque.

Outra modalidade de contrato permite ao subscritor dedução de uma comissão fixa de cada título comercializado como compensação total. Mais usada pelos emissores mais experientes (em relação ao hábito de subscrição), uma vez que viabiliza e garante-lhes a tentativa pelo subscritor de melhor valorização de seus títulos, pois desse preço adviriam também os lucros do subscritor. Normalmente, neste último acordo, o emissor paga ao subscritor as custas pela colocação dos títulos no mercado; para o subscritor torna-se interessantíssimo também esse tipo de contrato, pois, caso haja fracasso no empreendimento, terá seus custos cobertos e, em caso de sucesso, será bem recompensado.

Uma vez negociadas as características do lançamento, são feitas discussões entre a companhia emissora e a instituição financeira, para definir as características da distribuição, principalmente se haverá garantia firme de subscrição, ou se a operação será feita no regime de melhores esforços. Daí surgem os tipos de contratos de *underwriting*.

7.4 Oferta pública de ações

A oferta pública de ações é uma operação por meio da qual uma companhia ou titulares de valores mobiliários de sua emissão promovem a colocação de ações ou outros valores mobiliários no mercado de capitais com o objetivo de captar recursos no mercado. As ofertas públicas são caracterizadas por serem, na maioria dos casos, extensivas a não acionistas da empresa.

Nessa modalidade de colocação de ações, por se tratar de uma oferta pública, a CVM (Comissão de Valores Mobiliários) aumenta suas exigências. Para serem consideradas públicas, devem possuir um ou mais de um dos seguintes elementos:

- listas ou boletins de venda ou subscrição, folhetos, prospectos ou anúncios destinados ao público;
- procura de subscritores por meio de empregados ou corretores;
- negociação feita em loja ou estabelecimento aberto ao público;
- utilização de publicidade, oral ou escrita, cartas, anúncios, avisos, especialmente através de meios de comunicação de massa ou eletrônicos.

A preparação da empresa para um processo de oferta pública envolve vários aspectos que devem ser observados:

- informações financeiras;
- governança corporativa;
- organização financeira;
- processos, controles e sistemas;
- gestão de risco;
- aspectos fiscais e jurídicos.

Já os principais documentos que compõem uma oferta pública de ações são:

- prospectos;
- avisos aos investidores;
- anúncios de início e encerramento;
- edital de oferta pública de aquisição de ações (OPA).

7.4.1 Ofertas públicas de venda

As ofertas públicas para venda de ações se dividem em dois grupos:

1. Oferta pública inicial de ações (IPO, na sigla em inglês *Initial Public Offer*)
São ofertas mediante as quais uma companhia fechada decide acessar o mercado, promovendo pela primeira vez a distribuição pública de valores mobiliários de sua emissão, tornando-se, assim, uma empresa de capital aberto.

2. Oferta subsequente (*follow-on*, em inglês)
É uma oferta de ações realizada por uma companhia que já realizou uma oferta pública de ações.

Nos dois casos, as ofertas podem ser primárias, quando novas ações são emitidas e os recursos captados são direcionados ao caixa das companhias, e/ou secundárias, quando as ações dos atuais acionistas são vendidas a outros investidores. Aqui não há emissão de novos papéis, e os recursos vão para o bolso dos acionistas vendedores.

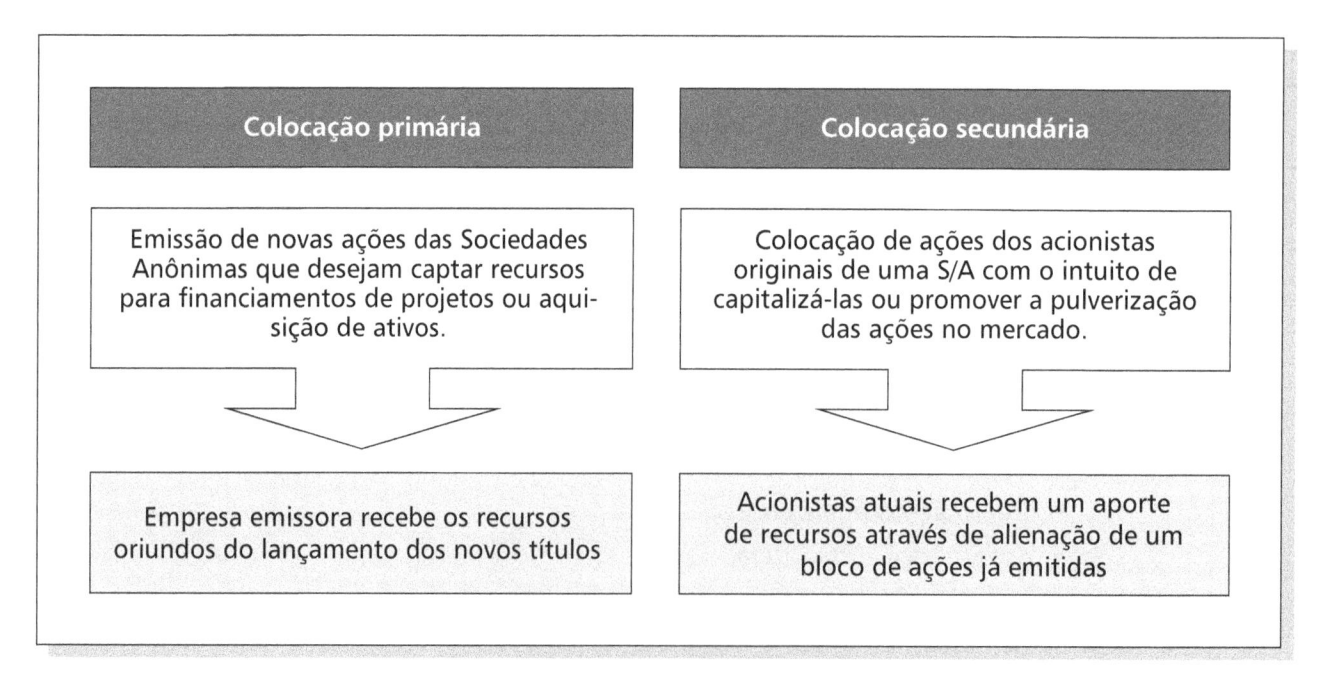

Colocação primária	Colocação secundária
Emissão de novas ações das Sociedades Anônimas que desejam captar recursos para financiamentos de projetos ou aquisição de ativos.	Colocação de ações dos acionistas originais de uma S/A com o intuito de capitalizá-las ou promover a pulverização das ações no mercado.
Empresa emissora recebe os recursos oriundos do lançamento dos novos títulos	Acionistas atuais recebem um aporte de recursos através de alienação de um bloco de ações já emitidas

Figura 7.13 *Modalidades de colocação pública de ações.*

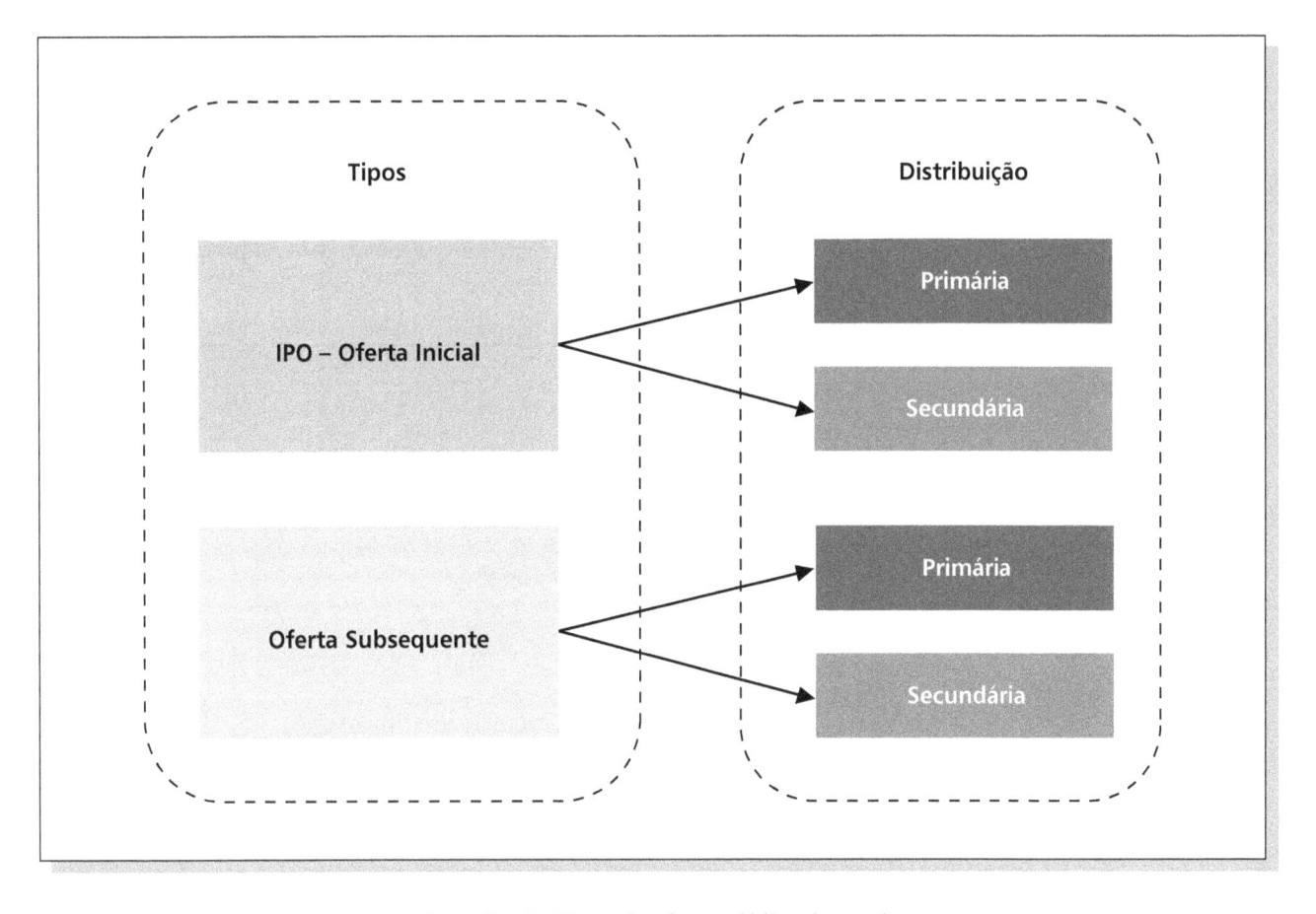

Figura 7.14 *Tipos de oferta pública de venda.*

7.4.2 *Oferta pública de aquisição de ações (OPA)*

Uma oferta pública de aquisição de ações (OPA) é uma operação através da qual um acionista ou uma sociedade pretende comprar uma participação ou a totalidade das ações de uma empresa cotada em Bolsa. O termo em inglês muito utilizado para tratar da OPA, quando a mesma busca a aquisição de controle de outra empresa, é *take over*.

As OPAs podem ser de três tipos:

- Voluntária

Definição:	Ofertas realizadas sem a exigência de normas específicas. Ocorrem única e exclusivamente por vontade do comprador.
Preço:	O valor a ser oferecido por ação é determinado pelo próprio comprador.
Regulamentação:	ICVM 361

- Para aquisição de controle

Definição:	Oferta realizada por um ofertante, com o intuito de adquirir uma empresa de controle pulverizado, para aquisição de ações de diversos acionistas.
Preço:	O valor a ser oferecido por ação é determinado pelo próprio comprador.
Regulamentação:	Lei das S.A., artigo 257

- Estatutária

Definição:	Oferta obrigatória a acionistas que atingem determinada porcentagem do capital. O ofertante faz uma oferta a todos os demais acionistas visando proteger a estrutura de capital dispersa.
Preço:	Não pode ser inferior ao maior preço entre: • o valor econômico apurado em laudo; o preço das ações em qualquer aumento de capital realizado em até um ano; • a cotação média nos últimos 90 dias antes da oferta; • ou o maior valor pago pelo acionista comprador em qualquer tipo de negociação realizada em até 12 meses.
Regulamentação:	Não é prevista em legislação. É regida pelo próprio estatuto social da empresa.

Realiza-se uma OPA com o objetivo principal de adquirir o controle de uma companhia aberta, cujo capital votante esteja disseminado no mercado. Muitas vezes, é usada para se fechar o capital, retirando as ações da bolsa.

Quadro 7.11 *Principais objetivos da OPA.*

Objetivos	Breve descrição	Obrigatoriedade
• Cancelamento de registro	Realizado quando a empresa deseja cancelar seu registro de companhia aberta e retirar suas ações do mercado.	Sim
• Aumento de participação	Realizado quando um ou mais acionistas controladores aumentam a sua participação percentual no capital social da companhia aberta.	Sim
• Alienação de controle	Realizada como condição de eficácia de negócio jurídico de alienação de controle de companhia aberta.	Sim
• Voluntária/aquisição de controle de companhia aberta	Visa a aquisição de ações de emissão de companhia aberta, que não deva realizar-se segundo os procedimentos específicos estabelecidos na Instrução CVM para qualquer OPA obrigatória referida nos três casos anteriores.	Não
• Concorrente	É formulada por um terceiro e que tenha por objeto ações abrangidas por OPA já apresentada para registro perante a CVM, ou por OPA não sujeita a registro que esteja em curso.	Não

A OPA tem que ser publicada na imprensa e deve conter o número mínimo de ações que o adquirente se propõe a adquirir e, se for o caso, o número máximo; o preço e as condições de pagamento; a subordinação da oferta ao número mínimo de aceitantes e a forma de rateio entre os aceitantes, se o número deles ultrapassar o máximo fixado; o procedimento que deverá ser adotado pelos acionistas aceitantes para manifestar a sua aceitação e efetivar a transferência das ações; o prazo de validade da oferta, que não poderá ser inferior a 20 dias; e informações sobre o ofertante.

Ao término do prazo da oferta, se o número de ações representativas da aceitação atingir o mínimo previsto, o negócio se concluirá com a efetivação da transferência das ações e o pagamento do preço. Se o número de ações dos ofertantes ultrapassar o limite máximo estabelecido na OPA, proceder-se-á ao rateio entre os aceitantes.

OPA amigável e OPA hostil
Uma OPA diz-se hostil quando o Conselho de Administração da empresa-alvo não é informado da oferta ou quando a sociedade promotora da oferta decide avançar com a OPA mesmo depois do Conselho de Administração a ter recusado. Quando o Conselho de Administração considera a proposta vantajosa para os acionistas e recomenda-lhes que aceitem a oferta, a OPA diz-se amigável. Quando uma empresa lança uma OPA sobre outra, não sabe qual vai ser a sua reação da empresa-alvo. Essa incerteza relativa ao sucesso da sua oferta constitui um jogo com diferentes cenários possíveis, tendo em conta a reação de outras empresas que identifiquem interesses potenciais e também dos acionistas apanhados pela OPA. Tratando-se de uma OPA amigável, a operação decorre com um benefício para ambas as partes intervenientes. Se por um lado os acionistas da empresa-alvo ganham com a subida da cotação das suas ações, por outro lado, a empresa oferente, ao concretizar a sua estratégia para aumento do valor da empresa adquirida, está também a aumentar o seu valor. Sendo uma OPA hostil, existe sempre a hipótese de surgir uma OPA concorrente, onde uma terceira entidade efetua uma OPA alternativa à inicial, podendo esta ser mais próxima dos interesses dos acionistas da empresa-alvo, designada essa entidade por *whiteknight*. Outro cenário possível corresponde a uma contra-OPA, em que os acionistas da empresa-alvo lançam uma OPA alternativa à da oferente no sentido de ser mantida a estrutura acionista. Pode ainda dar-se o caso de uma OPA sobre a oferente.

As principais vantagens e desvantagens de ficar na bolsa ou fechar o capital podem ser resumidas no Quadro 7.12.

Quadro 7.12 *Vantagens e desvantagens de ficar na bolsa ou fechar o capital.*

	Vantagens	Desvantagens
Ficar na bolsa	• Admite sócios para dividir custos e riscos do negócio. • Empresa fica pronta para emitir dívida com custo menor.	• Sócios exigem resultados acima dos juros de renda fixa. • Custo de eventual aquisição por outra empresa é maior porque precisa que acionistas minoritários concordem. • Empresa tem custos para manter estrutura de contabilidade e de relações com o mercado.
Fechar o capital	• Donos e gestores ficam livres para decisões estratégicas. • Cai o custo de eventual aquisição por outra empresa que fica livre de oferta de minoritários. • Cai o custo com divulgação e publicação de balanços e de relacionamento com o mercado.	• Sem supervisão permanente do mercado, juros da dívida tendem a ser maiores. • Empresa perde importantes instâncias de decisão e supervisão internas, como conselho independente.

7.5 Initial Public Offering (IPO)

O processo de lançamento inicial de ações junto ao mercado, conhecido como IPO – *Initial Public Offering*, termo em inglês que significa oferta pública inicial de ações, é o mecanismo pelo qual uma companhia aberta realiza a primeira colocação pública de ações na bolsa de valores.

> A oferta pública inicial de ações (IPO) é o mecanismo pelo qual uma empresa realiza a primeira colocação pública de ações na bolsa de valores.

Obtido o registro de companhia aberta, a empresa pode começar a pensar em fazer um IPO na B3, ofertando suas ações aos investidores e listando-as no pregão.

7.5.1 Vantagens e desvantagens do IPO

A decisão de ofertar ações ao público não é simples e exige muita reflexão. Ao mesmo tempo em que a empresa acessa uma nova fonte de recursos, a cobrança por resultados aumenta significativamente. O negócio ganha exposição pública e suas expectativas geram mais acompanhamento. Por isso, é necessária uma profunda reflexão sobre as vantagens e desvantagens de uma oferta pública, bem como a real probabilidade de sucesso da operação.

Algumas vantagens do IPO:

- **Ampliação da base para captação de recursos**: a abertura de capital torna possível à companhia captar recursos de investidores tanto brasileiros como estrangeiros. Feito o IPO, ela pode optar por realizar, de tempos em tempos, novas ofertas de ações para se capitalizar e crescer.
- **Liquidez patrimonial:** o termo se refere à possibilidade que os empreendedores e sócios têm de transformar parte de suas ações em dinheiro, a qualquer momento. No caso de uma companhia aberta, esses recursos podem ser obtidos, facilmente, através da venda das ações em bolsa.
- **Melhora da imagem institucional e do custo de captação** resultantes da maior exposição.
- **Profissionalização da gestão** resultante de exigências da CVM e Bovespa.
- **Ações como moeda de troca em fusões e aquisições**: ter as ações da companhia listadas em bolsa possibilita sua utilização para comprar concorrentes, em vez de utilizar dinheiro. Quanto mais liquidez e potencial de valorização a ação de uma empresa tiver, mais forte ela será como moeda de troca em aquisições ou fusões.

Algumas desvantagens do IPO:

- **Aumento nos custos:** manter um departamento de RI, divulgar informações periodicamente, contratar auditores independentes para checar os balanços e publicar os resultados em jornais.

- **Pressão em relação à entrega de resultados:** muitos acionistas gostariam de receber resultados o quanto antes e em grandes proporções, gerando uma pressão sobre os gestores que pode prejudicar os negócios no médio ou longo prazo.
- **Processo de difícil retorno:** Para fechar o capital, a companhia deve fazer uma oferta pública de aquisição de ações e recomprar os papéis em bolsa, o que costuma ser um processo demorado e custoso. Caso não tenha uma boa explicação sobre por que está saindo do pregão, a empresa pode ter sua imagem arranhada.

Os principais riscos envolvidos na operação de IPO são:

- Erros na modelagem/estruturação da operação (especialmente preço e público-alvo);
- Mudança brusca e negativa do cenário do mercado;
- Vazamento de informações (potencial suspensão da operação e indevida especulação);
- Despreparo no trato com analistas e investidores (prejuízo à formação de preço e à negociação em bolsa).

7.5.2 Papel dos principais atores do processo

A preparação da empresa para uma operação de IPO envolve uma série de agentes que atuaram no processo. Os principais são:

- Comissão de Valores Mobiliários (CVM)
- Advogados
- Auditores
- Coordenadores
- Agente estabilizador
- *Pool* de distribuição
- Escriturador
- Gestores
- Investidores Institucionais
- Investidores de varejo
- B3

Os participantes de uma operação de IPO exercerão um papel fundamental em seu sucesso, como, por exemplo:

Investment Banking

São os protagonistas do processo, responsáveis, entre outras coisas, pela definição da: tese de investimento; realização do *valuation* preliminar; definição do tamanho e característica da oferta; do tipo de listagem; do segmento de listagem; e da precificação e estratégia de distribuição.

Research

Responsáveis por gerar interesse nos investidores com suas recomendações, eles podem atuar como: *investors educations*, elaborando o *pre-deal report* e fazendo reuniões para lapidação dos modelos dos potenciais investidores; e *research coverage*, fazendo a cobertura da *performance* da empresa, via análise de seus fundamentos, o que é muito importante para a tomada de decisões dos investidores.

Sales/corretoras

Trabalham na identificação dos potenciais investidores da oferta e marcação e acompanhamento nas reuniões para divulgar a empresa. Atuam também como agente estabilizador, para estabilização do preço por ação, e *market maker*, para fomentar a liquidez do papel.

Advogados

Atuam no assessoramento da empresa, na preparação da documentação necessária para o acesso ao mercado de capitais; no processo de *due dilligence*; e no assessoramento dos bancos auxiliando nos aspectos legais da oferta e interface com o órgão regulador do mercado de capitais (CVM).

Auditores

Preparam as demonstrações financeiras e fornecem as cartas de conforto (*confort letter*).

7.5.3 Custos da oferta pública

Os custos associados a uma oferta pública podem ser divididos em custos diretos da oferta e custos subsequentes.

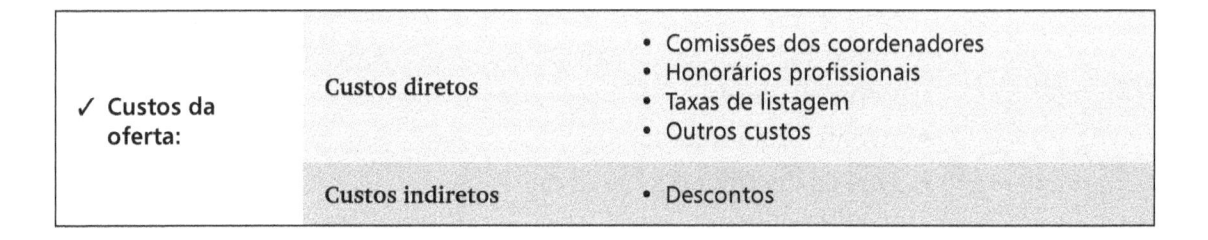

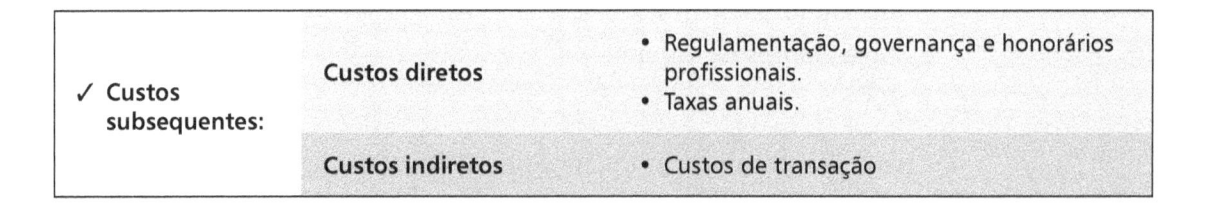

✓ Custos da oferta:	Custos diretos	• Comissões dos coordenadores • Honorários profissionais • Taxas de listagem • Outros custos
	Custos indiretos	• Descontos

✓ Custos subsequentes:	Custos diretos	• Regulamentação, governança e honorários profissionais. • Taxas anuais.
	Custos indiretos	• Custos de transação

Um exemplo desses custos são os custos de listagem na B3. Na Figura 7.15, temos um exemplo dos custos de listagem de uma empresa com capital social de R$ 100 milhões.

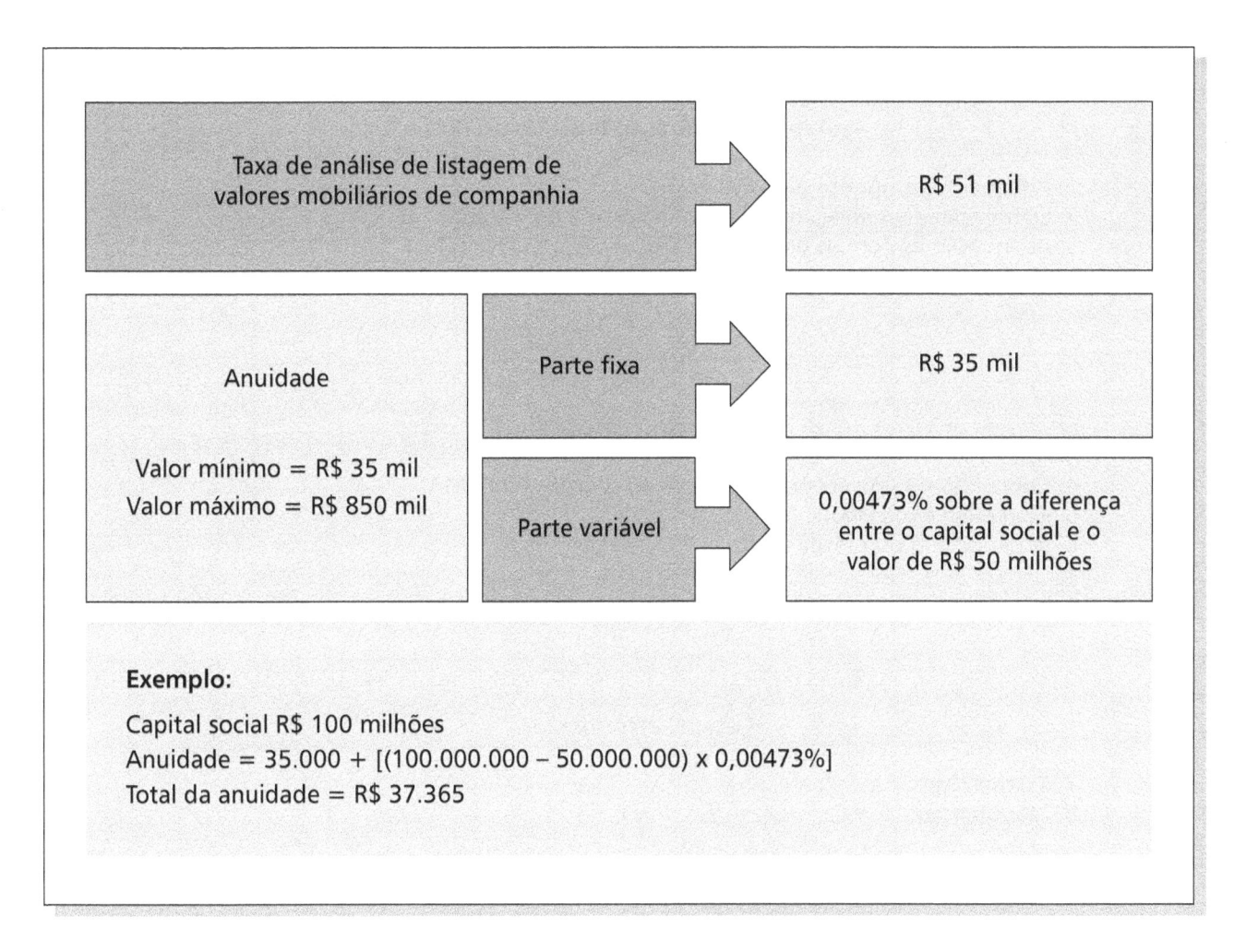

```
┌─────────────────────────────────────────────────────────────────────┐
│                                                                     │
│   ┌─────────────────────────────────┐                               │
│   │ Taxa de análise de listagem de  │ ⇒   ┌──────────────────┐      │
│   │ valores mobiliários de companhia│     │    R$ 51 mil     │      │
│   └─────────────────────────────────┘     └──────────────────┘      │
│                                                                     │
│   ┌────────────────┐    ┌──────────────┐    ┌──────────────────┐    │
│   │                │    │  Parte fixa  │ ⇒  │    R$ 35 mil     │    │
│   │   Anuidade     │    └──────────────┘    └──────────────────┘    │
│   │                │                                                │
│   │ Valor mínimo   │    ┌──────────────┐    ┌────────────────────┐  │
│   │  = R$ 35 mil   │    │Parte variável│ ⇒  │0,00473% sobre a    │  │
│   │ Valor máximo   │    └──────────────┘    │diferença entre o   │  │
│   │  = R$ 850 mil  │                        │capital social e o  │  │
│   └────────────────┘                        │valor de R$ 50 mi.  │  │
│                                             └────────────────────┘  │
│                                                                     │
│   Exemplo:                                                          │
│   Capital social R$ 100 milhões                                     │
│   Anuidade = 35.000 + [(100.000.000 − 50.000.000) × 0,00473%]       │
│   Total da anuidade = R$ 37.365                                     │
│                                                                     │
└─────────────────────────────────────────────────────────────────────┘
```

Figura 7.15 *Custos de listagem B3.*

7.5.4 Resumo das etapas de um IPO

As etapas de uma operação de IPO podem ser resumidas em: estruturação legal (antes); estruturação de vendas (durante); e estruturação do pós-venda (depois). Todas devem ser bem planejadas e implementadas para evitar o risco de fracasso da operação.

1ª etapa: estruturação legal ou pré-IPO

1. Adequação às normas da CVM.
2. Elaboração e preparação dos documentos da operação.
3. Adequação às normas da Bovespa e governança corporativa.

2ª etapa: execução

4. Confecção do prospecto e protocolo do registro na CVM.
5. Marketing e *roadshow*.
6. *Bookbuilding* ou precificação.

3ª etapa: *aftermarket*

7. Estabilização.
8. Manutenção.

Figura 7.16 *Resumo das etapas para o IPO.*

1ª Etapa: Estruturação legal ou pré-IPO

A operação de IPO começa com a estruturação legal, na qual a empresa vai se preparar para atender às exigências legais tanto da CVM quanto da Bolsa. Nesse sentido, deve estar atenta à regulamentação aplicável de cada órgão. No caso da CVM, o pedido de registro envolve as Instruções nºs 400 e 480. Já o pedido de listagem na B3 envolve o Regulamento de Registro de Emissores e de Valores Mobiliários, Regulamento da Comissão de Listagem e Regulamento de Listagem dos Segmentos Diferenciados de Governança Corporativa.

Pedido de registro na CVM

- **Instrução CVM nº 480**

    Dispõe sobre o registro de emissores de valores mobiliários admitidos à negociação em mercado regulamentados de valores mobiliários.

- **Instrução CVM nº 400**

    Dispõe sobre as ofertas públicas de distribuição de valores mobiliários, nos mercados primário e secundário.

Pedido de listagem na B3

- **Regulamento de Registro de Emissores e de Valores Mobiliários**

    Dispõe sobre o registro de companhia para negociação de seus valores mobiliários na B3.

- **Regulamento da Comissão de Listagem**

    Estabelece procedimentos de análise de pedidos de registro de companhias nos segmentos especiais administrados pela B3.

- **Regulamento de Listagem dos Segmentos Diferenciados de Governança Corporativa**

    Estabelece os requisitos para negociação de valores mobiliários de Companhias Abertas em segmentos da B3.

Toda a estruturação legal e a preparação dos documentos são amparadas pelo tipo de oferta que a empresa pretende realizar.

• Oferta local	Público-alvo	Investidores institucionais e pessoas físicas somente no Brasil.
	Registro da oferta	Local (CVM).
• Oferta local com esforço de vendas no exterior (REGS e 144A)	Público-alvo	Investidores institucionais (QIBs) no Brasil, Europa e EUA e pessoas físicas somente no Brasil.
	Registro da oferta	Local (CVM).
• Oferta registrada na SEC	Público-alvo	Investidores institucionais e pessoas físicas no Brasil, Europa e EUA.
	Registro da oferta	Local (CVM) e no exterior (SEC).

As principais informações e documentos necessários para registro da oferta pública de valores mobiliários são:

- petição requerendo o registro de oferta pública de distribuição de valores mobiliários;
- atos societários que aprovam a oferta, a listagem e o aumento do capital utilizando o capital autorizado;
- prospecto;
- contrato de distribuição;
- contrato de estabilização e de empréstimo;
- termos de adesão ao contrato de distribuição (corretoras e coordenadores);
- pedidos de reserva e boletins de subscrição;
- aviso ao mercado, anúncios de início e de encerramento;
- declarações de veracidade, certificados da companhia, *legal opinions*, cartas-conforto;
- documentação de registro da companhia para liquidação e custódia de valores mobiliários;
- contrato de escrituração de ações;
- apresentação de *road show* e material publicitário.

A preparação da documentação para registro de distribuição segue as orientações da Instrução CVM nº 400, que exige:

- solicitação feita através da instituição líder da distribuição;
- cópia do contrato de distribuição de ações;
- modelo de boletim de subscrição;
- minuta do prospecto; e
- outros formulários.

Para que a empresa mantenha sua condição de companhia aberta, é necessário, de início, que sejam cumpridas as exigências legais e institucionais decorrentes da abertura, tais como:

- relatório da administração, demonstrações financeiras anuais e respectivo parecer de auditoria independente;
- Demonstrações Financeiras Padronizadas (DFP);
- Informações Trimestrais (ITR);
- Informações Anuais (IAN);
- AGO/E(s) divulgadas com edital;
- divulgação de fato relevante;
- proibição de uso de informação privilegiada por parte dos administradores;
- pagamento de taxa de fiscalização à CVM;
- pagamento de anuidade à bolsa.

Simultaneamente com o pedido de registro na CVM, a companhia pode solicitar a listagem de suas ações para serem negociadas na B3. As principais informações e documentos necessários para listagem na B3 são:

- requerimento e declaração de compromisso assinada pelo diretor de relações com investidores;
- atas de assembleias e reuniões da administração;
- demonstrações financeiras e informações trimestrais;
- documentos apresentados à CVM para obtenção do registro de distribuição pública de ações;
- estatuto social;
- contrato com a instituição financeira depositária das ações;
- termo de declaração de dispensa de análise prévia;
- acordo de acionistas;
- termo de adesão;
- estudo de viabilidade;
- formulário cadastral e formulário de referência;
- política de divulgação de ato e fato relevante.

A oferta pública de ações deve conter documentos importantes que permitem a transparência do processo. Esses documentos são:

- aviso ao mercado;
- anúncio de início;
- prospecto;
- anúncio de encerramento.

> O prospecto (inglês e português) é o documento da operação mais elaborado, e também o material mais importante. O prospecto deve respeitar todos os aspectos jurídicos e servir como material de venda, sobretudo nos EUA. Ele deve conter:
> - sumário da oferta;
> - sumário da emissora (formulário de referência);
> - cronograma;
> - condições e período de reserva;
> - preço ou faixa de preço;
> - *bookbuilding*;
> - distribuição parcial e rateio;
> - destinação de recursos;
> - diluição;
> - fatores de risco.

2ª Etapa: Estruturação de vendas

O principal objetivo do marketing é maximizar a demanda final pelo ativo. A estratégia de distribuição deve visar maior amplitude de potenciais compradores e assim criar uma tensão competitiva que permita maximizar o preço final da oferta e, ao mesmo tempo, diversificar a futura base de acionistas da empresa com investidores de qualidade.

Parte 1: Divulgação dos fundamentos da empresa

Parte 2: *Roadshow*/vendas

Parte 3: *Bookbuilding*/precificação

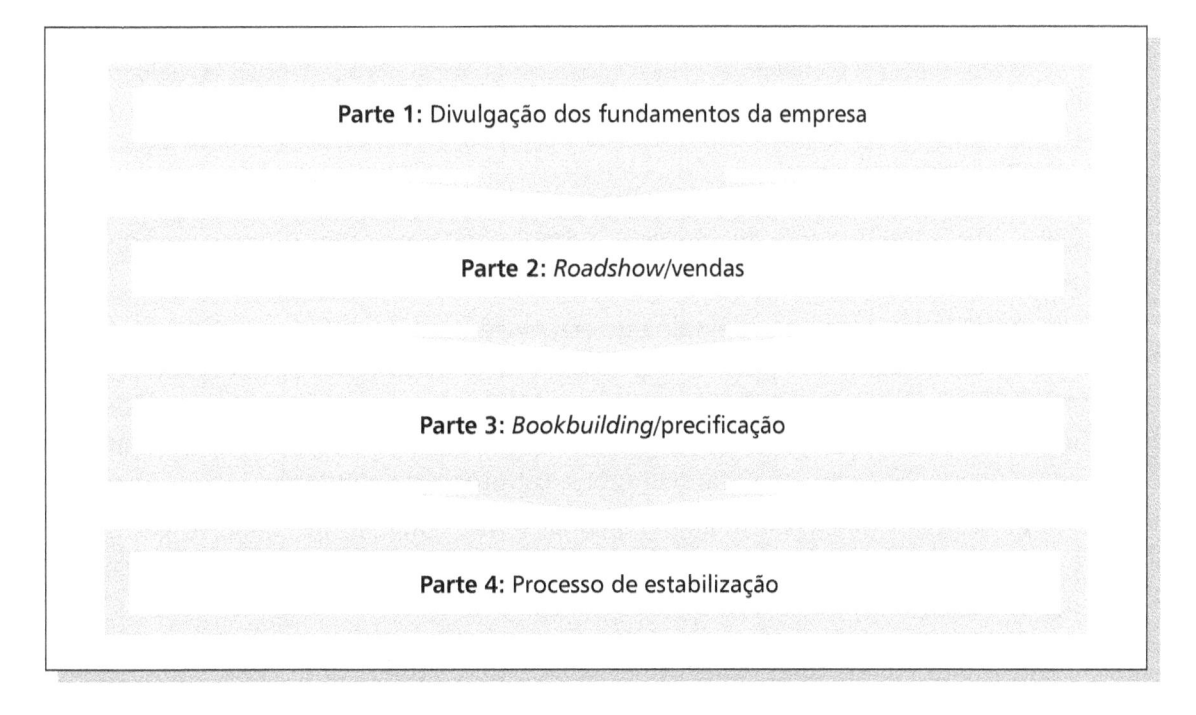

Parte 4: Processo de estabilização

Figura 7.17 *Partes da estruturação de vendas.*

A força de vendas dos coordenadores deve realizar um trabalho de divulgação dos fundamentos da empresa junto aos potenciais investidores, possibilitando maior entendimento da empresa.

Um aspecto importante na estruturação de vendas é a destinação dos recursos da oferta. Uma explicação sobre a destinação dos recursos da oferta é fundamental para o engajamento dos investidores. Algumas informações que devem ser apresentadas aos investidores são:

- financiamento do plano de investimento da companhia;
- potenciais aquisições e consolidação do mercado;
- otimização da estrutura de capital da companhia;
- levantamento de capital de giro;
- amortização da dívida;
- possível *cash-out* dos acionistas via oferta secundária;
- crescimento orgânico: abrangendo novas geografias ou incrementando o *mix* de produtos ou até mesmo ampliando a linha de produção.

Roadshow

Em operações de distribuição de ações é importante que os principais executivos da empresa participem ativamente das reuniões realizadas com os investidores, que, por sua vez, valorizam o acesso aos executivos que efetivamente tomam as decisões. O processo de visita da alta administração da empresa junto aos investidores interessados, previamente identificados, é chamado de *roadshow*.

> O *roadshow* é o momento em que a empresa é apresentada a potenciais investidores para convencê-los de que comprar suas ações será um bom negócio.

O objetivo do *roadshow* é permitir que os investidores tenham um contato pessoal com a alta administração da empresa, a fim de esclarecer suas últimas dúvidas e "conhecer" a qualidade das pessoas que estão no comando da empresa.

Para ajudar a ter uma ideia do que esperar durante o *roadshow*, pode-se utilizar uma prática conhecida como *pilot fishing*. Essa prática consiste na apresentação com antecedência a um grupo menor de investidores qualificados, formadores de opinião, que darão um primeiro parecer sobre a empresa, e essas ideias podem servir para aprimorar o discurso do *roadshow* ou até para melhorar a estratégia da empresa.

O *roadshow* tem duração média de duas a três semanas, nas quais os gestores da empresa realizarão apresentações individuais junto aos investidores mais relevantes. Além das reuniões individuais, são agendadas apresentações coletivas nas cidades mais relevantes (São Paulo, New York, Frankfurt e Londres).

Segundo o Guia Como Crescer elaborado pela Ernst & Young Terco, para o sucesso de um *roadshow* algumas orientações devem ser seguidas:

- Prepare o discurso e ensaie exaustivamente.
- Certifique-se de que tudo funciona: testar a tecnologia a ser utilizada é fundamental, assim como estar preparado para se apresentar mesmo que os recursos de apoio não funcionem na hora H.
- Estude o público e adapte o discurso.
- Estabeleça ligação com o público (proatividade).
- Mantenha o controle do processo e o contato com os investidores: avaliar cada reunião e anotar as observações dos investidores ajuda a melhorar as apresentações ao longo do tempo. Deve-se prestar atenção às perguntas, para afiar ainda mais as respostas.
- Encontrando os investidores: atrair os investidores é uma tarefa que começa pela avaliação da situação do mercado no momento, ou seja, se eles estão mais ou menos propensos a apostar em novos ativos. A partir daí, é hora de analisar seu perfil.

A apresentação do *roadshow*, que será realizada pela companhia, deverá conter as principais informações sobre a oferta, empresa e o setor de atuação.

a. Informações da empresa:	• Rentabilidade e margens • Taxas de crescimento • Eficiência • Estrutura de capital
b. Informações do setor:	• Volatilidade dos negócios • Dinâmica do setor • Risco político e macro
c. Perspectivas dos investidores:	• Estrutura de listagem • Governança corporativa • Múltiplos comparáveis • Rendimento de dividendos

A apresentação também conterá uma faixa indicativa de preço por ação, previamente definida, de comum acordo entre os coordenadores e a empresa, na qual os acionistas vendedores e/ou a empresa estarão dispostos a realizar a transação. Essa faixa de preço tem, normalmente, 20% de amplitude e visa dar aos investidores uma indicação do valor econômico da empresa, servindo como principal referência para que eles indiquem a sensibilidade de sua demanda a diferentes preços por ação.

A agenda do *roadshow* viabiliza uma importante exposição para os investidores brasileiros e estrangeiros. Portanto, deve ser programada de maneira a alcançar os principais investidores.

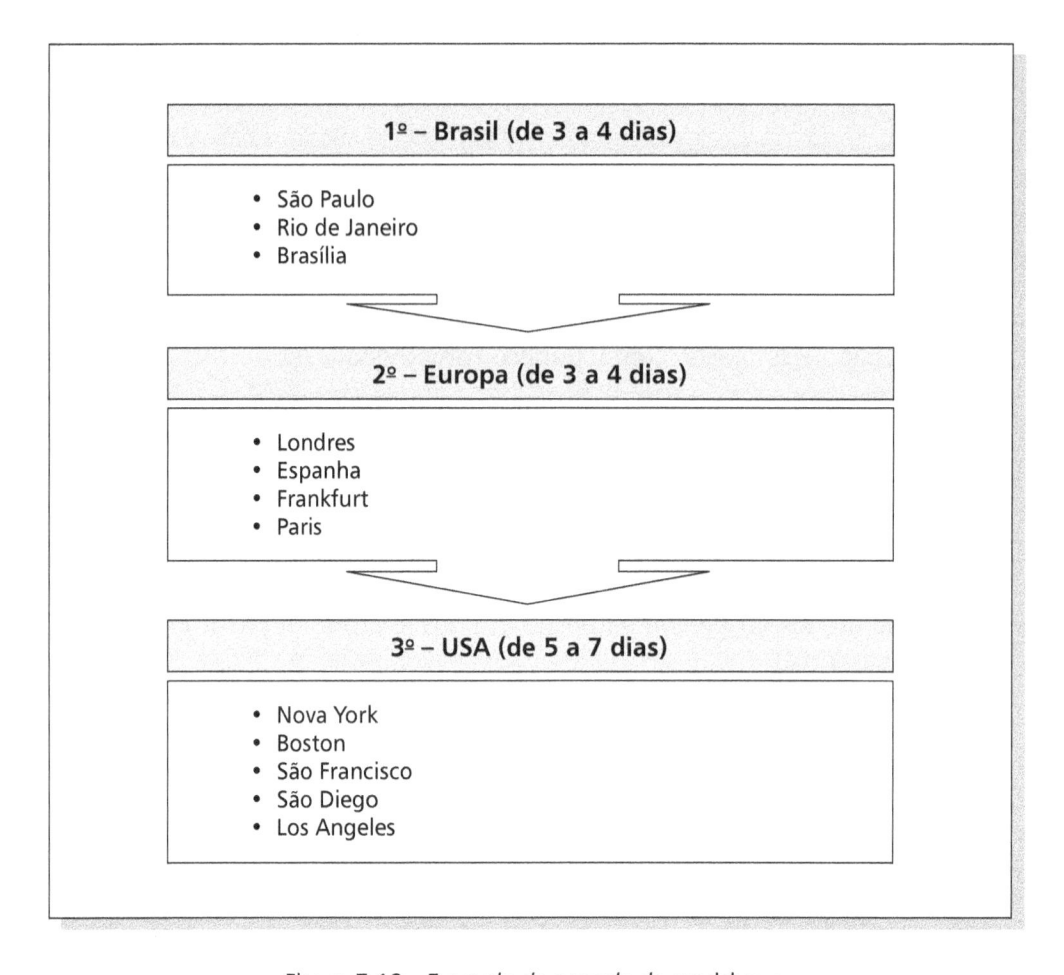

```
            1º – Brasil (de 3 a 4 dias)

            • São Paulo
            • Rio de Janeiro
            • Brasília

            2º – Europa (de 3 a 4 dias)

            • Londres
            • Espanha
            • Frankfurt
            • Paris

            3º – USA (de 5 a 7 dias)

            • Nova York
            • Boston
            • São Francisco
            • São Diego
            • Los Angeles
```

Figura 7.18 *Exemplo de agenda de* roadshow.

Bookbuilding ou precificação

A formação de preço ou precificação para uma emissão começa com uma avaliação do banco coordenador, que calcula uma estimativa de valor prévia e a apresenta a empresa. Para isso serão consideradas variáveis relacionadas aos públicos ligados ao processo.

Públicos	Variáveis
Acionista vendedor	• Valor intrínseco • Valor emocional • História da empresa • Cultura • Sentimento de perda ou de abrir mão do patrimônio • Postura de valorização do patrimônio
Mercado e o investidor	• Momento do mercado e suas perspectivas • Comparação com o preço de ações semelhantes • Riscos • Falta de tradição da empresa no mercado de capitais • Alta administração desconhecida • Avaliação técnica • Relação preço/lucro (P/L) • Valor patrimonial da ação • Credibilidade das projeções de resultados

Continua

Públicos	Variáveis
Lei das S.A.	• Preço técnico das ações • Valor patrimonial • Perspectiva de entrega de rentabilidade futura da empresa
Outros	• Imagem empresarial junto ao mercado • Capacidade creditícia • Segmentos e produtos da empresa

A comparação da empresa com outras empresas semelhantes é outro fator importante no processo de precificação. Para isso, deve-se selecionar o universo das empresas comparáveis e definir o posicionamento da empresa relativamente aos comparáveis.

Após a interação com os investidores através do *roadshow*, a empresa passa por um momento crítico: a definição da faixa de preços para as ações ofertadas. Após os esforços de marketing da oferta (*investor education* e *roadshow*), os investidores indicam seu interesse na oferta, sinalizando sua demanda (volume e preço) aos bancos coordenadores.

Uma faixa de preços é estabelecida e culmina na composição do livro de ofertas (*bookbuilding*) com a coleta das intenções de investimento a ser realizado pelos investidores.

O fechamento do livro de ofertas deverá ocorrer o mais próximo possível do encerramento do *roadshow*, para que o *momentum* criado pelas visitas aos investidores não seja perdido. Depois da análise e fechamento do *book*, o banco coordenador e a empresa definirão o preço a ser fixado, buscando conciliar os objetivos de pulverizar a colocação e maximizar o valor para a empresa.

> O *bookbuilding* é o processo de definição do preço do ativo no seu lançamento (oferta inicial), baseado em levantamento efetuado pelos coordenadores da oferta junto aos investidores institucionais da demanda e do preço máximo aceito para o ativo.

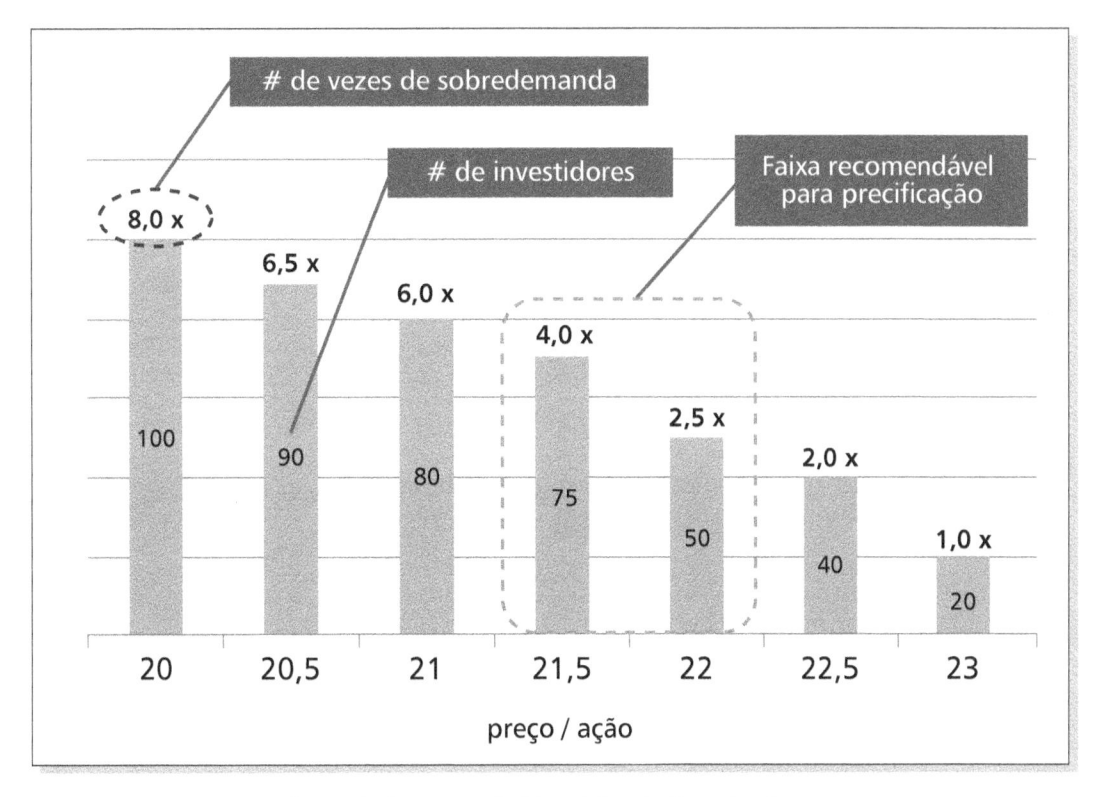

Figura 7.19 *Exemplo hipotético do livro de ofertas.*

Resumindo o processo de formação de preços dos ativos, pode-se dizer que a formação de preços dos títulos que serão lançados envolve etapas importantes que definirão o sucesso ou fracasso da operação. Essas etapas incluem desde a educação dos investidores para compreenderem e se interessarem pela empresa aos diversos *valuations* e *roadshows* necessários.

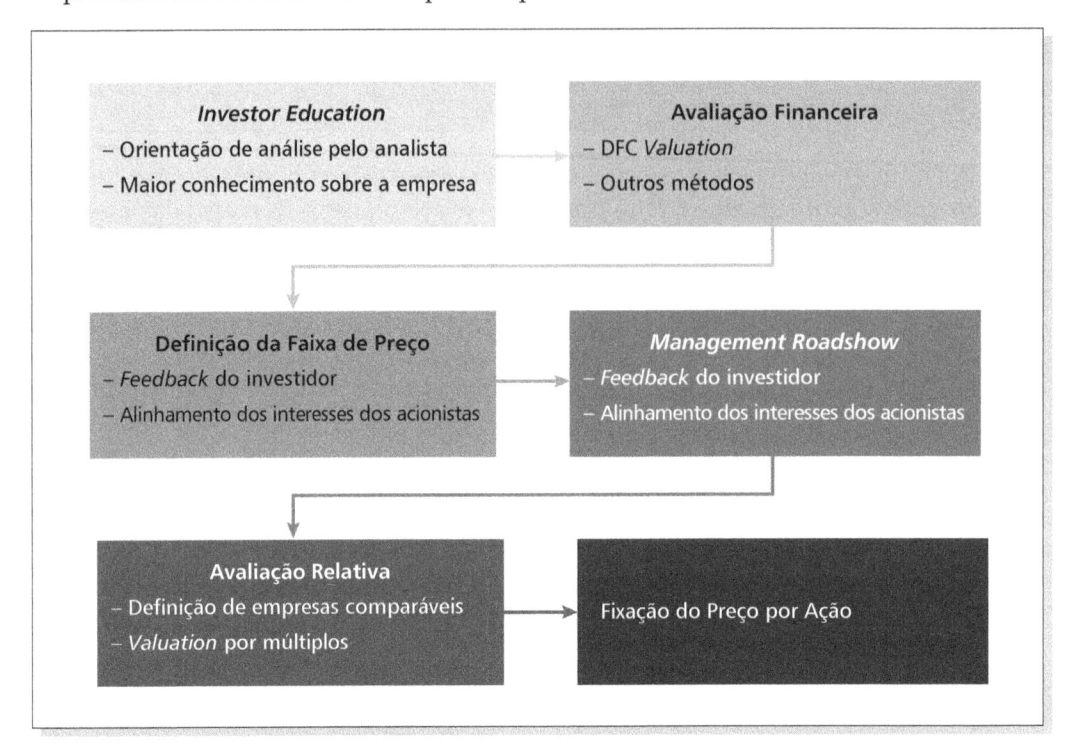

Figura 7.20 *O processo de formação de preços dos ativos.*

3ª Etapa: Estruturação do pós-venda

Tão importante quanto a estruturação da venda, o pós-venda deve ser muito bem planejado. A empresa passará a ter novas responsabilidades resultantes do IPO, como as descritas na Figura 7.21.

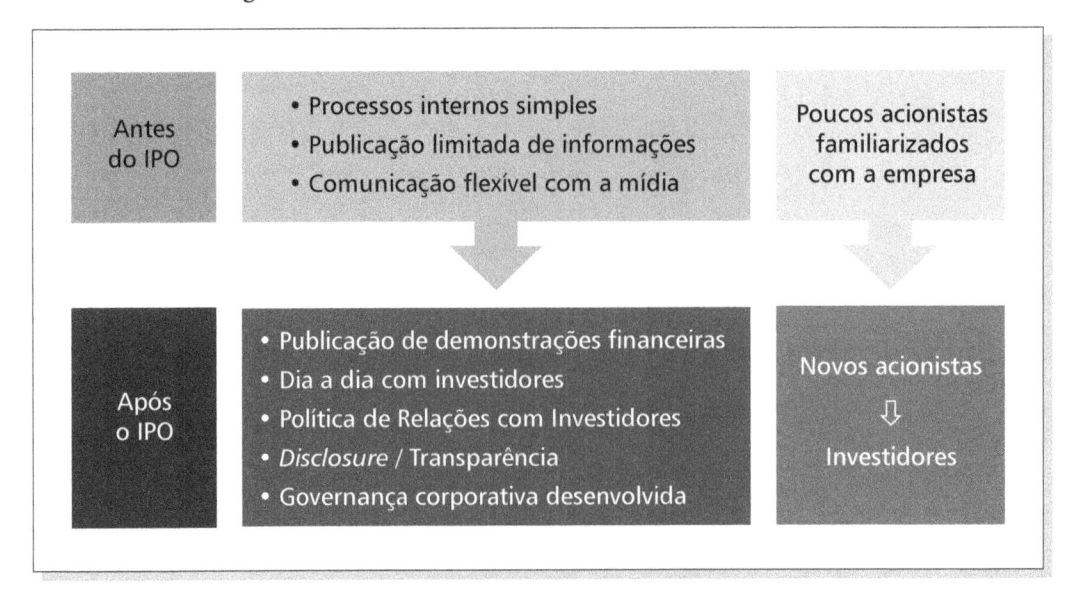

Figura 7.21 *Responsabilidades resultantes do IPO.*

Processo de estabilização

O processo de estabilização da oferta ocorre após o início das negociações das ações a fim de diminuir oscilações significativas no preço das ações.

A estabilização das ações geralmente é realizada por um dos bancos coordenadores que firma um contrato com a empresa emissora para exercer essa atividade nos dias posteriores ao início da listagem das ações em bolsa. O objetivo é criar sustentação das ações imediatamente após a oferta, ou seja, garantir que a empresa emissora não seja surpreendida com oscilações atípicas de suas ações.

O agente estabilizador poderá realizar operações com as ações do *green shoe* para evitar excesso de volatilidade de preço nos primeiros 30 dias após o início das negociações em bolsa.

Departamento de relações com investidores

Uma empresa aberta deve manter uma política clara de divulgação de informações e relacionamento com os investidores, a fim de permitir a correta precificação de suas ações no mercado e a criação de uma moeda de troca valorizada para possíveis operações estratégicas.

Relações com investidores é um conjunto de atividades, métodos, técnicas e práticas que, direta ou indiretamente, propiciem a interação das áreas de Contabilidade, Jurídica, Planejamento Estratégico, Comunicação, Marketing e Finanças, com o propósito de estabelecer uma ligação entre a administração da empresa, os acionistas e os demais agentes que atuam no mercado de capitais, integrando a comunidade financeira nacional ou internacional.

Segundo o Guia IBRI-Bovespa de Relações com Investidores, o Departamento de RI tem como atribuições básicas:

- Atuação como porta-voz da companhia na comunicação com o mercado e com a imprensa econômica.
- Relacionamento com os órgãos reguladores, entidades e instituições do mercado, bolsas de valores e mercados de balcão.
- Ampliação da base acionária.
- Avaliação contínua das respostas do mercado à atuação da companhia e promoção de reflexão interna com outras áreas da empresa.
- Contribuição para definir a estratégia corporativa e ideias que agreguem valor.
- Desenvolvimento da cultura de companhia aberta junto ao público interno.
- Integração do programa de comunicações entre as diversas áreas da empresa.
- Planejamento e execução da divulgação de informações obrigatórias e voluntárias.
- Acompanhamento das avaliações/análises feitas sobre a companhia, bem como das condições de negociação dos valores mobiliários da empresa.
- Coordenação e acompanhamento dos serviços aos acionistas e respectivas assembleias.
- Reuniões públicas e individuais com analistas de investimento, acionistas e investidores potenciais.

Contratação de um formador de mercado

A manutenção de uma boa liquidez é essencial para a correta formação do preço das ações. Normalmente, imediatamente após a oferta, as ações possuem um pico de liquidez e apresentam, logo em seguida, uma queda brusca após os investidores readequarem suas posições dentro de seu portfólio. Para aumentar a liquidez das ações, é contratado um formador de mercado. O formador de mercado é um agente que tem obrigação de apresentar, de maneira contínua, ofertas firmes de compra e venda para as ações em questão.

Questões para consolidação

1. Cite os principais instrumentos de financiamento a médio e longo prazo para suprir as necessidades dos agentes econômicos oferecidos pelo mercado de capitais.
2. Analise comparativamente a utilização das diversas fontes de financiamento durante a evolução das empresas.
3. Considerando que a natureza jurídica das empresas determina seu acesso às diversas opções de captações que ela pode fazer, compare as opções de captações no mercado de capitais relacionadas à natureza jurídica da companhia.
4. Cite os principais investidores de recursos no mercado de capitais.
5. O que é um *private equiy* e como ele atua no mercado de capitais?
6. Compare os benefícios do acesso ao mercado de capitais através de IPO, *private equity* e mercado de dívida.
7. Cite as modalidades de operações de captação de recursos no mercado de capitais e os papéis exercidos pelas instituições financeiras nessas operações.
8. Como se dá o acesso aos recursos para as empresas?
9. Analise comparativamente as ofertas privadas de ações através de *venture capital* ou *private equity*.
10. Quais os principais agentes que participam da composição e operacionalização dos fundos de *private equity* e *venture capital*?
11. Analise as principais oportunidades trazidas por um *private equity*.
12. O que é a abertura de capital?
13. Quais as vantagens e desvantagens da abertura de capital?
14. Analise as razões e qual o melhor momento para a realização da abertura de capital.
15. Quais as vantagens e desvantagens de ficar na bolsa ou fechar o capital?
16. Cite os principais temas que devem ser discutidos durante as preparações preliminares para a abertura de capital.
17. Quais as diferenças entre a sociedade limitada e a anônima?
18. Como é exercido o poder de controle na sociedade limitada e na anônima?
19. Na transformação societária, como fica a situação dos sócios dissidentes e dos credores?
20. O que é uma sociedade anônima e quais suas principais características?
21. Qual a diferença entre as companhias abertas e fechadas?
22. Quais são os registros necessários para a abertura de capital?
23. Analise as etapas do processo de abertura de capital.
24. O que é um *underwriting*?

25. Quais as finalidades o *underwriting* deve atender ao ser realizado?
26. Analise os tipos de contratos de *underwriting*.
27. Quais as principais etapas do processo de *underwriting*?
28. Analise o processo de seleção e contratação do *underwriter*.
29. O que é um *pool* de distribuição e qual o papel desempenhado pelas instituições que o compõem?
30. O que é uma oferta pública de ações?
31. Quais os elementos que a CVM exige que existam para que uma oferta seja considerada pública?
32. Quais principais documentos que compõem uma oferta pública de ações
33. Comente os tipos de oferta pública de ações.
34. O que é uma OPA e quais as suas modalidades?
35. Quais os objetivos de uma OPA?
36. O que é um IPO e quais a suas vantagens?
37. Quais as vantagens e desvantagens do IPO?
38. Quem são os principais atores do processo de IPO e qual o seu papel no processo?
39. Quais são os custos associados a uma oferta pública?
40. Como podem ser resumidas as etapas de um IPO?
41. O que é um prospecto e o que ele deve conter?
42. O que é o *roadshow* e qual o seu objetivo?
43. O que é o *bookbuilding*?
44. Como ocorre a estabilização e manutenção dos preços das ações após o IPO?
45. Qual o papel da área de relações com investidores dentro das empresas abertas?

Teste de verificação

7.1. Com base na cronologia de financiamento das empresas, ordene as etapas da evolução:

( ) *Venture capital*.
( ) Mercado acionário.
( ) *Start-up*.
( ) Mercado de dívidas.

7.2. Com base nos principais investidores de recursos no mercado de capitais, classifique a segunda coluna de acordo com o seguinte critério:

(1) Fundos soberanos.	( )	Fundações que atuam como entidades fechadas de previdência complementar.
(2) *Global/Emerging markets*.	( )	Instrumento financeiro adotado por alguns países que utilizam parte de suas reservas internacionais para investimentos
(3) Fundos de pensão.	( )	Gestores de recursos de terceiros, ativos financeiros com foco em investimentos.
(4) *Assets*.	( )	Fundos mais arrojados que, em sua grande maioria, têm total liberdade de investimento e alavancagem.
(5) *Hedge funds*.	( )	Fundos internacionais que buscam ativos em países emergentes com alto potencial de crescimento e rentabilidade.

7.3. Com base nas captações no mercado de capitais, classifique a segunda coluna de acordo com o seguinte critério:

(1) Mercado de dívida. ( ) Debêntures
(2) Mercado de *equity*. ( ) Oferta pública inicial (IPO)
(3) Securitização de crédito. ( ) FIDIC
( ) FII
( ) Notas comerciais
( ) CRI
( ) Oferta subsequente (*Follow-on*)
( ) *Bond/Notes*

7.4. Com base nas ofertas para captação de recursos no mercado de capitais, classifique a segunda coluna de acordo com o seguinte critério:

(1) Mercado privado ( ) IPO
(2) Mercado público ( ) *Private Equity*
( ) *Follow-on*
( ) *Venture Capital*

7.5. Para a abertura do capital, segundo a Lei nº 6.385/76, a empresa pode emitir os seguintes tipos de títulos de propriedade, exceto:

( ) Letra de câmbio.
( ) Bônus de subscrição.
( ) Debêntures.
( ) Notas promissórias para distribuição pública.

7.6. São vantagens da abertura de capital, exceto:

( ) Ampliação da base de captação de recursos financeiros e de seu potencial de crescimento.
( ) Publicações legais.
( ) Desenvolvimento de imagem institucional da empresa junto aos meios financeiros, clientes e fornecedores.
( ) Aumento de alavancagem financeira.
( ) Visualização patrimonial da empresa, com a cotação pública dos títulos de sua emissão.

7.7. Antes de decidir sobre a abertura de capital, o empresário deve avaliar as repercussões de suas opções. Classifique a segunda coluna de acordo com o seguinte critério:

(1) Decisão de continuar "fechada". ( ) Acelera crescimento.
( ) Boas práticas de governança.
( ) Acesso a outros parceiros estratégicos.
( ) Mudança cultural.
( ) Interferência na gestão.
(2) Decisão de receber aporte de um *private equity*. ( ) Acesso aos mecanismos de financiamento do mercado de capitais.
( ) Boas práticas de governança.
( ) Acelera crescimento.
( ) Vantagens competitivas.
( ) Mudança cultural.
( ) Autonomia relativa.
(3) Decisão de abrir o capital. ( ) Decisão concentrada nos sócios.
( ) Autonomia na gestão.
( ) Decisões estratégicas não divulgadas.
( ) Crescimento limitado.
( ) Concentração de risco.

7.8. Não são razões para a abertura de capital:
   ( ) Captação de recursos para realização de investimentos.
   ( ) Melhoria da imagem institucional.
   ( ) Novo relacionamento com funcionários.
   ( ) Acerto de pendências fiscais.

7.9. Com base no tipo de razão que leva a empresa a abrir seu capital e a modalidade de operação que será realizada, classifique a segunda coluna de acordo com o seguinte critério:

   (1) Lançamento primário.
   (2) Distribuição secundária.

   ( ) Imagem institucional
   ( ) Arranjos societários
   ( ) Captação de recursos financeiros para investimento
   ( ) Liquidez patrimonial
   ( ) Profissionalização
   ( ) Reestruturação de passivos
   ( ) Novo relacionamento com funcionários

7.10. São características da sociedade anônima, exceto:
   ( ) Existência autônoma, com personalidade jurídica e patrimônio distintos.
   ( ) Responsabilidade de seus sócios limitada ao aporte de capital.
   ( ) Capital dividido em ações de livre transferência.
   ( ) O estatuto social precisa ser modificado pelas entradas e saídas de acionistas.

7.11. A abertura de capital exige o cumprimento de uma série de etapas. Ordene as etapas segundo a dinâmica do processo de abertura de capital:
   ( ) Análise preliminar sobre a conveniência da abertura.
   ( ) Protocolo na Comissão de Valores Mobiliários e na Bovespa.
   ( ) Aviso ao mercado.
   ( ) Mandato para o intermediário.
   ( ) Anúncio do início do processo de distribuição pública.
   ( ) *Pricing*.
   ( ) Anúncio de encerramento da distribuição pública.

7.12. Com base nas atividades chamadas de pré-abertura, classifique a segunda coluna de acordo com o seguinte critério:

   (1) Ajustes societários.
   (2) Adequações legais.
   (3) Melhoria de gestão.

   ( ) Demonstrações auditadas por pelo menos três anos.
   ( ) Controles internos.
   ( ) Organização da estrutura societária de forma a refletir adequadamente os negócios desenvolvidos.
   ( ) Registro na CVM como companhia de capital aberto.
   ( ) Conselho de administração com mínimo de cinco membros.
   ( ) Plano de negócios adequados.
   ( ) Estabelecimento ou adaptação de acordo de acionistas.
   ( ) Adequação do contrato social.
   ( ) Relações com investidores bem desenvolvidas.

7.13. Com base nos registros necessários para abertura de capital, classifique a segunda coluna de acordo com o seguinte critério:

   (1) Registro de companhia aberta para negociação dos valores mobiliários no mercado de bolsa ou no mercado de balcão.
   (2) Registro de distribuição pública de ações.
   (3) Registro para negociação na Bovespa.

   ( ) Resoluções do CA da Bovespa nºs 282 e 310
   ( ) Instrução CVM nº 400
   ( ) Instrução CVM nº 202

7.14. A operação de *underwriting* pode ser feita das seguintes formas:
 ( ) Aumento de capital.
 ( ) Abertura de capital.
 ( ) *Block-trade* de ações ou debêntures de companhias abertas.
 ( ) Abertura de capital através de *block-trade*.
 ( ) Todas as alternativas estão corretas.

7.15. Com base no conjunto de instituições financeiras que fazem a colocação das ações, classifique a segunda coluna de acordo com o seguinte critério:

(1) Coordenador ( ) Desempenha funções como elaboração da documentação e acompanhamento do processo; apresentação da empresa para o mercado; controle financeiro etc.

(2) Líder ( ) Instituição que simplesmente comprou ou subscreveu o papel, ou seja, que faz o trabalho de varejo, colocando papel para o investidor final.

(3) Consorciado ( ) Instituição que adere ao contrato de garantia; assim, a sua participação na eventual garantia é adequada ao seu porte ou à sua capacidade de colocação.

(4) Subcontratado ( ) Caracteriza-se pela participação de uma instituição que não consta da coordenação, mas, dado o volume garantido e o seu relacionamento com o emissor, figura na operação com destaque.

(5) Participação especial ( ) Instituição que possui algum prestígio no mercado e assume o risco de lote significativo de ações, distribuindo-o perante os consorciados.

7.16. Para a colocação de ações no mercado primário, a empresa contrata os serviços de instituições especializadas que formarão um *pool* de instituições financeiras para a realização de uma operação de *underwriting*. Com base no risco dessa operação, classifique a segunda coluna de acordo com o seguinte critério:

(1) Contrato firme. ( ) Risco de subscrição do intermediário.
(2) Contrato residual. ( ) Risco de subscrição compartilhado.
(3) Contrato melhores esforços. ( ) Risco de subscrição da empresa.

7.17. São taxas cobradas pelas instituições financeiras na operação de abertura de capital, exceto:
 ( ) Taxa de coordenação.
 ( ) Taxa de garantia.
 ( ) Taxa de registro.
 ( ) Taxa do Fundo Garantidor de Crédito.

7.18. São documentos que compõem as ofertas públicas, exceto:
 ( ) Prospectos.
 ( ) Autorização de oferta da Bovespa.
 ( ) Avisos aos investidores.
 ( ) Anúncios de início e encerramento.
 ( ) Edital de oferta pública de aquisição de ações (OPA).

7.19. Com base nas etapas para o IPO, classifique a segunda coluna de acordo com o seguinte critério:

(1) Estruturação legal ( ) Marketing e *roadshow*
(2) Execução ( ) *Bookbuilding* e precificação
(3) *Aftermarket* ( ) Adequação às normas da CVM
 ( ) Estabilização
 ( ) Elaboração e preparação dos documentos da operação
 ( ) Confecção do prospecto e protocolo do registro na CVM
 ( ) Adequação às normas da Bovespa e governança corporativa
 ( ) Manutenção

7.20. Das alternativas listadas, qual melhor representa as atribuições da equipe de RI?
- ( ) Elaboração de relatórios trimestrais e anuais.
- ( ) Emissão de fatos relevantes quando cabíveis.
- ( ) Atualização constante do desempenho da empresa.
- ( ) Participação em eventos e *roadshows*.
- ( ) Entendimento total da situação da empresa e habilidade de comunicação com o mercado.
- ( ) Todas as alternativas estão corretas.

7.21. Com base na obrigatoriedade das modalidades de OPA, classifique a segunda coluna de acordo com o seguinte critério:

(1) Obrigatório(a) ( ) Cancelamento de registro
(2) Não obrigatório(a) ( ) Aumento de participação
( ) Alienação de controle
( ) Aquisição de controle de companhia aberta
( ) Concorrente

Parte III

Bolsas de Valores

Apresentação

Ao longo da história, as bolsas de valores se revestiram de um manto de mistério. Um intrigado mundo no qual só tinham espaço grandes magnatas das finanças e especuladores sem escrúpulos.

Ao longo dos anos, as pessoas comuns, pouco familiarizadas com o modo como as bolsas operam, receberam informações distorcidas de romancistas ou roteiristas de cinema. Assim, toda literatura posterior ao *crack* de 1929 nos Estados Unidos e 1971 no Brasil centrou sua atenção nas grandes perdas resultantes das operações em bolsas. Como consequência, as bolsas de valores passaram a ser identificadas como lugares onde ocorrem grandes perdas ou ganhos, como nos cassinos.

Hoje as bolsas voltam a ocupar lugar de destaque no contexto econômico como local onde se gerenciam capitais, desenhando operações financeiras e assumindo sua dupla função como canalizadoras da poupança e como instrumentos de financiamento empresarial. Além disso, sua função as torna um barômetro da economia e um elemento dinamizador das próprias empresas.

Para facilitar a compreensão e utilização das bolsas de valores, a Parte III foi dividida em quatro capítulos.

O Capítulo 8, A Bolsa de Valores no Mundo, abordará o tema bolsas de valores, em que se buscará explicar seus objetivos e o funcionamento geral com base em sua contextualização histórica, seu posicionamento mundial e regional, bem como sua mecânica operacional e suas tendências.

Já o Capítulo 9, B3 – Brasil, Bolsa, Balcão, abordará as características da bolsa de valores brasileira, bem como sua evolução histórica desde a consolidação das bolsas regionais, passando pelo surgimento da Bovespa, da BM&FBovespa, pela fusão da BM&FBovespa com a Cetip, até resultar na criação da B3. Também é abordada a estrutura e dinâmica da B3.

O Capítulo 10, Negociações com Ações na B3, tratará da dinâmica da negociação à vista de ações: o circuito básico da negociação, a figura do formador de mercado, o papel dos *brokers*, como se dá uma ordem de compra e venda, tipos de ordens, a classificação das ações e a forma de investimento, finalizando com o processo de liquidação e a custódia das ações.

Por fim, o Capítulo 11, Negociações a Prazo com Ações na B3, tratará dos mercados a prazo de ações, onde serão detalhados os principais tipos de mercados com suas operações. Nessa parte, foram utilizados manuais operacionais e materiais de divulgação institucional, com a finalidade de trabalhar o tema da forma mais realista possível.

Ao final desta parte, esperamos que os leitores tenham subsídios para o entendimento e a operação em bolsa de valores.

8

A Bolsa de Valores no Mundo

Conteúdo

8.1 Bolsa de valores
    8.1.1 Histórico
    8.1.2 Definição e funções da bolsa
    8.1.3 Circuito da negociação com ações
    8.1.4 Tratamento das ordens
    8.1.5 Pregão
    8.1.6 Índices de ações

8.2 A bolsa no mundo
    8.2.1 Bolsa de New York
    8.2.2 Nasdaq
    8.2.3 Bolsa de Tóquio
    8.2.4 Bolsa de Londres
    8.2.5 Comparação

8.3 Tendências para as bolsas de valores
    8.3.1 Desmutualização das bolsas de valores
    8.3.2 Consolidação das bolsas

Questões para consolidação

Teste de verificação

8.1 Bolsa de valores

8.1.1 Histórico

A origem da bolsa é bastante remota. Alguns escritores, como Vázquez de Prada, a buscaram no *emporium* dos gregos, outros no *collegium mercatorum* dos romanos ou nos *Fundacks* (bazares) dos palestinos. Nessa época, os comerciantes reuniam-se no centro das cidades para negociar ao ar livre, como qualquer mercado.

Não há uma definição histórica clara sobre esse fato. Sabe-se que surgiram, em épocas distantes, com atribuições que não as vinculavam especificamente a valores mobiliários. E mais, o comportamento dos mercados sintetizava o comportamento comercial que daria vida às bolsas: a negociação à viva-voz, superando barreiras geográficas, linguísticas e ideológicas.

Durante toda a Idade Média e até o século XVII, as funções das bolsas se resumiam à compra e venda de moedas, letras de câmbio e metais preciosos. Os negócios, então, eram limitados pelas dificuldades de comunicação, escassez de capitais e ausência de crédito.

A palavra bolsa, no sentido comercial e financeiro, tem origem no fim do século XIII. Oriunda do nome da família de nobres belgas, os Van der Buerse, cujo brasão de armas era representado por três bolsas de pele, simbolizando honradez e méritos por sua atuação na área mercantil. Ia-se aos Buerse, e assim passou-se a ir à Bolsa.

Em um edifício de propriedade da família Van der Buerse, em Bruges, cidade lacustre da Bélgica, pertencente à liga hanseática, reuniam-se periodicamente diversas pessoas influentes, como mercadores, armadores e agentes de câmbio, com o objetivo de realizar operações financeiras entre si. A partir daí o comércio de papéis deixou de ser feito ao ar livre, nas ruas e calçadas, e passou a ter uma sede própria. Em 1309, esses encontros foram formalizados e passaram a ocorrer diariamente. A essas rodadas deu-se o nome de Bruges Burse ("bolsa" de Bruges).

Os administradores do edifício, construído por Robert Van der Buerse em 1285, ficaram famosos por oferecer aconselhamento financeiro a comerciantes e mercadores que frequentavam o local. Esse serviço tornou-se conhecido como Beurze Purse, ou seja, um lugar organizado de troca.

Entre os séculos XIII e XIV, Bruges, capital do condado de Flandres ocidental, na região de Flandres (cujo território abrangia parte da França, Bélgica e Holanda atuais), foi um importante centro comercial onde viviam cerca de 100 mil pessoas, uma população que superava à população de Londres e Paris, as capitais dos dois reinos mais importantes de seu tempo. Nessa época, em Bruges, as casas não tinham números, mas desenhos. Cada casa era conhecida pelo desenho que trazia, e casa dos Buerse era conhecida como a casa das bolsas. Por extensão, todos os locais onde se realizavam transações comerciais começaram a ser chamados de bolsa.

A primeira bolsa oficial surgiu em 1531, em Antuérpia, na Bélgica, sob o nome de Nieuve Beurse. Nessa bolsa realizavam-se negócios especulativos influenciados por boatos que afetavam a evolução dos preços. A instabilidade trazida por bolsas de caráter especulativo levou a Inglaterra a construir sua própria bolsa, para assegurar maior proteção à sua economia. Dessa forma nasceu, em 1571, a Bolsa de Londres (Royal Exchange), que atuou como pilar do Império Britânico, tendo adquirido grande relevância entre os séculos XVIII e XIX com a Revolução Industrial.

No início do século XVII os mercados de valores evoluíram até chegar ao que poderíamos considerar as primeiras companhias formalmente constituídas por ações na Holanda. Em 1602, a Verenigde Oostindische Compagnie (Companhia das Índias Orientais), que na época monopolizava a colonização na Ásia, foi a primeira a emitir ações, dando origem à Bolsa de Valores de Amsterdã (Amsterdam Stock Exchange). Por ser a primeira bolsa de valores com negociação de ações, a Bolsa de Amsterdã, através de recursos financeiros da Associação de Capitais vindos da Companhia Holandesa das Índias Orientais, passou a ser considerada a mais antiga bolsa de valores do mundo. Nessa época, após as negociações, eram entregues comprovantes em papel dos ativos negociados.

No século XVIII, essas instituições alcançaram grande desenvolvimento, em razão das exigências de fé pública, que obrigavam os banqueiros a fracionar os empréstimos em títulos de participação. Com a expansão das sociedades por ações, a bolsa assumiu papel preponderante na oferta e demanda de capitais, experimentando importante desenvolvimento com a criação das grandes companhias mercantis, ou Companhias das Índias (Grã-Bretanha, em 1599; Países Baixos, em 1602; França, em 1717; Espanha, em 1755).

A New York Stock Exchange (NYSE), apesar de ser a mais importante bolsa do mundo, não foi o primeiro mercado de valores institucional dos EUA, já que 40 anos antes de sua fundação, em 1791, se havia criado a Bolsa da Filadélfia, fundada pelo prefeito James Hamilton.

Até o fim do século XVIII, as negociações de títulos do governo e de toda a classe de mercadorias eram conduzidas por cinco corretoras. À medida que o volume de negócios crescia, surgiam novos corretores interessados em aderir ao processo, o que passou a gerar conflitos, até que em 17 de março de 1792 chegou-se ao acordo de Buttonwood Tree (nome dado em homenagem a uma árvore localizada no final de Wall Street), assinado por 24 corretoras e comerciantes, no qual se fixavam as comissões a cobrar e a preferência no oferecimento de negócios. No ano seguinte à adoção do acordo, o mercado de valores mudou de sua antiga sede e estabeleceu-se o primeiro regulamento dessa instituição inspirado no da Bolsa da Filadélfia.

Em 1863, depois de passar a operar em local fechado, a Bolsa de New York adotou o nome de New York Stock Exchange, em substituição a New York Stock and Exchange Board.

A partir do século XIX, as bolsas restringiram sua atuação aos mercados de capitais (títulos e valores mobiliários) e, à medida que surgiam os mercados de títulos representativos de mercadorias (*commodities*), eram criados locais específicos para sua negociação (bolsas de mercadorias).

Tabela 8.1 *Criação das bolsas a partir do século XIX.*

Ano de criação	Bolsa
1808	Milão
1817	New York
1820	Frankfurt
1831	Madri
1861	Toronto
1872	Austrália
1890	Brasil
1891	Hong Kong
1971	Nasdaq
1973	Singapura

Movidas pela globalização, associada ao incessante avanço tecnológico – que rompeu barreiras geográficas –, as bolsas do mundo todo vivem um período de grandes transformações. Fusões, aquisições e parcerias estão ocorrendo não só dentro do território de cada país, nem mesmo dentro de limites continentais, mas através de continentes, criando as bolsas intercontinentais.

O processo de fusões e integrações de algumas bolsas, além de tornar as empresas mais capitalizadas, traz importantes vantagens para a bolsa resultante. Ao oferecer melhor tecnologia de corretagem no maior número de países e mercados, em uma única plataforma, fortalece a marca e reduz os custos da bolsa resultante.

Esse processo vem provocando importantes mudanças na configuração mundial do mercado bursátil. Tal fato caracteriza-se como uma tendência generalizada para a ampliação do âmbito de atuação dos serviços oferecidos pelas bolsas que resultará em uma redução na quantidade de bolsas de valores, restringindo-as a cinco ou seis grandes bolsas globais e levando as bolsas menores à extinção, através de seu fechamento ou sua venda para bolsas maiores.

8.1.2 Definição e funções da bolsa

As bolsas de valores são instituições de caráter econômico que têm como objeto a negociação pública mercantil de títulos e valores mobiliários, ou seja, é um local onde se compram e vendem ações. Nelas ocorre a canalização da oferta e demanda dos investidores e a publicação oficial dos preços ou cotações resultantes das operações realizadas.

> "A bolsa de valores é o centro especialmente criado e mantido para negociação de valores mobiliários, em mercado livre e aberto, organizado e fiscalizado pelos corretores e pelas autoridades."

As bolsas estão abertas a todo tipo de indivíduos e instituições e, apesar de possuir poder de autorregulamentação, estão sujeitas ao controle e à regulamentação de algum órgão governamental de controle, como é o caso da CVM no Brasil ou da SEC nos Estados Unidos. Veja as principais características do mercado bursátil:

- mercado público onde se negociam títulos e valores;
- somente são contratados títulos de entidades que tenham sido admitidas à negociação; e
- as transações estão asseguradas jurídica e economicamente. Isso é consequência da regulamentação existente, que garante as operações bursáteis e a qualidade dos valores.

Assim como em outros mercados de capitais, a bolsa tem que cumprir os seguintes requisitos:

a) ter livre concorrência e pluralidade de participantes (abundante número de investidores e de instituições financeiras, de modo que nenhum tenha posição dominante no mercado);

b) possuir produto homogêneo (assim, facilita-se a contratação); e

c) ter transparência na fixação de preços (de modo que dê credibilidade ao mercado e gere confiança).

Os principais objetivos de uma bolsa de valores são:

- facilitar a troca de fundos entre as entidades que precisam de financiamento e os investidores;

- proporcionar liquidez aos investidores em bolsa. Dessa forma, o investidor pode recuperar seu investimento quando precisar, utilizando a bolsa para vender seus ativos;
- fixar o preço dos títulos através da lei da oferta e demanda;
- dar informações aos investidores sobre as empresas que negociam em bolsa. Por esse motivo, as empresas admitidas em bolsa devem informar periodicamente sua evolução econômica e cumprir uma série de requisitos;
- proporcionar confiança aos investidores, já que as compras e as vendas de valores estão garantidas juridicamente; e
- publicar os preços e as quantidades negociadas a fim de informar aos investidores e às entidades interessadas.

Na bolsa, participam vários tipos de pessoas físicas ou jurídicas:

- tomadores de capitais: empresas para obter recursos para seus investimentos;
- ofertadores de capitais: empresas ou participantes que estão interessados em colocar suas sobras de liquidez com a finalidade de obter ganho; e
- mediadores: instituições financeiras que têm papel muito importante, já que aproximam as demandas dos compradores com as ofertas dos vendedores de títulos.

Os participantes desse mercado podem atuar segundo alguns modelos. Os três modelos de atuação, ou três tipos de postura, que as pessoas podem ter diante das operações são:

- **especuladores**: pessoas que utilizam esses mercados para obter lucros financeiros a curto prazo, sem se preocupar com as ações que estão comprando. Ou seja, são apostadores que, em função da volatilidade do mercado, buscam oportunidades de ganho na compra e venda de ações;
- **investidores**: pessoas que utilizam esses mercados para obter rendimento a longo prazo; e
- **gestores financeiros**: pessoas que necessitam desses mercados para realizar a gestão das empresas, ou seja, para captar recursos a baixo custo e investir recursos sem risco, com prazos adequados.

Quadro 8.1 *Comparação entre especuladores e investidores.*

	Especuladores	Investidores
Objetivo	Alavancagem de ganhos.	Manutenção de ganhos.
Formas de ganho	Ganho através da comercialização de ações (compra por certo preço e vende por um preço superior).	Ganho através da propriedade de ações (juros de capital, dividendos, bonificações, direito de subscrição etc.).
Prazo	Curto.	Longo.
Risco	Buscam o risco para obter o ganho proporcional.	Avessos ao risco.

Podemos dizer que a função de uma bolsa de valores não é a de criar riqueza, mas a de transferir os recursos da economia, pois a cada entrada de fundos no mercado bursátil corresponde uma fuga de capitais previamente aplicados, que representa simples transferência de propriedade. Isso não significa que as bolsas são organizações neutras com relação à economia. A existência das bolsas propicia aos possuidores de títulos patrimoniais e aos subscritores de novas emissões a certeza da liberação do capital investido, e essa convicção os leva a realizar o investimento.

No aspecto social, o processo de democratização do capital repercute de modo acentuado na política dos países, ao permitir aos consumidores a participação integral no enriquecimento do país. São as bolsas os organismos propulsores do processo e mecanismos de democratização do capital, apoiadas na formação para as inversões.

Quadro 8.2 *Funções da bolsa sob vários pontos de vista.*

Ponto de Vista	Funções
Investidor	• Facilitação da canalização da poupança pela concentração na bolsa de empresas de todos os tamanhos. • Canalização das poupanças dos poupadores para atividades mais produtivas. • Refúgio para os investidores contra a depreciação monetária em períodos inflacionários. • Segurança jurídica e econômica, baseada nas regulamentações do mercado. • Liquidez para o investimento de valores.
Tomadores	• Facilita a obtenção de fundos a longo prazo.
Economia	• A economia é um dos fatores determinantes na formação dos preços bursáteis. Por sua vez, os índices de ações constituem importantes indicadores conjunturais. • Ao favorecer o financiamento empresarial, constitui um importante elemento na expansão e no crescimento econômico. • Submete as empresas a um julgamento de racionalidade econômica. A cotação bursátil reflete o desempenho da empresa.
Social	• Facilita a poupança de pequenos poupadores e a oportunidade de investimento. • Facilita o conhecimento do preço do mercado, o que serve de proteção à poupança. • Favorece a estabilidade social, ao tornar possível o incremento do número de poupadores-investidores. • A organização bursátil dá segurança ao tráfico jurídico mercantil.

Segundo a Federação Mundial de Bolsas, durante as últimas décadas as bolsas de valores mobiliários passaram a desempenhar um novo papel de grande importância no sistema financeiro internacional, qualitativamente diferente de qualquer outro visto desde a Segunda Guerra Mundial. Em termos quantitativos, os mercados que operam por meio de bolsas regulamentadas cresceram em uma escala nunca antes imaginada, o que lhes atribuiu papel ativo e grande responsabilidade no centro da economia mundial.

No final dos anos 1990, as bolsas passaram a ser identificadas com o espírito altamente comercial da época. Elas tornaram-se o símbolo do capitalismo e passaram a ocupar o centro desse sistema. O nível de suas atividades dá uma imagem imediata da situação socioeconômica de toda uma nação.

A saúde de uma bolsa de valores é vital para uma economia. A confiança econômica nas bolsas é talvez a alteração mais importante verificada durante os últimos anos no setor financeiro.

Em várias partes do mundo, as movimentações nos índices das bolsas passaram a integrar o ritmo do dia a dia, sendo apresentadas em *real time* em diversos canais de comunicação. A grande expansão da imprensa especializada também pode ser atribuída aos mercados de capitais. Quando ocorrem movimentações para cima ou para baixo, o fato logo torna-se notícia de alcance nacional.

O papel central desempenhado pelas bolsas na criação de riqueza social está claro pela utilização que vários segmentos da economia vêm demonstrando tanto no setor privado como no público.

8.1.3 Circuito da negociação com ações

Normalmente, os passos da negociação com ações em bolsa são:

1. escolha de uma instituição financeira operadora associada à bolsa de valores e abertura de uma conta para movimentação;
2. especificação das ações que serão adquiridas. A compra de ações em geral é orientada para um investimento, e essa orientação é realizada quase sempre pela instituição representante do cliente (*brokers*), em função do diagnóstico do perfil do cliente, bem como das ações negociadas para melhor satisfação de suas necessidades;
3. transmissão da ordem ao corretor, na qual poderão estar especificados o nível desejado de preço, a quantidade a ser negociada, o período de validade da ordem etc.
4. execução da ordem através de negociação na bolsa;
5. emissão da nota de corretagem, na qual constam os custos de transação e o valor pago pelas ações, avisando-se o cliente sobre a liquidação física e financeira da operação; e
6. liquidação física e financeira da operação.

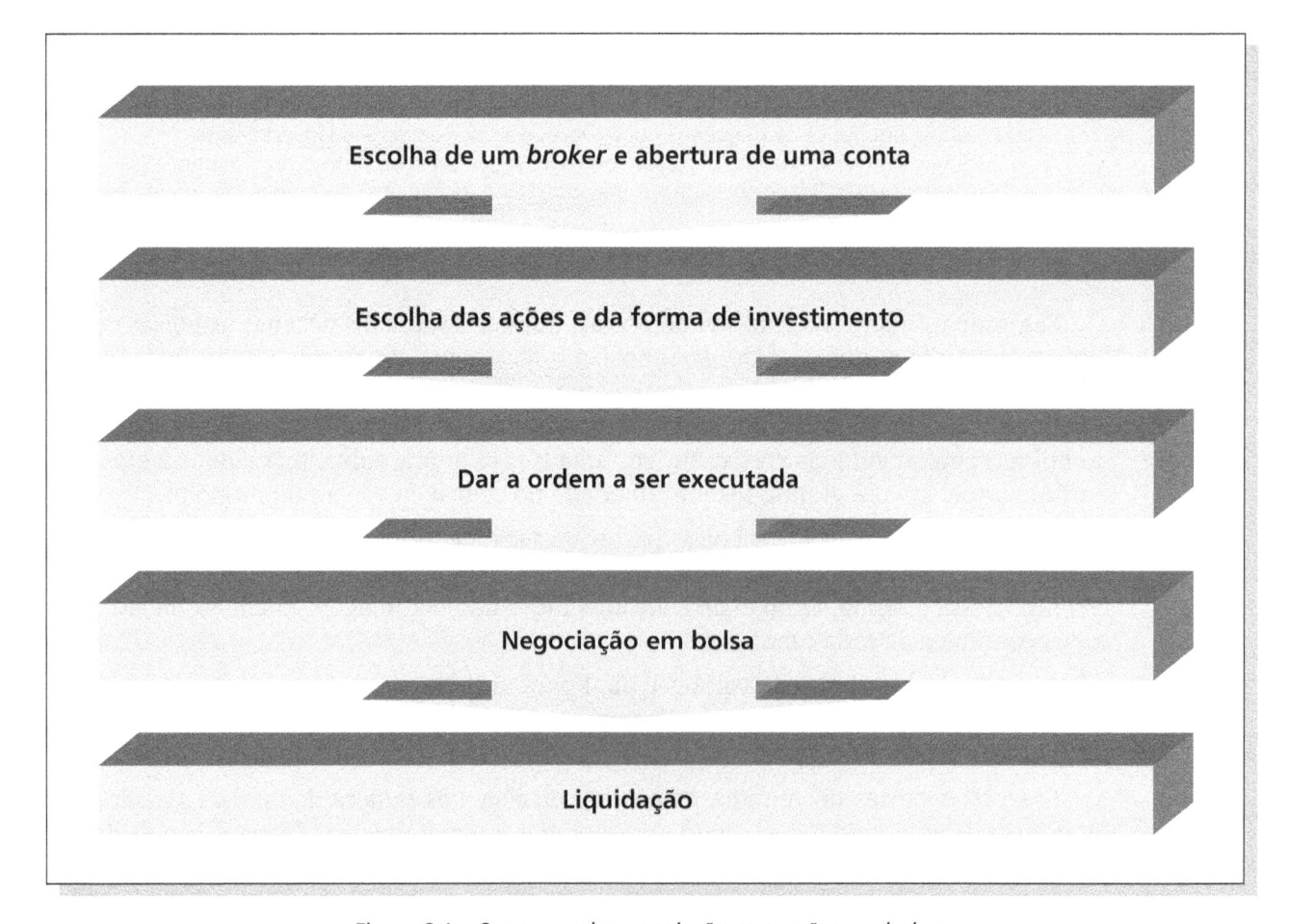

Figura 8.1 *Os passos da negociação com ações em bolsa.*

Nos principais mercados de ações, os responsáveis pela compra e venda de ações em nome dos clientes são os *brokers*. Um *broker* pode ser definido como corretor, operador ou intermediário entre comprador e vendedor de títulos e valores mobiliários, transacionados em bolsas de valores e nos mercados de balcão. Para a execução das ordens de compra e venda de seus clientes em pregão, cada *broker* pode possuir operadores dentro do pregão e terminais de computador interligados aos sistemas de bolsa.

Existem vários tipos de *brokers*, com funções e serviços diferentes, que atuam segundo o tipo de transação e o perfil do cliente. Dessa forma, eles podem ser enquadrados em uma das seguintes classificações:

- *brokers* que são *dealers*;
- *brokers* que trabalham para uma instituição financeira; e
- *brokers* que são *interdealer*.

O processo de comercialização (compra/venda) de ações utilizando os *brokers* é simples, como representado no fluxo a seguir.

CLIENTE

Determina a ordem com as informações:
- Nome da ação.
- Natureza da ordem – compra ou venda.
- Tamanho da ordem – magnitude.
- Tipo de ordem.

BROKER

- Consulta o mercado buscando os melhores preços.
- Confirma a operação com o cliente.
- Comunica a operação com a bolsa de valores.

BOLSA DE VALORES

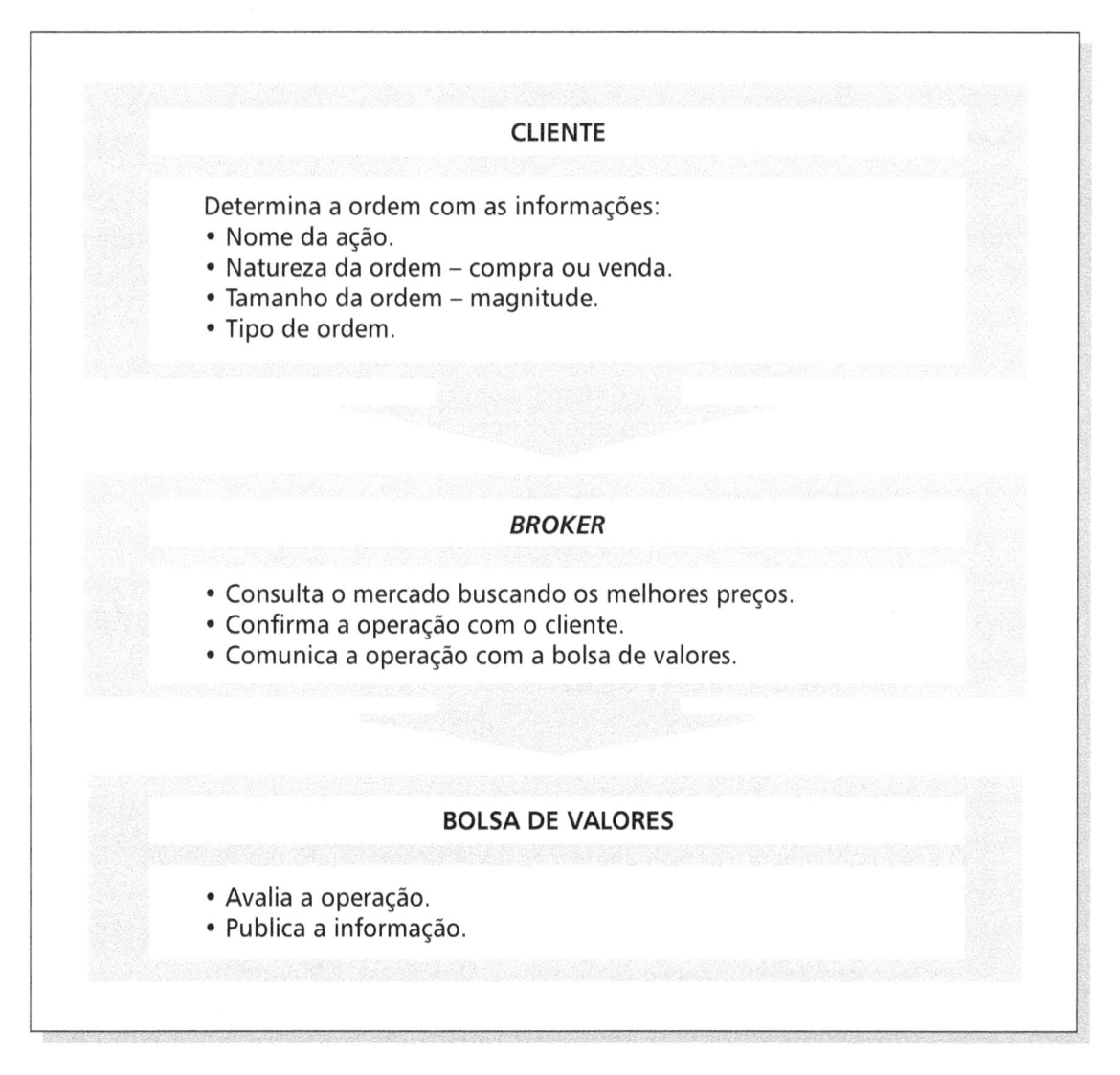

- Avalia a operação.
- Publica a informação.

Figura 8.2 *O processo de comercialização através dos* brokers.

O objetivo básico na regulamentação dos negócios em bolsa é permitir que os preços efetivamente reflitam as condições de oferta e procura. Daí a obrigatoriedade de que o negócio seja fechado ao melhor preço possível, permitindo-se a interferência e também a pronta divulgação das operações e condições em que foram realizadas, para possibilitar aos demais participantes avaliar as condições de mercado. O direcionamento compulsório para as bolsas de negócios com ações de companhias nelas registradas é outra forma de aumentar a eficiência do processo de formação de preços.

Os principais negócios realizados no mercado à vista de uma bolsa de valores são:

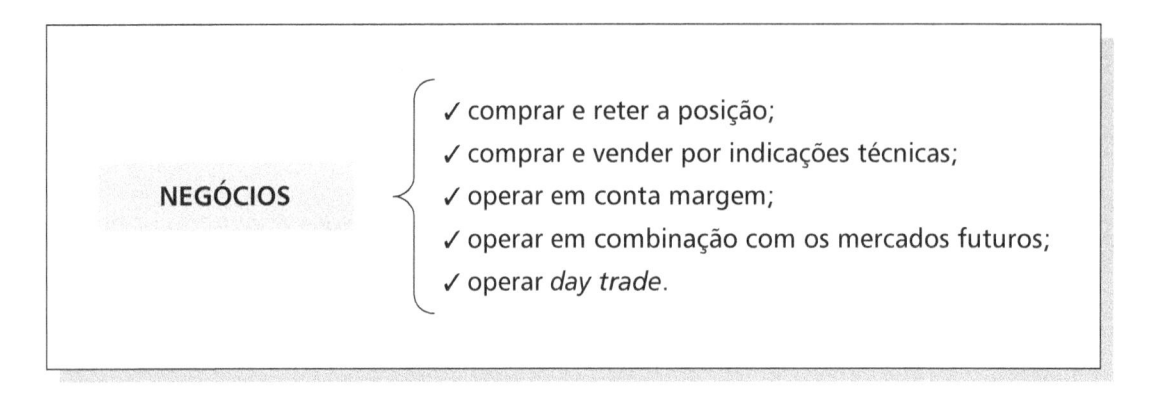

NEGÓCIOS
- ✓ comprar e reter a posição;
- ✓ comprar e vender por indicações técnicas;
- ✓ operar em conta margem;
- ✓ operar em combinação com os mercados futuros;
- ✓ operar *day trade*.

Figura 8.3 *Negócios no mercado à vista.*

Os negócios ocorrem de acordo com o perfil ou postura que os clientes escolhem para atuar no mercado. Um cliente operando no mercado pode assumir a postura de investidor, especulador ou gestor de recursos.

Eis as características fundamentais das negociações:

- legitimidade da compra e venda: para concretização das negociações, é necessário que o comprador deposite o numerário, o vendedor compareça com as ações e a corretora confirme a existência do valor negociado e a disponibilidade das ações para a venda;
- negócios devem ser realizados durante o pregão, no qual ocorrerá o encontro das ofertas de compra e venda das ações;
- pregão tem preços públicos: preços e quantidades apregoados devem ser de conhecimento geral e de forma instantânea, para que possam determinar o valor venal das ações e sua liquidez; e
- fechamento de negócio: ocorre quando as corretoras representantes do vendedor e comprador anunciam o "fechado", representando a conclusão formal do negócio.

O acompanhamento dessas operações pode ser realizado por meio de:

- terminais da bolsa de valores;
- serviços de informação (Investnews, Broadcast, CMA etc.);
- *sites* da internet;
- boletim diário de informações da bolsa de valores; e
- jornais de grande circulação.

8.1.4 Tratamento das ordens

Uma vez aberta a conta de valores e provisionado o recurso financeiro suficiente para operar, o cliente poderá emitir as ordens de compra e venda pertinentes.

Após as orientações, são dadas as ordens de compra (ou de venda) na mesa de bolsa da corretora. A ordem é transmitida ao pregão e encaminhada aos operadores. Estes se deslocam para os postos em que os papéis estão sendo negociados e procuram executar a ordem. Se a ordem for ao mercado e se o papel tiver boa liquidez, poderá ser executada rapidamente. Com o negócio fechado, um documento com os dados da operação – "boleta" – é preenchido e entregue no posto de negociação para registro.

Ao fim do dia, ou mesmo durante o pregão, o cliente é informado sobre a execução de sua ordem e sobre os termos em que foi executada. Também no final do dia, as diversas ordens executadas são "casadas" com as recebidas pelo intermediário. Ademais, os recursos precisam ser recebidos do investidor para posterior repasse à bolsa. E os títulos adquiridos acabarão lançados na conta em nome do investidor, após a liquidação da operação pela bolsa. As ações poderão ser retiradas, ou deixadas em custódia, de forma que os direitos possam ser exercidos na ocasião oportuna.

As ordens podem ser dadas para o dia; caso não sejam executadas até o fim do dia, estarão automaticamente canceladas. Podem, também, ser dadas ordens por prazo indeterminado, ou em aberto. Nesse último caso, enquanto não forem canceladas, ficam passíveis de execução.

As ordens podem ser passadas por escrito ou verbalmente. Quando preenche a ficha cadastral, o investidor declara se serão aceitas ordens verbais. A ordem verbal é mais cômoda, pois o investidor não precisa ir pessoalmente ou mandar alguém até o intermediário – a decisão é tomada por telefone.

Ao ser recebida a ordem do cliente, o operador da mesa de bolsa deve passá-la por um relógio-datador antes de encaminhá-la por telefone aos operadores da corretora no pregão. Ao fim do dia, as ordens executadas são alocadas aos investidores. Os investidores comuns têm prioridade sobre os chamados "profissionais de mercado", que são os sócios, dirigentes e funcionários de sociedade corretora. Se, quando for executada no pregão, houver tanto uma ordem profissional de mercado quanto uma de cliente, a preferência vai para o cliente. Se houver ordens de mais de um cliente, a alocação dá-se por ordem cronológica.

A prioridade na execução de ordens é um dos pilares sobre o qual se assenta o tratamento equitativo de todos os investidores. O uso do relógio-datador é a garantia de que os direitos do investidor serão respeitados. Se for um investidor ativo, com muitas ordens de compra e venda, deve esperar que no sistema elas se distribuam aleatoriamente, dentro do intervalo de preços ocorrido nos dias em que opere.

Se a ordem for dada a uma distribuidora, por exemplo, passa-se por duas mesas de bolsa: a da distribuidora e da corretora. Para a corretora, o cliente é a distribuidora. Esta última é que aloca as ordens entre seus clientes.

Indicações que uma ordem deve ter:
1. natureza da transação (venda ou compra);
2. natureza dos títulos a negociar (ações, debêntures, títulos públicos etc.);
3. tipo da operação e condições em que deve ser realizada;
4. modalidade da ordem quanto ao preço;
5. prazo de validade da ordem; e
6. data em que a ordem é dada.

Os distintos tipos de ordens de compra ou venda que podem ser emitidos são:

- **por preço:** pelo melhor, limitada, de mercado e *on stop*;
- **por prazo de vigência:** válida no dia ou até uma data agendada;
- **pelas condições da ordem:** mostrando tudo ou com volume oculto;
- **restrições a execução:** tudo ou nada, execução mínima e executar ou anular; e
- **aplicações.**

Tipos de ordens por preço

Pelo melhor

É um tipo de ordem que induz a erros: o cliente pensa que darão o melhor preço do dia, ou seja, o mais barato se é o comprador ou o mais caro se é o vendedor.

Ao dar uma ordem pelo melhor, aceita-se o melhor preço que o mercado oferece no momento de sua introdução. No caso da inexistência de títulos suficientes no melhor preço para atendê-la, esta se realizará de forma parcial, ficando o resto limitado ao aludido preço.

Esse tipo de ordem é indicado para os períodos de leilões e se adaptará ao preço deles. Se na determinação – execução das ordens no leilão – não se negocia a totalidade da ordem, o resto fica no sistema limitado ao mencionado preço.

Esse tipo de ordem não deve ser dado comumente, salvo se estivermos diante da tela de negociação, com a segurança de que há contrapartida, compradora ou vendedora, a um preço que aceitarmos. Seria o equivalente a dizer: comprem as ações como estão sendo vendidas, ou vendam as ações como estão sendo compradas.

Limitada

Nessa ordem, o cliente estabelece o preço máximo ou mínimo pelo qual quer comprar ou vender determinada ação. Ela somente será executada por um preço dentro dos limites estabelecidos. Em função dos limites estipulados, esse tipo de ordem permite total controle sobre o preço de execução, mas pode ser de execução demorada, porque a ação pode não chegar a atingir o limite estabelecido, ou, mesmo que chegue, há uma fila de ofertas a ser respeitada. É mais utilizado no caso de ações pouco negociadas.

De mercado

Essa ordem deve ser executada assim que recebida no pregão pelo operador ao preço que puder ser obtido no momento. Nesse caso, o cliente especifica à corretora apenas a quantidade e as características das ações que deseja comprar ou vender. Por serem executadas pela melhor cotação, há o risco de não serem satisfatórias em função da falta de controle sobre o preço de execução. Em contrapartida, existe uma garantia maior de sua execução.

On stop

Essa ordem se dá quando o cliente estipula os preços mínimo e máximo pelos quais a ordem será executada, ou seja, são limitadas as perdas ou os ganhos. Essa operação não é regulamentada pela bolsa e depende de um acordo entre o cliente e a corretora. A ordem pode ser utilizada para esconder a estratégia do cliente, evitando que a contraparte saiba de sua ordem antecipadamente e possa inibi-la. Ela é muito útil para os clientes que não têm tempo de acompanhar de perto a movimentação da bolsa de valores.

Esse tipo de ordem pode ser de compra ou de venda:

- ordem com *stop* de compra: é executada quando a cotação, durante um movimento de alta, atinge um valor igual ou maior ao determinado pelo cliente; e
- ordem com *stop* de venda: é executada quando a cotação, durante um movimento de baixa, atinge um valor igual ou menor ao determinado pelo cliente.

Tipos de ordens por prazo de vigência

Válida no dia (só hoje)

Se os prazos não são indicados, as ordens de compra limitadas a determinado preço têm validade só para esse dia. Assim, se uma ação está cotada a R$ 10,00 e damos uma ordem de compra a R$ 9,50, ou de venda a R$ 10,50, e se, ao longo da sessão, os preços não alcançarem os níveis fixados, nossa ordem não se executará, e a ordem ficará anulada. Pode-se indicar, ao colocar a ordem, que é "só para hoje", mas, se não se dá o prazo de execução, subentende-se que é só para a sessão em curso.

Válida até a data agendada (até a sua execução)

Esse tipo de ordem permite a permanência em sistema sem estar, todos os dias, acompanhando as cotações do mercado ou pendente da cotação de determinado valor. Imaginemos que as cotações de uma empresa estejam a R$ 100,00 e que queiramos comprar, pagando, no máximo, R$ 80,00. Damos uma ordem de compra de n títulos a R$ 80,00, até sua execução. O número de dias que essa ordem terá vigência varia de acordo com o mercado em que essas ações são negociadas. O processo é idêntico se somos vendedores.

Além de permitir o desligamento do dia a dia do mercado, a utilidade dessas ordens reside na possibilidade de caçar preços de oportunidade em momentos críticos. Imaginemos que ocorra algo inesperado e a bolsa desabe durante dois ou três pregões seguidos. Se temos colocada uma ordem de compra, até sua execução, a um preço que esteja em um suporte histórico baixíssimo, e o valor em questão baixa em cascata até essa cota, nossa ordem de compra se executará. Quando a queda estiver evidente, os outros compradores colocarão suas ordens nesse nível, mas a nossa já estará à frente.

Tipos de ordens pelas condições da ordem

O investidor com pouca experiência tende a dar ordens de compra indicando o valor em dinheiro a comprar. Não é uma boa prática, pois dá margem a erros. É sempre preferível perguntar o preço e dar a ordem de compra indicando o número de ações.

Mostrando tudo

Trata-se de um número de ações pequeno, de um valor em que se negociem volumes elevados. O mais provável é que, ao dar a ordem, não se pergunte nada, e o operador mostre no sistema da bolsa que vendemos ou compramos esses títulos a tal preço. Em valores com negociação muito baixa, vender muitos títulos pode ser um problema; o melhor a fazer é deixar uma parte como volume oculto.

Há ocasiões em que se vê no sistema da bolsa um só comprador, ou mesmo um número muito reduzido destes mostra um número muito alto de ações à compra, a um preço ligeiramente inferior à cotação atual. Geralmente, trata-se de apoios ao valor, para evitar que se caia abaixo desse preço. A ordem busca um efeito psicológico para dissuadir os vendedores.

Com volume oculto

Esse tipo de ordem introduz-se quando não se quer alarmar o mercado com uma venda importante e se mostra no sistema da bolsa só parte do que se quer vender. É utilizado por investidores institucionais que operam grandes carteiras e que tentam sair de determinado valor sem derrubar os preços com uma superoferta.

Se observarmos que alguém pretende vender grande quantidade de títulos de um valor em que se negociam habitualmente grandes quantidades de ações, o normal será pensar que algo ocorre quando se tenta executar tal operação. E, ainda que nada ocorra, um volume muito alto à venda, a um preço determinado, estabiliza a subida da cotação nesse preço, até que todo volume deste título tenha sido adquirido pelos compradores.

A resposta dos investidores é começar a vender um pouco abaixo de onde se vende essa operação importante. O resultado é que esta estratégia detém o movimento de alta e, inclusive, pode provocar uma correção.

Restrições a execução

Tudo ou nada

A ordem é executada se no momento de introduzir-se existe contrapartida para a totalidade de seu importe. Caso contrário, o sistema a recusa.

É um tipo de ordem na qual se evita que fique na carteira um pico de ações sem vender, que tenhamos que vender logo a um preço distinto, gerando gastos que poderiam ter sido evitados. Tudo depende da liquidez do valor e do número de títulos a vender. Num valor que negocie vários milhões de ações diárias, é fácil vender dois mil títulos a um só preço e não tem necessidade de dar esse tipo de ordem.

Execução mínima

A ordem apresenta implícita a condição de que ao menos se negocie o volume mínimo indicado ao introduzir a ordem.

Se se executar ao menos esse volume mínimo, a ordem permanecerá no sistema até a execução do resto, se bem que esse resto poderá ser negociado por qualquer quantidade de títulos.

Se não há contrapartida suficiente para executar o mínimo exigido, a ordem é recusada pelo sistema.

Executar ou anular

A ordem é executada de acordo com a quantidade que existir como contrapartida no momento de sua introdução, recusando-se o resto.

Aplicações

Uma aplicação é uma compra e venda simultânea de determinado número de ações, de um valor, realizada ao mesmo preço e por um só intermediário, procedente de dois ou vários emissores de ordens.

A aplicação será possível se as ordens de compra e venda forem introduzidas como casadas no sistema. Ou seja, quando o investidor determina ordem de compra de um título e venda de outro, condicionando sua efetivação ao fato de ambas poderem ser executadas. Dessa forma, o intermediário só deve executar uma parte da ordem se sentir que poderá também executar a outra.

8.1.5 Pregão

As negociações nas bolsas de valores realizam-se no "pregão", local em que se reúnem os corretores para cumprir ordens de compra ou venda de ações emanadas de seus clientes.

O pregão é o recinto em que ocorrem as negociações entre representantes das sociedades corretoras de títulos e valores mobiliários. A ele têm acesso apenas os funcionários credenciados pelos *brokers* (os representantes das corretoras, chamados "operadores de pregão", e os auxiliares de pregão) e os funcionários da própria bolsa, que fornecem a infraestrutura dos negócios e fiscalizam sua realização.

Ao redor do pregão estão distribuídas várias cabines ou mesas. Cada *broker*-membro possui uma dessas cabines e, por telefone, transmite de sua mesa de operação as ordens de compra e venda para seus operadores executarem.

Para se ter melhor visualização do pregão, ver a Figura 8.4.

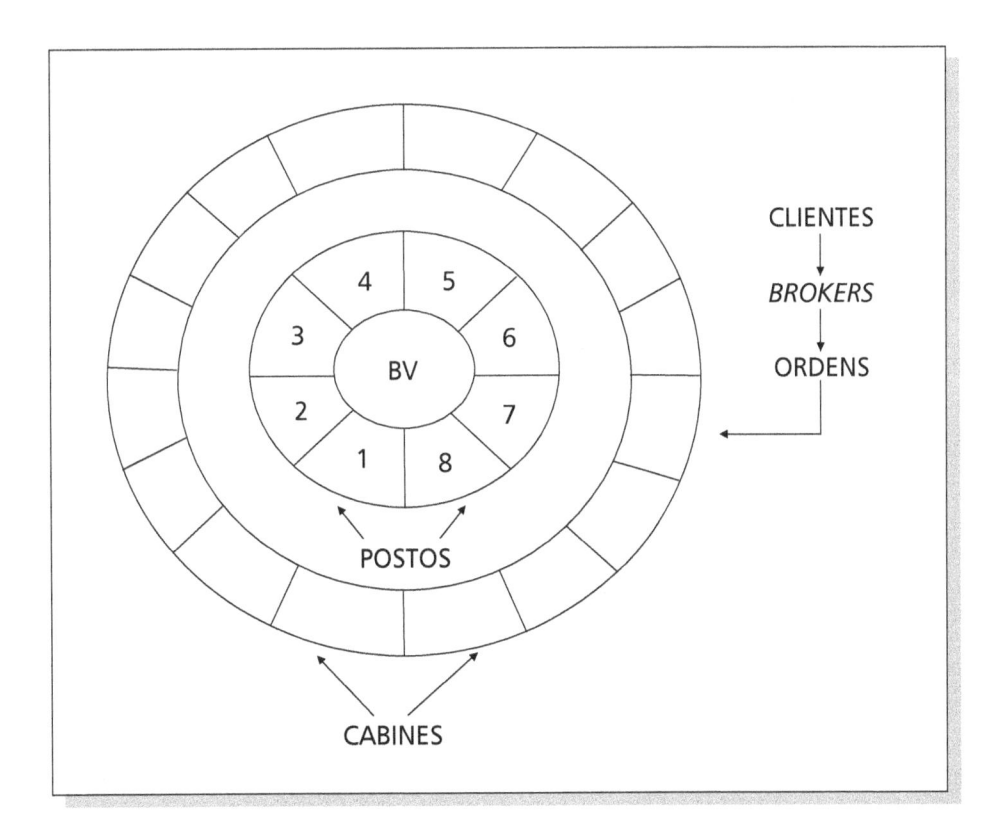

Figura 8.4 *Exemplo do* layout *de um pregão.*

A sala do pregão a viva-voz pode ser dividida em postos de negociação, com a finalidade de facilitar a organização dos trabalhos. Em cada posto é negociado um conjunto de ativos em todos os mercados.

Após o recebimento das ordens, os operadores procuram os postos correspondentes a cada ação e tentam executá-las. A fim de facilitar a realização das operações, as empresas são separadas por postos de negociação, integrando ações que representem um volume semelhante de negócios.

Ao receber uma ordem de compra ou venda, o representante da corretora dirige-se ao posto em que aquela ação é negociada, a fim de apregoá-la. Em voz alta, anuncia sua posição de comprar ou vender, mencionando a quantidade a ser vendida (a que se dá o nome de lote), as características do título (nome da companhia, espécie de ação etc.) e o preço por lote de mil ações.

Processos de negociação

A **negociação comum** é realizada entre dois representantes (um do comprador e o outro do vendedor), que apregoam em viva-voz suas intenções de compra e venda da ação mencionando suas características, como a quantidade e o preço unitário. Havendo interesse, a transação é concluída mediante a declaração da palavra FECHADO. Caso a ordem recebida pelo representante da corretora esteja com preço fora de mercado (muito baixo para compra ou muito alto para venda), ele pode, em vez de esperar que o mercado evolua até o preço em que está autorizado a operar, optar por colocá-la em oferta (apregoação por oferta). A oferta é registrada no computador, e as de melhor preço são exibidas para informação do mercado, passados três minutos de seu registro. A oferta terá prioridade no fechamento com relação aos negócios apregoados por qualquer outra forma, com preço idêntico, preço superior (no caso de venda) ou preço inferior (no caso de compra). As formas ainda não executadas poderão ser canceladas, desde que passados três minutos do momento de seu registro.

Existe ainda a **negociação direta**, que se dá quando o representante da corretora traz ao pregão tanto a ponta compradora quanto a vendedora. Nesse caso, para assegurar a transparência da operação e preservar os interesses de seus clientes, ele não pode fechar a operação consigo. Terá que fornecer os detalhes da operação ao posto de negociação por meio de um formulário próprio. O funcionário da bolsa anunciará que tem uma "direta", dando todas as características do negócio e indagando se há melhor preço. Se não houver interferência (interesse de outro cliente que não seja um dos representados pela instituição), será anunciado o fechamento do negócio. Havendo interferência de outro representante que se proponha a comprar por mais ou vender por menos, o proponente da direta poderá formular novo preço. Isso pode repetir-se sucessivamente, até o fechamento do negócio, pelo melhor preço. Se ocorrer interferência simultânea de dois representantes, um deles oferecendo-se para comprar e o outro para vender a preços melhores, a direta ficará automaticamente desfeita, obrigando-se seu proponente a fechar com os dois representantes que interferiram.

Em certos casos, ocorre a **negociação por leilão**, que é feita se a ação não tiver sido negociada nos últimos cinco pregões e na primeira vez em que forem negociados ex-direitos. Se uma operação for fechada por apregoação comum, mas seu valor for muito maior do que o normal com aquele papel, a bolsa não registrará a operação e promoverá um leilão. No leilão comum é permitida a interferência de compradores e vendedores. Existe ainda outro tipo de leilão, chamado de especial, em que só se admite a interferência de compradores.

Os leilões com aviso prévio, utilizados na venda de grandes lotes de ações, são em geral promovidos por acionistas controladores, que vendem parte das ações preferenciais que detenham, ou por investidor minoritário que se desfaça de uma posição expressiva. A fim de possibilitar ao mercado tomar conhecimento da realização do leilão, um edital com informações a respeito das ações colocadas à venda e da empresa emissora é publicado na imprensa.

Feita uma apregoação, qualquer representante poderá fechar o negócio, bastando para isso gritar a palavra FECHADO. Nessa hora, o vendedor preenche a "boleta" com os detalhes da operação e a identificação das sociedades corretoras envolvidas, assina-a e pega a assinatura do comprador, entregando-a no posto correspondente. A operação é digitada no computador, que verifica se está de acordo com as normas da bolsa. Em caso afirmativo, a operação é registrada, divulgada nos vídeos.

Por último, existe a **negociação por oferta**, realizada entre dois operadores, sendo um deles representado pelo posto de negociação que recebeu a oferta. Nesse tipo de negociação, um operador pode registrar num posto de negociação sua oferta de compra ou venda de uma ação, e ela será fechada, mesmo sem sua presença, desde que haja algum interessado. O posto procurará fechar as ofertas entre si, isto é, casar as ofertas de compra com as de venda; nesse caso, a operação será executada sem a presença dos interessados.

Sistemas de negociação

O pregão pode ser organizado de acordo com dois sistemas alternativos de negociação com ações:

Negociações em viva-voz

Nesse sistema, os representantes das corretoras apregoam suas ofertas em viva-voz, especificando o nome da empresa, o tipo da ação e a quantidade e preço de compra ou venda. No pregão de viva-voz, são negociadas apenas as ações de maior liquidez no mercado. As negociações em viva-voz podem ser agrupadas em dois tipos:

- ***call system*** (sistema de grito): nesse sistema, os operadores ficam em volta de um balcão circular denominado *corbelle*, anunciando em viva-voz suas ofertas de compra e venda de ações. A duração dessas negociações é definida pelo diretor do pregão e, quando o tempo se esgota, o mesmo título só pode ser negociado em nova rodada no final ou no dia seguinte. Esse sistema não é muito operacional para a negociação de grandes volumes ou em mercados mais dinâmicos em função do risco que gera aos seus operadores; e

Figura 8.5 *Exemplo de negociação de viva-voz no sistema* call system.

- ***trading post*** (postos de negociação): nesse sistema, os negócios são realizados durante todo o período do pregão. Nele, os títulos são negociados em postos de negociação de acordo com os setores ou ramos de atividades econômicas afins e homogeneidade de volumes de transações.

Negociações por meio de sistemas eletrônicos

Os sistemas eletrônicos de negociação são aqueles que permitem às sociedades corretoras cumprirem as ordens de clientes diretamente de seus escritórios. Pelo sistema eletrônico de negociação, a oferta de compra ou de venda é feita por meio de terminais de computador. O encontro das ofertas e do fechamento de negócios é realizado automaticamente por computadores.

8.1.6 *Índices de ações*

Os índices de ações são números-índices temporais complexos e, na maioria dos casos, ponderados. Procuram medir a lucratividade média de uma carteira consolidada de diversos investidores em ações durante determinado tempo. Por ser um valor numérico equivalente à média das cotações de certo grupo de ações, considerada representativa de todo o mercado, em determinado momento, pode ser considerado indicador de variação de preços ou cotações de mercados utilizados para o acompanhamento do comportamento das principais ações negociadas numa bolsa de valores.

Pela comparação dos índices apurados sucessivamente pelas bolsas de valores, pode-se saber se o mercado encontra-se em alta, estável ou em baixa, o que orienta os investidores em suas aplicações no futuro próximo. O acompanhamento do índice é feito em geral por meio de um gráfico simples que registra sua evolução no tempo: um ano, um mês, uma semana ou até mesmo ao longo de um dia.

Os índices de ações nos dão uma visão de todo o mercado, pois neles estão incorporados as principais ações e os principais setores de uma economia. São considerados um poderoso instrumento para a avaliação comparada de *performance* de desempenho para gestores e investidores do mercado de capitais.

Para que um índice possa efetivamente ser utilizado como instrumento de avaliação de desempenho de um mercado ou de uma bolsa, ele deve ser composto por uma suposta carteira de ações, que representam da forma mais eficiente possível o comportamento do mercado.

Nem sempre os índices de ações foram como nós os conhecemos atualmente. Os primeiros índices, como o Dow Jones Industrial Average, elaborado no final do século XIX nos Estados Unidos, e o Nikkei, elaborado em meados do século XX no Japão, eram calculados através de média simples de poucas ações em função das limitações tecnológicas para o cálculo e sua atualização em tempo real. Posteriormente, no início dos anos 1970, os mercados bursáteis alcançaram seu auge e começaram a desenvolver-se um grande número de índices de ações em mercados de todo o mundo com metodologias mais avançadas e apuração em tempo real.

Para a elaboração de qualquer índice de ações são necessários alguns passos prévios, em função de certos requisitos, sendo os principais:

1. seleção dos papéis que comporão o índice;
2. ponderação que terá cada papel ou grupo de papéis que comporão o índice; e
3. fórmula ou expressão matemática do índice.

Esses três requisitos são consecutivos, e cada um deles afeta a determinação do requisito seguinte.

Os índices podem ser classificados de distintas formas, dependendo dos critérios eleitos para sua elaboração. As classificações mais comuns são: em função do tempo escolhido para seu cálculo (curto ou longo) e em função do objeto que ponderam (de preços ou rendimentos).

Quadro 8.3 *Classificação em função do tempo escolhido para seu cálculo.*

Classificação	Descrição
Índices curtos	São índices cuja duração é o ano-calendário, utilizando como base seu valor em 31 de dezembro do ano anterior.
Índices longos	São índices cuja base é fixa em um momento no tempo, o que permite refletir as variações das cotações ou rentabilidade acumulada durante um intervalo de tempo maior.

Quadro 8.4 *Classificação em função do objeto que ponderam.*

Classificação	Descrição
Índices de preços	São índices que medem a variação nos preços das ações sem considerar outros rendimentos, como os dividendos e outros proventos.
Índices de rendimentos	São índices que medem a variação de preços considerando os dividendos distribuídos e outros proventos.

Em função da fórmula ou expressão matemática do índice, ou seja, a forma como são comparadas as variáveis, podemos ter os seguintes tipos: Laspeyres, Paasche e Fisher.

Quadro 8.5 *Tipos de índice segundo sua forma de comparação.*

Índice	Cálculo	Fórmula
• Laspeyres	Média aritmética ponderada simples, utilizando o ano-base (ano zero) dos índices.	$\Sigma P_{it}Q_{it} / \Sigma P_{i0}Q_{i0}$
• Paasche	Média aritmética ponderada simples, utilizando o ano anterior dos índices.	$\Sigma P_{it}Q_{it} / \Sigma P_{i0}Q_{it}$
• Fisher	Média geométrica dos índices Laspeyres e Paasche.	$\sqrt{L_{t/0} * P_{t/0}}$

O critério de seleção das carteiras dos índices faz com que a *performance* dos diferentes índices não seja a mesma, ainda que sejam representativos da mesma bolsa ou do mesmo mercado. Esse critério de seleção e o tipo de metodologia utilizada para a formação das carteiras são, portanto, os fatores que levam à personalização dos índices e impõem a necessidade de constantes revisões das carteiras de índice, a fim de isolar as ações que tenham frequência mínima nos pregões e no número mínimo de negócios.

Para melhor compreensão da mecânica operacional de um índice, vejamos o Quadro 8.6.

Quadro 8.6 *Mecânica operacional de um índice de ações.*

Ação	Quantidade	Em D 0		Em D + 1		Variação (em %)
		Preço	Pontos – Índice	Preço	Pontos – Índice	
A	150	2,00	300	2,20	330	10,0
B	200	3,00	600	2,85	570	– 5,0
C	100	1,00	100	1,15	115	15,0
Valor da carteira			1.000		1.015	1,5

8.2 A bolsa no mundo

Os grandes avanços das telecomunicações, a crescente liberdade de movimentação de capitais e a queda das barreiras internacionais levaram os mercados de capitais a alcançar uma dimensão global com grande interligação. Dessa forma, fatos que acontecem em determinado país imediatamente repercutem em todos os outros mercados espalhados pelo mundo.

Atualmente, as bolsas mais importantes do mundo são as dos Estados Unidos (New York e Nasdaq), Reino Unido (Londres) e Japão (Tóquio). Cada uma delas exerce grande influência em seu fuso horário, repercutindo seu desempenho no fuso seguinte.

Tabela 8.2 *Maiores bolsas por valor negociado (em US$ bilhões).*

Posição	Exchange	2006	2007	2008	2009	2010	Média
1	NYSE Euronext (US)	21.789	29.114	33.639	17.521	17.796	**23.972**
2	NASDAQ OMX	11.807	28.116	36.447	13.608	12.659	**20.528**
3	London SE Group	7.572	10.334	6.272	2.554	2.750	**5.896**
4	Tokyo SE	5.823	6.413	5.607	3.708	3.793	**5.069**
5	NYSE Euronext (Europe)	3.853	5.640	4.477	1.819	2.022	**3.562**
6	Shanghai SE	736	4.029	2.600	5.055	4.486	**3.381**
7	Deutsche Börse	2.737	4.325	4.697	1.426	1.632	**2.963**
8	Shenzhen SE	423	2.046	1.249	2.772	3.564	**2.011**
9	BME Spanish Exchanges	1.934	2.970	2.411	1.181	1.361	**1.971**
10	Korea Exchange	1.342	2.006	1.432	1.553	1.605	**1.588**

Fonte: World Federation of Exchanges.

Tabela 8.3 *Capitalização (em US$ bilhões).*

Posição	Exchange	2006	2007	2008	2009	2010	Média
1	NYSE Euronext (US)	15.421	15.651	9.209	11.838	13.394	**13.103**
2	Tokyo SE	4.614	4.331	3.116	3.306	3.828	**3.839**
3	NASDAQ OMX	3.865	4.014	2.249	3.239	3.889	**3.451**
4	London SE Group	3.794	3.852	1.868	3.454	3.613	**3.316**
5	NYSE Euronext (Europe)	3.713	4.223	2.102	2.869	2.930	**3.167**
6	Shanghai SE	918	3.694	1.425	2.705	2.716	**2.292**
7	Hong Kong Exchanges	1.715	2.654	1.329	2.305	2.711	**2.143**
8	TSX Group	1.701	2.187	1.033	1.677	2.170	**1.754**
9	Deutsche Börse	1.638	2.105	1.111	1.292	1.430	**1.515**
10	Bombay SE	819	1.819	647	1.307	1.632	**1.245**

Fonte: World Federation of Exchanges.

8.2.1 Bolsa de New York

A New York Stock Exchange (NYSE), apesar de ser a mais importante bolsa do mundo, não foi o primeiro mercado de valores institucional dos EUA, já que 40 anos antes de sua fundação, em 1791, se havia criado a Bolsa da Filadélfia, fundada pelo prefeito James Hamilton.

Até o fim do século XVIII, as negociações de títulos do governo e de toda a classe de mercadorias eram conduzidas por cinco corretoras. Como o volume do negócio foi prosperando, surgiram novos corretores, que queriam aderir ao processo, o que provocou conflito entre eles, até que em 17 de março de 1792 chegou-se ao acordo de Buttonwood Tree, assinado por 24 corretoras e comerciantes, no qual se fixavam as comissões a cobrar e a preferência no oferecimento de negócios.

No ano seguinte da adoção do acordo, o mercado de valores mudou de sua antiga sede e estabeleceu-se o primeiro regulamento desta instituição inspirado no da Bolsa da Filadélfia.

Em 1863, a Bolsa de New York adotou o nome de New York Stock Exchange; até essa data seu nome era New York Stock and Exchange Board.

A NYSE foi registrada como uma bolsa nacional de garantias no US Securities and Exchange Commission, em outubro de 1934. O conselho administrativo constituiu-se nos primeiros dirigentes até 1938, até que a bolsa contratou o primeiro presidente pago e criou uma comissão composta de 33 membros do conselho diretor.

Em 1971, a bolsa foi incorporada como uma entidade sem fins lucrativos, e em 1972 os membros votaram na substituição do conselho administrativo, composto por um presidente e um CEO, 20 representantes públicos e 20 representantes das indústrias.

As bolsas de valores norte-americanas são supervisionadas por um órgão supervisor comum, a Securities and Exchange Commission (SEC), criada como uma consequência do *crack* de 1929 com quatro missões básicas:

1. tornar públicas as informações referentes às operações realizadas no mercado bursátil;
2. organizar as atividades profissionais dos participantes do mercado;
3. controlar as atividades bursáteis; e
4. vigiar o mercado para evitar o acesso privilegiado a informações.

A Bolsa de New York é uma instituição privada constituída por ações e integrada por um número limitado de acionistas, que são os membros da instituição.

O conselho de diretores, órgão encarregado da direção da NYSE, é composto por membros, parceiros não membros de NY e empresas de fora da cidade, bem como representantes públicos, totalizando **27** membros, sendo 12 diretores de empresas industriais e 12 diretores públicos.

Existem diversos tipos de membros, destacando-se por seu número os *member firm brokers*, ou *commission brokers*, que executam ordens de seus clientes em troca de uma comissão. Podem atuar também por conta própria, salvo no caso dos bancos, que estão proibidos de operar nessa modalidade desde 1933, com a publicação da Ley Glass Steagall.

A NYSE é composta por quatro mercados:

Primeiro: no qual as transações com valores cotados em bolsas são realizadas por seus membros.

Segundo: no qual as transações com valores não cotados em bolsas são realizadas por corretores ou *dealers*.

Terceiro: no qual as transações com valores cotados em bolsas são realizadas por membros de outras bolsas.

Quarto: no qual as transações com valores cotados ou não em bolsa são realizadas por investidores sem mediadores.

As contratações são realizadas com a participação de intermediários. Existe um sistema eletrônico de transmissão de ordens, conhecido como *Superdot 250*, que conecta os membros intermediários da bolsa, de qualquer lugar em que estejam localizados no país, com o local de operações da bolsa.

A liquidação e a compensação das operações se realizam em D + 3 através da National Securities Clearing Corporation (NSCC).

Existem restrições às aplicações estrangeiras em ações de setores considerados estratégicos, como aviação, telecomunicações, energia, bancos e seguros, mineradoras e indústria de defesa. A restrição refere-se ao máximo de participação estrangeira nas companhias desses setores.

Quadro 8.7 *Principais índices da Bolsa de New York.*

Principais índices	Base	Taxa estatística	Composição	Ajustes
Dow Jones Industrial Average	2/1/1887 = 100	Média aritmética simples de preços.	Trinta empresas industriais mais negociadas na NYSE.	Splits
NYSE Composite Index	31/12/1965 = 50	Média aritmética ponderada de preços (Laspeyres).	As empresas mais negociadas na NYSE.	Não
Standard & Poor's 500	1943 = 10	Média aritmética ponderada de preços (Paasche).	As 500 empresas mais representativas: 400 – Indústrias 40 – Utilidades 40 – Finanças 20 – Transporte	Dividendos e ampliações
Standard & Poor's 100	1983 = 100	Média aritmética ponderada de preços (Paasche).	As 100 empresas com opções na CBOE.	Dividendos e ampliações

Quadro 8.8 *Empresas brasileiras na Bolsa de New York.**

Empresa	Símbolo
1. Aracruz Celulose S.A.	ARA
2. Banco Bradesco S.A.	BBD
3. Brasil Telecom Participações S.A.	BRP
4. Companhia de Bebidas das Américas (Ambev)	ABV/ABVC
5. Aracruz Celulose S.A.	ARA
6. Brasil Telecom S.A.	BTM
7. Braskem S.A.	BAK
8. Companhia Brasileira de Distribuição	CBD
9. Companhia de Saneamento Básico do Estado de São Paulo (Sabesp)	SBS
10. Companhia Energética de Minas Gerais (Cemig)	CIGC/CIG
11. Companhia Paranaense de Energia (Copel)	ELP
12. Companhia Siderúrgica Nacional	SID
13. Cosan Limited	CZZ
14. CPFL Energia S.A.	CPL
15. Empresa Brasileira de Aeronáutica (Embraer)	ERJ
16. Gafisa S.A.	GFA
17. Gerdau S.A.	GGB
18. GOL Linhas Aéreas Inteligentes S.A.	GOL
19. Itaú Unibanco Banco Múltiplo S.A.	ITUB
20. Perdigão S.A.	PDA
21. Petróleo Brasileiro S.A. (Petrobras)	PBR/PBRA
22. Sadia S.A.	SDA
23. TAM S.A.	TAM
24. Tele Norte Leste Participações S.A.	TNE
25. Telecomunicações Brasileiras S.A. (Telebras)	TBH
26. Telecomunicações de São Paulo S.A. (Telesp)	TSP
27. Telemig Celular Participações S.A.	TMB
28. Tim Participações S.A.	TSU
29. Ultrapar Participações S.A.	UGP
30. Vale S.A.	VALE/VALE.P
31. Vivo Participações S.A.	VIV
32. Votorantim Celulose e Papel S.A.	VCP

* Maio de 2008.

8.2.2 Nasdaq

Após a quebra da Bolsa de New York em 1929, foram criados, em 1934, a Securities and Exchange Commission (SEC) e todo o arcabouço regulatório vigente nos EUA. Como no ato original não estavam contempladas as operações no mercado de balcão (OTC), essa lacuna foi preenchida em 1938 com o Maloney Act, que criou a figura da Associação Nacional de Valores Mobiliários, uma entidade autorreguladora responsável pelo mercado de balcão de valores mobiliários. No ano seguinte, foi criada a National Association of Securities Dealers (NASD).

Em 1966, um comitê de automação foi criado pela NASD para estudar a possibilidade de instalação de um sistema automático de cotações. O resultado foi a assinatura, no final de 1968, de um contrato de sete anos com a Bunker-Ramo Corporation para construir e operar o sistema denominado National Association of Securities Dealers Automated Quotation System (Nasdaq). O sistema Nasdaq começou a operar em 8 de fevereiro de 1971, conectado com mais de 500 *market makers* dos EUA. Em 1978, a Nasdaq comprou o sistema da Bunker-Ramo e passou a operá-lo sozinha. Já em 1998, a National Association of Securities Dealers e a American Exchange (Amex) anunciam o fim de um processo de fusão das duas, criando a maior fusão financeira não só de um sistema central de leilões (Amex), mas também de um sistema múltiplo de mercado (Nasdaq).

A fim de se entender o funcionamento da Nasdaq, é necessário conhecer o funcionamento da Electronic Communication Networks (ECN), a Instinet, criada em 1969.

As ECN são redes eletrônicas de comunicação, ou seja, sistemas criados por corretoras para disseminar ofertas firmes de e para clientes que lhes permitem fechar negócios entre si. Têm a responsabilidade de transmitir para a Nasdaq as melhores cotações de compra e venda, para cada papel, vigentes em seu sistema privado.

A Nasdaq é composta, basicamente, por ações de empresas de tecnologia. Reúne gigantes como Microsoft, Oracle, Intel e companhias de menor porte, que são negociadas em dois mercados:

- Nasdaq National Market (NNM):
  ⇨ são negociadas as maiores e mais conhecidas empresas do mundo;
  ⇨ empresas com demanda financeira; e
  ⇨ cerca de 4.100 empresas negociadas.

- SmallCap Market:
  ⇨ menor capitalização da Nasdaq; e
  ⇨ os níveis de exigências financeiras para negociação são menores que os da NNM.

Quadro 8.9 *Principal índice da Nasdaq.*

Principal índice	Base	Taxa estatística	Composição
Nasdaq Composite Index	5-2-1971 = 100	Média aritmética ponderada de preços.	As empresas mais negociadas na Nasdaq.

8.2.3 Bolsa de Tóquio

Sua origem data de 1878, porém suas operações foram suspensas em 1945 por força da ocupação norte-americana e reestruturada segundo o padrão dos Estados Unidos.

Em 1870, foi introduzido no Japão um sistema de bolsa, e a negociação da ligação pública começou. Isso resultou no pedido para uma instituição negociar em público, e "o decreto da bolsa de valores" foi proclamado em maio de 1878. Com base nesse decreto, a Bolsa de Valores Co. Tokyo Ltda. foi estabelecida em 15 de maio de 1878, e as negociações começaram em 1º de junho.

Em março de 1943, foi decretada a Lei de Valores e Mercado do Japão, para reorganizar a bolsa de valores como uma instituição controlada em tempo de guerra. Em 30 de junho de 1943, 11 bolsas de valores foram unificadas e surgiu uma corporação pública, a Tokyo Stock Exchange, que foi dissolvida em abril de 1947.

Com condições adversas e ataques aéreos repentinos da guerra no console principal do Japão, o mercado de capitais foi forçado a suspender suas sessões, negociando em todos os mercados em 10 de agosto de 1945. Um memorando do comandante supremo dos poderes aliados (SCAP) de setembro de 1945 dificultava a abertura da bolsa de valores; entretanto, as negociações foram reiniciadas por transações não oficiais em dezembro de 1945.

A lei de bolsa foi decretada em março de 1947 e revisada inteiramente em abril de 1948. Em abril de 1949, três bolsas de valores foram estabelecidas no Japão: em Tóquio, em Osaka e em Nagoya. As negociações nessas bolsas começaram em 16 de maio. Em julho desse mesmo ano, cinco bolsas de valores adicionais foram estabelecidas: em Kyoto (fundida com a Bolsa de Valores de Osaka, em março de 2001), em Kobe (dissolvida em outubro de 1967), em Hiroshima (fundida com a Bolsa de Valores de Tóquio, em março de 2000), em Fukuoka e em Niigata (fundida com a Bolsa de Valores de Tóquio, em março de 2000). Em abril de 1950, foi estabelecida a Bolsa de Valores de Sapporo.

Atualmente, o mercado bursátil japonês é composto pelas Bolsas de Tóquio, Osaka e Nagoia, que representam 99% das operações, e cinco bolsas regionais (Kyoto, Hiroshima, Sapporo, Fukuoka e Niigata). A Bolsa de Tóquio (TSE) tem 80% dos mercados e é a segunda maior bolsa do mundo em termos de volume.

A TSE é formada por 11 diretores, 4 auditores e 8 executivos chefes, sendo que cinco deles participam das reuniões de diretoria.

O órgão supremo da bolsa é a junta geral, que fixa linhas mestras de atuação, nomeando e exonerando a maioria dos diretores ou governadores. O órgão de direção e administração da bolsa é o comitê diretivo, que fixa a política a ser seguida de acordo com as diretrizes emanadas da junta, de leis e de regulamentos.

Na Bolsa de Tóquio operam dois tipos de membros: os chamados membros regulares e os conhecidos pelo nome de *saitori*. Os membros regulares são sociedades de valores que se dedicam à compra e venda de valores, seja em nome próprio, seja de terceiros. Eles podem fazer quatro tipos de operações:

- corretores: intermediações como agentes;
- *dealing*:   operador de sua carteira;
- ofertas públicas: colaborador em colocação pública; e
- *underwriting*: subscrições de emissões para colocações.

Os *saitori* atuam como agentes de agentes, como intermediários dos membros regulares, casando suas ofertas e demandas de títulos. Os *saitori* são proibidos tanto de receber ordens diretas do público como de atuar por conta própria.

As operações de liquidação e compensação das transações ficam a cargo de uma empresa filial da Bolsa de Tóquio, a Japan's Depository Center (Jasdec), que se assemelha mais a uma câmara de compensação que a um moderno esquema de custódia.

A Bolsa de Tóquio funciona como um mercado de leilão contínuo em que as ordens de compra e venda cruzam-se mediante o método *zaraba*, semelhante ao sistema de viva-voz, para os 150 valores mais importantes. Quando um membro regular recebe ordem de um cliente, transfere-a a seu operador de pregão, que, por sua vez, a entrega a um membro *saitori*, especializado em cruzar as ordens para esse valor. Para garantir a capacidade operativa do pregão, a Bolsa de Tóquio colocou em operação, em 1991, o sistema Fores, procedimento automático de condução, execução e confirmação para ordens pequenas (até 3 mil ações).

Não existe sistema especialista na TSE. Um *saitori* mantém um livro de pedidos-limite e é o responsável por fornecer a liquidez.

A liquidação e a compensação das operações se realizam em D + 3 através de uma empresa filial da Bolsa de Tóquio, a Japan Securities Clearing Corporation (JSCC).

Quadro 8.10 *Principais índices da Bolsa de Tóquio.*

Nomes	Base	Taxa estatística	Composição	Ajustes
Tokyo Stock Price Index (Topix)	4/1/1968 = 100	Média aritmética ponderada de preços.	Todas as empresas negociadas na primeira seção na Bolsa de Tóquio.	–
Nikkei Stock Average	16/5/1949 = 176,21 ienes	Média aritmética simples de preços.	As 225 empresas mais negociadas na Bolsa de Tóquio.	Corrigem-se as ampliações desde 1991.

8.2.4 Bolsa de Londres

London Stock Exchange é o coração dos centros financeiros globais e é a casa de muitas das melhores companhias mundiais. É o maior centro de negócios do planeta: cerca de 3 mil empresas de todo o mundo usam a Bolsa de Londres para aumento do capital desenvolvido por seus negócios, e aproximadamente 13,5 bilhões de dólares americanos são negociados diariamente.

A Bolsa de Londres, a terceira do mundo em termos de capitalização, está convenientemente localizada entre os dois maiores mercados financeiros mundiais – dos EUA e do Japão. O dia de negociação na City coincide com o de Tóquio, pela manhã, e com o de New York, à tarde.

As origens da Bolsa de Londres, ou London Stock Exchange, podem situar-se nos mesmos anos da criação da Bolsa de Amsterdã, ainda que não tenha sido criada com seu atual nome, mas com o de Royal Exchange. Ela teve início em 1698, quando John Castaing iniciou transações dentro de casas de café da cidade de Londres, em especial na casa Jonathan Coofee em Change Alley. Ele começou com uma lista de ações e preços de *commodities*, e esta é a mais antiga evidência de negociação organizada com títulos e valores mobiliários no país. Logo depois, a Bolsa de Londres começou a crescer e passou a ser o principal centro de negócios e instituição financeira da cidade.

Em 1748, um incêndio em Change Alley destrói a maioria das casas de café, que logo em seguida foram reconstruídas. Já em 1761, um grupo de 150 corretoras de bolsa formou um clube para negociar ações.

Em 1801, os membros da London Stock Exchange adquiriram seu próprio edifício em Capel Court, e, em 3 de março desse ano, ocorreu a primeira negociação regulada em Londres, nascendo a moderna bolsa de valores.

A grande mudança no mercado de ações londrino ocorreu em 1986 com o *Big Bang*, denominado assim por seu efeito de cataclismo não muito diferente da teoria que descreve a origem do Universo. Sua implantação objetivava a melhoria na competitividade dos mercados de ações e tornar mais acessível a participação de um número maior de operadores. As principais mudanças trazidas com o *Big Bang* foram:

- a abolição das corretagens fixas;
- a abolição da condição única, quer dizer, *jobbers* e *brokers*. Antes do *Big Bang* existiam duas funções mutuamente exclusivas na Bolsa de Londres: o *stockjobber* (operador de pregão em bolsa que podia operar carteiras próprias mas não podia tratar diretamente com clientes), também chamado *jobber*, e o *stockbroker* (corretor de valores que não estava autorizado a guardar valores em carteira e só podia operar em nome de seus clientes). Depois do *Big Bang* a função de *jobber* foi substituída pela do criador de mercado, e os *brokers* assumiram a função de corretoras de valores, como é na atualidade; e
- a mudança nas contratações das negociações de um local físico para um mercado virtual baseada em telas de computadores e telefones.

O sistema de contratação da Bolsa de Londres é o Stock Exchange Automated Quotations (Seaq), que é um sistema baseado nas cotações, informatizado com cotações automatizadas que fornece informações e possibilita o controle. As ações se dividem em várias categorias: por ordem de importância, alfa, beta, gama e delta.

Ao final de 1987, visando à melhoria na competitividade de seus mercados, a Bolsa de Londres lançou um sistema de contratação eletrônica baseado em ordens chamado Sets (Stock Exchange Electronic Trading System). O Sets é um sistema eletrônico de ordens em que os compradores e vendedores podem indicar, através dos *brokers*, os preços e volumes que desejam operar. Em princípio, a ideia do Sets era substituir o sistema Seaq para as empresas incluídas no índice FTSE 100 em função de sua liquidez.

Os controles de mercado são exercidos de duas formas no mercado londrino:

- através da Securities and Investment Board (SIB) – comissão reguladora do mercado; e
- através da Self Regulating Organisation (SRO), capacidade que as sociedades de securitização limitadas (órgãos nos quais se agrupa a maior parte das empresas envolvidas nas negociações bursáteis) têm de regulamentar-se.

A liquidação e a compensação das operações se realizam em D + 3 através da Central Counterparty, câmara de liquidação resultante da união da London Clearing House e da Crest Co.

Quadro 8.11 *Principais índices da Bolsa de Londres.*

Londres	Base	Taxa estatística	Composição	Ajustes
FT-SE 100	3/1/1884 = 1.000	Média aritmética ponderada de preços (Laspeyres).	As 100 empresas mais negociadas na Bolsa de Londres.	*Splits*, emissões bonificadas e redução de capital.
FT-SE Mid 250	–	Média aritmética ponderada de preços (Laspeyres).	As 250 empresas mais negociadas na Bolsa de Londres.	*Splits*, emissões bonificadas e redução de capital.
FT-SE Actuaries 350	–	Média aritmética ponderada de preços (Laspeyres).	As 350 empresas mais negociadas na Bolsa de Londres.	*Splits*, emissões bonificadas e redução de capital.
FT-SE SmallCap	–	Média aritmética ponderada de preços (Laspeyres).	As 457 empresas mais negociadas na Bolsa de Londres (pequenas e médias).	*Splits*, emissões bonificadas e redução de capital.
FT-SE Actuaries All-Share	10/4/1962 = 100	Média aritmética ponderada de preços (Laspeyres).	As maiores empresas (± 807) negociadas na Bolsa de Londres.	*Splits*, emissões bonificadas e redução de capital.
FT-30	1º/7/1935 = 100	Média geométrica.	É uma seleção de 30 empresas industriais inglesas negociadas na Bolsa de Londres.	*Splits*, emissões bonificadas e redução de capital.

8.2.5 Comparação

	Bolsa de New York	Nasdaq	Bolsa de Tóquio	Bolsa de Londres
Fundação	1791	1971	1878	1698
Localização	New York	New York	Tóquio	Londres
Capitalização do mercado[2]	US$ 13 trilhões	US$ 3 trilhões	US$ 4 trilhões	US$ 3 trilhões
Valor total negociado[2]	US$ 24 trilhões	US$ 21 trilhões	US$ 5 trilhões	US$ 6 trilhões
Média diária de negócios[1]	US$ 71 bilhões	US$ 50 bilhões	US$ 15 bilhões	US$ 11 bilhões
Empresas listadas[1]	2.238	2.778	2.293	2.966
Principais ações (valor de mercado)	General Electric Exxon Mobil Wal-Mart	Google Apple Microsoft	NTT DoCoMo NTT Toyota Motor	Vodafone BP Amoco Lloyds Banking Group
Principal índice	Dow Jones Industrial Average	Nasdaq 100	Nikkei 225	FT-SE 100
Parcerias	Conversas preliminares com as Bolsas de Toronto e México. Cooperação com Tóquio. Euronext.	Todas as Ecns negociam ações da Nasdaq. Acordos com as Bolsas de Osaka, Hong Kong e australiana.	Cooperação com as Bolsas da Coreia do Sul, Tailândia, Filipinas, Singapura e New York.	*Joint venture* com a Nasdaq.
Tipo	É uma instituição privada, constituída em sociedade por ações e integrada por número limitado de membros, que são proprietários de seus postos. Há uma separação absoluta dos bancos. É uma bolsa pioneira, de dimensão excepcional, considerada de primeira ordem.	É uma bolsa de valores eletrônica de âmbito mundial que negocia mais de 5 mil empresas. Foi a primeira bolsa de valores eletrônica mundial que serviu de modelo para desenvolvimento de mercados ao redor do mundo. Opera utilizando informações tecnológicas atuais e um sistema no qual as empresas competem entre si pelo melhor preço de compra e venda.	É uma instituição privada, supervisionada e controlada pelo Estado por meio do Ministério de Finanças. Tem um regime independente e separação legal expressa dos bancos. É uma bolsa antiga, de dimensões excepcionais (Tóquio), e é considerada de primeira ordem (Osaka).	É uma instituição privada com características de clube fechado, tradicional e conservador. Portanto, oferece maior anonimato que os mercados norte-americanos. Rege-se por suas próprias normas. Tem um sistema independente dos bancos. É uma bolsa pioneira de primeira ordem.
Liquidação	D + 3	D + 3	D + 3	D + 3
Funcionamento	Das 9h30 às 16h00, de segunda a sexta-feira.	Das 9h30 às 16h00, de segunda a sexta-feira.	Seu funcionamento de manhã é das 9h00 às 11:00 e à tarde é das 12h30 às 15h00.	Das 8h00 às 16h00.

[1] Em 2010.

[2] Média de 2006 a 2010.

8.3 Tendências para as bolsas de valores

8.3.1 Desmutualização das bolsas de valores

Desmutualização: ato de desfazer uma associação mutualista.

A desmutualização é um processo jurídico pelo qual títulos patrimoniais das empresas são convertidos em ações. Esse processo também envolve a transformação de uma instituição sem fins lucrativos em uma empresa que visa lucro.

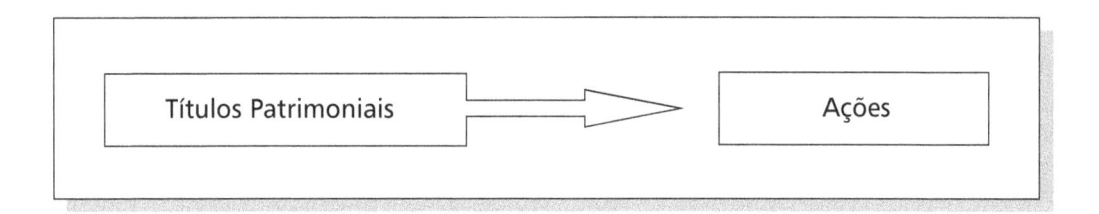

Títulos Patrimoniais ⟹ Ações

Na maioria dos casos, a desmutualização conduz a uma abertura de capital, mas não existe essa obrigatoriedade. Uma sociedade sem fins lucrativos pode ser desmutualizada e passar a operar como sociedade de capital fechado, como nas bolsas italiana, japonesa e suíça, e, dependendo do caso, até como cooperativa. Tudo isso depende da legislação do país.

A tendência mundial de desmutualização, que já atingiu 70% das principais bolsas do mundo (Londres, Euronex, Frankfurt, as pioneiras Suécia e Austrália, Canadá, Hong Kong, Singapura, Reino Unido, além das americanas CME, Nymex, Nasdaq e NYSE), aumentou a competitividade no mercado.

Pode-se dizer que o fenômeno da desmutualização teve início em 1987, através das bolsas de valores nórdicas (Grupo OMX). Veja a seguir algumas bolsas que passaram por esse processo:

Ano de desmutualização	Bolsas	País
1987	Grupo OMX	Suécia, Finlândia e Dinamarca
1993	Stockholm Stock Exchange	Suécia
1995	Helsinki Stock Exchange	Finlândia
1996	Copenhagen Stock Exchange	Dinamarca
1997	Italian Exchange	Itália
1998	Australian Stock Exchange	Austrália
1999	Toronto Stock Exchange	Canadá
1999	Singapore Stock Exchange	Singapura
1999	Hong Kong Exchange	Hong Kong
2000	London Stock Exchange	Inglaterra
2000	Deutsche Börse	Alemanha
2000	Pacific Exchange	USA

Continua

Ano de desmutualização	Bolsas	País
2000	Chicago Mercantile Exchange	USA
2000	Nasdaq Stock Exchange	USA
2000	New York Mercantile Exchange	USA
2000	Paris Bourse	França
2000	Amsterdam Stock Exchange	Holanda
2000	Bruxelles Stock Exchange	Bélgica
2001	Tokyo Stock Exchange	Japão
2006	New York Stock Exchange	USA

8.3.2 Consolidação das bolsas

Movidas pela globalização, associada ao incessante avanço tecnológico – que rompeu barreiras geográficas –, as bolsas do mundo todo vivem um período de grandes transformações. Fusões, aquisições e parcerias estão ocorrendo, não só dentro do território de cada país e dentro de limites continentais, mas através de continentes, criando as bolsas intercontinentais.

Em uma conjuntura com empresas cada vez mais globalizadas e mercados de capitais contando com maior participação estrangeira, é possível imaginar que a consolidação das bolsas de valores seja uma tendência, e a evolução tecnológica, que permite a unificação de sistemas de negociação, tem possibilitado que esse processo se intensifique.

As bolsas de valores oferecem sistemas que reúnem compradores e vendedores de diversos ativos. Apesar de diferirem nos detalhes do nível de eficiência em que trabalham e nas regras usadas, elas apresentam características comuns. A evolução tecnológica e da globalização dos mercados levou a transformações em sua atuação de entrepostos regionais de negociação com ações a plataformas ou ambientes virtuais de negócios internacionais.

O processo de fusões e integrações de algumas bolsas, além de tornar as empresas mais capitalizadas, traz importantes vantagens para a bolsa resultante. Ao oferecer melhor tecnologia de corretagem no maior número de países e mercados, em uma única plataforma, fortalece a marca e reduz os custos da bolsa resultante.

O processo de globalização das bolsas de valores teve como motivações as seguintes características:

- padronização de processos;
- qualificação operacional;
- sofisticação dos mercados contemporâneos;
- avanço tecnológico; e
- rompimento de barreiras geográficas.

Segundo o estudo *Three Business Models For the Stock Exchange Industry*, publicado em 1999 pela Federação Internacional de Bolsas de Valores, atualmente World Federation of Exchanges (WFE), esse processo pode ser visto em três modelos:

Bolsa diversificada

modelo híbrido com a bolsa como centro de um mercado regional, porém com foco na instituição. Nesse caso, seria ampliado o leque de negócios, permitindo a maximização da estrutura e favorecendo o direcionamento do trabalho para novas alternativas comerciais da instituição.

Bolsa regional

criação de uma bolsa líder na região sem harmonizar todas as bolsas e produtos, através da manutenção de diferentes estruturas na região. Esse modelo favorece a especialização e a segmentação dos mercados.

Bolsa global

bolsa resultante da associação de diversas bolsas de uma mesma região, de forma a criar uma harmonização regulatória e otimizar afinidades culturais dos vários mercados locais. Seu objetivo principal é dar maior liquidez aos mercados associados, criando um mercado único e uma plataforma centralizada de listagem para empresas da região, integrando estruturas de negociação.

Como resultado desses modelos, podemos observar três fases de consolidação das bolsas.

O processo de consolidação começou na década de 1980 com a consolidação dos mercados dentro do próprio país, como ocorreu na Suécia, na Alemanha, nos Estados Unidos e na França. Inicia-se aí um processo que pode ser classificado em três fases:

1. Consolidação dos mercados dentro do próprio país.
2. Cruzando fronteiras, a fase internacional.
3. Cruzando o Atlântico e outros mares, a fase intercontinental.

Primeira fase: consolidação dos mercados dentro do próprio país
• Suécia, Alemanha, Estados Unidos e França (meados da década de 1980). • Espanha, Itália, Hong Kong, Singapura, Grécia (primeira metade da década atual). • Unificação da CME-CBOT em Chicago, que resultou no CME Group (em 2006) e na posterior compra (em 2008) da Bolsa de Mercadorias de New York, a Nymex, por US$ 9,4 bilhões.

Segunda fase: internacional
• Formava-se a aliança nórdica, entre Bolsas da Suécia, da Finlândia e da Dinamarca, encabeçada pela OMX, que havia comprado a Bolsa de Estocolmo. • Em março de 2000, a Bolsa de Tóquio (Tokyo Stock Exchange) fundiu-se com as de Hiroshima (Hiroshima Stock Exchange) e Niigata (Niigata Stock Exchange); posteriormente, ao final de 2000, as Bolsas de Tóquio e de Taiwan (Taiwan Stock Exchange) assinaram um memorando de entendimentos, visando o estreitamento de suas relações. • A Bolsa de Londres abriu o capital em 2000 e comprou a bolsa italiana. • A Euronext surge em 2001, como resultado da fusão das Bolsas da França, da Holanda, da Bélgica e de Portugal. As bolsas escandinavas fazem o mesmo, criando a Norex.

Terceira fase: intercontinental
• Em 2006, o NYSE Group, primeiro colocado, compra a Euronext, terceira em capitalização.
• A Deutsche Börse, que já possuía 5% da Bombay Stock Exchange (a segunda bolsa da Índia, sediada em Mumbai, antiga Bombaim), comprou a norte-americana International Securities Exchange (ISE), primeira do mundo em negócios com opções de ações através da Eurex, seu braço dedicado a derivativos.
• Em 2010 é anunciada a fusão da Bolsa de Singapura (SGX) e da Bolsa de Sidney (ASX).
• Em 2011 é anunciada a fusão da Bolsa de Londres (London Stock Exchange Group PLC) com a Bolsa do Canadá (TMX Group), criando a maior bolsa mundial na negociação de ações de mineração e energia. A nova companhia terá seu capital dividido em 55% para os ingleses e 45% para os canadenses.

A evolução tecnológica tem sido o grande fator viabilizador do processo de unificação. Ela permitiu a unificação de sistemas de negociação e a operação em termos globais, o que cria a possibilidade da visão do mercado de forma global.

Esse processo vem provocando importantes mudanças na configuração mundial do mercado bursátil. Tal fato caracteriza-se como uma tendência generalizada para a ampliação do âmbito de atuação dos serviços oferecidos pelas bolsas que resultará em uma redução na quantidade de bolsas de valores, restringindo-as a cinco ou seis grandes bolsas globais e levando as bolsas menores à extinção, através de seu fechamento ou sua venda para bolsas maiores.

A primeira fusão internacional de bolsas da América Latina
• Em 19 de janeiro de 2011, a Bolsa de Valores da Colômbia (BVC) e a Bolsa de Valores de Lima (BVL) assinaram memorando de entendimento de união das duas empresas.
• Segundo o acordo, a Bolsa da Colômbia terá participação de 64% na nova companhia e a peruana, de 36%. As duas bolsas continuarão operando em seus respectivos países e sendo supervisionadas pelas autoridades reguladoras de cada um.
• O Conselho de Administração da nova bolsa será eleito pelos acionistas de ambas as bolsas, contará com pelo menos 40% de conselheiros independentes e, inicialmente, será presidido por um colombiano.

A grande vantagem do modelo de bolsas consolidadas mundialmente é o aumento na escala que permite grande disponibilidade de liquidez e melhor formação de preços.

Fusão da NYSE Euronext e da Deutsche Böerse
• Em 9 de fevereiro de 2011, as operadoras de Bolsas NYSE Euronext e Deutsche Börse AG confirmam que estão em negociações avançadas para uma fusão, criando, dessa forma, a maior plataforma de negociações de ações e derivativos do mundo.
• Em 15 de fevereiro de 2011, os acionistas detentores de 80% do capital da Deutsche Börse aprovam a tomada de controle da NYSE Euronext e as duas bolsas anunciam o compromisso de criação da maior plataforma de negociações de ações e derivativos do mundo, com duas sedes, uma em New York e outra em Frankfurt. Embora apresentado como fusão, o acordo é uma compra em que 60% da nova companhia pertencerá aos acionistas da companhia alemã e 10 das 17 cadeiras da diretoria ficarão com o grupo de Frankfurt. Mas a NYSE Euronext fica com o posto de presidente-executivo.
• A fusão cria uma bolsa de valores com mais de US$ 20 trilhões em volume anual de negócios e operações na Alemanha, na França, na Inglaterra, na Holanda, em Portugal, na Bélgica e nos Estados Unidos.

Questões para consolidação

1. Como surgiram as bolsas de valores?
2. Defina o que é uma bolsa de valores e quais os requisitos que deve cumprir.
3. Qual é a diferença entre investidores e especuladores?
4. Analise as funções de uma bolsa sob os diversos pontos de vista.
5. Descreva os passos da negociação com ações em bolsa.
6. Analise a importância das ordens no processo de negociação com ações em bolsa.
7. O que é pregão?
8. Analise os processos de negociação no pregão.
9. Analise os sistemas de negociação e sua evolução.
10. O que são os índices de ações e por que existem tantos tipos?
11. Quais são as bolsas mais importantes do mundo e por quê?
12. Analise comparativamente as bolsas de New York, Nasdaq, Tóquio, Londres e Frankfurt.

Teste de verificação

8.1. São requisitos que uma bolsa deve cumprir, exceto:

( ) Livre concorrência e pluralidade de participantes: que exista abundante número de investidores e de instituições financeiras, de modo que nenhum tenha posição dominante no mercado.
( ) Produto homogêneo; assim, facilita-se a contratação.
( ) Transparência na fixação de preços que dê credibilidade ao mercado e gere confiança.
( ) Localização estratégica para facilitar as negociações.

8.2. Com base nas características dos especuladores e investidores, classifique a segunda coluna de acordo com o seguinte critério:

(1) Especuladores ( ) Manutenção de ganhos.
(2) Investidores ( ) Ganho através da comercialização de ações.
( ) Ganho através da propriedade de ações.
( ) Busca o risco para obter o ganho proporcional.
( ) Averso ao risco.
( ) Alavancagem de ganhos.
( ) Seu horizonte de aplicação é o curto prazo.
( ) Seu horizonte de aplicação é o longo prazo.

8.3. Baseando-se nas funções que uma bolsa cumpre sob os vários pontos de vista, classifique a segunda coluna de acordo com o seguinte critério:

(1) Investidor.
(2) Tomadores.
(3) Economia.
(4) Social.

( ) Facilita a canalização da poupança pela concentração na bolsa de empresas de todos os tamanhos.
( ) Facilita a obtenção de fundos a longo prazo.
( ) A economia é um dos fatores determinantes na formação dos preços bursáteis. Por sua vez, os índices de ações constituem importantes indicadores conjunturais.

( ) Facilita a poupança de pequenos poupadores e dá oportunidade de investimento.

( ) Facilita o conhecimento do preço do mercado, o que serve de proteção à poupança.

( ) Canalização das poupanças dos poupadores para atividades mais produtivas.

( ) Refúgio para os investidores contra a depreciação monetária em períodos inflacionários.

( ) Ao favorecer o financiamento empresarial, constitui um importante elemento na expansão e no crescimento econômico.

( ) Submete as empresas a um julgamento de racionalidade econômica. A cotação bursátil reflete o desempenho da empresa.

( ) Segurança jurídica e econômica, baseada nas regulamentações do mercado.

( ) Liquidez ao investimento de valores.

( ) Favorece a estabilidade social, ao tornar possível o incremento do número de poupadores-investidores.

( ) A organização bursátil dá segurança ao tráfico jurídico mercantil.

8.4. São características fundamentais das negociações com ações, exceto:
( ) Legitimidade da compra e venda.
( ) Negócios devem ser realizados durante o pregão.
( ) Aprovação de órgão governamental.
( ) Pregão tem preços públicos.
( ) Fechamento de negócio.

8.5. Com base nos distintos tipos de ordens de compra ou venda que podem ser emitidas, classifique a segunda coluna de acordo com o seguinte critério:

(1) Por preço. ( ) Tudo ou nada, execução mínima e executar ou anular.

(2) Por prazo de vigência. ( ) Pelo melhor, limitada, de mercado e *on stop*.

(3) Pelas condições da ordem. ( ) Mostrando tudo ou com volume oculto.

(4) Restrições a execução. ( ) Válida no dia ou válida em certa data.

8.6. As negociações com ações em bolsa de valores requerem a intermediação das sociedades corretoras de títulos e valores mobiliários, credenciadas para executar as ordens de compra e venda de seus clientes em pregão. Com base no circuito básico de negociações, classifique a segunda coluna de acordo com o seguinte critério:

(1) Negociação comum. ( ) Realizada entre dois operadores, sendo um deles representado pelo posto de negociação que recebeu a oferta. Por meio dessa forma, um operador pode registrar num posto de negociação sua oferta de compra ou venda de uma ação que ela será fechada, mesmo sem sua presença, desde que haja algum interessado.

(2) Negociação direta. ( ) Esta negociação é realizada entre dois representantes, um do comprador e o outro do vendedor, que apregoam em viva voz suas intenções de compra e venda da ação, mencionando suas características, como a quantidade e o preço unitário.

(3) Negociação por oferta. ( ) Esta negociação se dá quando o representante da corretora traz ao pregão tanto a ponta compradora quanto a vendedora.

(4) *Call system*. ( ) Nele os títulos são negociados em postos de negociação de acordo com os setores ou ramos de atividades econômicas afins e homogeneidade de volumes de transações.

(5) *Trading post*. ( ) Nesse sistema, os operadores ficam em volta de um balcão circular denominado *corbelle*, anunciando em viva voz suas ofertas de compra e venda de ações.

8.7. Não são passos prévios para a elaboração de índice de ações:
- ( ) Ponderação que terá cada papel ou grupo de papéis que comporão o índice.
- ( ) Seleção dos papéis que comporão o índice.
- ( ) Fórmula ou expressão matemática do índice.
- ( ) Autorização de uma bolsa de valores.

8.8. Com base nos principais índices das bolsas, classifique a segunda coluna de acordo com o seguinte critério:

(1) TSE. ( ) Nikkei Stock Average.
(2) NYSE. ( ) Dow Jones Industrial Average.
(3) Nasdaq. ( ) FT-SE 100.
(4) Londres. ( ) Standard & Poor's 500.
( ) Nasdaq Composite Index.

9

B3 – Brasil, Bolsa, Balcão

Conteúdo

9.1 Consolidação das bolsas regionais
9.2 Como surgiu a B3
    9.2.1 O surgimento da Bovespa
    9.2.2 O surgimento da Bm&fBovespa
    9.2.3 A fusão da Bm&fBovespa com a Cetip
9.3 Estrutura e dinâmica da B3
    9.3.1 O que é a B3
    9.3.2 O papel da B3
    9.3.3 Empresas do Grupo B3
    9.3.4 Produtos e serviços do Grupo B3
    9.3.5 Mercados de atuação da B3
    9.3.6 Mercados de bolsa e balcão da Bovespa
    9.3.7 Governança corporativa e o Novo Mercado
    9.3.8 Índices
    9.3.9 *Exchange Traded Funds* (ETFs)
Questões para consolidação
Teste de verificação

9.1 Consolidação das bolsas regionais

A história das bolsas no Brasil começa com o surgimento da Bolsa de Valores do Rio de Janeiro em 1845 e resulta no surgimento da B3. Cronologicamente, temos:

- **1845** – Bolsa de Valores do Rio de Janeiro (BVRJ)
- **1890** – Bolsa Livre (São Paulo)
- **1895** – Bolsa de Fundos Públicos de São Paulo
- **1967** – Bolsa de Valores de São Paulo (Bovespa)
- **1986** – Bolsa de Mercadorias & Futuros (BM&F)
- **1997** – Acordo entre BM&F e Bolsa Brasileira de Futuros
- **2002** – A BM&F lançou a Bolsa Brasileira de Mercadorias, que reunia as Bolsas de Mercadoria dos Estados de Goiás, Mato Grosso do Sul, Minas Gerais, Paraná e Rio Grande do Sul e da Cidade de Uberlândia
- **2007** – Desmutualização das bolsas
- **2008** – BM&FBovespa
- **2017** – Brasil, Bolsa, Balcão (B3)

Já o processo de consolidação das bolsas no Brasil inicia-se com a incorporação da Bolsa de Mercadorias de São Paulo pela Bolsa Mercantil e de Futuros, em 1991, e culminou com a fusão da BM&FBovespa com a Cetip, em 2017, originando A B3 – Brasil, Bolsa e Balcão.

1991
A Bolsa Mercantil e de Futuros incorpora a Bolsa de Mercadorias de São Paulo, Gerando a atual BM&F.

1997
A BM&F absorve a Bolsa Brasileira de Futuros e torna-se o principal centro de negociação de derivativos do Mercosul.

2000
A Bovespa incorpora as outras Bolsas: Rio de Janeiro; Minas, Espírito Santo e Brasília; Extremo Sul; Santos; Bahia; Sergipe; Alagoas; Pernambuco e Paraíba.

2006
A incorporação pela Bovespa, da Bolsa do Paraná e da Bolsa Regional, conclui o processo de integração dos mercados acionários brasileiros.

2007
Bovespa e BM&F deixam de ser instituições sem fins lucrativos e tornam-se sociedades por ações. Suas ações passam a ser negociadas na Bovespa.

2008
Em março, Bovespa e BM&F anunciam a integração de suas operações, por meio de uma fusão, dando origem à BM&FBovespa S.A., a terceira maior bolsa do mundo em valor de mercado.

2009
Desmutualização da Cetip e abertura de capital.

2016
Conselhos de Administração da BM&FBovespa e da Cetip aprovaram os termos financeiros para a combinação das operações das Companhias. Esses termos serviram de base para as propostas que foram submetidas e aprovadas pelos respectivos acionistas em assembleias gerais extraordinárias realizadas em 20 de maio de 2016.

2017
BM&FBovespa S.A. uniu suas atividades com as desenvolvidas pela Cetip S.A. e passou a operar sob o nome B3.

Figura 9.1 *Consolidação das bolsas no Brasil.*

O grande marco desse processo foi a incorporação pela Bovespa de outras bolsas regionais em 2000. Até 1999, o mercado de capitais brasileiro era composto por nove bolsas de valores distribuídas pelas diversas regiões do país:

1. Bolsa de Valores de São Paulo (Bovespa).
2. Bolsa de Valores do Rio de Janeiro (BVRJ).
3. Bolsa de Valores do Extremo Sul (BVES).
4. Bolsa de Valores Bahia – Sergipe – Alagoas (BVBSA).
5. Bolsa de Valores Minas Gerais – Espírito Santo – Brasília (Bovmesb).
6. Bolsa de Valores do Paraná (BVPR).
7. Bolsa de Valores Pernambuco – Paraíba (BVPP).
8. Bolsa de Valores Regional (BVRg).
9. Bolsa de Valores de Santos (BVSt).

No dia 27 de janeiro de 2000, foi assinado, em cerimônia presidida pelo Presidente da República Fernando Henrique Cardoso, o Protocolo de Intenções firmado pela Bovespa e pela Bolsa de Valores do Rio de Janeiro, que seria estendido para as demais bolsas de valores do país, para unificação dos mercados acionários, e criação de um mercado secundário de títulos públicos na Praça do Rio de Janeiro.

A ideia de reestruturação do mercado de capitais brasileiro já vinha sendo discutida entre as bolsas do Rio e São Paulo desde 1998, no âmbito das presidências das entidades e seus Conselhos Diretores. A questão principal estava relacionada à fusão das *clearings* e ao valor que a estas seria atribuído. Mas, por meio de engenhosas operações contábeis envolvendo títulos patrimoniais das duas bolsas, foi incorporada a Câmara de Liquidação e Custódia (CLC), entidade vinculada à BVRJ, pela Câmara Brasileira de Liquidação e Custódia (CBLC), vinculada à Bovespa.

O desdobramento dos títulos patrimoniais da Bovespa foi na proporção de 12/1, enquanto o da BVRJ foi de 5/1, onde cada um dos novos títulos de cada uma das bolsas valeria R$ 400 mil. Posteriormente, foram trocados 150 títulos paulistas como pagamento da CLC, distribuídos aos corretores cariocas.

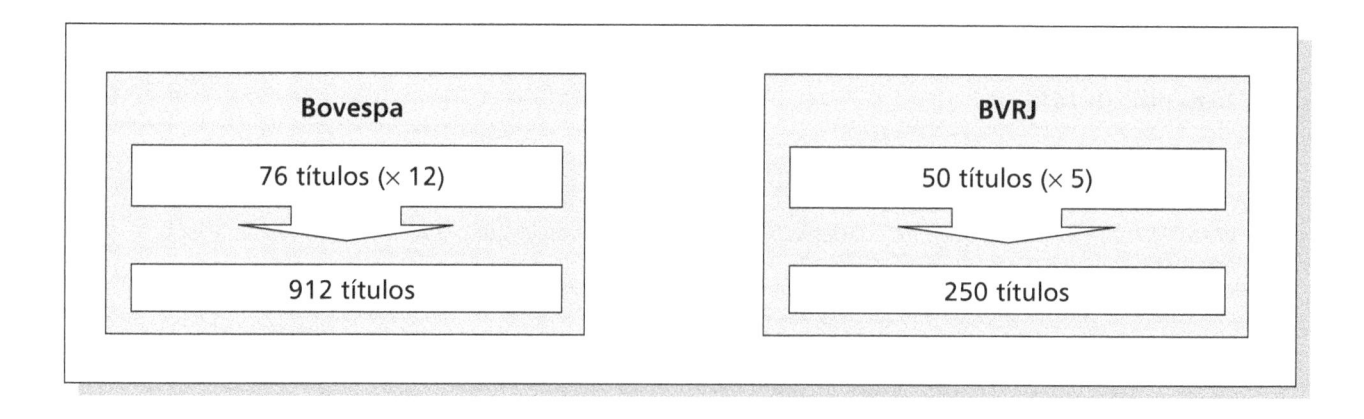

Figura 9.2 *Desdobramento dos títulos patrimoniais das bolsas de São Paulo e do Rio.*

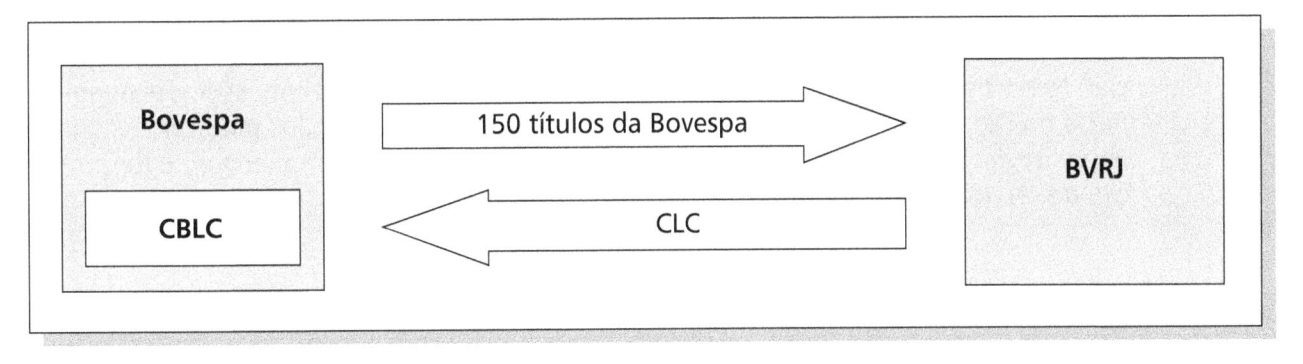

Figura 9.3 *Incorporação da CLC pela CBLC.*

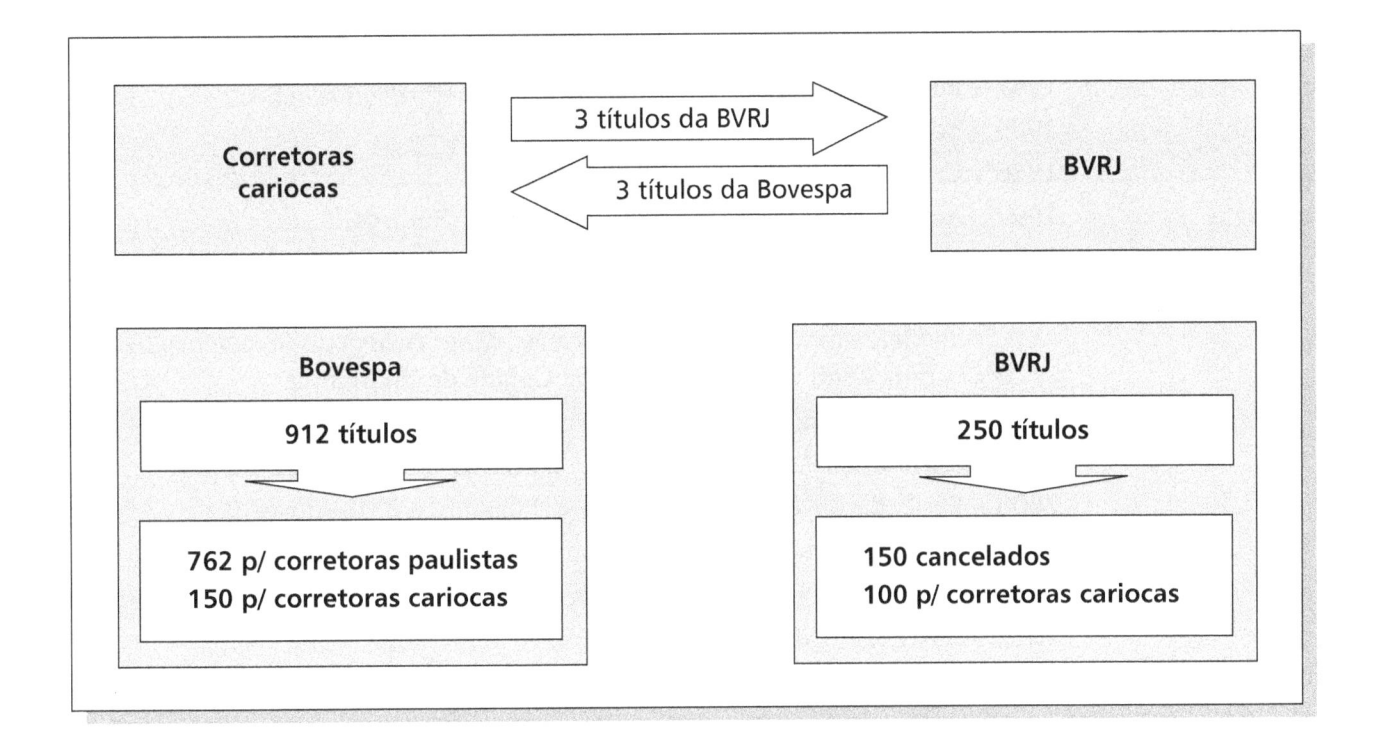

Figura 9.4 *Troca dos títulos da Bovespa em poder da BVRJ.*

Com a assinatura dos acordos de integração em 2000, que uniram as bolsas de valores, o mercado de capitais brasileiro passou a estar integrado, em âmbito nacional, com a participação de sociedades corretoras de todas as regiões do país. Esse movimento de unificação do mercado de ações brasileiro representa uma tendência internacional. De acordo com levantamentos realizados, concluiu-se que o mercado secundário brasileiro necessitava de ganhos de escala, ou seja, ganhar volume e velocidade nas transações em nível nacional, permitindo às corretoras oferecerem seus serviços com custos reduzidos e maior eficiência.

A unificação do mercado de capitais brasileiro representou a ruptura do modelo anterior, que se sustentava na utilização de nove bolsas de valores dispersas pelas diversas regiões do Brasil e representa uma tentativa para minimizar o problema de baixa liquidez (o mercado brasileiro girava em média de R$ 400 a R$ 500 milhões por dia). A ideia básica não era alcançar volumes comparáveis aos das principais economias do mundo (o giro diário nos Estados Unidos era de US$ 60 bilhões), mas adequá-lo ao seu imenso potencial. Nesse novo modelo, a Bovespa concentrou toda a negociação com ações, enquanto a Bolsa do Rio de Janeiro ficou responsável pelas transações de títulos públicos. As outras bolsas regionais mantiveram as atividades de desenvolvimento do mercado e de prestação de serviços à praça local.

9.2 Como surgiu a B3

A história da B3 começa com a Fundação da Bolsa Livre em 1890 e termina com a fusão da BM&FBovespa com a Cetip. Cronologicamente, temos:

- **1890** – Fundação da Bolsa Livre (São Paulo)
- **1967** – Bolsa de Valores do Estado de São Paulo (Bovespa)
- **1985** – Bolsa de Mercadorias & Futuros (BM&F)
- **1986** – Central de Títulos Privados (Cetip)
- **1997** – Acordo entre BM&F e Bolsa Brasileira de Futuros
- **1999** – Consolidação das bolsas regionais
- **2002** – A BM&F lançou a Bolsa Brasileira de Mercadorias, que reunia as Bolsas de Mercadoria dos Estados de Goiás, Mato Grosso do Sul, Minas Gerais, Paraná e Rio Grande do Sul e da Cidade de Uberlândia
- **2005** – Fim do pregão de viva voz
- **2007** – Desmutualização das Bovespa e da BM&F e abertura de capital
- **2008** – Fusão da Bovespa com a BM&F originando a BM&FBovespa
- **2009** – Desmutualização da Cetip e abertura de capital
- **2010** – Aquisição da GRV Solutions pela Cetip, atual Unidade de Financiamentos
- **2017** – Nasce a Brasil, Bolsa, Balcão (B3)

1967

BOVESPA

A Bovespa passa a assumir a característica institucional, deixando de ser subordinada ao Secretário da Fazenda do Estado.

2008

BM&F BOVESPA — *A Nova Bolsa*

Fusão com a BM&F, tornando-se a BM&F Bovespa.
Na Bolsa de Mercadorias e Futuros (BM&F) direferentemente da Bovespa, não se negociavam ações. Em vez disso, eram negociados contratos de mercadorias (principalmente *commodities*) e derivados à vista ou para pagamento futuro.

2017

[B]³ BRASIL BOLSA BALCÃO

Fusão com a Cetip, tornando-se a B3.
A Cetip é a integradora do mercado financeiro. Oferece serviços de registro, central depositária, negociação e liquidação de ativos e títulos. Por meio de soluções de tecnologia e infraestrutura, proporciona liquidez, segurança e transparência para as operações financeiras. A empresa é, também, a maior depositária de títulos privados de renda fixa da América Latina e a maior câmara de ativos privados do país.

Figura 9.5 *Surgimento da B3.*

9.2.1 O surgimento da Bovespa

A origem da Bovespa remonta a 23 de agosto de 1890, na Rua do Rosário número 2, com a fundação por Emílio Pestana da Bolsa Livre, uma entidade oficial corporativa. A Bolsa Livre encerrou suas atividades em 1891, em decorrência da política do Encilhamento. Em 1895 foi aberta a Bolsa de Fundos Públicos de São Paulo, que resultou na atual Bovespa. Mas foi só a partir das reformas do sistema financeiro nacional e do mercado de capitais, implementadas em 1965-1966, que a Bovespa assumiu a característica institucional. Ou seja, uma associação civil sem fins lucrativos, com autonomia administrativa, financeira e patrimonial.

Até as reformas de 65/66, a Bovespa e as demais bolsas brasileiras eram entidades oficiais corporativas, vinculadas às Secretarias de Finanças (atualmente Secretarias da Fazenda Estaduais). Eram 27 bolsas de valores compostas por corretores nomeados pelo poder público.

Ainda na década de 1960, com o advento de nova regulamentação do mercado de capitais brasileiro, a denominação da Bovespa foi alterada para Bolsa de Valores de São Paulo. Outro marco foi a criação do Índice Bovespa (Ibovespa), em 1968, que tem por finalidade básica servir como indicador médio do comportamento do mercado. O Ibovespa mantém a integridade de sua série histórica e não sofreu modificações metodológicas desde sua implantação.

Em 1972, foi implantado o pregão automatizado com a disseminação de informações *on-line* e em *real time*, por meio de ampla rede de terminais de computador. No final da década de 1970, foram introduzidas as operações com opções sobre ações; nos anos 1980, foi implantado o Sistema Privado de Operações por Telefone (Spot). Na mesma época, a Bovespa desenvolveu um sistema de custódia fungível de títulos e implantou uma rede de serviços *on-line* para as corretoras. Em 1990, foram iniciadas as negociações por meio do Sistema de Negociação Eletrônica (Cats) (*Computer Assisted Trading System*), que operava simultaneamente com o sistema tradicional de pregão viva voz.

Em 1997, foi implantado o novo sistema de negociação eletrônica, o Mega Bolsa, que, além de utilizar um sistema tecnológico altamente avançado, ampliou o volume potencial de processamento de informações e permitiu que a Bovespa consolidasse sua posição como o mais importante centro de negócios do mercado latino-americano.

Em 1999, com o propósito de facilitar e tornar viável a participação do pequeno e médio investidor no mercado, a Bovespa lançou o *home broker* e o *after-market*.

A Bovespa torna-se o maior centro de negociação, com ações da América Latina, destaque que culminou com um acordo histórico, em 2000, para a integração de todas as bolsas brasileiras em torno de um único mercado de valores. Com a assinatura dos acordos de integração, o mercado de valores mobiliários foi integrado, em âmbito nacional, com a participação de sociedades corretoras de todas as regiões do país. A Bovespa passou a concentrar toda a negociação com ações, enquanto a bolsa do

Rio ficou responsável pelas transações de títulos públicos. As outras bolsas regionais manteriam as atividades de desenvolvimento do mercado e de prestação de serviços à praça local.

Em relação ao programa brasileiro de privatização, as bolsas foram escolhidas para a realização de leilões de blocos de ações que representam o controle das empresas estatais a serem privatizadas.

Em 2001, a Bovespa lançou o Novo Mercado, em uma tentativa de melhorar a prática de governança corporativa nas empresas negociadas. O principal objetivo era induzir a adesão das empresas já negociadas aos níveis de Novo Mercado e direcionar os novos lançamentos de ações para serem feitos dentro de um dos níveis desse mercado.

Em 2002, com a aquisição da SOMA, passou a atuar também na negociação de títulos de renda variável no mercado de balcão organizado (MBO), concentrando toda a negociação em mercado organizado de renda variável no Brasil. Em setembro de 2005, a Bovespa encerrou a realização de negócios por meio do pregão de viva voz, tornando-se um mercado totalmente eletrônico.

Em 28 de agosto de 2007, a sua desmutualização foi aprovada e os detentores de títulos patrimoniais da Bovespa e de ações da CBLC tornaram-se acionistas da Bovespa Holding. Em outubro de 2007, tiveram início as negociações de ações da Bovespa Holding no Novo Mercado sob o código BOVH3.

Em 8 de maio de 2008, foi realizada a integração das atividades da BM&F e da Bovespa Holding, por meio da incorporação das duas empresas pela Nova Bolsa S.A. Houve, então, a alteração da denominação social da Companhia de Nova Bolsa S.A. para BM&FBovespa S.A. – Bolsa de Valores, Mercadorias e Futuros, que já nasceu como uma das maiores bolsas do mundo, em termos de valor de mercado.

Em 2011, a BM&FBovespa iniciou um processo de alteração na infraestrutura tecnológica para integração de suas plataformas de negociação e de suas *clearings*, além do desenvolvimento de uma nova plataforma para o mercado de balcão: a plataforma multimercado PUMA *Trading System*, com os módulos de transações de derivativos e câmbio pronto no segmento BM&F.

Em 2013 houve a implantação do módulo de ações do PUMA *Trading System*. Com isso, a plataforma ficaria em operação nos dois principais mercados administradores pela BM&FBovespa: o de ações e o de derivativos, que foi finalizado em 2011. Houve também a divulgação da nova metodologia para o cálculo do Índice Bovespa ("Ibovespa"), com o objetivo de representar com maior exatidão o desempenho do mercado brasileiro, com alteração escalonada em duas etapas implantadas no primeiro semestre de 2014.

Final do século XIX

- **1890** – inauguração da Bolsa Livre em 23-8-1890 por Emílio Rangel Pestana;
- **1891** – fechamento da Bolsa Livre em decorrência da Política do Encilhamento; e
- **1895** – fundação da Bolsa de Fundos Públicos de São Paulo.

Década de 1930

- **1934** – desenvolvimento e instalação da bolsa no Palácio do Café; e
- **1935** – a bolsa ganha o nome de Bolsa Oficial de Valores de São Paulo.

Década de 1960

- **1960** – a bolsa deixa de ser subordinada à Secretaria da Fazenda do Estado e ganha características institucionais, com autonomia administrativa, financeira e patrimonial;
- **1967** – a bolsa passa a chamar-se Bolsa de Valores de São Paulo; e
- **1967** – são formadas as Sociedades Corretoras de Títulos e Valores Mobiliários.

Década de 1970

- **1970** – os negócios passam a ser registrados de forma eletrônica; e
- **1972** – a Bovespa é a primeira bolsa a implementar o pregão automatizado.

Década de 1990

- **1990** – iniciam-se as negociações através do Sistema de Negociação Eletrônica Cats;
- **1997** – o Mega Bolsa é implantado; e
- **1999** – lançamento do *home broker* e *after-market*.

Anos 2000

- **2000** – integração das bolsas brasileiras;
- **2005** – fim do pregão viva voz;
- **2006** – a Bovespa implanta uma nova infraestrutura de Tecnologia da Informação; e
- **2007** – desmutualização, a Bovespa deixa de ser uma instituição sem fins lucrativos e torna-se uma S.A. Foi criada a Bovespa Holding.
- **2008** – integração das atividades da BM&F e da Bovespa Holding, por meio da incorporação das duas empresas pela Nova Bolsa S.A.
- **2011** – início do processo de alteração na infraestrutura tecnológica para integração de suas plataformas de negociação e de suas *clearings*.

Figura 9.6 *Síntese do histórico da Bovespa.*

9.2.2 O surgimento da BM&FBovespa

A BM&FBovespa surgiu como uma instituição que atua nas relações de trocas de recursos entre tomadores e poupadores. Foi criada em 2008 a partir da fusão da Bolsa de Valores de São Paulo e da Bolsa de Mercadorias e Futuros, tornando-se a única Bolsa de Valores, Mercadorias e Futuros em operação no Brasil.

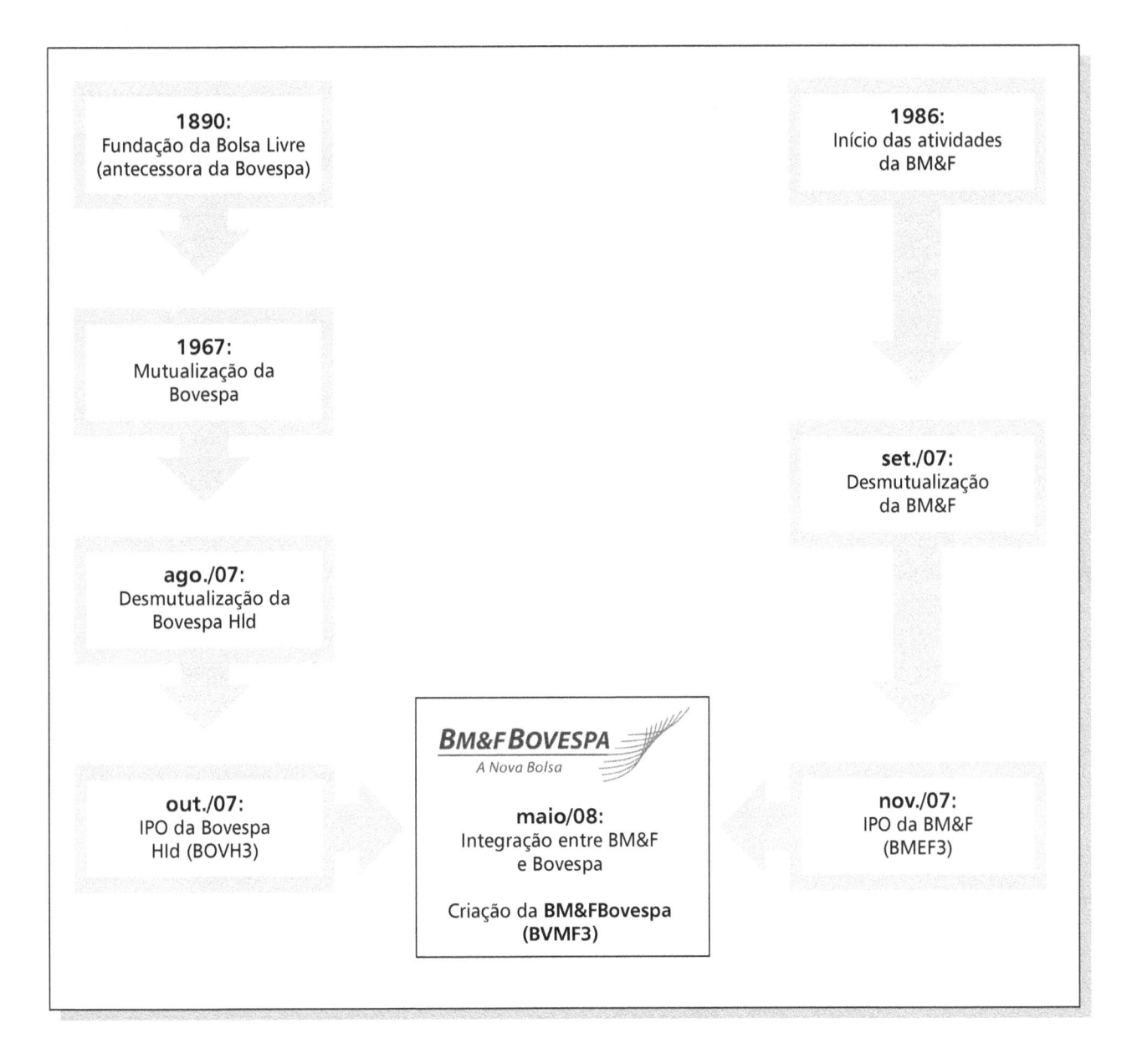

Fonte: BM&FBovespa.

Figura 9.7 *Síntese da origem da BM&FBovespa.*

Tinha como atividade-fim desenvolver, implantar e prover sistemas para a negociação de ações, derivativos de ações, títulos de renda fixa, títulos públicos federais, derivativos financeiros, moedas à vista e *commodities* agropecuárias. Fazia o registro, a compensação e liquidação física e financeira das operações que ocorrem em pregões e em sistemas eletrônicos.

Fusão entre Bovespa Holding e BM&F

No dia 4 de julho de 2008, após quatro assembleias extraordinárias, realizadas no Espaço Bovespa, foi anunciada a fusão entre a Bovespa Holding S.A. e a BM&F S.A. A soma do valor de mercado das duas bolsas resultou na terceira maior bolsa mundial em valor de mercado em preços de maio de 2008, atrás apenas da alemã (Deustsche Börse) e da americana (Chicago Mercantile Exchange).

Bolsa	Valor de Mercado em fev./08 (em bilhões)
Deustsche Börse	32
Chicago Mercantile Exchange	28
BM&FBovespa	20
Hong Kong	18
New York Stock Exchange e Euronext	17
Nasdq e OMX	14
Intercontinental Exchange	9
New York Mercantile Exchange	8,9
London Stock Exchange	6,3
Australian Stock Exchange	6
Singapore Stock Exchange	5,7

Fonte: World Federation of Exchanges.

A BM&FBovespa surgiu como a segunda maior das Américas e a maior da América Latina nos mercados de ações e derivativos, com participação de aproximadamente 80% do volume médio diário negociado com ações.

Bolsa	País	Valor de mercado em fev./08 (em milhões)
Chicago Mercantil Exchange	EUA	27.767
BM&FBovespa	Brasil	20.840
New York Stock Exchange e Euronext	EUA	17.919
Intercontinental Exchange	EUA	9.420
New York Mercantil Exchange	EUA	8.940
Nasdq Stock Exchange	EUA	4.449
Bolsa de Valores de Lima	Peru	213
Mercado de Valores	Argentina	186
Bolsa de Comércio	Chile	131

Fonte: Economática.

Foram necessárias várias etapas entre meados de 2006 e final de 2007 para a criação da BM&FBovespa. O primeiro passo antes da integração foi a desmutualização das bolsas, seguida da abertura de capital via ofertas iniciais, os IPOs, que se revelaram um estrondoso sucesso, conforme demonstra o Quadro 9.1.

Quadro 9.1 *Dados dos IPOs da Bovespa e BM&F.*

		BOVH3	BMEF3
Mercado		Novo Mercado – NM	Novo Mercado – NM
Tipo de ação		ON	ON
Preços	No prospecto preliminar	R$ 17,00	R$ 18,50
	No prospecto definitivo	R$ 23,00	R$ 20,00
	No fechamento no 1º dia	R$ 32,59	R$ 24,40
Recurso captado no IPO (em bilhões)		6,63	5,98
Participação dos estrangeiros (em %)		78	77
Dispersão – free float (em %)		40,80	33,20

Cronologia da fusão

26 de março de 2008
A Bovespa Holding anuncia oficialmente o início do processo de fusão com a BM&F.

17 de abril de 2008
É anunciado o nome BM&FBovespa S.A. como oficial.

6 de maio de 2008: Nova Bolsa, a BM&FBovespa
A BM&F e a Bovespa Holding submeteram aos seus acionistas, em Assembleias Gerais Extraordinárias, a incorporação da BM&F e a incorporação das ações da Bovespa Holding pela Nova Bolsa.
- É aberta a votação para aprovação da proposta de fusão.
- As votações terminam aprovando a integração das duas bolsas além de autorizar à nova empresa o aumento de capital social, mediante emissão, para subscrição privada, de ações ordinárias e preferenciais.

Nova Bolsa: BM&FBovespa

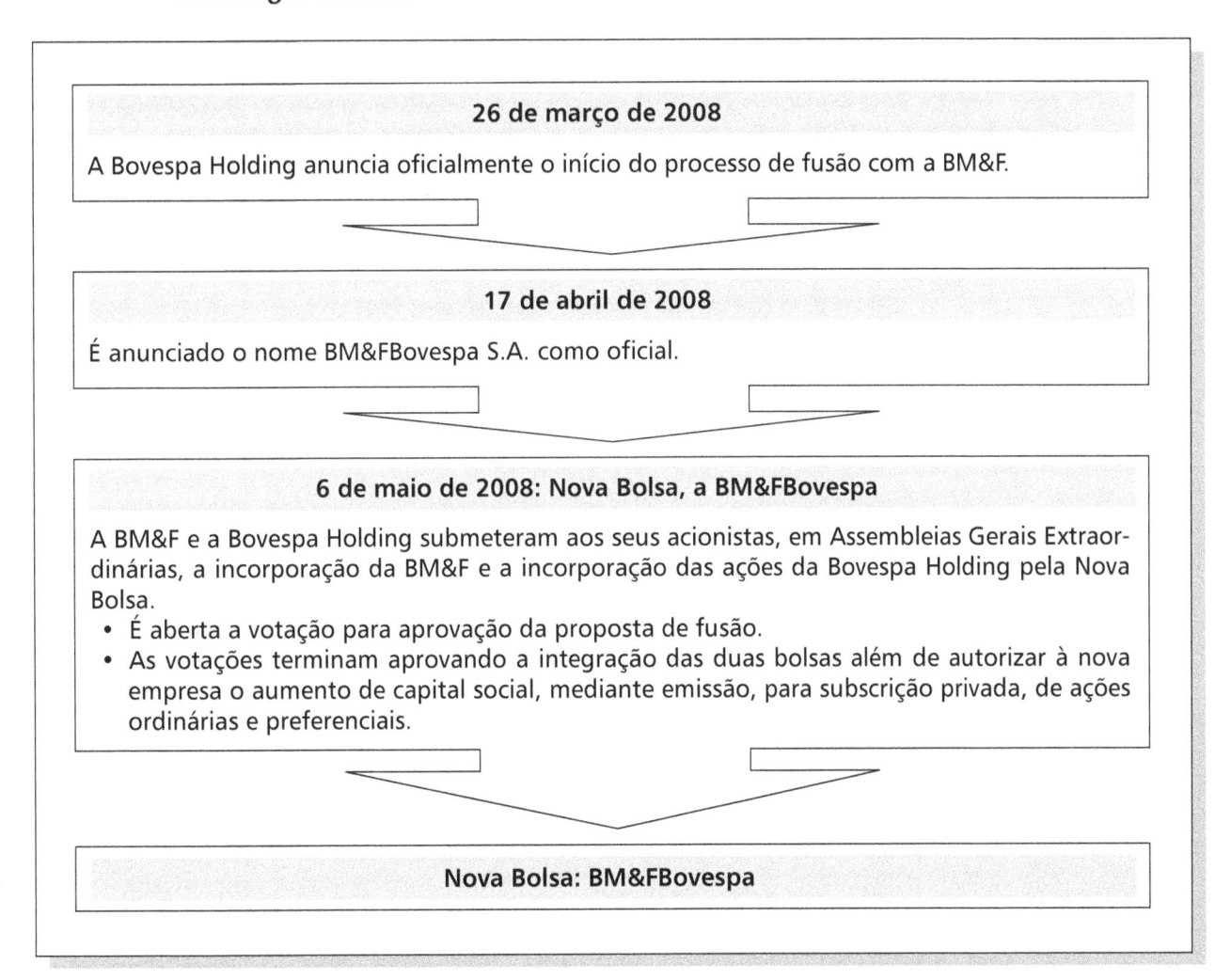

Figura 9.8 *O processo de fusão entre Bovespa Holding e BM&F.*

A relação de troca entre as ações, em função da diferença entre os valores de mercado das duas bolsas, teve que sofrer ajuste para igualar a proporção de troca entre elas. Dessa forma, a relação foi da seguinte maneira:

1ª Etapa

- A BM&F pagou à Bovespa R$ 1,24 bilhão para acertar a diferença de valor de mercado entre as duas empresas (que era de R$ 1,8 bilhão a favor da Bovespa).
- Esse dinheiro foi distribuído entre os acionistas da Bovespa Holding (BOVH3) da seguinte forma: R$ 1,76 por ação ordinária já possuída; este último valor foi pago no dia 13-6-2008 com data-base do dia 8-5-2008. Ex.: o acionista que tinha 100 ações de BOVH3 recebeu R$ 176,00.

2ª Etapa

- A BM&F tinha mais ações em circulação do que a Bovespa (1,3 bilhão ante 723 milhões). Por isso, cada acionista da BM&F (BMEF3) recebeu 1 (uma) ação ordinária da BM&FBovespa S.A. para cada 1 (uma) ação já possuída. Ex.: o acionista que tinha 100 ações da BMEF3 teve 100 ações da BM&FBovespa S.A.
- Já os acionistas da Bovespa Holding (BOVH3) receberam da BM&FBovespa S.A. 1,42485643 de ação ordinária (quantidade). Ex.: o acionista que tinha 100 ações de BOVH3 recebeu 142 ações da BM&FBovespa S.A.

Figura 9.9 *A relação de troca de ações na Nova Bolsa.*

Bovespa Holding
• Fundada em agosto de 1890, mas só assumiu a característica institucional de Bolsa de Valores em 1960.
• Em 28/8/2007 ocorre a desmutualização.
• Em 26/10/2007, ocorre o IPO com listagem no Novo Mercado.
• 64 ofertas públicas entre jan. e dez./07, com captação de R$ 55,5 milhões.

Indicadores de 2007	Em R$ milhões
Receita Oper. Líquida	808,1
EBITDA	555,8
Lucro Líquido	478,5

BM&F
• Fundada em julho de 1985.
• Em 30/9/2007 ocorre a desmutualização.
• Em 30/11/2007, ocorre o IPO com listagem no Novo Mercado.
• A maior da América Latina em número de contratos negociados.

Indicadores de 2007	Em R$ milhões
Receita Oper. Líquida	550,6
EBITDA	292,4
Lucro Líquido	293,3

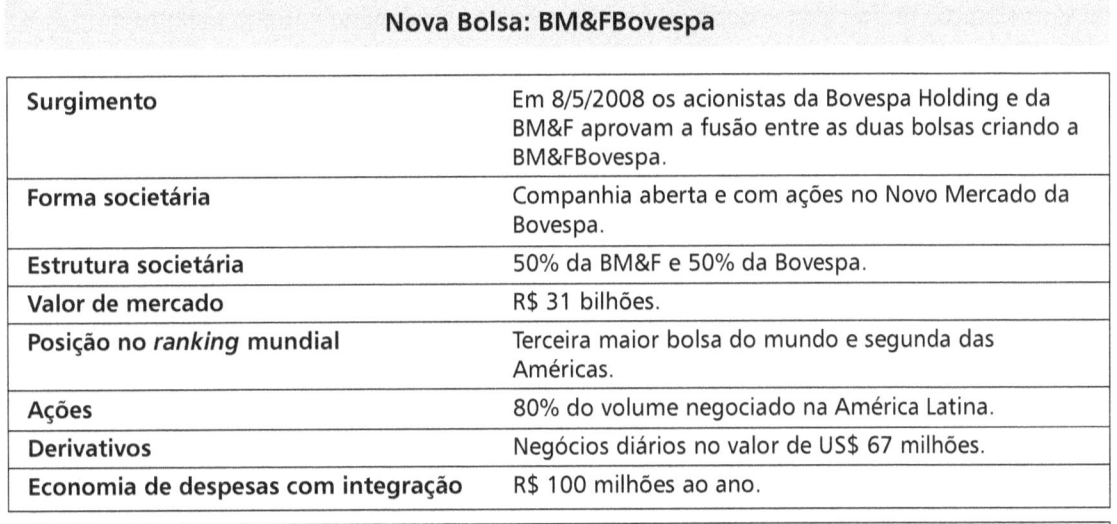

Nova Bolsa: BM&FBovespa

Surgimento	Em 8/5/2008 os acionistas da Bovespa Holding e da BM&F aprovam a fusão entre as duas bolsas criando a BM&FBovespa.
Forma societária	Companhia aberta e com ações no Novo Mercado da Bovespa.
Estrutura societária	50% da BM&F e 50% da Bovespa.
Valor de mercado	R$ 31 bilhões.
Posição no *ranking* mundial	Terceira maior bolsa do mundo e segunda das Américas.
Ações	80% do volume negociado na América Latina.
Derivativos	Negócios diários no valor de US$ 67 milhões.
Economia de despesas com integração	R$ 100 milhões ao ano.

Indicadores de 2007	Em R$ milhões
Receita Operacional Líquida	1.360
Lucro Líquido	771

Figura 9.10   *Resultado da fusão entre Bovespa Holding e BM&F.*

Investidores

- Possibilidade de comprar e vender em um mercado com maior liquidez.
- Consolidação dos mercados de ações e de futuros, ampliando opções.

Corretoras de Valores

- Ampliação em seu mercado de atuação.
- Maior número de investidores atuando, atraídos pela liquidez.
- Economia de até 25% nas despesas operacionais, com a fusão das bolsas.
- Aumento da capacidade competitiva das corretoras independentes.

País

- Bolsa adequada ao porte do país.
- Fortalecimento das empresas, com o acesso a uma bolsa de alto nível, que possibilita captação de recursos a custo mais baixo e oferece sofisticados mecanismos de proteção contra o risco.
- Condições de disputar mercados globais.
- Controle de capital nacional, com uma bolsa de porte que inviabiliza tentativas de aquisição por estrangeiros.
- Demonstração de força da economia, com uma bolsa posicionada entre as maiores do mundo.
- Bolsa maior, em condições de resistir a turbulências internacionais.

Figura 9.11 *Ganhos obtidos com a nova bolsa.*

9.2.3 A fusão da BM&FBovespa com a Cetip

A operação de fusão da BM&FBovespa com a Cetip que resultou na B3 iniciou-se com a realização das respectivas assembleias gerais e finalizou com o desaparecimento da Cetip como uma entidade legal separada.

BM&FBOVESPA A Nova Bolsa + cetip = [B]³ BRASIL BOLSA BALCÃO

O *design* foi desenvolvido pela GAD (empresa de consultoria de marca do Brasil), seu trabalho contemplou todas as etapas da integração, que exige a compreensão das culturas das duas empresas com *core business*, mas com sinergias complementares.

O AZUL foi a cor escolhida por ser a mais alinhada com um cenário confiável e de estabilidade, além de ter uma associação natural com o Brasil.

A identidade corporativa da fusão mescla pontos como fácil compreensão internacional e uma redução de nomes que poderiam torná-la gigante.

Essa marca é uma equação, o maior valor dessa companhia ou desse negócio é potencializar o mercado.

Em 20 de maio de 2016, ocorreu a Assembleia Geral Extraordinária da BM&FBovespa S.A., onde a ordem do dia era: "examinar, discutir e aprovar os termos e condições do protocolo e justificação de incorporação das ações de emissão da Cetip S.A. – Mercados Organizados (Cetip) pela *holding*, seguida da incorporação da *holding* pela Companhia". O resultado foi a aprovação da incorporação com mais de 99% dos votos. Os principais assuntos tratados nessa reunião foram:

- Investimento na *holding* (aumento de capital)
- Aprovação do protocolo e justificação (incorporação das ações da Cetip e Incorp. Holding)
- Ratificação da nomeação da empresa especializada (laudo da avaliação Cetip, BVMF e São José)
- Aprovação do laudo de avaliação da *holding*
- Aprovação da operação
- Aprovação do aumento do capital social da BM&FBovespa
- Aprovação da alteração do estatuto social da BM&FBovespa (19 itens)
- Adaptação e aprimoramento da estrutura de governança corporativa
- Aprovação no Conselho Administrativo de Defesa Econômica (Cade), CVM, Banco Central

Também em 20 de maio de 2016, ocorreu a Assembleia Geral Extraordinária da Cetip S.A., onde a ordem do dia era: "proposta de reorganização societária negociada pela Cetip e pela BM&F Bovespa no protocolo e justificação da incorporação das ações de emissão da Cetip S.A. – Mercados Organizados (Cetip) pela Companhia São José Holding, seguida da incorporação da Companhia pela BM&F Bovespa". O resultado foi a também a aprovação da incorporação com mais de 99% dos votos. Os principais assuntos tratados nessa reunião foram:

- Aprovar a dispensa de realização de oferta pública
- Aprovar os termos do Protocolo e justificação
- Aprovar a operação
- Autorização de subscrição das ações

Em março de 2017, os órgãos regulatórios CVM e Cade aprovam a fusão. A CVM aprovou a fusão em 22 de março de 2017, através da decisão por unanimidade do colegiado da Superintendência de Relações com o Mercado e Intermediários (SMI). As medidas adotadas pela BM&F para atender às sugestões da CVM para a fusão foram:

- Alteração da estrutura governança
- Consulta pública (preços, requisitos técnicos, qualidade de serviços)
- Autorregulação (adesão à proposta de autorregulação unificada)
- Segregação das unidades de negócio

Já o Cade aprovou com restrições a fusão entre a BM&F Bovespa e a Cetip. Os remédios concorrenciais impostos pela autoridade antitruste envolvem a diminuição das barreiras de entrada no mercado ocupado pela empresa resultante da fusão.

O voto vencedor cria regras para um tribunal arbitral que intermediará a negociação entre a BM&F e qualquer concorrente que contratar a empresa. A cláusula imposta pelo Cade determina que, no caso de fracasso nas negociações entre a concorrente e a BM&F, a entrante poderá "acionar a arbitragem para solução de controvérsia".

O tribunal arbitral terá poderes para decidir qualquer aspecto relativo aos preços e escopo de acesso aos serviços, e sua decisão será irrecorrível.

2016

08/abril
Conselhos da BM&F e da Cetip aprovam os termos financeiros da transação.

20/maio
Acionistas da BM&F e da Cetip aprovam a transação nas assembleias gerais.

28/junho
O pedido de análise do ato de concentração é protocolado no Conselho Administrativo de Defesa Econômica (Cade).

2017

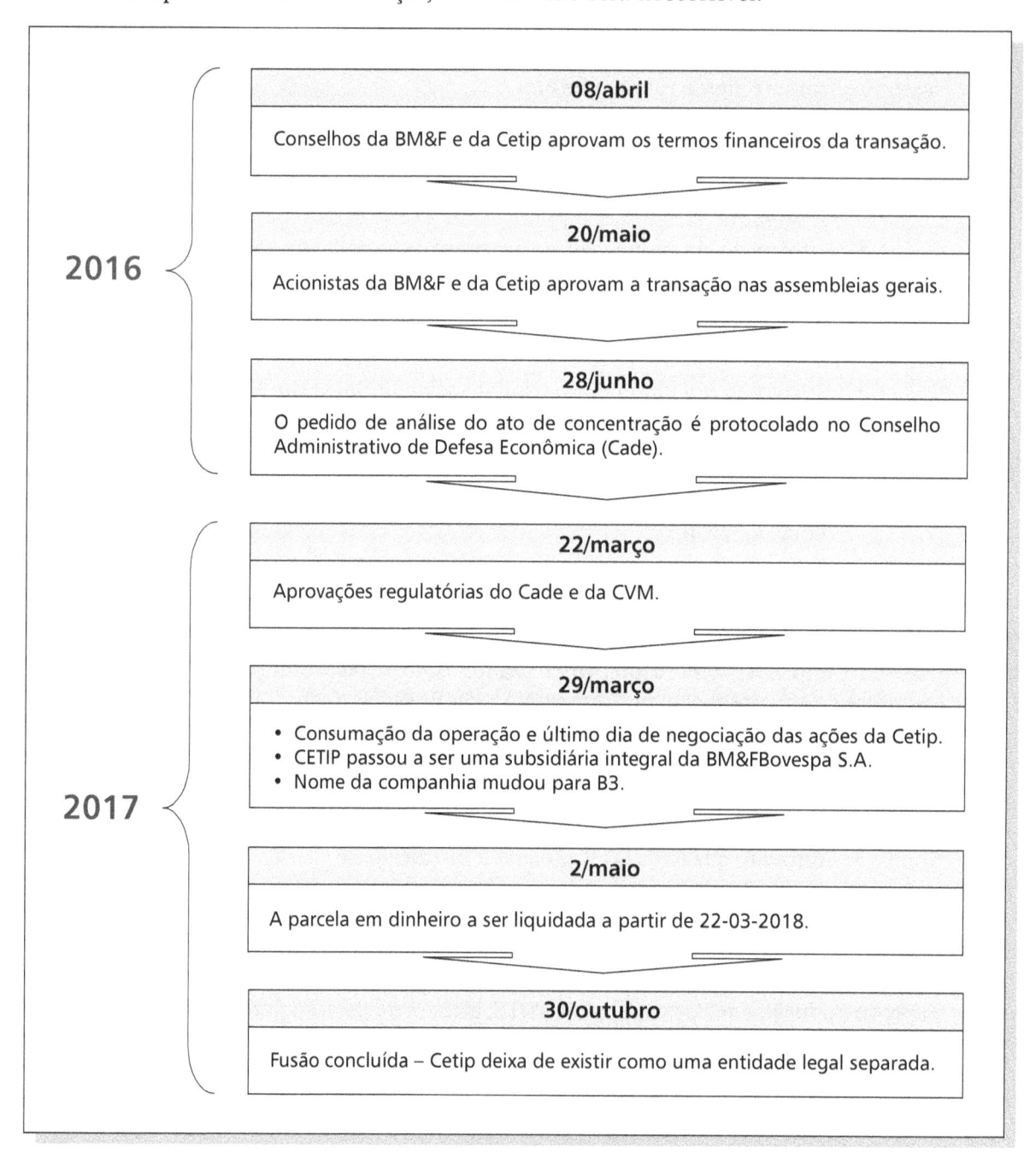

22/março
Aprovações regulatórias do Cade e da CVM.

29/março
- Consumação da operação e último dia de negociação das ações da Cetip.
- CETIP passou a ser uma subsidiária integral da BM&FBovespa S.A.
- Nome da companhia mudou para B3.

2/maio
A parcela em dinheiro a ser liquidada a partir de 22-03-2018.

30/outubro
Fusão concluída – Cetip deixa de existir como uma entidade legal separada.

Figura 9.12 *Síntese da cronologia da fusão da BM&FBovespa com a Cetip.*

Em relação às ações negociadas no mercado, a operação foi realizada da seguinte forma:

1ª etapa	Aumento de capital da São José Holding, mediante a emissão de ações que serão totalmente subscritas e integralizadas pela BM&FBovespa.
2ª etapa	Incorporação da totalidade das ações de emissão da Cetip pela *holding*. Os acionistas da Cetip recebem ações resgatáveis de emissão da *holding* (uma ordinária e três preferenciais para cada ação da Cetip).
3ª etapa	Resgate das ações preferenciais, a ser pago em dinheiro (o acionista da Cetip receberá 0,8991 ação ordinária da BM&FBovespa mais uma parcela de R$ 30,75 – sujeita a ajustes – para cada ação da Cetip que detenha). Cancelamento das ações resgatadas contra a conta reserva de capital da *holding*.
4ª etapa	Incorporação da *holding* pela BM&FBovespa e consequente extinção da *holding*. Todos os acionistas da *holding* (ex-acionistas da Cetip) passam a ser acionistas da BM&FBovespa.

As ações resultantes da operação tem código B3SA3, são negociadas no Novo Mercado e integram os índices Ibovespa, IBrX-50, IBrX e Itag, entre outros.

Com a fusão da BM&FBovespa com a Cetip, surgiu a B3, quinta maior bolsa do mundo em valor de mercado. Essa combinação consolidou a atuação da companhia como provedora de infraestrutura para o mercado financeiro, permitindo a ampliação do leque de serviços e produtos oferecidos aos seus clientes e a criação de eficiências para a companhia e para o mercado.

Atualmente, além de ser a única bolsa de valores, mercadorias e futuros em operação no Brasil, também é a maior depositária de títulos de renda fixa da América Latina e maior câmara de ativos privados do país.

Destaques:

- Valor de mercado: R$ 40 bilhões
- Custo de aquisição: R$ 13 bilhões
- Prazo para a integração: 12 e 18 meses
- Possíveis sinergias: R$ 100 milhões a partir do 3º ano.

9.3 Estrutura e dinâmica da B3

9.3.1 O que é a B3

A B3 S.A. (Brasil, Bolsa, Balcão) é uma das maiores empresas provedoras de infraestrutura para o mercado financeiro do mundo em valor de mercado, oferecendo serviços de negociação (bolsa), pós-negociação (*clearing*), registro de operações de balcão e de financiamento de veículos e imóveis.

Suas atividades incluem criação e administração de sistemas de negociação, compensação, liquidação, depósito e registro para todas as principais classes de ativos, desde ações e títulos de renda fixa corporativa até derivativos de moedas, operações estruturadas e taxas de juro e de *commodities*. A B3 também opera como contraparte central garantidora para a maior parte das operações realizadas em seus mercados e oferta serviços de central depositária e de central de registro. Por meio de sua unidade de financiamento de veículos e imóveis, a companhia oferece produtos e serviços que suportam o processo de análise e aprovação de crédito em todo o território nacional, tornando o processo de financiamento mais ágil e seguro.

No caso de financiamento de veículos, a B3 é líder na prestação de serviços de entrega eletrônica das informações exigidas para registro de contratos e anotações dos gravames junto aos órgãos de trânsito.

A B3 é uma sociedade de capital aberto, cujas ações B3SA3 são negociadas no Novo Mercado – segmento em que as empresas assumem compromissos de melhores práticas de governança corporativa – e integra os índices Ibovespa, IBrX-50, IBrX e Itag, entre outros.

Com sede em São Paulo e unidades no Rio de Janeiro e Alphaville, também possui escritórios de representação no Reino Unido (Londres) e na China (Xangai), para oferecer suporte aos participantes desses mercados nas atividades com os clientes estrangeiros e no relacionamento com os órgãos reguladores, além de divulgar seus produtos e práticas de governança a potenciais investidores.

9.3.2 O papel da B3

A B3 é uma companhia que oferece local, condições e sistemas necessários para a realização de negociações de compra e venda de títulos e valores mobiliários de forma transparente.

Suas principais funções podem ser agrupadas em atividades ligadas à:

Estrutura operacional
• Fornecer os meios e o ambiente necessário para compra e venda de valores mobiliários, inclusive ações.
• Manter local adequado para a realização das transações de compra e venda de títulos e valores mobiliários.
• Disponibilizar recursos técnicos e administrativos eficientes e seguros para realização das operações.
• Estabelecer sistema de negociação que assegure a continuidade das cotações e a liquidez do mercado.
• Realizar registro, compensação e liquidação de ativos e valores mobiliários negociados em seus ambientes, assim como a listagem de ações e de outros ativos.
• Atuar como depositária central dos ativos negociados em seus pregões.
• Controlar e gerenciar riscos das operações através de uma estrutura de *clearing*, de maneira a assegurar o funcionamento eficiente e seguro de seus mercados.

Autorregulamentação do mercado
• Fiscalizar o cumprimento, pelas corretoras e sociedades emissoras de títulos e valores mobiliários, das disposições legais e regimentais que disciplinam as operações da bolsa.
• Dar ampla e rápida divulgação às operações efetuadas em seu pregão.
• Evitar a manipulação de preços.
• Detectar movimentos anormais de mercado, acompanhando-o e, dependendo do caso, suspendendo negócios e negociações.

A atuação da B3 como autorregulamentadora dos mercados é importante para minimizar os efeitos de possíveis manipulações do mercado. Como exemplos de manipulações que podem ocorrer, temos:

Ramping

Influenciar o preço das ações de uma empresa para então tirar vantagem disso.

Ex.: Comprar ações quando estão baratas e depois dar início a rumores de que a empresa será vendida.

Front running

Prática da corretora de negociar um ativo baseado em informações produzidas por seu departamento de análise antes que seus clientes tenham recebido as recomendações.

Ex.: Uma corretora pode comprar as ações antes de soltar uma recomendação positiva sobre elas.

Painting the tape

Quando um grupo de especuladores compra e vende um mesmo ativo entre si para criar uma atividade artificial no papel que acaba atraindo outros investidores desinformados sobre a manipulação.

Wash trading

Prática de um mesmo especulador de comprar e vender ações de uma empresa por meio de duas corretoras diferentes.

Isso cria uma movimentação artificial e cria a impressão de que alguma grande notícia a respeito da empresa está prestes a ser publicada.

Fonte: *Brasil Econômico*, 19 maio 2010.

Desenvolvimento do mercado
• Educar pequenos e grandes investidores aos conceitos sobre o mercado acionário para que os investidores conheçam a importância de formar um patrimônio investindo em ações e mostrar os seus reflexos para o desenvolvimento econômico do país.

9.3.3 Empresas do Grupo B3

Banco B3 S.A.

O Banco B3, constituído em 2004 como subsidiária integral da Bolsa de Mercadorias & Futuros, tem como finalidade facilitar a compensação e a liquidação financeira das operações realizadas em seus ambientes de negociação e funcionar como importante mecanismo de mitigação de risco e de suporte operacional.

BM&F (USA) Inc.

Subsidiária integral, localizada na cidade de Nova York e também com escritório de representação em Shangai, tem como objetivo representar a B3 no Exterior, mediante o relacionamento com outras bolsas e agentes reguladores, além de auxiliar na prospecção de novos clientes e disseminar informação sobre o mercado brasileiro.

BM&FBovespa (UK) Ltd.

Subsidiária integral, localizada em Londres. O escritório foi aberto em 2009 e vem promovendo a Bolsa, seus mercados, produtos e serviços para investidores institucionais na região da Europa, África e Oriente Médio (EMEA). O escritório é responsável pelo relacionamento da B3 com entidades regulatórias, órgãos governamentais e bolsas estrangeiras na região e auxilia na prospecção de novos clientes para o mercado.

Bolsa de Valores do Rio de Janeiro (BVRJ)

A BVRJ é uma bolsa de valores inativa. A B3 é detentora de 99 títulos patrimoniais da BVRJ, com participação correspondente a 86,09% do seu patrimônio social. Desde 2004, aluga parte do espaço físico de seu edifício-sede para realização de eventos.

B3 Social

Organização da Sociedade Civil de Interesse Público, criada em 2007, para integrar e coordenar os projetos de investimento social da Bolsa.

BSM – B3 Supervisão de Mercado	
O que é	Associação civil criada com a finalidade de fiscalizar a atuação da própria B3 e de seus participantes, nos termos da Instrução CVM nº 461/07. Não é consolidada nas Demonstrações Financeiras da Companhia.
Criação	1º-10-2007
Objetivos	• Analisar, supervisionar e fiscalizar o mercado de forma independente. • Administrar o Mecanismo de Ressarcimento de Prejuízos (MRP), antigo Fundo de Garantia, criado para reembolsar investidores por perdas causadas por fraude, má execução de ordens e outros. O MRP é constituído com recursos arrecadados das Corretoras de Valores.
Principais responsabilidades	• Fiscalizar e supervisionar os participantes do mercado e a própria B3. • Identificar violações à legislação e à regulamentação vigentes, condições anormais de negociação ou comportamentos que possam colocar em risco a regularidade de funcionamento, a transparência e a credibilidade do mercado. • Instaurar e conduzir processos administrativos disciplinares. • Penalizar os que cometem irregularidades. • Administrar o MRP.
Conselho de Administração	• Integrado por três conselheiros independentes, eleitos pela assembleia geral, com mandato de três anos. • Responsável por aprovar suas próprias normas regulamentares e operacionais, fiscalizar a gestão do Diretor de Autorregulamentação e dos principais executivos da entidade, escolher e destituir os membros do Conselho de Autorregulamentação.
Conselho de Supervisão	• Integrado por 11 conselheiros, sendo oito independentes, um representante dos participantes, um representante dos agentes e um representante dos emissores. Todos com mandato de três anos. • Responsável por julgar recursos contra penalidades aplicadas pelo Diretor de Autorregulamentação, pela B3 e pela CBLC, determinar a aplicação de penalidades à B3, à CBLC, aos Conselheiros e ao diretor de Autorregulamentação, e julgar reclamações de investidores dirigidas ao MRP.

9.3.4 Produtos e serviços do Grupo B3

Produtos e serviços
• Ações • ETF (*Exchange Traded Fund*) • BDR (*Brazilian Depository Receipt*) • FII – Fundos de Investimento Imobiliário • Ouro • Dólar sport
• Futuros e opções de taxas de juro • Futuros de opções de taxas de câmbio • Opções de índices de ações • Opções de ações e ETFs • Futuros de *commodities* • Operações estruturadas
• *Swap* • Termo • Opções flexíveis
• Operações estruturadas (COE) • Títulos públicos federais • Tesouro direto • LFT, CDB, LCI, LCA • CRI, CRA, debêntures • Cotas de fundos
• Garantias • Formalização eletrônica • *Market data & reports*
• Garantias • Avaliação de imóveis

9.3.5 Mercados de atuação da B3

Após a fusão com a Cetip, a BM&FBovespa ampliou seu escopo de atuação. Dessa forma, a B3 já nasce atuando em diversos segmentos de mercado que vão desde o tradicional de bolsa até o de financiamentos. Seus mercados de atuação podem ser divididos em:

- Listado
- Balcão
- Infraestrutura para financiamento
- Tecnologia, dados e serviços

Listado

1. Ações e instrumentos de renda variável
   - Negociação e pós-negociação
   - Depositária de renda variável
   - Empréstimos de ações
   - Soluções para emissores
2. Juros, moedas e mercadorias
   - Negociação e pós-negociação

Balcão

1. Instrumentos de renda fixa
2. Derivativos
3. Outros

Infraestrutura para Financiamento

Tecnologia, dados e serviços

1. Tecnologia e acesso
2. Dados e *analytics*
3. Banco
4. Outros

9.3.6 Mercados de bolsa e balcão da B3

Os mercados de ações brasileiros são segmentados em bolsa e balcão; o segmento de balcão subdivide-se em mercado de balcão organizado e não organizado.

Bolsa de valores
- ✓ Mantém lugar adequado para realização de negócios.
- ✓ Divulga e registra rapidamente os negócios executados.
- ✓ Supervisiona a liquidação das operações.

Mercado de balcão

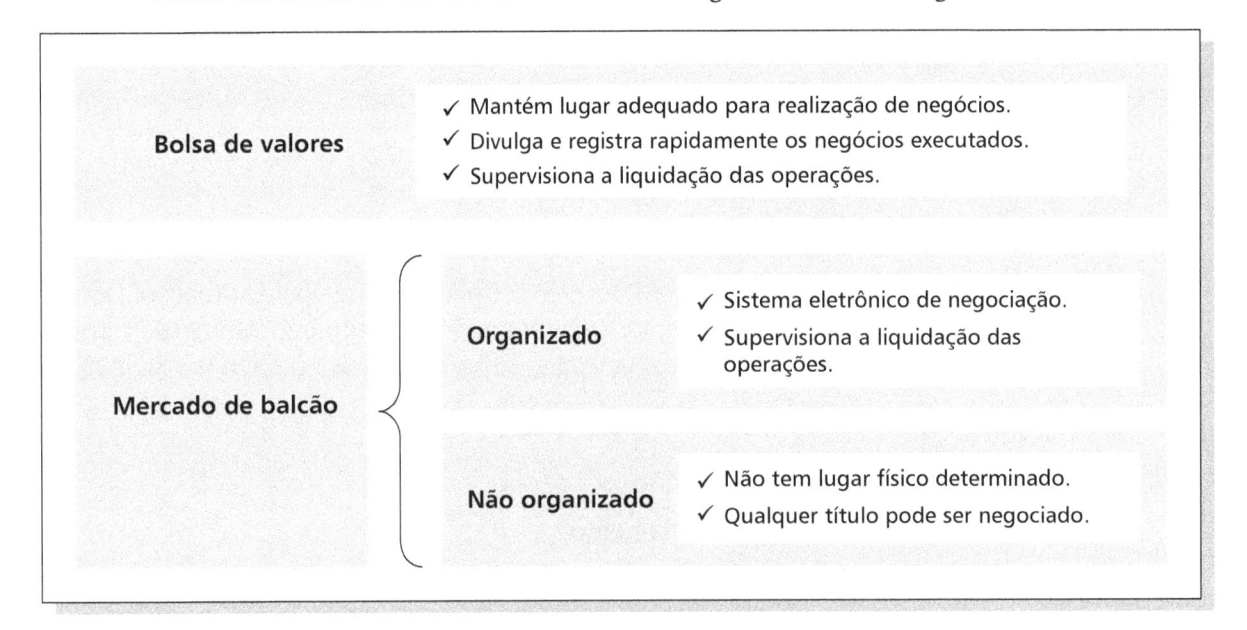

Organizado
- ✓ Sistema eletrônico de negociação.
- ✓ Supervisiona a liquidação das operações.

Não organizado
- ✓ Não tem lugar físico determinado.
- ✓ Qualquer título pode ser negociado.

Figura 9.13 *Segmentos do mercado secundário brasileiro.*

Mercado de bolsa

A decisão de ter ações negociadas em bolsa é da empresa. Ao apresentar o projeto de abertura à CVM, a empresa tem que deixar claro se deseja que suas ações sejam negociadas em bolsa de valores ou não. Em caso afirmativo, as bolsas podem estabelecer critérios para o registro das empresas, e essa decisão varia de acordo com a norma de cada bolsa de valores. De acordo com o que determina a legislação em vigor, a empresa é obrigada a se registrar inicialmente na bolsa de sua região geográfica. As bolsas partem da premissa de que qualquer empresa registrada no país está apta a ter suas ações negociadas no pregão. Na segunda hipótese, se a empresa não deseja que suas ações sejam registradas em bolsa de valores, suas ações não serão negociadas nessas instituições, e o investidor que desejar vender ações ou comprar ações de uma empresa não registrada em bolsa deverá fazê-lo por meio do mercado de balcão. Esse mercado não tem local físico como o pregão das bolsas; funciona por meio de telefone entre as instituições financeiras que fecham diretamente negócios para seus clientes.

Mercado de balcão organizado

O mercado de balcão organizado é um segmento de negociação de ativos administrados pela Bovespa, com regras específicas, diferentes das aplicáveis ao ambiente de bolsa. Um mercado de balcão é denominado organizado quando mantém uma estrutura que permite a realização normal de negócios, dentro de um ambiente livre e que proporcione liquidez aos títulos nele negociados.

No mercado de balcão organizado, atuam como intermediários não só as corretoras, mas também distribuidoras de valores e bancos de investimento.

O primeiro mercado de balcão organizado destinado à negociação de ações criado no Brasil foi a Sociedade Operadora de Mercado de Ativos – Soma, adquirida pela Bovespa em 2002. Em seu lugar, foi implantado o Soma Fix, atual mercado de balcão organizado de títulos de renda fixa da bolsa paulista.

Sociedade Operadora do Mercado de Ativos (Soma)

- Em março de 1996, a Comissão de Valores Mobiliários regulamentou o funcionamento desse mercado, objetivando torná-lo mais acessível às empresas de porte menor. Para isso foi criada a Sociedade Operadora do Mercado de Ativos (Soma) que era conduzida por meio da Bolsa de Valores do Rio de Janeiro.
- No entanto, a estreia da Soma só ocorreu em novembro de 1996 e teve como objetivo propiciar um sistema contínuo adequado, em termos de preços e liquidez, para a negociação de títulos e valores mobiliários em mercado livre e aberto. Em abril de 2002, passou a ser controlada pela Bovespa como uma sociedade anônima de capital fechado denominada Sociedade Operadora do Mercado de Ativos (Soma).
- A Soma foi inspirada no modelo americano da Nasdaq. Porém, seu objetivo não era tornar-se a melhor forma de negociação para as companhias abertas ou, como no caso norte-americano, ser um mercado especializado em um ou mais setores (nos EUA, tecnologia e informática).
- A Soma está organizada como um pregão eletrônico que interliga as instituições credenciadas em todo o Brasil, processando suas ordens de compra e venda e fechando negócios. Sua liquidez é dada pelos market makers. Isso acaba fazendo com que os clientes, de forma geral, o consultem para as negociações de compra e venda dessa ação, tornando-se, portanto, um especialista.
- Para negociação e cotação na Soma, são admitidos os títulos e valores mobiliários de emissão de companhias e certificados e cotas de fundos, autorizados pela CVM, desde que se enquadrem nos critérios fixados para registro no mercado de balcão organizado.

- Atualmente, são negociados nesse mercado valores mobiliários como ações, debêntures, fundos de investimento imobiliário, fundos fechados, fundos de investimento em direitos creditórios (FIDCs) e certificados de recebíveis imobiliários (CRIs).
- Todas as operações realizadas na Soma são liquidadas na CBLC, em prazo igual ao da bolsa (D + 3), e seu horário de funcionamento coincide com o pregão.

No caso específico da B3, esses mercados são segmentados em mercado de bolsa e balcão organizado.

Mercados da B3:
- Bolsa
  - Especiais
    - ✓ Bovespa Mais
    - ✓ Bovespa Mais nível 2
    - ✓ Novo Mercado
    - ✓ Nível 2
    - ✓ Nível 1
  - Tradicional
- Balcão organizado
  - SOMA

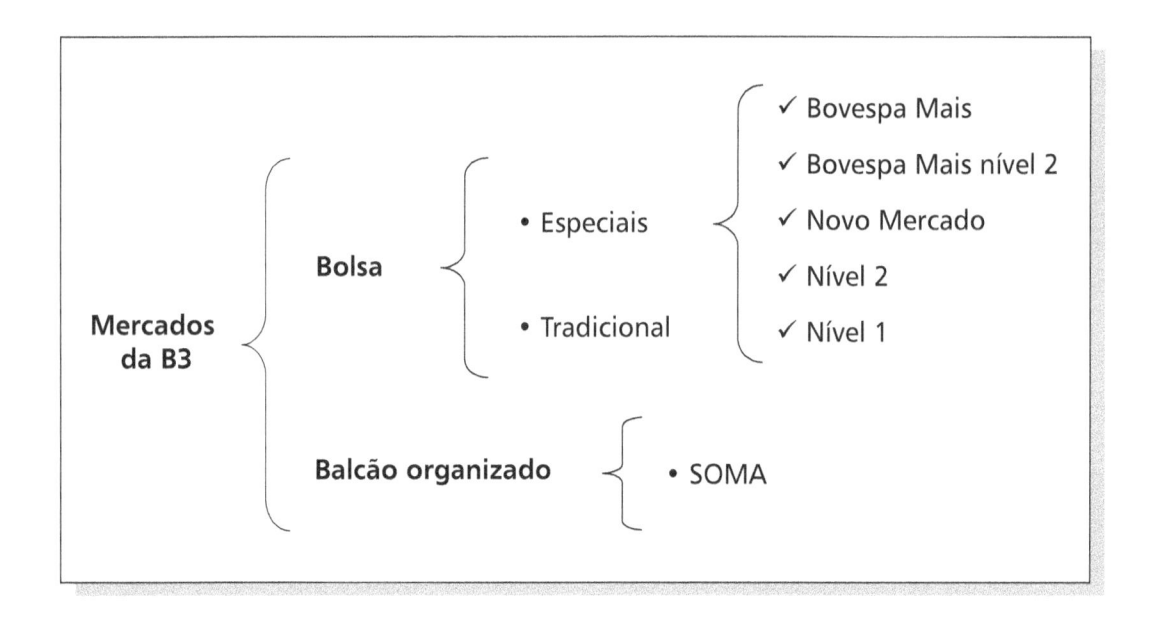

Figura 9.14 *Mercado secundário de ações da B3.*

Bovespa Mais

Lançado inicialmente como Segmento Especial de Listagem do Mercado de Balcão Organizado, o Bovespa Mais (Mercado de Ações para o Ingresso de S.A.), a partir de fevereiro de 2014, tornou-se mais um segmento do mercado de bolsa administrado pela Bovespa, no qual apenas podem ser listadas companhias abertas com registro na CVM.

Seu propósito é criar um espaço para as companhias que tenham uma estratégia gradual de acesso ao mercado de capitais, viabilizando sua exposição a esse mercado e apoiando sua evolução em termos de transparência, de ampliação da base de acionistas e de liquidez. Com isso, a Bovespa pretende tornar o mercado acionário fonte alternativa de financiamento para maior número de empresas e atrair investidores com perspectivas de médio prazo.

Em contrapartida, para participar desse novo segmento, as companhias deverão trabalhar permanentemente para construir um mercado forte e dinâmico para seus papéis, demonstrando a intenção de alcançar patamares superiores de exposição no mercado de capitais. Ou seja, essas empresas assumirão o compromisso de garantir mais direitos e informações aos investidores, aderindo a práticas avançadas de governança corporativa, com regras similares às do Novo Mercado. Tudo isso, para obter um crescimento sustentado e que ofereça o máximo de segurança para o investidor.

Fonte: Bovespa.

Figura 9.15 *Inovações do Bovespa Mais.*

A listagem no Bovespa Mais possibilita a execução de diversas estratégias de acesso ao mercado, como:

- distribuições públicas com volume menor do que as que têm ocorrido no Novo Mercado;
- distribuições concentradas em poucos investidores, sem buscar uma colocação pulverizada;
- realização da distribuição pública mais adiante – listagem para construir confiança e interesse do público.

Para fazer parte, é necessária a assinatura de contrato com a Bovespa aderindo ao Regulamento de Listagem (requisitos de governança corporativa e para a manutenção da listagem) e à Câmara de Arbitragem do Mercado para a solução de conflitos societários.

Quadro 9.2 *Regras de manutenção das listagens.*

Listagem – 1	Listagem – 2
• Critérios relacionados ao *free float* ou liquidez mínima, exigidos a partir de sete anos de listagem: ▪ manter *free float* de, no mínimo, 25%; ou ▪ manter média de, no mínimo, 10 negócios por mês e presença em 25% dos pregões, ao final de cada exercício. • Caso não atenda a nenhuma das duas alternativas, será cancelado o contrato de listagem no Bovespa Mais. • Como consequência, o controlador deverá fazer oferta de compra para as ações em circulação pelo valor econômico.	• Critérios relacionados à saúde financeira, avaliados permanentemente: ▪ não apresentar cinco anos consecutivos de prejuízo e, simultaneamente, patrimônio líquido negativo nos últimos três anos; ou ▪ não apresentar cinco anos consecutivos de patrimônio líquido negativo e, simultaneamente, prejuízo nos últimos três anos. • Caso ocorra uma das duas situações, poderá ser cancelado o contrato de listagem no Bovespa Mais. • Como consequência, o controlador deverá fazer oferta de compra para as ações em circulação pelo valor econômico.

A vantagem para as empresas que optarem pelo Bovespa Mais é o apoio da B3 às empresas listadas. O objetivo é apoiar a evolução da companhia em termos de transparência, de ampliação da base de acionistas e de liquidez. O apoio se dá através de:

- **programa de exposição da companhia ao mercado:** ganhar acompanhamento do mercado, por meio de relatórios periódicos contratados pela Bovespa e elaborados por consultorias independentes, publicação de *clippings* e perfil das empresas, página especial no *site* da Bovespa e apoio a apresentações anuais das empresas para o mercado;
- **programa de formação e fortalecimento da cultura de companhia aberta:** curso de governança corporativa (ministrado pelo IBGC) e curso de relações com investidores (correalização do IBRI);
- **descontos nas anuidades pagas à Bovespa:** 100% no 1º ano, com redução gradativa até o 4º ano de listagem.

9.3.7 Governança corporativa e o Novo Mercado

O crescimento e o desenvolvimento dos mercados de capitais fizeram com que houvesse um aumento no interesse dos investidores institucionais nos diversos mercados do mundo. Com isso, cresceu também a preocupação com as políticas de investimento, que exigem cada vez mais informações claras e seguras. Seguindo essa tendência, no Brasil, grande parte das companhias abertas vem procurando melhorar as práticas de governança corporativa e transparência na divulgação de informações, visando atender aos interesses dos investidores, ainda que falte muito para alcançarmos os níveis dos mercados mais desenvolvidos, como se pode observar no tratamento a minoritários na mudança do controle acionário de alguns países comparados com o Brasil:

Quadro 9.3 *Tratamento a minoritários na mudança do controle acionário.*

Países	Tratamento
EUA	Os compradores da empresa pagam o mesmo valor recebido pelos acionistas que detinham o controle.
Inglaterra	Vale a regra americana. Se o comprador adquirir mais de 30% da empresa, pode ser obrigado a lançar uma oferta pública para todos os minoritários.
França	Há poucas trocas de controle no país. A operação tem de ser previamente aprovada pelas autoridades, que podem definir a situação dos minoritários.
Brasil	Os detentores de ações ordinárias recebem 80% do valor pago aos antigos controladores. Os detentores de ações preferenciais recebem o que o mercado lhes pagar, normalmente uma fração do preço pago aos ordinaristas.

Nesse contexto, foi criado em setembro de 2000, pela Bovespa, o Novo Mercado, que foi desenvolvido com o objetivo de estimular o interesse dos investidores e ao mesmo tempo valorizar companhias.

O Novo Mercado é um segmento destinado à negociação de ações emitidas por empresas que, voluntariamente, adotam regras societárias adicionais, ampliando os direitos dos acionistas e melhorando a qualidade das informações usualmente prestadas pelas companhias.

Resumidamente, as principais razões que levaram à criação do Novo Mercado são:

- regulamentação insuficiente para proteger adequadamente o investidor e para garantir os fundamentos da boa governança;
- investidores aplicavam descontos nas ações, por causa da falta de direitos e garantias;
- empresas subavaliadas pelo mercado;
- o mercado de capitais não era utilizado pelas companhias;
- número reduzido de aberturas de capital em toda a década de 1990.

O regulamento do Novo Mercado inclui um conjunto de regras que tratam dos seguintes aspectos:

- direitos societários: somente ações ordinárias; *tag along*; Conselho de Administração com mandato de um ano e no mínimo de cinco conselheiros; fechamento de capital com oferta pública pelo valor econômico;
- transparência: demonstrações consolidadas; demonstração de fluxo de caixa; demonstrações financeiras em padrão internacional; contratos entre a empresa e partes relacionadas; realizar, pelo menos, uma reunião com o mercado por ano;
- dispersão: *free float* de pelo menos 25% e adoção de mecanismos de dispersão nas ofertas públicas de ações.

Em relação à legislação do mercado de capitais, o Novo Mercado cria obrigações adicionais para as companhias abertas que aderirem. As principais são:

- realização de ofertas públicas de colocação de ações por meio de mecanismos que favoreçam a dispersão do capital;
- manutenção em circulação de uma parcela mínima de ações (25% do capital);
- extensão para todos os acionistas das mesmas condições obtidas pelos controladores quando da venda do controle da companhia;
- mandato unificado de um ano para todo o conselho de administração;
- demonstrações contábeis seguindo as normas do US GAAP ou IAS GAAP;
- melhoria nas informações trimestrais;
- obrigatoriedade de realização de uma oferta de compra de todas as ações em circulação, pelo valor econômico, nas hipóteses de fechamento do capital ou cancelamento do registro de negociação no Novo Mercado;
- cumprimento de regras de *disclosure* em negociações envolvendo ativos de emissão da empresa por parte de acionistas controladores ou administradores da empresa.

A B3 assume a tarefa de supervisionar e garantir a execução das normas e regras estipuladas no Regulamento de Listagem do Novo Mercado e Níveis Diferenciados de Governança Corporativa. Em caso de infringimento de alguma regra, existem sanções a serem impostas aos respectivos responsáveis pela obrigação. Existem multas previstas para os administradores, companhia e controladores. Como último recurso, há a possibilidade de deslistar a empresa e, nesse caso, a empresa é obrigada a fazer uma oferta pública de aquisição (OPA) a todos os acionistas.

Quadro 9.4 *Principais benefícios do Novo Mercado sob as diversas óticas.*

Óticas	Benefícios
Investidores	• maior transparência nos processos; • mais respeito com seus direitos societários; • redução de risco.
Empresas	• melhoria na imagem institucional; • valorização das ações; • menor custo de capital.
Mercado acionário	• aumento da liquidez; • aumento das emissões.
Brasil	• empresas mais fortes e competitivas; • fortalecimento do mercado de capitais.

Governança corporativa

O termo *governança corporativa* foi criado no início dos anos 1990 nos países desenvolvidos para definir as regras que regem o relacionamento dentro de uma companhia dos interesses dos acionistas controladores, minoritários e administradores.

Segundo o Instituto Brasileiro de Governança Corporativa (IBGC), "governança corporativa é o sistema que assegura aos sócios-proprietários o governo estratégico da empresa e a efetiva monitoração da diretoria executiva. A relação entre propriedade e gestão se dá através do conselho de administração, a auditoria independente e o conselho fiscal, instrumentos fundamentais para o exercício do controle. A boa governança corporativa garante equidade aos sócios, transparência e responsabilidade pelos resultados".

A governança corporativa pode ser entendida como resultado da combinação do direito e práticas voluntárias apropriadas que habilitam a companhia a:

- atrair capital financeiro e humano;
- desempenhar suas metas de modo eficaz;
- perpetuar sua capacidade de gerar valor a longo prazo;
- respeitar o interesse de todos os acionistas e da sociedade como um todo.

O objetivo da governança é assegurar a todos os acionistas equidade, transparência, responsabilidade pelos resultados e obediência às leis.

Câmara de Arbitragem do Mercado (CAM)
• A Câmara de Arbitragem do Mercado media conflitos societários ou pertinentes ao mercado de capitais. Portanto, pode ser considerada o foro mais adequado para resolver disputas societárias e do mercado de capitais. • Na arbitragem é como se fossem criadas regras particulares e de comum acordo entre os interessados. Isso garante, além de uma boa solução para o caso, sigilo, economia, a certeza de que o julgamento do problema será realizado por pessoas com profundo conhecimento do assunto em questão e, além de tudo, rapidez, já que a arbitragem deve ser concluída no prazo máximo legal de 180 dias, se outro prazo não for acertado pelas próprias partes.

- A Câmara de Arbitragem do Mercado foi criada pela Bovespa em 27 de julho de 2001 como estrutura complementar obrigatória aos segmentos especiais Novo Mercado e Nível 2 de governança corporativa, permitindo também a adesão espontânea de investidores, das companhias listadas em outros segmentos e de todos os tipos de agentes ligados ao mercado de capitais.
- Na CAM podem ser julgadas todas as controvérsias relacionadas ao mercado de capitais e às questões de cunho societário, decorrentes da aplicação, por exemplo, das disposições contidas na Lei das Sociedades por Ações, nos estatutos sociais das companhias, nos contratos sociais de sociedades limitadas, nos regulamentos de fundos de investimento, nas normas editadas pelo Conselho Monetário Nacional, pela Comissão de Valores Mobiliários e pelo Banco Central.

Segmentos especiais de listagem da B3

Os segmentos de listagem da Bovespa foram criados para facilitar a listagem e a apresentação das empresas segundo um conjunto de normas de conduta para empresas, administradores e controladores, consideradas importantes para uma boa valorização das ações e de outros ativos emitidos pela companhia.

Com a criação do Novo Mercado, foram criados segmentos que prezam rígidas regras de governança corporativa. Essas regras vão além das obrigações que as companhias têm perante a Lei das Sociedades por Ações (Lei das S.A.) e têm como objetivo melhorar a avaliação das companhias que decidem aderir, voluntariamente, a um desses níveis de listagem.

Os segmentos especiais de listagem da B3 – Novo Mercado, Nível 2 e Nível 1 – foram criados para atender à necessidade de adequação aos diferentes perfis de empresas quanto à governança.

Segmentos especiais	Características
Nível 1 Padrões intermediários de governança	• Melhoria na prestação de informações ao mercado. • Adoção de mecanismos para o aumento da dispersão das ações em ofertas.
Nível 2 Alto padrão de governança	Empresa e controladores adotam um conjunto bem mais amplo de práticas de governança corporativa e de direitos adicionais para os acionistas minoritários: • *tag along* de 100% para ONs e 70% para PNs; • câmara de arbitragem; • preferencialistas com direito a voto em algumas ocasiões.
Novo Mercado Padrões superiores de governança	• somente ações ON; • possibilidade dos minoritários com assento no Conselho; • Conselho de Administração com, no mínimo, cinco membros; • realização de ofertas públicas que favoreçam a dispersão do capital; • *free float* – manutenção em circulação de uma parcela mínima de ações representando 25% do capital; • câmara de arbitragem.

Posteriormente foram criados os novos segmentos do Bovespa Mais: Bovespa Mais e Bovespa Mais Nível 2, com as seguintes características:

- **Bovespa Mais:** segmento para empresas de pequeno e médio porte que queiram captar recursos em menor escala e a um prazo mais longo. As ações emitidas precisam ser ON e as empresas têm prazo de até sete anos para completar a primeira emissão pública de ações. Nesse mercado é preciso que 25% das ações estejam em circulação, para que seja garantido um mínimo de liquidez. É garantido o direito de *tag along* de 100% para as ações ON; e
- **Bovespa Mais Nível 2:** similar ao segmento Bovespa Mais, porém permite que sejam emitidas também ações PN.

Essa nova configuração resultou em cinco novos segmentos de listagem da B3:

- Bovespa Mais Nível 2;
- Bovespa Mais;
- Nível 1;
- Nível 2;
- Novo Mercado.

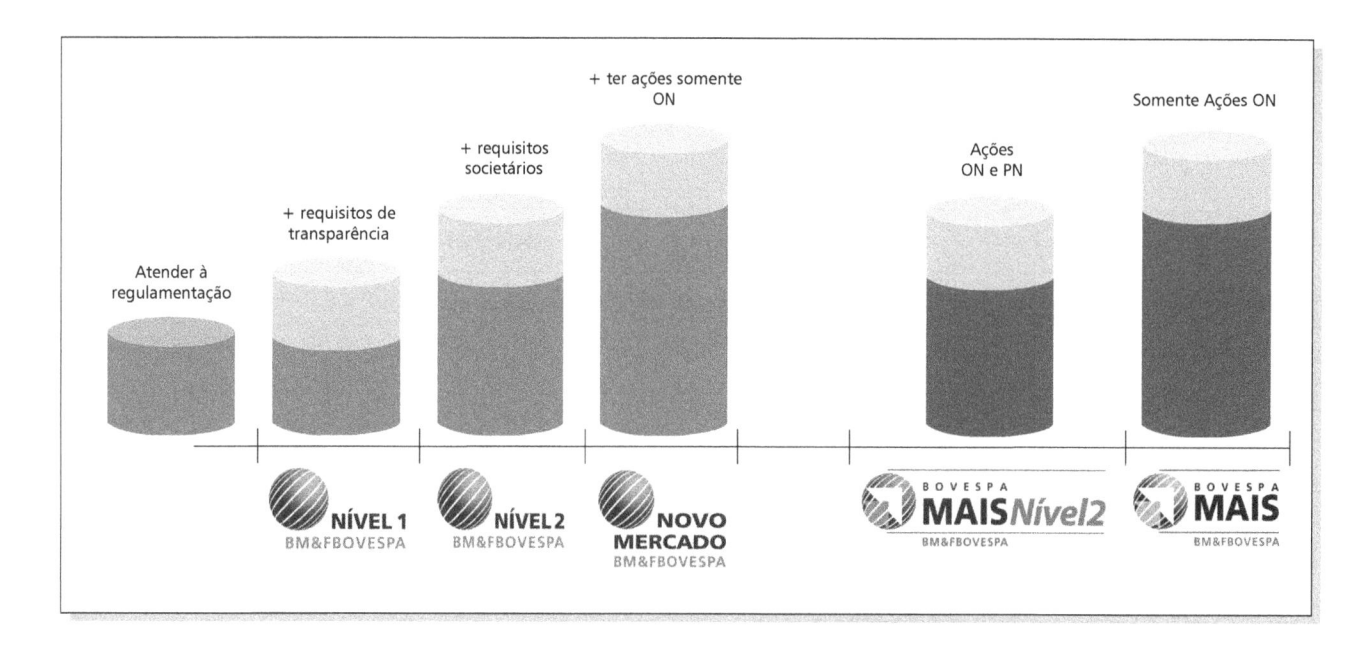

Figura 9.16 *Síntese dos compromissos adicionais assumidos nos segmentos de listagem de ações.*

Quadro 9.5 *Comparação dos segmentos de listagem da B3.*

Comparativo dos segmentos de listagem							
	Bovespa Mais	**Bovespa Mais Nível 2**	**Novo Mercado (até 28-12-2017)**	**Novo Mercado (a partir de 2-1-2018)**	**Nível**	**Nível 1**	**Básico**
Capital social	Somente ações ON	Ações ON e PN	Somente ações ON	Somente ações ON	Ações ON e PN (com direitos adicionais)	Ações ON e PN (conforme legislação)	Ações ON e PN (conforme legislação)
Percentual mínimo de ações em circulação (*free float*)	25% a partir do 7º ano de listagem	25% a partir do 7º ano de listagem	25%	25% ou 15%, caso o ADTV (*average daily trading volume*) seja superior a R$ 25 milhões	25%	25%	Não há regra específica
Ofertas públicas de distribuição de ações	Não há regra específica	Não há regra específica	Esforços de dispersão acionária	Esforços de dispersão acionária, exceto para ofertas ICVM 476	Esforços de dispersão acionária	Esforços de dispersão acionária	Não há regra específica
Vedação a disposições estatutárias	Quórum qualificado e "cláusulas pétreas"	Quórum qualificado e "cláusulas pétreas"	Limitação de voto inferior a 5% do capital, quórum qualificado e "cláusulas pétreas"	Limitação de voto inferior a 5% do capital, quórum qualificado e "cláusulas pétreas"	Limitação de voto inferior a 5% do capital, quórum qualificado e "cláusulas pétreas"	Não há regra específica	Não há regra específica
Composição do conselho de administração	Mínimo de 3 membros (conforme legislação), com mandato unificado de até 2 anos	Mínimo de 3 membros (conforme legislação), com mandato unificado de até 2 anos	Mínimo de 5 membros, dos quais pelo menos 20% devem ser independentes, com mandato unificado de até 2 anos	Mínimo de 3 membros (conforme legislação), dos quais pelo menos 2 ou 20% (o que for maior) devem ser independentes, com mandato unificado de até 2 anos	Mínimo de 5 membros, dos quais pelo menos 20% devem ser independentes, com mandato unificado de até 2 anos	Mínimo de 3 membros (conforme legislação), com mandato unificado de até 2 anos	Mínimo de 3 membros (conforme legislação)
Vedação à acumulação de cargos	Não há regra específica	Não há regra específica	Presidente do conselho e diretor presidente ou principal executivo pela mesma pessoa (carência de 3 anos a partir da adesão)	Presidente do conselho e diretor presidente ou principal executivo pela mesma pessoa. Em caso de vacância que culmine em acumulação de cargos, são obrigatórias determinadas divulgações.	Presidente do conselho e diretor presidente ou principal executivo pela mesma pessoa (carência de 3 anos a partir da adesão)	Presidente do conselho e diretor presidente ou principal executivo pela mesma pessoa (carência de 3 anos a partir da adesão)	Não há regra específica
Obrigação do conselho de administração	Não há regra específica	Não há regra específica	Manifestação sobre qualquer oferta pública de aquisição de ações de emissão da companhia (com conteúdo mínimo)	Manifestação sobre qualquer oferta pública de aquisição de ações de emissão da companhia (com conteúdo mínimo, incluindo alternativas à aceitação da OPA disponíveis no mercado)	Manifestação sobre qualquer oferta pública de aquisição de ações de emissão da companhia (com conteúdo mínimo)	Não há regra específica	Não há regra específica
Demonstrações financeiras	Conforme legislação	Conforme legislação	Traduzidas para o inglês	Conforme legislação	Traduzidas para o inglês	Conforme legislação	Conforme legislação

Continua

Comparativo dos segmentos de listagem							
	Bovespa Mais	Bovespa Mais Nível 2	Novo Mercado (até 28-12-2017)	Novo Mercado (a partir de 2-1-2018)	Nível	Nível 1	Básico
Informações em inglês, simultâneas à divulgação em português	Não há regra específica	Não há regra específica	Não há regra específica, além das DFs (vide item acima)	Fatos relevantes, informações sobre proventos (aviso aos acionistas ou comunicado ao mercado) e *press release* de resultados	Não há regra específica, além das DFs (vide item acima)	Não há regra específica	Não há regra específica
Reunião pública anual	Facultativa	Facultativa	Obrigatória (presencial)	Realização, em até 5 dias úteis após a divulgação de resultados trimestrais ou das demonstrações financeiras, de apresentação pública (presencial, por meio de teleconferência, videoconferência ou outro meio que permita a participação a distância) sobre as informações divulgadas	Obrigatória (presencial)	Obrigatória (presencial)	Facultativa
Calendário de eventos corporativos	Obrigatório	Obrigatório	Obrigatório	Obrigatório	Obrigatório	Obrigatório	Facultativo
Divulgação adicional de informações	Política de negociação de valores mobiliários	Política de negociação de valores mobiliários	Política de negociação de valores mobiliários e código de conduta	Regimentos do Conselho de Administração, de seus comitês de assessoramento e do Conselho Fiscal, quando instalado Código de conduta (com conteúdo mínimo) Políticas de (i) remuneração; (ii) indicação de membros do Conselho de Administração, seus comitês de assessoramento e diretoria estatutária; (iii) gerenciamento de riscos; (iv) transação com partes relacionadas; e (v) negociação de valores mobiliários, com conteúdo mínimo, exceto a de remuneração Divulgação (i) anual de relatório resumido do comitê de auditoria estatutário contemplando os pontos indicados no regulamento; ou (ii) trimestral de ata de reunião do Conselho de Administração, informando o reporte do comitê de auditoria não estatutário	Política de negociação de valores mobiliários e código de conduta	Política de negociação de valores mobiliários e código de conduta	Não há regra específica

Continua

Comparativo dos segmentos de listagem							
	Bovespa Mais	Bovespa Mais Nível 2	Novo Mercado (até 28-12-2017)	Novo Mercado (a partir de 2-1-2018)	Nível 2	Nível 1	Básico
Concessão de *tag along*	100% para ações ON	100% para ações ON e PN	100% para ações ON	100% para ações ON	100% para ações ON e PN	80% para ações ON (conforme legislação)	80% para ações ON (conforme legislação)
Saída do segmento/ Oferta Pública de Aquisição de Ações (OPA)	Realização de OPA, no mínimo, pelo valor econômico em caso de cancelamento de registro ou saída do segmento, exceto se houver migração para Novo Mercado	Realização de OPA, no mínimo, pelo valor econômico em caso de cancelamento de registro ou saída do segmento, exceto se houver migração para Novo Mercado ou Nível 2	Realização de OPA, no mínimo, pelo valor econômico em caso de cancelamento de registro ou saída do segmento	Realização de OPA por preço justo, com quórum de aceitação ou concordância com a saída do segmento de mais de 1/3 dos titulares das ações em circulação (ou percentual maior previsto no Estatuto Social)	Realização de OPA, no mínimo, pelo valor econômico em caso de cancelamento de registro ou saída do segmento, exceto se houver migração para Novo Mercado	Não aplicável	Não aplicável
Adesão à Câmara de Arbitragem do Mercado	Obrigatória	Obrigatória	Obrigatória	Obrigatória	Obrigatória	Facultativa	Facultativa
Comitê de Auditoria	Facultativo	Facultativo	Facultativo	Obrigatória a instalação de comitê de auditoria, estatutário ou não estatutário, que deve atender aos requisitos indicados no regulamento: composição e atribuições	Facultativo	Facultativo	Facultativo
Auditoria interna	Facultativa	Facultativa	Facultativa	Obrigatória a existência de área de auditoria interna que deve atender aos requisitos indicados no regulamento	Facultativa	Facultativa	Facultativa
Compliance	Facultativo	Facultativo	Facultativo	Obrigatória a implementação de funções de *compliance*, controles internos e riscos corporativos, sendo vedada a acumulação com atividades operacionais	Facultativo	Facultativo	Facultativo

Fonte: B3.

No dia 3 de outubro de 2017, a B3 aprovou e divulgou o novo regulamento do Novo Mercado, prevendo regras adicionais de governança aplicáveis às companhias cujas ações sejam admitidas à negociação nesse segmento e flexibilizou algumas exigências do regulamento atualmente em vigor.

O Novo Regulamento entrou em vigor em 2 de janeiro de 2018, existindo prazos diferentes para que as companhias já listadas se adequassem às novas disposições: AGO de 2018 ou AGO de 2021, a depender da obrigação.

Principais alterações

1. **Percentual mínimo de ações em circulação.** O Novo Regulamento flexibiliza o percentual mínimo de ações em circulação para companhias listadas no Novo Mercado, permitindo que companhias cujo volume financeiro médio diário de negociação das ações no mercado seja igual ou superior a R$ 25 milhões (considerando os negócios realizados nos últimos 12 meses) mantenham percentual de ações em circulação correspondente a, no mínimo, 15% do capital social. O Novo Regulamento também amplia de 6 para 18 meses o prazo de reenquadramento no percentual mínimo de ações em circulação nas hipóteses de desenquadramento.
2. **Conselho de Administração.** O Novo Regulamento alterou a regra para a composição do Conselho de Administração, com relação à quantidade mínima de conselheiros independentes, bem como os requisitos a serem avaliados para a caracterização de um membro como independente. Em relação à composição, o Novo Regulamento impõe que Conselho de Administração deve ser composto por, no mínimo, dois membros independentes, ou 20%, o que for maior, e não mais apenas 20%.
3. **Acumulação de cargos.** O Novo Regulamento mantém como regra a vedação à acumulação de cargos de Diretor Presidente (ou principal executivo da companhia) e Presidente do Conselho de Administração, ressalvando, no entanto, a hipótese de vacância, desde que (i) tal acumulação seja divulgada pela companhia até o dia seguinte da ocorrência; (ii) sejam divulgadas, em até 60 dias contados da vacância, as providências que estão sendo tomadas pela companhia para cessar a acumulação dos cargos; e (iii) o acúmulo cesse no prazo de até 1 ano.
4. **Avaliação da administração.** O Novo Regulamento passou a exigir a instituição e divulgação pelas companhias de um processo de avaliação do Conselho de Administração, de seus comitês de assessoramento e da Diretoria.
5. **Comitê de Auditoria.** As companhias listadas no Novo Mercado deverão instalar Comitê de Auditoria, estatutário ou não, que funcionará como órgão de assessoramento do Conselho de Administração.
6. **Divulgação de informações.** O Novo Regulamento acrescentou regras de divulgação de informações para companhias listadas no Novo Mercado, dentre as quais destacamos:
   - elaborar e divulgar os regimentos internos do Conselho de Administração, seus comitês de assessoramento e do Conselho Fiscal, quando houver;
   - divulgar renúncia ou destituição de membros do Conselho de Administração e de diretores estatutários até o dia útil seguinte ao que a companhia for comunicada da renúncia ou que a destituição for aprovada;
   - divulgar versão em inglês dos seguintes documentos: (i) fatos relevantes; (ii) informações sobre proventos divulgadas em avisos aos acionistas ou comunicados ao mercado; e (iii) *press release* de resultados;
   - realizar apresentação pública sobre os resultados divulgados em até cinco dias úteis contados da divulgação de resultados trimestrais ou das demonstrações financeiras.

7. **Políticas internas.** O Novo Regulamento determina que as companhias elaborem e divulguem: Código de Conduta; Política de Remuneração; Política de Indicação de Membros para o Conselho de Administração, Diretores Estatutários e Comitês de Assessoramento; Política de Gerenciamento de Riscos; Política de Transações com Partes Relacionadas; e Política de Negociação de Valores Mobiliários.
8. **Oferta Pública de Aquisição – OPA.** O Novo Regulamento excluiu as regras relativas à OPA para cancelamento de registro de companhia aberta constantes do regulamento anterior, de modo que essas ofertas passam a ser reguladas exclusivamente pela Lei das S.A. e pela regulamentação da Comissão de Valores Mobiliários, qual seja a Instrução CVM nº 361/02.

Aplicação de sanções

Segundo o art. 47 do Regulamento do Novo Mercado, cabe à B3 aplicar sanções à companhia e aos seus administradores e acionistas nas seguintes hipóteses:

I. descumprimento dos requisitos e das obrigações estabelecidas no Regulamento do Novo Mercado; e
II. descumprimento de determinações da B3 relacionadas às obrigações constantes do Regulamento do Novo Mercado.

Segundo o art. 51 do Regulamento do Novo Mercado, a decisão sobre a aplicação de sanção, exceto a de saída compulsória do Novo Mercado, será tomada em reunião técnica da Diretoria de Regulação de Emissores da B3, em que serão discutidos os fatos, os argumentos de defesa e outros elementos aplicáveis ao caso.

Considerando os critérios do Regulamento do Novo Mercado, a B3 pode aplicar quaisquer das seguintes sanções:

I. advertência por escrito;
II. multa, cujo valor será definido de acordo com o disposto no art. 53 e os limites constantes do art. 56;
III. censura pública, divulgada no *website* da B3 e outros meios de difusão de dados;
IV. suspensão da companhia do Novo Mercado; e
V. saída compulsória do Novo Mercado.

Após o envio da decisão de aplicação de sanção pelo Diretor de Regulação de Emissores da B3, o responsável poderá interpor, no prazo de 15 dias, recurso à B3.

9.3.8 Índices

A B3 coleta, organiza e divulga uma série de informações sobre os índices que mostram o comportamento de todo o mercado ou de segmentos específicos. Os índices da B3 são indicadores de desempenho de um conjunto de ações, ou seja, mostram a valorização de determinado grupo de papéis ao longo do tempo.

Os principais índices divulgados são classificados em: amplos, setoriais e de segmento, de sustentabilidade e de governança.

Índices amplos	Criação	Característica
Índice Bovespa – **IBOVESPA**	1968	Ações que representam 80% do valor total negociado.
Índice Brasil – **IBrX – 100**	1995	100 ações mais líquidas do mercado à vista.
Índice Brasil 50 – **IBrX-50**	1997	50 ações mais líquidas do mercado à vista.
Índice Brasil Amplo – **IBrA**	2011	Engloba todos os papéis das empresas listadas na B3 que atendam aos critérios mínimos de liquidez.

Índices de segmento e setoriais	Criação	Característica
Índice Setorial de Energia Elétrica – **IEE**	1996	Ações mais líquidas do setor elétrico.
Índice Valor BM&FBovespa – **IVBX-2**	1999	50 ações de segunda linha mais líquidas a partir da 11ª mais líquida.
Índice do Setor Industrial – **INDX**	2006	Ações mais líquidas do setor industrial.
Índice BM&FBovespa Financeiro – **IFNC**	2004	Ações mais representativas dos setores de intermediários financeiros, serviços financeiros diversos, previdência e seguros.
Índice de Commodities Brasil – **ICB**	2004	*Commodities* – produto agrícola, pecuário ou florestal, metais ou energia– que tenha um contrato futuro na B3.
Índice de Dividendos BM&FBovespa – **IDIV**	2005	Ações de empresas que apresentaram os maiores retornos aos seus acionistas em termos de dividendos e juros sobre o capital (*dividend yields*).
Índice de Consumo – **ICON**	2006	Ações mais representativas dos setores de consumo cíclico e não cíclico.
Índice Imobiliário – **IMOB**	2007	Ações mais representativas dos setores: construção civil, intermediação imobiliária e exploração de imóveis.
Índice Midlarge Cap – **MLCX**	2008	Ações de empresas de maior capitalização que, em conjunto, representam 85% do valor de mercado total da bolsa.
Índice Small Cap – **SMLL**	2008	Ações de empresas de menos capitalização.
Índice de BDRs Não Patrocinados Global – **BDRX**	2010	BDRs não patrocinados negociados na B3 que possuam formador de mercado.
Índice de Fundos de Investimentos Imobiliários – **IFIX**	2010	Cotas de fundos de investimentos imobiliários listados nos mercados de bolsa e de balcão organizado da B3.
Índice Materiais Básicos – **IMAT**	2011	Ações mais líquidas dos setores de embalagens, madeira e papel, materiais diversos, mineração, químicos, siderurgia e metalurgia.
Índice Utilidade Pública – **UTIL**	2011	Ações mais líquidas do setor de utilidade pública, que inclui energia elétrica, água e saneamento e gás.
Índice Geral do Mercado Imobiliário – Comercial – **IGMI-C**	2011	Informações fornecidas voluntariamente por um grupo de participantes envolvendo investidores institucionais e empresas ligadas ao setor imobiliário.

Índices de sustentabilidade	Criação	Característica
Índice de Sustentabilidade Empresarial – **ISE**	2005	Aproximadamente 40 ações emitidas por companhias altamente comprometidas com sustentabilidade empresarial e responsabilidade social.
Índice Carbono Eficiente – **ICO2**	2010	Ações das companhias participantes do índice IBrX-50 que adotam práticas transparentes com relação a suas emissões de gases efeito estufa (GEE).

Índices de governança	Criação	Característica
Índice de ações com Governança Corporativa Diferenciada – **IGC**	2001	As ações das companhias listadas no Novo Mercado e nos Níveis 1 e 2 de Governança Corporativa.
Índice de Governança Corporativa Trade – **IGCT**	2005	Ações das companhias integrantes do segmento do IGC, composto pelas ações mais líquidas.
Índice de Ações com Tag Along Diferenciado – **ITAG**	2005	Ações das companhias que oferecem melhores condições aos minoritários no caso de alienação do controle.
Índice Governança Corporativa – Novo Mercado – **IGC-NM**	2006	Ações das companhias integrantes do segmento do IGC, composto pelas ações do Novo Mercado.

Índices de segmento	Criação	Característica
Índice Valor Bovespa – **IVBX-2**	1999	50 ações de segunda linha mais líquidas a partir da 11ª mais líquida.
Índice de Dividendos – **IDIV**	2005	Ações de empresas que apresentaram os maiores retornos aos seus acionistas em termos de dividendos e juros sobre o capital (*dividend yields*).
Índice Midlarge Cap – **MLCX**	2008	Ações de empresas de maior capitalização que, em conjunto, representam 85% do valor de mercado total da bolsa.
Índice Small Cap – **SMLL**	2008	Ações de empresas de menos capitalização.

Em função de sua relevância, serão detalhados o Ibovespa e o IBrX, já que são os índices mais utilizados pelo mercado.

Índice da Bolsa de Valores de São Paulo (Ibovespa)

O Ibovespa é o valor atual em moeda do país de uma carteira teórica de ações, a partir de uma aplicação hipotética, procurando aproximar-se da configuração real das negociações à vista, em lote padrão, na B3. É o mais representativo indicador brasileiro, pela sua tradição – não sofreu modificações metodológicas desde sua implementação, em 2-1-1968 – e também pelo fato de a Bovespa ser responsável pelo total transacionado no mercado de valores brasileiro.

A finalidade básica do Ibovespa é a de servir como indicador médio do comportamento do mercado acionário brasileiro. Para tanto, sua composição procura aproximar-se o máximo possível da configuração real das negociações à vista da B3.

O Ibovespa pode ser considerado um índice de retorno total, uma vez que sua metodologia prevê reaplicação de todos os ganhos auferidos pelos investidores no mercado, além da variação dos preços das ações.

Por ser o mercado brasileiro muito concentrado em poucas ações (de oito a dez ações representam 50% do volume negociado no mercado), o índice possui alto grau de concentração em sua composição.

A B3 calcula seu índice em tempo real, considerando instantaneamente os preços de todos os negócios efetuados no mercado à vista (lote padrão), com ações componentes de sua carteira. Sua divulgação é feita pela rede de difusão da B3 e também retransmitida por uma série de *vendors*, sendo possível, dessa forma, acompanhar *on-line* seu comportamento em qualquer parte do mundo.

Carteira teórica

⇨ Sua carteira é composta pelas ações que tiveram, nos últimos 12 meses, o maior índice de negociação.

⇨ Seu critério de seleção é feito com base na negociabilidade das ações no mercado à vista dos pregões da B3, selecionando, para a composição do índice, aquelas que representam uma negociabilidade mínima de 80% (ações do índice alcançaram 80% de participação acumulada em termos de número de negócios e volume financeiro; nos 12 meses anteriores, tiveram presença em pelo menos 80% das sessões de pregão), com predominância de ações preferenciais. Feito isso, monta-se uma nova carteira, atribuindo-se a cada ação um novo peso, segundo a distribuição de mercado, apurada pelo estudo de reavaliação do mercado.

⇨ As empresas que compõem o índice, aproximadamente de 70 a 100, são responsáveis, em média, por 70% do somatório da capitalização bursátil de todas as empresas negociadas.

⇨ Para que a representatividade do índice se mantenha ao longo do tempo, quadrimestralmente é realizada uma nova avaliação do mercado sempre com base nos 12 meses anteriores, para identificar as alterações na participação relativa de cada ação. Feito isso, monta-se uma nova carteira, atribuindo-se a cada papel um novo peso, segundo a distribuição de mercado, apurada pelo estudo de reavaliação.

⇨ Os direitos como os *splits*, pagamento de dividendos e distribuição de direitos à subscrição, geram ajustes no índice por meio da incorporação à carteira da ampliação das quantidades teóricas de ações que originaram esses direitos.

A metodologia de cálculo do Ibovespa é:

$$\text{Ibovespa}_t = \sum_{1-I}^{n} P_{(it)} \times Q_{(it)}$$

em que n = número total de ações componentes da carteira teórica.

$P_{(it)}$ = último preço da ação *i* no instante *T*.

$Q_{(it)}$ = quantidade teórica da ação *i* na carteira no instante *T*.

Índice Brasil (IBrX)

O Índice Brasil é um índice de preços que mede o retorno de uma carteira teórica composta por 100 ações selecionadas entre as mais negociadas na B3, em termos de número de negócios e volume financeiro, ponderadas no índice pelo seu respectivo número de ações disponíveis à negociação no mercado.

Arbitrariamente fixado em 1.000 pontos para a data de 28-12-1995, o IBrX teve sua divulgação iniciada em 2-1-1997. Com o objetivo de estabelecer seu valor inicial em 1.000 pontos, o valor de mercado da carteira foi ajustado por um redutor (coeficiente de ajuste).

O valor do índice é divulgado diariamente em tempo real e calculado utilizando-se o preço de fechamento observado nas transações realizadas no mercado à vista, com lotes padrões da B3.

Carteira teórica

⇨ A carteira teórica do índice tem vigência de quatro meses, vigorando para os períodos de janeiro a abril, maio a agosto e setembro a dezembro. Ao final de cada período, a carteira é reavaliada.

⇨ O redutor do índice será alterado sempre que necessário, para acomodar inclusões ou exclusões de ações na carteira, à época de seu rebalanceamento periódico ou quando ocorrerem ajustes decorrentes de proventos/eventos concedidos pelas empresas.

⇨ O peso específico de cada ação no índice poderá alterar-se ao longo da vigência da carteira, em função da evolução dos preços de cada ação e/ou da distribuição de proventos pela empresa emissora.

⇨ Quando da distribuição de proventos por empresas emissoras de ações pertencentes ao índice, efetuar-se-ão os ajustes necessários, de modo a assegurar que o índice reflita não somente as variações das cotações da ação, como também o impacto da distribuição dos proventos. Em função dessa metodologia, o IBrX é considerado um índice que avalia o retorno total (total return) das ações componentes de sua carteira.

A metodologia de cálculo do IBrX é:

$$IBrX_t = IBX_{(t-1)} \times \sum_{i=1}^{n} Qi_{t-1} \times Pi_t \ / \ \sum_{i=1}^{n} Qi_{t-1} \times Pi_{t-1}$$

em que $IBX_{(t)}$ = valor do índice no dia t.

$IBX_{(t-1)}$ = valor do índice no dia $t-1$.

n = número de ações integrantes da carteira teórica do índice (100).

Qi_{t-1} = quantidade teórica da ação i disponível à negociação no dia $t-1$.

Pi_t = preço da ação i no fechamento do dia t.

Pi_{t-1} = preço de fechamento da ação i no dia $t-1$.

9.3.9 Exchange Traded Funds (ETFs)

Os fundos de investimento em índice são conhecidos internacionalmente como *Exchange Traded Funds* (ETFs) e são regulados pela Instrução CVM nº 359, de 22-1-2002, no Brasil.

Exchange Traded Fund (ETF) é um fundo de investimento em índice com cotas negociáveis em bolsa. O ETF busca obter desempenho semelhante à *performance* de determinado índice de mercado e, para tanto, sua carteira replica a composição desse índice. Isso significa que, ao investir em um ETF, está investindo, ao mesmo tempo, em uma carteira de ações de diferentes companhias.

> - O ETF ou fundo de índice é um ativo vendido em bolsa como se fosse uma ação.
> - Na verdade, representa uma cesta de ações que busca acompanhar o desempenho de algum índice, como o Ibovespa.
> - Pode ser comprado pela Internet, via *home broker* das corretoras.

Os ETFs são exemplo de uma história de rápido sucesso internacional. Desde que o primeiro fundo autorizado surgiu no Canadá, em 1990, esse produto foi se desenvolvendo consideravelmente, em especial, nos Estados Unidos, onde o primeiro fundo foi autorizado a operar pela SEC, em 1993. Por volta do ano 2000, a ideia se internacionalizou definitivamente e surgiram ETFs em Hong Kong e na Alemanha.

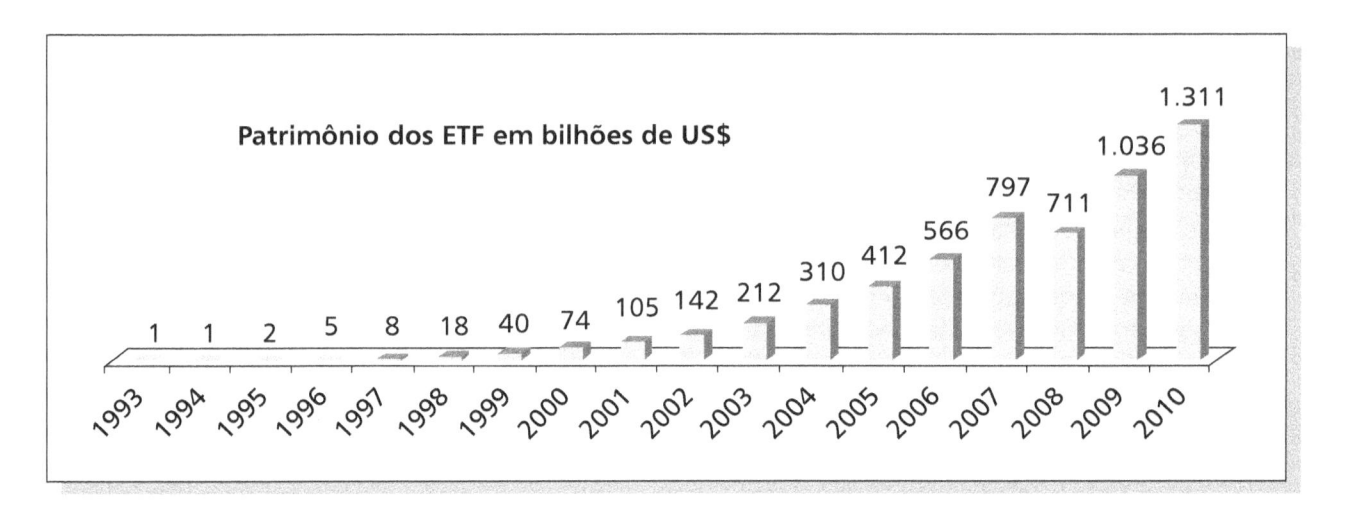

Patrimônio dos ETF em bilhões de US$

Ano	Valor
1993	1
1994	1
1995	2
1996	5
1997	8
1998	18
1999	40
2000	74
2001	105
2002	142
2003	212
2004	310
2005	412
2006	566
2007	797
2008	711
2009	1.036
2010	1.311

Fonte: *Revista Capital Aberto*, nº 90, fev. 2011.

Gráfico 9.1 *Crescimento do patrimônio dos ETFs na última década.*

Os ETFs são negociados no mercado secundário, da mesma forma que se faz com suas ações, ou mediante solicitação de emissão ou resgate de ETFs, desde que tais operações sejam feitas com os papéis que compõem a carteira teórica daquele índice ao qual o ETF é vinculado e de acordo com o regulamento específico de cada produto.

Quadro 9.6 *Vantagens e desvantagens dos ETFs.*

Vantagens	**Diversificação** Ao investir em um ETF, aplica-se, ao mesmo tempo, em uma cesta com ações de diferentes companhias que, juntas, reproduzem determinado índice, diminuindo, dessa forma, a probabilidade e o risco de perda quando optamos por negociar uma ação em especial.
	Baixo custo O custo da operação torna-se menor quando comparado à montagem da mesma carteira de ações por conta própria. Isso porque, para investir nas ações que compõem o índice, seria preciso comprar, nas devidas proporções, os componentes daquele índice, com os custos de negociação de cada operação. Além disso, para manter a mesma posição do índice, o investidor ainda teria que gerir, de forma bastante dinâmica, as proporções dos componentes desse índice.

Continua

Desvantagens	**Mobilidade** O investidor fica "preso" a todas as ações do índice. Caso ele veja risco em algum papel do índice referência, não pode se desfazer apenas do papel. Precisa sair do ETF.
	Taxas O investidor paga taxa de administração e corretagem.

Quadro 9.7 *As partes envolvidas nos ETFs.*

Bolsa de valores	Fornece a plataforma para listagem, a compra e a venda do ativo.
Gestor do fundo	Responsável pela gestão da carteira do fundo e por reaplicar a *performance* do índice de referência.
Administrador do fundo	Responsável pela administração do fundo e pela emissão e resgate das cotas do ETF.
Agentes autorizados	Corretora que pode emitir e resgatar lotes mínimos de ETFs, relacionando-se diretamente com o administrador do fundo. São esses agentes autorizados que os investidores devem procurar para investir em ETFs.
Formador de mercado	Corretoras presentes diária e continuamente no mercado com oferta de compra e venda, para, pelo menos, uma quantidade mínima de ETF por oferta e obedecendo a um *spread* máximo. Exercem um importante papel de dar liquidez ao produto. Na maioria das vezes, os formadores de mercado são também agentes autorizados.
Custodiantes	Assegura a guarda dos ETFs e dos ativos que o compõem, operacionaliza a emissão e o resgate das cotas.

A Instrução CVM nº 359/02, que trata dos fundos de índice, com cotas negociáveis em bolsa ou balcão organizado no Brasil, foi provavelmente a primeira regulamentação completa e específica relativa a ETFs no mundo. Ela foi construída sobre os seguintes pilares:

- proteção ao investidor, notadamente através da divulgação de informações;
- instrumentos para minimização de *tracking error*; e
- instrumentos para minimização de custos.

O PIBB é o primeiro fundo de índice da B3. Negociado como qualquer outro ativo do mercado, ele é formado por um conjunto de ações das maiores companhias abertas brasileiras. Os Papéis de Índice Brasil Bovespa (PIBB) obtiveram grande êxito em suas emissões, conforme nos mostra o Quadro 9.8.

Quadro 9.8 *Resultados das emissões de PIBB.*

Emissão	Resultados
1ª	• Participação de 26 mil investidores pessoa física • 80,43% de rentabilidade no período (25-7-2004 a 3-1-2006)
2ª	• Participação de 40,5 mil investidores pessoa física • 22,39% de rentabilidade no período (19-10-2005 a 3-1-2006)

As ações que compõem o PIBB são as mesmas que integram o IBrX-50, índice calculado pela Bovespa, que mede o retorno total de uma carteira teórica composta pelas 50 ações mais negociadas no mercado à vista, ponderadas de acordo com o seu valor de mercado e considerando o volume financeiro e o número de negócios realizados.

Dessa forma, o PIBB tende a acompanhar a rentabilidade do IBrX-50, e não somente de determinada ação do mercado. E é isso que confere ao produto a característica de investimento diversificado.

O acompanhamento do valor do PIBB é extremamente simples e baseia-se na pontuação do IBrX-50. O valor de um PIBB corresponde a aproximadamente o número em pontos do IBrX-50 dividido por 100. Por exemplo, se o IBrX-50 estiver em 3.000 pontos, o PIBB valerá cerca de R$ 30,00.

Atualmente, são 15 opções de ETFs disponíveis no Brasil:

Fundo	Qual o índice que acompanha
BOVA 11	Ibovespa
BRAX 11	IBrX-10
PIBB 11	IBrX-50
SMAL 11	Índice com as empresas de menor capitalização
FIND 11	Índice financeiro
ISUS 11	Índice de sustentabilidade empresarial
GOVE 11	Índice de governança corporativa
DIVO 11	Índice de dividendos
MATB 11	Comportamento das ações mais representativas dos setores de embalagens, madeira e papel, materiais diversos, mineração, químicos, siderurgia e metalurgia
ECOO 11	Índice carbono eficiente
BOVV11	Ibovespa
XBOV11	Ibovespa
BBSD11	Índice de dividendos
IVVB11	S&P 500
SPXI11	S&P 500

Questões para consolidação

1. Analise o processo de consolidação das bolsas regionais no Brasil.
2. Descreva a cronologia da origem da B3 a partir da Fundação da Bolsa Livre, em São Paulo, em 1890.
3. Analise o surgimento da Bovespa.
4. Como ocorreu a fusão da Bovespa Holding com a BM&F?
5. Analise a fusão da BM&FBovespa com a Cetip.
6. Como surgiu o nome B3?
7. O que é a B3 e qual o seu papel?
8. Como é composto o grupo B3?
9. Quais são os segmentos de produtos e serviços do grupo B3?
10. Descreva os mercados de atuação da B3.
11. Qual a diferença entre os mercados de bolsa e balcão da B3?
12. O que é o mercado de balcão organizado?
13. O que é a Soma?
14. Por que foi criado o Bovespa Mais?
15. Por que o mercado de bolsa da B3 é dividido em Novo Mercado, Nível 2, Nível 1 e Tradicional?
16. O que é e qual a finalidade do Novo Mercado?
17. O que é a Câmara de Arbitragem do Mercado (CAM)?
18. O que é governança corporativa?
19. O que diferencia os níveis do Novo Mercado?
20. Analise comparativamente os segmentos de listagem de ações da B3 sob o aspecto de compromissos de governança assumidos.
21. Quais são os principais índices divulgados pela B3 e como funcionam?
22. O que são os ETFs?
23. Analise comparativamente as vantagens e desvantagens dos ETFs.
24. Quais são os ETFs disponíveis no Brasil?

Teste de verificação

9.1. Com base na história das bolsas no Brasil, classifique a segunda coluna de acordo com o seguinte critério:

(1) 1845	( )	Criação da Bolsa de Valores do Rio de Janeiro
(2) 1890	( )	Criação da Bolsa de Fundos Públicos de São Paulo
(3) 1895	( )	Criação da Bolsa Livre
(4) 1967	( )	Criação da Bovespa
(5) 1985	( )	Criação da BM&F
(6) 1997	( )	Criação da Bolsa Brasileira de Mercadorias
(7) 2002	( )	Acordo entre BM&F e Bolsa Brasileira de Futuros
(8) 2007	( )	Criação da BM&FBovespa
(9) 2008	( )	Desmutualização das bolsas
(10) 2017	( )	Surgimento da B3

9.2. Com base no surgimento da B3, classifique a segunda coluna de acordo com o seguinte critério:

(1) Surgimento da Bovespa ( ) A operação de fusão que a resultou iniciou-se com a realização das assembleias gerais das duas instituições e finalizou com o desaparecimento da Cetip como uma entidade legal separada.

(2) Surgimento da BM&FBovespa ( ) Sua origem remonta a 23 de agosto de 1890, na Rua do Rosário número 2, com a fundação por Emílio Pestana da Bolsa Livre, uma entidade oficial corporativa.

(3) Fusão da BM&FBovespa com a Cetip ( ) Foi criada em 2008 a partir da fusão da Bolsa de Valores de São Paulo e da Bolsa de Mercadorias e Futuros.

9.3. Com base nas manipulações que podem ocorrer no mercado, classifique a segunda coluna de acordo com o seguinte critério:

(1) *Ramping* ( ) Prática de uma corretora de negociar um ativo baseado em informações produzidas por seu departamento de análise antes que seus clientes tenham recebido as recomendações.

(2) *Front Running* ( ) Influenciar o preço das ações de uma empresa e então tirar vantagem disso.

(3) *Painting the Tape* ( ) Quando um grupo de especuladores compra e vende um mesmo ativo entre si para criar uma atividade artificial no papel que acaba atraindo outros investidores desinformados sobre a manipulação.

(4) *Wash Trading* ( ) Prática de um mesmo especulador de comprar e vender ações de uma empresa por meio de duas corretoras diferentes.

9.4. São empresas do grupo B3, exceto:

( ) Banco B3 S.A.

( ) BM&F Inc.

( ) BM&FBovespa (UK) Ltd.

( ) Bolsa de Valores do Rio de Janeiro

( ) CVM.

9.5. Não são as principais razões que levaram à criação do Novo Mercado:

( ) Regulamentação insuficiente para proteger adequadamente o investidor nem garantir os fundamentos da boa governança.

( ) Investidores aplicavam descontos nas ações, por causa da falta de direitos e garantias.

( ) Empresas subavaliadas pelo mercado.

( ) Grande número de aberturas de capital em toda a década de 1990.

( ) Empresas subavaliadas pelo mercado.

9.6. São obrigações adicionais para as companhias abertas que aderirem ao Novo Mercado, exceto:

( ) Realização de ofertas públicas de colocação de ações por meio de mecanismos que favoreçam a dispersão do capital.

( ) Manutenção em circulação de uma parcela mínima de ações (25% do capital).

( ) Mandato unificado de 1 ano para todo o conselho de administração.

( ) Melhoria nas informações trimestrais.

( ) Obrigatoriedade de realização de uma oferta de compra de todas as ações em circulação, pelo valor contábil, nas hipóteses de fechamento do capital ou cancelamento do registro de negociação no Novo Mercado.

9.7. Com base nos compromissos adicionais nos níveis da B3, classifique a segunda coluna de acordo com o seguinte critério:

(1) Mercado Tradicional ( ) Adicionalmente, assumir compromissos de transparência.

(2) Nível 1 ( ) Adicionalmente, ter apenas ações ordinárias.

(3) Nível 2 ( ) Adicionalmente, assumir compromissos societários.

(4) Novo Mercado ( ) Atender à regulamentação.

9.8. Criado em setembro de 2000 pela B3, o Novo Mercado foi desenvolvido com o objetivo de estimular o interesse dos investidores e, ao mesmo tempo, valorizar companhias. Com base nessa afirmação, classifique a segunda coluna de acordo com o seguinte critério:

(1) Benefícios para os investidores ( ) Maior transparência nos processos.
(2) Benefícios para as empresas ( ) Mais respeito com seus direitos societários.
(3) Benefícios para o mercado ( ) Valorização das ações.
(4) Benefícios para o país ( ) Redução de risco.
( ) Fortalecimento do mercado de capitais.
( ) Melhoria na imagem institucional.
( ) Menor custo de capital.
( ) Aumento da liquidez.
( ) Aumento das emissões.
( ) Empresas mais fortes e competitivas.

9.9. Com base nos índices divulgados pela B3, classifique a segunda coluna de acordo com o seguinte critério:

(1) IBovespa ( ) É o mais importante indicador do desempenho médio das cotações do mercado de ações brasileiro, porque retrata o comportamento dos principais papéis negociados na Bovespa.

(2) IBrX ( ) Também é um índice setorial que mede o desempenho das ações do setor de telecomunicações.

(3) IBrX-50 ( ) Igual ao IBrX, diferenciando-se pela quantidade de ações acompanhadas, mede o retorno de uma carteira de ações composta pelas 50 ações mais negociadas.

(4) IEE ( ) Índice que mede o desempenho de uma carteira teórica composta por ações de empresas que apresentam bons níveis de governança corporativa.

(5) ITEL ( ) É um índice setorial que mede o desempenho das ações do setor elétrico.

(6) IGC ( ) Índice que mede o retorno de uma carteira hipotética construída exclusivamente por ações emitidas por empresas de excelente conceito perante os investidores, classificadas a partir da 11ª posição, tanto em termos de valor de mercado como de liquidez de suas ações.

(7) IVBX-2 ( ) Esse índice mede o retorno de uma carteira de ações integrada pelas 100 ações mais negociadas.

9.10. Com base nas partes envolvidas nos ETFs, classifique a segunda coluna de acordo com o seguinte critério:

(1) Bolsa de Valores

(2) Gestor do fundo

(3) Administrador do fundo

(4) Agentes autorizados

(5) Formador de mercado.

(6) Custodiantes.

( ) Fornece a plataforma para listagem, a compra e a venda do ativo.

( ) Responsável pela administração do fundo e pela emissão e resgate das cotas do ETFs.

( ) Responsável pela gestão da carteira do fundo e por reaplicar a *performance* do índice de referência.

( ) Corretoras presentes diária e continuamente no mercado com oferta de compra e venda, para, pelo menos, uma quantidade mínima de ETF por oferta e obedecendo a um *spread* máximo. Exercem um importante papel de dar liquidez ao produto.

( ) Assegura a guarda dos ETFs e dos ativos que o compõem, operacionaliza a emissão e o resgate das cotas.

( ) Corretora que pode emitir e resgatar lotes mínimos de ETFs, relacionando-se diretamente com o administrador do fundo. São esses agentes autorizados que os investidores devem procurar para investir em ETFs.

9.11. Com base nos tipos de ETFs negociados na B3 e seu índice de referência, classifique a segunda coluna de acordo com o seguinte critério:

(1) BOVA11   ( ) IBrX-100

(2) BRAX11   ( ) *MidLarge* Cap

(3) MILA11   ( ) Ibovespa

(4) FIND11   ( ) Índice imobiliário

(5) SMAL11   ( ) IBrX-50

(6) CSMO11   ( ) Índice de consumo

(7) MOBI11   ( ) Índice financeiro

(8) PIBB11   ( ) *Small Cap*

10

Negociações com Ações na B3

Conteúdo

10.1 Introdução
    10.1.1 Negociações
    10.1.2 Mercados disponíveis no segmento bolsas da B3
    10.1.3 Classificação das ações para investimento

10.2 Operações na BM&FBovespa
    10.2.1 Participantes
    10.2.2 Acesso aos sistemas de negociação e processamento de operações
    10.2.3 PUMA Trading System
    10.2.4 A câmara de ações
    10.2.5 O funcionamento do pregão e *after-market*
    10.2.6 Leilões no pregão eletrônico
    10.2.7 Liquidação das operações
    10.2.8 Custódia das ações

10.3 Formador de mercado

10.4 Operação *day trade*

10.5 Aluguel de ações – BTC

10.6 Custos e tributação das operações

Questões para consolidação

Teste de verificação

10.1 Introdução

10.1.1 Negociações

As negociações com ações no mercado brasileiro são realizadas através de mercado eletrônico, cujo principal objetivo é viabilizar a realização de operação de compra e venda de ações em mercado livre e aberto.

As características fundamentais das negociações são:

- legitimidade da compra e venda: para concretização das negociações, é necessário que o comprador deposite o numerário, o vendedor compareça com as ações e a corretora confirme a existência do valor negociado e a disponibilidade das ações para a venda;
- negócios devem ser realizados durante o pregão, no qual ocorrerá o encontro das ofertas de compra e venda das ações;
- pregão tem preços públicos: preços e quantidades apregoados devem ser de conhecimento geral e de forma instantânea para que possam determinar o valor venal das ações e sua liquidez;
- fechamento de negócio: ocorre quando as corretoras representantes do vendedor e comprador anunciam o "fechado", representando a conclusão formal do negócio.

A bolsa de valores estabelece normas e procedimentos a serem seguidos nas operações. Há um objetivo básico na regulamentação dos negócios na bolsa: permitir que os preços efetivamente reflitam as condições de oferta e procura. Daí surge a obrigatoriedade de se fechar o negócio ao melhor preço possível, permitindo-se a interferência, e também a pronta divulgação das operações e condições em que foram realizadas, de forma a permitir aos demais participantes avaliar as condições de mercado. O direcionamento compulsório para as bolsas dos negócios com ações de companhias nelas registradas é outra forma de aumentar a eficiência do processo de formação de preços.

Alguns princípios estabelecidos pela B3 devem ser observados no relacionamento entre as corretoras e seus clientes. Ver Figura 10.1.

1. probidade na condução das atividades;
2. zelo pela integridade do mercado, inclusive quanto à seleção de clientes e à exigência de depósito de garantias;
3. diligência no cumprimento de ordens e na especificação de comitentes;
4. diligência no controle das posições dos clientes na custódia, com a conciliação periódica entre:

    a) ordens executadas;

    b) posições constantes em extratos e demonstrativos de movimentação fornecidos pela entidade prestadora de serviços e custódia; e

    c) posições fornecidas pelas câmaras de compensação e de liquidação.
5. capacidade para desempenho das atividades;
6. obrigação de obter e apresentar a seus clientes informações necessárias ao cumprimento de ordens;
7. adoção de providências no sentido de evitar a realização de operações em situação de conflito de interesses e assegurar tratamento equitativo a seus clientes; e
8. suprir seus clientes, em tempo hábil, com documentação dos negócios realizados.

Figura 10.1 *Princípios para o relacionamento entre as corretoras e seus clientes.*

O sistema de negociação eletrônica, regulado, controlado e fiscalizado pela bolsa, compreende as operações de compra e venda a vista de ações e de opções sobre ações, bem como índices de ações, realizadas pelas corretoras credenciadas e também as registradas através de conexões eletrônicas.

O acompanhamento dessas operações pode ser realizado por meio de:

- terminais da bolsa de valores;
- serviços de informação (Bloomberg, Investnews, Broadcast, CMA etc.);
- **sites** da internet;
- boletim diário de informações da bolsa de valores; e
- jornais de grande circulação.

Em 29 de março de 1999, entrou em operação o *home broker* com um novo conceito de atendimento e de realização de negócios no mercado acionário brasileiro. O *home broker* é um ambiente de internet desenvolvido para investidores pessoas físicas acessarem o mercado de ações e de opções. Essa ferramenta possibilita ao investidor, previamente cadastrado em uma corretora de valores, emitir ordens de compra e venda desde que ele esteja conectado à internet. O *home broker* está interligado ao sistema de negociação da Bovespa e permite que sejam enviadas ordens de compra e venda de ações através do *site* da corretora. Para negociar via *home broker*, é necessário ser cliente de uma corretora-membro da B3 e que a corretora disponha do sistema.

Os investidores que têm acesso ao *home broker* ou utilizam a conexão automatizada podem acompanhar as ofertas no mercado em tempo real.

As negociações com ações em bolsa de valores requerem a intermediação das sociedades corretoras de títulos e valores mobiliários, credenciadas para executar as ordens de compra e venda de seus clientes em pregão. Para a execução dessas ordens, cada corretora-membro possui operadores dentro do pregão e terminais de computador interligados aos sistemas de bolsa.

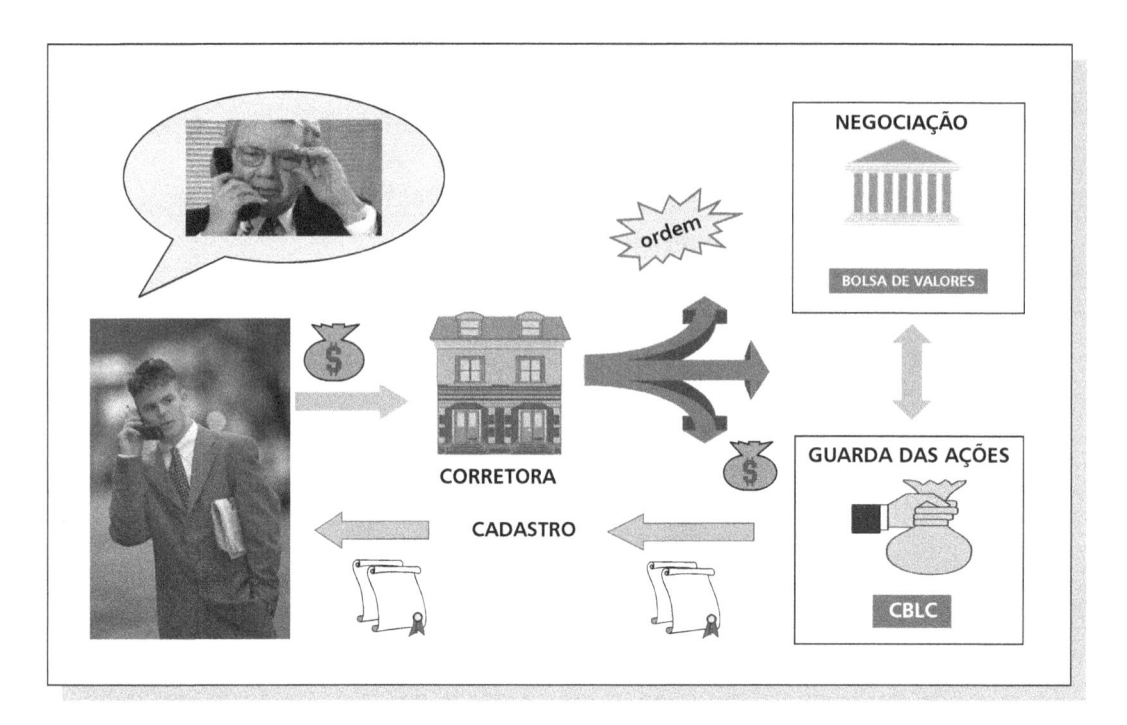

Figura 10.2 *Fluxo da operação de compra de ações.*

10.1.2 Mercados disponíveis no segmento bolsas da B3

Os mercados disponíveis na Bovespa	
À vista	Nesse mercado são realizadas as operações de compra e venda de ações emitidas pelas empresas abertas e admitidas à negociação na Bovespa, com prazo de liquidação física e financeira fixado nos regulamentos e procedimentos operacionais da Câmara de Liquidação.
A termo	A negociação a termo é a compra ou venda de determinada quantidade de ações, a um preço fixado, para liquidação em data determinada ou a qualquer momento, a critério do comprador. Os prazos aceitos para a operação a termo são de no mínimo 16 dias e no máximo 999 dias corridos. Existe na Bovespa o termo flexível, em pontos e em dólar.
Futuro	Na negociação futura, as partes acordam a compra e venda de ações individuais a determinado preço para liquidação em certa data futura. Nesse mercado existe um mecanismo de ajuste diário, a margem, para minimizar o risco a que estão expostos os participantes.
De opções	Nesse mercado, ao comprar uma opção, o participante adquire o direito de comprar ou vender determinado lote de ações com preços de exercício e prazos preestabelecidos em um contrato. A bolsa lança séries de opções (Ibovespa, Ibovespa mini, IBrX 50, IGP-M, dólar e CDI) com preços de exercício e prazos diferentes.

O mercado à vista

O mercado à vista é onde se realizam operações de compra e venda de ações emitidas pelas empresas abertas registradas em bolsa.

> Uma operação é considerada à vista quando ocorre uma compra ou venda, em pregão, de determinada quantidade de ações para liquidação imediata (D + 3).

A principal característica do mercado à vista é a cotação atual dos preços das ações com liquidação em três dias úteis (D + 3). Ou seja, a liquidação física (entrega de títulos vendidos) se processa no segundo dia útil após a realização do negócio em bolsa e a liquidação financeira (pagamento e recebimento do valor da operação) se dá no terceiro dia útil posterior à negociação, e somente mediante a efetiva liquidação física.

As ações são negociadas em pregão através de códigos. O código de uma ação é constituído por quatro letras, seguidas de um número que representa o tipo da ação. Um exemplo da codificação adotada no mercado à vista pode ser visualizado na Tabela 10.1.

Tabela 10.1 *Codificação adotada para algumas espécies/classes de ações da Vale.*

Tipo do ativo	Número	Exemplo
Direitos ordinários	01	VALE1
Direitos preferenciais	02	VALE2
Ações ordinárias	03	VALE3
Ações preferenciais	04	VALE4
Ações preferenciais classe A	05	VALE5
Ações preferenciais classe B	06	VALE6
Ações preferenciais classe C	07	VALE7
Ações preferenciais classe D	08	VALE8
Recibos ordinários	09	VALE9
Recibos preferenciais	10	VALE10

Lote de negociação no mercado à vista

Nos mercados administrados pela B3, os negócios são realizados em lote-padrão, que é a quantidade de ativos estabelecida pela B3 para cada ativo-objeto de negociação em seus mercados ou seus múltiplos, e, no mercado à vista, também em lote fracionário, que é a quantidade inferior ao seu lote-padrão.

> **As ações são negociadas em lotes-padrão (e seus múltiplos) e lotes fracionários (em quantidades inferiores a esse lote).**

Lote-padrão é a quantidade de ações estabelecida pela empresa e divulgada periodicamente pela bolsa para cada tipo de ação negociada em seus mercados. Os lotes podem ser:

- unitário;
- de 100 ações;
- de 1.000 ações;
- de 10.000 ações; e
- de 100.000 ações.

As compras de lotes fracionários geralmente ocorrem quando se deseja comprar uma quantidade superior ou inferior ao lote-padrão. Se, por exemplo, você não deseja comprar um lote-padrão de 100 ações, mas, sim, um lote de 150 ações, deverá usar o mercado fracionário. Nesse caso, o lote-padrão, ou seja, as 100 ações serão negociadas no mercado integral e as 50 restantes, no fracionário. A codificação dos ativos para lotes fracionários segue a codificação utilizada no mercado à vista acrescida da letra F no final do código de negociação; por exemplo, VALE3F e VALE5F.

As negociações que envolvem lotes fracionários são processadas em separado e não interferem nos negócios realizados com lotes-padrão e seus múltiplos inteiros.

10.1.3 Classificação das ações para investimento

A definição da forma de investimento em ações está relacionada a algumas variáveis importantes e específicas:

- montante a ser investido;
- disponibilidade para acompanhamento; e
- conhecimento sobre o mercado.

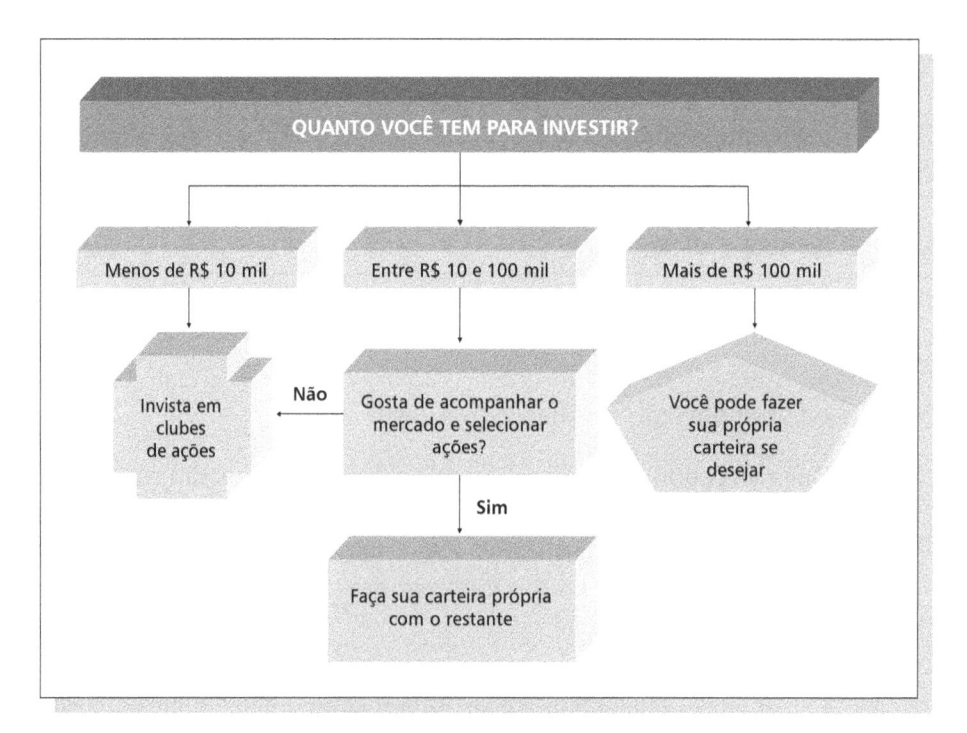

Figura 10.3 *Simulação da escolha da forma de investimento em ações.*

Já a escolha de ações geralmente é feita levando-se em consideração diversos aspectos. Entre eles, destacamos:

- **facilidade de comprar ou vender:** líquidos e estreitos;
- **papel de troca de mão:** baixa ou alta rotação;
- **estabilidade dos preços:** voláteis e pouco voláteis; e
- **liquidez do valor:** *blue chips* ou 1ª linha, 2ª linha, 3ª linha.

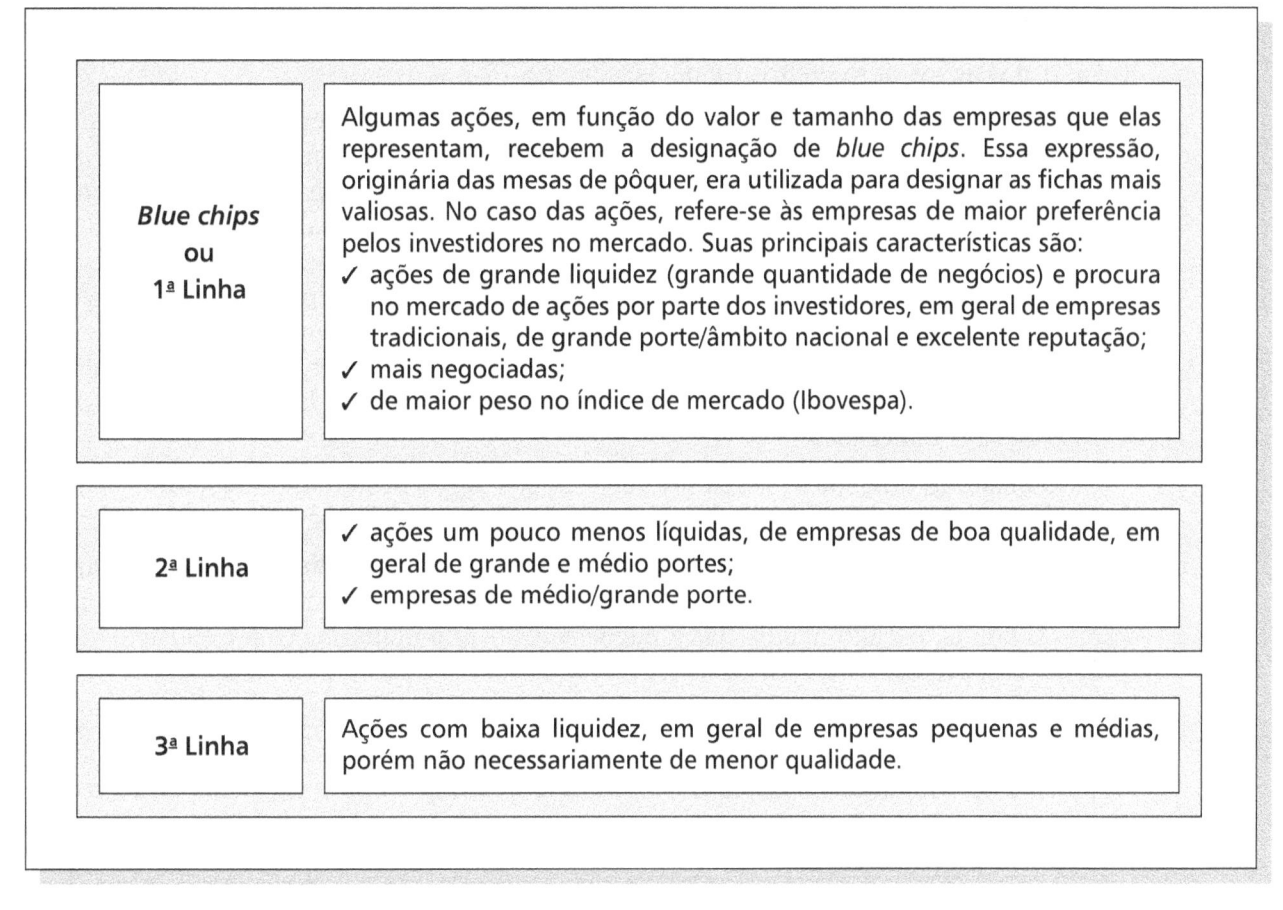

Blue chips ou 1ª Linha	Algumas ações, em função do valor e tamanho das empresas que elas representam, recebem a designação de *blue chips*. Essa expressão, originária das mesas de pôquer, era utilizada para designar as fichas mais valiosas. No caso das ações, refere-se às empresas de maior preferência pelos investidores no mercado. Suas principais características são: ✓ ações de grande liquidez (grande quantidade de negócios) e procura no mercado de ações por parte dos investidores, em geral de empresas tradicionais, de grande porte/âmbito nacional e excelente reputação; ✓ mais negociadas; ✓ de maior peso no índice de mercado (Ibovespa).
2ª Linha	✓ ações um pouco menos líquidas, de empresas de boa qualidade, em geral de grande e médio portes; ✓ empresas de médio/grande porte.
3ª Linha	Ações com baixa liquidez, em geral de empresas pequenas e médias, porém não necessariamente de menor qualidade.

Figura 10.4 *Classificação segundo a liquidez.*

10.2 Operações na B3

10.2.1 Participantes

Brokers brasileiros

No Brasil, as operações de compra e venda realizam-se sempre com a intervenção de um membro do mercado – Sociedade Corretora de Títulos e Valores Mobiliários –, independentemente da via utilizada para emitir a ordem.

Quando compramos ações, não estamos entregando nosso dinheiro para alguém administrar. O que fazemos é utilizar os serviços de um membro do mercado autorizado para introduzir no computador central da bolsa nossa ordem para que se execute. Isso significa que, executada a compra ou venda, o prestador de serviço nos remeterá um documento no qual figuram o valor comprado, o número de ações, o preço de compra e os gastos da operação. A entidade cobra, ademais, uma quantia, que varia de acordo com a política de cada corretora, pela custódia dos valores. Alguns prestadores de serviço remetem relatórios mensais do valor atual das ações depositadas, e outros informam a seus clientes quando há alguma ampliação de capital em que haja desembolso. Vendem os direitos das ampliações de capital com prêmio de emissão, caso não sejam dadas ordens contrárias; exercem em nosso nome as ampliações gratuitas, se houver; e depositam em nossa conta os dividendos pagos pelas empresas. Ao final do exercício, remetem uma relação das operações para o pagamento do IR e o valor das ações para efeitos de declaração do IR.

Ao contrário da intermediação financeira, na prestação de serviço pelas instituições financeiras operadoras não se solucionam problemas entre as partes, como divergência de magnitudes e prazos e o risco envolvido. Elas limitam-se a executar as ordens de compra e venda emitidas pelos clientes. Tal fato não diminui sua importância no processo, já que são elas as primeiras a entrar em contato com os clientes, e em sua relação assumem o papel de orientadoras e consultoras sobre o mercado em que atuam. Além disso, as instituições financeiras operadoras contam com profissionais qualificados para prestar toda a assessoria necessária, esclarecendo suas dúvidas, fornecendo informações precisas para que você obtenha os melhores resultados e fazendo o acompanhamento de suas aplicações.

No Brasil, os principais prestadores de serviços são as Sociedades Corretoras de Títulos e Valores Mobiliários e as Sociedades Distribuidoras de Títulos e Valores Mobiliários.

As Sociedades Corretoras de Títulos e Valores Mobiliários são instituições financeiras membros das bolsas de valores, credenciadas pelo Banco Central, pela CVM e pelas próprias bolsas, e estão habilitadas a negociar valores mobiliários com exclusividade no pregão das bolsas.

A principal diferença entre as atividades das Sociedades Corretoras de Títulos e Valores Mobiliários e das Sociedades Distribuidoras de Títulos e Valores Mobiliários, conforme apresentado no Quadro 10.1, era a habilitação para negociar diretamente na bolsa de valores. Essa proibição nasceu com a Lei nº 4.728, de 1965, e foi regulamentada por resolução do Conselho Monetário Nacional. Com a Decisão-Conjunta nº 17, em março de 2009, do Banco Central e da Comissão de Valores Mobiliários, as Sociedades Distribuidoras de Títulos e Valores Mobiliários foram autorizadas a operar diretamente nas bolsas de valores.

Quadro 10.1 *Comparação das atividades das corretoras e distribuidoras no mercado acionário.*

Itens	Corretoras	Distribuidoras
Autorização de funcionamento	Bacen e CVM.	Bacen e CVM.
Negociações na Bovespa	Habilitadas.	Não habilitadas.
Agente fiduciário	Exercem as funções.	Exercem as funções.
Subscrição de títulos	Subscrevem emissões.	Subscrevem emissões.
Compra e venda de títulos e valores mobiliários	Operam por conta própria e de terceiros.	Operam por conta própria e de terceiros.

Continua

Itens	Corretoras	Distribuidoras
Carteiras de títulos e valores mobiliários	Encarregam-se da administração e da custódia.	Encarregam-se da administração e da custódia.
Fundos e clubes de investimento	Instituem, organizam e administram.	Instituem, organizam e administram.
Emissão de títulos	Certificados de depósito de ações e cédulas pignoratícias de debêntures.	–

Quadro 10.2 *Comparação das atividades das corretoras e assets no mercado acionário.*

Itens	Corretora	Asset
Vinculações	• Corretoras também.	• *Assets* são empresas independentes ou vinculadas a um grande banco.
Funções	• As corretoras negociam ações. São intermediários de investimento nos quais o investidor pode ter alguma independência, como, por exemplo, negociar ações diretamente pelo *home broker* sem tutela de corretoras.	• As *assets* têm como função administrar investimentos – em sua maioria são fundos – e gerar valor ao cliente. • Oferecem produtos que abrangem desde renda fixa até a variável.
Remuneração	• Cobra taxa de corretagem e de custódia.	• Cobra taxa de administração e/ou de *performance* sobre o rendimento obtido.

O relacionamento cliente-corretora-bolsa necessita ser especialmente formal, para conferir às operações a segurança essencial à sua legitimação. Tal formalidade justifica-se tendo em vista que as corretoras operam por conta e ordem do cliente. Ao lado desse formalismo, verifica-se o informalismo nas relações pessoais entre clientes e corretoras, caracterizado por um diálogo que deve ser franco e esclarecedor, para que haja sempre a interpretação correta das decisões de investimento.

Para se tornar cliente de uma corretora, o investidor preenche uma ficha cadastral e recebe a cópia da política de atuação da corretora.

Além da ficha cadastral, o cliente outorga procuração à bolsa de valores por meio de sua corretora para representá-lo e comparecer em seu nome no exercício de direitos ou compra e venda de ações. Para poderem operar nos mercados futuros e de opções, os clientes devem celebrar contratos especiais.

Para comprar ações, o primeiro passo é a abertura de uma conta de valores numa Sociedade Corretora de Títulos e Valores Mobiliários ou numa Sociedade Distribuidora de Títulos e Valores Mobiliários. A essas entidades emitiremos nossas ordens de bolsa, seja através de contatos pessoais, via telefone, fax ou internet.

Através dessa conta se administrará a carteira de valores do investidor (compras, vendas, subscrições, dividendos, juros de capital etc.). Ligados a essa conta estarão os movimentos financeiros em efetivo que acompanham as operações do mercado.

Quando o investidor assina o contrato de abertura dessa conta, deve assegurar-se das corretagens que serão cobradas e do tipo de serviço que compreende sua relação com os prestadores de serviço.

Além da mera administração dos valores, o investidor pode desejar um nível de assessoramento superior, pelo que os prestadores de serviço oferecem a possibilidade de firmar contratos de gestão, através dos quais o prestador de serviço decidirá a compra e venda de valores concretos, em função do comportamento do mercado e do perfil de investimento estabelecidos pelo cliente. Nesse caso, além da corretagem poderá ser cobrada uma taxa de *performance* com base em algum indexador, como, por exemplo, Ibovespa ou CDI.

Em qualquer caso, o cliente deve receber uma informação mínima de seu assessor financeiro (prestador de serviço): detalhamento das operações executadas, direitos sobre as ações, operações financeiras que os afetem e composição e valorização periódica da carteira.

Além das diretrizes para seleção de investimentos, as corretoras prestam uma série de serviços a investidores e empresas, tais como:

- intermediação de operações de câmbio; e
- assessoria a empresas na abertura de capital, emissão de debêntures conversíveis em ações, renovação do registro de capital etc.

Elas é que determinam quais são as ações mais promissoras no momento e quais se ajustam às características de seu cliente. A instituição tem que procurar conhecer bem as necessidades de seus clientes (perfis) para saber o que melhor lhes convém. Parte desse conhecimento vem das informações fornecidas na ficha cadastral, cujo preenchimento é obrigatório.

Os títulos e as ações que entram na custódia da bolsa são acompanhados de uma guia de depósito de valores, emitida pela corretora, identificando o cliente pelo seu código.

Quando o cliente não deseja manter as ações em custódia, a corretora envia-lhe as ações, acompanhadas de uma guia de entrega de ações, que especifica os títulos entregues.

Quando a custódia das ações está na bolsa e o cliente deseja movimentar suas ações, a bolsa emite documento de retirada de títulos.

Quadro 10.3 *Principais perfis com suas respectivas características.*

Perfil	Características
Conservador	- Objetivo de investimento é a preservação de seu capital. - Investimentos em ativos de baixíssimo risco. - Busca aconselhamento financeiro especializado para tomar decisões. - Tem pouca informação sobre os mercados e as alternativas de investimento. - Geralmente concentra seus investimentos em renda fixa. - Frente à oscilação negativa no valor do investimento, o abandona imediatamente.
Moderado	- Objetivo de investimento é o crescimento moderado de seu capital. - Horizonte de tempo de seus investimentos é de médio a longo prazo. - Maior parte dos investimentos em ativos de baixo risco e uma pequena parte para diversificação. - Pesquisa e busca aconselhamento financeiro para tomar decisões. - Frente à oscilação negativa no valor do investimento permanece, mas analisa a situação.
Agressivo	- Objetivo de investimento é o crescimento elevado de seu capital. - Horizonte de tempo de seus investimentos é de longo prazo. - Pode concentrar até 60% dos investimentos em renda variável. - Entende o funcionamento dos mercados e suas alternativas de investimento, sentindo-se seguro para tomar decisões. - Aceita as oscilações negativas no valor de sua carteira, contando com ganhos no longo prazo.

A corretora, depois de recebida a ordem de compra ou venda de seus clientes, encarrega-se de executá-la no pregão. Para isso ela mantém, no recinto de negociação, operadores habilitados.

São admitidos à negociação apenas os títulos e os valores mobiliários registrados na bolsa: ações de sociedades anônimas (devidamente registradas na CVM com todas as exigências legais e cujas empresas emissoras tenham cumprido as exigências da bolsa de valores) e títulos públicos federais e estaduais.

Investidores

Todas as transações em bolsa são realizadas por investidores que, por diferentes motivos, buscam retornos acima da média de um título de renda fixa. Durante sua atuação na bolsa, os investidores podem adotar as seguintes posturas:

Investidores
são indivíduos ou instituições que aplicam recursos em busca de ganhos a médio e longo prazo, que operam nas bolsas por meio de corretoras e distribuidoras de valores, as quais executam suas ordens e recebem corretagens pelo seu serviço.

Especulador
apesar de muitas críticas, o especulador é uma figura fundamental para garantir a liquidez dos mercados.

Manipulador
muito mais presente em situações anteriores, no mercado acionário brasileiro, do que hoje em dia, o manipulador é hoje punido severamente pela CVM. Esta figura tem como meta comandar operações de variações de preço de acordo com seu objetivo de ganho.

Insider
esse investidor detém informações privilegiadas sobre a empresa, podendo se antecipar ao mercado nas compras e vendas de ações. Atualmente, a CVM está atenta a este tipo de aproveitador de ocasiões, de forma a controlar e proibir a sua existência.

Especialista
especialista em determinado papel ou grupo de papéis, que compra e vende contra o mercado quando o preço está se movendo em uma direção. Ele não tem como função controlar preços, mas buscar manter o preço do papel da forma mais ordenada. De certa maneira, ele aumenta a liquidez dos títulos.

Hedger
devido às sofisticadas operações envolvendo mercado à vista e derivativos, pode-se obter proteção contra determinadas oscilações.

10.2.2 Acesso aos sistemas de negociação e processamento de operações

No geral, há duas formas de os investidores acessarem os sistemas de negociação da B3: o acesso intermediário e o acesso direto patrocinado.

- Acesso intermediário: também conhecido como acesso via mesa, é o meio pelo qual o investidor relaciona-se com uma corretora. Da mesa da corretora, um profissional da corretora insere as ordens a pedido do investidor.
- Acesso direto patrocinado (direct market access – DMA): permite que o investidor final, sob a sua responsabilidade, tenha acesso direto ao ambiente eletrônico de negociação na bolsa. No acesso direto patrocinado, o investidor pode enviar suas próprias ofertas ao sistema de negociação e receber, em tempo real, as informações de mercado, incluindo o livro de ofertas.

O acesso direto ao mercado representa o acesso direto ao ambiente eletrônico de negociações em bolsa. Ele é autorizado por uma corretora e permite ao investidor enviar suas próprias ofertas ao PUMA e receber, em tempo real, informações sobre o mercado, incluindo o livro de ofertas do pregão.

O acesso direto ao mercado pode ser oferecido pela corretora a qualquer investidor, sendo exclusivamente da corretora a decisão e responsabilidade sobre tal outorga.

O acesso direto ao mercado atende a investidores que fazem muitos negócios em curtíssimo espaço de tempo, conhecidos como de alta frequência, ou *high-frequency trader* (HFT). As operações de altíssima velocidade de compra e venda de ações foram autorizadas pela CVM em agosto de 2010 e iniciaram na B3 em setembro desse mesmo ano.

Há quatro tipos de conexões de acesso direto ao mercado: o DMA 1, em que o cliente é conectado à corretora; o DMA 2, em que a conexão é provedora de serviço de roteamento; o DMA 3, que conecta o investidor diretamente à bolsa; e o DMA 4, também conhecido como *colocation*, em que o envio de oferta é feito a partir de um *software* instalado em um servidor hospedado no Centro de Processamento de Dados da B3.

Tipos de DMA	Características
Tradicional	As ordens enviadas pelo cliente trafegam pela infraestrutura tecnológica da corretora antes de alcançar o sistema eletrônico. Nesse caso, pode-se ter as seguintes situações: • cliente se conecta diretamente à infraestrutura tecnológica da corretora e esta à bolsa; e • cliente se conecta a uma empresa prestadora de serviço de DMA, essa empresa se conecta à corretora e esta, por fim, à bolsa.
Via provedor	O cliente conecta-se à empresa provedora de DMA, enquanto esta se conecta à bolsa, mantendo-se o vínculo entre cliente e corretora. A provedora de DMA pode ter sua estrutura instalada no centro de processamento de dados da bolsa.
Via conexão direta	Essa modalidade consiste no envio de ofertas via conexão direta do cliente à bolsa, sem utilização da estrutura tecnológica intermediária, mas mantendo, também, o vínculo entre o cliente e a corretora.
Via conexão direta – *colocation investidor*	As ordens do cliente são geradas por *software* instalado em equipamento hospedado no centro de processamento de dados da bolsa, com acesso remoto do cliente a seu equipamento para fins de configuração de parâmetros, monitoramento e manutenção. Sem perder o vínculo entre o cliente e a corretora.

10.2.3 PUMA Trading System

Durante muitos anos, a associação entre bolsa de valores e a gritaria dos operadores era recorrente. No entanto, o chamado pregão viva voz foi extinto no final do ano de 2005, quando foi substituído por um sistema totalmente eletrônico, o Mega Bolsa.

Recordando o histórico da evolução das negociações com ações em bolsa, até 1990 a Bovespa oferecia ao mercado somente o viva voz como forma de negociação. A partir de 1990, passa a existir o sistema de negociação CATS, implantado inicialmente para alguns papéis menos líquidos do mercado. Em 1993 é disponibilizada a plataforma CATS em ambiente Windows, conhecida como WINCATS. Em 1995, a Bovespa decide melhorar seu sistema de negociação, adquirindo o sistema de negociação da SBF – Paris. Em 1997, o Mega Bolsa é implantado e, a partir desse sistema, muitas novas opções de negociação ficam disponíveis ao mercado.

O Mega Bolsa era um dos mais avançados sistemas referentes à bolsa de valores do mundo, em sua época, com tempo de resposta médio é inferior a um segundo, o que tornava todo o procedimento muito ágil, seguro e transparente.

Ele foi implantado em 1997, e as ofertas de compra ou venda de ações eram realizadas por terminais de computador, havendo um encontro automático dessas ofertas.

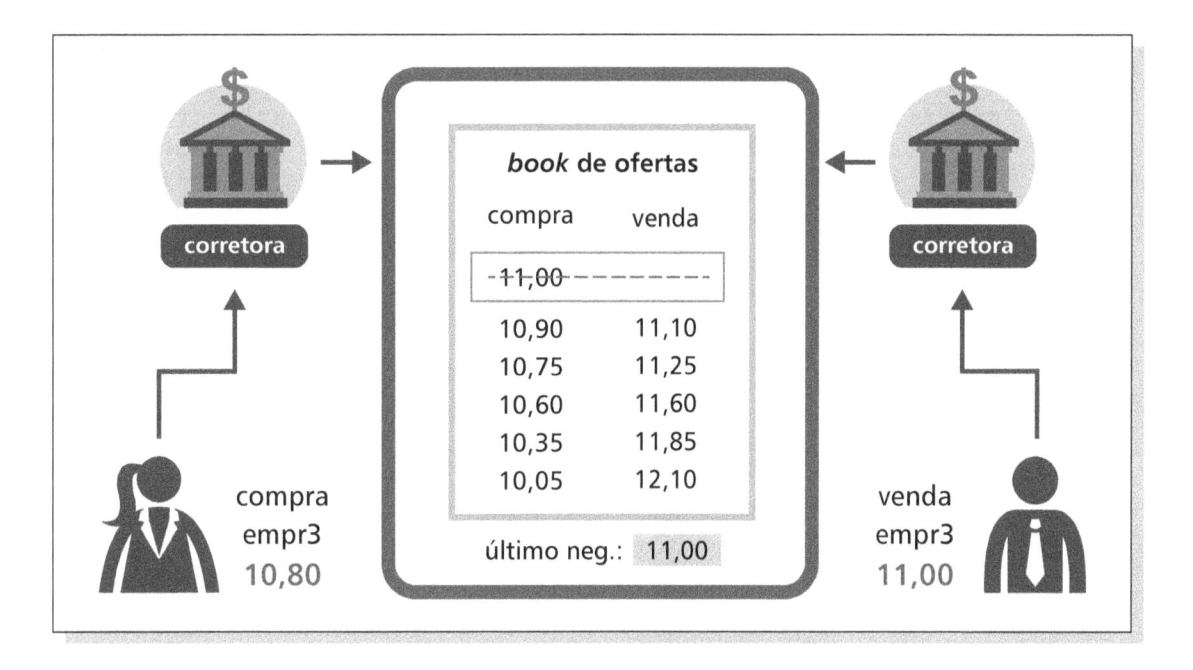

Figura 10.5 *Exemplo de encontro automático das ordens no Mega Bolsa.*

O Mega Bolsa gerenciava as negociações realizadas pelas instituições que operavam na BM&FBovespa. Em maio de 2009, a BM&FBovespa concluiu a implantação da nova versão do Mega Bolsa (v900). A instalação dessa nova versão fazia parte dos esforços em aumentar a velocidade das operações, que levavam 290 milissegundos, para 170 milissegundos, bem como a negociação via *colocation*. O *colocation* significa a possibilidade de participantes do mercado instalarem em seus computadores *softwares* de negociação dentro da própria bolsa (algoritmos), os quais gerarão, automaticamente, ordens de compra e venda que serão enviadas diretamente ao sistema, sem a necessidade de trafegar em ambientes de rede externos aos da bolsa.

Em 2010, foi firmado um contrato de tecnologia com o CME Group segundo o qual as partes desenvolveram em conjunto uma nova plataforma eletrônica de negociação, o PUMA Trading System, que contemplava sob uma mesma infraestrutura todos os segmentos de negociação existentes na BM&FBovespa, substituindo as antigas plataformas GTS e Mega Bolsa.

> **O PUMA Trading System, desenvolvido conjuntamente com o CME Group, é a plataforma eletrônica de negociação responsável pelo processamento da negociação nos mercados de ações, derivativos, câmbio pronto e renda fixa privada.**

O objetivo foi transformar várias plataformas de negociação em uma só, mantendo tecnologia avançada, reduzindo significativamente a latência e aumentando em até trinta vezes a velocidade de processamento de ofertas. A melhoria operacional trazida pelo PUMA pode ser vista na Tabela 10.2, que mostra um comparativo das estatísticas dos dois sistemas.

Tabela 10.2 *Estatísticas de operações no segmento BOVESPA após substituição do Mega Bolsa.*

	Mega Bolsa	PUMA
Performance (latência média*)	30 ms	< 1 ms
Desvio-padrão**		370 µs
Mensagens por dia	20 milhões	200 milhões

* Tempo entre o envio e a execução de uma ordem.
** Distância da média de tempo em que uma operação é executada.

A substituição do Mega Bolsa iniciou-se em 29 de agosto de 2011 com a migração para o PUMA de instrumentos do GTS, que envolve os contratos de câmbio, derivativos financeiros e índice de ação, e finalizou-se em 24 de outubro de 2011. Durante os meses de julho e agosto de 2012, foi realizada a validação do mercado (certificação) e testes/implantação com sessões de negociação simulada pelos participantes, para testar suas funcionalidades. Em 2013 ocorreu a implantação do módulo de ações do PUMA, e no primeiro semestre de 2014 foi finalizada a construção do novo Data Center da Bovespa e teve início a operação da plataforma IBalcão, bem como a implantação da fase de derivativos.

A substituição do Mega Bolsa pelo PUMA trouxe benefícios como:

- melhoria no desempenho do sistema;
- simplicidade do acesso, com a unificação do cadastro de operadores para todos os segmentos;
- atualização tecnológica; e
- negociação de diferentes classes de instrumentos em uma mesma plataforma.

Além dos benefícios já citados, o PUMA trouxe também novas funcionalidades e impactos para os negociadores:

- novos tipos de ofertas (oferta a mercado com proteção, oferta STOP com proteção, oferta a mercado durante o *call* de fechamento);

- nova fase de negociação – fase Pause (cancelamento de ofertas sem o risco de fechamento de negócios);
- novos limites e bandas de preços (limite intradiário, banda de rejeição, banda de volatilidade), resultando em maior proteção ao mercado;
- novos tipos de estratégias operacionais (UDS);
- acionamento automático de leilão; e
- limite de prorrogações de leilão e fechamento randômico.

A plataforma PUMA é prática, simples e funcional, na medida em que atende o investidor individual, que acessa vários segmentos em um só ambiente, e também grandes investidores institucionais – incluindo os de alta frequência (HFTs) –, que precisam de agilidade e baixa latência em tempo integral. Vale o registro de que, apesar de todas as mudanças, as telas da plataforma PUMA mudaram muito pouco em relação ao que já existia, de modo a causar o menor impacto para quem opera o dia a dia.

10.2.4 A câmara de ações

Para facilitar o processo de negociação das ações em bolsas de valores, é necessário que elas estejam custodiadas numa central de liquidação e custódia. Esse procedimento facilita a transferência de posse e propriedade das ações mediante um sistema de débito e crédito de contas que os clientes possuem nessas centrais.

As câmaras de liquidação e custódia têm por objetivo básico assegurar para o sistema brasileiro de bolsas de valores um serviço de liquidação isento e confiável. Visam, ainda, a uma custódia especialmente projetada para reduzir os custos de manuseio e processamento de títulos por parte dos intermediários financeiros que servem ao público investidor, aumentando a velocidade, precisão e segurança das operações em bolsas, preservando a titularidade dos ativos nelas negociados.

No Brasil existiam duas empresas que realizavam essas operações de liquidação e custódia de títulos no mercado de capitais:

- Companhia Brasileira de Liquidação e Custódia (CBLC), associada à Bolsa de Valores de São Paulo; e
- Câmara de Liquidação e Custódia S.A. (CLC), associada à Bolsa de Valores do Rio de Janeiro, sendo também a responsável pela liquidação das operações realizadas nas demais bolsas regionais.

Após a fusão da Bolsa de Valores do Estado de São Paulo (Bovespa) com a Bolsa de Valores do Rio de Janeiro (BVRJ), a Companhia Brasileira de Liquidação e Custódia (CBLC) absorveu a Câmara de Liquidação e Custódia S.A. (CLC).

Em 18 de agosto de 2014, com a migração dos mercados de Derivativos Financeiros e de Commodities e Ouro e integração dos mercados de Renda Variável e Renda Fixa Privada, foi implantada a Câmara BM&FBovespa.

A Câmara de Ações (antiga CBLC) liquida operações realizadas por meio dos sistemas de negociação PUMA e Bovespa Fix. O PUMA negocia títulos de renda variável, e o Bovespa Fix títulos privados de renda fixa.

A Câmara de Ações atua também como depositária central de ações e de títulos de dívida corporativa, além de operar programa de empréstimo sobre esses títulos, com garantia da B3. Contas individualizadas permitem a identificação do investidor final das operações realizadas.

Nas operações de compra e venda de títulos, o sistema observa a entrega contra pagamento para as operações do mercado secundário e para o mercado primário. A transferência de custódia, no caso dos títulos de renda variável e dos títulos privados de renda fixa, é feita diretamente na depositária central da B3.

A Câmara de Ações permite que os investidores titulares de títulos e valores mobiliários mantenham suas posições registradas sob a forma escritural, em contas individualizadas e sob a responsabilidade de uma instituição financeira de sua escolha.

Perante os emissores de ativos listados na B3, a Câmara de Ações assume o papel de proprietária fiduciária dos ativos, o que otimiza os processos de transferência decorrentes dos negócios realizados na bolsa.

10.2.5 O funcionamento do pregão e after-market

As negociações com ações no mercado brasileiro são realizadas através de pregão eletrônico, cujo principal objetivo é viabilizar a realização de operação de compra e venda de ações em mercado livre e aberto. As negociações no pregão são realizadas com base nos critérios operacionais estabelecidos pela CVM e pelas bolsas de valores.

Podem realizar operações no pregão eletrônico:

a) sociedades corretoras da B3; e
b) outros participantes especialmente autorizados pelo conselho de administração da bolsa.

A fim de evitar as especulações e proporcionar maior transparência, a B3, durante o pregão, exerce seu papel de autorreguladora em três momentos distintos, como pode ser visto a seguir.

Momentos do pregão	Atividades
Antes	• Triagem de notícias relativas às empresas listadas. • Exigências de publicação de fatos relevantes. • Definição de regras especiais de negociação e suspensão da negociação. • Divulgação à imprensa e às agências eletrônicas de notícias e eventos referentes às empresas.
Durante	• Inibição de negócios que infrinjam parâmetros estabelecidos pela CVM e pelo regulamento de operação da própria bolsa, através de seu sistema de negociação. • Controle das oscilações de preços das ações. • Controle das quantidades negociadas.
Após	• Análise das operações, após o encerramento dos negócios, identificando: os investidores cujas ações apresentaram oscilações atípicas de quantidade e preço; o fluxo de recursos estrangeiros; e os tipos de investidores que operam em seus mercados. • Cancelamento ou submissão a leilão das operações realizadas fora dos parâmetros estabelecidos.

Circuit breaker

É o mecanismo de controle de oscilações do Índice Bovespa que interrompe os negócios na bolsa, conforme as seguintes regras de acionamento:

Regra 1

quando o Ibovespa atinge o limite de baixa de 10% em relação ao índice de fechamento do dia anterior, os negócios na bolsa, em todos os mercados, são interrompidos por 30 minutos.

Regra 2

reabertos os negócios, após o acionamento da Regra 1, caso a variação do Ibovespa atinja uma oscilação negativa de 15% em relação ao índice de fechamento do dia anterior, os negócios na bolsa, em todos os mercados, são interrompidos por 1 hora.

Regra 3

reabertos os negócios, após o acionamento da Regra 2, caso a variação do Ibovespa atinja uma oscilação negativa de 20% em relação ao índice de fechamento do dia anterior, a bolsa pode determinar a suspensão dos negócios, em todos os mercados, por prazo definido a seu critério, sendo tal decisão comunicada ao mercado.

Tabela 10.3 *Síntese das regras de acionamento do* circuit breaker.

Regra	Oscilação	Interrupção
1	–10%	30 minutos.
2	–15%	1 hora.
3	–20%	Prazo definido pela bolsa.

Além das regras de acionamento, existem as regras gerais do *circuit breaker:*

- não há acionamento das Regras 1, 2 ou 3 na última meia hora do pregão; e
- se a interrupção for na penúltima meia hora de negociação, na reabertura será assegurado um período final de 30 minutos corridos.

Após parar 2 vezes no dia, Bovespa opera em queda forte

Da Redação
Em São Paulo
Texto atualizado às 16h39

A Bolsa de Valores de São Paulo (Bovespa) enfrenta um dia crítico nesta segunda-feira, acompanhando o **desmoronamento dos mercados** em todo o mundo.

As ações caíram tanto, que o pregão foi interrompido duas vezes em apenas uma hora e meia. A primeira parada do dia, quando a Bolsa recuou mais de 10%, foi de meia hora, entre 10h18 e 10h48. A segunda interrupção, das 11h44 às 12h44, aconteceu após a queda alcançar 15%.

A última vez que a Bovespa havia acionado o circuit breaker por duas vezes no mesmo dia foi em 28 de outubro de 1997.

Fonte: https://economia.uol.com.br/cotacoes/ultnot/2008/10/06/ult1918u1238.jhtm. Acesso em: 22 mar. 2018.

Horário de negociação

Horário	Fase
9h30 às 9h43	Cancelamento das ofertas com validade
9h45 às 10h00	Leilão de pré-abertura
10h00 às16h55	Negociação eletrônica
16h55 às 17h00	*Call* de fechamento (ativos negociados à vista)
16h55 às 17h15	*Call* de fechamento (opções e ETF)
16h50 às 17h15	*Call* de fechamento (opções sobre Ibovespa)
17h25 às 17h30	*After-market* (cancelamento de ofertas)
17h30 às 18h00	*After-market* (negociação)

Call de abertura e fechamento

Dois momentos são de grande importância no desenvolvimento do pregão: o *call* para fixação do preço de abertura e o *call* para determinação do preço de fechamento.

Denomina-se *call* de abertura o período compreendido nos minutos que antecedem a abertura das negociações na Bovespa. O *call* tem por objetivo fazer com que a abertura dessas ações se processe de forma transparente.

Denomina-se *call* de fechamento o período compreendido nos minutos finais de negociação e utilizado para determinados ativos. O *call* tem por objetivo fazer com que o fechamento dessas ações seja processado de forma transparente.

O *call* de fechamento será adotado para os papéis pertencentes às carteiras teóricas dos índices calculados pela B3 e para as séries de opções de maior liquidez, conforme divulgadas pela B3.

Negociação *after-market*

Durante um dia de negociações na bolsa, o pregão pode ser de dois tipos: regular e *after-market*. No pregão regular, a B3 utiliza o sistema chamado de pregão contínuo, em que, desde o início das negociações, as ações de todas as companhias registradas em bolsa podem ser apregoadas. As operações são fechadas quando há a compatibilidade entre os interesses de compra e venda.

After-market – a sessão noturna de negociação

A fim de ampliar as oportunidades de negócios e atrair novos investidores, em 20 de setembro de 1999 a B3 lançou o *after-market* – negociação fora do horário regular, que tem início uma hora após o fechamento do pregão regular. A ampliação do horário de negociação facilitou o acesso dos investidores, que não tinham tempo de operar durante o dia, criando uma sessão noturna que funciona das 17h30 às 19h00.

A sessão noturna de negociação eletrônica, além de atender aos profissionais do mercado, também é interessante para pequenos e médios investidores, pois permite que enviem ordens por meio da internet também no período noturno.

No *after-market*, as operações são dirigidas por ordens e fechadas automaticamente por meio do sistema eletrônico de negociação da B3 (Mega Bolsa), somente no mercado à vista, e os volumes de negociação estão sujeitos a limites baseados na liquidez da ação. Há restrições quanto às oscilações de preço, de 2% (para mais ou para menos) em relação aos preços de fechamento da sessão regular. Os preços dos negócios realizados durante a sessão noturna não afetam os cálculos dos índices da Bovespa nem o preço de abertura do dia seguinte.

Tipos de ordens e ofertas

Uma ordem de compra ou venda de ações é o ato mediante o qual o cliente determina a uma corretora que compre ou venda ações ou direitos, em seu nome e nas condições que especificar.

Ordem de mercado

essas ordens devem ser executadas tão logo sejam recebidas no pregão pelo operador, ao preço que puder ser obtido no momento. Nesse caso, o cliente especifica à corretora apenas a quantidade e as características das ações que deseja comprar ou vender. Por serem executadas pela melhor cotação, podem oferecer o risco de não serem satisfatórias em função da falta de controle sobre o preço de execução. Em contrapartida, existe uma garantia maior de sua execução.

Ordem limitada

nessa ordem o cliente estabelece o preço máximo ou mínimo pelo qual ele quer comprar ou vender determinada ação. Ela somente será executada por um preço igual ou o mais indicado dentro dos limites estabelecidos. Em função dos limites estipulados, esse tipo de ordem permite total controle do preço de execução, mas pode ser de execução demorada, porque a ação pode não chegar a atingir o limite estabelecido, ou, mesmo que chegue, há uma fila de ofertas a ser respeitadas. É mais utilizada no caso de ações pouco negociadas.

Ordem administrada

quando o cliente estabelece somente a quantidade e as características das ações que deseja comprar ou vender e a execução da ordem fica a critério da corretora.

Ordem discricionária

quando as condições de execução da ordem são estipuladas por um gestor de carteira para que ela seja acatada. Após sua concretização, será preciso estipular:
- nomes dos investidores para os quais a ordem foi executada;
- quantidades proporcionais de ações que ficaram registradas nos nomes de cada investidor; e
- preço determinado pelo gestor.

Ordem casada

quando o investidor determina ordem de compra de um título e venda de outro, condicionando sua efetivação ao fato de ambas poderem ser executadas. Ou seja, o intermediário só deve executar uma parte da ordem se sentir que poderá também executar a outra.

Ordem de financiamento

quando o investidor determina uma ordem de compra (ou venda) de um título e uma concomitante de venda (ou compra) de igual título no mesmo ou em outro mercado com prazos de vencimentos distintos. Esse tipo de ordem representa uma operação conjunta: uma compra no mercado à vista, acompanhada da venda da mesma ação nos mercados a termo ou a futuro, fazendo com que o investidor utilize o mercado para fazer, na prática, uma aplicação ou captação de renda fixa.

Ordem com stop

quando o cliente estipula preço mínimo e máximo pelo qual a ordem será executada, ou seja, são limitadas as perdas/ganhos. A operação não é regulamentada pela bolsa e depende de um acordo entre cliente e corretora. Essa ordem pode ser utilizada para esconder a estratégia do cliente, evitando que a contraparte saiba de sua ordem antecipadamente e possa inibi-la. Ela é muito útil também para os clientes que não têm tempo de acompanhar de perto a movimentação da bolsa de valores.

Esse tipo de ordem pode ser de compra ou de venda:
- ordem com *stop* de compra: é executada quando a cotação, durante um movimento de alta, atinge um valor igual ou maior ao determinado pelo cliente; e
- ordem com *stop* de venda: é executada quando a cotação, durante um movimento de baixa, atinge um valor igual ou menor ao determinado pelo cliente.

Uma oferta de compra ou venda de ações é o ato mediante o qual o operador de determinada corretora registra ou apregoa a intenção de comprar ou vender ações ou direitos, nas condições que especificar.

Oferta limitada

é uma oferta de compra ou venda que deve ser executada por um preço limitado, especificado pelo cliente, ou a um preço melhor. Significa, em caso de oferta de compra, que a sua execução não poderá se dar a um preço maior que o limite estabelecido. A oferta de venda, por sua vez, não deve ser executada a um preço menor que o limitado.

Oferta ao preço de abertura

é uma oferta de compra ou venda que deve ser executada ao preço de abertura do leilão ou das fases de pré-abertura e pré-fechamento.

Oferta a mercado

é uma oferta que é executada ao melhor limite de preço oposto no mercado quando ela é registrada.

Oferta *on stop*

é uma oferta baseada em determinado preço de disparo; neste preço e acima para uma oferta de compra e neste preço e abaixo para uma oferta de venda. A oferta de limite *stop* se torna uma oferta limitada assim que o preço de disparo é alcançado.

Oferta com execução mínima

é a oferta que estabelece uma quantidade mínima de ações como condição básica para o seu registro no sistema. Uma oferta de execução mínima que especifica sua quantidade total como mínimo a ser executado é chamada de "Tudo ou Nada".

Oferta com divulgação parcial
é a oferta que só tem parte de sua quantidade exibida no mercado.

Direto
é o registro simultâneo de duas ofertas que se cruzam e que são registradas pela mesma corretora.

Quadro 10.4 *Principais tipos de ordens e ofertas.*

Ordens	Ofertas
Ordem a mercado	Ofertas limitadas
Ordem limitada	Oferta ao preço de abertura
Ordem de financiamento	Ofertas a mercado
Ordem administrada	Ofertas com execução mínima
Ordem discricionária	Ofertas com divulgação parcial
Ordem casada	Ofertas *on stop*
Ordem *stop*	Direto

Book entry

As ofertas registradas não fechadas quando de sua inclusão no sistema ficam registradas no livro de ofertas (*book entry*), e a prioridade de execução é "preço/cronológica". As únicas exceções são o direito intencional e as ofertas por *spread*, que têm prioridade em relação à apregoação por oferta com preço idêntico.

10.2.6 Leilões no pregão eletrônico

O leilão é um procedimento especial realizado com destaque dos demais negócios, especificando-se obrigatoriamente o ativo, o preço e a quantidade. Ou seja, um leilão é uma venda pública de títulos e valores mobiliários no qual quem arremata é aquele que dá o maior lance.

Um leilão pode ser realizado sob as formas comum ou especial. No leilão comum é permitida a interferência de vendedores ou compradores, e, durante a apregoação, as negociações com o ativo em referência ficam suspensas. Já no leilão especial, que também obedece a uma série de regras operacionais, são permitidas interferências compradoras.

Os leilões eletrônicos são realizados automaticamente durante o pregão da bolsa cada vez que algum parâmetro de negociação sai do padrão. Alguns exemplos desses parâmetros são:

Volume
sempre que uma ordem chegar à bolsa sendo cinco ou mais vezes maior que a média dos últimos 30 pregões, a ação entra em leilão. Em relação à duração:

a) volumes entre 5 e 10 vezes a média negociada: leilão com prazo de 5 minutos; e

b) volumes acima de 10 vezes a média negociada: leilão com prazo de uma hora.

Capital social da empresa

uma ação entra em leilão se forem enviadas ordens a partir do equivalente a 0,5% das suas ações ON. Em relação à duração:

a) volumes entre 0,5% e 0,99% das ações ordinárias: leilão com prazo de 5 minutos;

b) volumes entre 1% e 2,99% das ações ordinárias: leilão com prazo de 1 hora;

c) volumes entre 3% e 6% das ações ordinárias: leilão com prazo de 24 horas;

d) volumes acima de 6% das ações ordinárias: leilão com prazo de 48 horas;

e) volumes entre 1% e 2,99 das ações preferenciais: leilão com prazo de 15 minutos;

f) volumes entre 3% e 4,99% das ações preferenciais: leilão com prazo de 1 hora;

g) volumes entre 5% e 20% das ações preferenciais: leilão com prazo de 24 horas; e

h) volumes acima de 20% das ações preferenciais: leilão com prazo de 48 horas.

Preço

ordens com valor a partir de 3% superior ou inferior à última cotação da ação também disparam o leilão.

Negociabilidade

ação não negociada nos últimos 5 pregões e ação estreando na B3: leilão com prazo de 15 minutos.

Quadro 10.5 *Circunstâncias especiais em que podem ocorrer leilões.*

Em relação a		Parâmetro	Prazo do leilão
• Capital social das empresas		Com quantidade entre 0,5% e 0,99% das ações ordinárias	5 minutos
		Com quantidade entre 1% e 2,99% das ações ordinárias	1 hora
		Com quantidade entre 3% e 6% das ações ordinárias	24 horas
		Com quantidade acima de 6% das ações ordinárias	48 horas
		Com quantidade entre 1% e 2,99% das ações preferenciais	15 minutos
		Com quantidade entre 3% e 4,99% das ações preferenciais	1 hora
		Com quantidade entre 5% e 20% das ações preferenciais	24 horas
		Com quantidade acima de 20% das ações preferenciais	48 horas
• Cotação	✓ Papéis que fazem parte da carteira de índices da bolsa	Oscilação (+ ou −) de 3% a 8,99% sobre o último preço	5 minutos
		Oscilação (+ ou −) acima de 9% sobre o último preço	15 minutos
	✓ Demais papéis	Oscilação (+ ou −) de 10% a 19,99% sobre o último preço	5 minutos
		Oscilação (+ ou −) de 20% a 49,99% sobre o último preço	15 minutos
		Oscilação positiva de 50% a 99,99% sobre o último preço	30 minutos
		Oscilação superior a 100% sobre o último preço	1 hora
		Oscilação negativa superior a 50% sobre o último preço	1 hora
• Negociabilidade		Ação não negociada nos últimos 5 pregões	15 minutos
		Ação estreando na bolsa	15 minutos

Segundo regulamentação da CVM e normas da B3 (Manual de Procedimentos Operacionais), existem alguns casos especiais que geram a necessidade de leilões:

- fato relevante;
- problemas técnicos com uma corretora;
- problemas técnicos com várias corretoras; e
- ativos com alta volatilidade.

10.2.7 Liquidação das operações

A liquidação da operação é o processo de transferência dos títulos da corretora vendedora para a compradora e de pagamento correspondente de quem comprou para quem vendeu. A entrega dos títulos para a corretora compradora, o pagamento e o recebimento da compra e da venda são feitos no terceiro dia útil a contar da data de realização da operação.

O processo de liquidação (ver Figura 10.6) abrange duas etapas:

1ª liquidação, física: implica a entrega dos títulos à bolsa de valores pela corretora representante do vendedor. Essa etapa ocorre no segundo dia útil (D + 2) após a realização do negócio em pregão (D 0). As ações vendidas devem estar depositadas na CBLC, que durante a noite debita as ações da conta do vendedor e efetua o depósito na conta do comprador. As ações ficam bloqueadas e estarão disponíveis ao comprador após a liquidação financeira; e

2ª liquidação, financeira: compreende o pagamento do valor total da operação, pela corretora representante do comprador, e o respectivo recebimento pelo vendedor. Ocorre no terceiro dia útil (D + 3) após o fechamento do negócio em pregão.

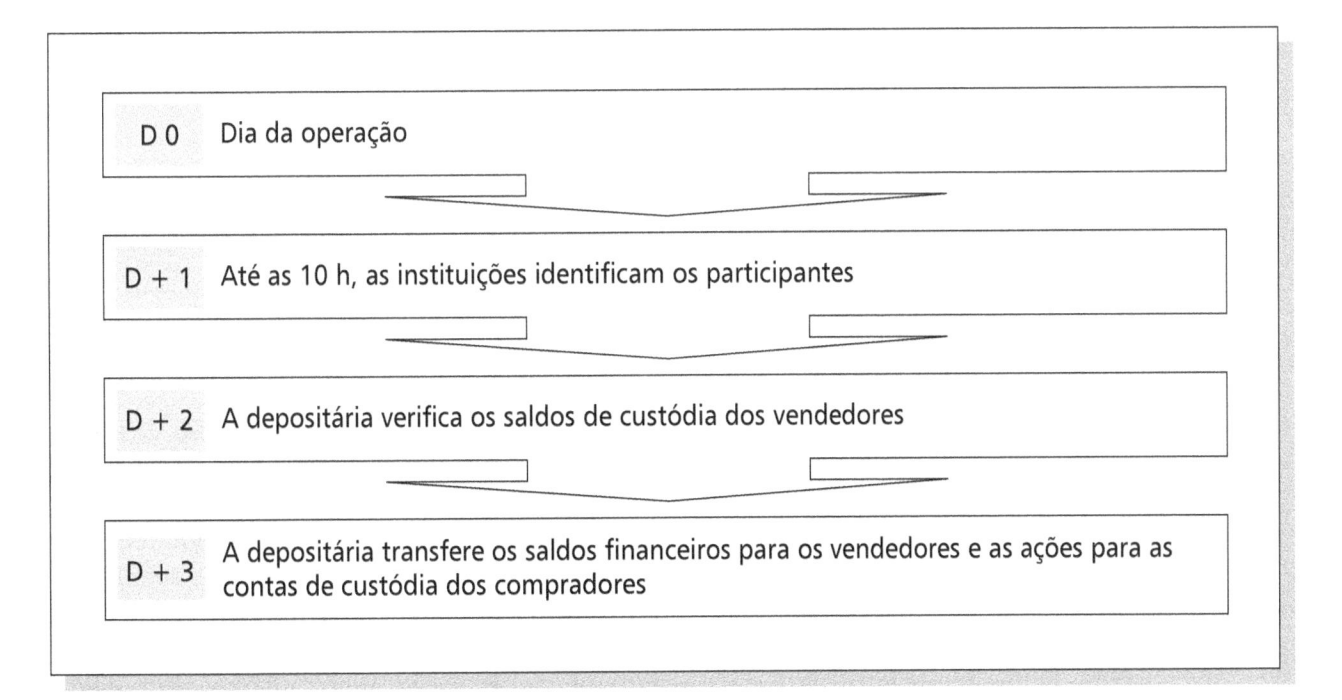

D 0	Dia da operação
D + 1	Até as 10 h, as instituições identificam os participantes
D + 2	A depositária verifica os saldos de custódia dos vendedores
D + 3	A depositária transfere os saldos financeiros para os vendedores e as ações para as contas de custódia dos compradores

Figura 10.6 *Fluxo da liquidação das operações.*

É permitida, no mercado à vista, a realização de operações de compra e venda de uma mesma ação em um mesmo pregão, por uma mesma corretora e por conta de um mesmo investidor. É uma operação de arbitragem conhecida como *day trade*, ocorrendo sua liquidação financeira por compensação em D + 3.

O relacionamento das bolsas de valores dá-se com as corretoras, e essas, por sua vez, relacionam-se com seus clientes. Podemos afirmar, portanto, que a corretora é a responsável pela liquidação das operações realizadas.

A liquidação financeira é processada por meio do sistema bancário mediante o envio de comandos de débito e crédito em conta-corrente. Os agentes de compensação devem manter contas de depósito à vista nos bancos conveniados, responsabilizando-se pela cobertura de eventuais débitos e responsabilizando-se pelo saque dos créditos. A critério dos agentes de compensação, a liquidação financeira pode ser processada por meio da Cetip.

Participam do sistema, como agentes de compensação, bancos e corretoras e distribuidoras de títulos e valores mobiliários. Os agentes de compensação são divididos em três categorias: agentes plenos, agentes próprios e agentes específicos.

Agente de compensação pleno

exercem as atividades de liquidação para carteira própria e de seus clientes, bem como para contas de outras corretoras e investidores institucionais de grande porte, denominados clientes qualificados.

Agente de compensação próprio

exercem as atividades de liquidação:

- de carteira própria e de seus clientes;
- de operações intermediadas por empresas do mesmo grupo econômico e de empresas do grupo econômico, intermediadas por quaisquer outras instituições; e
- entidades de investimento coletivo por eles administradas ou de alguma maneira, relacionadas ao mesmo grupo econômico.

Agente de compensação específico

exercem as atividades de colaterização e liquidação de operações com títulos de renda fixa privados, emitidos por empresas não financeiras e com ativos negociados em ambiente de negociação bursátil.

Uma corretora que não é agente de compensação, antes de começar a operar nas bolsas, deverá contratar um agente de compensação pleno.

Na cadeia de responsabilidades, a câmara de ações garante a liquidação das obrigações de um agente de compensação em relação aos demais agentes de compensação. Cada agente de compensação, a seu turno, responde pela eventual inadimplência de corretoras e investidores qualificados vinculados a ele. Por fim, as corretoras respondem pela inadimplência de seus clientes. Como regra geral de funcionamento, todos os agentes de compensação devem depositar garantias para cobertura dos riscos das posições sob sua responsabilidade. Com base nas garantias previamente depositadas, a câmara de ações atribui limite operacional para cada agente de compensação, sendo que cada um deles, seguindo critérios próprios de avaliação, deve distribuir o limite recebido do sistema entre as corretoras e investidores qualificados vinculados a ele.

Para cumprir a liquidação em situação de inadimplência de participante, o sistema utiliza os seguintes recursos, na ordem indicada:

- recursos obtidos com a execução de garantias depositadas pelo agente de compensação inadimplente ou por participante a ele vinculado;
- recursos do fundo de liquidação correspondentes à participação do agente de compensação inadimplente;
- recursos do fundo de liquidação correspondentes à participação dos demais agentes de compensação;
- recursos do fundo de liquidação correspondentes à contribuição institucional da B3; e
- recursos relacionados ao patrimônio especial do sistema (ativos segregados na forma de regulamento do Banco Central do Brasil).

10.2.8 Custódia das ações

Para simplificar as operacionalizações das negociações com títulos e valores mobiliários, diversas instituições financeiras mantêm um serviço de custódia de ações e de outros títulos.

São dois os tipos de custódia: a comum, em que os certificados e cautelas depositados ficam em nome do depositante, sendo-lhes entregues em caso de retirada, e a fungível, na qual a quantidade de ações depositadas fica registrada em nome do investidor. Este último sistema é mais simples de administrar e é hoje utilizado pelas bolsas de valores.

Para minorar os problemas administrativos decorrentes do exercício de direitos, foram criadas as ações escriturais. Elas avançam um passo além da custódia fungível, fazendo com que a própria posição acionária com a empresa se resuma em lançamento contábil, eliminando-se os certificados de ações. O serviço de ações escriturais é realizado por bancos especialmente autorizados pela Comissão de Valores Mobiliários.

A custódia é um serviço que as bolsas e as sociedades corretoras prestam aos seus clientes e que consiste na guarda de títulos e valores mobiliários. As posições de cada custodiante deverão apresentar a gama de papéis que o cliente possua, a quantidade de cautelas e ações custodiadas, valores, datas de vencimento e entidades emissoras dos títulos de renda fixa.

As contas de custódia são mantidas ao nível de cliente final. Portanto, o cliente não mantém acesso direto à custódia. Cada conta de cliente tem que estar necessariamente vinculada a um correntista, tornando-se uma subconta com aquele correntista.

O correntista tem que ser uma instituição financeira ou um investidor institucional. A razão para isso é que o correntista será o responsável pela legitimidade dos títulos depositados na câmara de liquidação e custódia.

A manutenção de um título em custódia evita que o investidor tenha de carregá-lo consigo, entrando em extensas filas para fazer sua atualização. Para evitar esse desconforto, o investidor entrega seus títulos à bolsa de valores ou à sociedade corretora, beneficiando-se do sistema de custódia, que tem por finalidade controlar o estoque de títulos, apresentando, de forma atualizada e dinâmica, as posições de cada custodiante ou cliente.

Geralmente, os serviços oferecidos são:

- **Depósito de ações**

As ações depositadas na custódia podem ser do tipo nominativas ou escriturais, ou seja, representadas por certificados ou não.

As ações representadas por certificados são entregues pelo investidor (usuário indireto) à corretora ou distribuidora (usuário direto), acompanhadas de documentação que permita a transferência dos títulos para a empresa prestadora do serviço de custódia (custodiante), que passará a ser proprietária fiduciária junto às companhias abertas emissoras dessas ações.

O custodiante gera o crédito na conta de custódia do usuário direto, na quantidade de ações depositadas, e encaminha o pedido de transferência para seu nome à companhia aberta ou, alternativamente, ao prestador de serviços de ações escriturais por ela designado.

As ações ficam bloqueadas para a venda até que a companhia aberta execute de fato a transferência das ações para a propriedade fiduciária do custodiante.

A transferência junto à companhia aberta é feita para o nome do custodiante devido à condição fiduciária da transferência de propriedade, que é realizada exclusivamente para fins de custódia, não significando que os títulos passem a integrar o patrimônio do custodiante.

No caso de ações escriturais, a corretora ou distribuidora emite um documento de transferência de ações (OT1) e o envia, junto com a documentação do investidor, para o prestador do serviço de ações escriturais contratado pela companhia aberta. Este, reconhecendo a posição do investidor, emite um documento de bloqueio das ações em que consta o nome do investidor e o do custodiante. O documento é entregue à corretora ou distribuidora, que efetua, então, o depósito junto ao custodiante.

- **Retirada de ações**

A retirada de títulos da custódia constitui um serviço de natureza inversa ao de depósito das ações. A prestação desse serviço tem início quando o usuário solicita a devolução de suas ações.

- **Transferência de ações**

As transferências são efetuadas através da efetivação de um débito e de um respectivo crédito nas contas de custódia dos usuários envolvidos.

Não existe transferência de titularidade junto à companhia emissora. Toda a movimentação das ações é realizada apenas através de registro contábil.

O investidor tem o direito de transferir as ações de sua propriedade quando quiser, sem que, necessariamente, o faça através de uma transação em bolsa de valores.

- **Distribuição de direitos e rendimentos**
    - ✓ recebimento de dividendos e bonificações; e
    - ✓ direito de subscrição.

Enfim, o sistema de custódia deve registrar e controlar a movimentação física das cautelas, quando do exercício dos direitos, informando, conforme o caso, o local em que estão e o responsável, se estão em poder do procurador, da corretora ou da companhia emissora.

Não se trata de uma baixa de custódia (no estoque de títulos). Trata-se apenas de alteração do local de guarda de cautela, que deverá ser controlado e registrado.

As custódias realizam ainda as tarefas de:

- controlar as datas de vencimento ou prazos de resgate ou de reaplicação;
- controlar o exercício dos direitos produzidos pelos títulos custodiados e tomar as providências necessárias a esse exercício, quer para os custodiados, quer para as companhias emissoras, bem como revelar a posição de cada custodiante, com relação aos direitos a que seus títulos façam jus, tão logo tenham sido anunciados, tenham ou não sido exercidos; e
- controlar as posições em aberto dos mercados de opções, a termo e futuro.

A utilização dos serviços de custódia é cobrada do investidor pelo seu contratado por meio da taxa de custódia de ações.

10.3 Formador de mercado

Formador de mercado, agente de liquidez, facilitador de liquidez, promotor de negócios, especialista, *market maker* e *liquidity provider* são algumas das designações atribuídas àqueles que se propõem a garantir liquidez mínima e referência de preço para ativos previamente credenciados, fatores de destaque na análise da eficiência no mercado de capitais.

Na Bovespa, o papel de formador de mercado pode ser desempenhado por corretoras-membros e não membros, distribuidoras de valores, bancos de investimento ou bancos múltiplos com carteira de investimentos, que, ao se credenciarem para exercer essa função, assumem a obrigação de colocar no mercado, diariamente, ofertas firmes de compra e de venda para uma quantidade de ativos predeterminada e conhecida por todos.

Ao registrar ofertas, o formador de mercado proporciona um preço de referência para a negociação do ativo. E essa é uma tarefa importante porque envolve prévio conhecimento da empresa, atualização constante sobre suas condições econômico-financeiras e acompanhamento do valor de seus ativos e também de perspectivas no longo prazo, fatores essenciais para o estabelecimento de um preço justo, resultado de um extenso trabalho de relacionamento e análise.

Portanto, os dois pilares sobre os quais se apoia a existência da figura do formador de mercado são liquidez mínima, permitindo ao investidor sair de sua posição quando desejar, e preço de referência, possibilitando a transformação rápida de títulos em dinheiro.

A quantidade mínima de ativos de cada oferta do formador de mercado é estabelecida pela bolsa em função da quantidade média diária negociada, no caso de ações, e das características da emissão e distribuição, no caso de debêntures. Assim, a quantidade mínima de cada oferta pode ser de um lote-padrão vigente para aquele ativo ou múltiplos dele.

A oscilação nos preços das ofertas de compra e de venda do formador de mercado deve respeitar um intervalo máximo (usualmente denominado *spread*), calculado para cada ativo com base na volatilidade verificada ao longo de determinado período de tempo. As ações menos voláteis, ou seja, aquelas que têm um *spread* menor, costumam ser mais líquidas. Já para o mercado de renda fixa, a base de cálculo do *spread* é a taxa de juros do mercado.

Sempre que o mercado apresentar comportamento atípico, com oscilações fora dos padrões regulares (decorrentes de algum fato econômico, catastrófico ou, até mesmo, algum fato positivo totalmente inesperado que altere em demasia o preço do papel), o formador de mercado ou terá seus parâmetros alterados, ou será liberado de suas obrigações até que o mercado reencontre um novo nível de normalidade.

Cada formador de mercado poderá se credenciar para representar mais de uma ação ou mais de uma debênture de empresas diferentes, podendo também representar mais de um ativo por empresa. Deverá, entretanto, solicitar à bolsa credenciamento específico para cada ativo em que desejar atuar.

Uma mesma ação ou debênture poderá ter mais de um formador de mercado. A bolsa estabelece o limite máximo de formadores para cada ativo. Isso é o que se chama de modelo competitivo de formador de mercado. A adoção desse modelo reflete uma das principais características do mercado acionário brasileiro, que é um mercado "dirigido por ordens", e a rejeição da exclusividade de negociação, presente, por exemplo, no tradicional modelo do especialista.

O formador de mercado pode desempenhar suas funções de duas formas: de maneira independente ou contratado. Quando for independente, isso significa que ele não possui nenhum vínculo com a empresa emissora dos ativos nem com seus controladores ou grandes detentores de ações, comprometendo-se a "fazer o mercado" sem qualquer envolvimento com a empresa, grupo controlador ou outro detentor do papel. Quando for contratado, isso significa que firmou um contrato com a empresa emissora dos ativos que representa, ou com um grupo controlador, controlado ou coligado ao emissor ou com qualquer detentor dos ativos que deseje formar mercado para eles.

Por esse contrato, o formador de mercado pode ser remunerado por quem o contratou, sendo a remuneração livremente pactuada entre as partes. Pode, ainda, receber, de quem o contratou, e com o objetivo exclusivo de proporcionar suporte operacional à sua obrigatoriedade de comprar e vender os ativos para os quais atua, numerário para a liquidação das compras de ativos realizadas no exercício da função de formador de mercado, e/ou dos ativos que representa, para a liquidação física no caso das vendas realizadas como formador de mercado. Além disso, é permitido à própria empresa participar do processo de melhora da liquidez de seus ativos, aumentando a atratividade de seus papéis para o mercado.

O processo de disponibilização de ativos para o formador de mercado pode ser de variadas formas, inclusive por intermédio do BTC – Banco de Títulos da CBLC, serviço em que os interessados tomam papéis emprestados mediante aporte de colaterais, sob controle e garantia da CBLC.

O descredenciamento do formador de mercado poderá ocorrer de duas formas: por solicitação do formador de mercado ou por decisão da bolsa. Quando for por iniciativa do próprio formador, ele somente poderá solicitar seu descredenciamento decorridos 90 dias de atuação na função.

A importância do papel do formador de mercado é medida pelos resultados obtidos com sua atuação, uma vez que a possibilidade de comprar e vender ativos a qualquer momento incentiva as pessoas a investir nesses papéis. Essa situação de confiança, acrescida ao fato de que ativos mais líquidos têm uma melhor formação de preços, confere dinamismo às operações, ideal buscado pelos mercados de valores mobiliários do Brasil e de todo o mundo.

10.4 Operação *day trade*

Day trade é uma operação de compra e venda de uma mesma quantidade de ações de uma mesma empresa, realizada no mesmo dia pelo mesmo cliente, através da mesma corretora, nos mercados à vista, futuro e de opções e liquidadas através do mesmo agente de compensação.

Essa operação é liquidada por diferença de saldos em D + 3. Se o cliente vendeu ações de uma empresa em determinado dia, a um preço superior ao de compra, também realizada no mesmo dia, ele receberá um crédito em D + 3 na compensação financeira referente ao saldo positivo da operação. Caso contrário, se o cliente vendeu ações de uma empresa em determinado dia a um preço inferior ao de compra também realizada no mesmo dia, pagará o prejuízo da operação em D + 3, sofrendo um débito na compensação financeira.

Exemplo 1: um cliente compra 1.000 ações da Petrobras PN a R$ 34,50 e vende as 1.000 ações da Petrobras PN a R$ 36,00.

Resultado da Operação em D + 3
Valor da compra em D + 3 = R$ 34.500,00
Valor da venda em D + 3 = R$ 36.000,00
Diferença = R$ 1.500,00

O resultado líquido (sem considerar custos e tributação) da venda será um crédito na compensação financeira de R$ 1.500,00, em D + 3.

Exemplo 2: um cliente compra 1.000 ações da Petrobras PN a R$ 36,00 e vende as 1.000 ações da Petrobras PN a R$ 34,50.

Resultado da Operação em D + 3
Valor da compra em D + 3 = R$ 34.500,00
Valor da venda em D + 3 = R$ 36.000,00
Diferença = R$ 1.500,00

O resultado líquido (sem considerar custos e tributação) da venda será um débito na compensação financeira de R$ 1.500,00, em D + 3.

10.5 Aluguel de ações – BTC

Segundo o Portal do Investidor da CVM, o aluguel de ações é uma operação em que investidores doadores emprestam aos investidores tomadores, por prazo determinado, e mediante a cobrança de uma taxa livremente pactuada, certa quantidade de ações. Geralmente, os doadores são investidores de longo prazo, sem interesse em se desfazer das ações pelo menos durante o prazo do contrato, e ganham um rendimento adicional com a operação. Os tomadores, por outro lado, são investidores que demandam o ativo temporariamente, seja para viabilizar determinada estratégia, como uma venda a descoberto, seja para liquidar outra operação já realizada.

> O aluguel de ações é uma operação através da qual os acionistas disponibilizam suas ações para empréstimos e os investidores interessados os tomam mediante aporte de garantias. Essa operação possibilita que investidores que possuem carteiras de ações de médio e longo prazos disponibilizem seus títulos para empréstimos mediante recebimento de uma taxa de juros.

Os participantes do aluguel de ações são:

Doador (quem empresta a ação)	Investidor que empresta sua ação e ganha uma taxa de aluguel.
Tomador (quem aluga a ação)	Investidor que aluga a ação com a expectativa de que a ação vai cair até a data da devolução da ação.

A operação de aluguel de ações começa quando o acionista informa à corretora de valores que pretende alugar suas ações. A corretora faz a ligação com a outra ponta do negócio, o tomador, através do Banco de Títulos da CBLC (BTC). Pelo empréstimo de suas ações o doador receberá do tomador um aluguel, que pode chegar a 29% ao ano sobre o valor da ação. O tomador, por sua vez, ganhará se o valor da ação cair até o fim do contrato.

Os prazos máximo e mínimo que as ações ficarão emprestadas são definidos pelo doador, durante a apresentação da oferta.

Para assegurar que o doador receba as ações emprestadas mais as taxas de remuneração do empréstimo na data do vencimento, o acionista que toma emprestada a ação tem de deixar como garantia na CBLC uma quantia de 100% do valor das ações alugadas. A garantia pode ser dada, por exemplo, em ações, dinheiro, títulos públicos, ouro e CDB.

Além da garantia ele deve depositar uma margem, que varia de acordo com o ativo e tem seu recálculo em base diária.

Caso os títulos não sejam devolvidos no vencimento da operação, haverá a execução de garantias do tomador e a emissão de uma ordem de compra para que os ativos devidos sejam comprados no mercado.

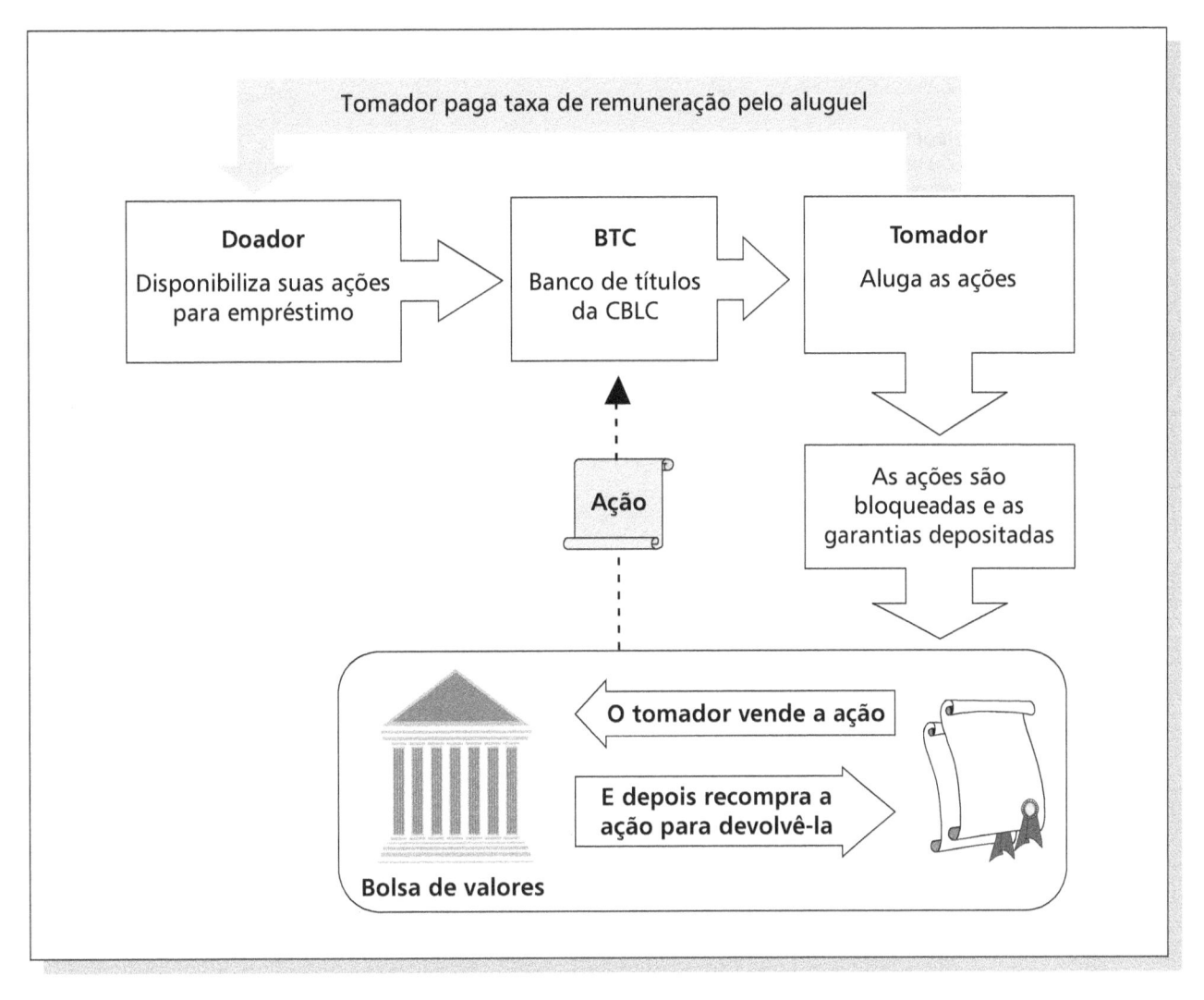

Figura 10.7 *Funcionamento do processo de aluguel de ações.*

Os tipos de empréstimos que podem ser feitos no BTC são relacionados com o comando sobre a operação. Dessa forma, têm-se dois tipos de empréstimos:

Vontade do tomador	O tomador determina quando devolver (respeitando prazo máximo definido pelo doador) e o doador não pode solicitar a devolução de suas ações antes do vencimento das operações de empréstimo.
Vontade do doador	O doador pode solicitar a devolução de suas ações antes do vencimento das operações de empréstimo.

As vantagens para quem empresta as ações são:
- Obter retorno fixo pelo patrimônio, sem abrir mão dos benefícios atribuídos às ações no período, como valorização, dividendos, *splits*, bonificações e subscrições.
- Quem empresta só tem o risco das oscilações das cotações no período do empréstimo, pois não podem se desfazer dos títulos.
- A CBLC atua como contraparte no processo e garante as operações.

O doador procura uma corretora e firma contrato colocando suas ações para empréstimo.

A corretora de valores faz o intermédio entre o investidor que deseja emprestar suas ações (doador) e o investidor que deseja tomar as ações emprestadas (tomador).

O doador transfere temporariamente suas ações para o tomador por meio do BTC – Banco de títulos da CBLC, estabelecendo um prazo de carência para a devolução e um prazo máximo para o empréstimo.

Durante o período do aluguel, o doador:
- Não participa de assembleias da companhia durante o prazo de empréstimo.
- É reembolsado nos valores distribuídos pela companhia emissora das ações durante o decurso do empréstimo (juros, dividendos etc.)
- Tem direito a eventos como bonificações e grupamentos.
- Numa subscrição, tem direito a adquirir as ações via BTC, desde que manifeste seu interesse dentro do cronograma estabelecido pela companhia emissora.
- Recebe a taxa de aluguel negociada com o tomador no fechamento da operação.
- Recebe da BM&FBovespa a taxa líquida de 0,05% ao ano sobre o volume emprestado.

Figura 10.8 *A operação de aluguel de ações na visão do doador.*

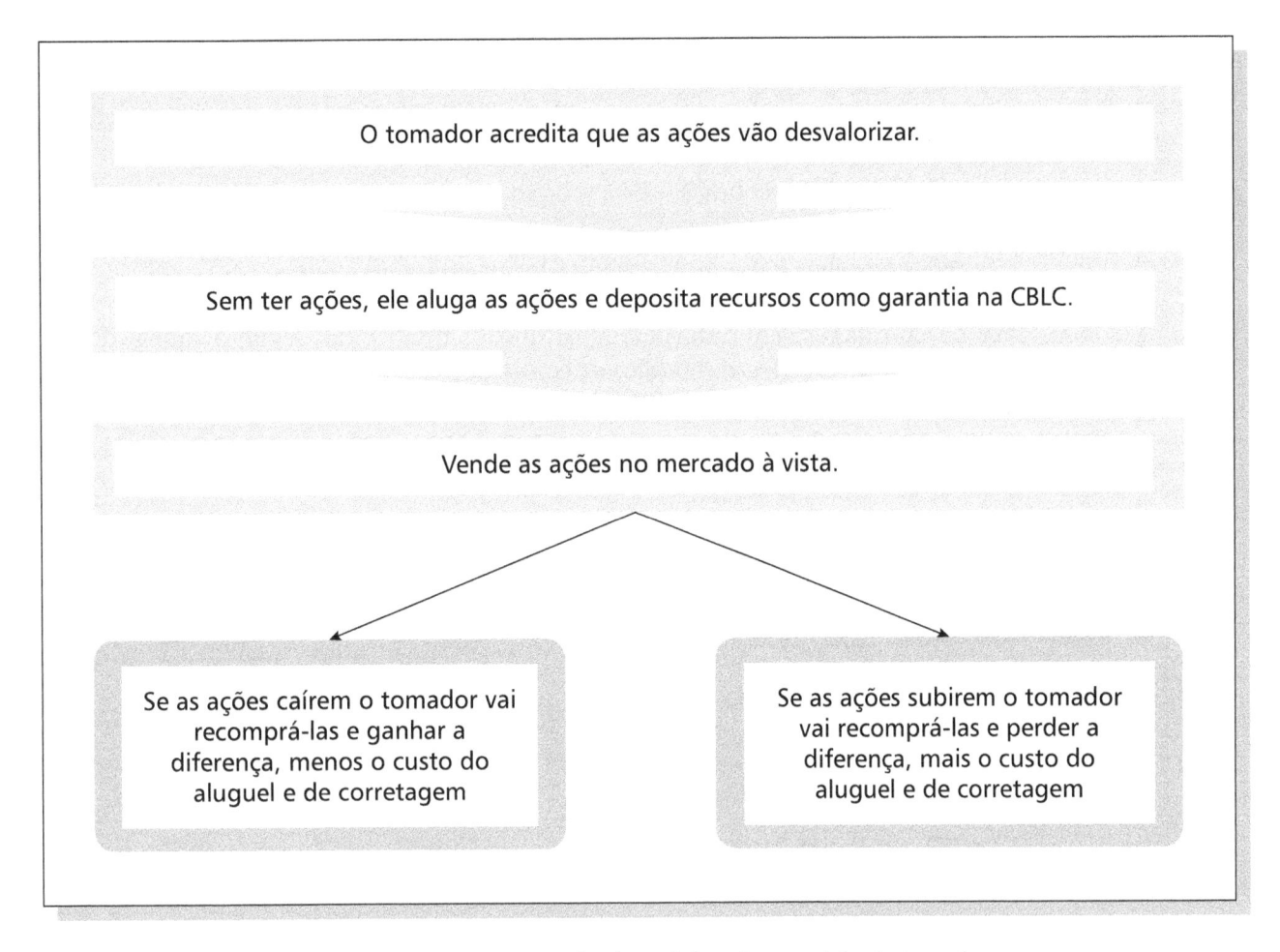

```
┌─────────────────────────────────────────────────────────────────────┐
│                                                                     │
│         O tomador acredita que as ações vão desvalorizar.           │
│                                                                     │
│                                                                     │
│  Sem ter ações, ele aluga as ações e deposita recursos como garantia na CBLC. │
│                                                                     │
│                                                                     │
│                  Vende as ações no mercado à vista.                 │
│                            ↙         ↘                              │
│  ┌─────────────────────────┐      ┌─────────────────────────┐       │
│  │ Se as ações caírem o    │      │ Se as ações subirem o   │       │
│  │ tomador vai recomprá-las│      │ tomador vai recomprá-las│       │
│  │ e ganhar a diferença,   │      │ e perder a diferença,   │       │
│  │ menos o custo do aluguel│      │ mais o custo do aluguel │       │
│  │ e de corretagem         │      │ e de corretagem         │       │
│  └─────────────────────────┘      └─────────────────────────┘       │
└─────────────────────────────────────────────────────────────────────┘
```

Figura 10.9 *A operação de aluguel de ações na visão do tomador.*

Os custos do aluguel de ações são:

Doador	Tomador
A operação não apresenta custos para o doador. IR na fonte sobre o rendimento (22,5% a 15%).	• Paga a taxa ao doador (2,5%). • Comissão da corretora (0,5%). • Taxa de registro da CBLC (0,25%).

10.6 Custos e tributação das operações

Sobre as operações realizadas no mercado secundário incidem os seguintes custos:

- taxa de corretagem: cobrada pela instituição prestadora do serviço ao executar as ordens de compra ou venda de ações. Essa taxa é livremente negociada entre as partes;

- taxa de serviço: representa um valor fixo cobrado pelas instituições conforme sua estrutura de custos. Geralmente varia em torno de R$ 25,00;
- emolumentos: taxa de negociação cobrada pela B3 (0,035% em operações finais e 0,025% em *day trade*);
- liquidação: a CBLC cobra 0,008% sobre o valor de cada operação para liquidá-la;
- taxa de custódia: cobrada pelas corretoras de valores para guardar e administrar as ações (receber proventos e creditá-los na conta do cliente).

A taxa de corretagem cobrada pelas instituições financeiras segue a tabela de comissões sugerida pela B3. Nesse modelo, as comissões variam de acordo com o valor da transação, acrescida de uma parcela fixa em reais. Dessa forma, quem investe mais paga mais e aqueles que têm pouco para aplicar acabam pagando menos, embora, em termos percentuais, a taxa de corretagem acabe sendo maior.

Tabela 10.4 *Tabela de corretagem e taxa de serviço sugerida pela B3.*

Valor da transação	Corretagem	Taxa de serviço
Taxa mínima	0,0%	2,27
De R$ 135,08 a R$ 498,62	2,0%	–
De R$ 498,63 a R$ 1.514,69	1,5%	2,49
De R$ 1.514,70 a R$ 3.029,38	1,0%	10,06
Acima de R$ 3.029,39	0,5%	25,21

A tributação sobre os negócios realizados nas bolsas pode ser interpretada de duas formas: os impostos que as ações geram sobre as empresas e os impostos que incidem diretamente sobre os acionistas. No caso das empresas, as ações geram imposto de renda sobre o lucro empresarial e impostos relativos às atividades econômicas, que refletem no desempenho econômico e no lucro da companhia. Sobre o acionista, gera imposto de renda de 15% sobre ganhos de capital calculado como a diferença entre o valor de aquisição e o valor de venda quando se concretiza a venda da ação. O ganho líquido com as operações *day trade* (compra e venda de uma mesma ação no mesmo dia) é tributado em 20%. Os dividendos das companhias estão isentos de tributação, uma vez que o lucro que os gerou já foi tributado.

A fim de provisionar o IR a ser pago pela venda das ações, são feitas antecipações, recolhidas diretamente na fonte, sobre cada operação, com alíquotas de 0,005% para operações normais e 1% para operações *day trade*. Esse valor poderá ser:

I. deduzido do imposto sobre ganhos líquidos apurados no mês;
II. compensado com o imposto incidente sobre ganhos líquidos apurado nos meses subsequentes;
III. compensado na declaração de ajuste se, após as deduções mencionadas em I e II, houver saldo de imposto retido; e
IV. compensado com o imposto devido sobre o ganho de capital na alienação de ações.

Quadro 10.6 *Imposto de renda sobre as ações.*

Alíquota	15% (operações normais) e 20% (operações *day trade*).
Base de cálculo	Resultados positivos entre o valor de venda e seu custo.
Recolhimento	Apurado em períodos mensais e pago até o último dia útil do mês subsequente.
Responsabilidade	Do contribuinte No caso de estrangeiro: representante legal.
Isenção	Vendas iguais ou inferiores a R$ 20.000,00 no total dentro do mês (1º a 30).

Para melhor compreensão desses custos para a aquisição de ações no mercado acionário brasileiro, observemos os exemplos a seguir.

Exemplo 1: um cliente compra 100 ações da Petrobras PN a R$ 34,50 (valor da compra será R$ 3.450,00).

Custos	Alíquotas/Valor	Exemplo
Corretagem	0,50%	R$ 17,25
Emolumentos e liquidação	0,035%	R$ 1,21
Taxa fixa	R$ 25,21	R$ 25,21
Total		R$ 43,67

O valor líquido da compra em D + 3 será de R$ 3.493,67.

O mesmo cliente vende as 100 ações da Petrobras PN a R$ 36,00 (valor da venda será R$ 3.600,00).

Custos	Alíquotas/Valor	Exemplo
Corretagem	0,50%	R$ 18,00
Emolumentos e liquidação	0,035%	R$ 1,26
Taxa fixa	R$ 25,21	R$ 25,21
Total		R$ 44,47

O valor líquido da venda em D + 3 será R$ 3.555,53.

Resultado da operação	
Valor líquido da compra em D + 3 =	R$ 3.493,67
Valor líquido da venda em D + 3 =	R$ 3.555,53
Lucro =	R$ 61,86
Imposto de renda	= Isento < R$ 20.000

Exemplo 2: um cliente compra 1.000 ações da Petrobras PN a R$ 34,50 (valor da compra será R$ 34.500,00).

Custos	Alíquotas/Valor	Exemplo
Corretagem	0,50%	R$ 172,50
Emolumentos e liquidação	0,035%	R$ 12,08
Taxa fixa	R$ 25,21	R$ 25,21
Total		R$ 209,79

O valor líquido da compra em D + 3 será de R$ 34.709,79.

O mesmo cliente vende as 1.000 ações da Petrobras PN a R$ 36,00 (valor da venda será R$ 36.000,00).

Custos	Alíquotas/Valor	Exemplo
Corretagem	0,50%	R$ 180,00
Emolumentos e liquidação	0,035%	R$ 12,60
Taxa fixa	R$ 25,21	R$ 25,21
Total		R$ 217,81

O valor líquido da venda em D + 3 será R$ 35.782,19.

Resultado da Operação	
Valor líquido da compra em D + 3 =	R$ 34.709,79
Valor líquido da venda em D + 3 =	R$ 35.782,19
Lucro =	R$ 1.072,40
Imposto de renda =	R$ 160,86

Questões para consolidação

1. Quais são as características fundamentais das negociações com ações?
2. Quais são os princípios, estabelecidos pela B3, para o relacionamento entre as corretoras e seus clientes?
3. Como funciona o fluxo da operação de compra de ações na B3?
4. Quais são os produtos negociados na Bovespa atualmente?
5. Quais são os mercados disponíveis na B3?
6. O que é o mercado à vista da B3 e quais são as suas características?
7. Qual é a diferença entre lote de negociação padrão e fracionário?
8. O que são ações *blue chips*?
9. Analise, comparativamente, as atividades das corretoras, distribuidoras e *assets*.
10. Analise o processo de abertura de conta na corretora.
11. Durante sua atuação na bolsa, quais posturas podem ser adotadas pelos investidores?
12. Quais são as formas de acesso aos sistemas de negociação da B3?
13. O que é o PUMA Trading System?
14. O que é e como surgiu a Câmara de Ações da B3?
15. O que é o *circuit breaker* e quando ele é acionado?
16. O que são o *call* de abertura e o *call* fechamento?
17. Como funciona o *after-market*?
18. Quais são os principais tipos de ordens e ofertas executados no PUMA?
19. O que são os leilões no pregão eletrônico e quais parâmetros o acionam automaticamente?
20. Como é o processo de liquidação das operações realizadas no pregão de ações?
21. O que é e como funciona a custódia de ações?
22. O que é o formador de mercado e qual é seu papel?
23. O que é a operação de *day trade*?
24. O que é e como funciona o aluguel de ações?
25. Analise as posições do doador e tomador no aluguel de ações.
26. Analise os impactos dos custos e tributos das operações com ações.

Teste de verificação

10.1. Com base nos mercados disponíveis na B3, classifique a segunda coluna de acordo com o seguinte critério:

(1) À vista.
(2) A termo.
(3) Futuro.
(4) De opções.

( ) É onde se realizam as operações de compra e venda de ações emitidas pelas empresas abertas e admitidas à negociação na Bovespa, com prazo de liquidação física e financeira fixado nos regulamentos e procedimentos operacionais da Câmara de Liquidação.

( ) Nesse mercado, ao comprar o prêmio, o participante adquire o direito de comprar ou vender determinado lote de ações com preços de exercício e prazos preestabelecidos em contrato.

( ) Nessa negociação, as partes acordam a compra e venda de ações individuais a determinado preço para liquidação em certa data futura. Nesse mercado existe um mecanismo de ajuste diário, a margem, para minimizar o risco a que estão expostos os participantes.

( ) A negociação nesse mercado é a compra ou venda de determinada quantidade de ações, a um preço fixado, para liquidação em data determinada ou a qualquer momento, a critério do comprador. Os prazos aceitos para suas operações são de no mínimo 16 dias e no máximo 999 dias corridos.

10.2. Com base na codificação adotada para algumas espécies/classes de ações, classifique a segunda coluna de acordo com o seguinte critério:

Código		Tipo do ativo
(01)	( )	Direitos preferenciais
(02)	( )	Direitos ordinários
(03)	( )	Ações ordinárias
(04)	( )	Ações preferenciais
(05)	( )	Ações preferenciais classe B
(06)	( )	Ações preferenciais classe C
(07)	( )	Recibos preferenciais
(08)	( )	Ações preferenciais classe D
(09)	( )	Recibos ordinários
(10)	( )	Ações preferenciais classe A

10.3. São características fundamentais das *blue chips*, exceto:

( ) São ações de grande liquidez e procura no mercado de ações por parte dos investidores, em geral de empresas tradicionais, de grande porte ou de âmbito nacional e excelente reputação.

( ) Mais negociadas.

( ) De maior peso no índice de mercado (Ibovespa).

( ) São empresas de médio porte.

( ) Esse termo originário das mesas de pôquer era utilizado para designar as fichas mais valiosas.

10.4. Com base nos principais perfis com suas respectivas características, classifique a segunda coluna de acordo com o seguinte critério:

(1) Conservador.   ( ) Objetivo de investimento é a preservação de seu capital.

(2) Moderado.   ( ) Horizonte de tempo de seus investimentos é de médio a longo prazo.

(3) Agressivo.   ( ) Objetivo de investimento é o crescimento elevado de seu capital.

( ) Investimentos em ativos de baixíssimo risco.

( ) Entende o funcionamento dos mercados e suas alternativas de investimento, sentindo-se seguro para tomar decisões.

( ) Diante de uma oscilação negativa no valor do investimento, abandona-o imediatamente.

( ) Pesquisa e busca aconselhamento financeiro para tomar decisões.

10.5. Com base nos tipos de DMA, classifique a segunda coluna de acordo com o seguinte critério:

(1) Tradicional.   ( ) O cliente conecta-se à empresa provedora de DMA, enquanto esta se conecta à bolsa. A provedora de DMA pode ter sua estrutura instalada no centro de processamento de dados da bolsa.

(2) Via provedor.   ( ) As ofertas enviadas pelo cliente trafegam pela estrutura da corretora antes de alcançarem o Mega Bolsa.

(3) Via conexão direta.   ( ) As ordens do cliente são geradas por *software* instalado em equipamento hospedado no centro de processamento de dados da bolsa, com acesso remoto do cliente a seu equipamento para fins de configuração de parâmetros, monitoramento e manutenção.

(4) Via *colocation*.   ( ) Esta modalidade consiste no envio de ofertas via conexão direta do cliente à bolsa, sem utilização da estrutura tecnológica intermediária, mas mantendo, também, o vínculo entre o cliente e a corretora.

10.6. Com base no exercício de seu papel de autorregulador em momentos distintos do pregão, classifique a segunda coluna de acordo com o seguinte critério:

(1) Antes.   ( ) Triagem de notícias relativas às empresas listadas.

(2) Durante.   ( ) Exigências de publicação de fatos relevantes.

(3) Depois.   ( ) Inibição de negócios que infrinjam parâmetros estabelecidos pela CVM e pelo regulamento de operação da própria bolsa, através de seu sistema de negociação.

( ) Definição de regras especiais de negociação e suspenção da negociação.

( ) Divulgação à imprensa e às agências eletrônicas de notícias e eventos referentes às empresas.

( ) Análise das operações, após o encerramento dos negócios e a identificação dos investidores, cujas ações apresentem oscilações atípicas de quantidade e preço, o fluxo de recursos estrangeiros e os tipos de investidores que operam em seus mercados.

( ) Controle das oscilações de preços das ações.

( ) Controle das quantidades negociadas.

( ) Cancelamento ou submissão a leilão das operações realizadas fora dos parâmetros estabelecidos.

10.7. Com base nos principais tipos de ordens executadas no PUMA, classifique a segunda coluna de acordo com o seguinte critério:

(1) Mercado.   ( ) Quando o cliente estabelece somente a quantidade e as características das ações que deseja comprar ou vender e a execução da ordem fica a critério da corretora.

(2) Limitada.   ( ) Quando as condições de execução da ordem são estipuladas por um gestor de carteira para que ela seja acatada.

(3) Administrada.   ( ) Quando o investidor determina ordem de compra de um título e venda de outro, condicionando sua efetivação ao fato de ambas poderem ser executadas.

(4) Discricionária.   ( ) Essas ordens devem ser executadas tão logo sejam recebidas no pregão pelo operador, ao preço que puder ser obtido no momento.

(5) Casada.   ( ) Quando o cliente estipula preço mínimo e máximo pelo qual a ordem será executada, ou seja, são limitadas as perdas/ganhos. Essa operação não é regulamentada pela bolsa e depende de um acordo entre cliente e corretora.

(6) Financiamento.   ( ) Nesta ordem o cliente estabelece o preço máximo ou mínimo pelo qual ele quer comprar ou vender determinada ação.

(7) Com *stop*.   ( ) Quando o investidor determina uma ordem de compra (ou venda) de um título e uma concomitante de venda (ou compra) de igual título no mesmo ou em outro mercado com prazos de vencimentos distintos.

10.8. Os leilões eletrônicos são realizados automaticamente durante o pregão da bolsa cada vez que algum parâmetro de negociação sai do padrão. Não são exemplos desses parâmetros:

( ) Volume.
( ) Capital social.
( ) Preço.
( ) Negociabilidade.
( ) Horário.

10.9. São características do doador, no aluguel de ações, exceto:

( ) Não participa de assembleias da companhia durante o prazo de empréstimo.
( ) Tem direito a eventos como bonificações e grupamentos.
( ) Recebe a taxa de aluguel negociada com o tomador no fechamento da operação.
( ) Numa subscrição, não tem direito a adquirir as ações via BTC.
( ) Recebe da B3 a taxa líquida sobre o volume emprestado.

10.10. Sobre as operações realizadas no mercado secundário, incidem os seguintes custos, exceto:

( ) Taxa de corretagem.
( ) Taxa de serviço.
( ) Emolumentos.
( ) Taxa de custódia.
( ) Todas as alternativas apresentadas.

11

Negociações a Prazo com Ações na B3

Conteúdo

11.1 Introdução
11.2 Mercado a termo
    11.2.1 Preço a termo
    11.2.2 Liquidação do contrato
    11.2.3 Operações de caixa e financiamento
    11.2.4 Termo flexível
    11.2.5 Termo em dólar
    11.2.6 Termo em pontos
11.3 Mercado futuro
    11.3.1 Preço teórico no mercado futuro
    11.3.2 Posições em futuro
11.4 Mercado de opções
    11.4.1 Opções de compra e de venda
    11.4.2 Operações básicas
    11.4.3 Prêmio no mercado de opções
    11.4.4 Preço de uma opção
    11.4.5 Opções sobre o Índice Ibovespa e o IBX
    11.4.6 Opções com preço de exercício em pontos de IGP-M e CDI
    11.4.7 Opções referenciadas em dólar
11.5 Comparação dos mercados
Questões para consolidação
Teste de verificação

11.1 Introdução

As operações a prazo ocorrem quando compram-se títulos que não são liquidados à vista, mas sim a um prazo predeterminado. Ou seja, é uma operação em que o comprador e o vendedor negociam a entrega de determinada quantidade de ativos em uma data futura, a um preço também negociado. Sua liquidação ocorre sempre em data superior a D + 3, que representa as operações à vista, portanto sua liquidação é sempre em D + n, sendo n superior a três dias úteis.

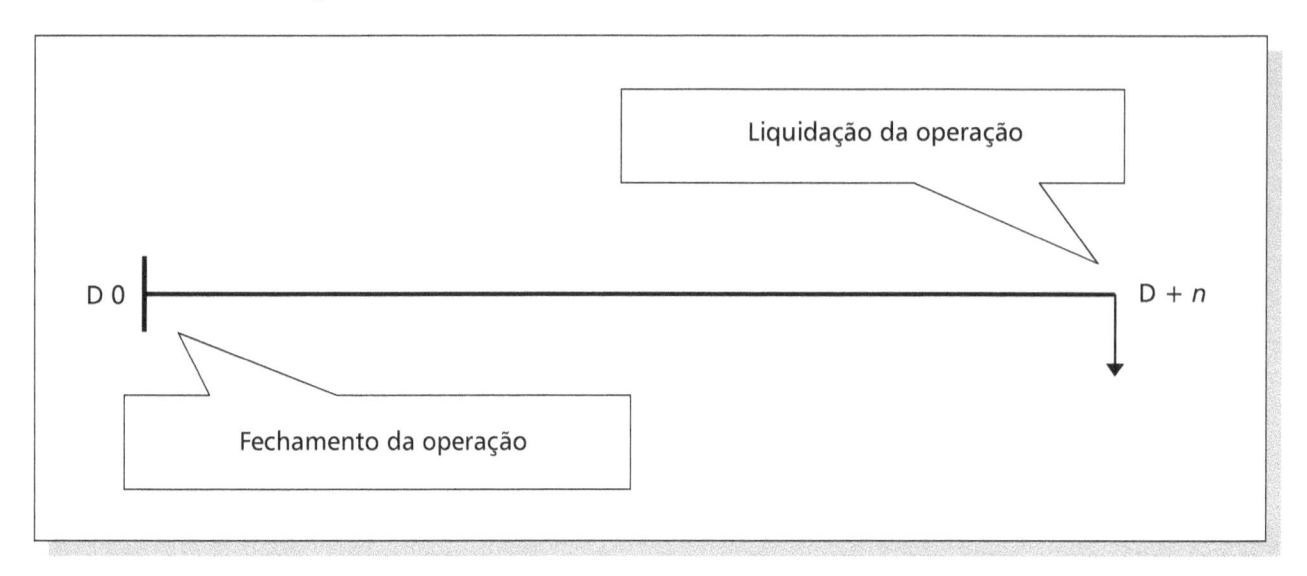

Figura 11.1 *Formas de encerramento das operações a termo.*

As operações a prazo são também conhecidas como derivativos. Podemos conceituar os derivativos como contratos cujos valores e características de negociação estão vinculados aos ativos que lhes servem de referência, ou seja, são ativos financeiros cujos valores dependem (ou derivam) de valores de outras variáveis básicas. A palavra *derivativo* vem do fato de que o preço do ativo é derivado de um outro. Como, por exemplo, na Opção de Petrobras, o preço dessa opção é derivado do ativo Ação da Petrobras. Portanto, para a concretização de uma operação a prazo, são necessários alguns elementos, como:

- preço à vista da ação a ser negociada;
- data futura na qual ocorrerá o vencimento do contrato; e
- preço futuro com o qual será liquidado o contrato na data futura.

> Um derivativo é um contrato financeiro, entre duas ou mais partes, que deriva do valor futuro de um ativo subjacente.

Para entender como surgiram os derivativos, a Figura 11.2 apresenta uma síntese da história dos derivativos.

1630 – As Tulipas e o Arroz

- Na Holanda e Inglaterra, houve um grande interesse por bulbos de tulipas, a partir de 1630. No início de 1600, em Amsterdam já se subscreviam opções sobre bulbos de tulipas e em Londres faziam-se contratos à prazo na Royal Exchange desde 1630.
- O Mercado de Arroz de Yodoya, em Osaka, Japão, é um dos primeiros exemplos de operações com futuros. Os proprietários, que recebiam uma parte do arroz colhido como aluguel de suas terras, consideravam que o tempo e outras condições eram demasiado imprevisíveis. Necessitando de dinheiro à vista, vendiam recibos de armazéns para onde seria enviado o arroz que outorgavam a seu possuidor o direito de receber uma certa quantidade de arroz, de uma determinada cidade, em uma data futura e a um preço negociado.

Princípios de 1800 – *Puts* e *Calls*

- Em 1824, já havia operações com *puts* (opções de venda) e *calls* (opções de compra) de ações na Bolsa de Londres.
- Em 1848, foi criada a Chicago Board of Trade (CBOT) em Chicago, com o objetivo de proporcionar um local onde compradores e vendedores pudessem negociar seus produtos. O contrato a prazo mais antigo da CBOT de que se tem registro foi em 13 de março de 1851 e correspondia a 3.000 medidas de trigo que teriam de ser entregues em junho.

Década de 1970 – Futuros Financeiros

Em 1972, foi criada a Money Market International (MMI), uma divisão da Chicago Mercantile Exchange (CME) que foi o primeiro mercado a operar com contratos sobre futuros financeiros, os futuros sobre divisas.

Década de 1980 – *Swaps*

Surgem as operações estruturadas caso a caso como resposta dos mercados a um momento de grande turbulência (volatilidade) entre as paridades cambiais e altas taxas de juros no mercado internacional.

Geralmente, os *swaps* são entendidos como transações de médio ou longo prazo, pelas quais as duas partes trocam a natureza de uma condição contratual, por exemplo, a taxa de câmbio, através de um fluxo de caixa, cujas parcelas são pagas em datas estabelecidas.

A primeira operação foi um *swap* de moeda (*currency swap*) entre a IBM e o Banco Mundial em 1981.

Figura 11.2 *Síntese da história dos derivativos.*

11.2 Mercado a termo

No mercado a termo, as operações têm prazos de liquidação diferidos, mínimo de 12 dias úteis e máximo de 999 dias corridos, em geral, de 30, 60, 90, 120, 150 e 180 dias. É uma compra ou venda, em mercado, de determinada quantidade de ações, a um preço fixado, para liquidação em prazo determinado, a contar da data de sua realização em pregão, resultando em um contrato entre as partes.

Para aplicações no mercado a termo são requeridos, além do registro na CBLC, um limite mínimo para a transação e depósitos de valores na CBLC – tanto pelo vendedor como pelo comprador –, utilizados como margem de garantia da operação. O contrato a termo pode, ainda, ser liquidado antes de seu vencimento.

A codificação adotada no mercado a termo é a mesma utilizada no mercado à vista, seguida de uma letra que indica a qual tipo de termo refere-se a operação, conforme demonstrado na Tabela 11.1.

Tabela 11.1 Codificação no mercado a termo.

Tipo de termo	Letra	Exemplo
Comum	T	PETR4T
Flexível	S	PETR4S
Termo em dólar	D	PETR4D
Termo em pontos	T	PETR51T

Prazo das operações a termo é o intervalo de dias aceito para registro de operações. No mercado a termo, é de 16 a 999 dias corridos.

11.2.1 Preço a termo

A princípio, o preço a termo de um contrato determina-se somando um custo de manutenção, ou custo líquido de financiamento, ao preço à vista correspondente ao momento da transação.

> Preço a termo = preço à vista + custo de manutenção

A realização de um negócio a termo é semelhante à de um negócio à vista, necessitando a intermediação de uma sociedade corretora. O preço a termo de uma ação resulta da adição, ao valor cotado no mercado à vista, de uma parcela correspondente aos juros que são fixados livremente em mercado, em função do prazo do contrato.

Toda transação a termo requer um depósito de garantia na CBLC, que é a empresa responsável pela liquidação e controle de risco de todas as operações realizadas na B3. O agente de compensação e a corretora responsáveis pela operação a termo podem solicitar de seus clientes o depósito de garantias adicionais àquelas exigidas pela CBLC.

Essas garantias são prestadas em duas formas: cobertura ou margem.

Cobertura é um depósito de títulos-objeto feito junto à CBLC, pelo vendedor a termo, para dispensá-lo de prestar garantias adicionais.

A margem também é um depósito feito junto à CBLC para minimizar o risco da operação. Ela pode ser inicial ou adicional. O valor da margem inicial é igual ao diferencial entre o preço à vista e o preço a termo do papel, acrescido do montante que representa a volatilidade histórica do título. Já a margem adicional resulta da redução no valor de garantia do contrato, decorrente de oscilação na cotação dos títulos depositados como margem e/ou dos títulos-objeto da negociação. Todas as margens de garantia depositadas em dinheiro na CBLC são aplicadas no mercado aberto, e seu rendimento é repassado aos investidores por suas corretoras.

Sempre que ocorrer redução no valor de garantia do contrato decorrente de oscilação na cotação dos títulos depositados como margem e/ou dos títulos-objeto da negociação, será necessário o reforço da garantia inicial, que poderá ser efetuado mediante o depósito de dinheiro ou de títulos/valores mobiliários autorizados pela B3.

Todas as margens de garantias depositadas em dinheiro na B3 são aplicadas no mercado aberto, e seu rendimento é repassado aos investidores por meio de suas corretoras.

11.2.2 Liquidação do contrato

As operações contratadas poderão ser liquidadas na data do vencimento ou em data antecipada solicitada pelo comprador, pelo vendedor ou por acordo mútuo das partes, sendo que o tipo de antecipação do prazo de liquidação deve ser indicado no momento de realização da operação; caso contrário, prevalecerá o acordo mútuo.

Seguindo o critério de liquidação antecipada, as operações a termo são classificadas em três tipos:

- vontade do comprador (VC);
- vontade do vendedor (VV); e
- acordo mútuo (AM).

A liquidação de uma operação a termo, no vencimento do contrato ou antecipadamente, se assim o comprador o desejar, implica entrega dos títulos pelo vendedor e o pagamento, pelo comprador, do preço estipulado no contrato. Essa liquidação é realizada na B3 sob sua garantia, fiscalização e controle, o que assegura o cumprimento dos compromissos estipulados em pregão.

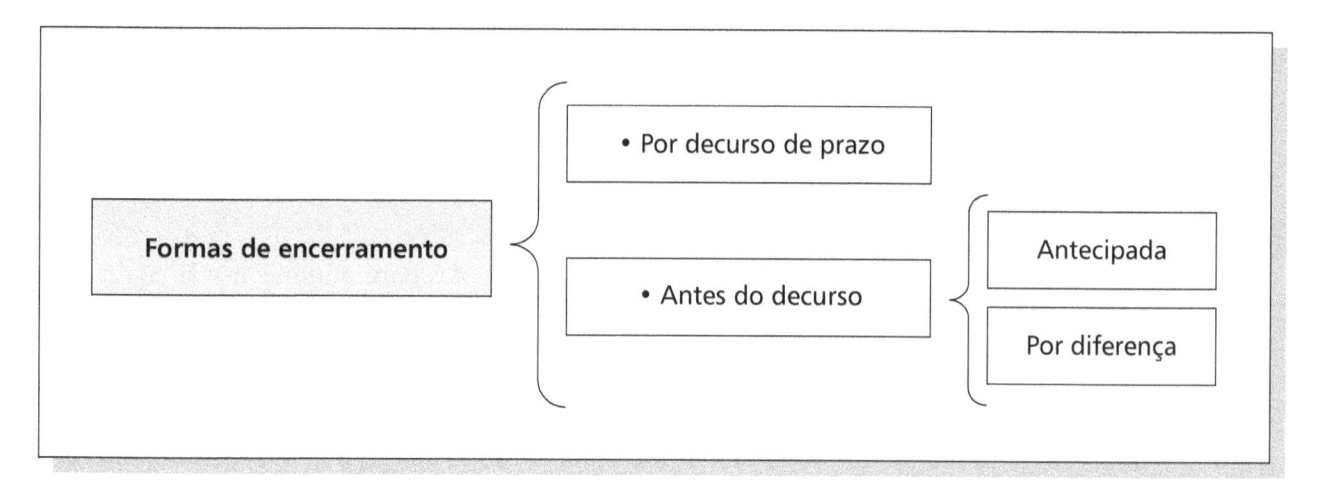

Figura 11.3 *Formas de encerramento das operações a termo.*

Os contratos poderão ser realizados com modalidades de liquidação integral ou *pro rata*. Na liquidação integral, será sempre efetuada pelo total do valor contratado. Na liquidação *pro rata*, será efetuada no vencimento, pelo total do valor do contrato, ou quando da liquidação antecipada pelo obtido na aplicação da fórmula:

$$VPC = \frac{VFC}{(1 + i/100)^{n/30}}$$

Quadro 11.1 *Estratégia de atuação.*

Posição	Estratégia
Comprador	Fixação do preço de compra. Operação de caixa.
Vendedor	Aumentar receita. Operação de financiamento.

11.2.3 Operações de caixa e financiamento

As operações realizadas nesse mercado são em geral de caixa ou financiamento.

A **operação de caixa** é uma operação na qual um investidor vende à vista um lote de ações que possui e compra (no mesmo pregão) o mesmo lote a termo, por exemplo, para 30 dias; o custo do financiamento é dado pela diferença entre os preços de compra e venda.

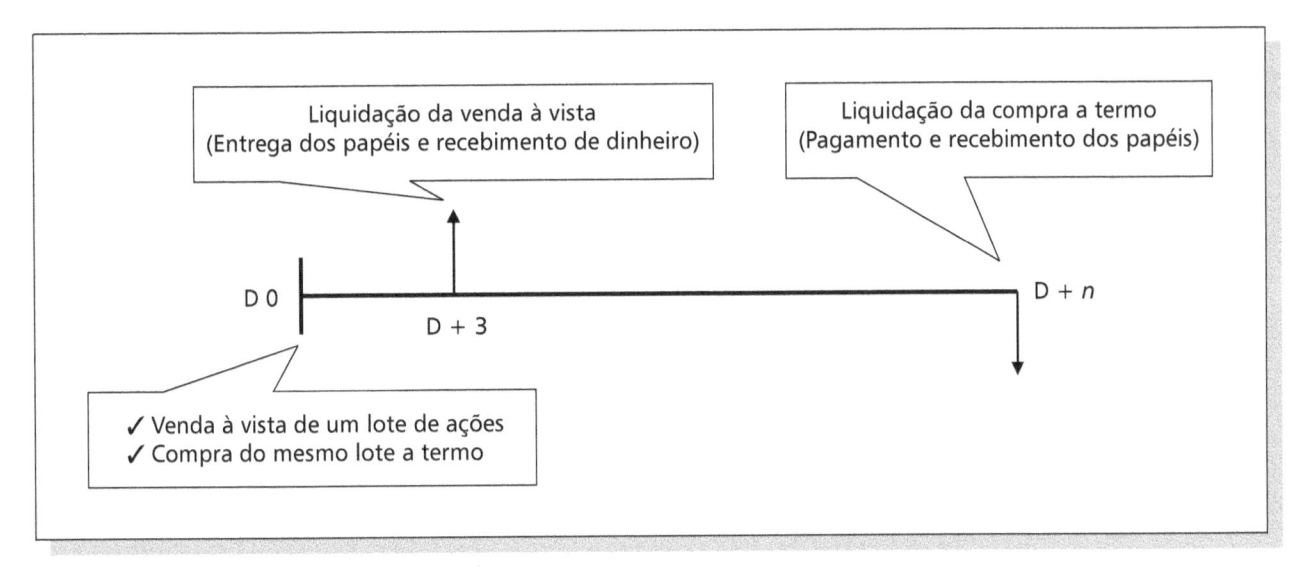

Figura 11.4 *Fluxo da operação de caixa.*

Já a **operação de financiamento** é a operação inversa da de caixa. Um investidor compra à vista um lote de ações que possui e vende (no mesmo pregão) o mesmo lote a termo, por exemplo, para 30 dias; o custo do financiamento é dado pela diferença entre os preços de compra e venda.

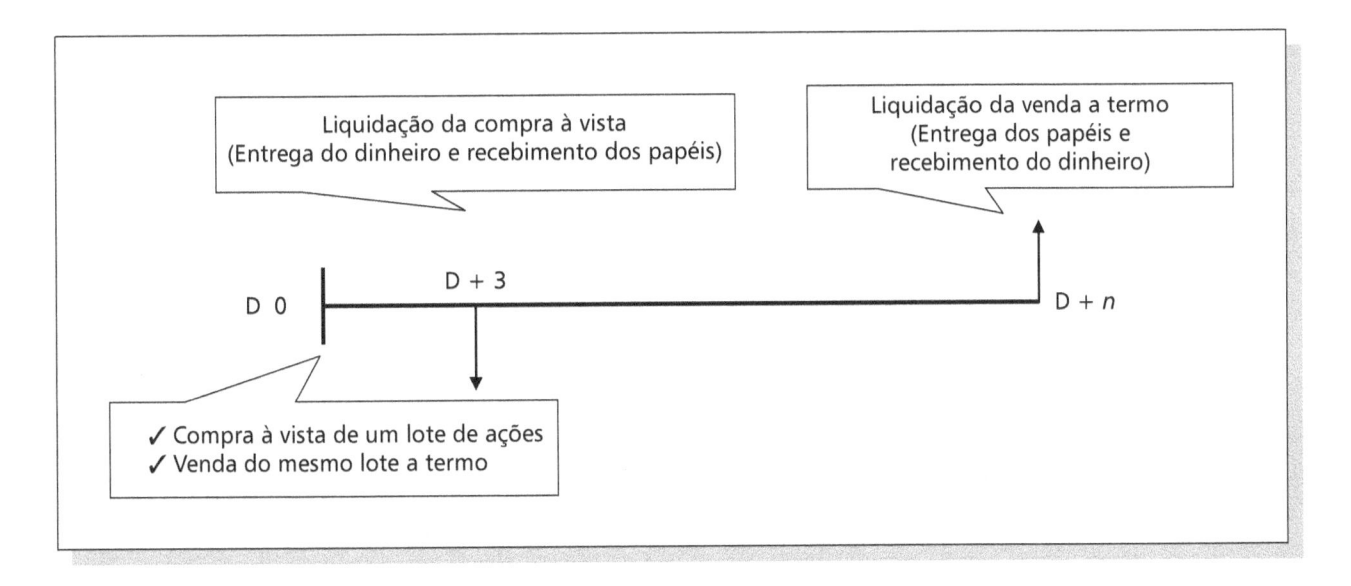

Figura 11.5 *Fluxo da operação de financiamento.*

11.2.4 *Termo flexível*

É a operação a termo em que o comprador pode substituir as ações-objeto do contrato. No caso da substituição, o comprador venderá à vista as ações adquiridas a termo e o montante financeiro apurado ficará retido na câmara de liquidação sem remuneração. O comprador somente pode utilizar esses recursos para comprar ações de outras empresas no mercado à vista, que ficarão depositadas como cobertura em substituição às anteriores e passarão a ser as novas ações-objeto do contrato.

11.2.5 Termo em dólar

O termo em dólar tem características idênticas ao termo tradicional em reais. A única diferença entre eles é o fato de que o preço contratado será corrigido diariamente pela variação entre a taxa de câmbio média de reais por dólar norte-americano, para o período compreendido entre o dia da operação, inclusive, e:

- o dia da solicitação da liquidação antecipada, exclusive;
- o dia da solicitação por diferença, exclusive; e
- o dia do vencimento do contrato a termo, exclusive, para os casos de liquidação por decurso de prazo.

11.2.6 Termo em pontos

É a operação a termo cujo valor, para efeito de liquidação financeira, é calculado pela conversão do valor dos pontos para moeda corrente nacional. O índice de correção do valor econômico do ponto deve ser escolhido pelas partes, na abertura da operação, dentre aqueles autorizados pela B3. Esse índice não pode ser alterado nas negociações secundárias do contrato, e, na hipótese de extinção do índice escolhido, a atualização do valor econômico do ponto é feita pelo seu sucessor legal.

Os indicadores autorizados para correção de termo em pontos são:

1. Taxa de câmbio real/dólar;
2. TR (Taxa Referencial); e
3. TJLP (Taxa de Juros de Longo Prazo).

A maior vantagem de um contrato a termo é que ele fixa os preços numa data futura. Além disso, ele possibilita várias estratégias. Ver Quadro 11.2.

Quadro 11.2 *Vantagens de um contrato a termo.*

Proteção de preços	Um investidor que espera alta nos preços de uma ação ou de um conjunto delas pode comprar a termo, fixando o preço e beneficiando-se da alta da ação.
Diversificação de riscos	O investidor protege seu capital de riscos elevados quando diversifica sua aplicação a termo em diferentes papéis.
Obtenção de recursos (operação de caixa)	O investidor titular de ações que precisa de recursos para uma aplicação rápida poderá vender à vista para imediata compra a termo do mesmo papel.
Alavancagem de ganhos	O investidor adquire a termo quantidade de ações superior à que sua disponibilidade financeira permitiria comprar à vista, o que lhe proporciona uma taxa de retorno maior no caso de elevação dos preços à vista.

A principal desvantagem de um contrato a termo é que, se os preços à vista movimentam-se de uma direção para outra na data de liquidação, não há forma de sair do negócio. Ambas as partes estão sujeitas a perdas e ganhos potenciais, que são vinculados.

11.3 Mercado futuro

O mercado futuro de ações da B3 compreende a compra e a venda de ações a um preço acordado entre as partes, para vencimento em data específica previamente definida e autorizada. O mercado futuro representa um aperfeiçoamento do mercado a termo, permitindo a ambos os participantes de uma transação reverter sua posição antes da data de vencimento.

A modalidade de negociações futuras transacionadas na B3 é o "futuro com ajuste diário de posições", ou seja, todas as posições em aberto serão equalizadas com base no preço de ajuste do dia, estabelecido para cada papel, com a consequente movimentação diária de débitos e créditos nas contas dos investidores, de acordo com a variação negativa ou positiva no valor de suas posições.

Nesse mercado, cada investidor relaciona-se com a CBLC e não com seu parceiro original. Isso permite que ambos tenham o direito de liquidar sua posição antecipadamente. Por sua vez, a reversão da posição só é viável se houver liquidez no mercado.

Diferentemente do mercado a termo, o preço do contrato futuro não é fixo até o vencimento da operação, sendo alterado diariamente, em função das negociações ocorridas nesse mercado.

A codificação das ações no mercado futuro de ações é dada pelo símbolo da ação associado a uma letra e a um número: cinco letras (as quatro primeiras correspondem ao código da empresa, e a quinta indica o mês de vencimento) seguidas por um ou dois números que indicam o código da ação e, no final, a letra X indicando o mercado.

Tabela 11.2 *Identificação dos vencimentos futuros da B3.*

Mês de vencimento	Letra
Janeiro	A
Fevereiro	B
Março	C
Abril	D
Maio	E
Junho	F
Julho	G
Agosto	H
Setembro	I
Outubro	J
Novembro	K
Dezembro	L

Exemplo: **PETRB4X**

em que:

PETR: código da empresa;

B: indicação de que é um contrato que vence em fevereiro;

4: indica o tipo/classe da ação (nesse exemplo, uma ação preferencial); e

X: indica que é o mercado futuro de ações.

Os procedimentos de registro de ofertas e parâmetros de negociação, horário de negociação, lote-padrão, forma de cotação e variação mínima de preço são os mesmos vigentes para a ação-objeto no mercado à vista.

Para assegurar o cumprimento dos compromissos, são depositadas margens pelos detentores de posições de compra ou de venda, as quais oscilam com a variação dos preços no mercado à vista.

As estratégias de aplicação são semelhantes às do mercado a termo, com algumas particularidades.

Numa operação a futuro, as duas partes intervenientes realizam compra e venda de determinada quantidade de um bem, por um preço acordado entre elas, para liquidação numa data futura. A única diferença com as operações à vista é a data de liquidação da operação. A fim de propiciar liquidez no mercado futuro, as datas de vencimento são padronizadas pela bolsa. As operações são fechadas para aqueles vencimentos que estão em aberto.

Comparando-se as operações à vista com as do mercado futuro, podemos dizer que, enquanto nas operações à vista as duas partes estão efetivamente comprando e vendendo a ação, na operação a futuro estão assumindo compromisso de comprar e vender em determinada data futura. Cabe-nos destacar que esse contrato pode ser encerrado antes de seu vencimento ou transferido a terceiros.

A convergência dos preços a futuro e à vista, quando se aproxima a data de liquidação dos contratos, é um fator importante para a compreensão desse mercado. Se essa convergência não ocorre ou não é garantida, não faz sentido a concretização da operação, dado que seria inviável a realização do *hedge*.

11.3.1 Preço teórico no mercado futuro

$$\text{Preço teórico} = \text{preço atual} \times (1 - i \times t) - d$$

em que:

$t \Rightarrow$ tempo sobre o qual estamos calculando o preço teórico do futuro em anos;

$i \Rightarrow$ taxa livre de risco; e

$d \Rightarrow$ taxa do dividendo efetivo até o vencimento (rentabilidade do dividendo efetivo).

A base para a formação do preço é definida pela diferença entre o preço do futuro e o preço à vista de uma ação determinada para uma data determinada.

Essa base pode ser positiva ou negativa, dependendo da comparação entre preço futuro e à vista:

$$\text{Base} = \text{preço futuro} - \text{preço à vista}$$

Se analisarmos a fórmula do preço futuro, verificaremos que, conforme o tempo passa, ou seja, à medida que a variável t vai diminuindo, os valores do futuro e o preço à vista vão se aproximando.

O preço de ajuste diário é calculado após o encerramento das negociações do dia, para cada ação e vencimento, correspondendo ao preço médio da ação-objeto no mercado futuro apurado no período de negociações da tarde.

O encerramento da posição pode ser antecipado ou no vencimento. No encerramento antecipado, o investidor possuidor de uma posição comprada ou vendida no mercado futuro que não desejar ir para a liquidação física pode sair de sua posição realizando uma operação de natureza oposta.

11.3.2 Posições em futuro

Uma posição é o saldo líquido dos contratos negociados pelos clientes por meio de operações a futuro. Como cada contrato pode ser eliminado por uma operação oposta por seu titular, a posição de um cliente em dado momento é o saldo de todas as suas operações com um contrato até determinado momento.

O comprador de um contrato futuro é aquele que tem uma posição aberta no futuro (posição longa). Ele ganha dinheiro se o preço da ação-objeto (e, portanto, o preço do contrato futuro) sobe e perde quando o preço da ação-objeto cai.

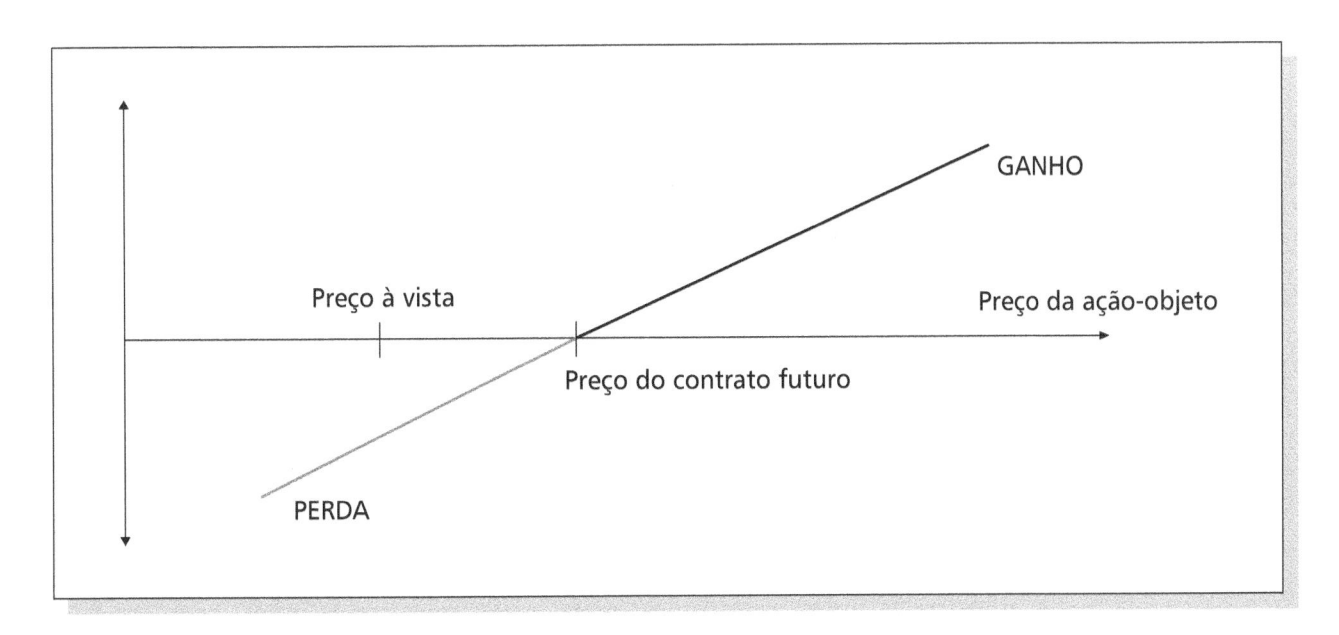

Figura 11.6 *Perfil de risco do comprador de um contrato futuro.*

O vendedor de um contrato futuro é aquele que também tem uma posição aberta no futuro (posição curta), mas possui um perfil de risco contrário ao comprador. Ele ganha dinheiro se o preço da ação-objeto (e, portanto, o preço do contrato futuro) cai e perde quando o preço da ação-objeto sobe.

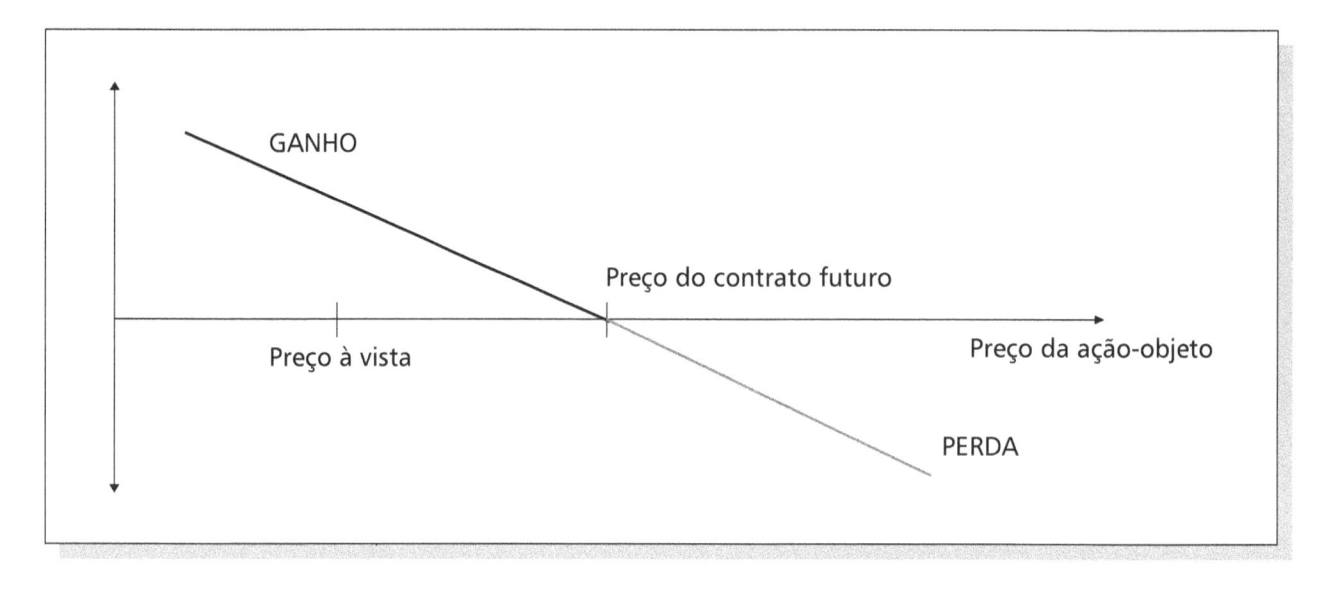

Figura 11.7 *Perfil de risco do vendedor de um contrato futuro.*

O fechamento de uma posição aberta dá-se assumindo uma posição contrária: o possuidor do futuro deverá vender um futuro com as mesmas características e o vendedor deverá comprar.

11.4 Mercado de opções

O mercado de opções é uma modalidade operacional em que não se negociam ações-objeto, mas direitos sobre elas. Opções são, assim, direitos de uma parte comprar ou vender a outra, até determinada data, certa quantidade de ações-objeto a um preço pre-estabelecido. Dessa forma, no mercado de opções não ocorre a negociação da ação, mas dos direitos sobre ela.

Por esses direitos, o titular de uma opção paga um prêmio, podendo exercê-lo até a data de vencimento (no caso de uma opção americana) ou na data de vencimento (no caso de opção europeia), ou revendê-lo no mercado.

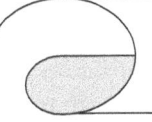

Elementos de um contrato de opções

1. **Ativo-objeto** (*underlaying asset*), que pode ser de vários tipos, como, por exemplo, as ações, as taxas de juros e as *commodities*.
2. **Titular** (comprador da opção) é aquele que adquire o direito de exercer a opção, pagando por isso um prêmio ou preço.
3. **Lançador** (vendedor da opção) é aquele que assume a obrigação, recebendo por isso um prêmio.
4. **Prêmio da opção** é o preço de negociação da opção a pagar pelo comprador.
5. **Preço de exercício** (*strike price*) é o preço a pagar para obter o ativo-objeto no momento do vencimento da opção. Em opções de compra, é o preço que o titular deve pagar ao lançador pelo ativo, se o primeiro exercer o direito de comprar. Em opções de venda, é o preço que o lançador deve pagar ao titular, se este exercer seu direito de vender o ativo.
6. **Data de vencimento** (*expiration date*) é a data em que se liquida o contrato. Em função da data de vencimento, há três tipos de opções:
   - opções americanas – quando podemos exercer a opção a qualquer momento antes do vencimento;
   - opções europeias – quando só podemos exercê-las na data exata do vencimento; e
   - opções asiáticas – cujo valor no vencimento não depende do ativo-objeto nesse momento, mas sim da média de seus preços em determinado período de tempo.

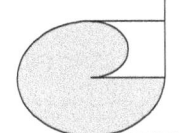

Figura 11.8 *Elementos de um contrato de opções.*

Existem três tipos básicos de opções:

- **opção americana:** opção que pode ser exercida em qualquer momento, até a data de vencimento;
- **opção europeia:** opção que só pode ser exercida na data de vencimento; e
- **opção asiática:** opção cujo valor no vencimento não depende do preço da ação--objeto nesse momento, mas da média de seus preços em determinado período de tempo.

As bolsas de valores estabelecem, para negociações com opções, quantidades de ações por opção, lote-padrão, que é de 1.000 ações, datas de vencimento e preço de exercício das opções a serem lançadas.

Os investidores em opções pagam à bolsa de valores uma taxa de registro de 0,2% sobre o valor da opção (prêmio) e corretagem às sociedades corretoras que os representam junto à bolsa, além da tributação vigente.

Se a opção for de compra, o direito será de comprar *put options*. Se for de venda, o direito será de vender *call options*. O comprador de uma opção de compra (venda), ou titular dessa opção, tem o direito até determinada data. Ver Figura 11.9.

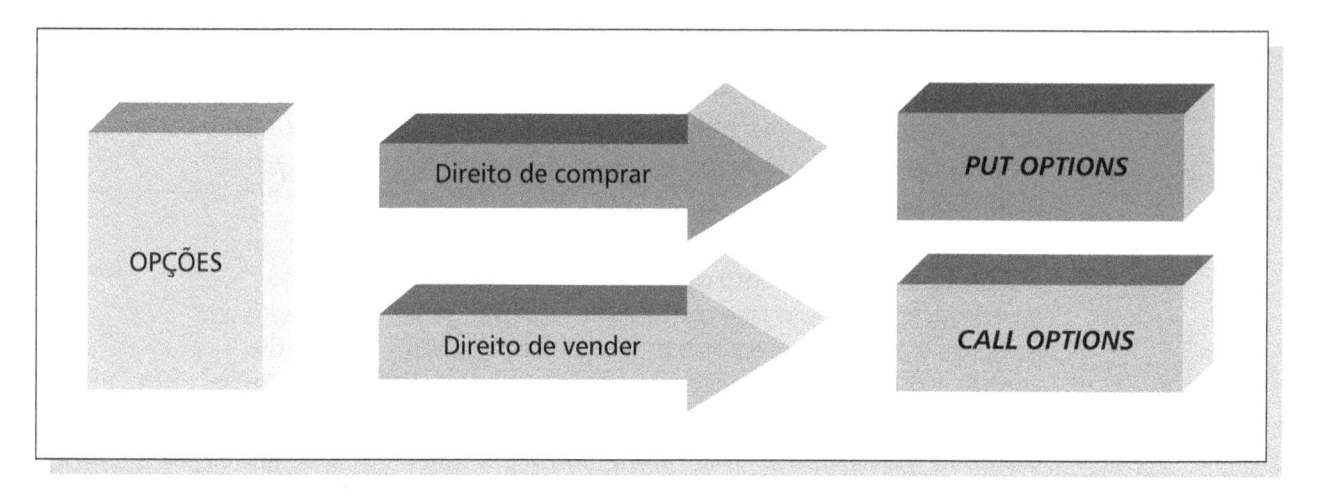

Figura 11.9 *Tipos de opções e direitos negociados.*

A fim de propiciar liquidez no mercado, a bolsa define séries de opções. Cada série caracteriza-se por corresponder a um tipo de ação (mesma companhia emissora, espécie, classe e forma), determinada data de vencimento e um preço de exercício previamente fixado.

O vencimento das opções ocorre em data fixada pela bolsa, e as obrigações assumidas pelo lançador podem ser extintas de três formas:

- pelo exercício da opção pelo titular;
- pelo seu vencimento sem que tenha havido o exercício; e
- pelo encerramento (reversão) da posição.

Um cliente no mercado de opções pode lançar, fechar posições, exercer, comprar e vender opções e ainda fazê-lo da forma *day trade* (operações de compra e venda de opções de uma mesma série, por uma mesma corretora e por conta de um mesmo cliente no mesmo pregão). É ainda possível conjugar, na liquidação, operações com opções e operações no mercado à vista, ou seja, realizar operação dita "casada", cuja liquidação é feita por diferença.

Na liquidação por diferença, o investidor só desembolsará ou receberá a diferença entre o valor da operação com opções e o da operação no mercado à vista realizada para esse fim.

Em linhas gerais, salientamos ainda algumas considerações importantes. O nível de risco enfrentado pelos participantes do mercado de opções é considerado alto, principalmente em posições descobertas. Uma das principais características do mercado de opções é a extrema volatilidade com que esse mercado trabalha. Para entender melhor, vamos dizer que volatilidade nada mais é do que o grau de oscilação a que as opções estão expostas e aos inúmeros fatores que influenciam suas cotações. Para fixar o conceito da volatilidade no mercado de opções, é comum observar oscilações superiores a 30% em um mesmo dia nesse mercado. Outro aspecto importante a ser observado é o conceito da liquidez, ou seja, o volume de negócios e a oferta e demanda por esses ativos. Hoje o mercado de opções é sempre constituído por opções de ações de alta liquidez no mercado; as mais negociadas são as opções do Recibo de Telebras.

Planejamento e administração das aplicações são fundamentais. Quem não dispuser de tempo, conhecimentos e experiência para conduzir conscientemente o exaustivo processo decisório envolvido nessas estratégias de aplicações não deveria entrar no mercado, pois a perda do capital aplicado pode ser total. Os participantes do mercado de opções devem conhecer "intimamente" e acompanhar as ações-objeto, seus graus de volatilidade e expectativa de tendências.

Além disso, o mercado de opções serve como excelente termômetro das expectativas realmente sentidas pelos investidores presentes no mercado à vista, revelando suas previsões a curto prazo sobre o futuro comportamento das ações-objeto.

Os analistas de ações têm no mercado de opções um de seus mais valiosos instrumentos para aferir futuras tendências do mercado. Por isso, o mercado de opções tem papel relevante no aprimoramento do mecanismo formador dos preços das ações no mercado à vista, que se torna mais perfeito, previsível e líquido à medida que se expande, paralelamente, o mercado de opções.

O vendedor de uma opção (o lançador da opção) fica com a obrigação de comprar ou vender ações, dependendo da opção que está vendendo. Enquanto ato jurídico, significa o documento que contém essa preferência. A opção é considerada como um ativo dos bens-objeto do contrato e, portanto, sujeita a regras próprias de negociação.

A opção é emitida como ativo financeiro com o qual se consubstancia um registro feito em nome dos emitentes e adquirentes nas bolsas de valores. Essas bolsas não emitem certificado desses registros; dessa forma, a opção é um ativo escritural. Ao investidor emitente da opção designa-se, em mercado, lançador, e ao que a adquire, titular.

O titular tem sempre os direitos, e o lançador tem sempre as obrigações. O mercado de opções negocia esses direitos de compra ou de venda, mas não as ações diretamente. Os direitos são negociados por um preço, o prêmio, que é o valor pago pelo titular e recebido pelo lançador.

O titular de uma opção de compra sempre acredita que o preço da ação vai subir, enquanto o lançador a descoberto acha que ele vai cair. Já o titular de uma opção de venda sempre acredita que o preço de uma ação vai cair, enquanto o lançador espera que as cotações subam de forma a não ser exercido. Os ganhos e perdas com opções ocorrem como na Figura 11.9.

TITULAR DE UMA OPÇÃO	
GANHA	PERDE
Se levar a posição ao vencimento, ganha o diferencial entre o preço de mercado e o preço de exercício, menos o valor do prêmio (ganho limitado).	Perde, no máximo, o valor investido no prêmio (perda determinada).

LANÇADOR DE UMA OPÇÃO	
GANHA	PERDE
Se reverter a posição, ele ganha a diferença entre os valores dos prêmios de compra e de venda (ganho limitado).	O lançador de uma opção de compra assume a possibilidade de vender a ação ao titular da opção (troca um ganho limitado por uma perda ilimitada).

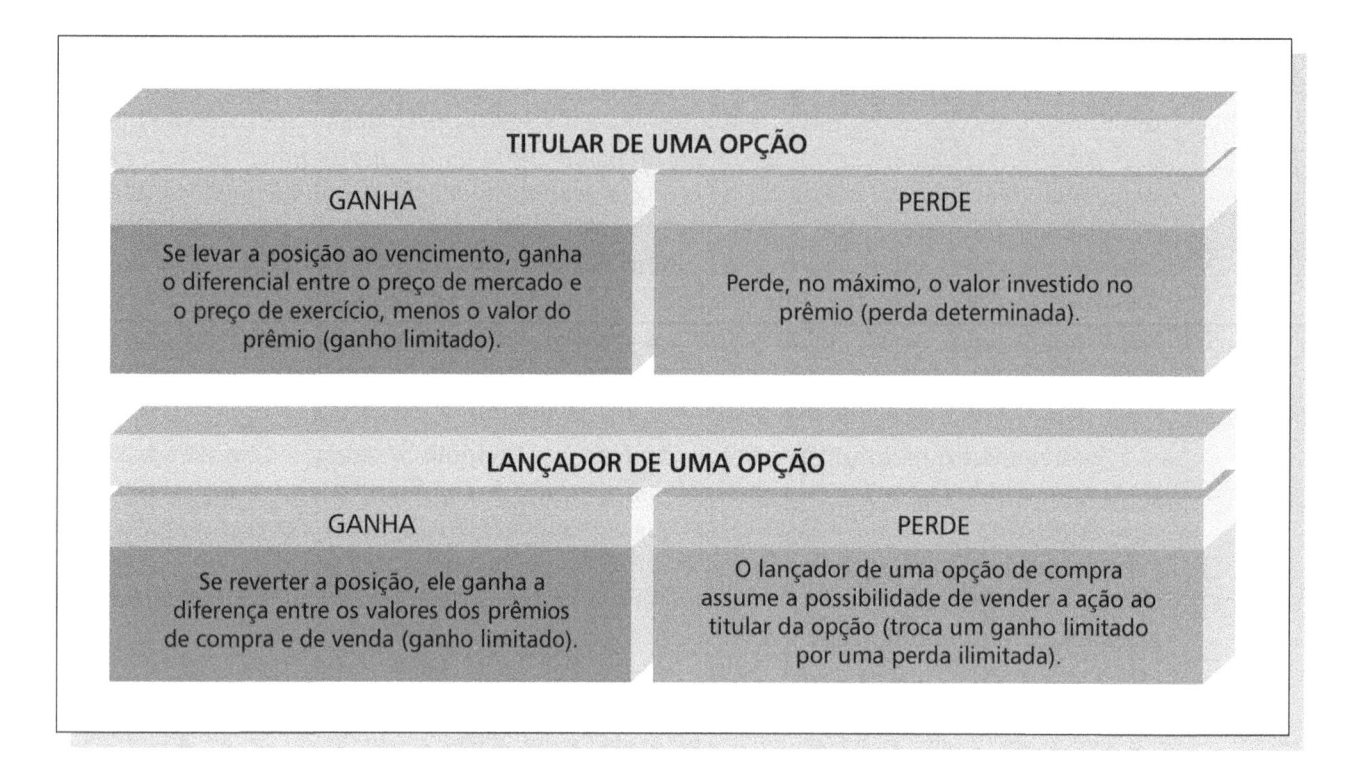

Figura 11.10 *Ganhos e perdas das opções.*

As obrigações assumidas pelo lançador podem ser extintas de três formas:

- pelo exercício da opção;
- por seu vencimento sem que tenha havido exercício (nesse caso, diz-se que a opção vira pó); e
- pelo encerramento das posições por meio de realização de uma operação inversa.

Uma opção de compra só deverá ser exercida quando o preço de mercado for superior ao preço de exercício da opção. Nesse caso, diz-se que a opção tem um valor intrínseco. Apenas o valor intrínseco, entretanto, não justifica o exercício, pois deve ser levado em conta o valor atual do prêmio quando da aquisição da opção. Só quando a soma desses dois valores for superior ao preço de exercício é que o investidor estará ganhando. O mais comum, entretanto, é a reversão de posição no próprio mercado de opções, quando o prêmio justifica essa operação do titular. Nesse caso, o lucro ou prejuízo será a diferença entre o prêmio recebido e o anteriormente pago. O mesmo vale para o lançador.

11.4.1 Opções de compra e de venda

Opções de compra

Uma opção de compra (*call*) é um contrato no qual o comprador (*holder* ou *buyer*) tem o direito, mas não a obrigação, de comprar uma ação-objeto (*underlaying asset*) a determinado preço ou preço de exercício (*strike price*) e em determinada data de exercício ou vencimento (*expiration day*). Ele paga por ela um prêmio (*premium*), que é o preço da opção. O vendedor ou subscritor (*writer*) tem a obrigação de vender a ação-objeto na data determinada ao preço negociado.

Uma opção de compra dá a seu titular o direito de comprar o objeto da opção, ao preço de exercício, a qualquer instante, até a data de vencimento. Após essa data, se não exercida, a opção simplesmente deixa de existir (vira pó).

O lançador de uma opção de compra é aquele que vende uma opção de compra assumindo a obrigação de vender o objeto a que se refere a opção, caso sua posição seja exercida. Ele entregará a totalidade do objeto mediante o recebimento do preço do exercício. Ver Quadro 11.3.

Quadro 11.3 *Características da opção de compra* (call).

	Vendedor do direito de compra (lançador)	**Comprador do direito de compra (titular)**
Direitos	Prêmio	Comprar
Obrigações	Vender	Pagar prêmio
Desistência	Não pode desistir da operação.	Pode desistir da operação a qualquer momento.
Exercício de direito	Ao vendê-lo ao titular, não poderá exercê-lo mais.	Ao comprá-lo do lançador, poderá exercê-lo a qualquer momento.

Geralmente, as opções de compra são utilizadas:

- para obtenção de maiores ganhos em relação ao mercado à vista;
- como uma forma alternativa para a aquisição imediata do produto;
- para fixação do preço de uma futura aquisição do produto;
- para realização de caixa mediante contratação de financiamento no mercado financeiro; e
- para realização de *hedge* para posições em ativos financeiros.

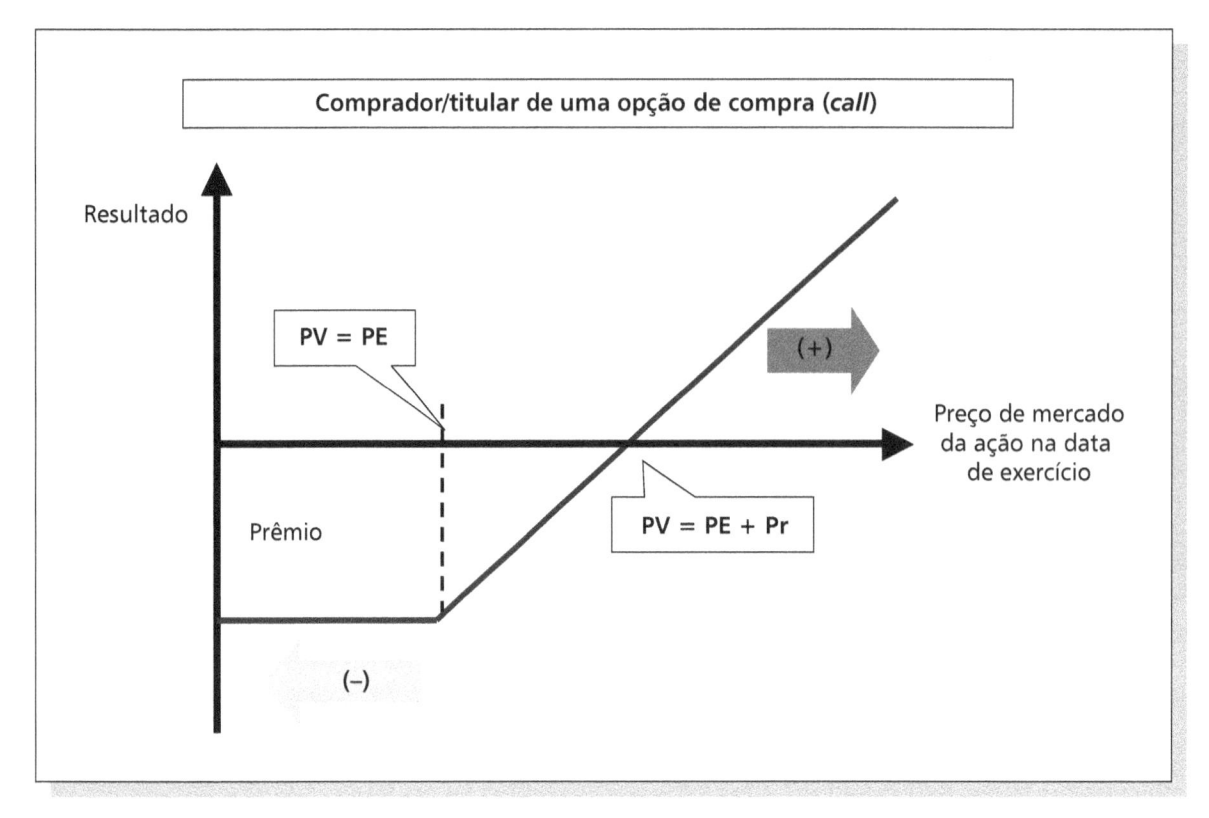

Figura 11.11 *Ganhos e perdas do comprador/titular de uma opção de compra (*call*).*

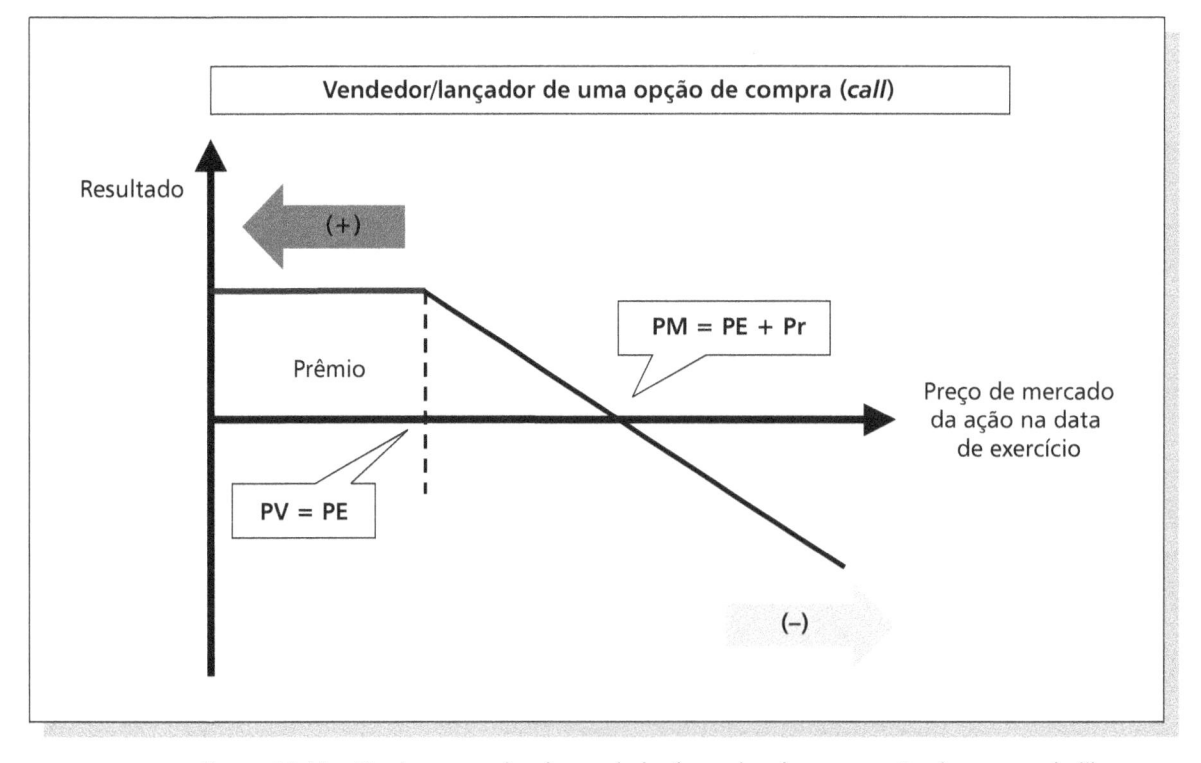

Figura 11.12 *Ganhos e perdas do vendedor/lançador de uma opção de compra (*call*).*

Opções de venda

Uma opção de venda (*put*) dá ao comprador o direito, mas não a obrigação, de vender determinada ação a determinado preço e em data estabelecida. O vendedor da opção de venda tem a obrigação de comprar o ativo na data e ao preço negociado.

Uma opção de venda dá a seu titular o direito de exigir a compra, pelo lançador, do objeto da opção ao preço de exercício, na data prefixada.

O lançador de uma opção de venda é aquele que vende uma opção de venda, assumindo a obrigação de comprar o objeto a que se refere a opção, caso sua posição seja exercida. Ver Quadro 11.4.

Quadro 11.4 *Características da opção de venda* (put).

	Vendedor do direito de venda (lançador)	Comprador do direito de venda (titular)
Direitos	Prêmio	Vender
Obrigações	Compra	Pagar prêmio
Desistência	Não pode desistir da operação.	Pode desistir da operação a qualquer momento.
Exercício de direito	Ao vendê-lo ao titular, não poderá exercê-lo mais.	Ao comprá-lo do lançador, poderá exercê-lo a qualquer momento.

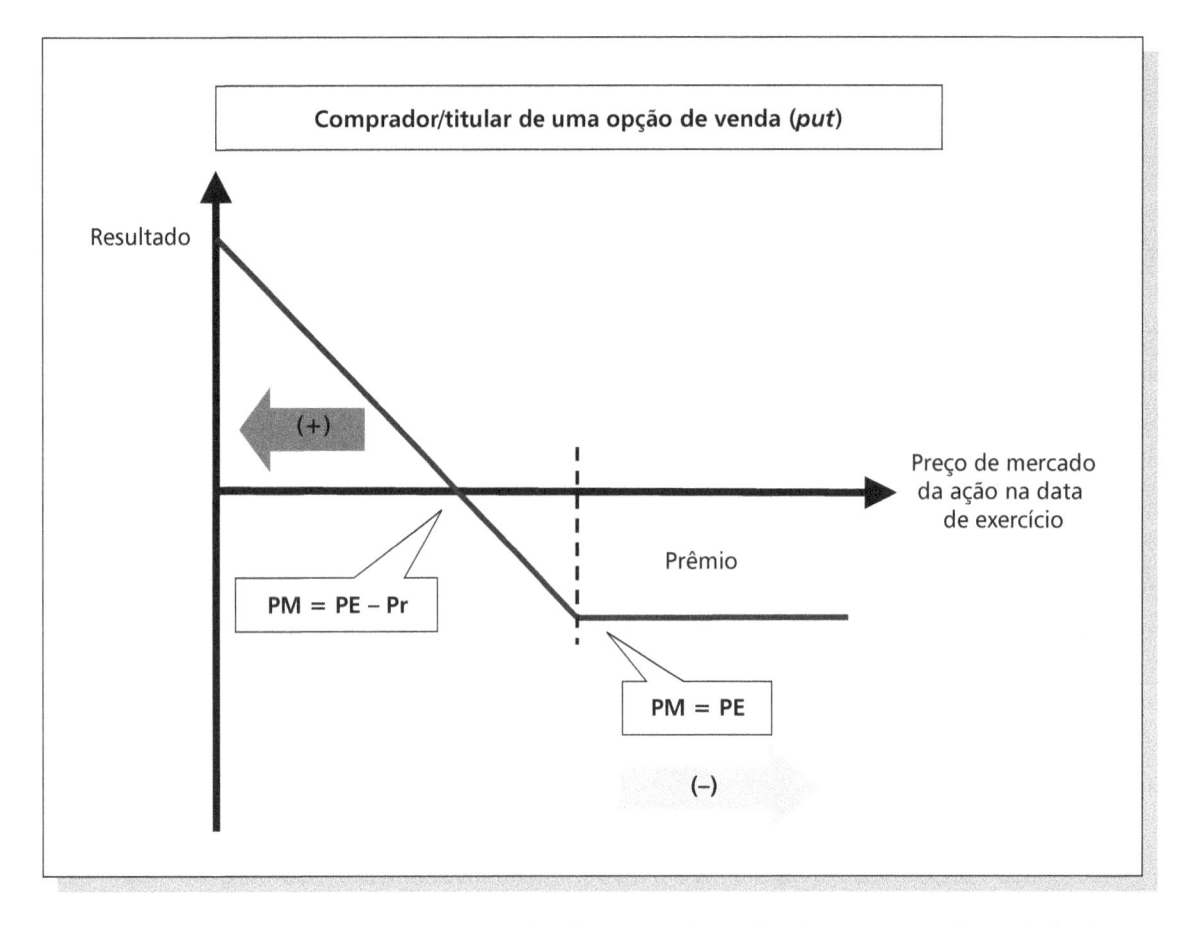

Figura 11.13 *Ganhos e perdas do comprador/titular de uma opção de venda (put).*

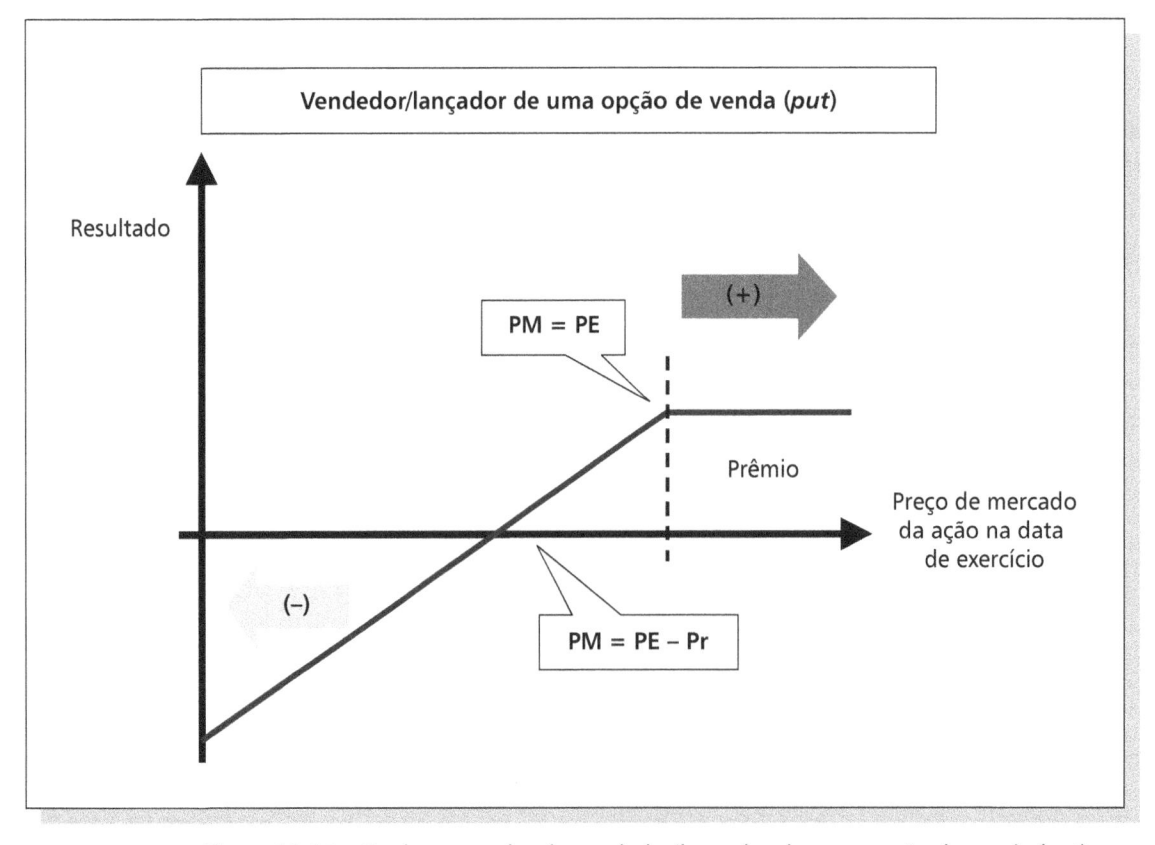

Figura 11.14 *Ganhos e perdas do vendedor/lançador de uma opção de venda (put).*

11.4.2 Operações básicas

A compra de uma opção, seja de compra, seja de venda, é chamada de *long* (posição longa ou compradora). Já a venda de uma opção denomina-se *short* (posição curta ou vendedora). A combinação dessas posições resulta em quatro tipos de operações (ver Quadro 11.5):

- venda de uma opção de venda (*option short put*);
- venda de uma opção de compra (*option short call*);
- compra de uma opção de venda (*option long put*); e
- compra de uma opção de compra (*option long call*).

Quadro 11.5 *Principais características dessas operações básicas de compra e venda.*

Opções	Posições	Direitos	Obrigações	Expectativas
Venda	Lançador de uma opção de venda	Receber prêmio	Comprar e assumir mais risco	Aumento ou manutenção no preço de mercado da ação no dia do exercício.
Venda	Titular de uma opção de venda	Vender ou não	Pagar o prêmio	Queda no preço de mercado da ação no dia do exercício.
Compra	Lançador de uma opção de compra	Receber prêmio	Vender e assumir mais risco	Queda ou manutenção no preço de mercado da ação no dia do exercício.
Compra	Titular de uma opção de compra	Comprar ou não	Pagar o prêmio	Aumento no preço de mercado da ação no dia do exercício.

11.4.3 Prêmio no mercado de opções

Em função dos direitos adquiridos e das obrigações assumidas nos lançamentos, o titular (comprador) paga e o lançador recebe uma quantia denominada prêmio. O prêmio, ou preço da opção, é negociado entre comprador e lançador pelos seus representantes no pregão da bolsa. Ele reflete fatores como oferta e demanda, prazo de vigência da opção, diferença entre preço de exercício e preço à vista da ação-objeto, volatilidade de preço, bem como outras características da ação-objeto.

Assim, o valor do prêmio é o resultado das forças de oferta e procura e oscila de acordo com a variação do preço da ação e segundo as negociações entre os investidores, de modo análogo ao da formação dos preços das ações-objeto no mercado à vista, ou seja, interação das forças de oferta e demanda.

O prêmio é pago pelo titular e recebido pelo lançador da opção, seja ela de compra ou de venda. Seu valor depende da tendência de alta ou de baixa que os preços das opções possam apresentar e da existência de maior número de aplicadores que queiram comprar ou vender opções. No caso de operações de *spread*, é apregoado apenas o saldo líquido dos prêmios das séries de opções envolvidas na operação.

Toda opção tem um vencimento. Após a aquisição, ela pode ser exercida a partir do dia seguinte ao da compra, a qualquer momento, até o vencimento. Se não for exercida, o titular perderá integralmente o valor aplicado no prêmio.

Vários fatores influenciam o valor do prêmio, como, por exemplo:

- relação entre o preço atual de mercado e o de exercício da opção; quanto menor a diferença entre eles, maior será o prêmio da opção;
- prazo a vencer; se as demais considerações permanecerem iguais, quanto menor o prazo até a data do vencimento, menor o prêmio;
- taxa de juros nominal da economia;
- volatilidade dos preços do objeto da opção no mercado à vista.

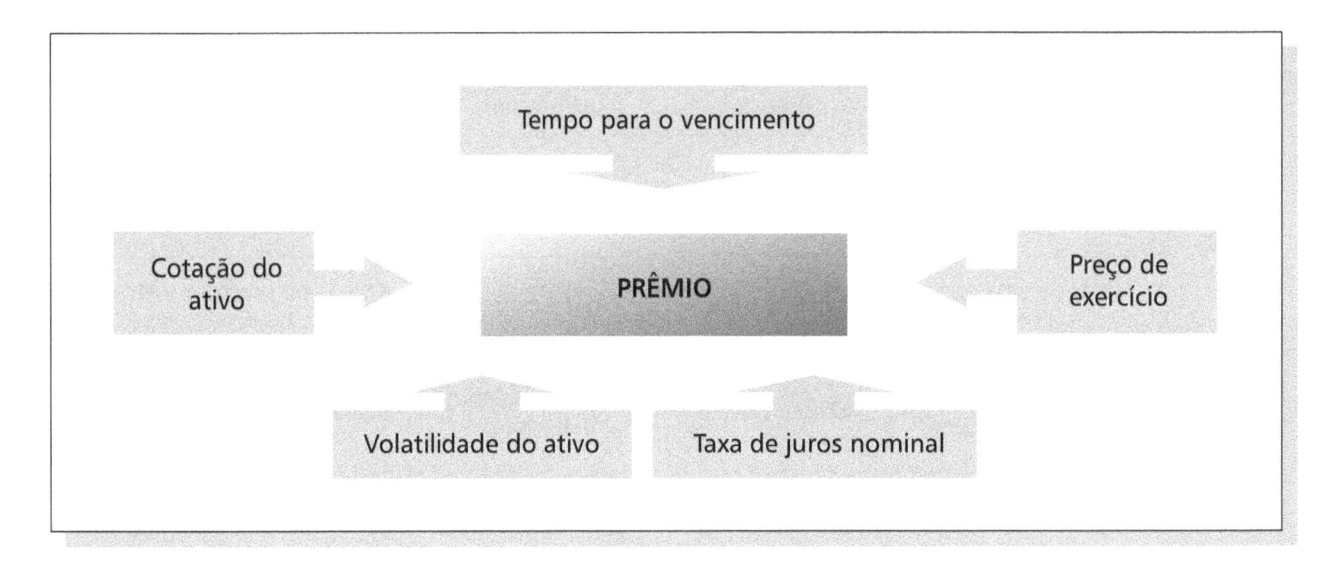

Figura 11.15 *Determinantes do valor do prêmio das opções.*

Os prêmios são influenciados pelos seguintes componentes:

Valor intrínseco

O valor intrínseco de uma opção é o valor que ela teria se fosse exercida imediatamente, ou seja, é a diferença entre o preço do ativo-objeto e o preço de exercício da opção. Esse valor é obtido com a subtração do preço de exercício da opção de compra e, inversamente, no caso de opção de venda.

Uma opção de compra com preço de exercício superior ao preço à vista da ação-objeto não tem valor intrínseco, já que não representa nenhuma vantagem comparativamente à compra à vista das ações. Da mesma maneira, não é vantagem o fato de o preço à vista ser superior ao preço de exercício de uma opção de venda.

Por exemplo, se o preço à vista da ação ABC PP for R$ 850,00, a opção de compra ABC/agosto/R$ 800,00 terá um valor intrínseco de R$ 50,00; de R$ 80,00, se este preço for R$ 880,00, e assim por diante. Se no mercado à vista o preço da ação ABC for menor que R$ 800,00 (R$ 750,00, digamos), então considera-se que a opção de compra ABC/agosto/R$ 800,00 não tem valor intrínseco.

Uma opção de venda ABC PP/agosto/R$ 800,00 terá um valor intrínseco de R$ 50,00 se o preço à vista da ação-objeto for R$ 750,00; de R$ 80,00, se este preço for R$ 720,00, e assim por diante. Se o preço à vista for superior ao preço de exercício, não haverá valor intrínseco. Assim, quando a ação ABC estiver cotada a R$ 850,00, a opção de venda ABC PP/agosto/R$ 800,00 não possuirá valor intrínseco.

Valor do tempo

O prêmio de uma opção antes de seu vencimento é geralmente superior a seu valor intrínseco. Além disso, mesmo as opções sem valor intrínseco podem ter um preço de mercado (prêmio), desde que haja alguém disposto a pagá-lo. Isso porque o prêmio de uma opção deve remunerar seu lançador pela imobilização de recursos. A remuneração que exige o lançador pela imobilização de recursos depende basicamente de suas expectativas, do prazo da opção e da taxa de juros vigentes no mercado financeiro.

O aplicador também quer ser remunerado pelos riscos e por suas obrigações como lançador. Dessa forma, de acordo com o nível de risco que é apresentado pelas ações, o lançador estabelece a remuneração que deseja. Um dos fatores de risco é o grau médio de variações das cotações da ação-objeto no mercado à vista num determinado período de tempo, ou seja, a volatilidade, ressaltando-se que, quanto mais volátil for a ação, maior será a remuneração exigida pelo lançador.

Essas duas parcelas do prêmio – os juros e a remuneração pelo risco – vão se reduzindo gradativamente ao longo do período de vigência de uma opção, de forma que, na data do vencimento, o preço da opção corresponda apenas a seu valor intrínseco, se ela o tiver. Após a data de vencimento, as opções não exercidas não têm valor.

11.4.4 Preço de uma opção

Existem vários métodos para a valorização de opções; os mais utilizados são o método binomial e o modelo de Black & Scholes. Além desses métodos, também existem o Cox Rubestein e o Garman-Kohlhagen, ambos baseados na combinação de cinco parâmetros fundamentais:

- preço de exercício;
- tempo para o vencimento;
- preço do ativo-objeto;
- taxa de juros; e
- volatilidade.

Método binomial

O método binomial parte do pressuposto de que o preço de ação pode assumir apenas dois valores no vencimento da opção: ou a ação subirá até um preço mais alto, ou ela cairá até um preço mais baixo. Embora esse método pareça simplista, podemos generalizá-lo para incorporar suposições mais realistas. Para começar, suponhamos que fôssemos dividir o ano em dois semestres e depois afirmássemos que, sobre cada semestre, o preço da ação pudesse assumir dois valores. Com isso teríamos três possíveis valores para a ação no final do ano, e três para a opção.

Se continuássemos dividindo o ano em intervalos cada vez menores (meses e dias), a amplitude dos possíveis preços no final do ano para cada ação se expandiria, assumindo o formato de uma distribuição binomial.

Com essa abordagem, podemos afirmar que as opções podem ser precificadas relativamente ao preço do ativo-objeto usando um método binomial de dois períodos e dois estados. Enquanto o número de períodos aumenta, o método pode aproximar as distribuições de preços das ações à realidade.

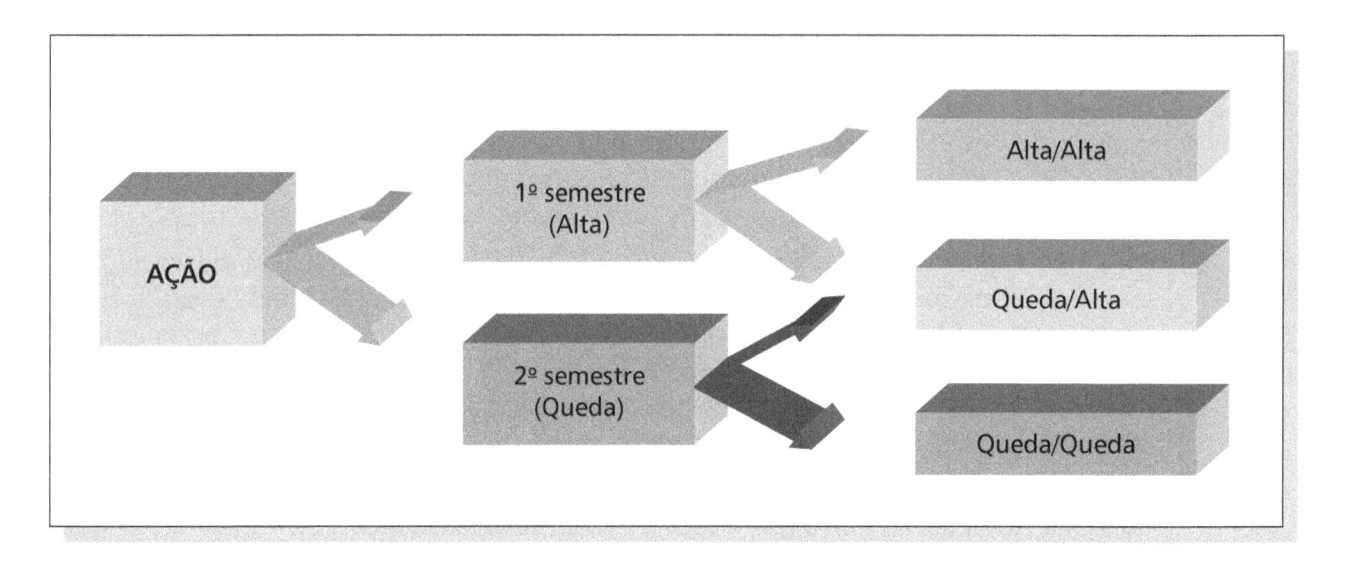

Figura 11.16 *Simulação do possível valor para a ação no final do ano com dois cenários.*

Modelo Black & Scholes

Embora o método binomial que descrevemos sucintamente seja simples, ele requer a utilização de computador para o desenvolvimento do algoritmo envolvido na distribuição binomial e muita paciência para analisá-la.

Durante muitos anos, os analistas de mercado de capitais buscaram um modelo de precificação de opções que funcionasse, mas foi somente com Black & Scholes (1973) que passamos a ter uma fórmula para a valorização de opções. Para a utilização dessa fórmula, é necessária a aceitação de duas suposições: que tanto a taxa de juros livre de risco quanto a volatilidade do preço da ação são constantes ao longo da duração da opção.

O modelo Black & Scholes foi apresentado em 1973 por Fischer Black e Myron Scholes e representou um grande avanço na área de finanças, ao mostrar como os preços teóricos de opções podem ser determinados.

Na prática, o modelo é largamente utilizado pelos agentes econômicos na precificação de opções europeias (só pode ser exercida na data do vencimento).

A principal hipótese do modelo é a de que os preços do ativo seguem uma distribuição log-normal, ou seja, a distribuição probabilística dos retornos do ativo em uma data futura, calculados de forma contínua e composta a partir dos seus preços, é normal.

$$Ln = \left(\frac{S_t}{S_{t-1}}\right) = \text{retorno do ativo calculado de forma contínua}$$

em que:

S_t = preço do ativo na data t.

S_{t-1} = preço do ativo na data $t - 1$.

O modelo Black & Scholes procura definir o preço justo do prêmio para compra de uma opção de compra. As variáveis consideradas no modelo são:

Pv	⇨	preço da ação-objeto no mercado à vista;
Pe	⇨	preço de exercício da opção;
t	⇨	prazo a decorrer até o vencimento em dias úteis;
i	⇨	taxa de juros diária (CDI *over*);
σ	⇨	volatilidade da ação. Representa o grau de oscilação possível do preço à vista de uma ação dentro de um intervalo de tempo; e
N (d1) e N (d2)	⇨	valores obtidos da tabela de probabilidade acumulada na distribuição normal padrão após estimativa da volatilidade (d) da ação, conforme o modelo Black & Scholes.

As variáveis *Pv*, *Pe*, *t* e *i* são facilmente determinadas, enquanto a variável *d* é estimada pelos métodos matemático-estatísticos.

Utilizando essas variáveis, obtemos a fórmula do modelo Black & Scholes para o cálculo do prêmio de uma opção:

$$Pr = \left(Pv \cdot N(d_1)\right) - \left(\frac{Pe}{(1+i)^t} \cdot N(d_2)\right)$$

em que: $Pe / (1 + i)^t$ = valor presente do exercício.

Exemplo do modelo Black & Scholes

Cálculo do preço teórico, em 20 de setembro de 2003, de uma opção de compra da Empresa Exemplo, com vencimento em 16 de outubro de 2003, preço à vista a 41,04 e preço de exercício a 46,00.

1º Passo: $t = 17$ d.u.

$$t = \left(\frac{17 \text{ d.u.}}{252 \text{ d.u.}}\right) = 0{,}0675$$

2º passo: taxa de juros projetada

DI FUT em 20/9/2003: OUT.03 = 99.517
NOV.03 = 98.250

Dias úteis: 2/10 ⇨ 16/10 = 9 d.u.
16/10 ⇨ 1º/11 = 12 d.u.

$$\left(\frac{100.000}{99.517}\right) \times \left\{\left(\frac{99.517}{98.250}\right)^{9/21}\right\} - 1 = 0,01039$$

Anualizando a taxa: $(1,01039)^{252/17} - 1 = 0,016558$

Transformando em taxa contínua: $Ln\ 1,016558 = 0,15322$

3º passo: cálculo da volatilidade histórica

Data	Preço da ação	Ln do retorno
0	47,80	
1	47,93	0,003
2	48,10	0,004
3	47,69	− 0,009
4	48,69	0,021
5	48,15	− 0,011
6	47,20	− 0,020
7	46,70	− 0,011
8	46,10	− 0,013
9	47,45	0,029
10	47,49	0,001
11	46,50	− 0,021
12	47,05	0,012
13	46,23	− 0,018
14	45,68	− 0,012
15	44,35	− 0,030
16	44,15	− 0,005
17	43,51	− 0,015
18	41,91	− 0,037
19	39,30	− 0,064
20	41,39	0,052

$\sigma Ln = 0{,}02464$

$\sigma_{anual} = \sigma_{diário} \times \sqrt{252} = 0{,}02464 \times \sqrt{252} = 0{,}391148$

$$D_1 = \frac{Ln\left(\dfrac{41{,}04}{46}\right) + \left\{0{,}15322 + \left(\dfrac{0{,}3911^2}{46}\right)\right\} \times 0{,}0675}{0{,}391148 \times \sqrt{0{,}0675}}$$

$D_1 = -0{,}9705$

Na tabela da normal: $N(-0{,}9705) = 0{,}1659$

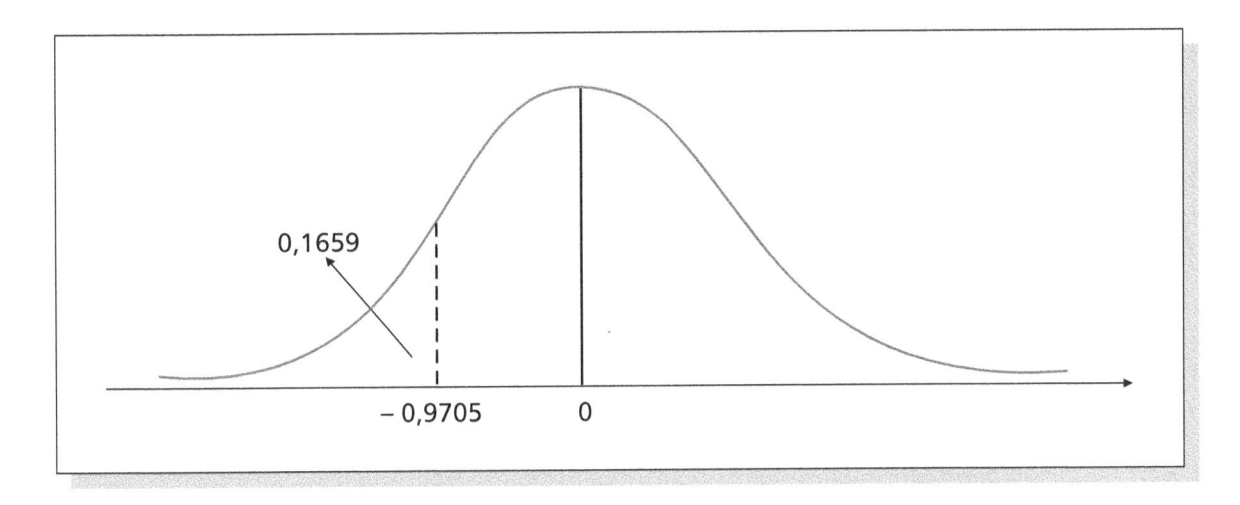

$d_2 = d_1 - \sigma\sqrt{t}$
$d_2 = -0{,}9705 - 0{,}3911\sqrt{0{,}0675} = -1{,}072$

Na tabela da normal: $N(-1{,}072) = 0{,}1419$

4º passo: aplicação na fórmula

$$Pr = \left(Pv \times N(d_1)\right) - \left(\frac{Pe}{(1+i)^t} \cdot N(d_2)\right)$$

$$Pr = \left(41{,}04 \times 0{,}1659\right) - \left(\frac{46}{(1+0{,}15322)^{0{,}0675}} \times 0{,}1419\right)$$

$Pr = R\$\ 0{,}35$

Limitações do modelo Black & Scholes

- o modelo supõe que a forma da distribuição de probabilidade dos preços à vista da ação-objeto tem a forma log-normal. Como isso nem sempre ocorre, a diferença reflete-se na qualidade das avaliações que o modelo faz; e
- o modelo não considera os custos de transação, como corretagem, taxas de registro etc.

No Brasil, o mercado organizado de opções existe desde 1979, implantado inicialmente pela Bolsa de Valores de São Paulo, com opções de compra coberta. Depois, iniciou-se o lançamento de opções de compra em descoberto e, mais recentemente, lançamento de opções de venda.

As opções com negociação e/ou lançamento autorizados pela B3 são divulgadas semanalmente no Boletim Diário de Informações da B3. Também são transmitidas no serviço de notícias B3/CBLC e no sistema de negociações PUMA.

```
                                    ┌ • Petrobras
                    Opções de ações ┤ • Vale
                                    └ • Etc.

                                    ┌ • IBrX-50
OPÇÕES NEGOCIADAS                   │ • Ibovespa
NA BOVESPA          Opções de índices┤ • Ibovespa Mini (*)
                                    │ • IGP-M
                                    └ • CDI

                    Opções de dólar
```

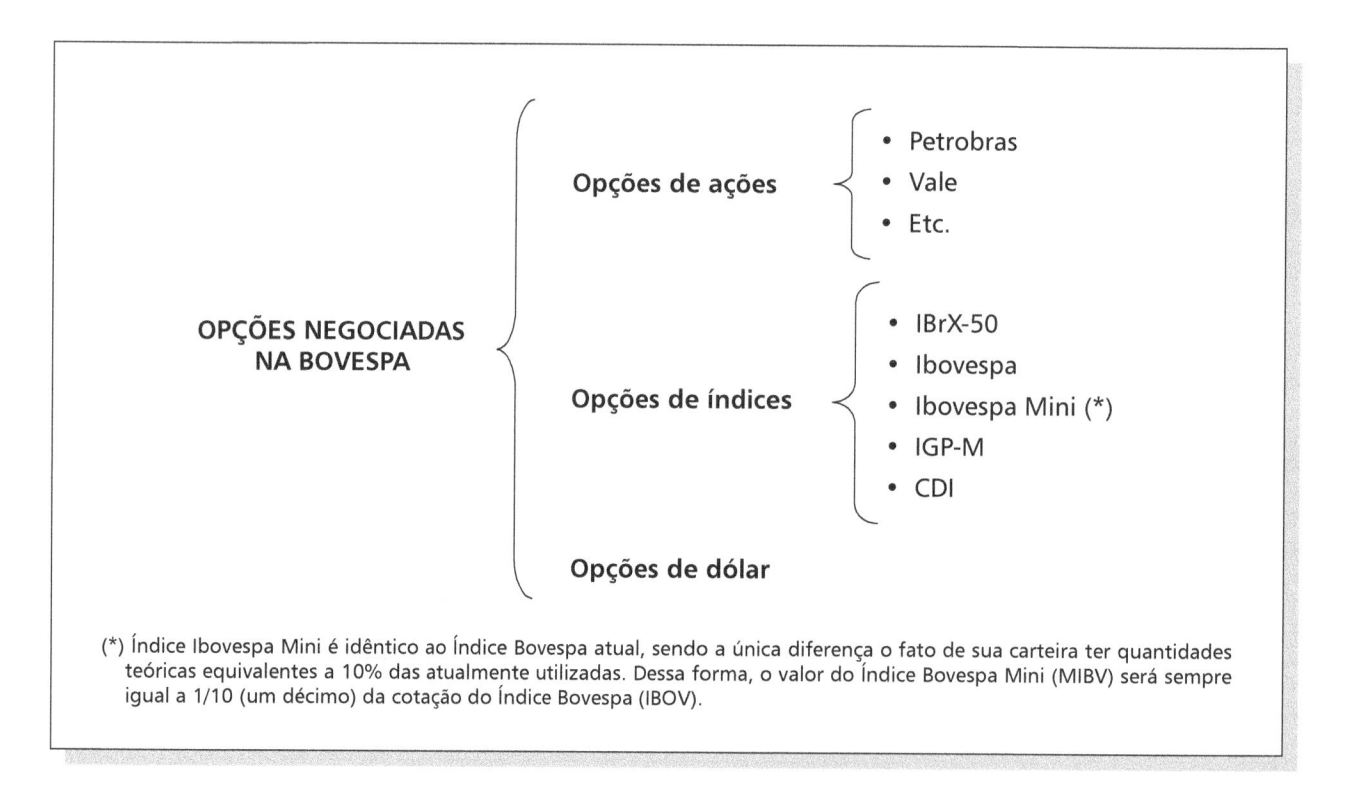

(*) Índice Ibovespa Mini é idêntico ao Índice Bovespa atual, sendo a única diferença o fato de sua carteira ter quantidades teóricas equivalentes a 10% das atualmente utilizadas. Dessa forma, o valor do Índice Bovespa Mini (MIBV) será sempre igual a 1/10 (um décimo) da cotação do Índice Bovespa (IBOV).

Figura 11.17 *Tipos de opções negociadas na B3.*

Quando uma série de opções tem sua negociação em pregão autorizada, permanece válida até o seu vencimento, embora possam ser introduzidas novas séries, com diferentes preços de exercício. A bolsa pode, porém, suspender, a qualquer instante, as autorizações para lançamento e/ou negociação. Isso, em geral, acontece com as séries que não apresentam posições em aberto e cujos preços de exercício sejam muito diferentes dos preços de mercado. Séries com posições em aberto não têm sua negociação suspensa, salvo em casos especiais.

A suspensão da ação-objeto no mercado à vista implica, normalmente, a suspensão das negociações com suas opções.

As séries de opção autorizadas pela B3 são identificadas de forma parecida com o mercado futuro, ou seja, pelo símbolo do ativo-objeto associado a uma letra e a um número. A letra identifica se é uma opção de compra ou de venda e o mês de vencimento, e o número indica um preço de exercício.

Tabela 11.3 *Identificação das opções autorizadas pela B3.*

Opção		Vencimento
Compra	Venda	
A	M	Janeiro
B	N	Fevereiro
C	O	Março
D	P	Abril
E	Q	Maio
F	R	Junho
G	S	Julho
H	T	Agosto
I	U	Setembro
J	V	Outubro
K	W	Novembro
L	X	Dezembro

Exemplos:

- **PETR H18** – opção de compra sobre Petrobras PN, com vencimento em agosto e preço de exercício de R$ 180,00 por lote de mil ações.
- **VALE V23** – opção de venda sobre Vale PNA, com vencimento em outubro e preço de exercício de R$ 30,00 por ação.

Existe um mercado secundário de opções, organizado e disciplinado pela B3, que objetiva a manutenção das melhores condições para sua negociação, bem como a criação de liquidez. É nesse mercado que ocorrem as operações de aumento e de fechamento de posição, parcial ou total, tanto de titular como de lançador.

A B3 permite a realização de operações por conta de um mesmo aplicador de compra e de venda de opções, de mesma série, em um mesmo pregão, por uma mesma corretora. Assim, é possível ao aplicador aproveitar-se dos diferenciais de preços e de taxas existentes num mesmo pregão (operação de *day trade*).

11.4.5 Opções sobre o Índice Ibovespa e o IBX

Na B3 também são autorizadas as negociações com opções sobre índice, que proporcionam a seus possuidores o direito de comprar ou vender um índice até (ou em) determinada data. Tanto o prêmio como o preço de exercício dessas opções são expressos em pontos do índice, cujo valor econômico é determinado pela B3 (atualmente, R$ 1,00).

11.4.6 Opções com preço de exercício em pontos de IGP-M e CDI

Quadro 11.6 *Comparação da definição do preço de exercício.*

IGP-M	CDI
O preço de exercício será corrigido diariamente, a partir do dia de abertura da série, inclusive, até o dia de exercício, exclusive. A correção será feita pela multiplicação do valor em **reais** do dia por um fator de correção que corresponderá à taxa de variação do IGP-M do mês anterior "prorrateada" pelos dias úteis do mês corrente, apurado pela seguinte fórmula: $$Fcmc = \left(1 + \frac{IGP\text{-}M_{mc-1}}{100}\right)^{\frac{1}{N}}$$ em que: *Fcmc* = Fator de correção do mês corrente (10 casas decimais) $IGPM_{mc-1}$ = IGP-M do mês anterior ao corrente (2 casas decimais) *Nmc* = Número de dias úteis do mês corrente Caso esse índice de preços, que é apurado pelo Instituto Brasileiro de Economia (IBRE), da Fundação Getulio Vargas, deixe de ser divulgado, a B3 e/ou a CBLC poderão arbitrar os preços de exercício das séries abertas com base em outro índice de preços.	O preço de exercício em pontos será corrigido através da multiplicação dos pontos pelo fator acumulado das taxas médias diárias de DI de um dia, calculadas pela Cetip, para o período compreendido entre o dia anterior ao da abertura da série, inclusive, e o dia anterior ao do exercício, exclusive. A B3 poderá, a seu critério, autorizar a negociação de séries cujo preço de exercício em pontos será corrigido por um percentual do fator acumulado. Caso a Cetip deixe de divulgar a taxa média de DI de um dia, por qualquer motivo, a B3 e/ou a CBLC poderão arbitrar os preços de exercício das séries abertas.

Quadro 11.7 *Comparação das opções de índices.*

Características		Ibovespa	IBrX – 50	IGP-M	CDI
Objeto da Opção		Índice Ibovespa.	Índice IBrX – 50	Ações autorizadas pela B3.	
Cotação		Prêmio é cotado em pontos do índice (duas casas decimais), sendo cada ponto equivalente ao valor em reais (R$ 1,00).		Os prêmios são cotados em reais e seguem a mesma forma de cotação de suas ações-objeto.	
Variação Mínima		Um centésimo de ponto do Índice-Objeto.		R$ 0,01	
Oscilação Máxima Diária		Não há limites de oscilação diária.			
Unidade de Negociação		Índice-Objeto multiplicado pelo valor em reais de cada ponto.		Lote-padrão vigente para a ação-objeto no mercado à vista.	
Meses de Vencimento		Meses pares.		Meses pares e o mês ímpar mais próximo.	
Data de Vencimento		Quarta-feira mais próxima do dia 15 do mês de vencimento ou o dia útil subsequente.	Primeiro dia útil do mês de vencimento.	A terceira segunda-feira do mês de vencimento.	
Preço de Exercício		Expressos em pontos do Índice-Objeto.		Expressos em reais.	Expressos em pontos.
Exercício		Efetuado pela liquidação financeira da diferença dos valores equivalentes em reais.			
Parâmetro para Liquidação		Será a média aritmética dos índices verificados nas três últimas horas de negociação até o final do *call* de fechamento, inclusive, do pregão do dia do exercício.			
Liquidação por entrega física de ações		No dia do exercício, o titular e o respectivo lançador de opção designado para atendê-lo poderão, de comum acordo e mediante comunicação expressa à CBLC, substituir a liquidação financeira pela liquidação por entrega das ações, a ser realizada diretamente entre as partes, respeitada a proporcionalidade das mesmas na composição da carteira.			
Margem de Garantia para o Lançador a Descoberto		Margem do Prêmio: é o preço de fechamento diário do prêmio. Margem de Risco: é o valor adicional necessário à liquidação do portfólio do investidor no caso de movimento adverso nos preços de mercado do ativo subjacente da opção. Baseando-se em dez cenários prováveis (cinco de alta e cinco de baixa), o movimento do mercado é estimado através do intervalo de margem, que é determinado com base na volatilidade histórica do papel.			
Limites	Mercado	150.000 contratos	960.000 contratos	30% das ações em circulação. 15% das ações em circulação (posições a descoberto).	40% das ações em circulação. 20% das ações em circulação (posições a descoberto).
	Intermediário	75.000 contratos	240.000 contratos	15% das ações em circulação. 10% das ações em circulação (posições a descoberto).	8% das ações em circulação. 4% das ações em circulação (posições a descoberto).
	Investidor	15.000 contratos por série 30.000 contratos no total de séries	48.000 contratos por série 96.000 contratos no total de séries	Coberto: 5% das ações por série. 10% das ações no total. Descoberto: 2% das ações no total por série. 4% das ações no total.	Coberto: 2% das ações por série. 4% das ações no total. Descoberto: 1% das ações no total por série. 2% das ações no total.

11.4.7 Opções referenciadas em dólar

Nessa modalidade, o preço de exercício é expresso em pontos, e cada ponto equivale a um centésimo da taxa de câmbio real por dólar norte-americano, divulgada pelo Bacen.

Todas as negociações realizadas nesse segmento são efetuadas em reais. A B3 calcula e divulga diariamente, antes do início do pregão, o valor dos preços de exercício equivalentes em reais dessas séries, que serão utilizados em caso de exercício nesse pregão.

Quadro 11.8 *Características das opções referenciadas em dólar.*

Características			Opções referenciadas em dólar
Objeto da opção			Ações autorizadas pela B3.
Cotação			Os prêmios são cotados em reais e seguem a mesma forma de cotação de suas ações-objeto.
Variação mínima			R$ 0,01
Oscilação máxima diária			Não há limites de oscilação diária.
Unidade de negociação			Lote-padrão vigente para a ação-objeto no mercado à vista.
Meses de vencimento			Meses pares e o mês ímpar mais próximo.
Data de vencimento			A terceira segunda-feira do mês de vencimento.
Preço de exercício			Expressos em pontos por ação. Cada ponto equivale a um centésimo da taxa de câmbio de reais por dólar dos Estados Unidos, verificada no dia útil anterior, definida como "Cotação para contabilidade", apurada pelo Bacen e divulgada através do Sisbacen, transação PTAX 800, opção 5, utilizada com quatro casas decimais.
Margem de garantia para o lançador a descoberto			⇨ Margem do prêmio: é o preço de fechamento diário do prêmio. ⇨ Margem de risco: é o valor adicional necessário à liquidação do portfólio do investidor no caso de movimento adverso nos preços de mercado do ativo subjacente da opção. Baseando-se em dez cenários prováveis (cinco de alta e cinco de baixa), o movimento do mercado é estimado através do intervalo de margem, que é determinado com base na volatilidade histórica do papel.
Limites	Mercado		⇨ 40% das ações em circulação ⇨ 20% das ações em circulação (posições a descoberto)
	Intermediário		⇨ 8% das ações em circulação ⇨ 4% das ações em circulação (posições a descoberto)
	Investidor	Coberto	⇨ 2% das ações por série ⇨ 4% das ações no total
		Descoberto	⇨ 1% das ações no total por série ⇨ 2% das ações no total

11.5 Comparação dos mercados

Os mercados futuros, diferentemente dos mercados à vista e a termo, não negociam compra ou venda de certo produto ou ativo. Quem opera no mercado futuro sempre deve estar preparado para comprar ou vender contratos. Nos mercados à vista e a termo, o comprador efetivamente adquire um produto por um preço previamente acordado (à vista ou a termo) e com uma data de entrega conhecida (hoje ou em determinada data futura), em quantidades variáveis que as partes envolvidas acordam entre si. Uma vez feita uma transação nesses mercados, o agente econômico pode deles afastar-se por prazo indeterminado. Por exemplo, alguém que compre ouro no mercado físico pode estocá-lo como reserva de valor indefinidamente. No mercado futuro, em geral quem compra deve vender contratos posteriormente e quem vende inicialmente deve comprar contratos em data posterior.

Os mercados futuros são sempre organizados em bolsas, onde são negociados contratos sobre determinado objeto. Os contratos futuros são compromissos padronizados de comprar ou vender certa mercadoria, ativo financeiro ou índice econômico por certo preço, fixado no posto de negociação de bolsa, com uma data específica de vencimento. A data de vencimento do contrato tem uma implicação prática: é o limite temporal no qual as posições inicialmente assumidas devem ser liquidadas, com a entrega ou o recebimento físico do objeto referenciado no contrato, ou até o qual podem ser anuladas por operações inversas no mercado futuro.

Os mercados futuros foram uma decorrência natural dos mercados a termo, apesar de não serem substitutos perfeitos.

Um contrato a termo é, basicamente, um compromisso de compra e venda futura, não se exigindo, em princípio, efetiva disponibilidade dos bens ou recursos na data de efetivação do contrato. Num exemplo típico, uma montadora de automóveis contrata com fabricante de pneus a entrega de determinado lote em determinada fábrica, a um preço e prazos de pagamento preestabelecidos. Contratos a termo são fechados aos milhares, em todos os lugares e a toda hora, para quase todos os tipos de produtos. É, certamente, a modalidade mais difundida de negociação do mundo, e por uma razão muito simples: o contrato a termo dá às contrapartes a vantagem da minúcia, podendo descer às mínimas especificações técnicas e outras condições que forem, na circunstância, as mais convenientes aos interessados.

Essa sua principal característica, contudo, implica algumas de suas maiores desvantagens, principalmente o contrato a termo, que obriga as duas partes entre si, o que quer dizer que ambos assumem o risco de crédito, recíproco, de a outra parte não honrar o compromisso no vencimento. Em segundo lugar, as condições e necessidades que levam as partes a se contratarem, se são convergentes na época da contratação, não raro evoluem com o passar do tempo, ficando uma parte, porém, à mercê da outra para desfazer uma obrigação que já não mais lhe convém.

Os mercados futuros organizados, mediante mecanismos institucionais e operacionais específicos, oferecem soluções engenhosas para essas limitações.

Por exemplo, cada vez que um contrato futuro é fechado entre vendedor e comprador, interpõe-se entre ambos a CBLC, que se torna compradora de todos os vendedores e vendedora de todos os compradores. Desse modo, as contrapartes originais, desvinculadas entre si, não só se fiam na CBLC para liquidação, como também podem abrir ou fechar posições com qualquer outro participante no momento e nas condições que mais lhes convierem.

É claro que esse mecanismo está longe de ser perfeito. Para funcionar com eficiência, o sistema tem que propiciar liquidez. Por isso, as bolsas estabelecem rigorosa padronização dos procedimentos e contratos, especialmente no que diz respeito às especificações técnicas dos ativos e datas de liquidação, o que dificilmente atende às necessidades particulares de todos os participantes. Essa deficiência, porém, não inviabiliza o mercado futuro, requerendo apenas alguns cuidados a mais na forma de sua utilização.

Quadro 11.9 *Algumas das principais diferenças entre os contratos à vista, a termo e futuro.*

À vista	A termo	Futuro
• É um acordo entre comprador e vendedor na data zero. • Sua principal característica é a troca imediata e simultânea de dinheiro por ações, ou seja, entrega em troca de pagamento. • A liquidação física e financeira é à vista (D + 3).	• Sua predominância ocorre em mercado de balcão. • São acordos que pedem a entrega futura de um ativo a um preço atualmente negociado. • O negociante de uma posição comprada é obrigado a comprar o produto, e o de uma posição vendida é obrigado a entregá-la. • A liquidação física e financeira é em prazo determinado (*D + n*). • O contrato não costuma ser renegociado, ou seja, possui baixa liquidez. • O valor estabelecido vigora até o vencimento, ou seja, não pede o aporte de recursos até o vencimento do contrato. • O pagamento integral em dinheiro pelo comprador ao vendedor ocorre somente no final do prazo do contrato.	• Um contrato futuro é normalmente negociado em bolsa. • Diferencia dos a termo em função de suas características de padronização (vencimentos, lotes, qualidade etc.) e ajustes a mercado (margem). • A liquidação física e financeira é em prazo determinado (D + n). • Este contrato pode ser constantemente renegociado, ou seja, possui alta liquidez. • São diariamente reavaliados a mercado, ou seja, o preço do contrato é ajustado a cada dia, à medida que se altera o preço do contrato futuro. • Ocorrem liquidações financeiras diárias entre o comprador e o vendedor para a realização dos lucros e perdas sobre os contratos de futuros. • São garantidos por uma bolsa.

Segundo Hull (1996), as características particulares entre o mercado futuro e de opções são as descritas no Quadro 11.10.

Quadro 11.10 *Comparação de contratos futuro e de opções.*

FUTURO	OPÇÕES
• O cliente compra/vende contratos para a entrega ou recepção futura de algum ativo.	• O cliente compra uma opção de compra/venda (*call/put*) sobre algum ativo a um preço de exercício para um período determinado.
• O cliente que não deseja entregar/receber o ativo físico na data futura especificada em geral pode liquidar seus contratos no mercado em que são negociados esses futuros.	• O cliente paga/recebe um prêmio pela compra/venda da opção, podendo liquidar sua posição antes do exercício, com operações contrárias à original.
• O cliente deve depositar uma quantidade específica como margem inicial. Geralmente, está entre 5% e 20% do valor do contrato.	• As ordens são negociadas em mercados específicos e podem ser liquidadas sem a necessidade de exercê-las.
• A margem poderá ser ajustada diariamente em função da variação dos preços dos contratos abertos à negociação. Tanto o comprador quanto o vendedor depositam margem.	• A compra de uma opção carrega, como risco máximo, o prêmio. Não existe requisito de depósito de margem para essa compra.
• A opção de entrega é do vendedor.	• A opção de entrega é do comprador.
• O cliente recebe um crédito pelo ganho ou perda referente ao ajuste diário de preços do ativo-objeto.	• A venda de uma opção a descoberto pode representar exposição ao risco e requerer depósito de margem.

Questões para consolidação

1. Quais são as características das operações a prazo com ações?
2. Quais são os elementos essenciais para a análise de uma operação a prazo?
3. O que são os derivativos?
4. Analise a evolução dos derivativos.
5. Como funciona o mercado a termo?
6. Analise a dinâmica das operações de caixa e financiamento no mercado a termo.
7. Diferencie o termo flexível do termo em dólar e do termo em pontos.
8. Por que o mercado futuro representa uma evolução do mercado a termo?
9. Como é definido o preço teórico no mercado futuro?
10. O que é e o que se negocia no mercado de opções?
11. Quais são os tipos básicos de opções?
12. Analise comparativamente as opções de compra e de venda.
13. Qual é a diferença entre o lançador e o titular de uma opção?
14. Qual é a diferença entre as margens no contrato futuro e o prêmio no mercado de opções?

Teste de verificação

11.1. Sobre os mercados da B3, classifique a segunda coluna de acordo com o seguinte critério:

(1) Mercado à vista. ( ) É uma transação na qual o comprador e o vendedor negociam a entrega de determinada qualidade e quantidade de um ativo numa data futura concreta. O preço pode ser negociado antecipadamente ou no momento da entrega.

(2) Mercado a termo. ( ) É uma modalidade operacional em que não se negociam ativos-objeto, mas direitos sobre eles.

(3) Mercado de opções. ( ) É uma operação de compra ou venda, em pregão, de determinada quantidade de ações para liquidação imediata.

11.2. São características dos contratos a termo:

( ) Linearidade.
( ) Liquidação no vencimento.
( ) Nenhum desembolso de recursos no início da operação.
( ) Customização.
( ) Todas as afirmativas anteriores.

11.3. Complete a frase: Um comprador de um futuro adquire _____ de comprar o ativo-objeto, e o vendedor de um futuro adquire _____ de vender o ativo-objeto.

( ) O direito (mas não a obrigação)/o direito (mas não a obrigação).
( ) O direito (mas não a obrigação)/a obrigação.
( ) A obrigação/a obrigação.
( ) A obrigação/o direito (mas não a obrigação).

11.4. Complete a frase: Uma posição longa em futuros beneficia-se de _____, e uma posição curta de futuros beneficia-se de _____.

   ( ) Quedas no preço do ativo-objeto/altas no preço do ativo-objeto.
   ( ) Altas no preço do ativo-objeto/quedas no preço do ativo-objeto.
   ( ) Altas no preço do ativo-objeto/também de altas no preço do ativo-objeto.
   ( ) Quedas no preço do ativo-objeto/também de quedas no preço do ativo-objeto.

11.5. Uma opção americana:

   ( ) Só pode ser exercida na data de vencimento.
   ( ) É a que se negocia nos Estados Unidos.
   ( ) Pode ser exercida a qualquer momento, desde a compra até a data do vencimento.
   ( ) É aquela cujo ativo-objeto é um produto americano.

11.6. Uma opção europeia:

   ( ) Só pode ser exercida na data de vencimento.
   ( ) É a que se negocia na Europa.
   ( ) Pode ser exercida a qualquer momento, desde a compra até a data do vencimento.
   ( ) É aquela cujo ativo-objeto é um produto europeu.

11.7. Marque com V (verdadeiro) ou F (falso) as afirmativas sobre o mercado de opções.

   ( ) No mercado de opções, quando alguém tem uma expectativa de aumento no preço final de exercício, deve ser o lançador de uma opção de compra se quiser receber um prêmio ou titular de uma opção de venda se quiser pagar um prêmio.
   ( ) O prêmio no mercado de opções é uma garantia corrigida em função do risco apurado no mercado à vista.
   ( ) O titular de uma opção ganha se levar a posição ao vencimento. Ele ganha o diferencial entre o preço de mercado e o preço de exercício, menos o valor do prêmio (ganho limitado).
   ( ) O titular de uma opção ganha se reverter a posição. Ele ganha a diferença entre os valores dos prêmios de compra e de venda (ganho limitado).
   ( ) O titular de uma opção perde, no máximo, o valor investido no prêmio (perda determinada).

11.8. Complete a frase: Um comprador de uma *call* adquire _____ o ativo-objeto.

   ( ) O direito (mas não a obrigação) de vender.
   ( ) O direito (mas não a obrigação) de comprar.
   ( ) A obrigação de comprar.
   ( ) A obrigação de vender.

11.9. Complete a frase: Um vendedor de uma *put* adquire _____ o ativo-objeto.

   ( ) O direito (mas não a obrigação) de vender.
   ( ) O direito (mas não a obrigação) de comprar.
   ( ) A obrigação de comprar.
   ( ) A obrigação de vender.

Parte IV

Análise de Ações

Apresentação

A Parte IV, composta pelos Capítulos 12 a 16, tem caráter instrumental para pessoas que pretendem compreender e utilizar o mercado de capitais. Nela serão conceituadas e apresentadas as principais ferramentas para análise de ações como opção de investimento.

O objetivo da análise fundamentalista é descobrir, entre as alternativas existentes no mercado, as ações com melhores perspectivas em termos de valorização e de pagamentos de dividendos e, após sua seleção, qual o momento oportuno para compra. Para alcançar esse objetivo, existem duas abordagens, conhecidas no mundo anglo-saxão como análises *top down* e *bottom up*, que representam um conjunto de técnicas para a determinação do valor de uma ação negociada no mercado de capitais.

Já a análise técnica ou grafista é um estudo que se dedica à observação da evolução dos mercados com base em sua representação gráfica. Seu principal pressuposto é de que os preços das ações movem-se em tendências que de alguma forma podem ser previstas.

Para facilitar a compreensão e utilização das ferramentas de análise de ações, a Parte IV foi dividida em cinco capítulos segundo o seguinte esquema lógico:

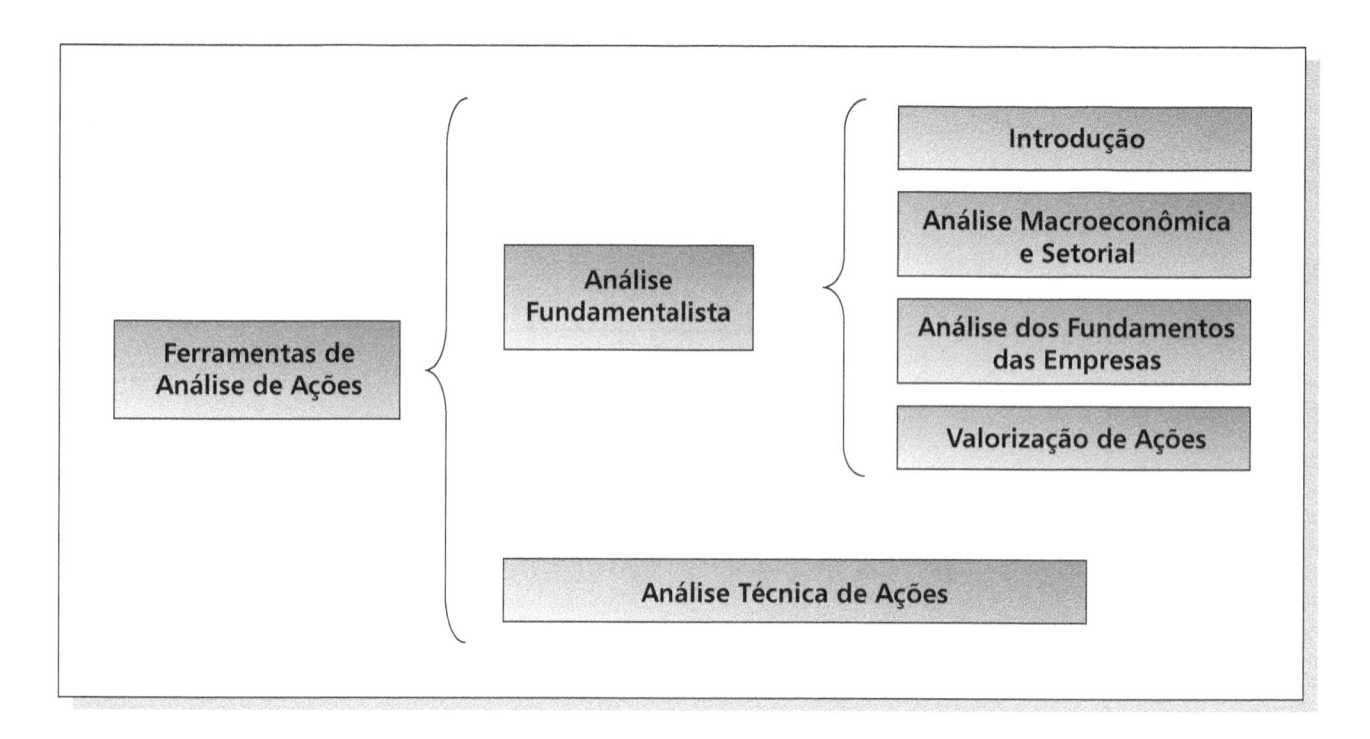

```
Ferramentas de Análise de Ações
├── Análise Fundamentalista
│   ├── Introdução
│   ├── Análise Macroeconômica e Setorial
│   ├── Análise dos Fundamentos das Empresas
│   └── Valorização de Ações
└── Análise Técnica de Ações
```

Ao final desta parte, esperamos que os leitores obtenham subsídios para entendimento e utilização dos principais conceitos e ferramentas de análise de ações.

12

A Análise Fundamentalista de Ações

Conteúdo

12.1 Origem e evolução da análise fundamentalista
12.2 Conceitos e definições da análise fundamentalista
12.3 Eficiência do mercado
12.4 Etapas do trabalho do analista fundamentalista
12.5 Análise *top down* e *bottom up*
Questões para consolidação
Teste de verificação

12.1 Origem e evolução da análise fundamentalista

As origens da análise fundamentalista remontam ao final do século XIX e princípio do século XX. As grandes corretoras de bolsa tinham seus departamentos de análise compostos por profissionais de áreas exatas (estatísticos e matemáticos), que comparavam empresas do mercado através de alguns dados financeiros disponíveis. Em 1929, durante um curso ministrado por Benjamin Graham na Universidade de Columbia, em New York, intitulado "Investments", surge a chamada análise fundamentalista, que revolucionou a análise de investimentos em ações e segue tendo grande importância nos dias atuais. As anotações e os exemplos utilizados durante o curso foram cuidadosamente organizados por um dos alunos, David Dodd, e constituíram a base para a publicação em 1934 do livro *The inteligent investor and security analysis*, a primeira tentativa de explicação do funcionamento do mercado acionário.

Benjamin Grossbaum, professor da Universidade de Columbia e investidor, conhecido como o pai da análise fundamentalista de securidades, propôs, em 1936, um modelo de investimento diferenciado para aquela época: descobrir o valor intrínseco da ação tendo como ponto de partida os benefícios proporcionados.

O modelo de investimento de Graham é uma estratégia conservadora que propõe a compra de ações de boa rentabilidade na atualidade, sem esperar crescimento futuro, e seguindo sempre as características determinadas a seguir:

Benjamin Graham
1894 – 1976

- A empresa deve ter pagado dividendos nos últimos 20 anos.
- Faturamento mínimo: 100 milhões de dólares.
- A relação preço de mercado/valor contábil não deve ser superior a 1,5.
- O preço da ação/lucro da ação não deve ser superior a 15, calculado com a média dos benefícios dos últimos anos.
- A rentabilidade não deve ser inferior a 2,5%.

Grandes inovações foram trazidas na década de 1970 no campo de investimentos. Markowitz, com sua teoria de diversificação, inspirou modelos como o de Sharpe: o Modelo de Precificação de Ativos (*CAPM*). Ainda que o CAPM estivesse mais direcionado para a gestão de carteira que para a análise, ele introduz uma etapa de valorização que complementa a análise fundamentalista clássica.

Harry Markowitz, um estudante de doutorado, apresentou sua tese de doutorado em 1952 na Universidade de Chicago com a contribuição de que a otimização da carteira caracteriza-se por uma transação entre o rendimento esperado do título individual e a contribuição desse título ao risco de carteira.

Markowitz foi o primeiro a propor a administração de carteiras de ativos com base na relação risco-retorno e na identificação matemática da "diversificação correta". O risco de uma carteira não é a média dos riscos dos ativos individuais. Então, para cada dado nível de risco, identificou a respectiva carteira de maior retorno, definindo assim um conjunto de carteiras que chamou de "fronteira eficiente".

Harry Markowitz

Markowitz recebeu, em 1990, o prêmio Nobel de Economia junto com outros discípulos seus, Sharpe e Miller, por suas contribuições à teoria de carteiras.

Willian F. Sharpe foi pupilo de Harry Markowitz.

Em 1964, Sharpe desenvolveu o Modelo de Precificação de Ativos (*CAPM*). O CAPM é um modelo que relaciona o rendimento de um ativo com o do mercado no qual é negociado. O coeficiente de regressão é o coeficiente de volatilidade Beta. A ideia de Sharpe baseia-se na tentativa de se poder calcular o coeficiente de correlação linear dos retornos dos ativos em relação a um único ativo que atuaria como uma espécie de padrão para comparações. Segundo Sharpe, a carteira de mercado deveria atribuir pesos aos ativos de risco do mercado proporcionalmente a seus pesos na economia real.

Sharpe ganhou, junto com Markowitz, o prêmio Nobel de Economia em 1990, pela criação do CAPM.

Willian F. Sharpe
1894 – 1976

Na década de 1980, surgem as preocupações estratégicas da análise: posicionamento estratégico da empresa, análise das barreiras de entrada na indústria, competitividade nacional e internacional etc.

Já na década de 1990, a análise fundamentalista ganha nova dimensão com a incorporação da análise quantitativa e seus modelos econométricos. Esses modelos buscam a previsibilidade da rentabilidade futura de um valor baseando-se em variáveis explicativas dela mesma. Nessa década, também foram desenvolvidos os conceitos sobre o mercado acionário estudado em conjunto com seus ativos através da análise setorial.

12.2 Conceitos e definições da análise fundamentalista

A análise fundamentalista é um importante instrumento utilizado para a análise de investimento em ações. Através da avaliação de tópicos que se relacionam com o desempenho da empresa, ela possibilita concluir sobre suas perspectivas. Essa análise utiliza os fundamentos econômico-financeiros para a determinação do valor da empresa.

Pode-se conceituar a análise fundamentalista como o estudo de toda a informação disponível no mercado sobre determinada empresa, com a finalidade de obter seu verdadeiro valor e assim formular uma recomendação de investimento. O analista resume e analisa a informação, parte do passado e trata de predizer o futuro, para dar sua opinião.

> **A análise fundamentalista é o estudo de toda informação disponível no mercado sobre determinada empresa, com a finalidade de obter seu verdadeiro valor e formular uma recomendação sobre sua compra ou venda.**

O objetivo principal dessa análise é avaliar o comportamento da empresa visando a determinação do valor dela. Essa análise parte do princípio de que as ações têm valor intrínseco, que está associado com a *performance* da companhia emissora e com a situação geral da economia. Portanto, estuda os fatores que explicam o valor intrínseco de uma empresa, setor ou mercado, colocando em segundo plano os fatores de mercado, como preço e volume. Esses fatores são chamados de valores fundamentalistas.

A justificativa para o uso desse tipo de análise é antecipar o comportamento futuro de determinada empresa no mercado. Isto é, adiantar-se ao mercado. Para que isso seja certo, tem que partir de uma hipótese básica: o mercado não é eficiente a curto prazo, ainda que o seja a longo prazo. Se não fosse assim, não seria possível adiantar-se ao mercado. Hoje, o preço de uma ação não reflete o verdadeiro valor da empresa, mas existe uma tendência de que isso ocorra em um futuro próximo. O analista fundamentalista trata o tempo todo de descobrir supervalorizações ou subvalorizações com base em determinada informação ainda não negociada pelo mercado.

> **Hipótese básica da análise fundamentalista:**
>
> O mercado de capitais é eficiente a longo prazo, podendo ocorrer ineficiências na valorização a curto prazo que seriam corrigidas ao longo do tempo.

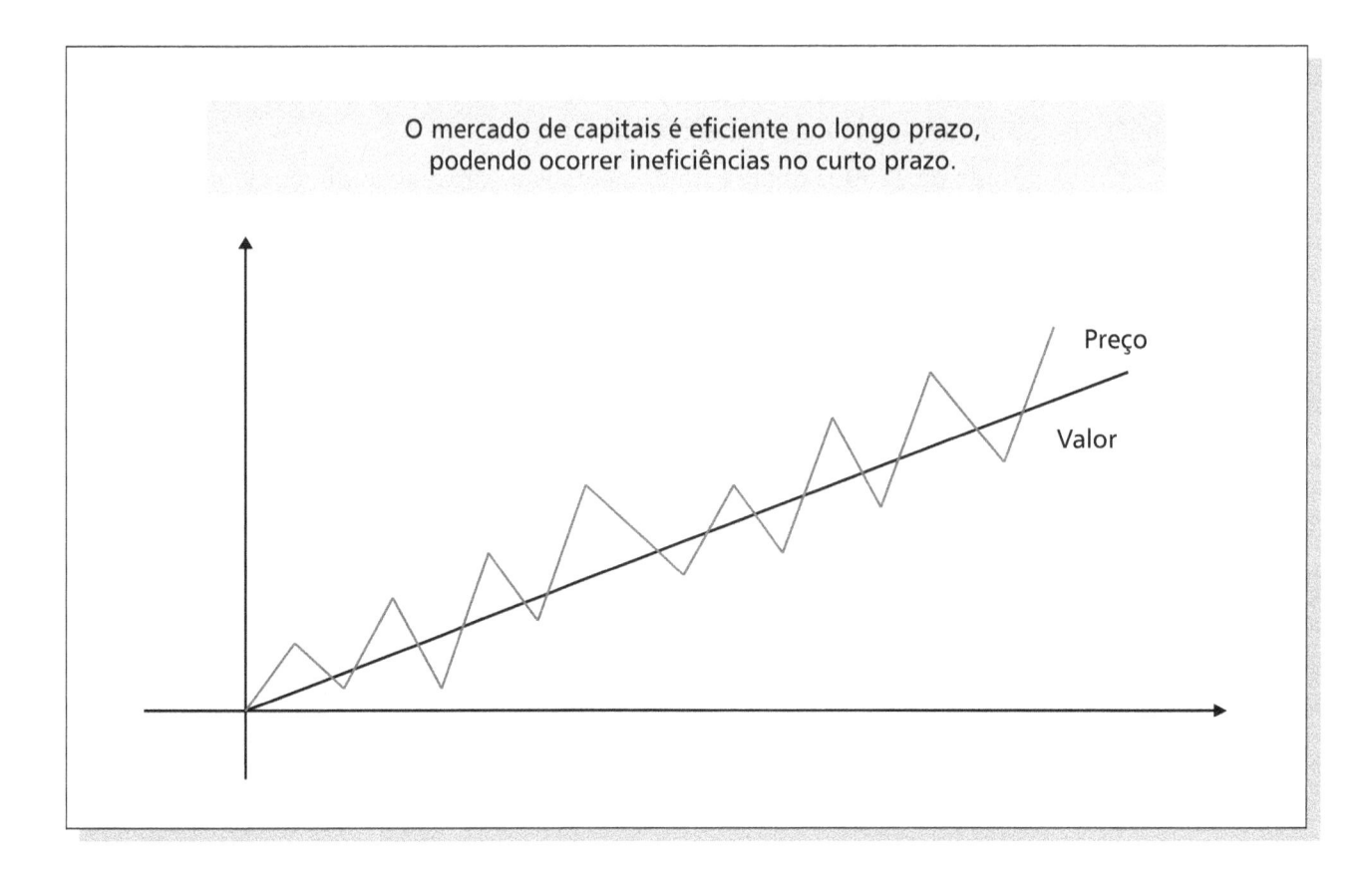

Figura 12.1 *Hipótese básica da análise fundamentalista.*

O processo decisório dessa escola de análise de investimento envolve o cálculo do valor hipotético da empresa, que corresponderia a seu "preço justo" em determinado momento, e, pela comparação desse com seu preço de mercado, seleciona para investimento aquele com menor relação valor intrínseco/preço de mercado.

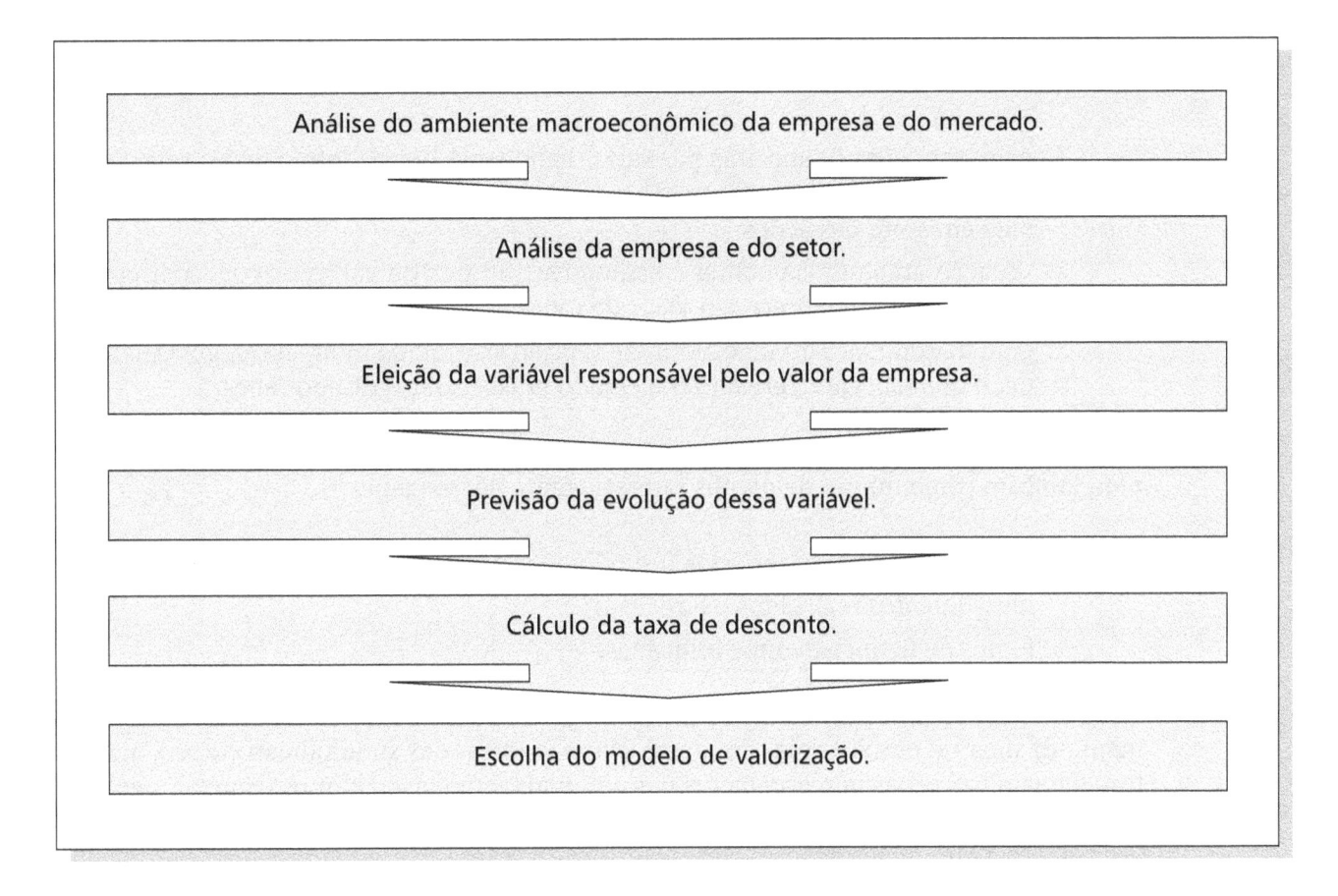

```
┌─────────────────────────────────────────────────────────────┐
│  Análise do ambiente macroeconômico da empresa e do mercado. │
└─────────────────────────────────────────────────────────────┘
                              ▼
┌─────────────────────────────────────────────────────────────┐
│                 Análise da empresa e do setor.              │
└─────────────────────────────────────────────────────────────┘
                              ▼
┌─────────────────────────────────────────────────────────────┐
│       Eleição da variável responsável pelo valor da empresa. │
└─────────────────────────────────────────────────────────────┘
                              ▼
┌─────────────────────────────────────────────────────────────┐
│                Previsão da evolução dessa variável.          │
└─────────────────────────────────────────────────────────────┘
                              ▼
┌─────────────────────────────────────────────────────────────┐
│                   Cálculo da taxa de desconto.              │
└─────────────────────────────────────────────────────────────┘
                              ▼
┌─────────────────────────────────────────────────────────────┐
│                 Escolha do modelo de valorização.           │
└─────────────────────────────────────────────────────────────┘
```

Figura 12.2 *O processo decisório da análise fundamentalista.*

Considera-se que na análise fundamentalista procura-se o chamado "valor intrínseco" da ação. Compra-se a ação que está barata; e vende-se, no caso contrário.

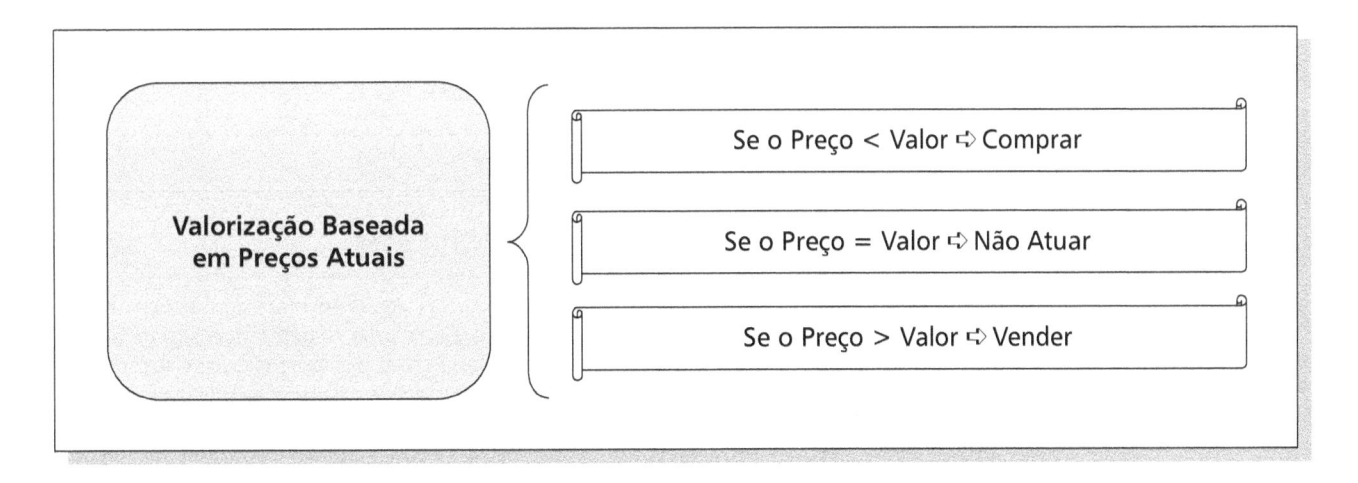

```
                        ┌─────────────────────────────────┐
                        │   Se o Preço < Valor ⇨ Comprar  │
                        └─────────────────────────────────┘
  ┌──────────────────┐  ┌─────────────────────────────────┐
  │  Valorização     │⎨ │  Se o Preço = Valor ⇨ Não Atuar │
  │  Baseada         │  └─────────────────────────────────┘
  │  em Preços Atuais│  ┌─────────────────────────────────┐
  └──────────────────┘  │   Se o Preço > Valor ⇨ Vender   │
                        └─────────────────────────────────┘
```

Figura 12.3 *Critérios de decisão da análise fundamentalista.*

Para estimar o valor de uma ação em determinado instante, a análise fundamentalista baseia-se em três pontos:

1. demonstrações financeiras passadas, bem como outras informações relevantes, que permitam a projeção mais provável possível da evolução futura da companhia emissora das ações;
2. situação atual da economia e estimativas futuras de variáveis com indiscutível influência sobre o preço e o valor de todas as ações negociadas; e
3. grau de confiança do investidor em relação ao grau de intervenção governamental, o que tem caracterizado o mercado brasileiro nos últimos anos.

Além de se basear nesses pontos, a determinação do valor da empresa pode ser definida também como função de alguns fatores, como, por exemplo:

- lucro esperado em exercícios futuros;
- investimentos realizados e a realizar; e
- fontes de financiamentos utilizadas.

É difícil encontrar no mercado analistas de investimento que se utilizem exclusivamente de uma ou outra escola. Em geral, elas são utilizadas simultaneamente. A análise fundamentalista serve para escolher ações nas quais serão investidos os recursos, enquanto a análise técnica serve para determinar o momento mais favorável para o investimento. Ver Quadro 12.1.

Quadro 12.1 *Comparação entre as escolas de análise de ações.*

Itens	Fundamentalista	Técnica
Idade	Mais nova	Mais antiga
Origem	Acadêmica	Profissional
Usuário	Administradores de fundos e investidores no longo prazo	Especulador
Questionamento	Por quê?	Quando?
Decisão de Investimento	Baseada nos fundamentos da empresa.	Baseada em gráficos.
Hipóteses Básicas	Existe um valor real ou intrínseco para cada ação que está diretamente correlacionado com o desempenho da empresa.	Os preços das ações se movimentam em tendências e existe uma dependência significativa entre as oscilações dos preços que se sucedem.
Objetivos	O objetivo da análise fundamentalista é determinar o real valor de uma ação, calculado com base em receita, lucro, patrimônio, valor presente líquido dos fluxos de caixa futuros.	O objetivo da análise técnica é determinar a tendência de evolução das cotações no curto prazo, a fim de se aproveitar das rápidas oscilações para auferir ganhos de capital (vender as ações por um preço superior ao da compra).

O importante é saber conjugar os fatores das duas análises. Isso porque, em geral, ambas possuem uma característica subjetiva muito forte.

12.3 Eficiência do mercado

Denomina-se mercado eficiente aquele em que os preços refletem toda a informação relevante disponível e o ajuste a nova informação é instantâneo. A *teoria do mercado eficiente* afirma que os preços que regem os mercados descontam automaticamente toda nova informação que chega a eles e que neles possa repercutir. Ou seja, são aqueles nos quais os preços correntes de mercado refletem as informações disponíveis. Isso significa que os preços correntes de mercado refletem o valor presente dos títulos e que não há maneira alguma de obter lucros extraordinários com o uso das informações disponíveis.

Para que os mercados sejam eficientes do ponto de vista econômico, eles devem cumprir quatro requisitos, vinculados às características que os mercados devem reunir para que sejam mais ou menos eficientes:

1. em primeiro lugar, ser competitivos. Deve existir concorrência entre os diferentes agentes que participam do processo. Para que esse requisito se cumpra, os mercados têm que ser livres;
2. em segundo lugar, ser transparentes, como já mencionamos;
3. o terceiro requisito é a liquidez. Para que um mercado seja eficiente, os mercados secundários devem funcionar corretamente, pois é por meio deles que se consegue que o processo de venda dos investimentos levados a cabo em ativos primários tenha a menor perda possível no preço do ativo, com comissões e gastos baixos. O conceito de liquidez está associado a se obter um desinvestimento com um custo limitado e liquidação em um prazo muito curto;
4. em quarto lugar, o tamanho do mercado deve possibilitar custos de transação razoavelmente baixos. Se a eficiência operativa exige um tamanho ótimo dos intermediários financeiros e se é preciso garantir a concorrencialidade ou competitividade entre o maior número possível de intermediários de dimensões ótimas, ambas as exigências só podem cumprir-se em mercados muito desenvolvidos e de grande dimensão. O tamanho do mercado é igualmente vital, pois dele dependem direta ou indiretamente não só os custos operativos, mas também outras três características importantes já mencionadas: profundidade, amplitude e flexibilidade.

O ideal de mercado eficiente não existe. O nível de eficiência de um mercado se define pela relação existente entre preços e informação. Casilda et al. (1997) nos dizem que "as diferentes versões do conceito de eficiência têm como única divergência os diferentes níveis de informação que devem refletir os preços do mercado para alcançar a eficiência".

Os especialistas em finanças distinguem três níveis de eficiência:

1. hipótese fraca de eficiência, cujo cumprimento implica que os preços atuais devem refletir toda a informação histórica de preços e quantidade;
2. hipótese média ou semiforte de eficiência, segundo a qual os preços devem refletir toda a informação publicamente disponível; e
3. hipótese forte de eficiência, cuja verificação exigiria que os preços refletissem toda a informação disponível sobre o mercado, tanto pública quanto privada.

Figura 12.4 *Diferentes níveis de eficiência nos mercados financeiros.*

Entre os fatores que contribuem para a melhoria da eficiência dos mercados financeiros, destacamos os seguintes:

1. a continuidade e a densidade das transações;
2. a informação econômico-financeira, tanto das empresas que são cotadas no mercado, quanto da economia;
3. a existência de grande número de ativos negociados;
4. a facilidade com que se transferem os ativos financeiros;
5. a diversificação na distribuição dos títulos entre os investidores;
6. a normatização das operações; e
7. a existência de especulação moderada.

A existência de mercados financeiros organizados e eficientes possibilita o incremento do bem-estar global da sociedade, já que facilita a localização eficiente dos recursos financeiros e a própria competitividade do sistema produtivo ao fornecer seus serviços ao menor custo possível.

12.4 Etapas do trabalho do analista fundamentalista

Para o desenvolvimento do seu trabalho, o analista fundamentalista percorre algumas etapas, conforme mostra a Figura 12.5.

```
┌─────────────────────────────────────────────────────────┐
│                                                         │
│              Pesquisa                                   │
│                                                         │
│   Transformação das Informações em Ideias de Investimento │
│                                                         │
│              Comunicação das Ideias                     │
│                                                         │
└─────────────────────────────────────────────────────────┘
```

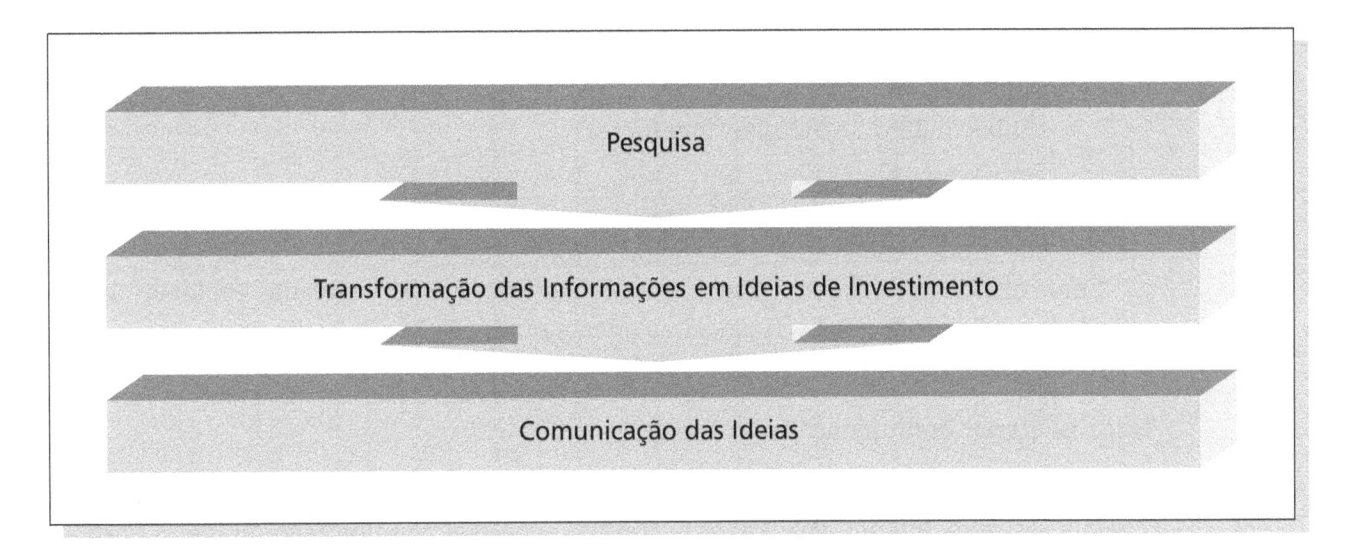

Figura 12.5 *Etapas do trabalho do analista fundamentalista.*

Primeira etapa: pesquisa

Nessa etapa, o analista coleta as informações a respeito da empresa. Para isso, ele deve conhecer as variáveis que envolvem o desempenho de uma empresa, bem como seu funcionamento. As principais fontes de pesquisa utilizadas para esse levantamento são mostradas a seguir.

- **Entrevistas pessoais** com dirigentes das empresas, representantes de associações de classe (patronal e empregatícia), clientes e público interno.

- **Leitura de:**
  - relatórios macroeconômicos;
  - relatórios setoriais;
  - relatórios de administração;
  - demonstrações contábeis publicadas;
  - informações em *real time* (CNN, *broadcasting* etc.);
  - artigos publicados na imprensa especializada; e
  - publicações especiais.

- **Base de dados,** como internet, bolsa de valores e corretoras de valores.
- **Apresentações** das bolsas de valores, Associação dos Profissionais de Investimento e Mercado de Capitais (Apimec), própria empresa, centros de estudos e câmaras setoriais.

Segunda etapa: transformação das informações em ideias de investimento

Essa etapa corresponde ao desenvolvimento propriamente dito da análise e nela será demonstrado o conhecimento do tema. A transformação da informação em ideia é o principal valor agregado pelo analista. Para isso, utiliza as seguintes ferramentas:

- habilidade para conseguir a informação;
- informática;
- conhecimento de métodos analíticos;
- bom senso; e
- experiência.

Como resultado final dessa transformação das informações coletadas em ideias, há os seguintes produtos: projeções financeiras e recomendações de investimento.

Terceira etapa: comunicação das ideias

Uma análise bem elaborada não tem seu valor se não for transmitida de forma adequada a seu demandante. Por isso, é necessária uma boa comunicação de ideias entre o analista e o cliente.

Para essa comunicação, devemos conhecer primeiro quais são os tipos de clientes para os quais o analista trabalha:

- clientes institucionais: são clientes que gerenciam carteiras de vários investidores e têm necessidade de recomendações relativas; e
- clientes particulares: são clientes que gerenciam seus recursos diretamente e têm necessidade de recomendações absolutas.

Após a identificação do cliente, o analista deverá escolher qual a melhor forma de comunicação de suas ideias, que pode ser:

- de forma direta: por meio de visitas a clientes e contatos telefônicos; e
- de forma indireta: por meio de informes publicitários e campanha publicitária.

12.5 Análises *top down* e *bottom up*

A análise fundamentalista, como outros métodos de análise, engloba distintos enfoques e sistemas de utilização. Uma das diferenciações que podemos fazer é quanto ao processo que se utiliza para chegar a uma conclusão sobre a compra ou venda de uma ação.

Segundo a perspectiva que se queira utilizar na hora de fazer a análise, existem dois métodos ou enfoques. O primeiro enfoque utilizado é a análise *top down* (de cima para baixo); em contraposição a esse primeiro enfoque temos a análise *bottom up* (de baixo para cima). Os partidários da análise *top down* pensam que o que move a bolsa a longo prazo são as principais variáveis macroeconômicas, dado que a bolsa deve refletir o comportamento da economia. Os partidários da análise *bottom up* pensam que o que tem de ser feito é analisar o comportamento e as perspectivas de cada empresa para detectar quais oferecem melhor oportunidade de investimento.

Ambos os enfoques não são excludentes; ao contrário, é importante o casamento dos dois enfoques, quer dizer, realizá-los simultaneamente, para então comprovar que as conclusões são similares.

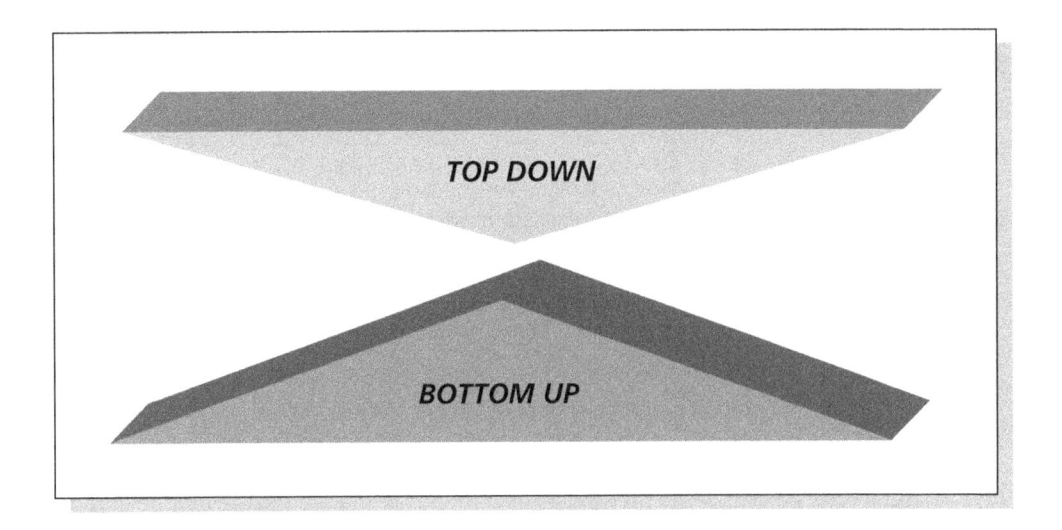

Figura 12.6 *Métodos ou enfoques para o desenvolvimento da análise fundamentalista.*

A análise *top down* é utilizada pelos analistas que partem de um contexto global para a formulação de uma conclusão sobre a empresa que ele deve recomendar. Dessa forma, a tomada de decisões inicia-se no contexto global, para depois ir se concretizando e chegar a uma conclusão sobre a empresa que se está analisando. Isto é, sua abordagem é direcionada do estudo da macroeconomia ao estudo da microeconomia.

Durante seu desenvolvimento, são realizadas análises da economia em geral, do setor de atuação da empresa e mais especificamente da empresa em si, objetivando a determinação de oportunidades e ameaças no ambiente externo da empresa.

Os passos básicos para a realização da análise *top down* estão descritos na Figura 12.7.

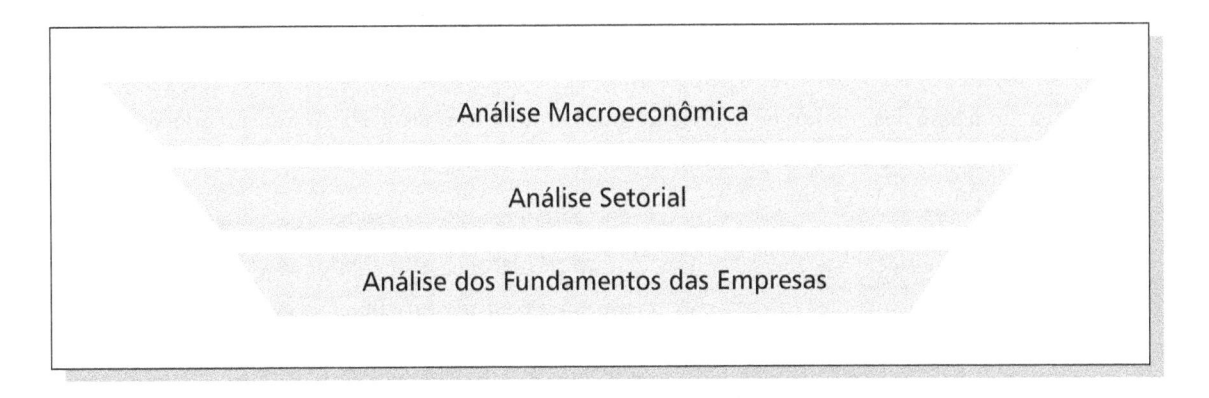

Figura 12.7 *Passos básicos para a realização da análise* top down.

Questões para consolidação

1. Analise a origem e a evolução da análise fundamentalista.
2. O que é a análise fundamentalista de ações e qual é a sua hipótese básica?
3. Descreva o processo decisório da análise fundamentalista.
4. Analise comparativamente a análise fundamentalista e a análise técnica de ações.
5. Analise a importância da eficiência do mercado para a análise fundamentalista.
6. Quais são as etapas do trabalho do analista fundamentalista?
7. Segundo a perspectiva que se queira utilizar na hora de fazer a análise, existem dois métodos ou enfoques: *top down* e *bottom up*. Analise comparativamente esses enfoques.

Teste de verificação

12.1. Marque com V (verdadeiro) ou F (falso) as afirmativas sobre a análise fundamentalista:

( ) Visa, através da avaliação de tópicos que se relacionam com o desempenho da empresa, concluir sobre suas perspectivas.

( ) Para o seu desenvolvimento devem existir as análises da economia em geral, do setor de atuação da empresa e, mais especificamente, da empresa em si.

( ) Seu objetivo é avaliar o comportamento da empresa visando a determinação do seu valor.

( ) Adota a hipótese da eficiência do mercado no curto prazo.

12.2. Com base em suas contribuições para a análise fundamentalista de ações, classifique a segunda coluna de acordo com o seguinte critério:

(1) Benjamin Graham. ( ) Modelo de Precificação de Ativos (CAPM).

(2) Harry Markowitz. ( ) Modelo de investimento que descobria o valor intrínseco da ação, tendo como ponto de partida os benefícios proporcionados.

(3) Willian F. Sharpe. ( ) A otimização da carteira caracteriza-se por uma transação entre o rendimento esperado do título individual e a contribuição deste título ao risco de carteira.

12.3. Com base nos critérios de decisão da análise fundamentalista, classifique a segunda coluna de acordo com o seguinte critério:

(1) Comprar. ( ) O preço de mercado está superior ao valor intrínseco.

(2) Não atuar. ( ) O preço de mercado está inferior ao valor intrínseco.

(3) Vender. ( ) O preço de mercado está igual ao valor intrínseco.

12.4. Para estimar o valor de uma ação, a análise fundamentalista baseia-se em três pontos. Quais são eles?

_____;
_____; e
_____.

12.5. Com base na comparação entre as escolas de análise de ações, classifique a segunda coluna de acordo com o seguinte critério:

(1) Fundamentalista.
(2) Técnica.

( ) Origem acadêmica.
( ) Origem profissional
( ) Seus usuários são geralmente especuladores.
( ) Seus usuários são geralmente administradores de fundos e investidores no longo prazo.
( ) Seu principal questionamento é "quando".
( ) Seu principal questionamento é "por quê".
( ) Sua hipótese básica é: existe um valor real ou intrínseco para cada ação que está diretamente correlacionado com o desempenho da empresa.
( ) Sua hipótese básica é: os preços das ações se movimentam em tendências e existe uma dependência significativa entre as oscilações dos preços que se sucedem.

12.6. São requisitos que os mercados devem cumprir para que sejam eficientes, exceto:

( ) Ser competitivos.
( ) Ser transparentes.
( ) Ter liquidez.
( ) Ter um tamanho que possibilite custos de transação razoavelmente baixos.
( ) Todas as alternativas estão corretas.

12.7. Com base nos níveis de eficiência do mercado, classifique a segunda coluna de acordo com o seguinte critério:

(1) Hipótese fraca.
(2) Hipótese semiforte.
(3) Hipótese forte.

( ) Hipótese na qual os preços devem refletir toda a informação publicamente disponível.
( ) Hipótese cuja verificação exigiria que os preços refletissem toda a informação disponível sobre o mercado, tanto pública quanto privada.
( ) Hipótese cujo cumprimento implica que os preços atuais refletem toda a informação histórica de preços e quantidade.

12.8. Não são ferramentas utilizadas para a transformação da informação em ideia:

( ) Habilidade para conseguir a informação.
( ) Informática.
( ) Efetividade.
( ) Conhecimento de métodos analíticos.
( ) Bom senso.
( ) Experiência.

12.9. Ordene os passos básicos da análise *top down*, seguindo sua sequência lógica:

( ) Análise setorial.
( ) Análise dos fundamentos das empresas.
( ) Análise macroeconômica.

13

Análise Macroeconômica e Setorial

Conteúdo

13.1 Análise macroeconômica
    13.1.1 Taxas de juros
    13.1.2 Inflação
    13.1.3 Taxa de câmbio
    13.1.4 Crescimento econômico
    13.1.5 Risco-país
    13.1.6 Aplicação da análise macroeconômica

13.2 Análise setorial
    13.2.1 Ciclo de vida de um setor
    13.2.2 Perspectivas estratégicas do setor
    13.2.3 Setor e o crescimento econômico

Questões para consolidação

Teste de verificação

13.1 Análise macroeconômica

Para o desenvolvimento de uma análise da economia nacional, é necessária a utilização dos conceitos da teoria macroeconômica, que fornece os parâmetros para a mensuração da atividade econômica geral de um dado sistema econômico, tornando possível a utilização de um número restrito de variáveis fundamentais. Isso porque trabalha sobre as relações entre as diversas variáveis, eliminando muitos dos fatores que afetam o comportamento individual e permitindo a análise e a previsão do comportamento da economia e de seus agentes.

A justificativa para a realização de uma análise macroeconômica é que a bolsa de valores deve refletir de alguma forma o desempenho da economia na qual ela está inserida. Se a economia vai bem, as empresas têm a possibilidade de obter bom desempenho e consequentemente suas ações subirão, provocando uma alta da bolsa. Esse enfoque é muito útil também para administradores de carteiras e para analistas generalistas.

Podemos dizer que a macroeconomia é o ambiente no qual as empresas operam. Portanto, a capacidade de prevê-la pode traduzir-se em grandes oportunidades de ganhos nos investimentos em ações.

O objetivo da macroeconomia é o estudo de um conjunto de variáveis macroeconômicas cujas inter-relações presidem ao funcionamento do sistema econômico.

A estrutura básica de um modelo macroeconômico compõe-se da parte real e da parte monetária da economia, que pode ser vista pelos seus mercados. As variáveis ou agregados macroeconômicos são determinados pelo encontro da oferta e da demanda em cada um desses mercados.

Quadro 13.1 *Estrutura básica de um modelo macroeconômico.*

Parte da economia	Mercados	Variáveis
Real	Bens e serviços	Nível de renda e produto nacional Nível de preços (inflação) Consumo agregado Poupança agregada Investimentos agregados Exportações globais Importações globais
Real	Trabalho	Nível de emprego Taxa de salários monetários
Monetária	Monetário	Taxa de juros Estoque de moeda (meios de pagamento)
Monetária	Títulos	Preço dos títulos
Monetária	Divisas	Taxa de câmbio

Com o objetivo de exemplificar o tipo de avaliação realizada na análise macroeconômica, serão estudadas as variáveis macroeconômicas que mais podem influir na bolsa e como se interpretam do ponto de vista bursátil. Será dedicada especial atenção à taxa de juros e ao crescimento, e veremos que outras variáveis podem influir nestes e, portanto, na bolsa. Em suma, pretende-se mostrar como interpretar as variáveis macroeconômicas direcionadas para a bolsa.

Tabela 13.1 *Exemplo de variáveis macroeconômicas.*

Variáveis	Histórico			Estimativa	
	2006	2007	2008	2009	2010
Nível de preços (inflação)	3,1	4,5	5,9	4,3	4,5
PIB (US$ bilhões)	1.088,5	1.333,6	1.575,2	1.461,9	1.787,1
População (milhões)	186,8	189,3	191,9	194,4	196,8
Investimento direto estrangeiro (%)	18,8	34,6	45,1	25,0	27,5
Exportações globais (US$ bilhões)	137,8	160,6	197,9	148,0	157,0
Importações globais (US$ bilhões)	91,4	120,6	173,2	118,7	134,9
Desemprego (IBGE média anual)	10,0	9,3	7,9	9,0	8,5
Taxa de juros Selic (FDP)	13,25	11,25	13,75	8,75	9,50
TJLP (taxa de juros de longo prazo)	7,86	6,42	6,28	6,25	6,25
Reservas internacionais (US$ bilhões)	85,8	180,3	206,8	214,0	224,0
Taxa de câmbio R$/US$	2,14	1,77	2,39	1,90	1,80

Fonte: Equipe econômica do Bradesco em 19 de junho de 2009.

Nesse contexto, é possível destacar alguns indicadores econômicos mais importantes, cuja relevância afeta significativamente o comportamento do mercado de capitais.

Sobre a análise das variáveis macroeconômicas, é importante destacar que:

- as variáveis estão relacionadas entre si, e não se pode isolar seu efeito sobre a bolsa;
- de tempos em tempos, os analistas bursáteis estão mais preocupados com uma variável que outra, e isso faz com que seu efeito na bolsa seja maior, ainda que transitório;

o importante para a análise macroeconômica é a evolução futura das principais variáveis econômicas citadas, e não tanto os dados históricos;

- a análise macroeconômica não pode ser feita sem levar em consideração a conjuntura econômica internacional. Com a globalização, as economias estão cada vez mais relacionadas, e as bolsas seguem o mesmo caminho.

Quadro 13.2 *Exemplos de impactos de variáveis econômicas no mercado de ações.*

Variáveis econômicas	Impacto no mercado de ações
Crescimento econômico	• Seu impacto é positivo e bom para o mercado, já que está correlacionado positivamente com a valorização das ações. • Os ciclos bursáteis tendem a acompanhar os ciclos econômicos. • A internacionalização das empresas cotadas atenua a conexão economia nacional – bolsa nacional.
Produção industrial	Aumentos contínuos são um sinal de força, o que é bom para o mercado.
Lucros empresariais	Grandes lucros são bons para o mercado.
Oferta de moeda	O crescimento moderado pode ter um impacto positivo na economia e no mercado. Mas o rápido crescimento é inflacionário e, portanto, prejudicial para o mercado de ações.
Taxa de juros	• É influenciada pela política monetária. • As taxas de juros determinam o movimento das cotações da bolsa, isto é, quando sobem, as cotações tendem a cair, e vice-versa. • Representa um depressor, já que as taxas crescentes tendem a ter efeito negativo no mercado de ações. • Apesar de a maioria dos analistas considerar a taxa de juros como um dos mais significativos determinantes de tendência primária do mercado de ações, deve-se levar em consideração que existem outras variáveis que também podem determinar o comportamento do mercado acionário, e esse *gap* resulta no prêmio de risco que o mercado oferece.
Taxa de câmbio	• As cotações de uma bolsa valem em outros países o valor que resultar do câmbio e, por isso, valorizam ou desvalorizam-se com as respectivas moedas. • Além da valorização ou desvalorização inerente a um mercado, deve-se considerar o risco cambial dos mercados em que são feitos os investimentos.
Gasto público	• Em princípio, quanto maior for o déficit público, mais o Estado terá de recorrer ao financiamento. Com o aumento de procura, as taxas de juros da dívida pública colocada no país tendem a subir; em consequência, as demais taxas também tendem a subir. • Superávits são bons para as taxas de juros e os preços das ações. Já os déficits podem causar inflação.
Inflação	• O ambiente inflacionário, no curto prazo, não tem, por si só, impacto nas cotações. Porém, a influência indireta negativa nas taxas de juros torna o ambiente negativo para os mercados de ações. • Em detrimento dos preços das ações, a inflação mais alta leva a taxas de juros mais altas e menores multiplicadores preço/lucro e geralmente torna as ações menos atrativas.
Desemprego	É um depressor, já que um aumento do desemprego significa que os negócios estão começando a desacelerar.

13.1.1 Taxas de juros

Existe um consenso entre os analistas de que a taxa de juros é uma variável-chave no comportamento bursátil, e isso por várias razões.

Dizemos que expectativas de lucros que guiam decisões de investimento são extremamente imprevisíveis. No entanto, existe outra orientação para essas decisões, que é a influência da taxa de juros sobre esse tipo de decisão.

A taxa de juros tem um papel estratégico nas decisões dos mais variados agentes econômicos, afetando diretamente os custos financeiros das empresas e as expectativas de investimentos da economia, porque:

- se as taxas de juros caem, os investidores vão à bolsa buscando maior rentabilidade; a demanda de ações sobe e, com ela, os preços das ações. Caso contrário, se as taxas de juros sobem, os investidores veem atrativa a rentabilidade da renda fixa e com pouco risco e, portanto, abandonam a renda variável, provocando uma queda nas cotações;
- quando as taxas de juros da economia caem, os investidores buscam novas formas de obter rentabilidade e consequentemente migram para as aplicações de renda variável, ou seja, passam a comprar mais ações e provocam alta nos preços das ações. Já quando as taxas de juros aumentam, os investidores passam a considerar a atratividade das aplicações de renda fixa e migram seus investimentos para esse tipo de operação, ocasionando queda nos preços das ações;
- taxas de juros baixas supõem menos custos financeiros para as empresas e maior consumo de famílias e empresas. Tudo isso faz crescer os lucros empresariais, o que se traduz em cotações mais altas de suas ações; e
- quando as taxas de juros da economia estão baixas, as pessoas tendem a consumir mais, e os custos financeiros das empresas passam a ser menores. Esses fatores geram um aumento no potencial de ganho das empresas e se refletem nas cotações de suas ações, que passam a ter preço mais alto.

E, sobretudo, se uma ação proporciona um conjunto de fluxos futuros a receber (dividendos), seu valor presente (o preço da ação) depende da taxa à qual descontamos esses fluxos. A essa taxa mínima de rentabilidade que pedimos, a ação será os juros livres de risco mais um prêmio de risco. Se os juros livres de risco caem, a taxa a que descontamos os fluxos da ação também cairá, e, portanto, o valor presente dos fluxos esperados (quer dizer, o preço da ação) subirá notavelmente. ⇨

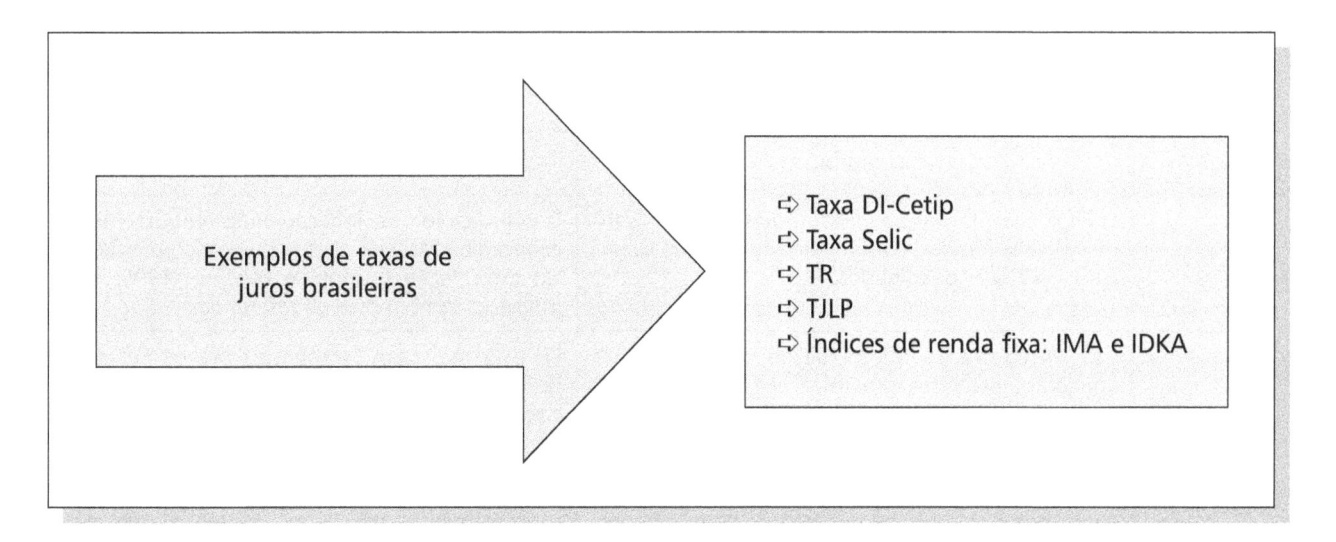

Exemplos de taxas de juros brasileiras ⇨
- ⇨ Taxa DI-Cetip
- ⇨ Taxa Selic
- ⇨ TR
- ⇨ TJLP
- ⇨ Índices de renda fixa: IMA e IDKA

Figura 13.1 *Taxas de juros brasileiras.*

Todas as variáveis que influem nas taxas de juros devem ser consideradas pelo analista bursátil: maior inflação provocará altas das taxas de juros; maior déficit público provocará altas de taxas; uma taxa de câmbio em queda pode provocar também altas nas taxas de juros.

A estimativa das taxas de juros é uma das mais difíceis atribuições em macroeconomia. De qualquer forma, podemos utilizar como parâmetros os fatores que determinam seu nível, como, por exemplo:

- oferta de poupança interna;
- demanda por investimentos das empresas;
- oferta/demanda de recursos do governo;
- taxa esperada de inflação etc.

13.1.2 Inflação

Definimos inflação como o aumento generalizado nos preços de uma economia. Esse aumento pode ser obtido com a variação de uma cesta de produtos que constituem o consumo médio de uma família. Com a elevação geral do nível de preços, a inflação surge como uma variável macroeconômica que afeta diretamente a situação financeira da empresa, devido ao grande excesso de circulação de moeda no mercado, causando grande aumento do consumo e, como consequência, aumento dos preços.

Os principais índices que medem a inflação no Brasil são:

- Índice Geral de Preços do IBGE;
- Índice Geral de Preços do Mercado (IGP-M) da FGV;
- Índice de Preços ao Consumidor da Fipe;
- Índice Nacional de Preços ao Consumidor (INPC) do IBGE;
- Índice de Preços ao Consumidor (IPC) do IBGE;
- Índice de Preços ao Consumidor Ampliado (IPCA) do IBGE;
- Índice de Custo de Vida do Dieese; e
- Índice da Cesta Básica (Procon – Dieese).

Quadro 13.3 *Exemplos de índices de preço utilizados para avaliar a inflação no Brasil.*

Indicador	O que é?	Qual a importância?
IPCA	O IPCA é um índice de inflação que mede o custo de vida das famílias com rendimentos mensais entre 1 e 40 salários-mínimos.	É o indicador de inflação mais importante da economia brasileira. Desde que o sistema de metas de inflação foi implantado, em 1999, ele é utilizado como índice de referência.
IGP	Os IGPs registram a inflação desde matérias-primas agrícolas e produtos industriais até bens e serviços finais. São três índices: IGP-10, IGP-M e IGP-DI, que se distinguem pelo período de coleta.	Os IGPs registram também os preços no atacado e, dessa forma, ajudam a compreender a inflação, que pode ser repassada dos produtores para os consumidores.
IPC-Fipe e IPC-S	O IPC-Fipe é calculado somente no município de São Paulo, que é responsável por 30% do IPCA, enquanto o IPC-S abrange diversas regiões metropolitanas.	Esses índices têm a vantagem de ser divulgados semanalmente; com isso, podem alertar para possíveis fontes de pressão inflacionária.

Dizemos que a inflação pode ser causada por:

- aumento da demanda maior que a oferta existente, provocando um aumento nos preços em função da escassez;
- aumento nos custos dos insumos e mão de obra, que são repassados aos preços finais; e
- aumento da quantidade de moeda em circulação na economia, gerando aumento em termos monetários dos produtos negociados, ainda que em termos reais os preços continuem iguais.

Tendo em vista o fato de que, num processo inflacionário intenso, o valor da moeda deteriora-se rapidamente, ocorre um desestímulo à aplicação de recursos no mercado de capitais.

A inflação afeta a bolsa de valores da seguinte forma:

- obriga as autoridades monetárias a reduzir a oferta monetária da economia e, com isso, aumenta o preço do dinheiro (taxa de juros); e
- dificulta o crescimento econômico em função do desestímulo à produção. Uma inflação ascendente e/ou persistente elevada cria condições para gerar expectativas desfavoráveis com relação ao futuro, podendo acarretar inibição nas aplicações de prazo mais longo e, consequentemente, uma queda nos financiamentos de médio e longo prazo de atividades produtivas por meio do mercado de capitais. Esse fato ocorre porque os agentes que possuem recursos e que participam desse mercado exigirão uma rentabilidade que cubra a inflação estimada e terão de assumir posições mais especulativas e de resultados a curto prazo.

Conclui-se, com isso, que inflação ascendente gera queda na bolsa de valores. Por outro lado, a inflação num processo descendente ou estável estimula negociações nesse mercado.

13.1.3 Taxa de câmbio

A análise das perspectivas de uma empresa deve começar com a economia global. Ao estar inserida num contexto internacional, a empresa é afetada pela economia internacional em seus mais diversos níveis. As perspectivas de exportação e importação, a competição de preços em função da concorrência internacional e os ganhos obtidos com os investimentos internacionais são alguns dos exemplos que podemos citar em que a economia internacional afeta o desempenho de uma empresa.

A taxa de câmbio, que é o preço, em moeda nacional, de uma unidade de moeda estrangeira, nos permite calcular a relação de troca, ou seja, o preço relativo entre diferentes moedas. Ela influi diretamente no desempenho das bolsas de valores, uma vez que afetam toda a economia.

A taxa de câmbio de uma economia depende de variáveis, como, por exemplo:

- aumento nos preços dos produtos (inflação): uma alta da inflação provoca a necessidade de ajustes na taxa de câmbio, para que este passe a refletir o poder de compra real da moeda local. Podemos entender que um aumento na inflação pode gerar uma queda na taxa de câmbio, ou seja, no poder de compra da moeda local em relação às moedas externas;

- balança comercial: de forma geral, a relação entre as entradas de recursos externos (exportações) e suas saídas (importações) afeta a taxa de câmbio da economia. Por exemplo, um aumento nas exportações gera um aumento na oferta de moeda externa na economia, produzindo, assim, uma redução no seu preço; como resultado, a taxa de conversão entre as moedas (taxa de câmbio) cairá, refletindo um aumento do poder de compra da moeda local; e

- conta de capitais do balanço de pagamentos: outra forma de entrada e saída de moeda externa na economia é por meio dos investimentos estrangeiros que o país recebe. Quando ocorre grande entrada ou saída de capitais em uma economia, há um respectivo aumento na oferta e na demanda de moeda externa e, como consequência, a taxa de câmbio se altera.

Uma queda na taxa de câmbio, ou seja, uma diminuição no poder de compra da moeda local, induz a um aumento nas exportações da economia. Para atender a essa nova demanda, as empresas tendem a produzir mais e a contratar mais mão de obra. Como consequência, as empresas crescem e a economia também. A bolsa de valores, que reflete o desempenho da economia, apresentará uma alta em função desse movimento resultante da queda na taxa de câmbio.

13.1.4 Crescimento econômico

O crescimento econômico produz aumento nos lucros empresariais e, portanto, no lucro por ação. Com o aumento no lucro por ação, os fluxos futuros de ganhos proporcionados pela ação também serão maiores, e seus preços, consequentemente, subirão. Sem embargo, a bolsa antecipa-se ao ciclo econômico, visto que, quando compramos ações, compramos os fluxos de lucros futuros, não os passados. Por isso, tende a ser melhor comprar quando a economia está em queda do que quando está há anos com forte crescimento.

O crescimento econômico é caracterizado pelo aumento da capacidade produtiva de bens e serviços de uma economia em um determinado período de tempo.

Em seu artigo *Reflexos de política econômica no mercado de capitais*, Pereira nos diz que:

> *A convivência com crescimento econômico, a taxas pelo menos históricas, associado com um nível natural de emprego, reflete que o sistema econômico está mantendo o nível de atividades funcionando a plena capacidade, o que incentiva maiores investimentos empresariais. Por conseguinte, tal fenômeno estimula a que os empresários procurem mais o mercado de capitais para financiar estes investimentos. Cria-se então um certo clima de confiança, a partir de expectativas de que o país só tem a melhorar, influenciando positivamente a todos os participantes desse mercado.*

Como exemplos de alguns fatores que determinam a sensibilidade dos lucros da empresa para com o crescimento econômico, temos:

- sensibilidade das vendas;
- alavancagem operacional; e
- alavancagem financeira.

Baseando-nos nessa constatação, percebemos a importância do crescimento econômico para mercado de capitais e bolsas de valores.

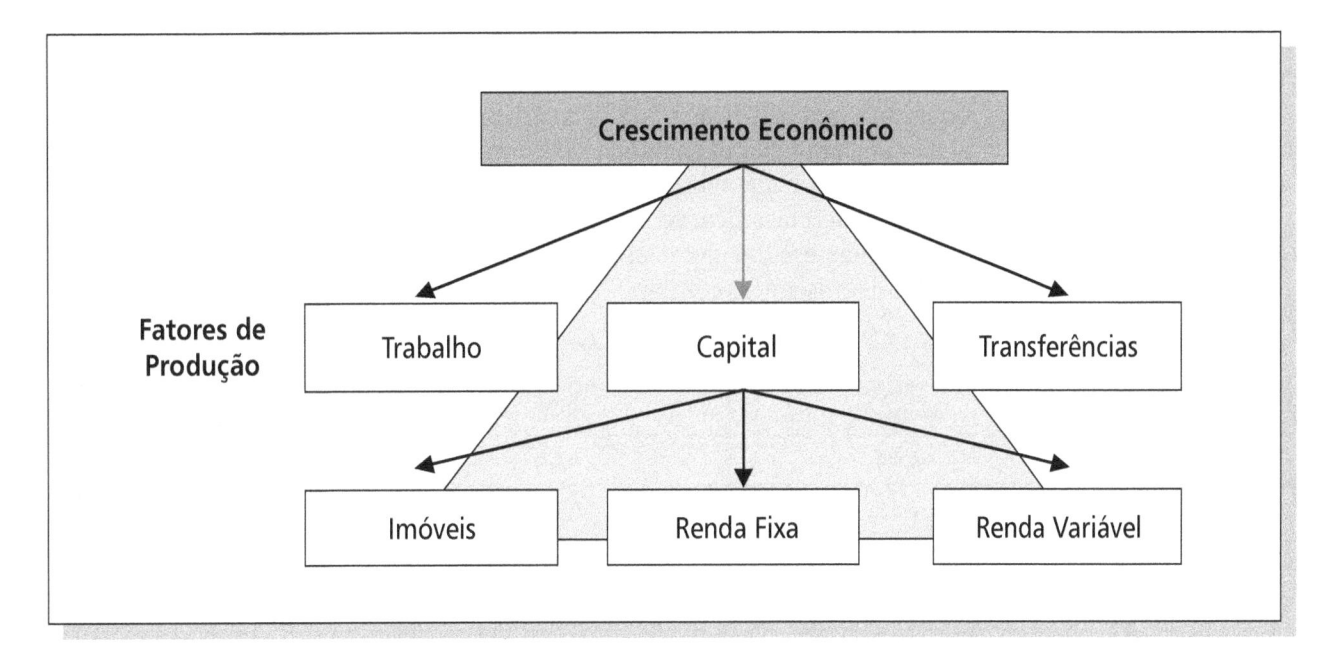

Figura 13.2   *Hierarquia de predição nos mercados de capitais.*

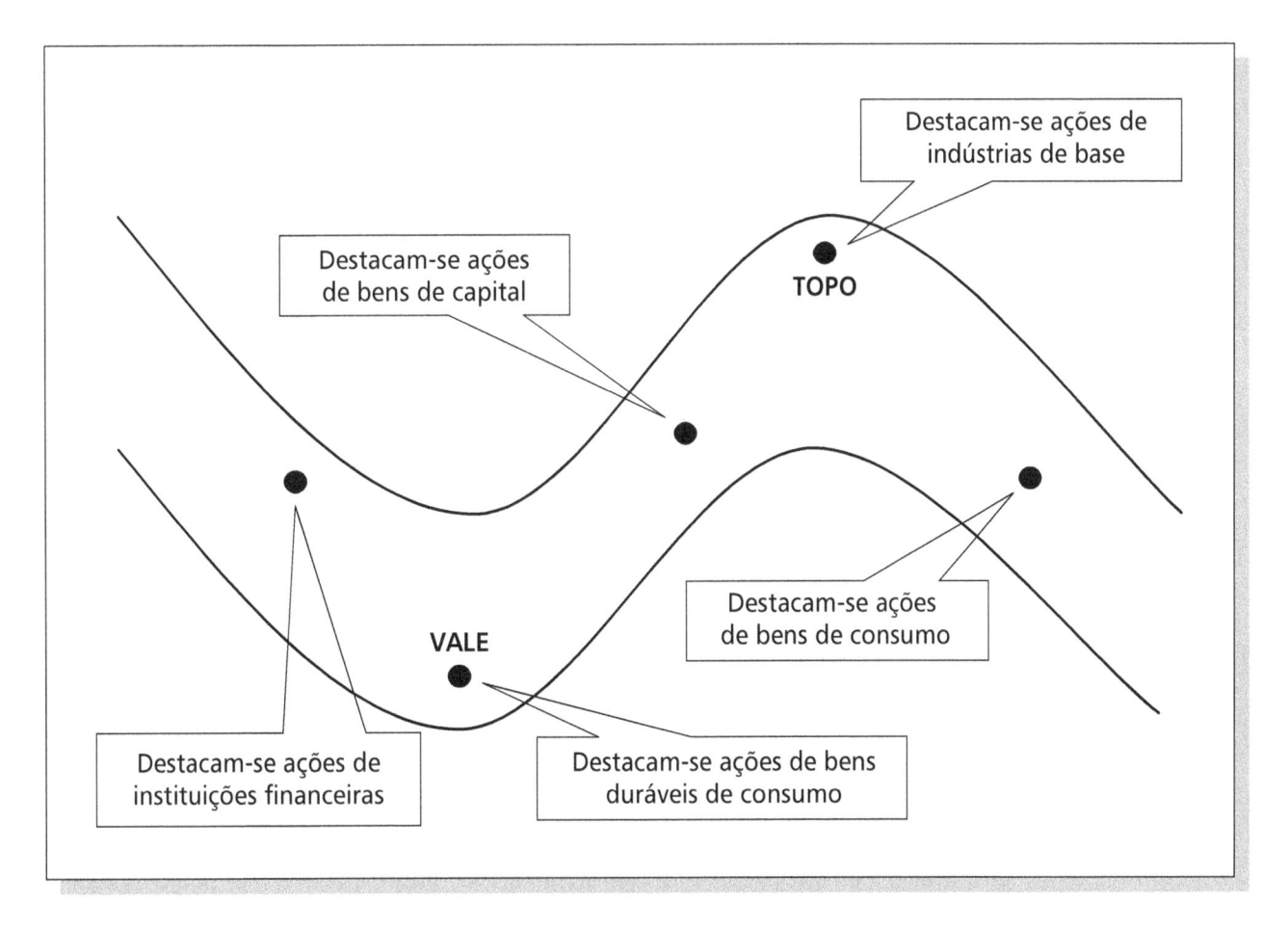

Figura 13.3   *O mercado de ações e o ciclo econômico.*

13.1.5 Risco-país

O risco-país é uma medida de risco de crédito de um país, ou seja, a possibilidade de inadimplência de um país junto aos seus credores estrangeiros. Ele expressa o risco de crédito a que investidores estrangeiros estão submetidos quando investem no país.

O *rating* é uma nota ou classificação de risco atribuída a um país emissor de dívida de acordo com a avaliação sobre sua capacidade de honrar, pontual e integralmente, suas dívidas. Essa análise é feita por agências especializadas na análise de crédito. As principais agências internacionais de classificação de risco são a Standard & Poor's (S&P), a Fitch Ratings e a Moody's. Suas escalas de classificação são ordenadas pela avaliação de risco de crédito em ordem decrescente, como podem ser vistas na Tabela 13.2.

Tabela 13.2 *Escala de classificação das agências de* rating.

Categoria	Moody's	S&P	Fitch
INVESTIMENTO	AAA	AAA	AAA
	Aa1	AA+	AA+
	Aa2	AA	AA
	Aa3	AA–	AA–
	A1	A+	A+
	A2	A	A
	A3	A–	A–
	Baa1	BBB+	BBB+
	Baa2	BBB	BBB
	Baa3	BBB–	BBB–
INVESTIMENTO DE RISCO	Ba1	BB+	BB+
	Ba2	BB	BB
	Ba3	BB-	BB–
	B1	B+	B+
	B2	B	B
	B3	B–	B–
	Caa1	CCC+	CCC
	Caa2	CCC	CC
	Caa3	CCC-	C
	Ca	CC	DDD
	C	SD	DD
		D	D

De forma geral, as notas atribuídas podem habilitar ou desabilitar um país a receber investimentos estrangeiros. Alguns dos grandes investidores internacionais possuem restrições para aplicações em países que têm avaliações como especulativos pelas agências internacionais de *rating*. Portanto, só podem investir em países que possuem notas dentro da categoria de investimento.

Quadro 13.4 *Investimentos estrangeiros diretos (na produção) antes e depois da obtenção do grau de investimento (em US$ bilhões).*

	Chile	África do Sul	México	Rússia	Brasil
Data da obtenção	Dezembro de 1992	Fevereiro de 2000	Março de 2000	Outubro de 2003	Abril de 2008
Biênio anterior	0,74	1,03	13,06	3,11	53,40
Biênio posterior	1,81	4,00	23,42	14,11	77,40
Variação	145%	288%	79%	354%	45%

No primeiro semestre de 2011, apesar de a maioria das grandes economias ainda estar em recuperação, o Brasil obteve elevação em suas classificações de grau de investimento (*investment grade*) atribuídas pelas principais agências internacionais de *rating*.

Quadro 13.5 *Cronologia da elevação da classificação de grau de investimento do Brasil.*

S&P		Fitch		Moody's	
BBB+		BBB+		Baa1	
BBB		BBB	(Abr./11)	Baa2	(Jun./11)
BBB–	(Abr./08)	BBB–	(Maio/08)	Baa3	(Set./09)

13.1.6 Aplicação da análise macroeconômica

Suponhamos que no início de 2008 tivéssemos os seguintes dados do país A (Tabela 13.3):

Tabela 13.3 *Dados do país A.*

	Atual/Anterior	Estimativa
Taxa de juros longa	10%	Baixando ligeiramente
Inflação anual	5%	3,0%
Crescimento econômico	2%	3,5%

Com esses dados, poderíamos dizer que esse é um bom mercado para se investir?

- a economia está crescendo, mas não se preveem crescimentos exagerados que possam provocar inflação. A inflação tende a cair. O cenário macroeconômico é positivo;
- as taxas de juros tendem a cair ligeiramente, não sabemos quanto. Não se percebe perigo de que possam reverter sua tendência devido a uma crise inflacionária. O cenário é, pois, também otimista; e

- segundo essas interpretações, deveríamos investir em bolsa. O problema é: a bolsa já descontou todas essas expectativas positivas? Ou, em outras palavras, a bolsa está cara?

13.2 Análise setorial

Depois de analisar a macroeconomia, a próxima etapa é a determinação das implicações dessa análise para setor(es) específico(s) no(s) qual(is) a empresa atua. Essa análise deverá focar-se não só nas estimações e evolução futura das principais variáveis, mas também na história do próprio setor e na diferenciação de cada uma das empresas que o compõem em função de suas estratégias de crescimento.

A análise setorial é um estudo de agrupamentos setoriais que examina a posição competitiva de um dado setor em relação a outros. Ela aborda os seguintes aspectos:

- regulamentação e aspectos legais;
- ciclos de vida do setor;
- estrutura da oferta e exposição à concorrência estrangeira;
- sensibilidade à evolução da economia: setores cíclicos, acíclicos e contracíclicos;
- exposição a oscilações de preços; e
- tendências a curto e médio prazo.

Para saber como é ou como será um período para um setor, devem-se analisar três fatores:

1. estado geral do setor;
2. oportunidades; e
3. riscos.

O primeiro passo para a análise setorial é a definição do(s) setor(es) específico(s) no(s) qual(is) a empresa atua. Algumas vezes, essa definição não é tão fácil quanto parece, mesmo sabendo o que significa um setor; na prática, decidir onde traçar uma linha limitadora entre dois setores pode ser difícil.

Caso a análise parta desse ponto, deve-se levar em consideração a influência das distintas variáveis macroeconômicas de um país, pois existem setores com mais atrativos que outros em cada momento do tempo. Dessa forma, buscam-se geralmente aqueles com mais crescimentos de receitas e margens, quer dizer, setores saudáveis, com potencial de crescimento.

> Para selecionar uma empresa, o investidor pode guiar-se pela importância relativa de um setor. Um setor se diferencia de outros por sua contribuição comparativa à economia do país.

No caso de setores regulados, esse tipo de análise é muito importante, já que qualquer mudança na regulamentação por parte do governo tem um impacto imediato nas perspectivas das empresas e, portanto, em sua valorização.

Tabela 13.4 *Exemplo de indicadores setoriais de 2004.*

	Crescimento das vendas	Rentabilidade do patrimônio	Margem das vendas	Liquidez corrente	Investimento no imobilizado
Alimentos, bebidas e fumos	5,9	10,2	2,1	1,2	19,0
Automotivo	21,2	18,4	3,8	1,5	20,1
Atacado e comércio exterior	6,7	11,3	1,6	1,2	22,1
Comércio varejista	11,4	7,3	1,3	1,2	25,0
Confecções e têxteis	9,0	5,4	2,8	2,1	13,9
Construção	12,7	1,4	1,6	2,8	10,2
Eletroeletrônico	10,2	1,7	0,1	1,4	25,5
Farmacêutico, higiene e cosméticos	7,0	16,5	4,7	1,5	15,3
Material de construção	0,7	9,3	6,4	1,2	8,8
Mecânica	17,3	10,8	3,2	1,1	18,9
Mineração	11,6	29,7	19,8	1,3	25,9
Papel e celulose	3,6	17,8	6,2	1,5	15,7
Plástico e borracha	12,6	13,8	5,6	1,0	22,2
Química e petroquímica	15,0	24,0	7,7	1,4	16,0
Serviços diversos	9,1	12,8	2,7	1,0	19,9
Serviços de transporte	6,5	21,4	4,3	1,0	11,7
Serviços públicos	5,7	13,4	5,6	0,9	9,3
Siderúrgica e metalúrgica	32,5	23,4	11,9	1,6	8,8
Tecnologia e computação	2,3	6,2	2,2	2,0	17,6
Telecomunicação	-0,3	6,7	4,1	1,1	21,0
Média	**10,04**	**13,08**	**4,89**	**1,4**	**17,35**

Fonte: Revista *Exame – Maiores e Melhores*, de 2005.

Tabela 13.5 *Classificação dos setores.*

	Crescimento das vendas	**Rentabilidade do patrimônio**	**Margem das vendas**	**Liquidez corrente**	**Investimento no imobilizado**
1º	Siderurgia e metalurgia	Mineração	Mineração	Construção	Mineração
2º	Automotivo	Química e petroquímica	Siderurgia e metalurgia	Confecções e têxteis	Eletroeletrônicos
3º	Mecânica	Siderurgia e metalurgia	Química e petroquímica	Tecnologia e computação	Comércio varejista
4º	Química e petroquímica	Serviços de transporte	Material de construção	Siderurgia e metalurgia	Plásticos e borracha
5º	Construção	Automotivo	Papel e celulose	Papel e celulose	Atacado e comércio exterior
6º	Plásticos e borracha	Papel e celulose	Plásticos e borracha	Farmacêutica, higiene e cosméticos	Telecomunicação
7º	Mineração	Plásticos e borracha	Serviços públicos	Eletroeletrônicos	Automotivo
8º	Comércio varejista	Serviços públicos	Farmacêutica, higiene e cosméticos	Química e petroquímica	Serviços diversos
9º	Eletroeletrônicos	Serviços diversos	Serviços de transporte	Mineração	Alimentos, bebidas. e fumos
10º	Serviços diversos	Atacado e comércio exterior	Telecomunicação	Atacado e comércio exterior	Mecânica

13.2.1 Ciclo de vida de um setor

O ciclo de vida de um setor pode ser definido como o estágio pelo qual ele passa à medida que amadurece. Geralmente, um típico ciclo de vida do setor pode ser descrito por quatro estágios:

- estágio inicial: caracterizado pelo crescimento extremamente rápido;
- estágio de consolidação: caracterizado por um crescimento menor que o anterior, mas, ainda assim, mais rápido do que a economia em geral;
- estágio de maturidade: caracterizado pelo crescimento no mesmo ritmo da economia em geral; e
- estágio de queda relativa: no qual o setor cresce em um ritmo menor que a economia em geral.

Vendas líquidas

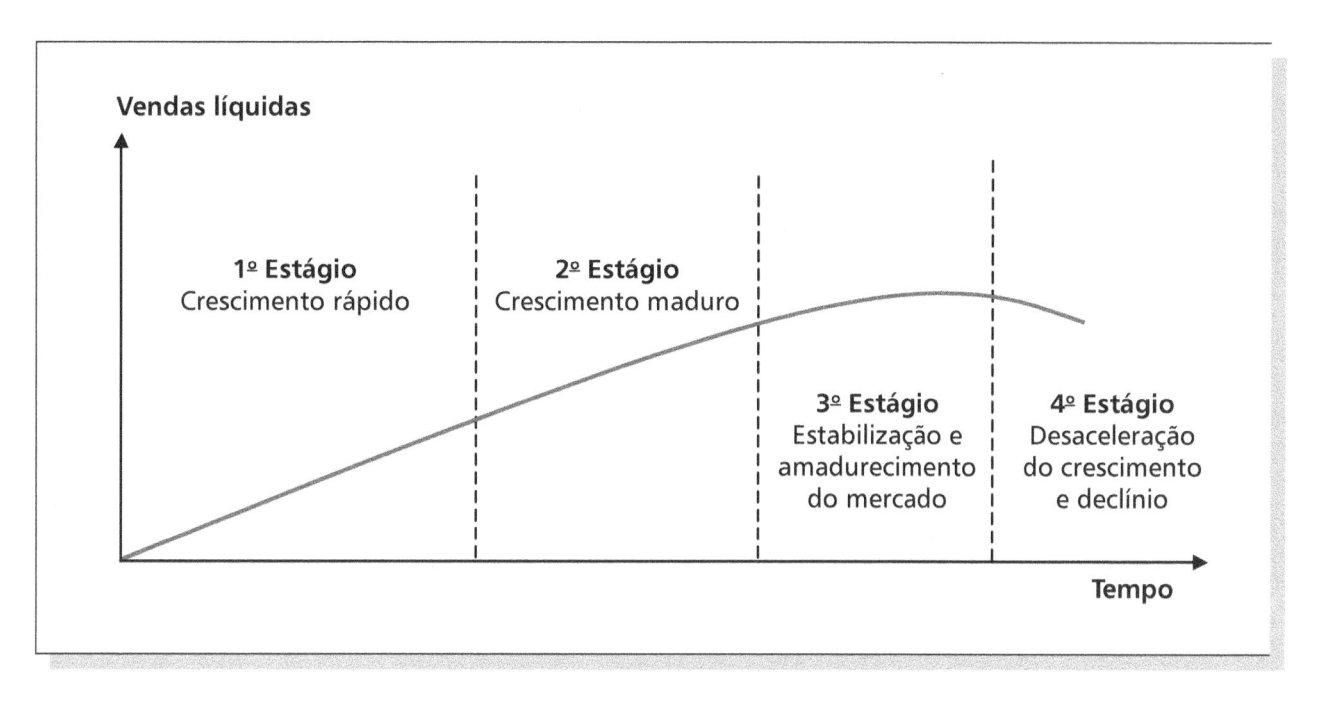

- 1º Estágio — Crescimento rápido
- 2º Estágio — Crescimento maduro
- 3º Estágio — Estabilização e amadurecimento do mercado
- 4º Estágio — Desaceleração do crescimento e declínio

Tempo

Gráfico 13.1 *Ciclo de vida de um setor.*

13.2.2 Perspectivas estratégicas do setor

Após essa definição, analisamos como o setor no qual a empresa está inserida se comporta em relação aos demais setores da economia. Para isso é realizada uma comparação entre esse setor e os demais setores, objetivando uma avaliação do desempenho e das perspectivas.

Um dos pontos importantes dessa análise são as perspectivas estratégicas do setor. Essa análise consiste no estudo das particularidades do(s) setor(es) e do ambiente no qual se encontra a empresa. Considerando que a análise estratégica não tem regras fixas, já que em cada caso o fator determinante será distinto, existe claro consenso em utilizar três fatores como os mais importantes para este estudo:

- **barreiras de entrada**: esse fator consiste na possibilidade da entrada da concorrência em um setor e, supondo que atualmente seja rentável, no tempo em que ela se manterá após a abertura do setor. Os valores enquadrados nesses setores serão muito mais atrativos que outros valores com boa rentabilidade mas que estejam expostos à entrada da concorrência;
- **competitividade em custos**: seguindo a análise estratégica de Michel Porter, as três formas de uma empresa ser rentável são:

1. diferenciação do produto;
2. especializando-se em um setor concreto;
3. competitividade em custos: nesse aspecto, é preciso que as empresas do setor em questão tenham uma estrutura de custos altamente competitiva, com as margens operacionais mais altas que as dos setores da concorrência; e, portanto, a geração de caixa também será muito maior. Isso trará uma capacidade maior de

a empresa gerar lucros e suas ações no mercado terão preços superiores aos da concorrência;

- **potencial de distribuição**: a distribuição de produtos de um setor é provavelmente o fator-chave na formulação de estratégias. Se os produtos das empresas de um setor têm uma boa distribuição, seus efeitos são muito importantes, como minimizar as ineficiências produtivas ou fazer mais sentido a associação do valor das ações das empresas com seus lucros, já que a capacidade de produção pode ser aproveitada por um comprador que tenha um bom produto próprio e só necessite de uma boa rede de distribuição.

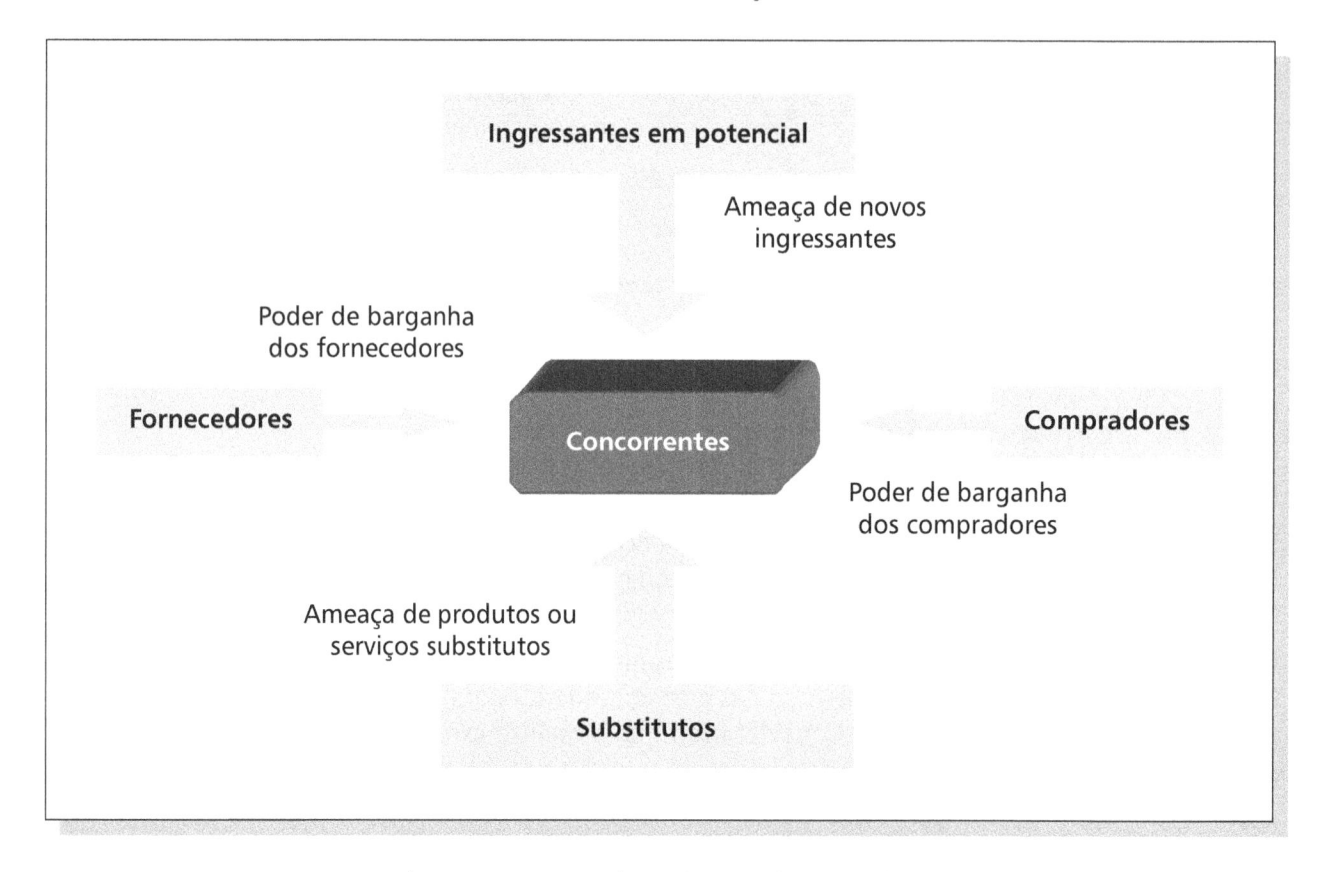

Figura 13.4 *Forças determinantes da concorrência.*

13.2.3 Setor e o crescimento econômico

Outro ponto importante dessa análise é a posição do setor com relação ao ciclo econômico. Esse representa um aspecto determinante para avaliar o momento ideal para iniciar o investimento. Cada setor tem seu momento de maior crescimento em função da situação econômica, e, o que é mais importante, em cada momento econômico há um setor que oferecerá melhores perspectivas e evolução. Dessa forma, pode-se falar em quatro grandes grupos de setores:

- **defensivos**: setores que cobrem as necessidades primárias, como alimentação, distribuição etc. Geralmente, a volatilidade dos resultados desses setores é menor frente a mudanças no ciclo econômico. Quando a economia começa a apresentar sinais de possível recessão, o investimento tende a dirigir-se a esse tipo de setor; suas melhores evoluções em bolsa tendem a acontecer durante as últimas fases de uma economia em crescimento;

- **sensíveis a taxa de juros**: o pior comportamento dessas ações é durante uma economia em crescimento, quando as inflações altas, provocadas por um reaquecimento econômico, forçam a alta das taxas de juros e isso repercute negativamente nos resultados. O momento de investir nas empresas desse setor é na segunda parte do ciclo baixista, quando se começa a ver os efeitos da queda da taxa de juros. Esta política ainda continuará durante alguns trimestres;
- **sensíveis ao consumo**;
- **bens de capital**: são sensíveis à evolução do nível de formação bruta de capital (investimento) na economia.

Questões para consolidação

1. O que é a análise macroeconômica e como ela pode ser útil na determinação de oportunidades de investimento em ações?
2. Qual é o impacto das taxas de juros, inflação, taxa de câmbio e crescimento econômico no comportamento do mercado de ações?
3. O que é uma análise setorial?
4. Quais são as dificuldades iniciais encontradas durante a elaboração da análise setorial?
5. Quais são os estágios do ciclo de vida de um setor?
6. Quais são os fatores determinantes das perspectivas estratégicas de um setor?
7. Analise a relação entre os setores e o crescimento econômico da economia.

Teste de verificação

13.1. A estrutura básica de um modelo macroeconômico compõe-se da parte real e da parte monetária da economia, que pode ser vista através de seus mercados. As variáveis ou agregados macroeconômicos são determinados pelo encontro da oferta e da demanda em cada um desses mercados. Com base nessa afirmação, classifique os mercados a seguir de acordo com o seguinte critério:

(1) Parte real da economia. ( ) Bens e serviços.
(2) Parte monetária da economia. ( ) Crescimento microeconômico.
(3) Não relacionado com o tema. ( ) Títulos.
   ( ) Trabalho.
   ( ) *Market makers*.
   ( ) Divisas.

13.2. São variáveis macroeconômicas, exceto:
   ( ) Variação generalizada nos preços de uma economia.
   ( ) Taxa de juros.
   ( ) O preço, em moeda nacional, de uma unidade de moeda estrangeira.
   ( ) O índice Isenn.

13.3. Não são explicações para a influência das variáveis macroeconômicas no desempenho da bolsa de valores:
- ( ) A bolsa de valores de um país reflete a sua economia.
- ( ) Os agentes econômicos antecipam os movimentos da economia através das bolsas de valores.
- ( ) Os agentes econômicos utilizam as bolsas de valores para se protegerem de planos econômicos.
- ( ) A bolsa de valores reflete o desempenho das empresas que são afetadas por mudanças conjunturais.

13.4. São fatores importantes para saber como é ou como será um período para um setor, exceto:
- ( ) Estado geral do setor.
- ( ) Controle governamental.
- ( ) Oportunidades e riscos.

13.5. Com base nos níveis de eficiência do mercado, classifique a segunda coluna de acordo com o seguinte critério:

(1) Inicial. ( ) Caracterizado pelo crescimento no mesmo ritmo da economia em geral.

(2) Consolidação. ( ) Caracterizado pelo crescimento extremamente rápido.

(3) Maturidade. ( ) Setor cresce em um ritmo menor que a economia em geral.

(4) Queda relativa ( ) Caracterizado por um crescimento menor que o anterior, mas, ainda assim, mais rápido do que a economia em geral.

13.6. São fatores importantes para a análise das perspectivas estratégicas do setor, exceto:
- ( ) Potencial de distribuição.
- ( ) Barreiras de entrada.
- ( ) Competitividade em custos.
- ( ) Controle governamental.

14

Análise dos Fundamentos das Empresas

Conteúdo

14.1 Introdução
14.2 Análise da situação financeira
 14.2.1 Análise da liquidez
 14.2.2 Análise da estrutura patrimonial
  14.2.2.1 Análise da estrutura de capitais
  14.2.2.2 Análise da estrutura de imobilização
 14.2.3 Análise do ciclo operacional
14.3 Análise da situação econômica
 14.3.1 Análise do comprometimento do lucro (cobertura)
 14.3.2 Análise do retorno
 14.3.3 Índices para análise de desempenhos específicos
Questões para consolidação
Teste de verificação

14.1 Introdução

Após a avaliação da influência das variáveis macroeconômicas no desempenho da empresa e da análise da *performance* do setor em relação aos demais setores da economia, passamos para o posicionamento da empresa dentro do setor ou setores de atuação.

Este é o último e mais detalhado estágio da análise *top down*. O objetivo final dessa análise é a determinação dos fundamentos da empresa. Nela são determinados:

- o potencial de crescimento da empresa;
- o nível de risco relativo em três campos:
    - ✓ **risco do negócio**: incertezas e volatilidade dos lucros e fluxos de caixa, que depende das vendas e do grau de alavancagem operacional (relação entre custos fixos e variáveis);
    - ✓ **alavancagem financeira**: mede a parte do negócio financiado a longo prazo e a capacidade de fazer frente aos pagamentos a curto prazo; e
    - ✓ **capacidade de captação** de financiamento externo;
- a flexibilidade financeira, definida como a habilidade de obter caixa para fazer frente aos pagamentos a curto prazo. Existem três fontes básicas:
    - ✓ **recursos próprios da empresa**;
    - ✓ **ativos líquidos**; e
    - ✓ **recursos de terceiros**.

Essa análise pode ser realizada com base em parâmetros obtidos quando do desempenho médio de seus concorrentes, constituindo, assim, uma ferramenta importante para qualificá-la dentro do setor de atuação.

A análise de demonstrações contábeis tem como objetivo examinar e avaliar o comportamento de uma empresa sob os aspectos econômico-financeiros, tomando por base essas demonstrações. Elas representam um conjunto de informações sobre atos e fatos econômico-financeiros que ocorreram nos períodos retratados. Nesse sentido, sua análise representa uma ferramenta importante para a compreensão do valor da empresa e consequentemente para a fundamentação da decisão de compra ou venda de suas ações, já que por meio delas podemos compreender as aplicações existentes em determinado momento, bem como as fontes de financiamento que deram origem a tais aplicações. Ver Quadro 14.1.

Quadro 14.1 *Objetivos das demonstrações contábeis.*

Demonstrações	Principais objetivos
Balanço patrimonial	É uma das demonstrações contábeis que visa evidenciar, de forma sintética, a situação patrimonial da empresa e dos atos e fatos consignados na escrituração contábil.
Demonstração do resultado	Destina-se a evidenciar a formação do resultado do exercício, mediante confronto das receitas, custos e despesas incorridas no exercício. Essa demonstração deve ser apresentada na posição vertical, e seus componentes devem ser discriminados de forma sequencial.
Demonstração de lucros ou prejuízos acumulados	Essa demonstração possibilita a evidenciação clara do lucro do período, sua distribuição e a movimentação ocorrida no saldo da conta Lucros ou Prejuízos Acumulados.
Demonstração das origens e aplicações de recursos	Essa demonstração, como seu próprio nome indica, tem por objetivo apresentar, de forma ordenada e sumária, principalmente as informações relativas às operações de financiamento e investimentos da empresa no exercício e evidenciar as alterações na posição financeira. Os financiamentos representam as origens dos recursos; os investimentos, as aplicações desses recursos.
Demonstração das mutações do patrimônio líquido	Essa demonstração fornece a movimentação ocorrida, no exercício, nas diversas contas componentes do Patrimônio Líquido, faz clara indicação do fluxo de uma conta para outra e indica a origem e o valor de cada acréscimo ou diminuição no Patrimônio Líquido durante o exercício. Trata-se, portanto, de informações que complementam os demais dados constantes no Balanço Patrimonial e na Demonstração do Resultado do Exercício.

A análise das demonstrações contábeis abrange dois aspectos: o estático, que representa a situação da empresa em determinado momento, sem se preocupar com sua relação histórica, e o dinâmico, que se preocupa em retratar a evolução da empresa e traçar sua tendência.

Existem várias técnicas para a análise de demonstrações contábeis, mas para nossa abordagem utilizaremos a análise por meio de índices que nos proporcionam uma visão das diversas relações entre os itens que compõem esses demonstrativos, permitindo, com isso, sua melhor compreensão.

Quando analisamos uma empresa, devemos considerar que ela constitui o ponto de convergência de várias forças econômicas, a nenhuma das quais se pode atribuir prioridade absoluta sobre as outras.

Nesse sentido, os aspectos que devem ser examinados são as relações entre a empresa e:

- seus mercados;
- os fornecedores de capital;
- seus fornecedores;
- seus empregados;
- a utilização de seu ativo; e
- a preparação para seu futuro.

Os índices são uma ferramenta importante na verificação da consecução de objetivos determinados. Quando estes últimos fazem referência, direta ou indiretamente, a magnitudes financeiras, podem ser utilizados para medir os resultados dessa natureza.

Para classificar e avaliar esses objetivos, será adotado o agrupamento dos índices como mostrado na Figura 14.1.

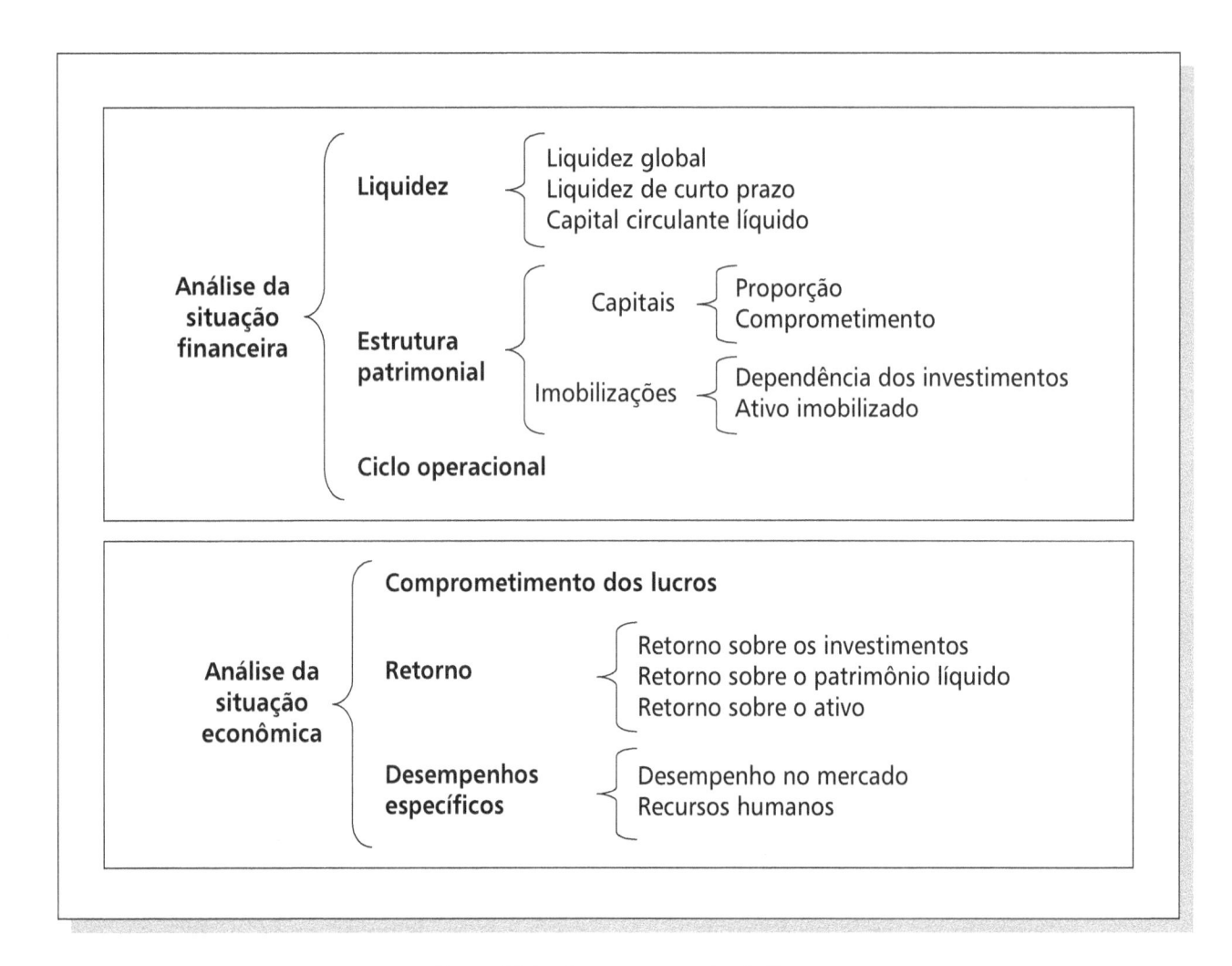

```
Análise da situação financeira
    ├── Liquidez
    │     ├── Liquidez global
    │     ├── Liquidez de curto prazo
    │     └── Capital circulante líquido
    ├── Estrutura patrimonial
    │     ├── Capitais
    │     │     ├── Proporção
    │     │     └── Comprometimento
    │     └── Imobilizações
    │           ├── Dependência dos investimentos
    │           └── Ativo imobilizado
    └── Ciclo operacional

Análise da situação econômica
    ├── Comprometimento dos lucros
    ├── Retorno
    │     ├── Retorno sobre os investimentos
    │     ├── Retorno sobre o patrimônio líquido
    │     └── Retorno sobre o ativo
    └── Desempenhos específicos
          ├── Desempenho no mercado
          └── Recursos humanos
```

Figura 14.1 *Agrupamento dos índices.*

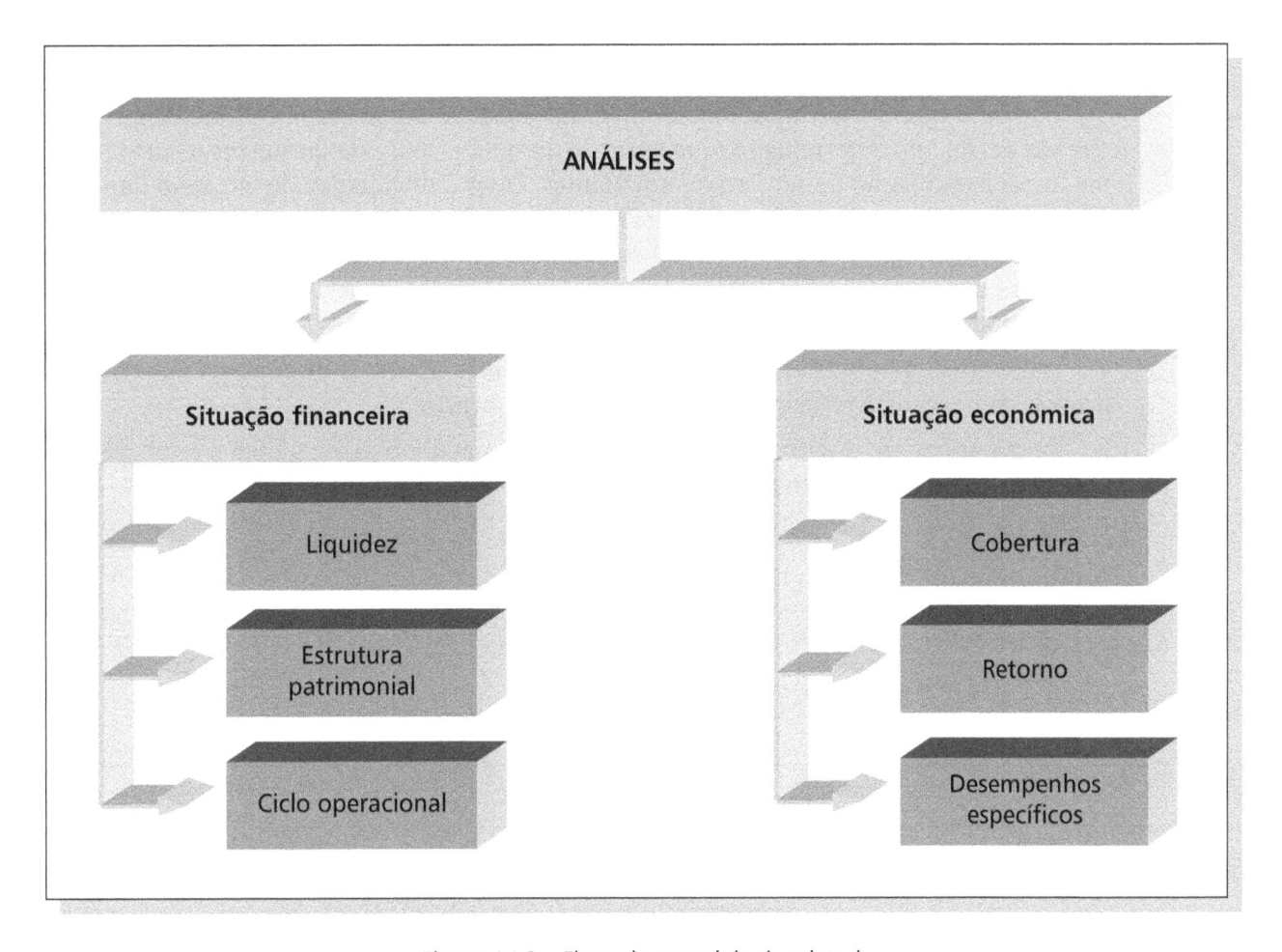

Figura 14.2 *Fluxo da metodologia adotada.*

Cabe-nos destacar que a análise de um único índice não nos possibilita avaliar toda a empresa. Para isso, torna-se necessária a utilização de um conjunto de índices distintos que retratariam os diferentes aspectos que envolvem a empresa. Ver Figura 14.2.

Outra consideração que devemos fazer é que alguns índices podem ser interpretados diretamente por meio de seu valor numérico; já outros não são de fácil interpretação, necessitando para isso ser comparados com outros parâmetros. Em qualquer dos casos devemos considerar que os índices, para representarem melhor determinada situação, devem ser comparados com os de outras empresas e setores e que é necessário estudar sua evolução no tempo.

14.2 Análise da situação financeira

Quando analisamos a situação financeira de uma empresa, estamos nos referindo a sua capacidade de saldar seus compromissos tanto no presente quanto no futuro.

A situação financeira pode ser avaliada pelas relações entre os elementos patrimoniais que retratam sua liquidez, sua estrutura patrimonial e seu ciclo operacional.

14.2.1 Análise da liquidez

Podemos interpretar a liquidez de uma empresa como sendo o grau de capacidade que ela possui, em determinado momento, de atender a seus compromissos a curto prazo mediante a realização de seus ativos circulantes. O grau de liquidez de um ativo depende da rapidez com que ele pode ser transformado em dinheiro sem perder valor. A gestão da liquidez da empresa busca o equilíbrio entre os prazos das dívidas com os prazos dos ativos, a fim de evitar sua insolvência. Portanto, essa análise procura avaliar as condições que a empresa tem para saldar suas exigibilidades.

Os índices de liquidez representam a relação entre os ativos disponíveis mais os realizáveis com os passivos exigíveis, de curto e longo prazo.

Para a utilização desses índices, partiremos de uma abordagem global e estabeleceremos níveis com o propósito de avaliar qual a real liquidez que a empresa possui.

Primeiro nível: liquidez global

Nesse nível, podemos trabalhar com o enfoque convencional (real) ou estimado (previsão).

	Liquidez global real (mediata)
Relação:	$$\frac{\text{Ativo Circulante} + \text{Ativo Realizável a Longo Prazo}}{\text{Passivo Circulante} + \text{Exigível a Longo Prazo}}$$
Representa:	Quantos reais a empresa dispõe de realizáveis (a curto e a longo prazo) para cobrir cada real de dívidas contraídas (a curto e a longo prazo). Ou seja, a liquidez, tanto a curto como a longo prazo. Outra forma de interpretá-lo é: de cada R$ a pagar, quanto existe no ativo circulante e no realizável a longo prazo.
	Liquidez global estimada
Relação:	$$\frac{\text{Disponível} + \text{Previsão de entradas de caixa}}{\text{Previsão de saídas de caixa}}$$
Representa:	Liquidez a curto prazo por meio de uma previsão de entradas e saídas de caixa. Para cada real previsto de ingresso, quanto será desembolsado pela empresa.

Na hipótese de a empresa apresentar uma liquidez global satisfatória, passamos para o estudo da liquidez a curto prazo.

Segundo nível: liquidez a curto prazo

Liquidez corrente			
Relação:	$\dfrac{\text{Ativo Circulante}}{\text{Passivo Circulante}}$	Se o resultado for: Lc > 1 Lc = 1 Lc < 1	Representa que o: CCL é positivo CCL é nulo CCL é negativo
Representa:	Esse índice mostra quantas vezes o ativo circulante corresponde ao passivo circulante. Em outras palavras, podemos assumir que, para cada real de dívidas vencíveis a curto prazo, a empresa dispõe de *x* ativos realizáveis a curto prazo. O quanto existe de ativo circulante para cada real de dívida a curto prazo (passivo circulante).		

Nem sempre a liquidez corrente ou a curto prazo representa a situação real da empresa. Isso pode ser explicado pelo fato de alguns ativos classificados como de alta liquidez nem sempre possuírem essa característica. Um exemplo é o estoque, que pode possuir diferentes capacidades de conversão em ativos monetários em função do tipo de atividade que a empresa desempenha.

Para verificarmos a qualidade da liquidez, necessitamos, portanto, de uma relação mais estrita ou severa, como é o caso do índice de liquidez seca, que desconsidera os ativos com menor capacidade de conversão.

Liquidez seca	
Relação:	$\dfrac{\text{Ativo Circulante} - \text{Estoques} - \text{Despesas Antecipadas}}{\text{Passivo Circulante}}$
Representa:	É um índice mais "severo" que o anterior, ao supor que os compromissos a curto prazo serão atendidos somente pela realização de duplicatas a receber e pela utilização das disponibilidades. Ele supõe que os compromissos a curto prazo deverão ser atendidos, exclusivamente, pela realização dos direitos realizáveis a curto prazo. Porcentagem das dívidas a curto prazo em condições de serem pagas mediante a utilização de itens monetários de maior liquidez do ativo circulante.

Se adotarmos um conceito ainda mais estrito, consideraríamos apenas o disponível como forma de saldar os compromissos imediatos da empresa. Com isso, teríamos o seguinte índice:

Liquidez imediata (absoluta)	
Relação:	$\dfrac{\text{Disponível}}{\text{Passivo Circulante}}$
Representa:	Quantos reais existem em disponibilidade para pagar cada real de dívidas a curto prazo. Porcentagem das dívidas a curto prazo em condições de serem saldadas imediatamente.

Análise do capital circulante líquido

Outra forma de avaliar a liquidez da empresa é por meio do capital circulante líquido. Segundo Assaf Neto (1999), o capital de giro constitui-se no fundamento básico da avaliação do equilíbrio financeiro de uma empresa. Pela análise de seus elementos patrimoniais, são identificados os prazos operacionais, o volume de recursos permanentes (longo prazo) que se encontra financiando o giro e as necessidades de investimento operacional.

Esse conceito representa a parcela do ativo circulante que é financiada por fundos permanentes (exigível a longo prazo + patrimônio líquido). Segundo essa relação, podemos calcular o capital de giro da seguinte forma:

$$\text{CAPITAL CIRCULANTE LÍQUIDO} = \text{ATIVO CIRCULANTE} - \text{PASSIVO CIRCULANTE}$$

Portanto, o capital circulante líquido representa proposital descompasso entre os prazos de realização dos ativos e vencimento dos passivos usados para financiá-los. Naturalmente, quanto maior for a proporção entre capital circulante líquido e ativo circulante, maior será a liquidez corrente e menor o risco de insolvência da empresa a curto prazo.

O CCL tem a função de um "colchão" que amortece as intensas variações do nível de investimentos em ativos circulantes, que são geradas pelas flutuações das vendas.

Para analisarmos o capital circulante líquido de uma empresa, podemos, também, utilizar os seguintes índices:

Volume de recursos permanentes aplicados a curto prazo	
Relação:	$\dfrac{\text{Capital Circulante Líquido}}{\text{Ativo Circulante}}$
Representa:	Porcentagem dos recursos permanentes (longo prazo) aplicados a curto prazo (ativo circulante).
Liquidez dos recursos permanentes próprios	
Relação:	$\dfrac{\text{Capital Circulante Líquido}}{\text{Patrimônio Líquido}}$
Representa:	Nível de liquidez dos recursos próprios da empresa, ou seja, do total do seu patrimônio líquido, qual o volume aplicado em itens de rápida conversão (circulante).

14.2.2 Análise da estrutura patrimonial

Nesse tipo de análise procuramos identificar o comportamento evolutivo dos coeficientes percentuais dos diversos componentes dos ativos e passivos no total do ativo ou de participações dos grupos do ativo ou passivo no total destes itens.

Essa análise pode ser realizada em duas etapas:

1ª Estudo da proporção ou participação dos capitais na estrutura, dividido em:
- análise da proporção dos capitais; e
- análise da imobilização dos recursos próprios e de terceiros a longo prazo.

2ª Estudo do nível de comprometimento ou imobilização dos capitais, dividido em:
- análise da dependência dos investimentos; e
- análise do ativo imobilizado.

14.2.2.1 Análise da estrutura de capitais

A primeira estrutura de que trataremos é a estrutura de capitais que corresponde ao conjunto das fontes de recursos que a empresa utiliza para financiar a aplicação de seus recursos. Essa estrutura pode ser dividida em capital próprio e de terceiros.

O capital de terceiros é aquele resultante da utilização de recursos emprestados por terceiros e que deverão ser, oportunamente, devolvidos a seus proprietários. Esse capital geralmente gera custo financeiro para a empresa, e quanto maior for sua utilização, menor será a possibilidade de novas utilizações. Esse fato ocorre em função do endividamento que é gerado com sua utilização e consequente redução da capacidade de aumento do mesmo, o que leva a uma restrição à obtenção de novos recursos por meio dessa fonte.

Já o capital próprio representa os recursos obtidos com aportes de capital pelos sócios existentes, a abertura de capital a novos sócios e a autogeração de recursos pela empresa com seus lucros. Essa fonte geralmente gera custo de oportunidade, e quanto maior for sua utilização, maior será a possibilidade de novas utilizações. Esse fato pode ser explicado pela melhoria que ocorre na estrutura de capitais da empresa, possibilitando inclusive maior utilização do capital de terceiros, já que reduz o nível de endividamento da empresa.

Índices para análise da proporção dos capitais

Participação do exigível a curto prazo
Relação: $$\frac{\text{Patrimônio Líquido}}{\text{Passivo Circulante}}$$
Representa: Proporção de recursos próprios em relação aos recursos de terceiros captados a curto prazo. Por exemplo, se este índice for igual a 4, indicará que, para cada R$ 1,00 de dívida a curto prazo contraída pela empresa, existem R$ 4,00 colocados pelos acionistas e gerados pela própria empresa. O inverso (passivo circulante/patrimônio líquido) mede o grau de endividamento a curto prazo da empresa, ou seja, sendo igual a 0,25, indica que 25% do capital estão representados por dívidas a curto prazo.
Participação do exigível a longo prazo
Relação: $$\frac{\text{Patrimônio Líquido}}{\text{Exigível a Longo Prazo}}$$
Representa: A proporção de recursos próprios em relação aos recursos de terceiros a longo prazo existentes na empresa. Por exemplo, se esse índice for igual a 1, indicará que, para cada R$ 1,00 de dívida a longo prazo contraída pela empresa, existe R$ 1,00 colocado pelos acionistas e gerado pela própria empresa. O inverso (exigível a longo prazo/patrimônio líquido) mede o grau de endividamento a longo prazo da empresa, ou seja, se for 0,33, indicará que 33% do capital estão representados por dívidas a longo prazo.
Participação do exigível total
Relação: $$\frac{\text{Patrimônio Líquido}}{\text{Exigível Total}}$$
Representa: A proporção de recursos próprios em relação ao total dos recursos de terceiros existentes na empresa. Por exemplo, se esse índice for igual a 2, indicará que, para cada R$ 1,00 de dívida da empresa, existem R$ 2,00 colocados pelos acionistas e gerados pela própria empresa. O inverso (exigível total/patrimônio líquido) mede o grau de endividamento total da empresa, ou seja, se for 0,5, indicará que 50% do capital estão representados por dívidas a curto e a longo prazo.
Composição do passivo exigível
Relação: $$\frac{\text{Passivo Circulante}}{\text{Exigível Total}}$$
Representa: Estrutura do passivo exigível da empresa, ou seja, do total de suas dívidas, qual a porcentagem que deve ser paga a curto e a longo prazo. Por exemplo, se o índice for igual a 0,4, indicará que 40% das exigibilidades deverão ser pagas no próximo exercício e 60% em exercícios posteriores.

Índices para análise da imobilização de capitais permanentes

	Imobilização de recursos permanentes
Relação:	$$\frac{\text{Ativo Permanente}}{\text{Patrimônio Líquido + Exigível a Longo Prazo}}$$
Representa:	Grau de imobilização dos recursos exigíveis a longo prazo e os próprios da empresa, ou seja, qual a parcela dos seus fundos a longo prazo que está financiando o ativo permanente. Por exemplo, se esse índice for igual a 0,6, significará que 60% do capital permanente estão alocados ao ativo permanente, estando o restante (40%) financiando o circulante e o realizável a longo prazo. Se o índice apresentar um resultado maior que 1 (100%), indica que o patrimônio líquido e o exigível a longo prazo não são suficientes para cobrir o ativo permanente. Nesse caso, conclui-se que o passivo circulante está financiando uma parte dos investimentos permanentes da empresa.
	Imobilização de recursos próprios e de terceiros a longo prazo
Relações:	$$\frac{\text{Ativo Permanente}}{\text{Exigível a Longo Prazo}} \quad \text{e} \quad \frac{\text{Ativo Permanente}}{\text{Patrimônio Líquido}}$$
Representa:	Proporções de imobilizações levadas a efeito pelos recursos de terceiros a longo prazo e pelos recursos próprios, considerados separadamente, ou seja, do volume total investido no ativo permanente, qual a participação dos capitais próprios e recursos de terceiros a longo prazo. Esses dois índices são um desmembramento do grau de imobilização total.

14.2.2.2 Análise da estrutura de imobilização

A segunda estrutura com a qual trabalharemos será a de imobilização de recursos, que busca avaliar os investimentos realizados e sua capacidade de geração de ganhos.

Essa análise pode ser realizada em duas etapas:

1ª Estudo da dependência ou independência financeira dos investimentos.

2ª Estudo do ativo imobilizado dividido em:
- nível de automatização;
- produção por imobilizado;
- grau de comercialização da produção;
- giro do imobilizado; e
- vida útil do ativo imobilizado.

Índices para análise da dependência e independência financeira

Independência financeira	
Relação:	$$\frac{\text{Patrimônio Líquido}}{\text{Ativo Total}}$$
Representa:	Independência financeira da empresa, isto é, do montante investido pela empresa no seu ativo, qual é a participação dos recursos próprios. Por exemplo, se o índice for igual a 0,6, significará que 60% do ativo são financiados por capitais próprios e 40%, por capitais de terceiros. Quanto menor se apresentar este índice, menor será a independência financeira, isto é, a empresa se encontrará mais dependente dos capitais externos. Por outro lado, a empresa alcança uma independência absoluta quando o índice for igual a 1. Nesse caso, denota-se uma total ausência de recursos de terceiros, pois patrimônio líquido = ativo total.
Dependência financeira	
Relação:	$$\frac{\text{Exigível Total}}{\text{Ativo Total}}$$
Representa:	Dependência financeira da empresa. É um complemento do índice anterior. Indica a participação do capital de terceiros nos investimentos efetuados no ativo. Inversamente ao índice de independência financeira, a dependência absoluta pela ausência de recursos próprios se dará quando esse índice for igual a 1. O contrário (ativo total/exigível total) indicará quanto a empresa possui no seu ativo para cada real de dívida contraída. Quanto maior for o coeficiente, maior será a garantia oferecida aos credores da empresa. É chamado também de índice de garantia.

Análise do ativo imobilizado

A análise do ativo imobilizado representa grande preocupação para gestores financeiros de uma empresa, pois esse ativo é o responsável por seu desempenho operacional, bem como pelo seu nível de liquidez.

Para essa análise, utilizamos os índices relacionados a seguir, que tratam da imobilização e seu desempenho.

Giro do imobilizado	
Relação:	$$\frac{\text{Montante de Vendas}}{\text{Ativo Imobilizado Líquido}}$$
Representa:	Relação existente entre o valor das vendas e o montante investido no ativo imobilizado, ou seja, a utilização efetiva da capacidade produtiva disponível da empresa. Indica, ainda, o número de vezes que o imobilizado girou em determinado período. Assim, se o resultado desse índice for 3, conclui-se que 200% do imobilizado transformou-se em vendas, ou, ainda, que o imobilizado girou (transformou-se em receita) três vezes no período.

Vida útil	
Relação:	$$\dfrac{\text{Ativo Imobilizado Líquido}}{\text{Depreciação Anual}}$$
Representa:	Tempo teórico de vida que resta, em média, ao ativo imobilizado da empresa. Assim, se o índice alcançar 6, diz-se que restam, aproximadamente, 6 anos de vida útil aos bens. Dessa maneira, pode-se medir o nível de antiguidade do imobilizado.
Nível de automatização	
Relações:	$$\dfrac{\text{Ativo Imobilizado Líquido}}{\text{Custo de Mão de obra}} \quad \text{ou} \quad \dfrac{\text{Ativo Imobilizado Líquido}}{\text{Número de Operários}}$$
Representa:	Grau de utilização de mão de obra e dos elementos tangíveis da empresa. São apresentados dois tipos de equação, dada a dificuldade natural de se levantar o número de operários nas demonstrações contábeis.
Produção por imobilizado	
Relação:	$$\dfrac{\text{Custo de Produção}}{\text{Ativo Imobilizado Líquido}}$$
Representa:	Relação existente entre o montante despendido na produção de determinada quantidade de produtos e o total dos investimentos efetuados em bens tangíveis, denotando-se, por conseguinte, o rendimento dessas imobilizações. Assim, se o índice calculado for de 0,55, por exemplo, isso indicará que os custos de produção correspondem a 55% dos investimentos efetuados no ativo imobilizado. Pode-se, também, utilizar esse índice no estudo da conveniência do incremento ou modernização da capacidade produtiva da empresa, ou seja, se os investimentos adicionais necessários apresentarão uma contrapartida na produção. Para tanto, compara-se o coeficiente atual com o calculado, considerando-se as variações previstas.
Grau de comercialização da produção	
Relação:	$$\dfrac{\text{Unidades Vendidas}}{\text{Capacidade de Produção em Unidades}}$$
Representa:	Nível de vendas da empresa em relação a sua capacidade de produzir. Por exemplo, se o índice calculado alcançar 0,5, isso significa que a empresa necessita somente da metade de sua capacidade de produção para satisfazer à demanda existente por seus produtos. Quanto mais próximo de 1 se apresentar o coeficiente, mais próximo de seu limite produtivo estará atuando a empresa.
Retorno da produção	
Relação:	$$\dfrac{\text{Custos de Produção}}{\text{Valor de Venda da Produção}}$$
Representa:	O retorno obtido com custos investidos na produção, ou seja, para cada real gasto na produção, quantos reais receberíamos no caso de sua venda.

14.2.3 Análise do ciclo operacional

A análise do ciclo operacional busca a determinação da rapidez com que uma empresa pode gerar caixa em caso desse tipo de necessidade.

O ciclo operacional de uma empresa pode ser enfocado de duas formas distintas: como ciclo financeiro ou como ciclo econômico.

O ciclo econômico caracteriza-se pelo prazo decorrido entre entradas de matérias-primas por meio das compras e as saídas pelas vendas. Já o ciclo financeiro é definido como o período de tempo que vai do desembolso de caixa para a aquisição das matérias-primas até o recebimento dos recursos oriundos da venda do produto acabado.

A diferença entre os regimes econômico e financeiro de reconhecimento dos fatos gera um *gap* (descasamento) entre esses dois ciclos. Enquanto no regime econômico a base é o ato de compra e venda, no regime financeiro as bases são os pagamentos e recebimentos da relação comercial já concretizada. Como consequência, o ciclo financeiro geralmente apresenta-se defasado em relação ao econômico, posto que os impactos no caixa da empresa ocorrem em datas posteriores às das compras de matérias-primas e vendas de produtos acabados, como podemos observar na Figura 14.3.

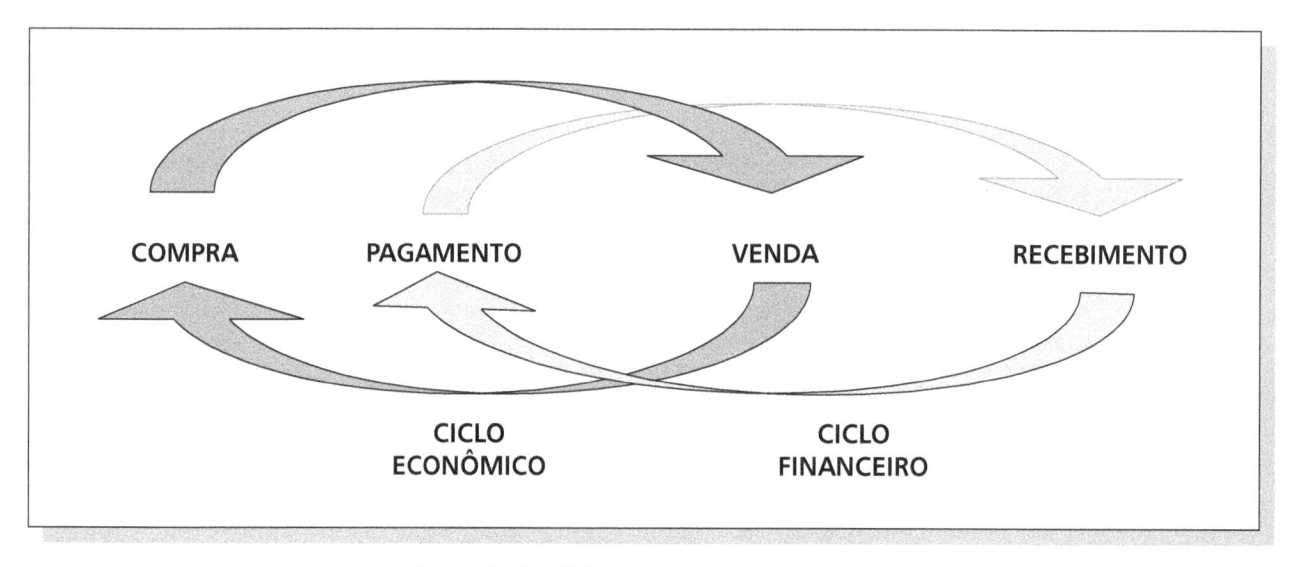

Figura 14.3 *Ciclos operacionais da empresa.*

Para a realização da análise do ciclo operacional, utilizaremos os conceitos de prazos médios, que nos permitem melhor compreensão do tema.

Quando relacionamos os prazos médios, buscamos sua minimização por meio da redução dos prazos médios de estocagem e de recebimento e aumento no prazo médio de pagamentos aos fornecedores. Com isso, obtemos redução nos ciclos econômico-financeiros, aumentando a eficiência na gestão dos recursos aplicados.

Para a avaliação do ciclo econômico, utilizaremos os índices mostrados na Figura 14.4.

```
     ↓                    ↓                    ↓
    COMPRA              PRODUÇÃO              VENDA
        ⏟                    ⏟
  Prazo médio de armazenamento    Prazo médio de venda
  Prazo médio de produção
```

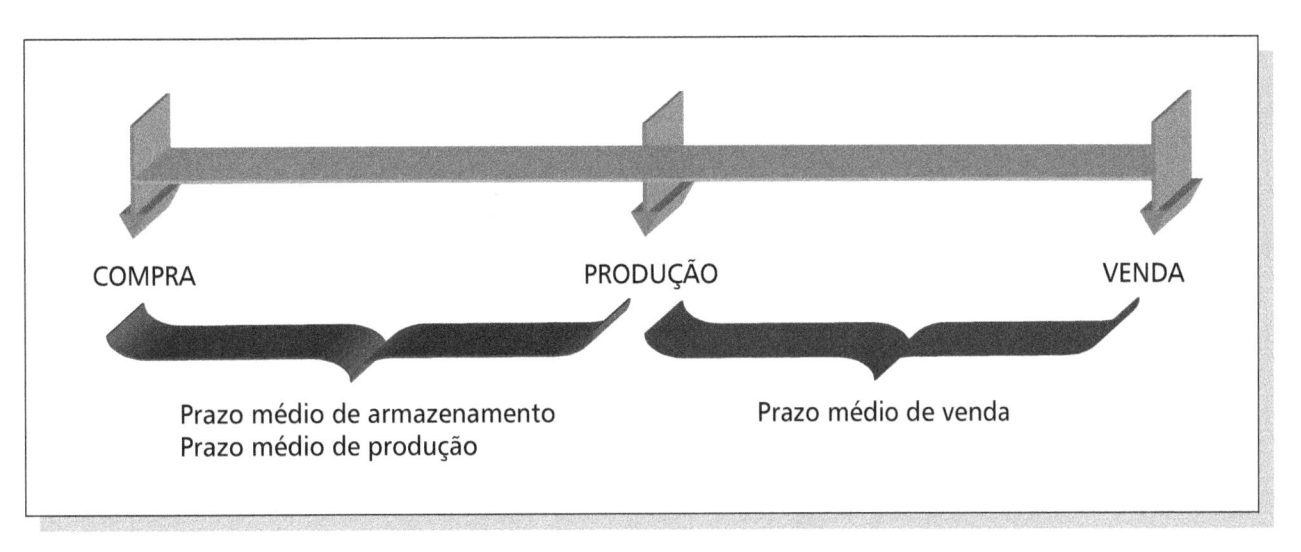

Figura 14.4 *Ciclo econômico*

Prazo médio de armazenamento de materiais (PMA)	
Relação:	$\dfrac{\text{Saldo Médio de Materiais}}{\text{Consumo Anual}} \times 12$
Representa:	Tempo médio verificado desde a compra do material até a entrada na produção, ou seja, o tempo médio que a matéria-prima permanece no estoque à espera de ser consumida na produção.
Prazo médio de estocagem de mercadorias (PME)	
Relação:	$\dfrac{\text{Estoques de Mercadorias (média)}}{\text{Custo das Mercadorias Vendidas}} \times 12$
Representa:	Tempo médio, em meses, que a mercadoria permanece em estoque à espera de ser vendida. É aplicado, basicamente, às empresas comerciais, cujos estoques indicam a capacidade (em termos físicos) de venda. Pode, igualmente, ser interpretado como prazo de venda da empresa. Por exemplo, se o prazo médio de estocagem for igual a 2, significará que as mercadorias permanecem, em média, 2 meses estocadas antes de ser vendidas, ou seja, o prazo de venda é de 2 meses.
Prazo médio de armazenamento total (PMAT)	
Relação:	$\dfrac{\text{Estoques Totais (média)}}{\text{Custo da Produção Anual}} \times 12$
Representa:	Tempo médio, em meses, que os estoques totais (matérias-primas, produtos em transformação e produtos terminados) de uma empresa industrial permanecem armazenados à espera de ser consumidos, produzidos ou vendidos. Dessa forma, o prazo de armazenamento total inclui o tempo que vai desde a compra da matéria-prima até a venda do produto acabado. Quando não for possível obter os prazos para cada um dos itens dos estoques, esse índice substitui, aproximadamente, os dois primeiros apresentados.

Prazo médio de produção (PMP)	
Relação:	$\dfrac{\text{Produtos em Elaboração}}{\text{Custo de Produção}} \times 12$
Representa:	Tempo médio, em meses, que a empresa tarda em fabricar o produto.
Prazo médio de venda (PMV)	
Relação:	$\dfrac{\text{Produtos Terminados (média)}}{\text{Custo dos Produtos Vendidos}} \times 12$
Representa:	Tempo médio, em meses, que tarda o produto desde sua elaboração até a venda, ou seja, o número de meses que o produto terminado permanece no estoque à espera de ser vendido. Também definido por prazo médio de estocagem dos produtos acabados.

Já para avaliação do ciclo financeiro, utilizaremos os índices mostrados na Figura 14.5.

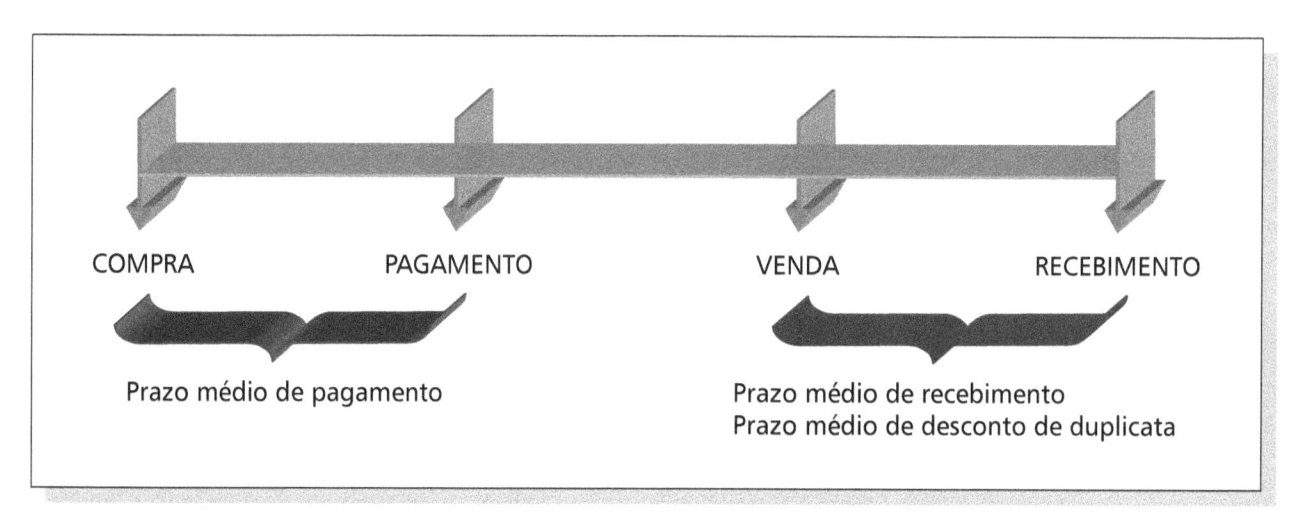

Figura 14.5 *Ciclo financeiro*.

Prazo médio de pagamento (PMP)	
Relação:	$\dfrac{\text{Duplicatas a Pagar (média)}}{\text{Compras Anuais a Prazo}} \times 12$
Representa:	Tempo médio, em meses, que a empresa tarda em pagar suas compras. Enquanto o PMR indica o prazo médio de recebimento das vendas realizadas pela empresa, o PMP revela seu prazo médio de pagamento dos materiais adquiridos.
Prazo médio de recebimento (PMR)	
Relação:	$\dfrac{\text{Duplicatas a Receber (média)}}{\text{Vendas Anuais a Prazo}} \times 12$
Representa:	Tempo médio, em meses, em cobrar o produto (mercadoria) vendido, ou seja, o número médio de meses que a empresa precisa esperar para receber as vendas realizadas.
Prazo médio de desconto de duplicatas (PMDD)	
Relação:	$\dfrac{\text{Duplicatas Descontadas (média)}}{\text{Vendas Anuais a Prazo}} \times 12$
Representa:	Tempo médio, em meses, utilizado pela empresa para o desconto de suas duplicatas a receber.

14.3 Análise da situação econômica

Quando analisamos a situação econômica de uma empresa, estamos tratando, basicamente, da mensuração, avaliação e interpretação dos lucros ou prejuízos gerados e sua comparação com os recursos aplicados com essa finalidade.

Para a avaliação da situação econômica, o primeiro passo é revisar os conceitos de lucro para depois confrontá-los em relação ao comprometimento.

O segundo passo seria um estudo do retorno gerado pela empresa e os fatores que o influenciam, como margens de lucro e giro dos ativos.

Por último, seria feita uma análise sobre outras medidas de desempenho específicas, como índices de desempenho no mercado e de recursos humanos.

14.3.1 Análise do comprometimento do lucro (cobertura)

Podemos dizer que o lucro de uma empresa é o rendimento resultante do capital investido em uma empresa. Geralmente, ele é obtido pela relação entre receitas e gastos realizados pela empresa em determinado período.

Alguns conceitos de lucro:

- lucro bruto: é o resultado da subtração do custo necessário para obtenção das receitas líquidas das receitas brutas;

- lucro operacional: corresponde ao resultado do ajuste feito sobre o lucro bruto das despesas e receitas operacionais. Esse conceito é o mais utilizado na avaliação do resultado porque representa a capacidade da empresa de gerar resultados;
- lucro líquido: como o nome diz, representa a parcela do resultado disponível para utilização da empresa, já que foram realizados todos os ajustes necessários, como os das receitas e despesas não operacionais e a tributação.

Segundo Leite (1994), o lucro operacional pode ser visualizado como um bolo a ser dividido entre três grupos de agentes econômicos. O primeiro grupo, que tem acesso ao resultado operacional, seria o conjunto de credores de fundos da empresa. A segunda entidade é o governo, pelos impostos. O resíduo final destina-se aos acionistas, ou seja, àqueles que cederam suas poupanças à empresa na esperança de que elas se multiplicassem pela eficiente gestão dos administradores da empresa. Ver Figura 14.6.

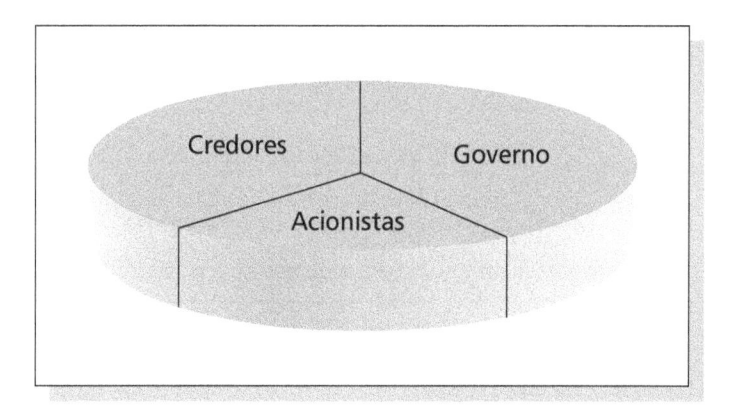

Figura 14.6 *Distribuição do lucro.*

Utilizando esse conceito, torna-se necessário o relacionamento da parte destinada aos credores de fundos da empresa com o tamanho do bolo que suas operações conseguiram gerar no mesmo período. Para isso, o uso do índice de comprometimento do lucro representa importante ferramenta em nossa análise.

Comprometimento do lucro	
Relação:	$\dfrac{\text{Lucro Operacional}}{\text{Despesas Financeiras}}$
Representa:	Número de vezes em que os resultados operacionais da empresa cobrem a remuneração devida ao capital de terceiros. O índice mede também o número de vezes que o lucro da empresa pode diminuir sem afetar a remuneração devida aos recursos de terceiros. É claro que, quanto maior se apresentar o índice, mais confiantes e seguros os credores se sentirão.

Com base na relação citada, podemos identificar o parâmetro para interpretação do índice na Figura 14.7.

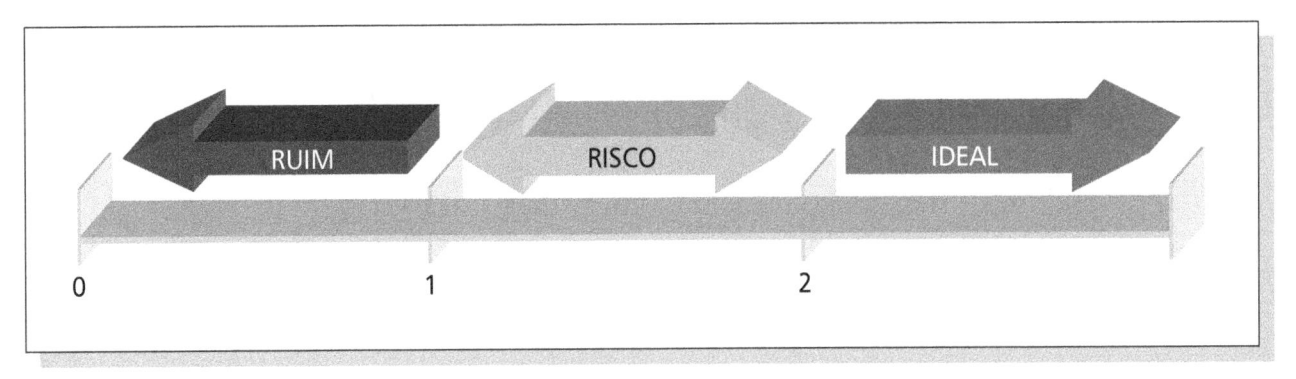

Figura 14.7 *Parâmetro de avaliação do índice.*

14.3.2 Análise do retorno

A análise do retorno objetiva a mensuração da capacidade de geração de resultados dos capitais investidos na empresa. Com isso, ela possibilita avaliação da remuneração propiciada aos recursos investidos na empresa durante determinado período.

Uma das tarefas mais difíceis na análise por meio de índices é a visualização e mensuração do retorno de uma empresa. Isso ocorre porque as medidas contábeis de retorno não consideram o risco que representa um fator importante em sua avaliação; dessa forma, ela só nos permite medir o retorno contábil corrente ou passado da empresa.

Quando analisamos o retorno, devemos nos preocupar com as seguintes questões:

- Qual é a real capacidade de geração de lucro da empresa?
- Como vem evoluindo essa capacidade durante o período analisado?
- Como a margem de lucro e o giro dos ativos influenciaram o retorno da empresa?
- Quais as causas para as variações nas margens de lucro?

Outro aspecto a ser considerado, segundo Reis (1993), é o ponto de vista a ser enfocado durante a análise. Nesse sentido, podemos identificar três pontos de vista distintos: o dos empresários ou investidores, o dos administradores e o dos credores, conforme nos mostra a Figura 14.8.

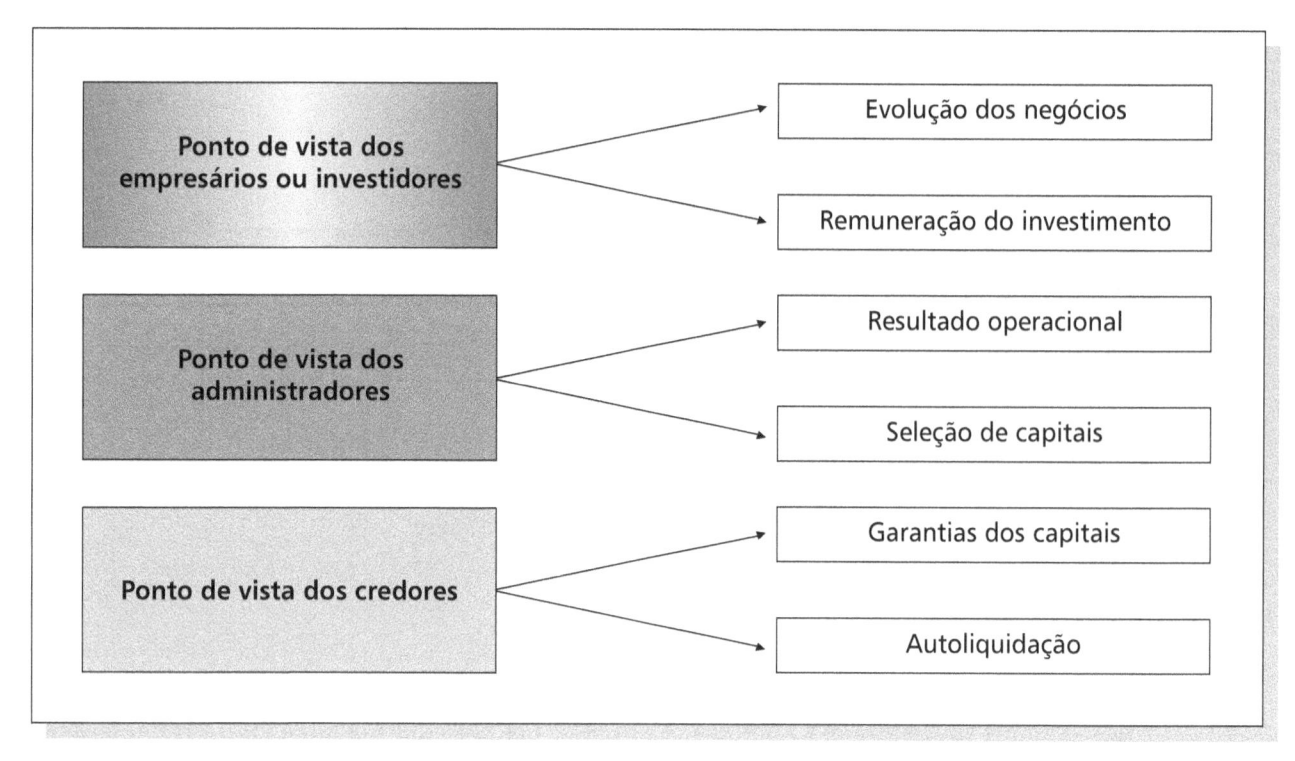

Figura 14.8 *Pontos de vista enfocados na análise do retorno.*

Retorno sobre os investimentos

O retorno sobre os investimentos pode ser compreendido como resultante de duas variáveis: o giro dos ativos e a margem operacional, como mostra a fórmula a seguir.

$$ROI = giro \times margem\ operacional$$

Em que:

Giro → Número de vezes que o ativo total cabe no volume de vendas

Relação:
$$GIRO = \frac{VENDAS}{ATIVO\ TOTAL}$$

Margem operacional → É o excedente de recursos que retornam ao caixa a cada ciclo ou giro

Relação:
$$MARGEM\ OPERACIONAL = \frac{LUCRO\ OPERACIONAL}{VENDAS} \times 100$$

Com base nessas relações, podemos deduzir o seguinte:

Retorno sobre o investimento total (ROI)	
Relação:	$$\frac{\text{Lucro Líquido}}{\text{Ativo Total}}$$
Representa:	Retorno verificado no total do investimento efetuado pela empresa, ou seja, a capacidade que os ativos apresentam de gerar lucros. Por exemplo, se esse índice for igual a 0,3 (ROI = 30%), significará que de cada R$ 1,00 aplicado no ativo a empresa auferiu R$ 0,30 de lucro líquido.

A utilização desses conceitos para a análise do retorno sobre os investimentos nos traz as vantagens e desvantagens mostradas no quadro que se segue.

Vantagens	Desvantagens
• permite comparabilidade; • permite a descentralização da gestão; e • serve de *cut off rate*, taxa referencial para o custo de capital.	• é um índice contábil e não financeiro; e • sobe sempre devido à depreciação dos ativos.

Como podemos observar, os fatores determinantes do retorno são margem operacional e giro do ativo, portanto trataremos deles com mais detalhes antes de passarmos para outros conceitos de retorno.

Margens de lucro

As margens de lucro são calculadas a partir das relações entre os ganhos e o esforço para obtê-los. Em geral, elas representam a capacidade de produção de um bem a um preço determinado, não sendo, portanto, consideradas medidas diretas de rentabilidade.

Ao analisarmos as margens de lucro, verificamos três níveis de formação das margens ou de desempenho da empresa. Ver a Figura 14.9.

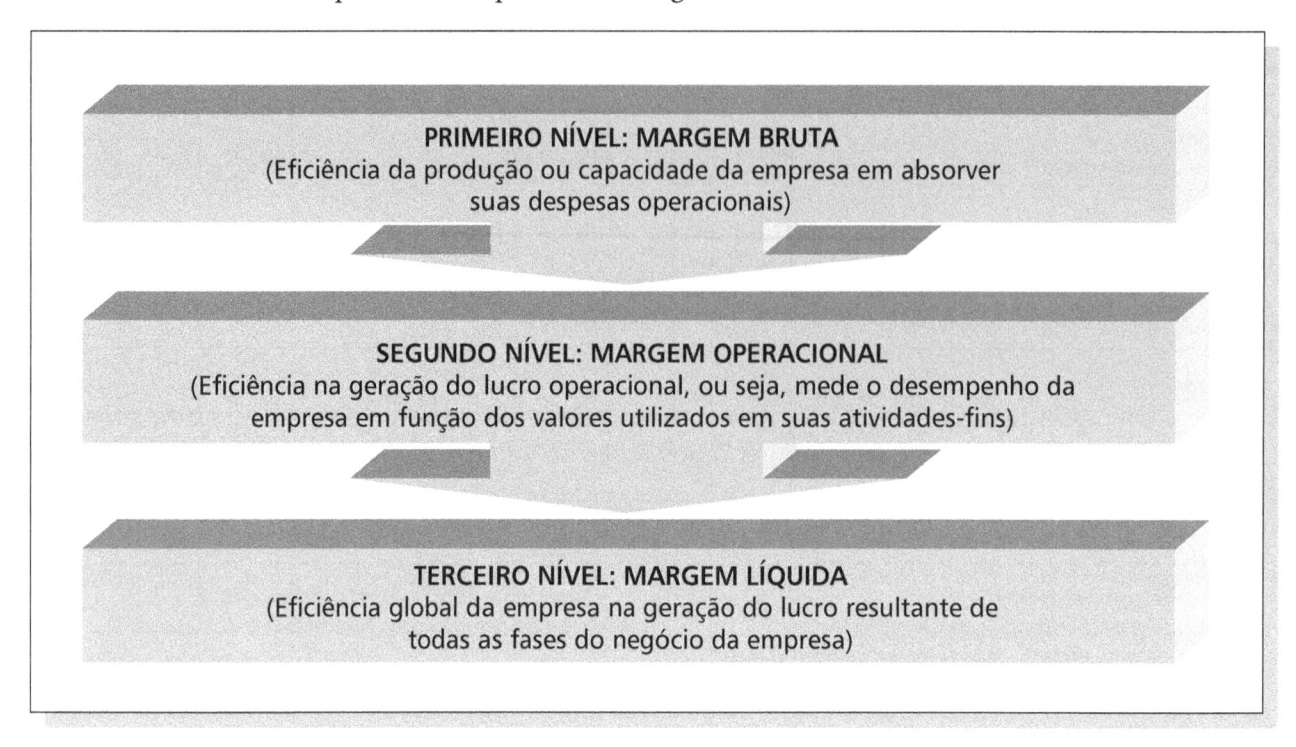

PRIMEIRO NÍVEL: MARGEM BRUTA
(Eficiência da produção ou capacidade da empresa em absorver suas despesas operacionais)

SEGUNDO NÍVEL: MARGEM OPERACIONAL
(Eficiência na geração do lucro operacional, ou seja, mede o desempenho da empresa em função dos valores utilizados em suas atividades-fins)

TERCEIRO NÍVEL: MARGEM LÍQUIDA
(Eficiência global da empresa na geração do lucro resultante de todas as fases do negócio da empresa)

Figura 14.9 *Níveis de desempenho da empresa.*

Para o cálculo das margens, utilizamos as seguintes relações entre vendas líquidas e três conceitos de lucro:

Margens	Relações
BRUTA	$\dfrac{\text{Lucro Bruto}}{\text{Vendas Líquidas}}$
OPERACIONAL	$\dfrac{\text{Lucro Operacional}}{\text{Vendas Líquidas}}$
LÍQUIDA	$\dfrac{\text{Lucro Líquido}}{\text{Vendas Líquidas}}$

Segundo Reis (1993), o aumento ou redução das margens de lucro podem ser ocasionados pela variação de um ou alguns dos seguintes fatores:

A. O custo da mercadoria vendida correspondendo ao preço de aquisição das mercadorias ou matérias-primas acrescidas, no caso das indústrias, das despesas diretas de fabricação. Sua variação depende de:
- condições de mercado;
- política de compras; e
- possibilidade de estocagem.

B. As despesas operacionais que representam o fator de reflexos mais direto sobre o resultado operacional.
C. O movimento das vendas.
D. O preço de venda.

Giro do ativo

Esses índices refletem o grau de utilização dos ativos na geração das vendas. Como as vendas são a principal fonte de lucros, podemos interpretá-los da seguinte forma: quanto maior for seu resultado, maiores serão a liquidez e a rentabilidade da empresa.

Giro do ativo total médio	
Relação:	$\dfrac{\text{Vendas Líquidas}}{\text{Ativo Total (médio)}}$
Representa:	Número de vezes que o ativo total da empresa girou em determinado exercício em função das vendas realizadas. Quanto maior se apresentar este giro, melhor terá sido o desempenho da empresa, com melhor retorno de suas aplicações. Por exemplo, considerando-se um período de 1 ano, se o giro do ativo for 2, significará que a empresa precisa, em média, de 6 meses para transformar todo o seu ativo em dinheiro. Em outras palavras, o volume das vendas líquidas corresponde a duas vezes o total do ativo. Isso denota que os ativos foram utilizados duas vezes no período para gerar as vendas.
Giro do ativo operacional médio	
Relação:	$\dfrac{\text{Vendas Líquidas}}{\text{Ativo Total Operacional (médio)}}$
Representa:	Giro do ativo considerando somente os elementos operacionais da empresa, ou seja, aqueles elementos ativos que realmente participam e contribuem nas suas atividades operacionais. Assim, excluem-se imobilizados não produtivos, investimentos em outras empresas, resultados não operacionais etc.
Giro do ativo circulante e do ativo permanente médio	
Relações:	$\dfrac{\text{Vendas Líquidas}}{\text{Ativo Circulante (médio)}}$ ou $\dfrac{\text{Vendas Líquidas}}{\text{Ativo Permanente (médio)}}$
Representa:	Detalhamento do giro do ativo. Esses índices, se comparados com o giro do ativo total ou operacional, poderão evidenciar as causas que determinaram o comportamento verificado no giro do ativo total. As causas poderão ser levantadas num maior ou menor giro do circulante, do permanente ou de outro elemento qualquer.

Giro dos recursos próprios	
Relação:	$$\dfrac{\text{Vendas Líquidas}}{\text{Patrimônio Líquido (médio)}}$$
Representa:	Número de vezes que recursos próprios investidos na empresa giraram, ou foram utilizados, em determinado período, em função das vendas realizadas. Para melhor estudar esse índice, deve-se levar em conta a participação dos capitais de terceiros na empresa, pois um giro alto pode significar, além de uma eficiência na aplicação dos recursos próprios, um volume excessivo de capitais de terceiros.
Giro dos estoques	
Relação:	$$\dfrac{\text{Vendas Líquidas}}{\text{Estoques (médio)}}$$
Representa:	Número de vezes que os estoques giraram (renovaram) no período.

Outras medidas de retorno que podemos utilizar em nossa análise são o retorno sobre o patrimônio líquido e o retorno sobre o ativo.

Retorno sobre o patrimônio líquido

Retorno sobre o patrimônio líquido	
Relação:	$$\dfrac{\text{Lucro Líquido}}{\text{Patrimônio Líquido}}$$
Representa:	Retorno dos recursos próprios investidos na empresa. Esse índice, expresso pela relação entre recursos líquidos obtidos em determinado período e capital próprio empregado, é de grande importância para o acionista da empresa. Exerce, inclusive, decisiva influência a médio e a longo prazo sobre o valor de mercado de ações.

Taxas de retorno sobre o ativo

Essas taxas nos proporcionam uma medida de desempenho gerencial mediante a relação entre o lucro e o valor médio do ativo operacional.

Retorno sobre o ativo	
Relação:	$$\dfrac{\text{Lucro Operacional}}{\text{Ativo Operacional}}$$
Representa:	Retorno dos investimentos operacionais da empresa, ou seja, o volume percentual de lucros proporcionado pelos elementos operacionais da empresa.

14.3.3 Índices para análise de desempenhos específicos

As empresas constituem o ponto de convergência de várias forças econômicas, e a nenhuma delas se pode atribuir prioridade absoluta sobre as outras.

Nesse sentido, tornam-se relevantes os aspectos que envolvem a empresa e:

- seus mercados;
- os provedores de capital;
- seus fornecedores;
- seus empregados; e
- como se apresenta seu futuro.

Para mensuração e avaliação desses aspectos, que nem sempre estão contemplados nos índices tradicionais, faz-se necessária a utilização de alguns índices não monetários, como os de desempenho no mercado e recursos humanos.

Análise do desempenho no mercado

O desempenho esperado da área comercial é o equilíbrio ótimo entre:

a) maximização das vendas;
b) minimização dos custos comerciais; e
c) minimização do ativo empregado.

Um índice que mede o resultado combinado de conseguir o melhor equilíbrio entre esses três objetivos é o seguinte:

$$\frac{\text{Contribuição comercial}}{\text{Ativo comercial}}$$

Nele, a contribuição comercial se define como as vendas menos os custos de comercialização, menos os custos variáveis de produção. Já no ativo comercial incluem-se os estoques de produtos acabados, os devedores e os veículos de venda e distribuição.

Outros índices que permitem conseguir esses objetivos são mostrados no quadro a seguir.

Posição de mercado	
Relação:	$\dfrac{\text{Vendas da empresa}}{\text{Vendas do setor}}$
Representa:	A posição a ser alcançada no mercado.
Ocupação geográfica	
Representa:	O número de filiais e sua distribuição geográfica.
Imagem e atratividade	
Relação:	$\dfrac{\text{Novos clientes}}{\text{Total de clientes}}$
Representa:	A capacidade de conquista de novos clientes.

Índices de recursos humanos

Os principais índices que permitem conseguir esses objetivos são os quantitativos e os qualitativos, que trataremos no quadro que se segue.

Quantitativos	
Esses índices nos fornecem informações relativas à quantidade de empregados por unidades ou total, objetivando um controle de eficiência e produtividade.	
Indicador:	Número total de empregados
Representa:	A quantidade de recursos humanos totais com a qual a empresa opera. Esse indicador torna-se útil quando comparamos com outras empresas do mesmo setor ou de todo o mercado.
Relação:	$\dfrac{\text{Produtividade}}{\text{Número total de empregados}}$
Representa:	A produtividade por empregado ou a eficiência deles.
Relação:	$\dfrac{\text{Número de empregados por unidade}}{\text{Número total de empregados}}$
Representa:	Um parâmetro para avaliação de eficiência entre unidades de uma mesma empresa.

Qualitativos
Esses índices nos proporcionam uma visão da qualidade da mão de obra utilizada pela empresa.
Relação: $\dfrac{\text{Número de horas extras}}{\text{Número de horas normais}}$
Representa: O percentual de horas utilizadas acima da jornada normal de trabalho.
Relação: $\dfrac{\text{Número de horas de treinamento}}{\text{Número total de empregados}}$
Representa: Os investimentos em treinamento por empregado.
Relação: $\dfrac{\text{Número de empregados treinados}}{\text{Número total de empregados}}$
Representa: A participação dos empregados treinados da unidade em relação ao total da empresa.

Questões para consolidação

1. Qual é a relação da análise de demonstrações contábeis com a análise fundamentalista de ações?
2. O que é a análise da situação financeira e quais são os seus passos?
3. Quais são as diferenças entre os ciclos econômico e financeiro?
4. O que é a análise da situação econômica?
5. Analise a análise de retorno focando-se em seus objetivos, vantagens e desvantagens.

Teste de verificação

14.1. O índice de liquidez corrente mostra quantos reais a empresa tem:
   ( ) no ativo permanente para cada real de patrimônio líquido.
   ( ) no seu ativo para cada real de dívida a curto prazo.
   ( ) no ativo circulante para cada real de dívida total.
   ( ) no ativo circulante para cada real de dívida a curto prazo.

14.2. Com relação ao índice de liquidez seca, escolha a afirmativa que julga ser a correta:
   ( ) A análise da liquidez seca deve ser feita junto com informações acerca do prazo em que a empresa espera vender seus estoques.
   ( ) Um baixo valor de liquidez seca indica sempre excesso de estoques no ativo circulante. Portanto, quanto maior a liquidez seca, melhor.
   ( ) Um índice de liquidez seca igual a 1,0 indica que o ativo circulante, excluídos os estoques, não é suficiente para fazer face às dívidas circulantes.
   ( ) Nenhuma das afirmações está correta.

14.3. Os índices de estrutura mostram:
- ( ) Quão sólida é a base econômica de uma empresa.
- ( ) As grandes linhas de decisões financeiras em termos de obtenção e aplicação de recursos.
- ( ) O endividamento e a composição das exigibilidades.
- ( ) Nenhuma das alternativas anteriores.

14.4. Mantidos constantes os demais elementos, quanto maior for o índice de ativo permanente/patrimônio líquido, menor será o de:
- ( ) giro do ativo.
- ( ) composição do endividamento.
- ( ) liquidez geral.
- ( ) rentabilidade do patrimônio líquido.

14.5. Um analista de mercado de capitais, ao elaborar a análise econômico-financeira da empresa, percebeu que o índice de composição do endividamento alcançava um resultado igual a 0,90. Em vista disso, concluiu que:
- ( ) a empresa não terá como pagar seus compromissos de curto prazo.
- ( ) o risco de insolvência da empresa é altíssimo.
- ( ) a empresa está comprometendo quase todo seu capital com obrigações para com terceiros.
- ( ) o endividamento da empresa está concentrado no curto prazo.
- ( ) a cada R$ 100,00 de ativo circulante correspondem R$ 90,00 de passivo circulante.

14.6. Considerando que a lucratividade operacional de uma empresa é de 12%, seu valor de vendas líquidas é de R$ 10.000,00 e seu ativo operacional é de R$ 4.000,00, conclui-se que:
- ( ) o lucro operacional é de R$ 1.000,00, a rotação do ativo operacional é de 0,4 e o retorno do investimento é de 30%.
- ( ) o lucro operacional é de R$ 1.200,00, a rotação do ativo operacional é de 2,5 e o retorno do investimento é de 20%.
- ( ) o lucro operacional é de R$ 1.200,00, a rotação do ativo operacional é de 2,5 e o retorno do investimento é de 30%.
- ( ) o lucro operacional é de R$ 1.000,00, a rotação do ativo operacional é de 2,5 e o retorno do investimento é de 30%.

14.7. O inverso do índice de retorno sobre o patrimônio líquido indica:
- ( ) a rotação (giro) do lucro líquido do período.
- ( ) a proporção do lucro líquido que pertence aos proprietários.
- ( ) o tempo necessário para a recuperação do capital próprio investido na empresa.
- ( ) Nenhuma das alternativas anteriores.

14.8. Um crescimento no giro do patrimônio líquido indica:
- ( ) uma situação desejável para a empresa, dado que reflete maior participação da empresa no mercado consumidor.
- ( ) a existência de um volume de atividades superior às condições de financiamento das vendas através de recursos próprios.
- ( ) que a evolução das vendas não vem acompanhando o próprio crescimento da empresa, vindo a afetar a remuneração do patrimônio líquido investido.
- ( ) Todas as alternativas estão corretas.

15

Valorização de Ações

Conteúdo

15.1 Conceitos e definições
15.2 Modelos baseados no valor patrimonial
    15.2.1 Valor contábil
    15.2.2 Valor contábil ajustado
15.3 Modelos baseados no desconto do fluxo de fundos
    15.3.1 Método geral para desconto de fluxos
    15.3.2 Desconto dos fluxos de caixa
    15.3.3 Desconto de dividendos
15.4 Modelos baseados em índices bursáteis (múltiplos)
    15.4.1 Valor dos lucros (P/L)
    15.4.2 Valor do fluxo de caixa (PCFR)
    15.4.3 Preço/Valor Patrimonial Ajustado (P/VPA)
    15.4.4 Índice do EV/EBITDA
    15.4.5 Índice P/R (Múltiplo de Receita)
    15.4.6 Valor dos Dividendos (DY)
    15.4.7 Índice de *Pay-out*
    15.4.8 Síntese dos indicadores bursáteis
    15.4.9 *Stock Guide*
Questões para consolidação
Teste de verificação

15.1 Conceitos e definições

Como contraposição à análise do capítulo anterior (*top down*), existe o enfoque alternativo de começar "de baixo" até chegar "em cima" (*bottom up*). Nesse caso, sua abordagem é direcionada para análise de valores ou fragmentos e não a de empresas. Basicamente, essa abordagem consiste na valorização de ações e na comparação do valor obtido com o valor de mercado. Dessa forma, tentaríamos encontrar as ações subvalorizadas no mercado, que constituirão, segundo nossa análise, uma boa oportunidade de investimento.

Uma das ferramentas clássicas de análise de ações é a análise fundamentalista do valor da ação, conhecida como análise *bottom up*. Essa análise consiste em valorizar as ações e comparar o preço resultante da análise com o preço de mercado. Assim, tentamos encontrar ações subvalorizadas que constituam, segundo nossa análise, uma boa oportunidade de investimento.

O valor de uma empresa é dado pelo seu comportamento bursátil. Esse comportamento é obtido em função da valorização do preço de suas ações mais a rentabilidade esperada de seus dividendos descontados pela volatilidade da ação.

As recomendações dessa análise são feitas com base em:

- visão do negócio;
- valorização das ações; e
- análise financeira.

O maior problema enfrentado por qualquer investidor é saber se os preços pagos por uma ação são altos, baixos ou justos. Não existe um método ou processo matemático exato, e isto se deve a dois aspectos principais: a capacidade de remunerar o investimento que define o valor intrínseco da ação e sua comparação com o preço de mercado, que é sensível a fatores psicossociais.

Se conseguirmos definir um valor intrínseco da ação de uma empresa que tenha relativa estabilidade, embora variando em períodos mais longos, será possível avaliar a justeza dos preços formados no mercado e agir de acordo com as conclusões. Para que isso se torne possível, é imprescindível determinar a capacidade da empresa de remunerar o investimento feito nela, considerando a expectativa do investidor em rentabilidade e prazo de tempo, as condições internas da empresa e o mercado em que opera.

Como o preço justo para um investidor não é necessariamente justo para outro, precisamos saber, quando analisamos uma empresa, se seu lucro líquido é o indicador por excelência do resultado de todos os fatores internos e externos que agem sobre essa empresa e se a distribuição do lucro no que se refere a dividendos afeta sua situação futura para que ela possa expandir-se com recursos próprios. Assim, fatores que afetam o valor intrínseco da ação são: a capacidade de remunerar o patrimônio e a capacidade de expansão com recursos próprios.

Um modelo de avaliação é um mecanismo que consolida um conjunto de estimativas de uma série de variáveis de empresas, ou econômicas numa previsão do valor que uma ação de uma empresa deveria ser negociada no mercado. Os dados de entrada de um modelo de avaliação são representados por variáveis contábeis, econômicas e financeiras. O produto final do modelo é expresso em termos de valor de mercado ou retorno esperado na aquisição de uma ação, seguido de uma recomendação de compra ou venda.

Neste capítulo serão examinados alguns dos modelos mais utilizados para a valorização de ações. Não há a pretensão de esgotar o arcabouço conceitual que envolve a discussão sobre os modelos, mas, sim, apresentar instrumentos ou ferramentas de avaliação que ajudem na escolha das ações. Os principais modelos examinados são agrupados em:

- modelos baseados no valor patrimonial;
- modelos baseados no desconto de fluxo de fundos; e
- modelos baseados em índices bursáteis.

15.2 Modelos baseados no valor patrimonial

Esses métodos determinam o valor da empresa através da estimação do valor de seu patrimônio. Trata-se de métodos que consideram que o valor de uma empresa radica fundamentalmente em seu balanço.

Considerando que a contabilidade, tradicionalmente, preocupa-se com a mensuração do lucro da empresa e não com o valor de venda de seus ativos, a utilização desses métodos está restrita a situações particulares, como no caso da compra da empresa com um posterior término da liquidação. Entretanto, tem seu mérito, já que possibilita obter o valor mínimo da empresa em circunstâncias atípicas.

Os problemas mais comuns encontrados na aplicação dessa metodologia são:

- não valoriza a estrutura de capital da empresa;
- não valoriza o potencial de crescimento da empresa no mercado; e
- valoriza os ativos de um negócio em andamento, mas não reflete seu valor futuro.

15.2.1 Valor contábil

O valor contábil – valor de livros ou patrimônio líquido de uma empresa – é o valor dos recursos próprios que aparecem no balanço. Essa quantidade é também a diferença entre o ativo total e o passivo exigível.

Sua representação seria:

> VC = ativo contábil – passivos exigíveis contábeis = patrimônio líquido

O valor contábil é um preço de referência, especialmente quando não são realizados os ajustes mencionados. Deve-se considerar como um preço de referência com base no qual a empresa será negociada considerando as reservas ocultas ou a geração do valor adicional que tenha. Uma empresa não deveria ser negociada abaixo do seu valor contábil, a não ser que haja expectativas de geração de prejuízo que vai absorver uma parte substancial dos recursos próprios.

15.2.2 Valor contábil ajustado

Também conhecido como valor matemático. Esse método determina o valor da empresa por meio da estimativa do valor contábil. Esse valor é proporcionado de uma perspectiva estática, que não considera a possível evolução futura da empresa nem o valor do dinheiro no tempo. Para minimizarmos esse inconveniente e aproximarmos nosso valor valendo-nos do balanço à realidade, consideramos o valor da empresa na hipótese de que ocorra sua liquidação, ou seja, que se vendam seus ativos para honrar suas dívidas.

Para tal efeito devemos desconsiderar as contas que, figurando no ativo, não tenham nenhum grau nem possibilidade de realização. Essas contas geralmente estão representadas no ativo fictício, que, embora a empresa tenha que desembolsar e considerar, de fato não repercute na valorização da empresa em si.

O valor dos ativos líquidos de uma ação é dado pela diferença que existe no balanço entre o ativo real e o passivo total exigível ou dívidas totais. Devemos insistir no fato de considerar só o ativo real. Portanto, deve-se considerar os ajustes relativos:

- **ao valor dos ativos fictícios ou intangíveis.** As contas que geralmente registram-se como ativo fictício são:
  - ✓ gastos ocasionados pela constituição da empresa;
  - ✓ gastos ocasionados por ampliação do capital social; e
  - ✓ gastos de emissão de dívida.

No caso de aparecer em contas do ativo fictício, não só deve se proceder a sua dedução como também se valorará o peso específico que pode representar sobre o total do ativo.

- **à valorização dos estoques.** Balanço e DRE (Ueps, Peps e média ponderada);
- **à valorização dos clientes** (provisões para inadimplência); e
- **à valorização do imobilizado** (depreciação).

Sua representação seria:

$$\text{VCA} = \text{ativo real} - \text{exigível total}$$

ou

$$\text{VCA} = \text{recursos próprios} - \text{ajustes}$$

15.3 Modelos baseados no desconto do fluxo de fundos

Existem diversos métodos para determinar o valor de uma empresa e de suas ações. No item anterior, utilizou-se o valor contábil, que é baseado no balanço patrimonial da empresa. Mas entre as técnicas mais utilizadas para calcular o preço teórico ou intrínseco de uma empresa estão os chamados métodos baseados no desconto do fluxo de fundos.

Na valorização baseada no desconto de fluxo de fundos, determina-se uma taxa de desconto adequada para cada tipo de fluxo de fundos. A determinação da taxa de descontos é um ponto crítico no processo, pois repercutirá na precisão do modelo. Realiza-se considerando o risco e as volatilidades passadas; na prática, muitas vezes a taxa de desconto mínima é determinada pelos interessados (compradores ou vendedores não dispostos a investir ou vender por menos de determinado percentual etc.).

Projeções dos fluxos de fundos

Premissas

| Macroeconômicas | Setoriais e de mercado | Operacionais | Financeiras |

Cálculo da perpetuidade do fluxo de caixa

Determinação do custo (rentabilidade exigida) dos recursos

Taxa de desconto (WACC)

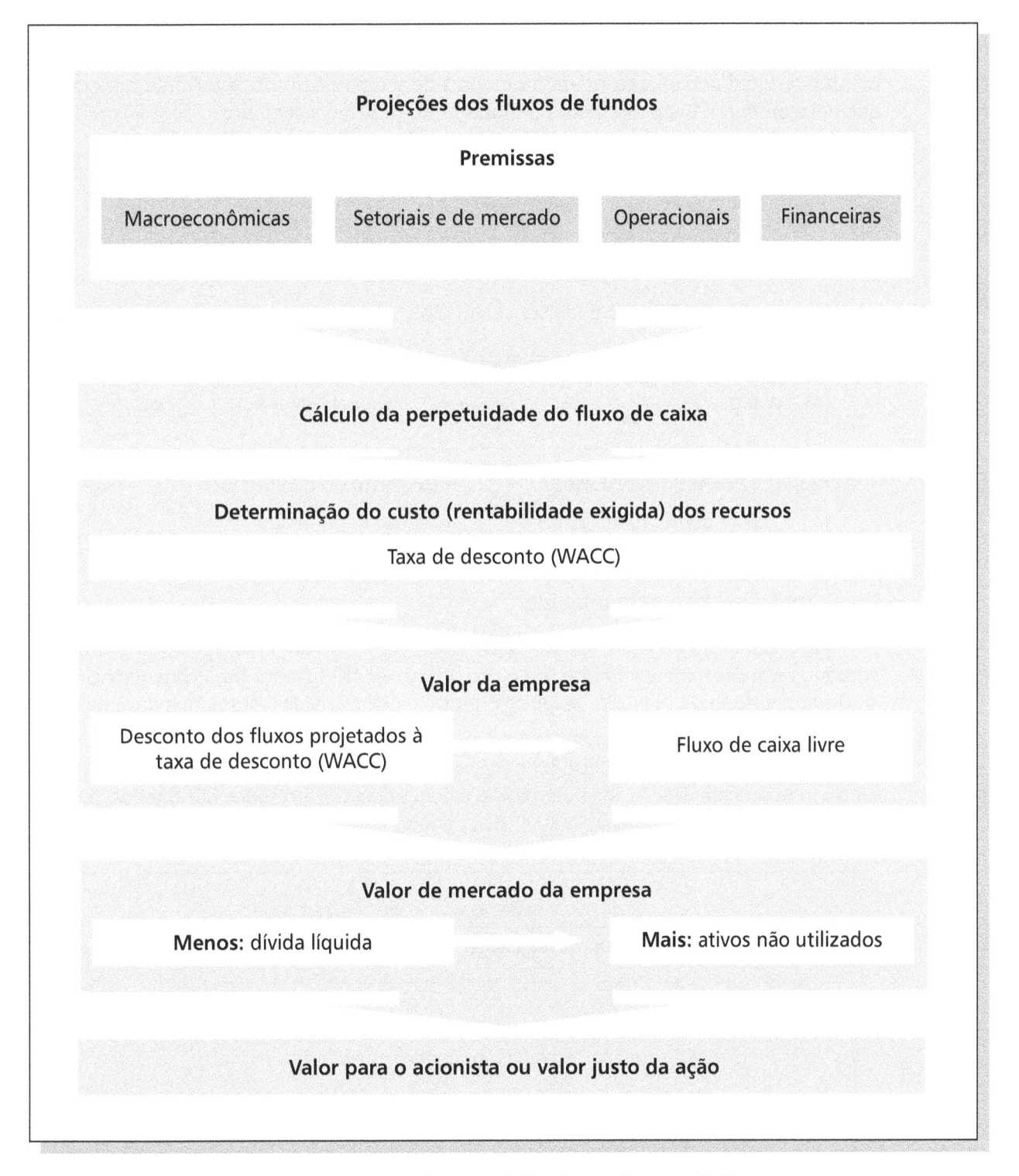

Valor da empresa

| Desconto dos fluxos projetados à taxa de desconto (WACC) | Fluxo de caixa livre |

Valor de mercado da empresa

| **Menos:** dívida líquida | **Mais:** ativos não utilizados |

Valor para o acionista ou valor justo da ação

Figura 15.1 *Etapas de uma valorização por desconto de fluxos.*

15.3.1 Método geral para desconto de fluxos

Valorização do dinheiro no tempo – desconto do fluxo de fundos

Segundo o conceito de valor presente líquido (VAL) de um fluxo de recursos no tempo, um dinheiro de amanhã não é o mesmo que um dinheiro de hoje. O dinheiro de hoje vale mais que o dinheiro de amanhã.

Esse método permite comparar de forma inconfundível os fluxos de dinheiro de tamanho desigual que aparecem em momentos de tempo distintos. A fórmula matemática que determina o VAL de um fluxo de dinheiro no futuro é a seguinte:

$$VAL = \frac{CF_1}{(1+K)} + \frac{CF_2}{(1+K)^2} + \ldots + \frac{CF_n + Vr}{(1+K)^n}$$

em que: $K = WACC$, que pode ser calculado com a seguinte fórmula:

$$WACC = \frac{FP}{(D+FP)} \times Ke + \frac{D}{(D+FP)} \times Kd \times (1 - \text{Impostos})$$

em que: FP = fundos próprios; Ke = custo do capital;
D = dívida financeira; Kd = custo da dívida.

O valor residual pela perpetuidade

A determinação do valor residual através da perpetuidade pressupõe que a empresa, gerando retornos maiores do que seu custo de capital (K), atrairá uma concorrência que, ao fim do período de previsão, levará os retornos dos novos investimentos para baixo do custo de capital.

Considerando que a perpetuidade aumentará anualmente à taxa de crescimento (g) do período pós-previsão, a fórmula para o cálculo do valor presente (ao final do período de previsão) é uma simplificação algébrica de uma perpetuidade crescente.

$$\text{Perpetuidade} = \frac{\text{Fluxo de Caixa Anual} \times (1 + \text{Taxa de Crescimento})}{\text{Custo de Capital} - \text{Taxa de Crescimento}}$$

15.3.2 Desconto dos fluxos de caixa

A utilização dos lucros, ainda que projetados para os próximos exercícios, tem a limitação de que se trata de uma magnitude que às vezes pode afastar-se do dinheiro que a empresa pode gerar para os acionistas. Esse afastamento pode ser produzido pela diferença entre os ciclos econômico e financeiro ou regime contábil e financeiro que altera os valores expressos nesses regimes. Por esse tipo de motivo, nos últimos anos, o desconto dos fluxos de caixa tornou-se o método de valorização de empresas geralmente aceito, que é considerado o mais conceitualmente correto para este fim.

O desconto dos fluxos de caixa baseia-se no prognóstico detalhado e cuidadoso, para cada período, de cada uma das contas financeiras que se vinculam com a geração dos fluxos financeiros correspondentes às operações da empresa. Essa técnica trata de determinar o valor da empresa através da estimativa dos fluxos financeiros – *cash flows* – que gerará no futuro, para logo descontá-los a uma taxa de desconto apropriada segundo o risco desses fluxos.

A valorização pelo desconto dos fluxos de caixa parte da ideia do valor do dinheiro no tempo. Nesse método são descontados os fluxos de caixa livre ao custo médio ponderado de capital (*weighted average cost of capital* – WACC).

Determinação dos fluxos de caixa livres para o acionista

Como o objetivo é valorizar as ações da empresa, teremos que descontar os fluxos disponíveis para as ações; quer dizer, os fluxos produzidos pela empresa que ficam disponíveis para os acionistas, desde que a empresa tenha:

- realizado novos investimentos necessários em ativo fixo e ativo circulante líquido;
- pago os juros da dívida;
- devolvido parte da dívida que corresponda a cada ano; e
- solicitado nova dívida necessária.

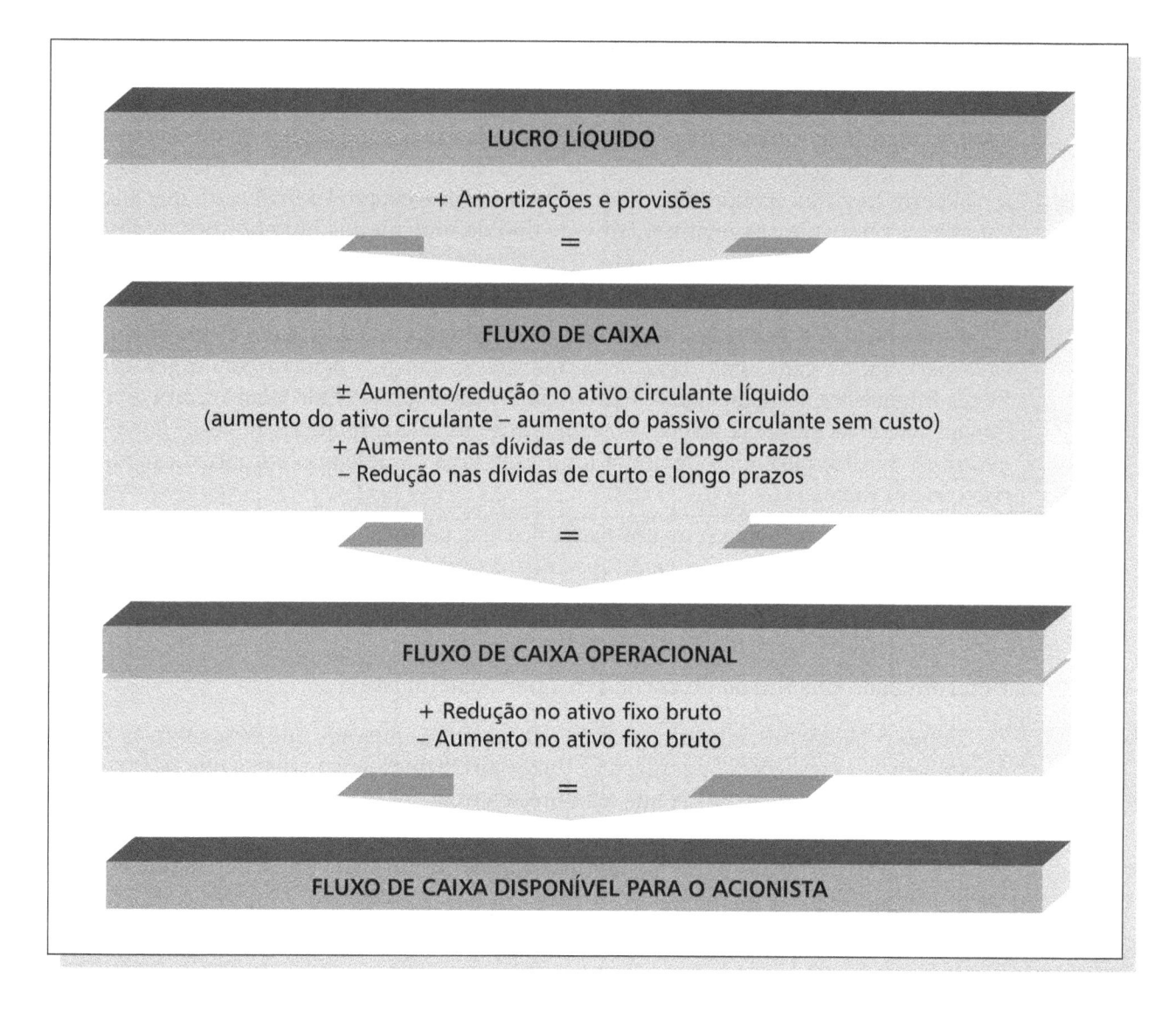

```
┌─────────────────────────────────────────┐
│           LUCRO LÍQUIDO                 │
│                                         │
│      + Amortizações e provisões         │
│                   =                     │
│                                         │
│           FLUXO DE CAIXA                │
│                                         │
│   ± Aumento/redução no ativo circulante líquido
│   (aumento do ativo circulante – aumento do passivo circulante sem custo)
│      + Aumento nas dívidas de curto e longo prazos
│      – Redução nas dívidas de curto e longo prazos
│                   =                     │
│                                         │
│      FLUXO DE CAIXA OPERACIONAL         │
│                                         │
│      + Redução no ativo fixo bruto      │
│      – Aumento no ativo fixo bruto      │
│                   =                     │
│                                         │
│   FLUXO DE CAIXA DISPONÍVEL PARA O ACIONISTA
└─────────────────────────────────────────┘
```

Figura 15.2 *Determinação do fluxo de caixa disponível para o acionista.*

Taxa de crescimento dos fluxos de caixa

Depois de determinado o fluxo produzido pela empresa que fica disponível para os acionistas, o próximo passo é a projeção desse valor para os anos seguintes. A prática habitual é utilizar o modelo de crescimento constante, em que a taxa de crescimento deve ser sustentável indefinidamente, em geral similar ao crescimento do PIB.

No entanto, paralelamente à condição imposta pelo nível da dívida atual da empresa, referimo-nos à taxa que se deverá aplicar à atualização das entradas previstas. Utilizando de novo a taxa exigida pelo investidor, a taxa básica ou a aplicável em princípio a todo investimento sem risco estará baseada geralmente:

- na taxa básica média do mercado de renda fixa; e
- na taxa média dos investimentos em valores isentos de risco (títulos públicos).

A essa taxa básica denominaremos k.

Não obstante isso, sabe-se que em todo investimento existe um risco dado pelas seguintes situações:

- impossibilidade de cumprir as previsões que servirão de parâmetro para a tomada de decisões;
- grau de liquidez dos excedentes que se produzem, em comparação com os possíveis obtidos em outro investimento; e
- situação do ambiente econômico e da atividade da empresa.

Todos esses aspectos devem ser considerados pelo investidor, e ao conjunto de todas essas contingências chamamos de índice de risco R, ou prêmio de risco.

Logo, a taxa global i será igual a:

$$i = k + R$$

Além da taxa i para a atualização dos rendimentos previstos, devemos considerar também a existência de uma taxa de crescimento fruto tanto da própria evolução da empresa como do reinvestimento dos lucros.

A taxa de crescimento esperado é o resultado de duas variáveis determinadas quando da avaliação da empresa: o quanto do que foi ganho é reinvestido na empresa e a qualidade desse investimento.

Para isso, a taxa de crescimento deverá dar prioridade ao conhecimento de:

- evolução da própria empresa;
- política de autofinanciamento, dividendos e lucros;
- flexibilidade da empresa diante de mudanças conjunturais e estruturais;
- comportamento do mercado em que opera;
- evolução dos agentes econômicos em geral;
- características e idiossincrasia da concorrência; e
- política do produto, preço e demanda.

Escolha da taxa de desconto

Este é talvez um dos assuntos mais controversos na valorização de empresas (ações) e provavelmente o calcanhar de Aquiles de todo modelo. Isso porque uma pequena variação na taxa de desconto resultará num valor muito diferente do valor da empresa (preço da ação).

A primeira consideração que podemos fazer sobre a taxa de desconto é que será maior quanto mais incertos sejam os fluxos da empresa, ou seja, quanto mais riscos tenham esses fluxos.

Se não tivéssemos nenhum risco, nós os descontaríamos à taxa livre de risco ou rentabilidade da Selic. Como os fluxos de uma empresa sempre têm risco, descontamo-los a uma taxa maior. Quer dizer, exigimos da empresa uma rentabilidade maior que a rentabilidade livre de risco, isto é, o chamamos de prêmio de risco. Portanto, a rentabilidade ou a taxa que descontamos será:

$$K = r_f + r_p$$

em que:

K = taxa de desconto ou rentabilidade que pedimos à empresa;

r_f = rentabilidade livre de risco ou rentabilidade dos títulos públicos (Selic); e

r_p = prêmio de risco que exigimos da empresa.

O prêmio de risco do mercado calcula-se com frequência com dados históricos, como a diferença entre a rentabilidade histórica da bolsa e a rentabilidade dos títulos públicos $(r_m - r_f)$.

A maneira mais sofisticada de calcular o prêmio de risco da empresa em função do mercado é comprovar, com dados históricos durante um período suficientemente longo, qual foi a relação entre o prêmio de risco de mercado (representado por um índice bursátil, como o Ibovespa) e o risco de nossa empresa. Isso pode ser feito mediante a utilização da seguinte regressão:

$$r_p = (r_s + r_f) = \beta \times (r_m - r_f)$$

em que:

$(r_m - r_f)$ = prêmio de risco do mercado representado por um índice bursátil; e

$(r_s + r_f)$ = prêmio de risco de nossa ação.

Com dados históricos da cotação do índice de nossa ação e a rentabilidade dos títulos públicos, podemos calcular essa regressão e achar beta (β).

A medição empírica de beta é efetuada pelo uso da análise de regressão de mínimos quadrados para encontrar o coeficiente de regressão (β).

A equação **Y = a + bX** é a forma-padrão de uma regressão simples ou linear.

em que:

Y = retorno esperado do ativo;

a = constante ou intercepto que iguala a taxa livre de risco;

b = coeficiente de inclinação ou coeficiente beta do ativo; e

X = variável independente ou o retorno esperado da carteira de mercado.

Essa regressão é conhecida como modelo de valorização de ativos ou CAPM (*capital asset pricing model*). A interpretação é a seguinte: se o beta resultante é igual a 1, isso quer dizer que a empresa tem o mesmo risco que o mercado e, portanto, deve ter o mesmo prêmio de risco. Se o beta é inferior a 1, tem risco menor, e se é maior que 1, maior risco.

Beta positivo	Reação ao mercado
2,0	A ação reage duas vezes mais que o mercado. Se o retorno da carteira de mercado é 1%, o retorno da ação será de 2%.
1,0	A ação apresenta a mesma reação ou risco que a carteira de mercado.
0,5	A ação tem a metade da reação do mercado. Se o retorno da carteira de mercado é 2%, o retorno da ação será de 1%.

Beta negativo	Reação ao mercado
−2,0	A ação reage duas vezes mais que o mercado em sentido oposto. Se o retorno da carteira de mercado é 1%, o retorno da ação será de 2%.
−1,0	A ação apresenta a mesma reação ou risco que a carteira de mercado em sentido oposto.
−0,5	A ação tem uma reação oposta à reação do mercado com metade da intensidade. Se o retorno da carteira de mercado é 2%, o retorno da ação será de −1%.

Uma vez calculado o beta, necessitamos obter:

- uma estimativa do prêmio de risco do mercado (*rm* + *rf*) para os anos em que vamos descontar os fluxos; geralmente, utiliza-se um prêmio de risco médio histórico; e
- uma estimativa da rentabilidade livre de risco para os anos em que vamos descontar os fluxos.

Por fim, obtemos a taxa exigida de retorno de uma ação através da seguinte fórmula:

$$\text{Taxa exigida de retorno} = \text{Taxa livre de risco} + \left\{ \text{Beta da ação} \times \left(\text{Retorno de mercado} - \text{Taxa livre de risco} \right) \right\}$$

São dificuldades no método do desconto dos fluxos de caixa:

- projeções dos fluxos para os anos seguintes;
- valor residual da empresa no último ano de cálculo;
- escolha da taxa de desconto; e
- análise de sensibilidade (cenários).

Exemplo:

O fluxo de caixa estimado para os próximos cinco anos apresenta-se da seguinte forma:

	2006	2007	2008	2009	2010
Fluxo de caixa disponível	4.943.792	5.100.050	5.690.054	6.271.928	6.512.438

Sabendo que seu WACC é de 15,09% a.a., qual seria a recomendação a ser feita sobre suas ações (comprar ou vender)?

Valor de mercado por ação = 38,26

Fluxo de caixa descontado por ação = 21.497.023/494.395,8 = 43,48

$$Vm = R\$ 38,26$$
$$Vi = R\$ 43,48$$
$$Vm < Vi$$

No exemplo em questão, observamos que a ação está subavaliada, pois seu preço de mercado é menor que seu valor intrínseco, indicando, por conseguinte, uma oportunidade de compra, na expectativa de que seu preço venha a subir em período futuro.

15.3.3 *Desconto de dividendos*

Um dos primeiros modelos empregados para determinar o preço das ações foi o desenvolvido por John B. Williams, em 1931, o qual ainda é utilizado hoje. Williams afirmava que o preço de uma ação deve refletir o valor presente dos dividendos futuros da ação.

Como qualquer modelo, o desconto dos dividendos só pode ser aplicado em determinadas condições e está sujeito a algumas restrições. Esse modelo parte da premissa de que o rendimento básico proporcionado por ação ao longo do tempo é o dividendo distribuído pela empresa.

Há três versões do modelo de desconto de dividendos, cada uma baseada em diferentes suposições sobre a futura taxa de crescimento dos dividendos:

1. modelo de crescimento nulo, que supõe que os dividendos não crescerão ao longo do tempo;
2. modelo de crescimento constante, versão popularizada por Myron J. Gordon, que supõe que os dividendos crescerão a uma taxa constante; e
3. modelo de crescimento variável, que supõe que a taxa de crescimento varia ao longo do tempo.

O modelo de desconto de dividendos, nas suas diversas variantes, é um caso particular do modelo de desconto de fluxo de fundos para avaliação de ações.

Os lucros futuros estão implícitos no modelo, porque os dividendos resultam da distribuição dos lucros.

A rentabilidade esperada da ação também pode ser obtida a partir do CAPM:

$$\text{Expectativa de retorno} = \text{Taxa livre de risco} + \left\{ \text{Beta da ação} \times \left(\text{Retorno de mercado} - \text{Taxa livre de risco} \right) \right\}$$

Modelo de desconto de dividendos de crescimento nulo

A abordagem mais simples do modelo de desconto de dividendos é baseada na suposição de que as ações têm um fluxo fixo de dividendos e, portanto, deverão permanecer inalteradas ao longo do tempo. Dessa forma, o valor de uma ação é simplesmente o valor capitalizado de seus dividendos anuais, obtido pela divisão dos dividendos anuais pela taxa exigida de retorno.

O resultado dessa hipótese é a fórmula:

$$\text{Valor intrínseco} = \frac{\text{dividendos anuais}}{\text{taxa de retorno exigida}}$$

Exemplo:

Um investidor com expectativa de retorno de 15%, avaliando uma empresa negociada a R$ 90,00 e que gera dividendo de R$ 10,00, encontraria um valor intrínseco de:

$$\text{Valor intrínseco} = \frac{10,00}{0,15} = 66,67$$

$$\left. \begin{array}{l} Vm = R\$\ 90,00 \\ Vi\ = R\$\ 66,67 \end{array} \right\} Vm > Vi$$

Nesse caso, a ação seria considerada superavaliada, pois seu preço de mercado é maior que seu valor intrínseco, indicando, por conseguinte, uma oportunidade de venda.

Modelo de desconto de dividendos de crescimento constante

O modelo de desconto de dividendos de crescimento constante, ou modelo de Gordon, em homenagem a Myron J. Gordon, que o popularizou, é um modelo de desconto de dividendos que supõe que os dividendos crescerão a uma taxa constante. Esse modelo não elimina a necessidade de estimação das expectativas, mas oferece uma hipótese de como elas ficam refletidas no valor atual das ações.

O modelo de desconto de dividendos é simples para avaliar a empresa e se baseia na hipótese de que o valor da ação é o valor presente dos dividendos esperados.

As hipóteses básicas do modelo são:

primeira: que os dividendos permaneçam constantes ao longo do tempo. Essa hipótese implica uma taxa de crescimento zero da empresa e a distribuição total do lucro gerado em cada período; e

segunda: que os lucros da empresa apresentem crescimento ao longo do tempo a uma taxa constante g. Como consequência, a série representativa dos dividendos que constituem o fluxo de recebimentos do acionista cresce segundo uma progressão geométrica de razão $(1 + g)$. E que a taxa de retorno esperado da ação $E(Ri)$ seja maior que a taxa de crescimento dos dividendos g.

Supondo que os dividendos cresçam à mesma taxa (g) indefinidamente, temos a seguinte fórmula para estimação do valor intrínseco da ação:

$$Vi = \frac{D}{[1 + E(Ri)]} + \frac{D(1 + g)}{[1 + E(Ri)]^2} + \ldots + \frac{D(1 + g)^{n-1}}{[1 + E(Ri)]^n}$$

em que: Vi = valor intrínseco da ação;
D = dividendo por ação;
g = taxa de crescimento dos dividendos;
$E(Ri)$ = retorno esperado da ação; e
n = período.

Utilizando a fórmula da soma dos termos de uma progressão geométrica, temos:

$$P_0 = \frac{\dfrac{D}{[1 + E(Ri)]} \left\{ 1 - \left(\dfrac{(1 + g)}{[1 + E(Ri)]} \right)^n \right\}}{1 - \dfrac{(1 + g)}{[1 + E(Ri)]}}$$

Como resultado das hipóteses do modelo aplicadas à fórmula anterior, temos:

$$Vi = \frac{D}{E(Ri) - g}$$

Essa fórmula é válida apenas se g (taxa de crescimento dos dividendos) for menor do que $E(Ri)$ (retorno esperado da ação), a qual se pressupõe também constante ao longo do horizonte de análise.

Uma forma simples de calcular a taxa de crescimento de dividendos é através do comportamento histórico dos dividendos pagos pela empresa. Se eles crescem a uma taxa relativamente constante, pode-se utilizar uma média dessas taxas e supor que continuarão a crescer seguindo o mesmo padrão.

Exemplo:

Considerando uma empresa cotada a R$ 25,30, que o dividendo pago mais recentemente foi R$ 1,80 com expectativa de crescimento constante de 5% a.a. e que a expectativa de retorno esperada para empresa é de 15% a.a., temos os seguintes resultados:

$$V_i = \frac{1,80}{0,15 - 0,05} = 18,00$$

$$\left.\begin{array}{l} Vm = R\$\ 25,30 \\ Vi\ = R\$\ 18,00 \end{array}\right\} Vm > Vi$$

Pode-se concluir que a ação está superavaliada, pois seu preço de mercado é maior que seu valor intrínseco, indicando, por conseguinte, uma oportunidade de venda.

O modelo de Gordon e Shapiro implica que o valor de uma ação será maior:

- quanto maior for o seu dividendo esperado por ação;
- quanto menor for o retorno esperado da ação; e
- quanto mais alta for a taxa de crescimento esperada dos dividendos.

Embora o modelo seja frequentemente criticado como tendo um valor limitado, tem-se provado surpreendentemente adaptável e útil em uma grande variedade de circunstâncias. Principalmente quando aplicado a empresas que crescem a uma taxa comparável ou inferior à taxa nominal de crescimento da economia e que tenham políticas de pagamento de dividendos em relação aos lucros bem estabelecidas e que pretendam continuar a executá-las no futuro.

É um modelo conservador que descobre uma quantidade cada vez menor de empresas subvalorizadas à medida que os preços de mercado sobem relativamente aos fundamentos (lucros, dividendos etc.), embora tal fato também possa ser visto como um ponto forte.

Por sua simplicidade, o modelo de Gordon é bastante aplicado em análises fundamentalistas e tem-se mostrado ferramenta importante na determinação do valor intrínseco de uma empresa em dado momento.

Modelo de desconto de dividendos de crescimento variável

Visando solucionar o problema da variabilidade da taxa de crescimento dos dividendos, foi desenvolvido um modelo que permite taxas variáveis de crescimento ao longo do tempo. O modelo deriva de dois estágios, um valor baseado nos futuros dividendos e o futuro preço de negociação da ação. Isso porque, quando os investidores compram ações, geralmente esperam obter dois tipos de fluxos de caixa: os dividendos durante o período em que conservam as ações e um preço esperado ao final desse período. Como esse preço esperado é determinado pelos dividendos futuros, o valor de uma ação é o valor presente dos dividendos até o infinito.

Para a obtenção do valor intrínseco segundo esse modelo, é necessário determinar alguns elementos, como: os dividendos que serão distribuídos, o preço de venda da ação, a taxa de crescimento dos dividendos e o custo de oportunidade do acionista – dado pelo retorno esperado da ação. Com base nesses elementos, aplica-se a seguinte fórmula:

$$Vi = \frac{D}{[1 + E(Ri)]} + \frac{D(1+g)}{[1 + E(Ri)]^2} + \ldots + \frac{D(1+g)^{n-1}}{[1 + E(Ri)]^n} + \frac{Vm(1+g)^{n-1}}{[1 + E(Ri)]^n}$$

em que: Vi = valor intrínseco da ação;
D = dividendo por ação;
g = taxa de crescimento dos dividendos;
$E(Ri)$ = retorno esperado da ação;
Vm = valor atual de mercado; e
n = período.

Assim, se o valor intrínseco de uma ação for superior a seu valor de mercado, a ação encontra-se subavaliada; logo, é uma indicação de compra. Caso contrário, a ação encontra-se sobreavaliada, indicando uma oportunidade de venda ou não compra.

Exemplo:

Considerando uma empresa cotada a R$ 38,26, que o dividendo projetado para 2005 seja de R$ 1,45 com expectativa de crescimento segundo tabela a seguir e que a expectativa de retorno esperada para a empresa seja de 20% a.a., temos os seguintes resultados:

Anos	Taxa de crescimento dividendos
2006	7,8
2007	10,5
2008	12,3
2009	9,6
Acumulado	46,61

$$Vi = \frac{1,45}{(1 + 0,20)} + \frac{1,56}{(1 + 0,20)^2} + \frac{1,73}{(1 + 0,20)^3} + \frac{1,94}{(1 + 0,20)^4} + \frac{2,13}{(1 + 0,20)^5} + \frac{38,26 \times (1,4661)}{(1 + 0,20)^5}$$

$$Vi = 1,21 + 1,08 + 1,00 + 0,94 + 0,86 + 22,54 = \mathbf{27,62}$$

$$\left. \begin{array}{l} Vm = R\$\ 38,26 \\ Vi\ \ = R\$\ 27,62 \end{array} \right\} Vm > Vi$$

No exemplo em questão, observamos que a ação está superavaliada, pois seu preço de mercado é maior que seu valor intrínseco, indicando, por conseguinte, uma oportunidade de venda, na expectativa de que seu preço venha a cair em período futuro.

Como o modelo de desconto de dividendos de crescimento variável apresentado baseia-se em dois estágios de crescimento claramente definidos – crescimento elevado e crescimento estável –, pode-se inferir que é mais adequado para empresas que estejam em crescimento elevado e esperam manter essa taxa de crescimento por um período de tempo específico, após o qual espera-se que as fontes desse alto crescimento desaparecerão.

O modelo de desconto de dividendos de crescimento variável apresenta alguns limitadores. O primeiro é na definição da duração do período de crescimento e do tempo de projeção desse crescimento. Outro é a hipótese de que a taxa de crescimento se mantenha dentro de um padrão ao longo do período estimado.

15.4 Modelos baseados em índices bursáteis (múltiplos)

Os modelos baseados em índices bursáteis são métodos de análise cujo fim não é o cálculo de um valor absoluto para uma empresa, mas uma comparação para determinar se essa empresa está cara ou barata em termos relativos de mercado. Habitualmente, os critérios de valorização se realizam mediante o emprego de índices bursáteis ou múltiplos.

Quadro 15.1 *Exemplos de múltiplos.*

Múltiplos	Interpretação
Número de ações	Compreende o montante total de ações emitidas pela companhia, inclusive quantidades mantidas em tesouraria, quando for o caso.
Ações ordinárias	Significa o percentual de ações ON que compõem o capital social da companhia.
Free float (%)	Apresenta o percentual total de ações em circulação em poder de acionistas minoritários.
Dívida líquida	Endividamento total, somadas operações *intercompany*, subtraídas as disponibilidades e aplicações financeiras de curto prazo. Valores negativos indicam que o caixa excede a dívida bruta.
Valor de mercado	É obtido multiplicando-se o número total de ações da companhia pelo preço de fechamento da ação em questão.
Firm value	Somatório do valor de mercado com dívida líquida. Expressa quanto a empresa captou no mercado.
Pay-out	Percentual do lucro líquido, apurado nos 12 meses anteriores à divulgação do último balanço, pago sob a forma de proventos.
Retorno sobre o patrimônio líquido	Remuneração teórica calculada com base no lucro líquido, apurado nos 12 meses anteriores à divulgação do último balanço, sobre o patrimônio líquido.
Beta	Indicador estatístico de risco que relaciona o desempenho da ação como o Ibovespa. Valores iguais a 1,0 ou inferiores indicam que o movimento da ação apresenta magnitude semelhante ou menor à do Ibovespa, seja positiva ou negativa. Valores superiores a 1,0 indicam que a magnitude do movimento da ação é superior à do Ibovespa.

Segundo esse modelo, os fundamentos da empresa (lucro, *pay-out*, Ebitda etc.) podem ajudar na compreensão do seu comportamento. Dessa forma, o valor de uma empresa deriva da precificação de empresas comparáveis, padronizado pelo uso de uma variável comum. A expansão ou retração de determinada variável ou múltiplo pode ser explicada por alterações nos fundamentos da empresa.

> O valor da empresa é estimado com base na média dos múltiplos observados em empresas semelhantes aplicados aos dados da empresa (valores dos demonstrativos financeiros).

Os modelos baseados em múltiplos utilizam variáveis relacionadas com o preço de mercado e os múltiplos. Os mais utilizados são:

Múltiplos	Índice
• Lucro	Preço/lucro
• Fluxo de caixa	Preço/fluxo de caixa
• Valor patrimonial	Preço/valor patrimonial
• EBITDA (lucro operacional)	*Enterprise value*/EBITDA
• Receita	Preço/receita
• *Dividend yield*	Dividendo/preço
• Distribuição (*pay-out*)	Dividendo/lucro

A metodologia dessa técnica baseia-se na valorização relativa das alternativas atuais e sua comparação com os valores históricos. Para isso o valor da empresa é estimado a partir da média dos múltiplos observados em empresas semelhantes aplicados aos dados da empresa (valores dos demonstrativos financeiros).

Seleção das empresas comparáveis.

Seleção dos múltiplos aplicados.

Calcula-se a média do setor.

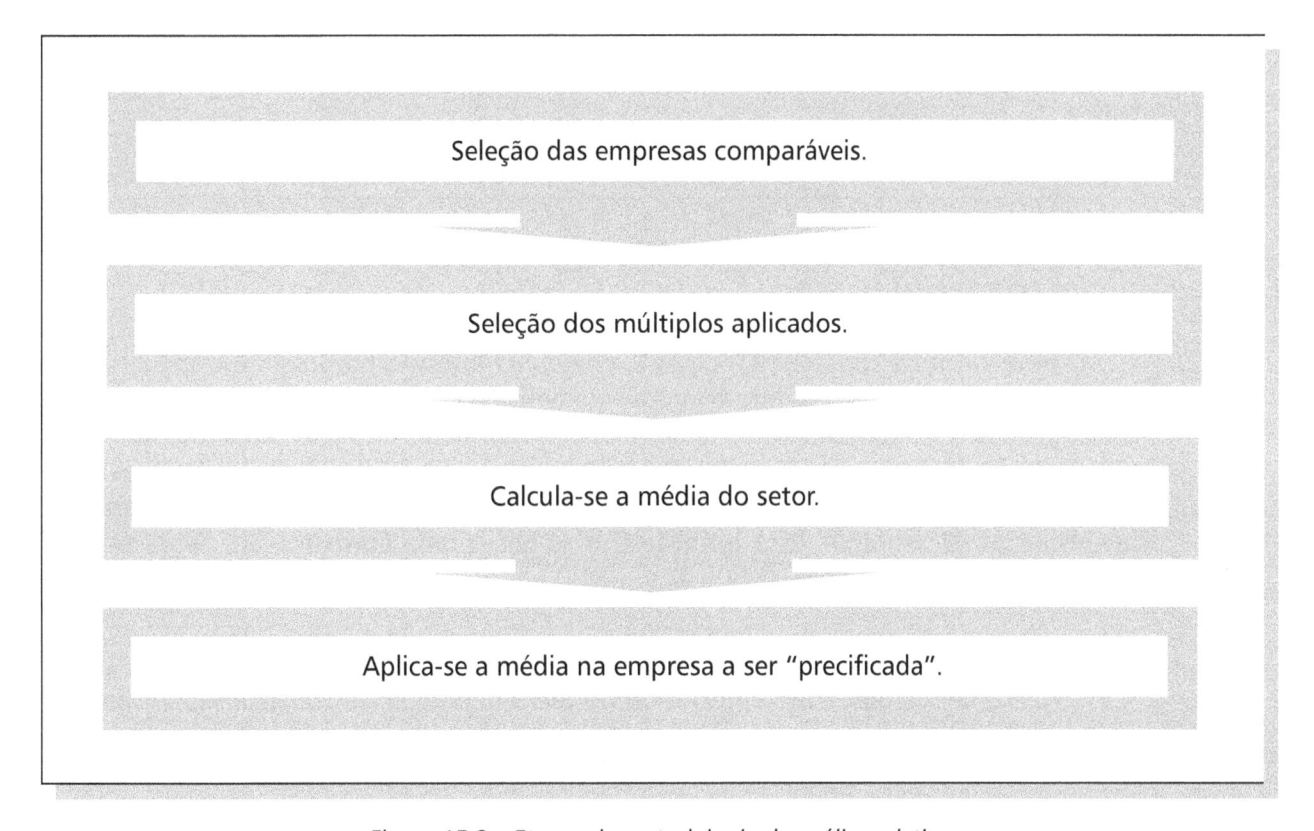

Aplica-se a média na empresa a ser "precificada".

Figura 15.3 *Etapas da metodologia de análise relativa.*

Diferentemente dos métodos anteriores, essa metodologia baseia-se nos resultados da empresa e é muito utilizada na valorização de ações em bolsas de valores. Nessa abordagem, o valor da empresa é obtido por meio da estimativa de sua rentabilidade futura. Por isso, são métodos de capitalização dos lucros e dividendos futuros.

Nos métodos baseados no valor patrimonial e desconto do fluxo de fundos, o objetivo é encontrar os ativos com preços mais baixos do que deveriam estar, dados os seus fluxos de caixa, crescimento e características de risco. Já nos métodos baseados em índices bursáteis, o núcleo da questão está em encontrar os ativos baratos ou caros em relação a como ativos similares estão sendo negociados pelo mercado no momento. É, portanto, inteiramente possível que um ativo caro com base na valorização teórica seja barato sob uma base relativa.

A atratividade da utilização da análise por múltiplos é resultante de sua simplicidade de utilização e na facilidade de compará-los.

Para Damodaran (1997), os indicadores relativos são muito úteis quando há um número de empresas comparáveis sendo negociadas nos mercados financeiros e quando o mercado está, em média, precificando essas empresas corretamente. Também segundo ele, a avaliação relativa precisa adotar menos variáveis do que a análise por fluxo de caixa descontado, que é uma análise intrínseca de um ativo.

Vantagens e desvantagens da utilização da análise por múltiplos	
Vantagens	• Simplicidade. • Rapidez na precificação. • Quantidade de informações necessárias para fazer a avaliação.
Desvantagens	• Limitação de informações sobre as transações e finanças das empresas negociadas. • Não valoriza a estrutura de capital nem o potencial de crescimento no mercado da empresa. • Diferença nos fundamentos das empresas comparáveis. • Qualidade das informações.

15.4.1 Valor dos lucros (P/L)

O *price earnings ratio* (PER), ou P/L, como é conhecido no Brasil, é o mais comum e mais completo dos índices empregados na análise fundamentalista. O P/L não é outra coisa que o inverso da rentabilidade de uma empresa para seus acionistas (medida como lucro líquido entre o valor de mercado da empresa). Intuitivamente, poderíamos dizer que o P/L mede o número de anos que um acionista terá que esperar para recuperar seu investimento. No entanto, essa intuição fica só como uma aproximação. Teoricamente, não é totalmente correta, pois:

- não leva em consideração o valor do dinheiro no tempo; e
- não se costuma distribuir o total do lucro líquido aos acionistas sob a forma de dividendos.

> - O P/L de uma ação indica o número de anos necessário para o investidor receber de volta, sob a forma de dividendos, o equivalente à importância desembolsada na compra das ações.
> - É considerado como o *pay-back*, ou seja, em quanto tempo o investimento retornaria sobre a forma de lucros.

Para cálculo do P/L, utilizamos, em geral, o lucro esperado do ano em curso, ainda que frequentemente ele também possa ser calculado pelo último lucro líquido publicado.

$$P/L = \frac{\text{PREÇO POR AÇÃO}}{\text{LUCRO LÍQUIDO POR AÇÃO}}$$

A relação P/L indica o tempo necessário para o lucro corrente da empresa repor o preço da sua ação, ou seja, o tempo para recuperar o capital investido; em geral utiliza-se o lucro anual, e, nesse caso, o P/L é medido em anos. Quanto mais baixo for o P/L, mais atraente será a ação, ou seja, o lucro corrente da empresa "pagaria" o investimento em um número menor de anos.

O que significa dizer que uma empresa apresenta um índice P/L igual a 10?

- Que o preço atual da ação representa 10 vezes o lucro gerado pela empresa nos últimos quatro trimestres.
- Ou que em 10 anos eu teria de volta o meu retorno através dos dividendos gerados, caso a empresa distribuísse todo o lucro.

Durante a interpretação do índice P/L, alguns cuidados devem ser tomados. Isso porque:

- O índice P/L pressupõe que o lucro de um ano se repetirá, o que em geral não acontece.
- O índice P/L é muito simplista. Se uma empresa realizou investimentos na produção física ou no capital de giro, é provável que nos períodos iniciais ela não tenha lucro, mas isso não quer dizer que ela não tenha fundamento.
- O lucro pode ser influenciado por n fatores.
- O lucro dificilmente retorna totalmente para o acionista.
- O lucro não é necessariamente caixa.

Uma consideração em sua análise é de que o P/L de uma ação deve possuir as mesmas características do setor ao qual a empresa pertence.

Exemplo de cálculo do índice P/L.

Empresa	Código	Preço da ação	Lucro por ação	P/L
Souza Cruz ON	CRUZ3	27,21	1,13	**24,12**
Cemig PN	CMIG4	34,65	6,72	**5,16**
Vale PNA	VALE5	33,18	5,25	**6,32**
Petrobras PN	PETR4	20,75	3,66	**5,66**
Bradesco PN	BBDC4	33,00	3,04	**10,85**

A utilidade do P/L é universal. Pode-se aplicar esse índice a todo tipo de empresas, sem prejuízo do setor. Por isso, ele é o índice mais empregado de todos os que serão tratados.

15.4.2 Valor do fluxo de caixa (PCFR)

O *price cash flow ratio* (PCFR) é um índice muito parecido com o P/L, tanto em seu cálculo como em sua utilização. A única diferença está no fato de o denominador não ser o lucro líquido, mas o fluxo de caixa líquido. O motivo de utilizar o fluxo de caixa em vez do lucro é que o fluxo de caixa tenta medir o fluxo de dinheiro gerado pela empresa, eliminando dos lucros os efeitos dos lançamentos contábeis que não são representativos de movimentos de dinheiro como as amortizações. Quer dizer, duas empresas podem gerar o mesmo fluxo de caixa, mas o lucro declarado pode variar consideravelmente devido às amortizações. Nesse sentido, o PCFR é útil porque elimina as diferenças na política de amortizações entre empresas. Mas, por outro lado, elimina do lucro um custo importante do imobilizado fixo, como consequência de favorecer as empresas intensivas em capital em face das empresas intensivas em mão de obra ou circulante.

O PCFR de uma ação indica o múltiplo do valor financeiro por ação que o mercado está pagando; ou seja, indica o número de vezes que a bolsa de valores aceita pagar o valor financeiro de uma ação.

$$PCFR = \frac{\text{Preço por Ação}}{\text{Fluxo de Caixa Líquido}}$$

A utilidade do PCFR é alta, se bem que é menor que a do P/L. Isso porque o conceito de fluxo de caixa não tem sentido para instituições financeiras, como bancos e seguradoras.

15.4.3 Preço/valor patrimonial ajustado (P/VPA)

O múltiplo preço/valor patrimonial ajustado (P/VPA) ou PBV (*price-to-book value*) representa a relação entre o valor de mercado e o valor patrimonial da empresa. Ele mede a relação entre a capitalização bursátil e o valor teórico contábil; ou seja, compara o valor de mercado da empresa com seu valor contábil. Permite, portanto, conhecer o fundo de comércio (*goodwill*) que o mercado oferece pela empresa ou setor.

A diferença do P/L e do PCFR é que o P/VPA é um índice que não considera o conceito de rentabilidade.

A comparação do valor de mercado da empresa com seu valor contábil dá a ideia da valorização de mercado da empresa. O conceito fundamental é que uma empresa deveria valer o seu patrimônio líquido, que corresponde ao capital investido pelos acionistas mais os lucros não distribuídos.

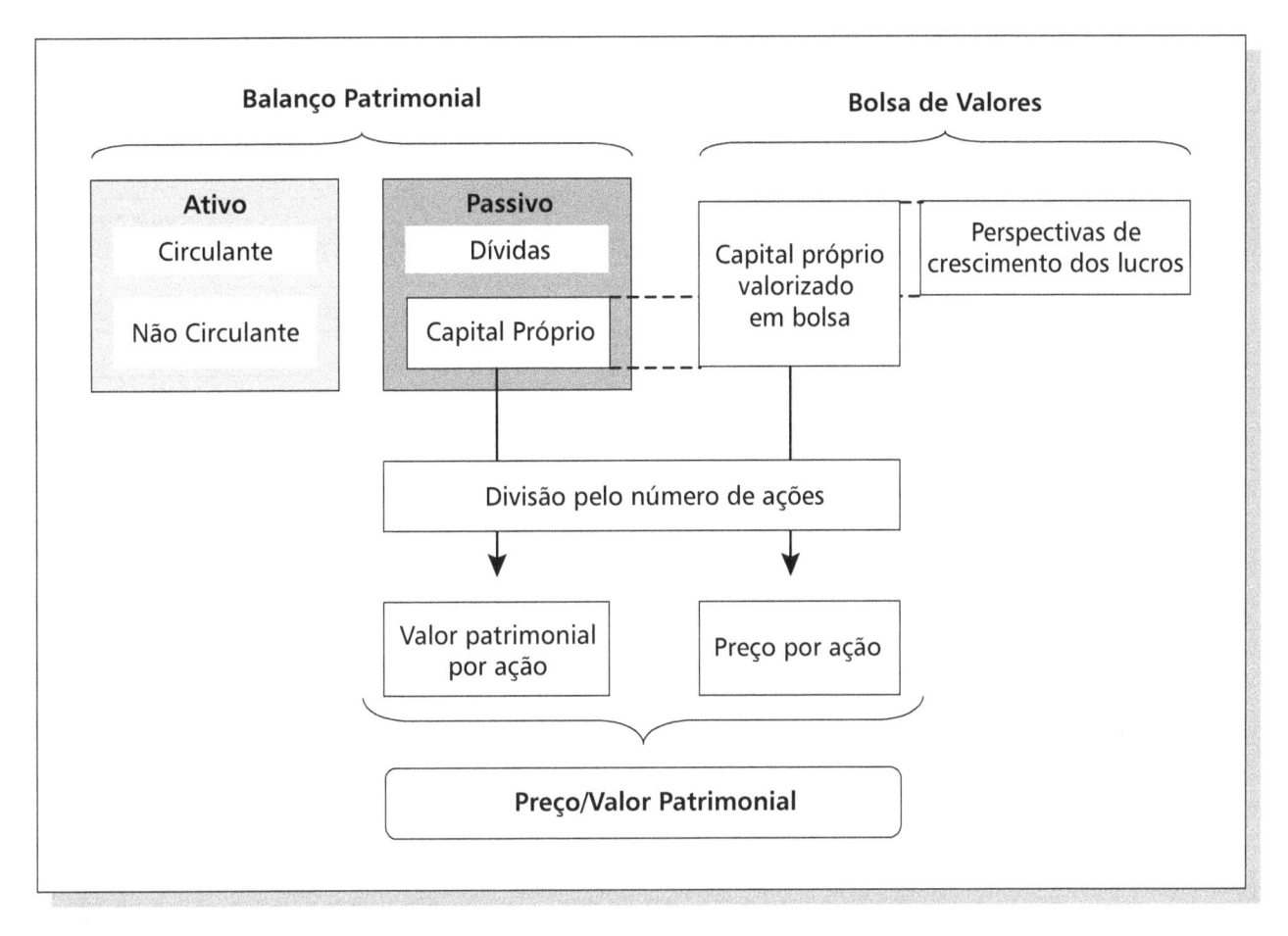

Figura 15.4 *A relação preço/valor contábil.*

O cálculo do índice P/VPA é obtido pela divisão da cotação unitária da ação pelo valor patrimonial de cada ação, em que valores negativos indicam, consequentemente, patrimônio líquido negativo.

$$P/VPA = \frac{\text{Preço por Ação}}{\text{Valor Patrimonial Ajustado}}$$

Quando o valor de mercado é maior que o valor contábil, isso significa que a contabilidade não capta o que o mercado está descontando pelas expectativas; quer dizer, a empresa cria valor para os acionistas por tomar decisões estratégicas acertadas. Quanto maior é essa diferença, melhor é a opinião sobre a gestão e as expectativas existentes sobre essa empresa.

> Quanto mais baixo é o índice P/VPA, mais barata ou atrativa é a empresa. As ações negociadas a preços abaixo do valor patrimonial geralmente são consideradas uma oportunidade de compra, enquanto aquelas negociadas a preços acima do valor patrimonial são consideradas uma oportunidade de venda.

Exemplo de cálculo do índice P/VPA.

Empresa	Código	Preço da ação	Valor patrimonial ajustado por ação	P/VPA
Souza Cruz ON	CRUZ3	27,21	1,49	18,24
Cemig PN	CMIG4	34,65	15,12	2,29
Vale PNA	VALE5	33,18	29,36	1,13
Petrobras PN	PETR4	20,75	25,82	0,80
Bradesco PN	BBDC4	33,00	12,56	2,63

O índice P/VPA é útil principalmente para comparar empresas industriais e financeiras, pois nelas o conceito de endividamento não é simples. Porém é pouco representativo para empresas do setor de serviços que não possuem ativos fixos significativos.

Os cuidados na interpretação do índice estão relacionados a questões contábeis, como, por exemplo:

- Regras contábeis, o valor do patrimônio líquido é um resultado apurado de acordo com convenções contábeis. Por isso, quando as regras contábeis variarem muito entre as empresas comparadas, seja em mercados diferentes ou países diferentes, o P/VPA não poderá ser utilizado.
- Patrimônio líquido, caso uma empresa acumule uma série de lucros negativos, o patrimônio líquido pode tornar-se negativo gerando um P/VPA negativo, o qual não é um parâmetro confiável de comparação. Da mesma forma que o patrimônio líquido negativo, um valor de patrimônio líquido muito baixo geralmente gera um P/VPA também não confiável.

15.4.4 Índice do EV/EBITDA

O índice EV/EBITDA relaciona o valor de empresa com sua capacidade de geração de caixa, aferida pelo EBITDA; ou seja, mede quanto a empresa tem de gerar de caixa para atingir o valor que o mercado lhe atribui.

> O índice EV/EBITDA busca medir quanto tempo a geração operacional de caixa da empresa leva para pagar os acionistas e credores.

Para um melhor entendimento do índice EV/EBITDA faz-se necessário alguns esclarecimentos sobre os conceitos de *enterprise value* e EBITDA.

O *enterprise value* pode ser entendido como o somatório do valor de mercado com dívida líquida. O EV dá uma ideia do valor assumido por alguém que queira comprar a empresa, ou seja, o valor da empresa mais a dívida que ela possui desconsiderando prêmio por controle.

Valor de mercado

É obtido multiplicando-se o número de ações total da companhia pelo preço de fechamento da ação em questão.

+

Dívida líquida

Endividamento total, somadas operações *intercompany*, subtraídas as disponibilidades e aplicações financeiras de curto prazo. Valores negativos indicam que o caixa excede a dívida bruta.

Enterprise Value

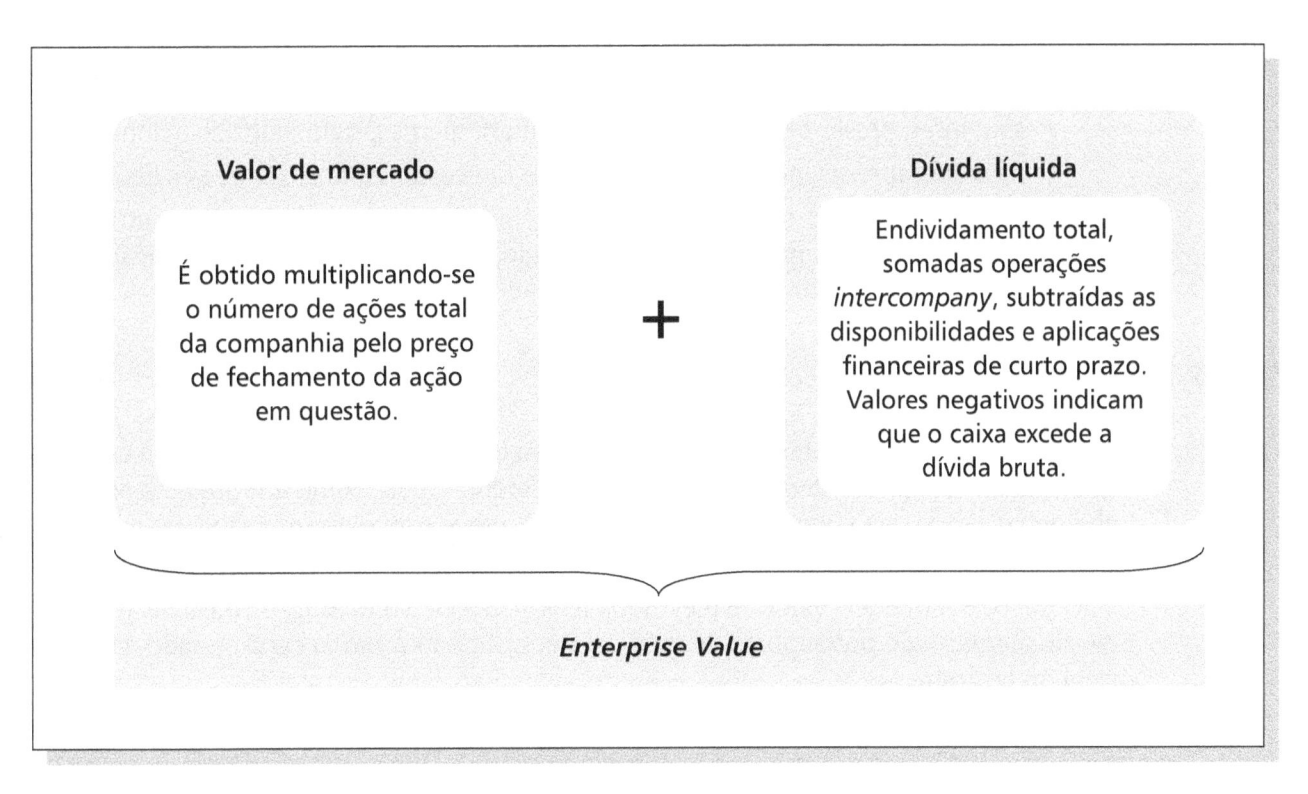

Figura 15.5 *A formação do Enterprise Value.*

A utilização do *enterprise value* popularizou-se recentemente no Brasil devido à internacionalização dos mercados. Seu uso permite que as dívidas sejam levadas em conta na precificação das ações ao contrário do preço (valor de mercado das ações), utilizado nos múltiplos P/VPA e P/L.

Já o *earning before interest, taxes, depreciation and amortization* (EBITDA), ou lucro antes do pagamento de juros, impostos, depreciação e amortização (LAJIDA), equivale ao conceito de fluxo de caixa operacional; ou seja, quanto a companhia gera de recursos apenas com a sua atividade, sem levar em consideração os efeitos financeiros e tributários.

O múltiplo mais importante e utilizado do EBITDA é o índice EV/EBITDA.

$$EV/EBITDA = \frac{Enterprise\ Value}{EBITDA}$$

Exemplo de cálculo do índice EV/EBITDA.

Empresa	Valor de mercado	Dívida líquida	EBITDA	EV/EBITDA
Souza Cruz ON	41.589,15	– 495,00	2.630,70	**15,62**
Cemig PN	29.557,07	14.459,50	6.431,62	**6,84**
Vale PNA	178.020,82	51.497,11	45.022,25	**5,10**
Petrobras PN	270.673,31	64.275,67	97.674,30	**3,43**

Para que serve o índice EV/EBITDA:

- avaliar empresas que embora não obtenham lucros gerem valor ao acionista;
- avaliar empresas industriais, setores não tão consolidados, setores cíclicos; e
- considerando que os conceitos de EV e EBITDA estão cada vez mais utilizados por analistas de investimento no mercado, pode-se dizer que este indicador é o principal indicador a ser olhado e utilizado para precificar.

15.4.5 Índice P/R (Múltiplo de Receita)

Esse múltiplo é especialmente interessante para comparar empresas que atuam em mercados diferentes onde existam regras contábeis diferentes, pois, como a receita é a primeira linha do resultado, ela é menos influenciada pelas regras contábeis, enquanto os múltiplos de lucro e valor patrimonial têm seus cálculos mais influenciados pelas regras contábeis.

O índice P/R mede o valor de mercado da empresa em comparação com suas receitas. Seu cálculo parte do pressuposto de que, em determinado ramo, o caixa gerado é função direta do faturamento.

$$P/R = \frac{\text{Preço por Ação}}{\text{Receita}}$$

Exemplo de cálculo do índice P/R.

Empresa	Código	Preço da ação	Receita líquida por ação	P/R
Souza Cruz ON	CRUZ3	27,21	3,86	7,05
Cemig PN	CMIG4	34,65	20,57	1,68
Vale PNA	VALE5	33,18	9,45	3,51
Petrobras PN	PETR4	20,75	19,43	1,07
Bradesco PN	BBDC4	33,00	15,38	2,15

As principais vantagens e desvantagens da utilização do índice P/R são:

Vantagens	• Pode ser obtido mesmo para empresas problemáticas. • É mais difícil de ser manipulado do que os índices P/L e P/VPA. • Os múltiplos não são tão voláteis quanto o lucro. • Examina efeitos na política de preço e outras decisões estratégicas corporativas.
Desvantagens	• Não avalia a competência da gestão dos custos e margens de lucro.

15.4.6 Valor dos Dividendos (DY)

A rentabilidade por dividendos é um índice muito fácil de entender e aplicar. Ele representa a rentabilidade direta (em dinheiro) recebida por acionista em determinado ano. A rentabilidade por dividendos é um dos dois componentes da rentabilidade global para o acionista, sendo o outro componente a mais-valia ou menos-valia gerada no momento do desinvestimento.

> O *dividend yield* (retorno sobre dividendos) é o retorno de uma ação com o pagamento de dividendos; ou seja, é a rentabilidade obtida com a compra das ações.

O *dividend yield* (DY) de uma ação representa a proporção dos lucros que são entregues efetivamente aos acionistas. A rentabilidade por dividendo, como também é conhecido esse índice, é dada pela divisão do dividendo esperado para o próximo ano e o preço da ação hoje.

$$DY = \frac{\text{dividendo por ação}}{\text{preço por ação}}$$

Para o seu cálculo, podem ser utilizados também os dividendos do último ano, em vez do esperado como seria desejado, sem que se perca seu objetivo.

O *yield* deve ser interpretado como retorno obtido, sob a forma de dividendos, sobre o capital inicialmente investido na compra do ativo. Ele explicita a quantia paga em dividendos, nos últimos 12 meses, expressa em porcentagem do preço atual da ação. Sua interpretação é: quanto mais alta é a rentabilidade por dividendos, melhor é para o acionista. Valores elevados podem indicar pagamentos extraordinários.

Exemplo do índice DY.

Empresa	Código	Dividendo	Preço da ação	DY (%)
Souza Cruz ON	CRUZ3	1,10	27,21	4,04
Cemig PN	CMIG4	0,79	34,65	2,29
Vale PNA	VALE5	0,38	33,18	1,13
Petrobras PN	PETR4	0,17	20,75	0,80
Bradesco PN	BBDC4	0,87	33,00	2,63

A rentabilidade por dividendos é um índice muito útil para a comparação entre empresas de negócio relativamente estável e com um índice elevado de *pay-out*.[1] A rentabi-

---

[1] Percentual de lucros destinados ao pagamento de dividendos.

lidade por dividendo não é muito útil para empresas em crescimento pois os dividendos pagos por elas em muitas ocasiões são só o cumprimento de uma formalidade. As empresas em crescimento, por definição, preferem reinvestir os lucros no negócio em vez de distribuí-los sob a forma de dividendos.

15.4.7 Índice de Pay-out

O índice de *pay-out* é o percentual do lucro líquido, apurado nos 12 meses anteriores à divulgação do último balanço, pago sob a forma de proventos; ou seja, é a proporção do lucro líquido do exercício distribuído sob a forma de proventos.

Em geral as empresas possuem em seus estatutos a proporção do seu lucro que é distribuído sob a forma de proventos.

$$Pay\text{-}out = \frac{\text{dividendos + juros sobre capital próprio}}{\text{lucro líquido}}$$

Exemplo de cálculo do índice *pay-out*.

Empresa	Código	Dividendo	Lucro por ação	Pay-out (%)
Souza Cruz ON	CRUZ3	1,10	1,13	97,52
Cemig PN	CMIG4	0,79	6,72	11,82
Vale PNA	VALE5	0,38	5,25	7,14
Petrobras PN	PETR4	0,17	3,66	4,55
Bradesco PN	BBDC4	0,87	3,04	28,49

Alguns setores, como o elétrico, de bebidas, de tabaco, de telefonia fixa e de saneamento, costumam apresentar o índice *pay-out* mais elevado. Isso ocorre em função do fluxo operacional futuro ser mais estável e pela atratividade que pretendem mostrar aos investidores.

15.4.8 Síntese dos indicadores bursáteis

Quadro 15.2 *Síntese dos indicadores bursáteis.*

Indicadores	Fórmula	Interpretação
Valor dos lucros	Preço por Ação / Lucro Líquido	Indica o número de anos necessário para o investidor receber de volta, sob a forma de dividendos, o equivalente à importância desembolsada na compra das ações, caso 100% do lucro líquido fosse distribuído como dividendos.
Valor do fluxo de caixa	Preço por Ação / Fluxo de Caixa	Indica o número de anos necessário para o investidor receber de volta, sob a forma de caixa, o equivalente à importância desembolsada na compra das ações.
P/VPA	Preço por Ação / Valor Patr. Ajust.	Mede a relação entre a capitalização bursátil e o valor teórico contábil. Permite, portanto, conhecer o fundo de comércio que o mercado oferece pela empresa ou setor.
EV/EBITDA	*Enterprise Value* / EBITDA	Relaciona o valor de empresa com sua capacidade de geração de caixa, aferida pelo EBITDA; ou seja, mede quanto a empresa tem de gerar de caixa para atingir o valor que o mercado lhe atribui.
Múltiplo de receita	Preço por Ação / Receita	Mede o valor de mercado da empresa em comparação com suas receitas, partindo do pressuposto que, em determinado ramo, o caixa gerado é função direta do faturamento.
Dividend yield	Dividendos p/ Ação / Preço por Ação	Explicita quanto foi pago em dividendos, nos últimos 12 meses, expresso em porcentagem do preço atual da ação; ou seja, representa a rentabilidade obtida com a compra das ações.
Pay-out	Proventos / Lucro Líquido	É o percentual do lucro líquido, pago sob a forma de proventos; ou seja, é a proporção do lucro líquido do exercício, distribuído sob a forma de proventos.

Exemplo de interpretação conjunta de múltiplos.

Ação	P/L	P/VPA	EV/EBITDA	P/R	*Dividend yeld*	Pay-out
CRUZ3	24,12	18,24	15,62	7,05	4,04	97,52
CMIG4	5,16	2,29	6,84	1,68	2,29	11,82
VALE5	6,32	1,13	5,10	3,51	1,13	7,14
PETR4	5,66	0,80	3,43	1,07	0,80	4,55
BBDC4	10,85	2,63	–	2,15	2,63	28,49
Média	10,42	5,02	7,75	3,09	2,18	29,90

Considerando o pagamento de dividendos (*yeld*) e sua distribuição (*pay-out*), a Souza Cruz apresenta desempenho muito superior à média das demais empresas e, portanto, seria a melhor compra sob o aspecto de propriedade. Porém, seus múltiplos de preços (P/L,

P/VPA, EV/Ebitda e P/R) também apresentam-se muito acima das demais empresas, representando uma incorporação dessa superioridade em seu preço de negociação.

A Petrobras é a empresa que possui os menores múltiplos de preços (P/L, P/VPA, EV/Ebitda e P/R), demonstrando que seu preço de negociação está baixo, o que pode ser interpretado como uma boa oportunidade de compra. Porém, o pagamento de dividendos (*yeld*) e sua distribuição (*pay-out*) também estão muito abaixo da média das demais, representando sua dificuldade em geração de resultados para os acionistas.

Já o Bradesco possui pagamento de dividendos (*yeld*) e sua distribuição (*pay-out*) acima da média das demais empresas e múltiplos de preços (P/L, P/VPA, EV/Ebitda e P/R) abaixo da média. Portanto, dentre as demais empresas avaliadas, pode ser considerada a melhor opção de compra na visão fundamentalista (como proprietário).

15.4.9 Stock Guide

O *stock guide* é um relatório elaborado por analistas de mercado contendo ações negociadas na Bovespa, agrupadas setorialmente e escolhidas de acordo com a liquidez e volume negociados. O objetivo desse estudo é fornecer parâmetros para a avaliação e comparação das empresas em questão para auxiliar em investimentos. Dessa forma, o *stock guide* pode ser considerado um relatório de orientação a todos os interessados em acompanhar o desempenho do mercado secundário de ações, tornando-se uma importante ferramenta para estudos nessa área do mercado de capitais.

O estudo é composto basicamente por duas grandes subdivisões:

- comportamento dos preços; e
- indicadores fundamentalistas.

Questões para consolidação

1. O que é e como é feita a valorização de ações?
2. Qual é a diferença entre o valor contábil e o valor contábil ajustado de uma empresa?
3. Descreva as etapas de uma valorização por desconto de fluxos.
4. O que é e para que serve o valor residual na valorização por desconto de fluxos?
5. Descreva o modelo de desconto dos fluxos de caixa.
6. Como se determinam os fluxos de caixa livres para o acionista?
7. Como é feita e qual é a importância da escolha da taxa de desconto no modelo de desconto dos fluxos de caixa?
8. O que é e por que existe mais de uma versão para o modelo de desconto de dividendos?
9. Quais as hipóteses básicas do modelo de desconto de dividendos de crescimento constante proposto por Myron J. Gordon?
10. Descreva o modelo de desconto de dividendos de crescimento variável.
11. Analise comparativamente os modelos de desconto dos fluxos de caixa e dos dividendos, destacando suas dificuldades e vantagens.
12. O que são os métodos baseados em índices bursáteis ou múltiplos?
13. Descreva as etapas da metodologia de análise relativa.
14. Descreva os indicadores bursáteis destacando sua interpretação.
15. O que é um *stock guide*?

Teste de verificação

15.1. As recomendações da análise *bottom up* são feitas com base nos seguintes fatores, exceto:

( ) Visão do negócio.
( ) Valorização das ações.
( ) Análise macroeconômica.
( ) Análise financeira.

15.2. Objetivando valorizar as ações da empresa, ao utilizarmos o desconto do fluxo de caixa temos que descontar os fluxos disponíveis para as ações, uma vez que a empresa tenha realizado uma série de atividades. Das atividades mencionadas abaixo, qual não deve ser considerada na construção dos fluxos disponíveis?

( ) Realizados novos investimentos necessários em ativo fixo e ativo circulante líquido.
( ) Pagos os juros da dívida.
( ) Devolvida parte da dívida que corresponda a cada ano.
( ) Solicitada nova dívida necessária.
( ) Distribuídos dividendos.

15.3. Uma empresa possui 1 milhão de ações negociadas a R$ 0,70 cada uma. Seu fluxo de caixa estimado para os próximos seis anos apresenta-se da seguinte forma:

Anos	0	1	2	3	4	5	6
Valor	80.000	150.000	200.000	– 200.000	– 100.000	230.000	250.000

Sabendo que seu custo médio ponderado de capital é de 10% a.a., qual seria a recomendação a ser feita sobre suas ações?

( ) Comprar ou manter.
( ) Vender ou não comprar.

15.4. Com base nos múltiplos e seus índices, classifique a segunda coluna de acordo com o seguinte critério:

(1) Lucro.   ( ) Preço/fluxo de caixa
(2) Fluxo de caixa.   ( ) *Enterprise Value*/EBITDA
(3) Valor Patrimonial. ( ) Dividendo/preço
(4) EBITDA   ( ) Preço/lucro
(5) Receita   ( ) Dividendo/lucro
(6) *Dividend yield*   ( ) Preço/receita
(7) Distribuição (*pay-out*) ( ) Preço/valor patrimonial

15.5. Com base nas vantagens e desvantagens da utilização da análise por múltiplos, classifique a segunda coluna de acordo com o seguinte critério:

(1) Vantagens.   ( ) Qualidade das informações.
(2) Desvantagens.   ( ) Simplicidade.
                     ( ) Rapidez na precificação.
                     ( ) Limitação de informações sobre as transações e finanças das empresas negociadas.
                     ( ) Quantidade de informações necessárias para fazer a avaliação.
                     ( ) Não valoriza a estrutura de capital nem o potencial de crescimento no mercado da empresa.
                     ( ) Diferença nos fundamentos das empresas comparáveis.

15.6. O índice valor dos lucros (P/L) relaciona:

( ) o dividendo líquido com o preço de aquisição.

( ) o preço de um título e o dividendo líquido.

( ) o preço do título com o lucro líquido por ação.

( ) Nenhuma das afirmações anteriores.

15.7. Em determinada empresa, o índice preço/valor teórico contábil (P/VTC) é de 1,1. Isso quer dizer que:

( ) os dados contábeis estão falsificados, já que a contabilidade da empresa deve refletir seu preço.

( ) o mercado está supervalorizando a empresa, porque espera que tenha perdas.

( ) existe um fundo de comércio negativo que quer dizer que as expectativas do mercado a respeito da empresa são pessimistas, dado que as decisões estratégicas que adota são acertadas e a opinião sobre sua gestão é favorável.

( ) Todas as afirmações estão corretas.

15.8. No filme *Wall Street*, Bud Fox é um corretor que realizava transações para a empresa de Gordon Gekko, que compra ações de empresas que creem que estão subavaliadas. Algumas cenas nesse filme oferecem exemplos valiosos dos conceitos que foram estudados neste capítulo.

a) Bud comenta com Gekko que o valor de uma empresa que se divide duplica seu valor de mercado. O que sugere Bud com essa declaração? Como os empregados da empresa responderiam a ela?

b) Quando Bud informa a Gekko que o Sr. Wildman planejava adquirir secretamente uma empresa na Pensilvânia, este sinaliza que deve comprar grandes quantidades de suas ações. Por quê?

c) Gekko disse: "Me pergunto por que os administradores de corretoras de valores não podem ganhar o índice S&P 500. Porque são ovelhas". O que quer dizer Gekko? Como se relaciona sua afirmação com a eficiência do mercado?

15.9. A empresa Fim de Curso apresenta as seguintes informações econômico-financeiras:

a) Informações bursáteis:
Quantidade de ações negociadas: 1.000.000.
Últimas cotações unitárias: 1º/11 = 80,00; 2/11 = 85,00 e 3/11 = 90,00.

b) Informações financeiras:
WACC: 8% a.a.
Fluxo de caixa projetado:

Anos	Fluxo líquido
01	15.000.000,00
02	15.000.000,00
03	15.000.000,00
04	15.000.000,00
05	15.000.000,00
06	15.000.000,00
07	15.000.000,00
08	15.000.000,00

c) Informações contábeis: lucro líquido projetado de 94.500.000,00 e valor contábil ajustado = 100.000.000,00

d) Informações econômicas: dividendos por ação: 4,50; taxa de crescimento dos dividendos de 10% a.a. e expectativa de retorno de 15% a.a.

Com base nas informações apresentadas, recomende a aquisição ou venda das ações da empresa Fim de Curso, justificando adequadamente.

16

Análise Técnica de Ações

Conteúdo

16.1 Conceitos e definições da análise técnica
16.2 Herança dos clássicos
    16.2.1 Teoria de Charles Dow
    16.2.2 Teoria das ondas de Elliot
16.3 Análise gráfica
    16.3.1 Tipos de gráficos
    16.3.2 Princípio das tendências na análise gráfica
    16.3.3 Figuras gráficas
16.4 Indicadores técnicos
    16.4.1 Indicadores de tendência
    16.4.2 Osciladores
    16.4.3 Aplicação dos indicadores técnicos à análise de tendências
Questões para consolidação
Teste de verificação

16.1 Conceitos e definições da análise técnica

Os primórdios da análise técnica deu-se por volta de 1700, quando algumas famílias japonesas começaram a formular o preço do que hoje denominamos "Contratos Futuros de Arroz". Essas famílias passaram a acompanhar o comportamento do preço do arroz e formular tendências. Esse método é conhecido mundialmente como *Candlestick*.

Podemos conceituar a análise técnica como um estudo dos movimentos passados dos preços e dos volumes de negociação de ativos financeiros, com o objetivo de fazer previsões sobre comportamento futuro dos preços.

A escola técnica ou gráfica baseia-se na tese de que os preços das negociações futuras são fortemente dependentes dos preços das negociações anteriores, sendo possível, então, prever tendências de preços valendo-se da observação dos movimentos passados; ou seja, seu principal *input* é o comportamento histórico de preços.

Segundo essa análise, as variações dos preços de mercado não são independentes de variações passadas, o mesmo ocorrendo com as taxas de retorno sobre o investimento em qualquer ativo estudado. Segundo a escola técnica, as séries de preços de mercado apresentam padrões identificáveis, e cabe ao analista desenvolver a arte de identificar tendências e saber interpretá-las.

Para essa análise, não são relevantes as informações sobre lucros, dividendos, participação no mercado, grau de endividamento ou liquidez da empresa, como são consideradas pela análise fundamentalista. O que importa são os fatores de procura e oferta internos ao mercado, sendo crucial entender a "psicologia" do mercado. Isso porque o mercado é "arbitrado", ou seja, o impacto dos fatores externos já está embutido nos preços. Portanto, essa análise é o estudo de como os preços movimentam-se, não se preocupando com o porquê de eles se movimentarem.

Ela parte de três princípios:

1º) a ação do mercado reflete todos os fatores nele envolvidos;
2º) os preços se movimentam em tendências; e
3º) o futuro reflete o passado.

As principais premissas da análise técnica são:

Todo fator que afeta o preço de um valor está descontado

Isto é, qualquer fator (fundamentalista, econômico, psicológico ou político) que possa influir no preço de um valor já se encontra refletido em seu preço. Por esse motivo, a análise do gráfico desse valor será tudo o que necessitamos para predizer a tendência de seu preço, sem importar a razão que o provoca.

Os preços movem-se em tendências

O conceito de tendências é de grande importância, pois o propósito da análise técnica é identificar em que direção se movem os preços para tentar assumir posições no começo da tendência.

A história se repete

A análise técnica fundamenta-se na premissa de que, se determinadas figuras, indicadores e osciladores funcionaram bem no passado, isso pode ocorrer no futuro. Supõem que o investidor tende a reagir de forma similar a situações anteriores.

16.2 Herança dos clássicos

Desde os primórdios da atividade bursátil, há vários séculos, têm surgido diversas teorias para tentar prever o desempenho dos mercados de capitais e os títulos negociados nesses mercados. Entretanto, sem dúvida alguma, as teorias de Charles H. Dow e Ralph Nelson Elliot são as que se destacaram e as mais utilizadas para esse tipo de análise.

16.2.1 *Teoria de Charles Dow*

A teoria Dow, anunciada por Charles H. Dow em uma série de artigos publicados no *The Wall Street Journal* entre 1900 e 1902, tinha como objetivo a identificação das tendências do mercado. Dow nunca escreveu um livro sobre sua teoria; ele simplesmente divulgava suas ideias nos editoriais do jornal em que trabalhava. Foi somente após sua morte, em 1902, que se recopiaram e publicaram seus editoriais e se começou a mencioná-los como a teoria Dow. Ela é considerada a mais antiga das explicações teóricas sobre a existência de grandes tendências no mercado de capitais.

A teoria sustenta que as ações negociadas seguem uma tendência de alta ou baixa, a qualquer momento, e que para estudar o mercado é necessária a construção de uma média da evolução dos preços, por meio de uma amostra representativa de ativos. Daí o surgimento, nos Estados Unidos, do conhecido índice Dow Jones, que até hoje é o indicador geral mais acompanhado pelo público.

Charles Dow, cofundador da *Dow Jones & Co.* junto com Edward Jones, foi o primeiro a utilizar um índice médio de cotação como instrumento de avaliação dos preços das ações da New York Stock Exchange (NYSE), por volta de 1884. Ele criou três índices que são utilizados até hoje, apesar de terem sofrido algumas mudanças em sua composição. São eles: o Dow Jones Industrial (composto por 30 ações), o Dow Jones Transportes (composto por 20 ações) e o Dow Jones Serviços (composto por 15 ações). A utilização de índices permitiu a mensuração diária do comportamento dos mercados.

Atualmente, todos os países com mercado de ações organizados em bolsas de valores têm índices que retratam a média do comportamento dos preços. No Brasil temos hoje o Ibovespa, da Bolsa de Valores de São Paulo, o principal índice de ações do mercado.

A teoria Dow foi baseada em dois pressupostos:

- As alterações diárias que ocorrem nos índices consideram o julgamento de todos os investidores. Portanto, essas alterações descontam tudo o que pode afetar a oferta e a demanda de ações: "Os preços descontam tudo".
- O mercado apresenta movimentos oscilatórios de três amplitudes distintas: longo prazo, compreendendo períodos de um ano ou mais; médio prazo, com duração de três semanas a alguns meses; e curto prazo, com duração de seis dias a três semanas.

Análise de tendências segundo a teoria Dow

Para a determinação dessas tendências, a teoria Dow utiliza técnicas de:

- traçado de linhas de tendências;
- identificação de formações que sinalizam essas tendências; e
- estudo de descontinuidade de preços (*gaps*).

Dow dividiu as tendências em três categorias:

- Tendência primária: é a tendência principal e mais importante, podendo durar vários anos (ver Figura 16.1). Pode refletir tanto uma evolução altista (*bull market*) como uma evolução baixista (*bear market*). Dentro dela a direção do movimento tende a mudar subitamente durante curtos espaços de tempo, sendo conhecidos como reações ou sacudidas (*shock outs*). Dentro de uma tendência de alta é frequente encontrarmos reações baixistas, que, apesar de poderem alcançar certa intensidade, não ameaçam a tendência principal. O mesmo podemos dizer da tendência baixista, que periodicamente pode ser interrompida por reações altistas.

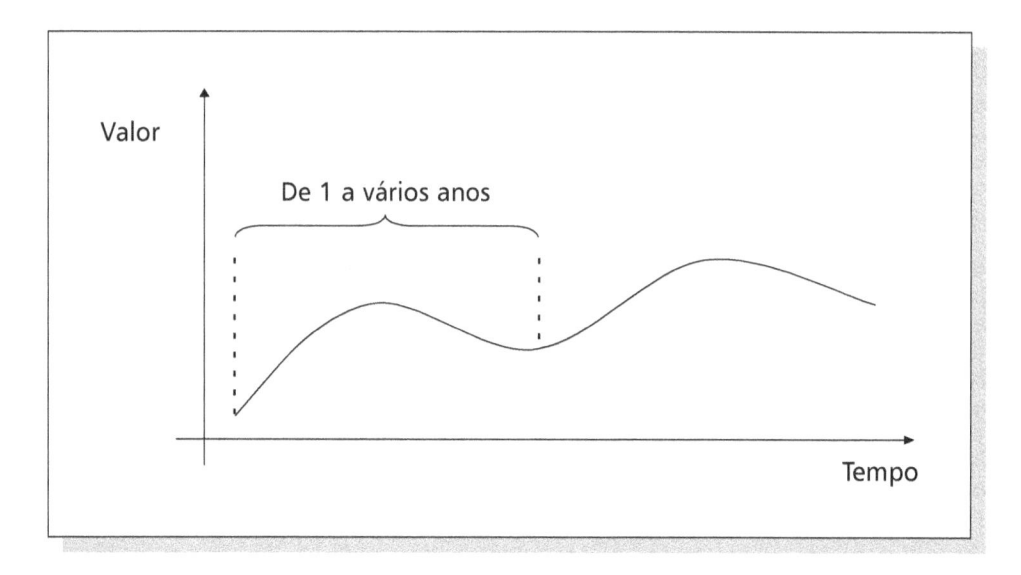

Figura 16.1 *Tendência primária.*

- Tendência secundária: é considerada reação que ocorre nos mercados dentro da tendência primária (ver Figura 16.2). Sua amplitude é muito menor e pode durar de várias semanas a uns poucos meses, sendo também considerada de correção na tendência principal.

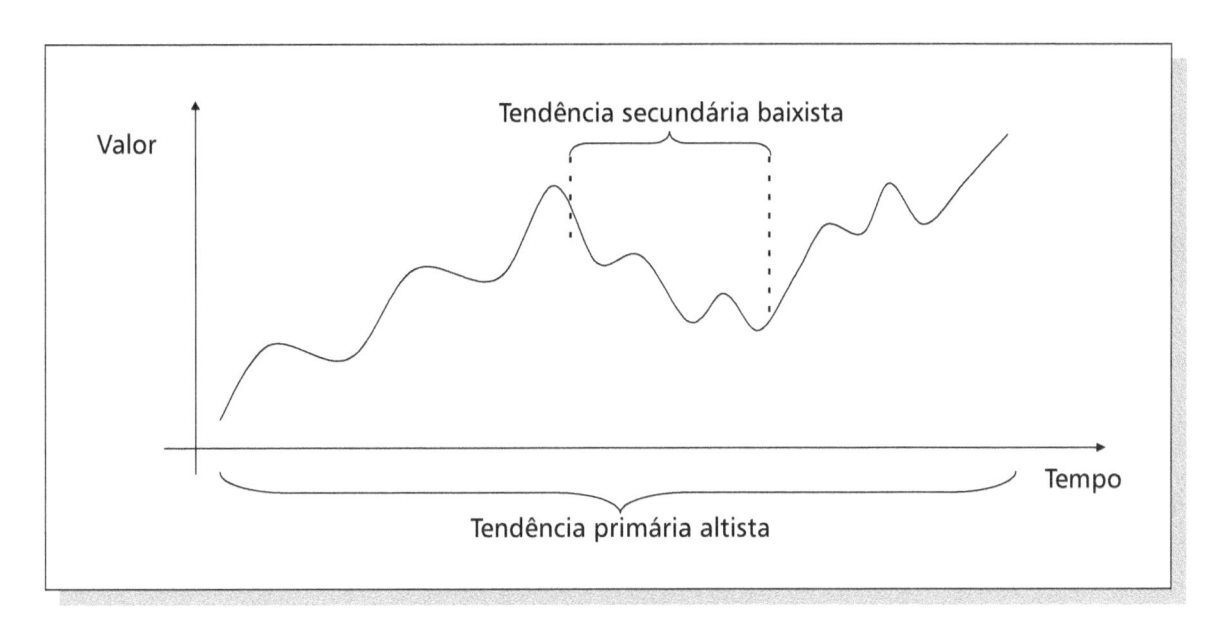

Figura 16.2 *Tendência secundária.*

- Tendência terciária: essa tendência dura curto espaço de tempo, que pode ser de algumas horas ou de no máximo algumas sessões (ver Figura 16.3). É considerada uma pequena flutuação da tendência secundária, sendo, portanto, movimentos do dia a dia.

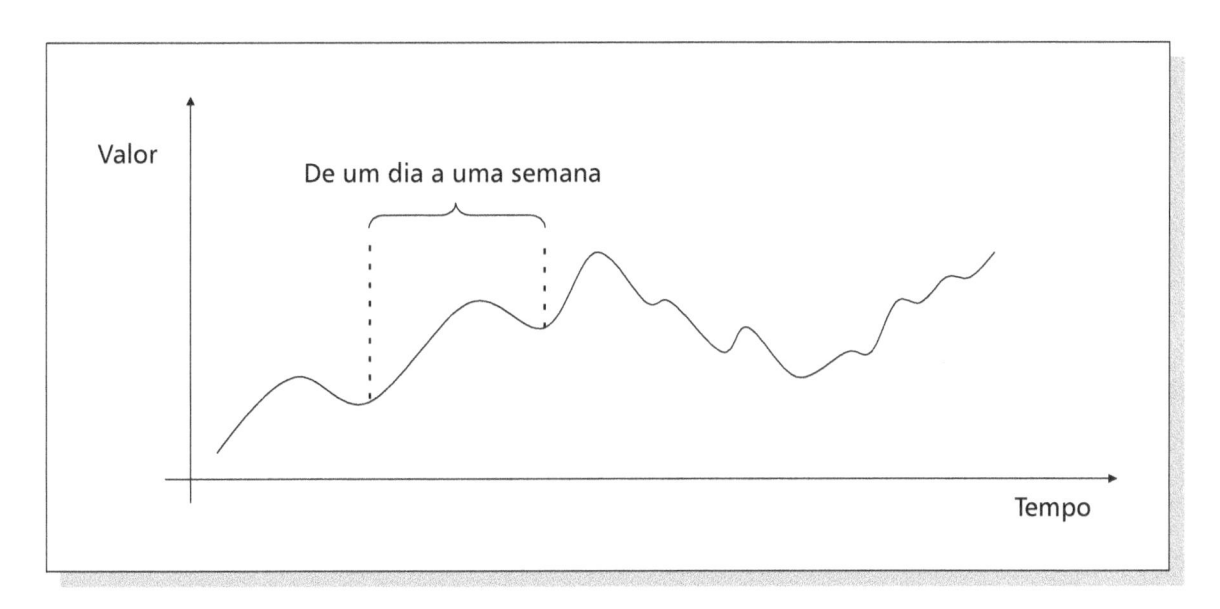

Figura 16.3 *Tendência terciária.*

Segundo Dow, as tendências têm esse comportamento por causa da velocidade da difusão das informações relevantes para sua formação. Cada uma dessas tendências é constituída das seguintes etapas:

- tendência de alta: acumulação, alta sensível e euforia (ver Figura 16.4); e
- tendência de baixa: distribuição, pânico e baixa lenta (ver Figura 16.5).

Características da tendência de alta
Dentro de uma tendência de alta o mercado passará por três fases distintas, com período de duração de difícil mensuração. A fase inicial é dita "fase de acumulação" e nela os investidores que não são bem informados começam a adquirir lotes significativos de ações sem provocar grandes alterações nos preços. Essa fase representa as compras feitas num momento de antecipação. A segunda fase caracteriza-se pela entrada dos analistas de mercado, quando os preços começam a subir rapidamente e surgem informações sobre o bom desempenho nas bolsas de valores. Nessa fase intermediária, ou de "alta sensível", começa a aumentar o nível de ordens de compra, levando a uma elevação dos preços das ações e do volume de negócios. Na terceira fase, o público leigo começa a entrar no mercado, motivado pelas expectativas de "grandes lucros" que estão acontecendo nas bolsas, noticiados pelos jornais. Nessa fase final ocorre uma "alta acelerada". O mercado começa a tornar-se extremamente nervoso, os volumes negociados aumentam de maneira extraordinária e as valorizações diárias das cotações são bastante expressivas.

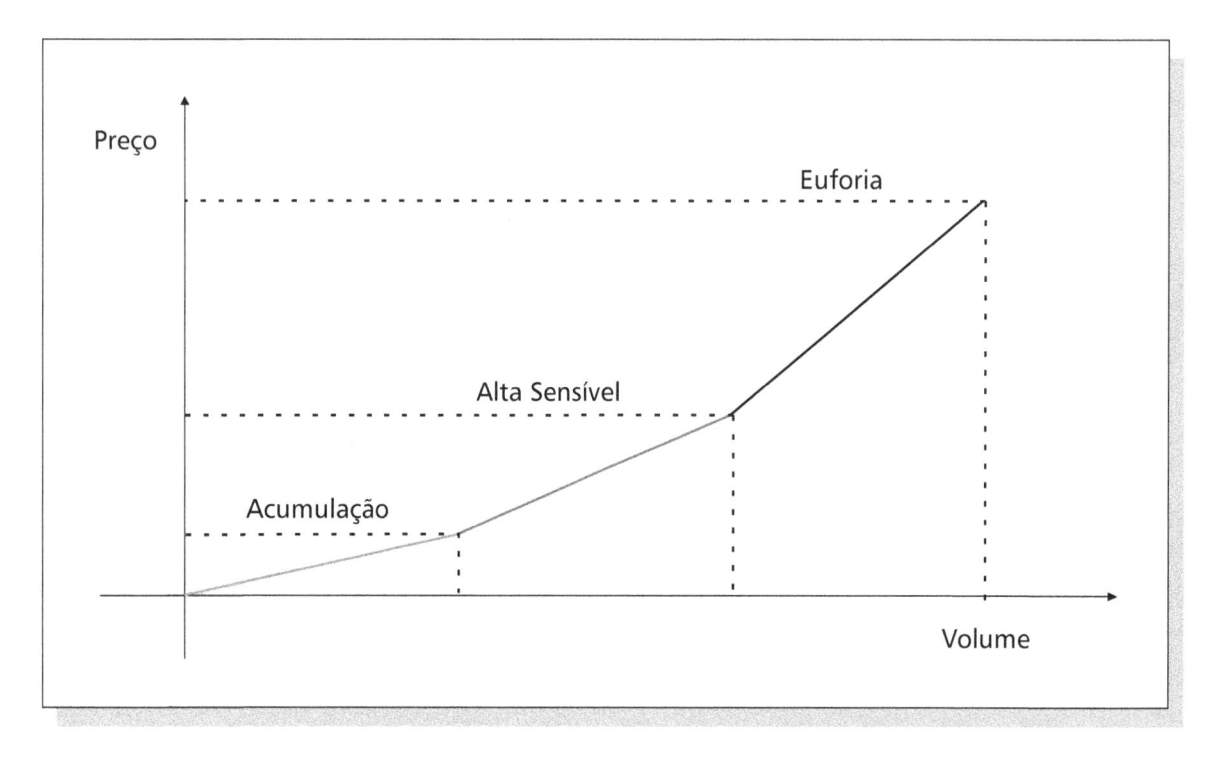

Figura 16.4 *Representação gráfica da tendência de alta.*

Características da tendência de baixa
Na fase inicial, ou "fase de distribuição", o mercado começa a dar sinais de fraqueza, geralmente com recuos pequenos de preços e com um aumento do volume de negociação. Na fase intermediária, há uma "baixa violenta". Essa é a fase mais crítica porque todos os investidores começam a desfazer-se de suas posições, provocando uma queda praticamente vertical das cotações. Na fase final, ou de "baixa desacelerada", os preços voltam a se estabilizar e o mercado fica menos volátil.

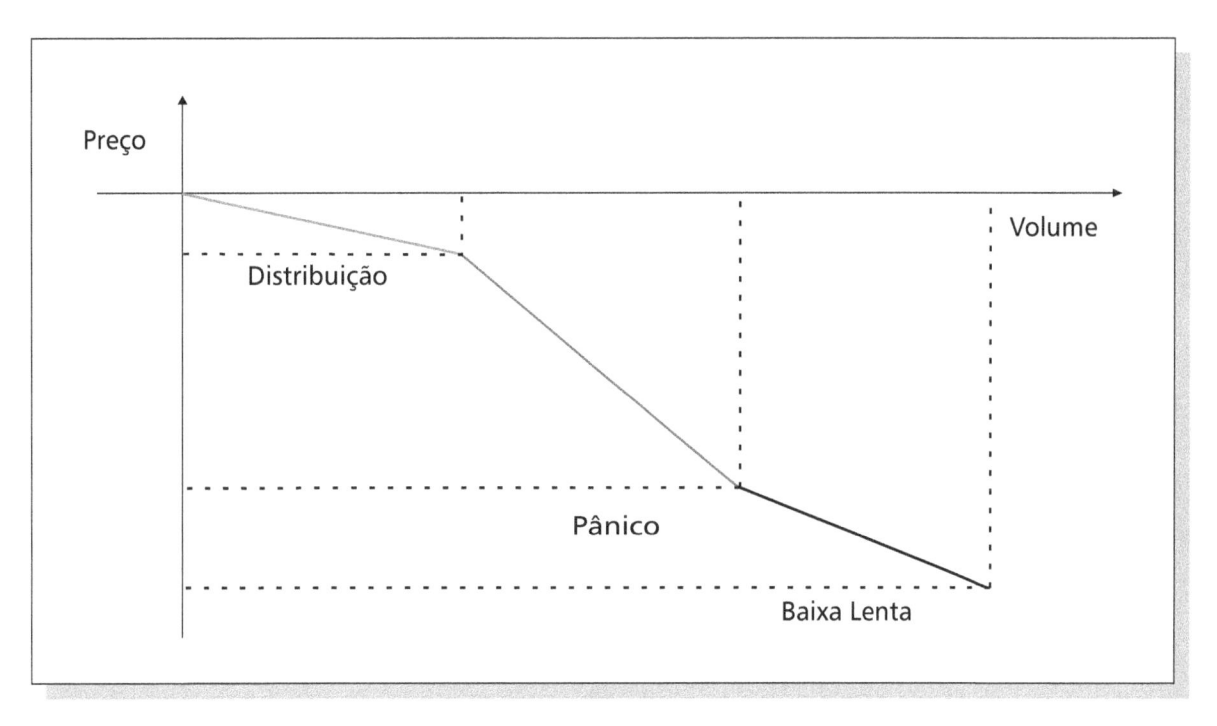

Figura 16.5 *Representação gráfica da tendência de baixa.*

É importante observar que os finais de cada um dos movimentos descritos (de alta e de baixa) são fortes indicadores de oportunidades de compra (baixa lenta) ou de venda ou não compra (euforia) das ações-objetos da análise. Senão vejamos:

- o final de um movimento de alta representa o nível da resistência do preço da ação, nível em que se observa o início da realização de lucros por parte dos investidores que já se acham posicionados no "papel"; e
- o final de um movimento de baixa representa o nível de suporte do preço da ação, nível em que se observa um interesse maior de compra por parte dos investidores.

Dois fatores devem ser observados segundo Charles Dow, quando analisamos as tendências: o volume e os índices.

O volume deve confirmar a tendência. Dow reconhecia a importância do volume como fator secundário, porém importante, na confirmação dos sinais gerados pelos gráficos dos preços. O princípio é simples: o volume deve expandir na direção da tendência principal, ou seja, numa tendência de alta, o volume deve aumentar quando os preços das ações subirem e diminuir quando eles caírem. Se o volume cair quando aumentarem os preços, então a tendência de alta está perdendo forças. Numa tendência de baixa ocorre o contrário.

Os índices devem confirmar-se mutuamente. Nesse ponto, Dow referia-se aos índices industriais e das ferrovias. Ele queria dizer que nenhum sinal importante de reversão de alta ou de reversão de baixa seria válido a menos que acontecesse em ambos os índices. Em outras palavras, os dois índices têm de exceder um ponto predeterminado no gráfico para que se considere iniciado um movimento.

Tabela 16.1 *Classificação de tendências com base nos princípios de Dow.*

	Terciária	Secundária	Primária
TENDÊNCIA	Alta/baixa	Alta/baixa	Alta/baixa
VOLUME	Contradiz	Confirma	Confirma
ÍNDICES	Contradiz	Contradiz	Confirma

Com base nessa tabela, realizamos a classificação mostrada na Figura 16.6.

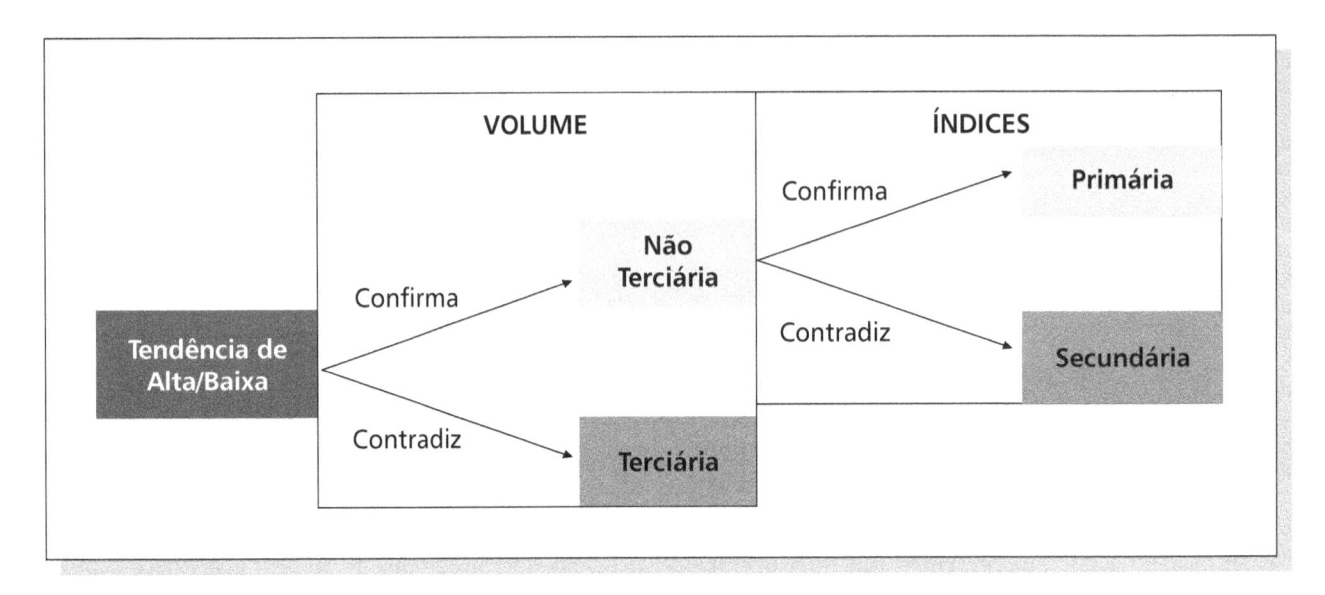

Figura 16.6 *Fluxo lógico para classificação das tendências.*

16.2.2 Teoria das ondas de Elliot

A teoria de Elliot, criada pelo contador Ralph Nelson Elliot, em 1939, é considerada pelos especialistas da área uma das principais ferramentas para localizar ou até antecipar determinadas fases dos ciclos da bolsa.

O princípio das ondas proposto por Elliot foi baseado em suas observações, durante vários anos, de que os movimentos dos integrantes do mercado, suas tendências e suas mudanças seguem determinado tipo de comportamento identificável em forma de padrões ou figuras (ondas).

Utilizando os dados relativos aos valores do Dow Jones Industrials Average (DJIA) como objeto de observação, Elliot descobriu que mudanças nos preços das ações que compõem o índice seguem uma estrutura harmônica básica, que pode ser encontrada na natureza. A partir dessa descoberta, ele desenvolveu um sistema racional de análises do mercado.

Segundo a teoria de Elliot, cada decisão do mercado é resultante de informação relevante, que, por sua vez, também produz informação significativa no mercado. Essa trama nos revela a interdependência entre decisões e informações no mercado de capitais.

A partir dessa concepção, ele estudou o comportamento dos preços na bolsa de valores e identificou o surgimento de figuras e formações no mercado que refletem o comportamento de seus participantes. Ao conhecermos essas formações, sabemos que elas são repetitivas ao longo do tempo e podem ser reconhecidas, possibilitando assim a previsão do comportamento de uma ação.

Para fundamentação de sua teoria, Elliot utilizou duas bases: filosófica e matemática. Sua base filosófica o influenciou para que acreditasse que sua teoria era parte de uma lei natural muito maior que governa todas as atividades humanas. Já a base matemática surgiu quando começou a estudar os gráficos para encontrar o sentido dos ciclos. Começou a estudar as simbologias egípcias da pirâmide de Gisé, em que eram empregados os conceitos de valores, dimensões, áreas etc., e se aprofundou nos estudos de Fibonacci. Com isso, descobriu o ritmo nas flutuações dos gráficos.

O matemático italiano Leonardo Fibonacci, da cidade de Pisa, destacou-se no século XIII por sua defesa do raciocínio lógico contido no sistema de contas árabe do ábaco. Para demonstrar as vantagens do sistema de contas árabe, utilizou o exemplo dos coelhos, que deu origem à série de Fibonacci. Nesse exemplo, buscava conhecer quantos casais de coelhos haveria depois de 12 meses, se cada casal tivesse um casal a mais a cada mês, considerando que o experimento começa com um casal.

O resultado da experiência foi o seguinte:

Número de meses	Número de casais
1	1
2	1
3	2
4	3
5	5
6	8
7	13
8	21
9	34
10	55
11	89
12	144

Observando o resultado da experiência, concluímos que ela representa uma série infinita, em que o número seguinte é obtido por meio da soma dos dois anteriores, como demonstrado a seguir.

Soma dos números		Número da série
00 + 01	=	01
01 + 01	=	02
01 + 02	=	03
02 + 03	=	05
03 + 05	=	08
05 + 08	=	13
08 + 13	=	21
13 + 21	=	34
21 + 34	=	55
...		...

Outra conclusão a que podemos chegar é que após os quatro primeiros elementos, quando dividimos um número da série pelo seu posterior, o resultado encontrado é 0,6180. Também quando dividimos um número da série pelo seu anterior o resultado encontrado é 1,6180. Esse número é conhecido como "fração áurea".

Elliot julgou adequada a utilização das propriedades contidas nas relações da série de Fibonacci para a compreensão dos movimentos das ações.

Aplicando a série de Fibonacci aos seus estudos, Elliot concluiu que:

- a medida da primeira onda de uma sequência, chamada de onda 1, serve como base para encontrar as razões das outras ondas. Essas razões seriam as diretrizes para a estimativa do comprimento das diferentes ondas que compõem a sequência;
- a segunda onda está sempre relacionada com a primeira, de acordo com as seguintes relações: de 50% a 62% da onda 1;
- a terceira onda se relaciona com a primeira, de acordo com as seguintes proporções: 1,618, 2,618 ou 4,236;
- a quarta onda pode estar relacionada com a terceira, de acordo com as seguintes relações: de 24%, 38% ou 50% da onda 3; e
- a quinta onda se relaciona com a primeira, de acordo com as seguintes proporções: 1,000, 1,618 ou 2,618.

Aplicação do princípio das ondas de Elliot à análise de tendências

Segundo Elliot, as atividades humanas apresentam três aspectos distintos: padrão, tempo e razão, interpretados com auxílio das séries de Fibonacci e expressos por meio de ondas. Uma vez compreendidas, as ondas servem como parâmetro para acompanhamento dos movimentos das ações no mercado.

Depois de isolar as figuras ou movimentos que ocorrem no mercado de forma repetitiva, ele deu nome, definiu e classificou essas formações e com base nelas criou uma série de regras empíricas e parâmetros para interpretar o mercado.

Após seus estudos, Elliot chegou à conclusão de que uma tendência de alta ou de baixa é composta por cinco ondas (número de Fibonacci), sendo que as três primeiras correspondem à tendência predominante e as duas seguintes a um ajuste ou correção nessa tendência, ou seja, apresentariam um sentido contrário às três primeiras (ver Figuras 16.7 e 16.8).

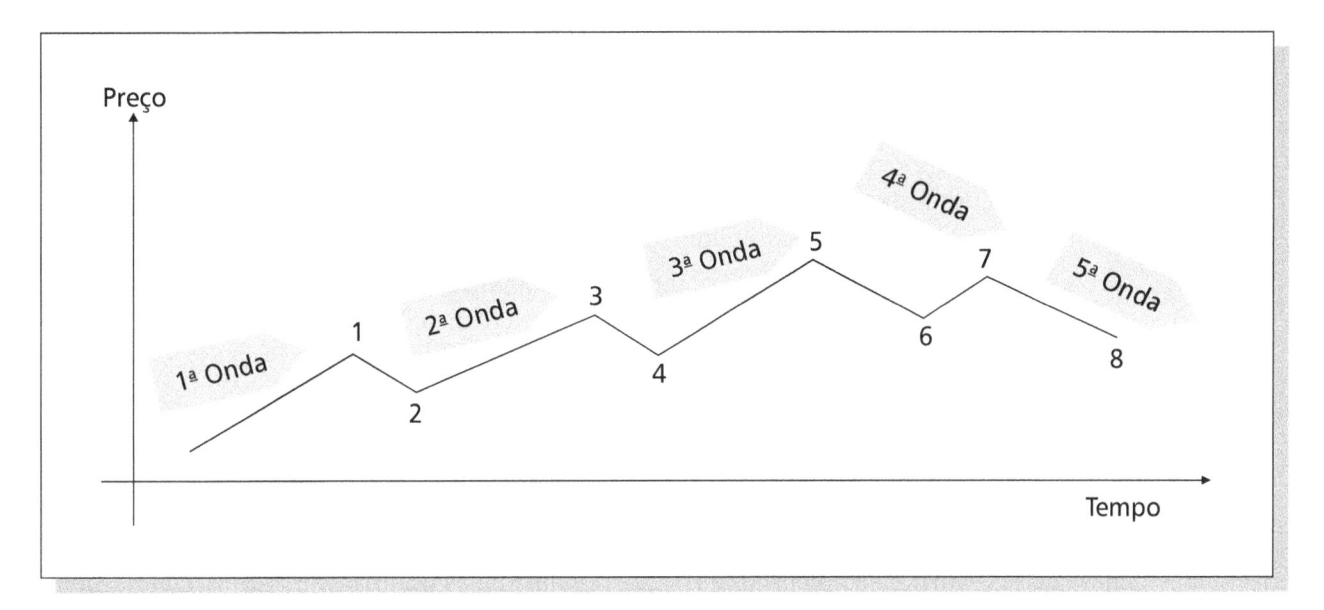

Figura 16.7 *Tendência de alta.*

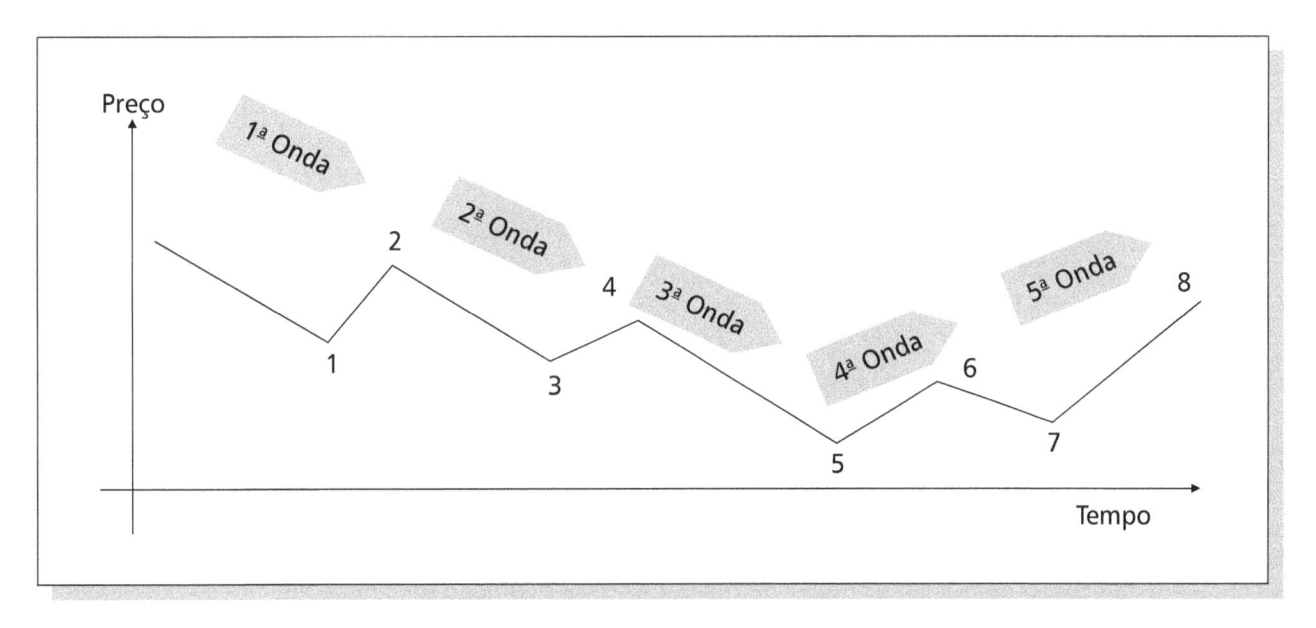

Figura 16.8 *Tendência de baixa.*

16.3 Análise gráfica

A análise gráfica constitui um dos pilares da análise técnica. Muitos analistas técnicos baseiam-se exclusivamente nos gráficos para fazer suas recomendações e por isso são chamados de grafistas.

Apesar de não ser uma ferramenta desconhecida e pouco utilizada, a análise gráfica só foi introduzida no mercado brasileiro a partir da década de 1970. Como suas teorias foram baseadas no modelo norte-americano, foram necessários alguns anos para sua "tropicalização".

A hipótese básica dessa análise é que as expectativas dos investidores a respeito do desempenho de determinada ação refletem-se no seu comportamento bursátil. Com isso, torna-se possível a realização de previsões de seus movimentos futuros em função de suas oscilações passadas. Quando tratamos das expectativas de seres humanos, entramos em uma área de difícil compreensão, mas com a utilização das técnicas grafistas, que se baseiam no desenvolvimento histórico dos preços, essas variações podem ser representadas pelas variações nos preços das ações e possibilitam a construção das tendências de alta ou de baixa.

Podemos dizer que o principal objetivo dessa análise seria a identificação de "tendências" e "pontos de reversão" por meio da análise de formações anteriores.

16.3.1 Tipos de gráficos

Os gráficos podem ser de distintas maneiras, segundo a informação que nos fornecem ou como está disposta essa informação. Geralmente, os gráficos registram a evolução das cotações no decorrer do tempo. No quadrante formado pelos dois eixos cartesianos perpendiculares entre si são plotadas as linhas, as barras, os pontos-figura ou os *candlesticks*, que representarão a atividade dos preços de uma ação durante um intervalo de tempo.

Dentre os gráficos utilizados pela análise gráfica nas previsões futuras dos preços das ações, os mais utilizados são:

- gráfico de linha;
- gráfico de volume;
- gráfico de barras;
- gráfico ponto-figura; e
- gráfico *candlestick*.

Gráfico de linha

O gráfico de linha ou simples, como também é conhecido, consiste numa representação das cotações em intervalos de tempo regulares unidas por linhas retas (ver Figura 16.9). Registra a evolução de uma ação ao longo do período analisado. Para sua construção situamos os preços ou cotações no eixo vertical e o tempo no eixo horizontal. Para cada período utilizamos o preço de fechamento, marcando um ponto para cada preço. Ao uni-los, obtemos uma linha que representará a evolução das cotações.

O gráfico pode ser construído com base em distintas formas de cotações, conforme a necessidade:

- abertura;
- fechamento;

- máxima;
- mínima; e
- média.

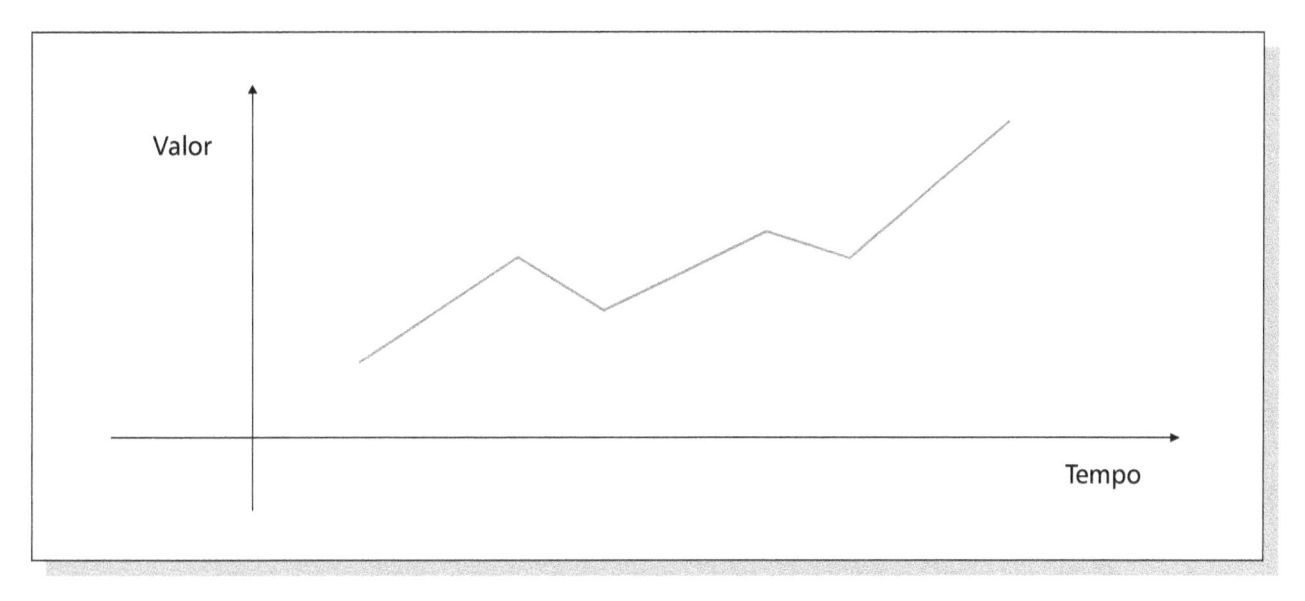

Figura 16.9 *Modelo de gráfico de linha.*

Gráfico de volume

Por volume compreendemos o valor monetário das transações realizadas num período determinado ou o número de ações negociadas num período.

A construção dos gráficos de volume é realizada utilizando-se dois eixos. O eixo vertical representa os volumes de negociação, e o horizontal, o tempo. São construídos como um histograma, de maneira que em cada sessão se traçará uma coluna vertical de tamanho maior ou menor segundo seus respectivos volumes (ver Figura 16.10).

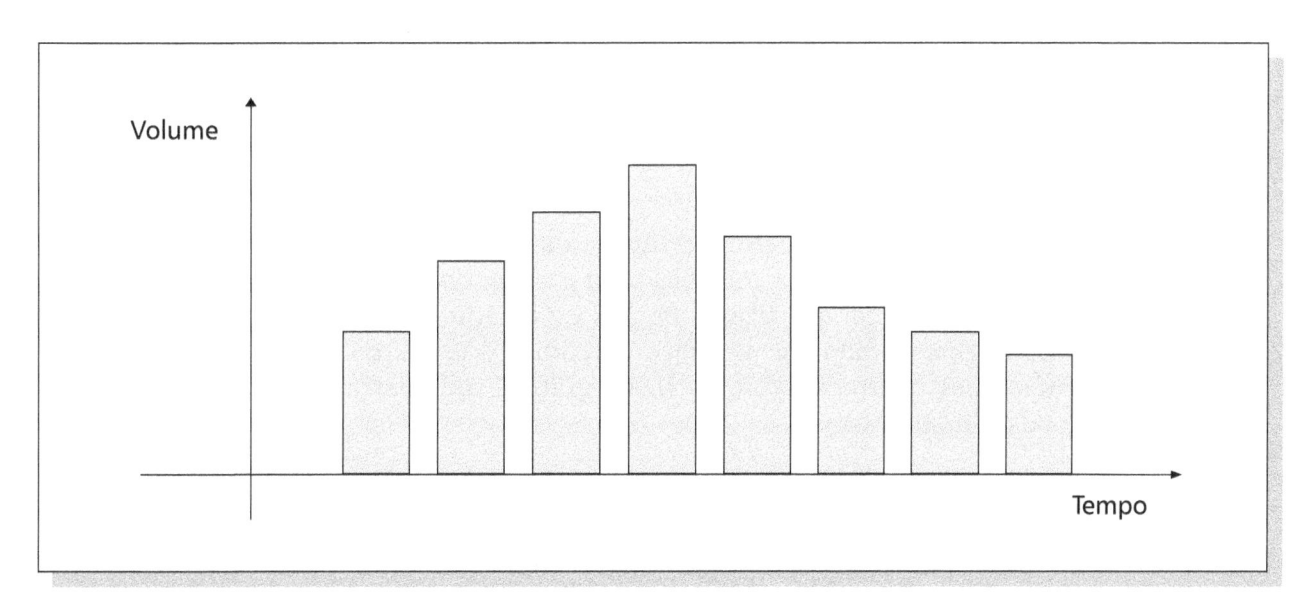

Figura 16.10 *Modelo de gráfico de volume.*

O gráfico de volume pode representar as seguintes unidades:

- volume negociado, em dinheiro (somente para ações);
- quantidade de lotes negociados (somente para ações);
- número de negócios (somente para ações);
- contratos em aberto (somente para mercadorias); e
- volume (somente para mercadorias).

Outra forma de construí-lo é representando o volume por meio de barras verticais sem o eixo horizontal. Dessa forma, cada barra vertical representa a quantidade negociada em um dia (em caso de gráficos mensais), e a escala encontra-se à esquerda, conforme o exemplo a seguir.

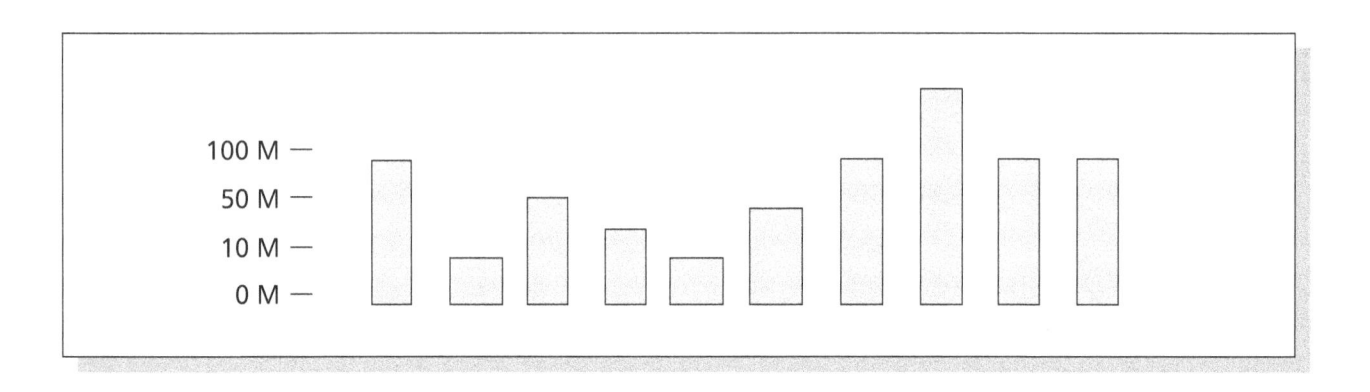

Valendo-nos desse tipo de gráfico, podemos valorizar a força ou pressão com que as cotações se movimentam. Alterações bruscas no volume mostram claramente dias de novos posicionamentos e em geral são acompanhadas de alterações nos preços. Uma forte alta só deve ser considerada significativa se for acompanhada de alto volume. Isso revela que muitos agentes se dispuseram a comprar grandes quantidades e inevitavelmente aumentaram os preços. Forma-se, portanto, um bom momento para posições de compra. Por esse motivo, geralmente esses gráficos são utilizados em conjunto com outros gráficos, como o de linha ou o de barras.

Gráfico de barras

O gráfico de barras registra a evolução das cotações ao longo do tempo por meio de barras verticais. Nele, as cotações para cada período de tempo são representadas por uma linha vertical que liga os pontos de cotação máxima e mínima. O preço de abertura é representado por um traço horizontal à esquerda e o de fechamento é representado por um traço à direita. Nesse gráfico, cada barra representa um período, como no exemplo a seguir.

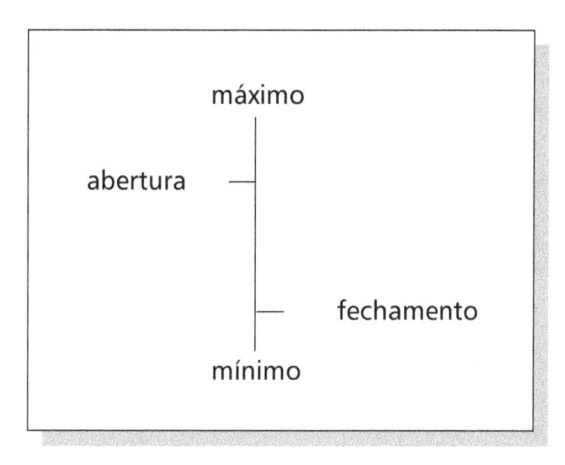

É um gráfico muito utilizado pelos analistas, não só porque apresenta a evolução dos preços de forma simples (máximo, mínimo e fechamento), como também porque permite uma visualização da quantidade negociada diariamente nas bolsas (ver Figura 16.11).

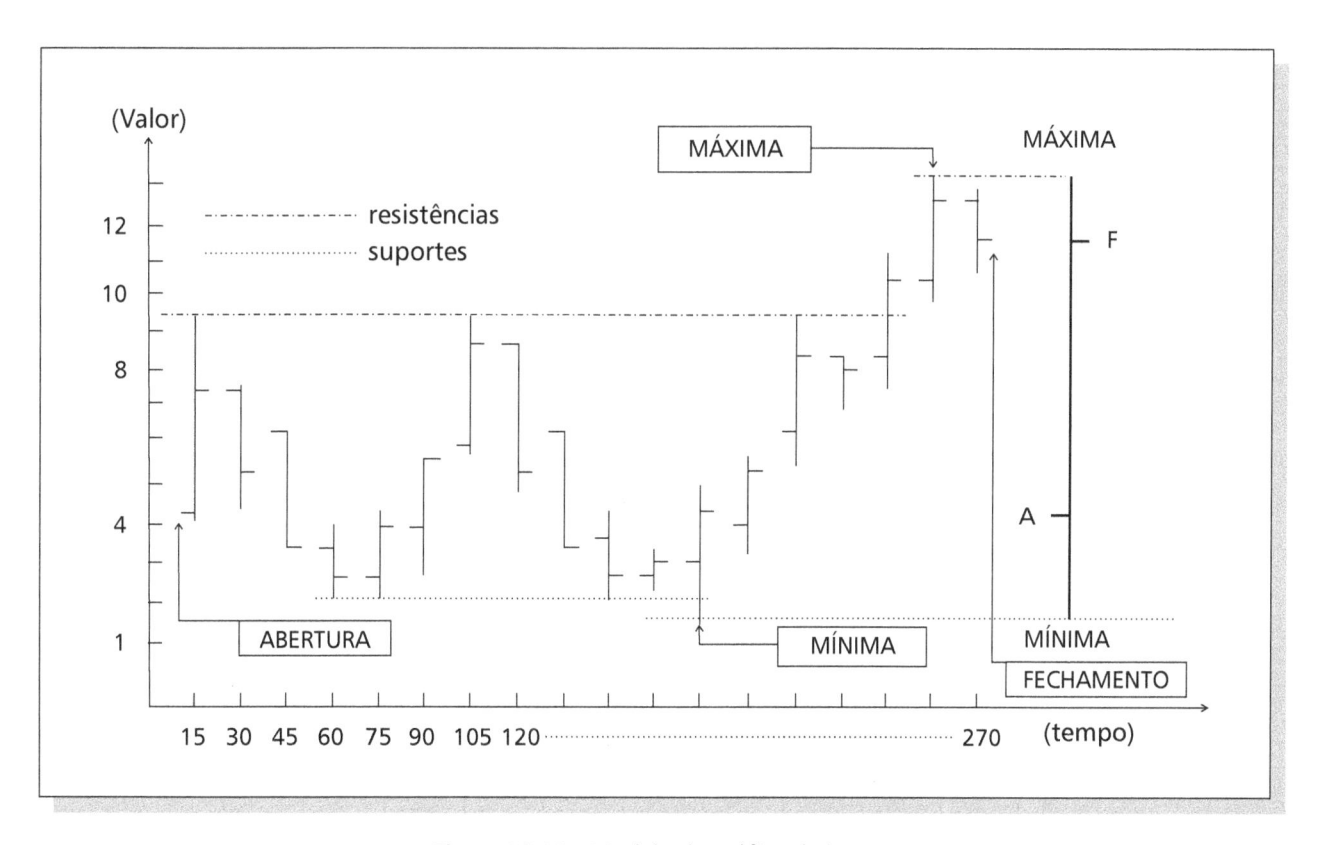

Figura 16.11 *Modelo de gráfico de barras.*

Gráfico ponto-figura

O gráfico ou método do ponto-figura é um instrumento criado para orientação das decisões de compra e venda de ações com base na representação gráfica da interação entre a oferta e procura por determinada ação em um pregão de bolsa de valores.

O nome "ponto-figura" vem da obra de Victor de Villiers, *The point and figure method of anticipating stock price movements*, publicada em 1933.

O gráfico de ponto-figura diferencia-se do gráfico de barras no que se refere ao tempo. Enquanto o de barras sofre alterações em função do tempo, no ponto-figura só ocorrem alterações em função do preço. Por isso, esse gráfico pode ser considerado um gráfico "atemporal", que reflete oscilação expressiva no mercado. É construído com base em colunas de X e 0, em que o "X" reflete uma alta e o "0" reflete uma baixa (ver Figura 16.12).

			X	
			X	
			X	
20.000	X		X	
	X	0	X	
	X	0	X	
	X	0	X	
	X	0		
18.000	X			

Figura 16.12 *Modelo de gráfico ponto-figura.*

Com base nesse gráfico, podemos identificar os sinais de compra e venda para uma ação. Quando, em uma fase de alta, a cotação da ação atinge o quadrado situado acima do mais elevado, alcançado na fase imediatamente anterior, dizemos que há um sinal de compra. Entretanto, se a cotação supera o quadrado representativo de maior baixa, o sinal é de venda. Ver exemplo a seguir.

		X
X		X
X	0	X
X	0	X
X	0	
X		

0	X	
0	X	0
0	X	0
0	X	0
0		0
		0

Gráfico *candlestick*

Os gráficos japoneses, ou *candlesticks*, são ferramentas da análise gráfica que proporcionam uma compreensão da psicologia do mercado, especialmente do curto prazo, estudando os efeitos nas causas. Mais que uma forma de reconhecimento de figuras ou formações, os gráficos nos mostram a interação entre compradores e vendedores.

Ainda que pareça uma ferramenta nova para a realização de análise técnica, esses gráficos surgiram no século XVII no Japão, quando começaram as negociações com os contratos futuros de arroz. O nome *candlestick* resulta de sua utilização no Ocidente, que traduzido para o português seria "velas", representando algo que se assemelha às figuras básicas produzidas com essa ferramenta (ver Figura 16.13).

O gráfico *candlestick* possui as seguintes características:

- cada período é representado por uma "vela" formada pelos preços de abertura e fechamento;
- se no final de um pregão o preço de fechamento terminar acima do preço de abertura, o corpo da vela será transparente. Se o preço de fechamento estiver abaixo do preço da abertura, o corpo da vela será escuro, ou seja, a cor utilizada para preenchimento da vela varia de acordo com o movimento;
- as linhas finas que saem do corpo da vela são chamadas de sombras e correspondem ao pavio da vela. Essas linhas representam o preço máximo e o mínimo que uma ação alcançou durante um pregão; e
- uma vela longa e transparente nos indicará que os compradores são os que tiveram maior participação nas negociações, mas se ela se apresenta longa e escura, serão os vendedores que tiveram maior participação.

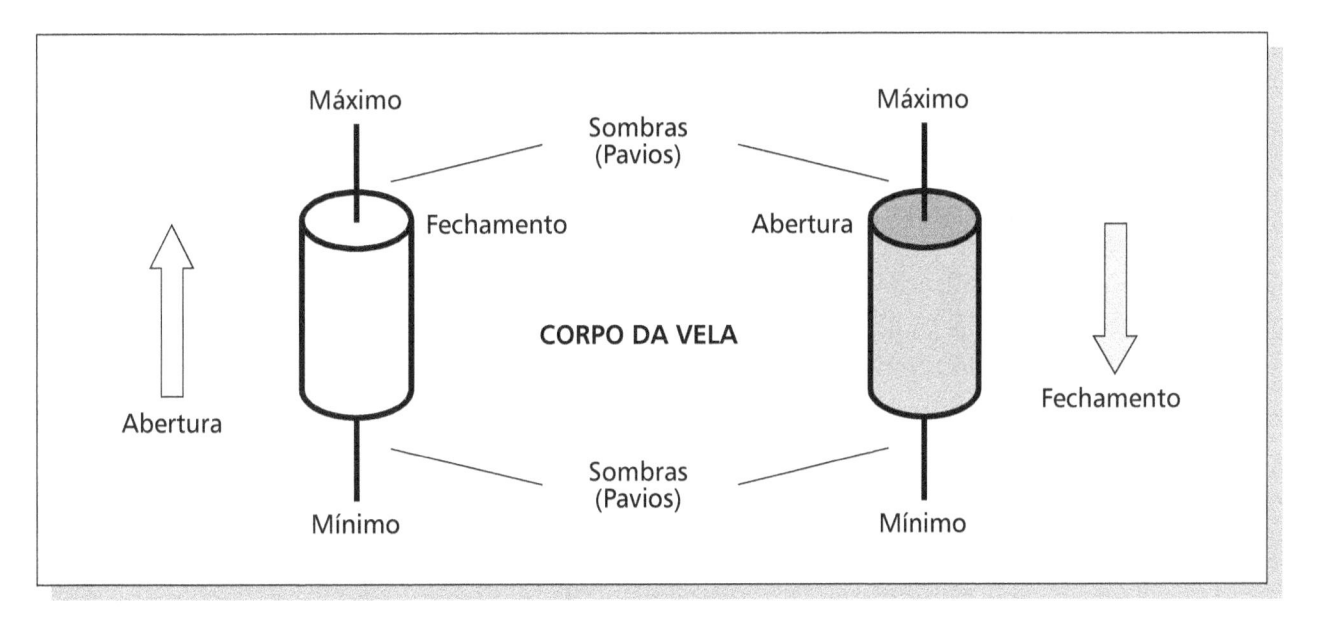

Figura 16.13 *Representações gráficas do gráfico* candlesticks.

Geralmente, os *candlesticks* são utilizados em operações de curto prazo e há a necessidade do estabelecimento da aparição das formações em relação com a tendência. Essa é a base da sua contribuição para a análise.

Para aplicar o reconhecimento de figuras nos gráficos de vela e utilizá-los de forma efetiva, é necessária a utilização de uma média exponencial de curto prazo (de três a cinco dias) para determinar a tendência em curto prazo.

16.3.2 Princípio das tendências na análise gráfica

A tendência representa a direção para a qual o mercado se movimenta. Nesse sentido, ela pode ser de alta, de baixa ou lateral. A explicação para a existência dessas tendências é o desequilíbrio entre oferta e demanda.

Podemos identificar uma tendência de alta quando os níveis de cotação máximos e mínimos se superam uns aos outros sucessivamente, formando um movimento de zigue-zague. Já na tendência de baixa, os níveis de cotação máximos e mínimos vão descendo.

Para a qualificação de uma tendência, devemos observar algumas características que representam os pontos de compra e venda.

Quadro 16.1 *Características dos pontos de compra e venda.*

Preços	Ponto de compra	Ponto de venda
Abertura	Não deve exceder o preço máximo anterior.	Não deve exceder o preço mínimo anterior.
Máximo/mínimo	Preço máximo deve superar o anterior.	Preço mínimo deve superar o anterior.
Fechamento	Deve ser próximo sem ser inferior ao preço máximo.	Deve ser próximo sem ser inferior ao preço mínimo.

Linhas de tendência

Para o estudo de tendências na análise gráfica utilizamos o traçado de linhas como ferramenta de apoio. O traçado de linhas de tendência possibilita o acompanhamento dos movimentos de alta e de baixa das cotações, possibilitando, com isso, a identificação dos sinais de modificação de direção.

Para avaliação da importância de uma linha de tendência devemos considerar cinco fatores, segundo Noronha (1995):

- **Sua periodicidade:** quanto mais longa a periodicidade, mais importante será a linha de tendência.
- **Seu comprimento:** quanto mais duradoura for, mais válida será a linha de tendência.
- **O número de vezes que a linha de tendência foi tocada pelas cotações:** quanto maior o número de contatos das cotações com a linha de tendência, mais válida ela será.
- **Sua inclinação:** o ângulo de inclinação reflete a intensidade emocional do grupo dominante no mercado. Uma linha muito inclinada mostra que o grupo dominante está se movendo rapidamente; já uma linha pouco inclinada mostra que o grupo dominante está se movendo lentamente.
- **Seu volume:** se o volume aumenta quando os preços se movimentam na direção da linha de tendência, eles confirmam essa tendência. Se o volume diminui quando as cotações voltam a essa linha, também confirma essa linha. Se o volume se expande quando os preços voltam a essa linha, é um sinal de advertência de um possível rompimento da linha. Se o volume se retrai quando as cotações se afastam da linha de tendência, é uma advertência de que a linha está em perigo.

Linhas de suporte e resistência

As principais linhas de tendência são as retas de suporte e resistência. Elas representam os níveis de cotações em que as compras e as vendas não são fortes o suficiente para seguir o movimento e, portanto, revertem as tendências de queda ou alta, ou seja, quando as cotações estão em queda e se aproximam do limite inferior, elas perdem força e iniciam um movimento contrário (de alta), e, quando estão subindo e se aproximam do limite superior, iniciam o movimento de queda. Dessa forma, podemos dizer que durante o movimento de queda essa reta funciona como um suporte, e no movimento de alta funciona como uma resistência.

Podemos conceituar uma reta de suporte como sendo um nível de cotações do gráfico a partir do qual o interesse dos compradores supera o dos vendedores, o que provoca o repique da cotação e faz com que ela suba novamente. Uma reta de resistência teria o conceito contrário à de suporte, ou seja, representa um nível de preços do gráfico em que o interesse do vendedor supera o do comprador, o que provoca uma frenagem das cotações e sua consequente queda.

Analisando o gráfico de barras, por meio do estudo de tendências, percebemos que os preços "testam" o suporte e no momento do rompimento da reta os preços caem rapidamente. A seguir já identificamos uma nova reta suporte a ser seguida.

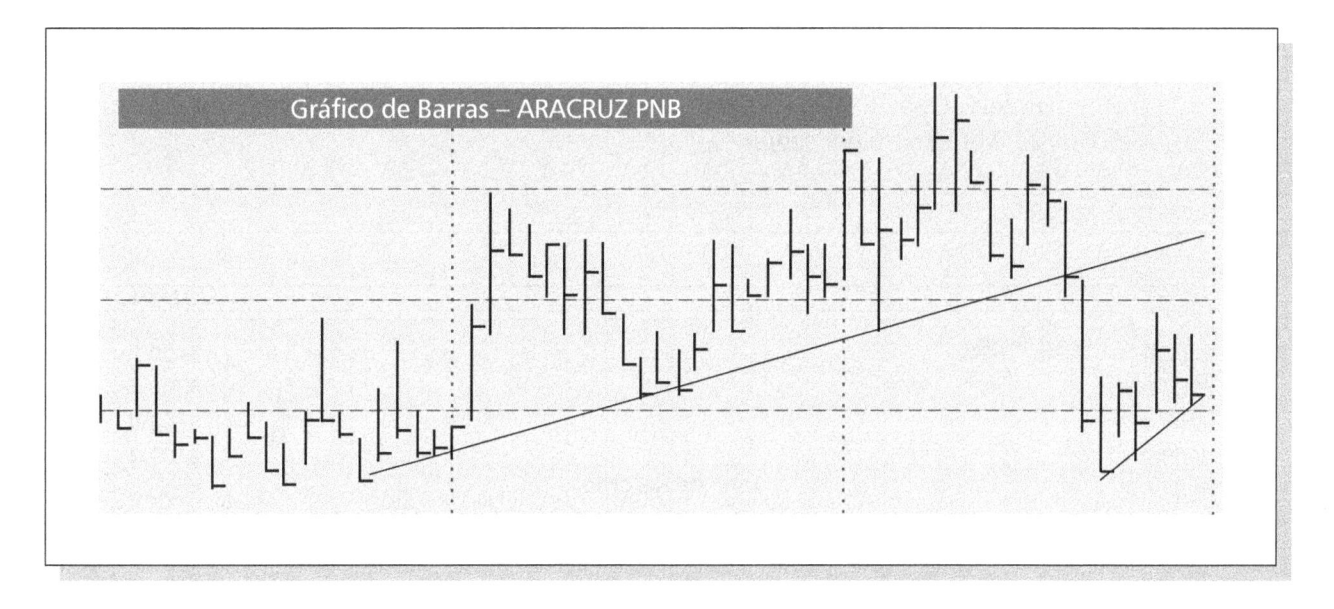

Gráfico de Barras – ARACRUZ PNB

No gráfico a seguir visualizamos com mais clareza o traçado de três retas de tendência. As retas que unem os fundos das barras são as de **suporte**, e as retas que unem os topos das barras são as de **resistência**. Essas retas são parâmetros de continuidade de determinada tendência e o rompimento de uma das retas por parte dos preços é um bom indício de reversão na tendência.

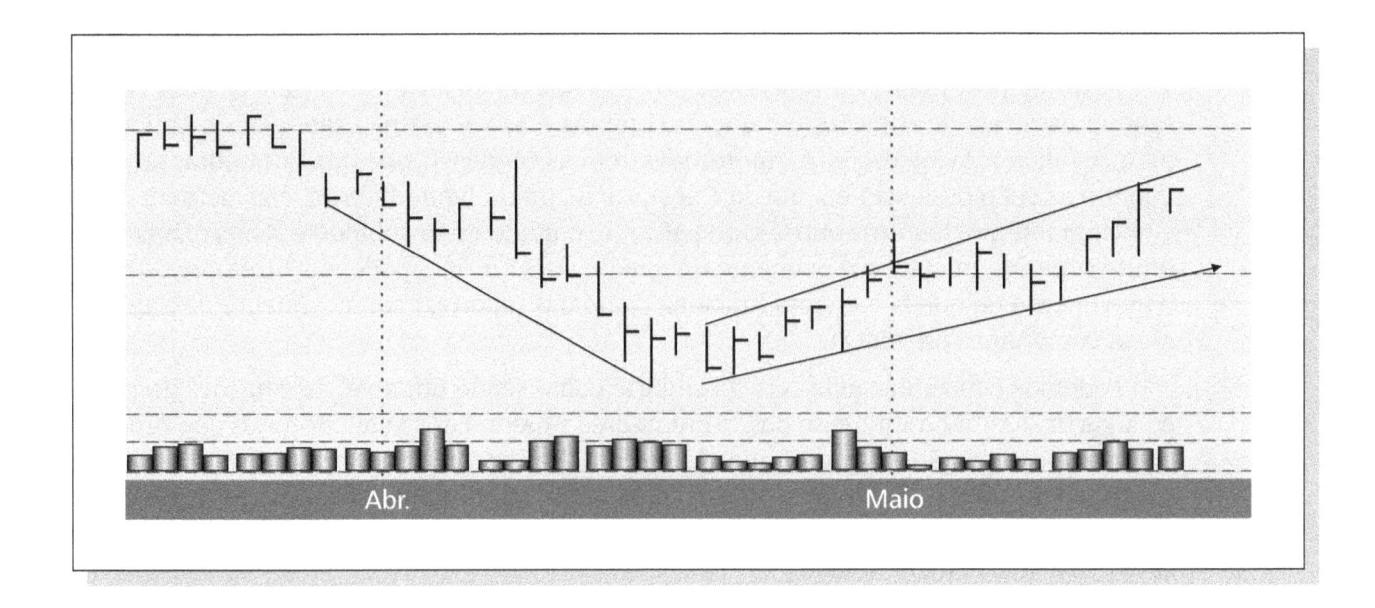

Canais

Os canais de tendência são formações que surgem quando as retas de suporte e resistência estão em paralelo e se produz uma tendência gráfica clara. Sua característica principal é a facilidade no traçado das linhas de suporte e resistência, que se apresentam de forma paralela. Essas formações podem ser produzidas tanto na tendência altista quanto na baixista. Ver exemplo a seguir.

[Gráfico: Canal de Baixa, com Linha de Tendência e Linha de Retorno — 1992, Maio a Out., 27/10/92]

Com a utilização dos canais podemos traçar uma estratégia de compra e venda de ações no curto prazo em função da amplitude do canal, ou seja, comprar as ações quando estão na reta de suporte (base do canal) e vendê-las quando estiverem na reta de resistência (limite superior do canal).

Gaps

Gap ou buraco é uma área em um gráfico em que não há operações. Sua importância é resultante das consequências que podemos extrair do comportamento das cotações quando ocorre o *gap*. Numa tendência de alta ocorre o *gap* quando o intervalo de cotações de um dia fica acima do ponto máximo das cotações do dia anterior. Já numa tendência de baixa ele ocorre quando a cotação mais alta do dia fica abaixo do ponto mínimo das cotações do dia anterior.

Existem cinco tipos diferentes de *gaps*:

- *Gap* **comum** (*common gap*): é o menos importante dos *gaps* em termos de capacidade de previsão. Ocorre nos mercados com valores restritos, de pouco volume de movimentação, representando, na maioria dos casos, um sintoma de desinteresse do mercado.
- *Gap* **de ruptura** (*breakaway gap*): esse *gap* ocorre, geralmente, quando há uma ruptura numa tendência num gráfico. Pode ser interpretado como um sinal importante de movimentação das cotações. É comum que venha acompanhado de um volume importante de negociações.
- *Gap* **de continuação ou de medição** (*runaway or measuring gap*): depois da sustentação de uma tendência, esses *gaps* podem surgir mais ou menos na metade do movimento. Se ocorre numa tendência de alta, pode ser interpretado como um sinal de força do mercado, e, numa tendência de baixa, como um sinal de enfraquecimento do mercado.

- **Gap de esvaziamento (*exhaustion gap*):** esse tipo de *gap* surge no final de uma tendência. Geralmente dura poucos dias e, uma vez tampado, representa um sinal de uma provável reversão de tendência.
- **Gap de ilha (*island reversal*):** esse *gap* ocorre, geralmente, quando depois de um *gap* de esvaziamento é produzido um *gap* de ruptura no sentido oposto à tendência anterior. Esse movimento gera alguns níveis de cotações fora da tendência do gráfico, formando uma figura semelhante a uma ilha. Em geral, esses *gaps* de ilha nos alertam de uma reversão importante de tendência.

16.3.3 Figuras gráficas

As formações gráficas são figuras que surgem pelas forças do mercado. Por meio delas podemos ter uma visão do que está por acontecer com as cotações, em função de suas características, ou seja, analisando o formato da figura é possível identificar se as cotações se manterão ou sofrerão modificações, caracterizando uma tendência.

Existem dois grupos de formações que podemos encontrar: o de continuação e o de reversão. As formações de continuação são aquelas que sugerem que a tendência continuará no mesmo sentido em que já está, enquanto as de reversão sugerem uma mudança no sentido da tendência.

As formações de reversão são aquelas que identificam uma mudança no sentido da tendência. Para interpretá-las, segundo Codina (1998), devemos considerar os seguintes aspectos:

- tem que existir uma tendência anterior;
- a primeira indicação de uma reversão de tendência é a ruptura de uma linha de tendência importante;
- quanto maior for a formação de reversão de tendência em termos de cotações, duração no tempo e volume, mais importante será o efeito do movimento contrário seguinte;
- as informações que indicam uma tendência de altista para baixista geralmente têm uma duração menor e são mais voláteis que as formações que revertem a tendência de baixista para altista; e
- o volume tem mais importância nas formações que indicam a reversão de tendência altista para baixista.

As formações de continuação de tendência, ao contrário das de reversão, mostram-nos movimentos nas cotações que indicam a manutenção da tendência anterior. Sua duração geralmente é inferior às de reversão, isto é, são de curto prazo. Possuem uma importância no sentido de permitir a manutenção de situações vantajosas antes do final de uma tendência.

FORMAÇÕES	FIGURAS
De reversão de tendência	⇒ Ombro-cabeça-ombro ⇒ Duplos e triplos tetos e pisos
De continuação de tendência	⇒ Triângulos ⇒ Cunhas ⇒ Bandeiras ⇒ Flâmulas

Principais figuras de reversão de tendência

Formação ombro-cabeça-ombro

É uma das figuras mais típicas do grafismo, que indica uma mudança na tendência altista a baixista. Seu nome vem da semelhança com a cabeça e os ombros de um homem.

A característica principal dessa formação é a presença de três pontos de resistência e dois pontos de suporte. O primeiro e o terceiro ponto de resistência encontram-se no mesmo nível, enquanto o segundo representa o ponto máximo de resistência da formação. Às formações produzidas pelos primeiro e terceiro ponto de resistência é atribuído o nome de ombros, e à formação produzida pelo segundo ponto de resistência é atribuído o nome de cabeça. Existe uma linha-chave na interpretação dessa formação, que é a linha de pescoço, formada pela união dos pontos de suporte (ver Figura 16.14).

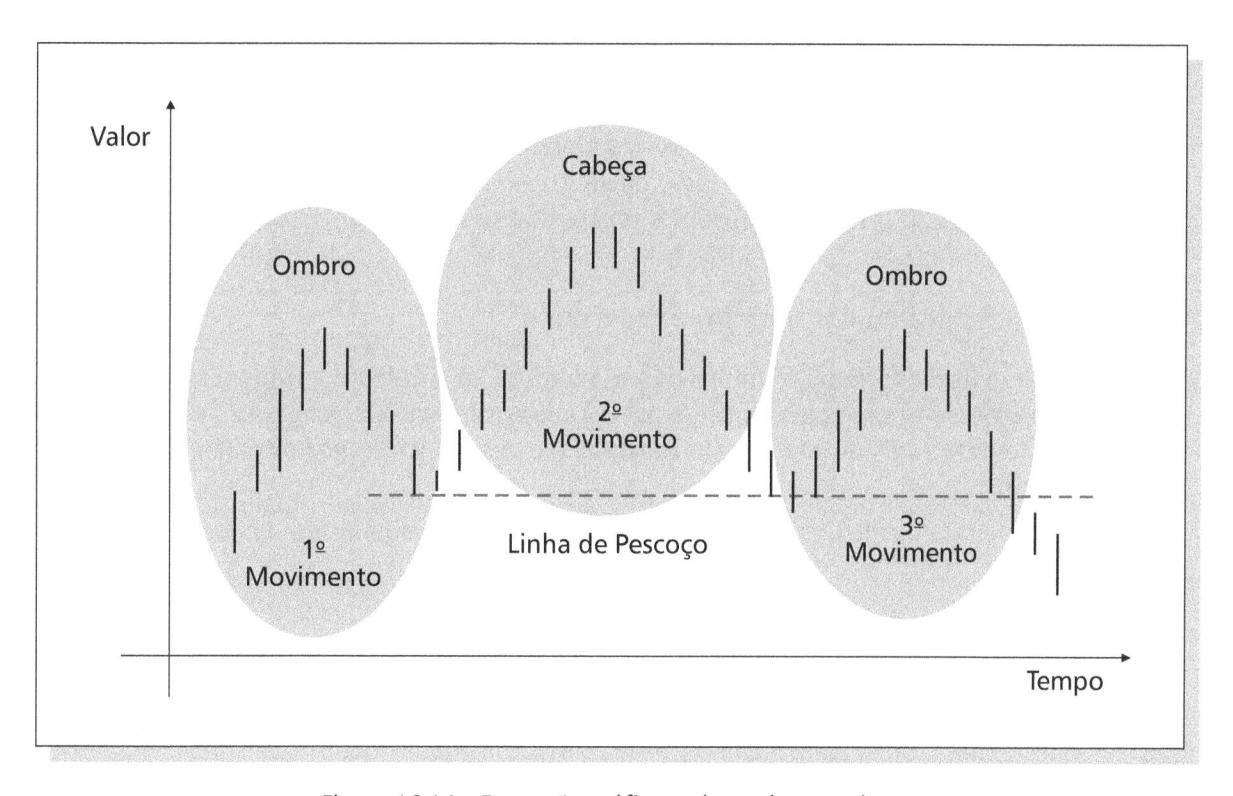

Figura 16.14 *Formação gráfica ombro-cabeça-ombro.*

Geralmente, essa figura surge quando os seguintes fatos são identificados:

- intercepção de um movimento de alta, revertendo para uma sequência de quedas diárias;
- a sequência de quedas é interrompida por um novo movimento altista, cujo pico supera o movimento anterior;
- uma nova sequência de quedas surge ultrapassando o pico do movimento anterior; e
- surge um novo movimento de alta, semelhante ao primeiro.

Essa figura nos proporciona o objetivo de preço, ao que o valor tenderá a alcançar em um curto espaço de tempo. Esse preço é calculado tomando a distância que há desde a linha de suporte até o máximo nível da figura, quer dizer, a cabeça, e projetando-a até embaixo. Assim obtemos o preço objetivo ao qual tenderam os preços.

As fases do ombro, cabeça e ombro são:

Primeira fase: o preço aumenta sempre acompanhado de um volume crescente e superior à média.

Segunda fase: o preço volta a subir, dessa vez até um nível superior à primeira fase. O volume deve acompanhá-la, ainda que com menor força que na formação do primeiro máximo. Depois, chega a correção baixista, determinando-se na linha na qual freou-se a primeira subida. Nesse nível, a denominamos linha do pescoço. Trata-se, em realidade, de uma linha de suporte que freia as posteriores baixas nos preços. Ao final desse movimento fica conformada a cabeça da figura.

Terceira fase: produz-se o terceiro aumento dos preços, mas nessa ocasião o volume começa menor e com menor força; portanto, só aumenta no mesmo nível da primeira figura, ou seja, o primeiro ombro. Os preços continuam em direção à linha de suporte.

Formação dos duplos e triplos tetos e pisos

Depois da formação ombro-cabeça-ombro, os duplos e triplos tetos e pisos são as formações gráficas mais comuns para a determinação de reversão de tendência. Elas apresentam mais de um ponto de suporte e resistência e por isso são mais difíceis de identificar.

Segundo Codina (1998), a formação dos triplos tetos e pisos ocorre seguindo estas etapas:

- primeiro é alcançado determinado nível de cotações, no qual o interesse dos vendedores supera o dos compradores depois de um período de subida;
- com base nesse momento, é produzida uma queda nas cotações, com pouco volume de negócios;
- o preço começa a recuperar-se de novo, também com menor volume, até o nível de cotações mínimo anterior;
- se neste momento se repete a subida, com menor volume teremos um triplo teto.

As características básicas do teto duplo são dois pontos de resistência e um de suporte, e os pontos de resistência encontram-se no mesmo nível quando utilizamos o gráfico de barras e com o mesmo sinal quando utilizamos o gráfico ponto-figura. Caracteriza-se por uma formação com as características do teto duplo invertidas, ou seja, tem dois pontos de suporte e um de resistência (ver Figuras 16.15 e 16.16).

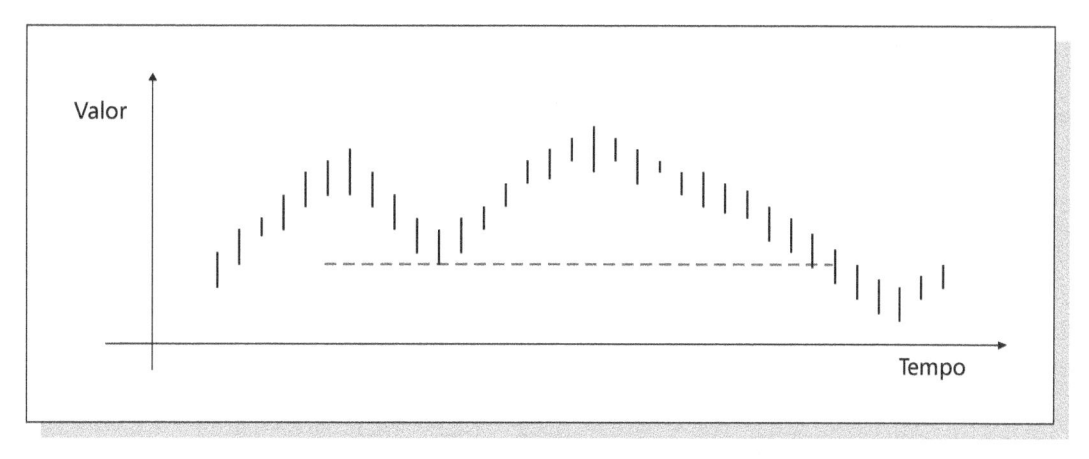

Figura 16.15 *Formação gráfica do teto duplo no gráfico de barras.*

Figura 16.16 *Formações gráficas de teto e piso duplos no gráfico ponto-figura.*

As principais fases dos topos e fundos duplos são:

- **Primeira fase:** o primeiro movimento caracteriza-se por uma alta de preços, com um aumento considerável no volume. Esse volume alcança cotações máximas quando o preço está quase em seus máximos. Isso se deve à grande quantidade de oferta que está na linha de resistência teórica, disposta a satisfazer toda a demanda existente.
- **Segunda fase:** o movimento seguinte é de uma leve queda, até um nível não muito longe ao máximo anterior, e se produz, ademais, com queda considerável no volume de contratação. Nesse ponto encontram-se todos os investidores que, sabendo do potencial de alta do mercado, colocaram suas demandas em uma linha de suporte teórica, sendo satisfeita sua demanda pela recente queda dos preços.
- **Terceira fase:** de novo, o preço recupera-se e quase volta a alcançar o máximo da primeira fase. Volta a topar-se com a resistência. O volume também aumenta com respeito à segunda fase. Os vendedores que estão situados na linha de resistência podem satisfazer toda a demanda do máximo, o qual obrigará a uma pequena queda dos preços até a zona do primeiro fundo.

Principais figuras de continuação de tendência

Formação dos triângulos

Quando as cotações de uma ação entram numa fase de indefinição, oscilando com frequência, porém, afunilando seus valores máximos e mínimos, o traçado das linhas de suporte e resistência produz uma figura que se assemelha a um triângulo. Os triângulos podem se apresentar de três formas distintas: simétricos, ascendentes ou descendentes. Os simétricos são aqueles cujos lados formam ângulos semelhantes em relação à linha da base, já os ascendentes têm seu lado superior perpendicular à linha da base, e os descendentes têm seu lado inferior perpendicular à linha da base.

Essas formas distintas apresentadas pelos triângulos revelam algumas características sobre a tendência, segundo Dehner (1995):

- o fato de existir a mesma angulação em relação à linha da base, encontrada nos triângulos simétricos, demonstra um equilíbrio entre as probabilidades de reversão e de consolidação;
- nos triângulos ascendentes, a sucessão de cotações mínimas vai, com o passar do tempo, aproximando-se das máximas, significando que a pressão altista deve predominar;
- nos triângulos descendentes, contrariamente, as máximas sucessivas vão decrescendo e aproximando-se das mínimas, sinalizando que a pressão baixista é mais intensa.

A Figura 16.17 fornece um exemplo da formação de um triângulo simétrico no gráfico de barras.

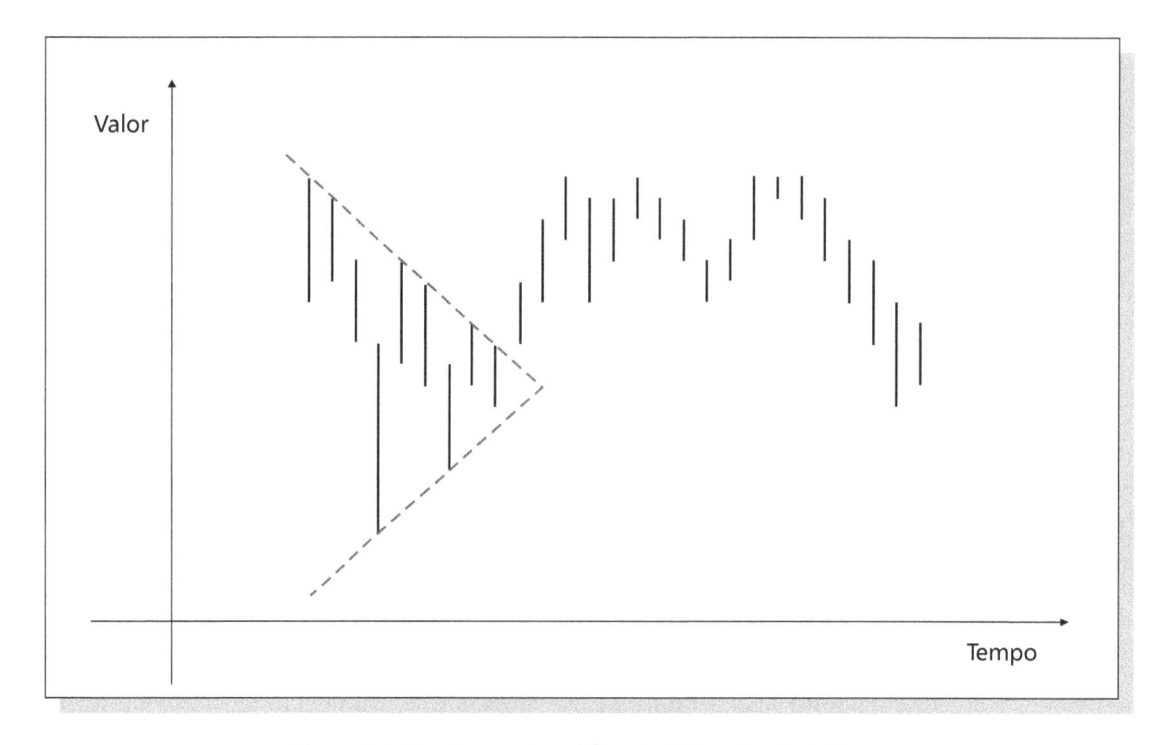

Figura 16.17 *Formação gráfica do triângulo simétrico.*

16.4 Indicadores técnicos

Para desenvolvimento da análise técnica, além dos gráficos, são utilizados também os indicadores técnicos, que procuram trabalhar de forma mais determinística os movimentos de mercado. Esses indicadores técnicos podem ser divididos em duas categorias principais:

- indicadores de tendência (média móvel etc.); e
- osciladores (*momentum*, índice de força relativa, estocástico, ADX etc.).

16.4.1 Indicadores de tendência

Médias móveis

Às vezes encontramos flutuações das ações produzidas por problemas de estabilidade, e para eliminá-las utilizamos as médias móveis, que proporcionam a identificação da tendência e suas reversões de direção. As médias móveis são indicadores técnicos que possibilitam a análise dos movimentos dos preços de uma ação. Graças a sua simplicidade de construção e à objetividade de seus resultados, a média móvel de preço de ações tornou-se um dos mais objetivos e versáteis indicadores de tendência.

Para a construção da média móvel, escolhe-se determinado período de tempo e calcula-se a média dos preços dos dias para preços de fechamento. Essa média é chamada de móvel porque será sempre a média do último período acompanhado, ou seja, a cada novo dia de negociação subtrai-se da média o primeiro dia e soma-se o novo dia.

A análise desse indicador é feita por meio dos sinais apresentados. O sinal de compra é dado quando a linha de preço cruza a linha da média de baixo para cima. O sinal de venda é dado quando a linha de preço cruza a linha da média de cima para baixo.

Para a interpretação dessas médias, devemos considerar os seguintes critérios:

- as médias são linhas de resistência nos movimentos de alta e suporte nos de baixa; e
- quando as cotações estão num movimento de alta ou de baixa, a média pode ser utilizada como aviso de reversão de tendência.

Existem principalmente três tipos de médias:

Média móvel simples →	É equivalente a uma média aritmética, portanto pode ser calculada da mesma forma. Ou seja, somam-se as cotações de determinado período e divide-se por esse número de períodos para obtenção do número representativo desses períodos. A crítica que se faz a essa média é que ela não faz distinção entre os dias, tratando-os da mesma forma.
Média móvel ponderada →	Nessa média, cada uma das cotações é ponderada por sua vez. Por exemplo, se considerarmos um período de dez pregões, o primeiro será multiplicado por um, o segundo por dois, e assim sucessivamente até o último, que será multiplicado por dez.
Média exponencial →	Essa média reúne as vantagens das médias simples e ponderada em seu cálculo mais complexo. Prioriza as cotações mais recentes em relação às mais antigas, possibilitando com isso maior diferenciação no tratamento das cotações.

16.4.2 Osciladores

Nem sempre o mercado encontra-se em tendência de alta ou de baixa. Pode estar, simplesmente, sem tendência ou numa tendência que não fornece parâmetros para análise. Nesse caso, utilizamos os parâmetros que poderemos obter com utilização dos osciladores.

Os osciladores são linhas que flutuam num movimento horizontal, que buscam expressar a velocidade com que variam os preços de uma ação em relação aos anteriores.

Eles são construídos para proporcionar uma visão mais clara de como as cotações evoluem no mercado. Nesse sentido, tentamos fechar os movimentos do mercado entre duas margens que geralmente oscilam de 0 a 100, ainda que existam alguns indicadores que não tenham limites de oscilação. Sua interpretação é feita quando eles se encontram nos pontos extremos dos limites.

Momentum

O *momentum* mede a velocidade com que variam os preços das ações em relação aos anteriores, ou seja, mede a taxa de incremento da variação ascendente ou descendente dos preços das ações. Seu cálculo é obtido com a diferença de preços num intervalo fixo de tempo.

$$M = C - C_n$$

em que:

$C \Rightarrow$ cotação de fechamento do último pregão; e
$C_n \Rightarrow$ cotação de fechamento desde n sessões.

Sua interpretação é feita em função da relação entre evolução dos preços e a linha do *momentum*. Se o preço da ação está num processo de alta e a linha do *momentum* também, representa uma aceleração da taxa de variação dos preços e consequentemente um sinal de alta.

Ou seja:

Se o M aumenta $\Rightarrow$ é um sinal de compra.
Se o M diminui $\Rightarrow$ é um sinal de venda.
Se o M permanece constante $\Rightarrow$ representa perda de força da tendência, podendo haver mudança no seu sentido.

Índice de força relativa (*relative strength index*)

O índice de força relativa (RSI) é um indicador desenvolvido por J. Welles Wilder Jr. e introduzido em 1978 em seu livro *Novos conceitos em sistemas de análise técnica*. A partir daí tornou-se o mais conhecido e popular dos osciladores.

O RSI tem como objetivo ajudar o investidor a determinar os melhores momentos de compra e venda de ações. Ele mede a extensão na qual a ação tem tido um desempenho superior ou inferior ao mercado todo ou ao seu setor em particular. A força relativa é determinada ao calcular o quociente do preço do título para um índice de preços para o setor.

O RSI possui alto poder de predição, já que detecta quando uma ação está supercomprada (*overbought*), sinalizado um momento de venda, ou supervendida (*oversold*), sinalizando um momento de compra.

Seu cálculo requer observação de no mínimo 14 pregões para termos uma ideia de representatividade.

Fórmula de cálculo:

$$Rsi = 100 - \left\{ \left(\frac{100}{1 + \frac{AU}{AD}} \right) \right\}$$

em que:

AU (*average up*) $\Rightarrow$ Média de incremento de preços de fechamento em relação ao pregão anterior.

AD (*average dow*) $\Rightarrow$ Média de decréscimos de preços de fechamento.

Para sua interpretação devemos considerar que ele flutua entre 0 (dominação total dos vendedores) e 100 (dominação total dos compradores). Portanto:

quando *Rsi > 70* $\Rightarrow$ a ação está supercomprada (momento de venda).

quando *Rsi < 70* $\Rightarrow$ a ação está supervendida (momento de compra).

Estocástico (*Stochastic*)

Esse indicador, desenvolvido por George C. Lane em 1957, baseia-se na premissa de que uma ação está em tendência de alta quando seus valores máximos são obtidos no fechamento do pregão. A hipótese contrária ocorre quando os valores mínimos encontram-se também no fechamento da sessão. Ou seja, esse oscilador mostra onde se encontra o preço de fechamento em relação à faixa formada entre os preços máximos e mínimos de certo período.

O indicador é utilizado geralmente para análises de curto prazo em função da rapidez dos movimentos e de sua velocidade ser muito alta.

Para calculá-lo, utilizamos a seguinte fórmula:

$$\%K = \frac{(U - B)}{(A - B)} \times 100$$

em que:

- U ⇒ última cotação;
- A ⇒ cotação mais alta do período; e
- B ⇒ cotação mais baixa do período.

Para a sua interpretação devemos considerar que ele flutua entre 0 e 100, portanto:

quando $\%K > 80$ ⇒ sinal de venda.
quando $\%K < 20$ ⇒ sinal de compra.

Indicador ADX (*Average Directional Moment Index*)

Esse indicador foi baseado no índice de movimento direcional, conceito também desenvolvido por J. Welles Wilder Jr. que representa uma análise de tendência. O índice de movimento direcional determina a direção da cotação com relação ao dia anterior.

Para seu cálculo necessitamos dos valores de máximo, mínimo e de fechamento para cada período. Esse indicador é representado numa escala de 0 a 100 com uma linha horizontal sobre o nível 30. Podemos dizer que, quanto maior o ADX, mais forte o mercado, ou seja, temos maior possibilidade de negociação e de ganhos nas ações com um ADX maior.

O ADX nos permite determinar uma tendência e qual a sua força, não proporcionando informações sobre a direção da tendência.

16.4.3 Aplicação dos indicadores técnicos à análise de tendências

Os preços não seguem uma linha reta em uma direção principal. É importante identificar o movimento principal dentro de diversos "zigue-zagues" (ver Figura 16.18). Nesse sentido, cabe-nos identificar algumas características dessa tendência.

Quadro 16.2 *Características das tendências.*

Itens	Tendência	
	Alta	Baixa
Cotação máxima	Maior que a cotação máxima anterior.	Menor que a cotação máxima anterior.
Cotação mínima	Maior que a cotação mínima anterior.	Menor que a cotação mínima anterior.
Linha de tendência	Não há rompimento.	Não há rompimento.

```
┌─────────────────────────────────────────────────────────────────────────┐
│                                                                         │
│        ┌──────────────────────────────────────────────────────┐         │
│        │  CLASSIFICAÇÃO INDEPENDENTE DOS INDICADORES          │         │
│        └──────────────────────────┬───────────────────────────┘         │
│                                   ▼                                     │
│        ┌──────────────────────────────────────────────────────┐         │
│        │             DETERMINAÇÃO DA TENDÊNCIA                │         │
│        └──────────┬───────────────────────────────┬───────────┘         │
│                   ▼                               ▼                     │
│        ┌──────────────────────┐      ┌──────────────────────┐           │
│        │  TENDÊNCIA DE ALTA   │      │  TENDÊNCIA DE BAIXA  │           │
│        │ Determinação do ADX  │      │ Determinação do ADX  │           │
│        └────┬────────────┬────┘      └────┬────────────┬────┘           │
│             ▼            ▼                ▼            ▼                │
│        ┌─────────┐  ┌─────────┐      ┌─────────┐  ┌─────────┐           │
│        │BAIXANDO │  │ SUBINDO │      │ SUBINDO │  │BAIXANDO │           │
│        │média móv│  │Rsi altis│      │média móv│  │Rsi baix │           │
│        └────┬────┘  └────┬────┘      └────┬────┘  └────┬────┘           │
│             ▼            ▼                ▼            ▼                │
│        ┌──────────────────────┐      ┌──────────────────────┐           │
│        │Stochastic só altista │      │Stochastic só baixista│           │
│        └──────────┬───────────┘      └──────────┬───────────┘           │
│                   └───────────────┬─────────────┘                       │
│                                   ▼                                     │
│        ┌──────────────────────────────────────────────────────┐         │
│        │         PONDERAÇÃO DE CADA CONSIDERAÇÃO              │         │
│        └──────────────────────────┬───────────────────────────┘         │
│                                   ▼                                     │
│        ┌──────────────────────────────────────────────────────┐         │
│        │             DETERMINAÇÃO DO RESULTADO                │         │
│        └──────────────────────────────────────────────────────┘         │
│                                                                         │
└─────────────────────────────────────────────────────────────────────────┘
```

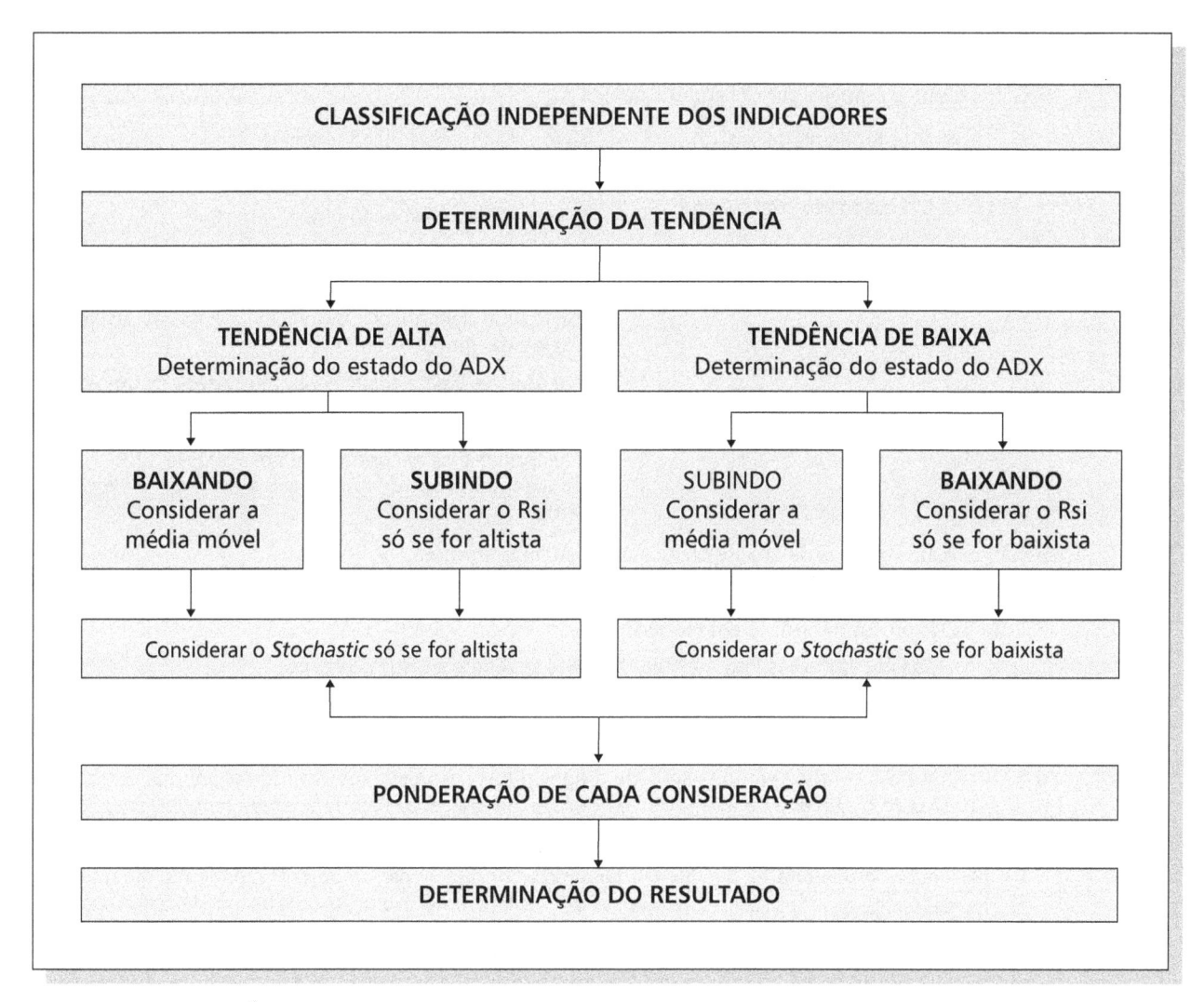

Figura 16.18 *Árvore lógica da metodologia da análise de tendências utilizando os indicadores técnicos.*

Questões para consolidação

1. Analise comparativamente as escolas fundamentalista e técnica de análise de ações.
2. Quais as principais premissas da análise técnica de ações?
3. Quem era Charles H. Dow e qual sua teoria sobre o mercado acionário?
4. Como funciona a teoria de Ralph Nelson Elliot e em que ele se baseou para formulá-la?
5. Quais os principais gráficos utilizados pela análise gráfica nas previsões dos preços das ações?
6. Defina o princípio das tendências na análise gráfica.
7. O que são e qual é a utilidade das figuras gráficas?
8. Como os indicadores técnicos ajudam na determinação dos movimentos de mercado?

Teste de verificação

16.1. Relacione a primeira com a segunda coluna.

(1) Análise fundamentalista.
(2) Análise técnica.
(3) Não relacionado com o tema.

( ) Aproximadamente 30 anos de idade.
( ) Origem profissional.
( ) Seu principal questionamento é o porquê.
( ) Necessita esperteza.
( ) Os preços das ações movimentam-se em tendências e existe uma dependência significativa entre as oscilações dos preços que se sucedem.
( ) Seu objetivo é determinar o valor intrínseco de uma ação.
( ) É realizada por acadêmicos.
( ) Seus primórdios encontram-se por volta de 1700, quando algumas famílias começaram a formular o preço do arroz.

16.2. Sobre as premissas da análise técnica não podemos afirmar:

( ) Todo fator que afeta o preço de um valor está descontado.
( ) Os preços movem-se em tendências.
( ) Todas as empresas têm um valor real que se reflete em suas cotações.
( ) A história se repete.

16.3. Quais são os pressupostos da teoria Dow?

16.4. A teoria Dow consiste em uma série de artigos publicados pelo *The Wall Street Journal* entre 1900 e 1902 com o objetivo de identificar tendências de mercado. Relacione essas tendências com suas descrições.

(P) Tendência primária.
(S) Tendência secundária.
(T) Tendência terciária.

( ) É a tendência principal e mais importante, podendo durar vários anos. Pode refletir uma evolução de alta ou de baixa. Dentro dessa direção de movimentos tende a haver uma mudança súbita dos preços.
( ) Essa tendência ocorre no curto espaço de tempo, que pode ser de algumas horas ou de no máximo algumas sessões. Consideram-se os movimentos do dia a dia.
( ) São consideradas reações que ocorrem nos mercados dentro das tendências primárias. Sua amplitude é menor e pode durar de semanas a até poucos meses.

16.5. Sobre a análise gráfica, não podemos afirmar:

( ) A análise gráfica constitui um dos pilares da análise técnica.
( ) O principal objetivo dessa análise é a identificação de tendências e pontos de reversão através de formações anteriores.
( ) Os gráficos dessa análise sempre consideram os valores no tempo para indicar uma decisão.
( ) Por meio do gráfico de volume podemos valorizar a força ou pressão com que as cotações se movimentam.
( ) O gráfico ponto-figura é o mais popular dos gráficos dessa análise.

16.6. Para a qualificação de uma tendência, devemos observar algumas características que representam os pontos de compra e venda. Relacione essas características com os pontos de compra e venda.

(P) Ponto de venda.
(C) Ponto de compra.

( ) O preço máximo deve superar o anterior.
( ) O preço de fechamento não deve ser superior e deve ser próximo do preço mínimo.
( ) O preço de abertura não deve exceder o preço mínimo anterior.
( ) O preço mínimo deve superar o anterior.
( ) O preço de fechamento não deve ser inferior e deve ser próximo do preço máximo.
( ) O preço de abertura não deve exceder o preço máximo anterior.

16.7. Não são padrões de continuação:

( ) Triângulos.
( ) Retângulos.
( ) Ombro, cabeça e ombro.
( ) Bandeiras e flâmulas.

Respostas dos Testes de Verificação

Capítulo 1: Origem da Moeda e Intermediação Financeira

1.1. Os agentes macroeconômicos são os responsáveis diretos pelas ações econômicas que desenvolvem no sistema e podem ser agrupados em função da natureza de suas ações econômicas em quatro grupos. Com base nessa afirmação, classifique a segunda coluna de acordo com o seguinte critério.
R: (2); (1); (3); e (4).

1.2. Os recursos de produção são também chamados de fatores de produção e formam o conjunto dos fatores de produção que definem o potencial produtivo do sistema econômico. Com base nessa afirmação, classifique a segunda coluna de acordo com o seguinte critério.
R: (2); (1); e (3).

1.3. Poupança é:
(x) parcela da renda não consumida.

1.4. Os fatores motivadores para que se faça poupança são:
(x) todas as respostas estão corretas.

1.5. Não são papéis importantes que a moeda cumpre na sociedade:
(x) facilidade de manuseio.

1.6. A justificativa para a existência de diversos tipos de intermediários financeiros se dá em função de vários tipos de desejos e circunstâncias específicas, nas quais se encontram os poupadores e os investidores. Não são tipos de intermediação financeira:

(x) **Intermediação substancial.**

1.7. Ao executar a transferência de recursos entre agentes superavitários e deficitários, os intermediários financeiros têm uma série de vantagens em relação aos mecanismos primitivos de escambo. Não é(são) vantagem(ns) dos intermediários financeiros:

(x) **Influência junto a órgãos de controle de mercado.**

Capítulo 2: Sistema Financeiro

2.1. Assinale a alternativa que mais se aproxima do conceito de sistema financeiro.

(x) **Nenhuma das alternativas está correta.**

2.2. Das funções listadas a seguir, qual não representa as de um sistema financeiro na economia:

(x) **Solucionar problemas políticos.**

2.3. A evolução do sistema financeiro internacional registrou no século XX três fases principais: o padrão-ouro, o padrão-dólar e o padrão dos direitos especiais de giro. Com base nessa afirmação, classifique a segunda coluna de acordo com o seguinte critério:

R: (3); (1); e (2).

2.4. Sobre o Banco Mundial não podemos dizer que:

(x) **é uma agência que realiza fomento e desenvolvimento nos países da Aladi.**

2.5. Os investimentos em mercados internacionais geralmente são feitos com:

(x) **Todas as alternativas estão corretas.**

2.6. Os centros financeiros podem ser conceituados como sendo cidades especializadas na prestação de serviços financeiros com seus mercados financeiros e suas instituições. Qual das alternativas sobre centros financeiros está incorreta?

(x) **Os centros financeiros regionais internacionais prestam serviços financeiros a um país e fazem a intermediação dos fluxos financeiros dos centros globais e de centros nacionais.**

2.7. Com base na estrutura do sistema financeiro brasileiro, classifique a segunda coluna de acordo com o seguinte critério.

R: (1); (2); (1); (2); (1); (2); e (2).

2.8. Com base na supervisão dos subsistemas do sistema financeiro brasileiro, classifique a segunda coluna de acordo com o seguinte critério.

R: (1); (2); (2); (1); (1); (3); (1); (1); (2); e (2).

2.9. Com base na subordinação das entidades supervisoras do sistema financeiro brasileiro, classifique a segunda coluna de acordo com o seguinte critério.

R: (1); (2); e (3).

2.10. A fiscalização das bolsas de valores é feita:

(x) **pela Comissão de Valores Mobiliários.**

2.11. As empresas financeiras, chamadas de instituições financeiras, não proporcionam serviços relacionados a um ou mais dos seguintes temas:

(x) Todas as alternativas estão corretas.

2.12. Não são consideradas instituições financeiras mediadoras:

(x) Intermediários financeiros.

2.13. Algumas instituições financeiras são chamadas de bancárias porque:

(x) recebem depósitos à vista e criam moeda escritural.

2.14. São exemplos de instituições financeiras captadoras de depósito à vista, exceto:

(x) BNDES.

2.15. Sobre os bancos múltiplos, não é correto afirmar:

(x) Foram os antepassados dos conglomerados.

2.16. São instituições distribuidoras de títulos e valores mobiliários:

(x) Sociedades corretoras de títulos e valores mobiliários, distribuidoras de títulos e valores mobiliários e agentes autônomos de investimento.

2.17. Um banco de desenvolvimento é chamado de não bancário porque:

(x) não recebe depósito à vista e consequentemente não cria moeda escritural.

2.18. A diferença básica entre Selic e Cetip é, respectivamente, a liquidação e custódia predominantemente de:

(x) títulos públicos e títulos privados.

Capítulo 3: Mercados Financeiros

3.1. Os mercados financeiros não devem cumprir as seguintes funções:

(x) Subsidiar os créditos para regiões caracterizadas como bolsões de pobreza.

3.2. A classificação dos mercados financeiros é tarefa difícil em função do grande número de parâmetros utilizados para este fim. Com base nas formas mais comuns de classificação, classifique a segunda coluna de acordo com o seguinte critério.

R: (1); (1); (4); (2); (2); (3); (4); (3); (5); (3); (4); (5); (5); e (4).

3.3. Os títulos no mercado primário são:

(x) emitidos pelos tomadores.

3.4. Os títulos no mercado secundário são:

(x) negociados pelos intermediários financeiros aos poupadores.

3.5. São segmentos do mercado financeiro, com base nas necessidades dos clientes, exceto:

(x) Primário.

3.6. Não são razões pelas quais as pessoas participam deste mercado:

(x) Obtenção de vantagens políticas.

3.7. Os ativos financeiros são títulos emitidos pelos agentes deficitários que representam uma forma de manter a riqueza de seus possuidores e um compromisso por parte dos que o geraram. Com base nessa afirmação, classifique a segunda coluna de acordo com o seguinte critério.
R: (1); (3); e (2).

3.8. Com base nos principais títulos públicos, classifique a segunda coluna de acordo com o seguinte critério.
R: (1); (2); (2); (1); (1); e (2).

3.9. Associe os participantes de um fundo ao papel que desempenha:
R: (4); (1); (3); e (2).

3.10. Atualmente, observamos algumas tendências que têm transformado os mercados financeiros. Entre elas destacam-se:
(x) Desregulamentação, desintermediação, titularização, inovação financeira e globalização.

Capítulo 4: Crises Financeiras Internacionais

4.1. Segundo Aschinger, o desenvolvimento teórico das crises financeiras internas pode ser decomposto em uma série de estágios. Enumere, em ordem cronológica, as etapas de uma crise financeira.
R: (1); (3); (6); (5); (4); e (2).

4.2. Com base nas grandes turbulências financeiras, classifique a segunda coluna de acordo com o seguinte critério.
R: (3); (1); (2); (5); (12); (8); (7); (6); (10); (9); (11); e (4).

4.3. Qual dos países listados a seguir não foi afetado pela crise asiática?
(x) Mongólia.

4.4. Sobre os antecedentes da crise brasileira, não é correto afirmar:
(x) Estava no quarto ano de recessão.

Capítulo 5: Mercado de Capitais

5.1. Marque com V (verdadeiro) ou F (falso) as afirmativas sobre a estrutura do mercado de capitais.
R: (V); (V); (F); (V); e (F).

5.2. São características do mercado de bolsa, exceto:
(x) Ausência de um local de negociação centralizado fisicamente com a consequente dependência de um sistema de comunicação para realização da divulgação das informações.

5.3. Com base nas fontes de financiamento para a empresa, classifique a segunda coluna de acordo com o seguinte critério.
R: (1); (1); (1); (1); (1); e (2).

5.4. Mercado de capitais é fundamental para o crescimento econômico porque:
(x) Todas as alternativas estão corretas.

5.5. Além do processo de fusão das bolsas de valores, o mercado de capitais brasileiro vem sofrendo transformações no setor público e privado. Com base nas iniciativas que vêm ocorrendo para o desenvolvimento do mercado de capitais brasileiro, classifique a segunda coluna de acordo com o seguinte critério.

R: (1); (1); (1); (2); (2); (1); e (2).

5.6. Com base nas descrições dos Marcos Regulatórios, classifique a segunda coluna de acordo com o seguinte critério.

R: (2); (1); e (3).

5.7. São investidores institucionais:

(x) **Todas as alternativas estão corretas.**

Capítulo 6: Valores Mobiliários

6.1. Das alternativas listadas, qual não representa valores mobiliários negociados no mercado de capitais brasileiro?

(x) **Certificados de depósito bancários (CDB).**

6.2. Das alternativas listadas, qual não representa características das ações?

(x) **Títulos que representam dívida ou crédito.**

6.3. São direitos dos acionistas:

(x) **Todas as alternativas estão corretas.**

6.4. Não são preferências que os acionistas detentores de ações preferenciais adquirem, com suas ações:

(x) **Preferência nas assembleias gerais.**

6.5. Chamamos de preferenciais as ações que:

(x) **Todas as alternativas estão corretas.**

6.6. A principal característica das ações ordinárias é:

(x) **Nenhuma das alternativas está correta.**

6.7. O acionista detentor de ações ordinárias goza dos direitos a seguir, exceto:

(x) **Ter preferência no recebimento de dividendos.**

6.8. Quanto à circulação, podemos encontrar ações, exceto:

(x) **Ordinária nominativa, preferencial nominativa, ordinária escritural, preferencial escritural.**

6.9. Sobre as ações escriturais não é correto afirmar:

(x) **A empresa processa, diretamente aos acionistas, os pagamentos de direitos e resultados e as transferências de propriedade.**

6.10. Com base nos valores das ações, classifique a segunda coluna de acordo com o critério a seguir.

R: (3); (5); (4); (6); (2); e (1).

6.11. As ações têm rendimentos e resultados distribuídos pela própria companhia, exceto:

(x) **Lucro na venda.**

6.12. Com base nas categorias dos ADRs patrocinados, classifique a segunda coluna de acordo com o seguinte critério.

R: (2); (3); (4); e (1).

6.13. Com base nos agentes envolvidos na emissão de debêntures para a empresa e suas responsabilidades, classifique a segunda coluna de acordo com o seguinte critério.

R: (1); (2); (5); (6); (4); (3); e (7).

6.14. Quanto ao prazo de vencimento, os *commercial papers* devem ter 30 dias no mínimo e, no caso das companhias fechadas, podem ter um máximo de:

(x) **180 dias.**

Capítulo 7: Mercado de Capitais e as Empresas

7.1. Com base na cronologia de financiamento das empresas, ordene as etapas da evolução.

R: (2); (3); (1); e (4).

7.2. Com base nos principais investidores de recursos no mercado de capitais, classifique a segunda coluna de acordo com o seguinte critério.

R: (3); (1); (4); (5); e (2).

7.3. Com base nas captações no mercado de capitais, classifique a segunda coluna de acordo com o seguinte critério.

R: (1); (2); (3); (3); (1); (3); (2); e (1).

7.4. Com base nas ofertas para captação de recursos no mercado de capitais, classifique a segunda coluna de acordo com o seguinte critério.

R: (2); (1); (2); e (1).

7.5. Para a abertura do capital, segundo a Lei nº 6.385/76, a empresa pode emitir os seguintes tipos de títulos de propriedade, exceto:

(x) **Letra de câmbio.**

7.6. São vantagens da abertura de capital, exceto:

(x) **Publicações legais.**

7.7. Antes de decidir sobre a abertura de capital, o empresário deve avaliar as repercussões de suas opções. Classifique a segunda coluna de acordo com o seguinte critério:

R: (2); (3); e (1).

7.8. Não são razões para a abertura de capital:

(x) **Acerto de pendências fiscais.**

7.9. Com base no tipo de razão que leva a empresa a abrir seu capital e a modalidade de operação que será realizada, classifique a segunda coluna de acordo com o seguinte critério.

R: (2); (2); (1); (2); (2); (1); e (2).

7.10. São características da sociedade anônima, exceto:

(x) **O estatuto social precisa ser modificado pelas entradas e saídas de acionistas.**

7.11. A abertura de capital exige o cumprimento de uma série de etapas. Ordene as etapas segundo a dinâmica do processo de abertura de capital.

R: (1); (3); (4); (2); (6); (5); e (7).

7.12. Com base nas atividades chamadas de pré-abertura, classifique a segunda coluna de acordo com o seguinte critério.

R: (2); (3); (1); (2); (1); (3); (1); (2); e (3).

7.13. Com base nos registros necessários para abertura de capital, classifique a segunda coluna de acordo com o seguinte critério.

R: (3); (2); e (1).

7.14. A operação de *underwriting* pode ser feita das seguintes formas:

(x) **Todas as alternativas estão corretas.**

7.15. Com base no conjunto de instituições financeiras que fazem a colocação das ações, classifique a segunda coluna de acordo com o seguinte critério.

R: (1); (3); (4); (5); e (2).

7.16. Para a colocação de ações no mercado primário, a empresa contrata os serviços de instituições especializadas, que formarão um *pool* de instituições financeiras para a realização de uma operação de *underwriting*. Com base no risco dessa operação, classifique a segunda coluna de acordo com o seguinte critério.

R: (1); (2); e (3).

7.17. São taxas cobradas pelas instituições financeiras na operação de abertura de capital, exceto:

(x) **Taxa do fundo garantidor de crédito.**

7.18. São documentos que compõem as ofertas públicas, exceto:

(x) **Autorização de oferta da Bovespa.**

7.19. Com base nas etapas para o IPO, classifique a segunda coluna de acordo com o seguinte critério.

R: (2); (2); (1); (3); (1); (2); (1); e (3).

7.20. Das alternativas listadas, qual melhor representa as atribuições da equipe de relações com investidores?

(x) **Todas as alternativas estão corretas.**

7.21. Com base na obrigatoriedade das modalidades de OPA, classifique a segunda coluna de acordo com o seguinte critério.

R: (1); (1); (1); (2); e (2).

Capítulo 8: A Bolsa de Valores no Mundo

8.1. São requisitos que uma bolsa deve cumprir, exceto:

(x) **Localização estratégica para facilitar as negociações.**

8.2. Com base nas características dos especuladores e investidores, classifique a segunda coluna de acordo com o seguinte critério.

R: (2); (1); (2); (1); (2); (1); (1); e (2).

8.3. Baseando-se nas funções que uma bolsa cumpre sob os vários pontos de vista, classifique a segunda coluna de acordo com o seguinte critério.

R: (1); (2); (3); (4); (4); (1); (1); (3); (3); (1); (1); (4); e (4).

8.4. São características fundamentais das negociações com ações, exceto:

(x) **Aprovação de órgão governamental.**

8.5. Com base nos distintos tipos de ordens de compra ou venda que podem ser emitidas, classifique a segunda coluna de acordo com o seguinte critério.

R: (4); (1); (3); e (2).

8.6. As negociações com ações em bolsa de valores requerem a intermediação das sociedades corretoras de títulos e valores mobiliários, credenciadas para executar as ordens de compra e venda de seus clientes em pregão. Com base no circuito básico de negociações, classifique a segunda coluna de acordo com o seguinte critério.

R: (3); (1); (2); (5); e (4).

8.7. Não são passos prévios para a elaboração de índice de ações:

(x) **Autorização de uma bolsa de valores.**

8.8. Com base nos principais índices das bolsas, classifique a segunda coluna de acordo com o seguinte critério.

R: (1); (2); (4); (2); e (3).

Capítulo 9: B3 – Brasil, Bolsa, Balcão

9.1. Com base na história das bolsas no Brasil, classifique a segunda coluna de acordo com o seguinte critério:

R: (1); (3); (2); (4); (5); (7); (6); (9); (8); e (10).

9.2. Com base no surgimento da B3, classifique a segunda coluna de acordo com o seguinte critério:

R: (3); (1); e (2).

9.3. Com base nas manipulações que podem ocorrer no mercado, classifique a segunda coluna de acordo com o seguinte critério:

R: (2); (1); (3); e (4).

9.4. São empresas do grupo B3, exceto:

(x) **CVM.**

9.5. Não são as principais razões que levaram à criação do Novo Mercado:

(x) **Grande número de aberturas de capital em toda a década de 1990.**

9.6. São obrigações adicionais para as companhias abertas que aderirem ao Novo Mercado, exceto:

(x) **Obrigatoriedade de realização de uma oferta de compra de todas as ações em circulação, pelo valor contábil, nas hipóteses de fechamento do capital ou cancelamento do registro de negociação no Novo Mercado.**

9.7. Com base nos compromissos adicionais nos níveis da B3, classifique a segunda coluna de acordo com o seguinte critério.

R: (2); (4); (3); e (1).

9.8. Criado em setembro de 2000 pela B3, o Novo Mercado foi desenvolvido com o objetivo de estimular o interesse dos investidores e ao mesmo tempo valorizar companhias. Com base nessa afirmação, classifique a segunda coluna de acordo com o seguinte critério.

R: (1); (1); (2); (1); (4); (2); (2); (3); (3); e (4).

9.9. Com base nos índices divulgados pela Bovespa, classifique a segunda coluna de acordo com o seguinte critério.

R: (1); (5); (3); (6); (4); (7); e (2).

9.10. Com base nas partes envolvidas nos ETF, classifique a segunda coluna de acordo com o seguinte critério.

R: (1); (3); (2); (5); (6); e (4).

9.11. Com base nos tipos de ETF negociados na B3 e seu índice de referência, classifique a segunda coluna de acordo com o seguinte critério.

R: (8); (3); (1); (7); (2); (6); (4); e (5).

Capítulo 10: Negociações com Ações na B3

10.1. Com base nos mercados disponíveis na B3, classifique a segunda coluna de acordo com o seguinte critério.

R: (1); (3); (4); (6); (2); (5); (7); (8); (10); e (9).

10.2. Com base na codificação adotada para algumas espécies/classes de ações, classifique a segunda coluna de acordo com o seguinte critério.

R: (2); (1); (3); (4); (6); (7); (10); (8); (9); e (5).

10.3. São características fundamentais das *blue chips*, exceto:

(x) **São empresas de médio porte.**

10.4. Com base nos principais perfis com suas respectivas características, classifique a segunda coluna de acordo com o seguinte critério.

R: (1); (2); (3); (1); (3); (1); e (2).

10.5. Com base nos tipos de DMA, classifique a segunda coluna de acordo com o seguinte critério.

R: (2); (1); (4); e (3).

10.6. Com base no exercício de seu papel de autorregulador em momentos distintos do pregão, classifique a segunda coluna de acordo com o seguinte critério.

R: (1); (1); (2); (1); (1); (3); (2); (2); e (3).

10.7. Com base nos principais tipos de ordens executadas no PUMA, classifique a segunda coluna de acordo com o seguinte critério.

R: (3); (4); (5); (1); (7); (2); e (6).

10.8. Os leilões eletrônicos são realizados automaticamente durante o pregão da bolsa cada vez que algum parâmetro de negociação sai do padrão. Não são exemplos desses parâmetros:

(x) **Horário.**

10.9. São características do doador, no aluguel de ações, exceto:

(x) **Numa subscrição, não tem direito a adquirir as ações via BTC.**

10.10. Sobre as operações realizadas no mercado secundário, incidem os seguintes custos, exceto:

(x) Todas as alternativas apresentadas.

Capítulo 11: Negociações a Prazo com Ações na B3

11.1. Sobre os mercados da B3, classifique a segunda coluna de acordo com o seguinte critério.

R: (2); (3); e (1).

11.2. São características dos contratos a termo:

(x) Todas as afirmativas anteriores.

11.3. Complete a frase: Um comprador de um futuro adquire ... de comprar o ativo-objeto, e o vendedor de um futuro adquire ... de vender o ativo-objeto.

(x) A obrigação/a obrigação.

11.4. Complete a frase: Uma posição longa em futuros beneficia-se de ..., e uma posição curta de futuros beneficia-se de ...

(x) Altas no preço do ativo-objeto/quedas no preço do ativo-objeto.

11.5. Uma opção americana:

(x) Pode ser exercida a qualquer momento, desde a compra até a data do vencimento.

11.6. Uma opção europeia:

(x) Só pode ser exercida na data de vencimento.

11.7. Marque com V (verdadeiro) ou F (falso) as afirmativas sobre o mercado de opções.

R: (F); (F); (V); (F); e (V).

11.8. Complete a frase: Um comprador de uma *call* adquire ... o ativo-objeto.

(x) O direito (mas não a obrigação) de comprar.

11.9. Complete a frase: Um vendedor de uma *put* adquire ... o ativo-objeto.

(x) A obrigação de comprar.

Capítulo 12: A Análise Fundamentalista de Ações

12.1. Marque com V (verdadeiro) ou F (falso) as afirmativas sobre a análise fundamentalista.

R: (V); (F); (V); e (F).

12.2. Com base em suas contribuições para a análise fundamentalista de ações, classifique a segunda coluna de acordo com o seguinte critério.

R: (3); (1); e (2).

12.3. Com base nos critérios de decisão da análise fundamentalista, classifique a segunda coluna de acordo com o seguinte critério.

R: (3); (1); e (2).

12.4. Para estimar o valor de uma ação, a análise fundamentalista baseia-se em três pontos. Quais são eles?

Demonstrações financeiras passadas; situação atual da economia e estimativas futuras de variáveis; e grau de confiança do investidor em relação ao grau de intervenção governamental.

12.5. Com base na comparação entre as escolas de análise de ações, classifique a segunda coluna de acordo com o seguinte critério.

R: (1); (2); (2); (1); (2); (1); (1); e (2).

12.6. São requisitos que os mercados devem cumprir para que sejam eficientes, exceto:

(x) **Todas as alternativas estão corretas.**

12.7. Com base nos níveis de eficiência do mercado, classifique a segunda coluna de acordo com o seguinte critério.

R: (2); (3); e (1).

12.8. Não são ferramentas utilizadas para a transformação da informação em ideia:

(x) **Efetividade.**

12.9. Ordene os passos básicos da análise *top down*, seguindo sua sequência lógica.

R: (2); (3); e (1).

Capítulo 13: Análise Macroeconômica e Setorial

13.1. A estrutura básica de um modelo macroeconômico compõe-se da parte real e da parte monetária da economia, que pode ser vista através de seus mercados. As variáveis ou agregados macroeconômicos são determinados pelo encontro da oferta e da demanda em cada um desses mercados. Com base nessa afirmação, classifique os mercados a seguir de acordo com o seguinte critério.

R: (1); (3); (2); (1); (3); e (2).

13.2. São variáveis macroeconômicas, exceto:

(x) **O índice Isenn.**

13.3. Não são explicações para a influência das variáveis macroeconômicas no desempenho da bolsa de valores:

(x) **Os agentes econômicos utilizam as bolsas de valores para se proteger de planos econômicos.**

13.4. São fatores importantes para saber como é ou como será um período para um setor, exceto:

(x) **Controle governamental.**

13.5. Com base nos níveis de eficiência do mercado, classifique a segunda coluna de acordo com o seguinte critério.

R: (3); (1); (4); e (2).

13.6. São fatores importantes para a análise das perspectivas estratégicas do setor, exceto:

(x) **Controle governamental.**

Capítulo 14: Análise dos Fundamentos das Empresas

14.1. O índice de liquidez corrente mostra quantos reais a empresa tem:
   (x) **no ativo circulante para cada real de dívida a curto prazo.**

14.2. Com relação ao índice de liquidez seca, escolha a afirmativa que julga ser a correta:
   (x) **A análise da liquidez seca deve ser feita junto com informações acerca do prazo em que a empresa espera vender seus estoques.**

14.3. Os índices de estrutura mostram:
   (x) **as grandes linhas de decisões financeiras em termos de obtenção e aplicação de recursos.**

14.4. Mantidos constantes os demais elementos, quanto maior for o índice de ativo permanente/patrimônio líquido, menor será o de:
   (x) **liquidez geral.**

14.5. Um analista de mercado de capitais, ao elaborar a análise econômico-financeira da empresa, percebeu que o índice de composição do endividamento alcançava um resultado igual a 0,90. Em vista disso, concluiu que:
   (x) **o endividamento da empresa está concentrado no curto prazo.**

14.6. Considerando que a lucratividade operacional de uma empresa é de 12%, seu valor de vendas líquidas é de R$ 10.000,00 e seu ativo operacional é de R$ 4.000,00, conclui-se que:
   (x) **o lucro operacional é de R$ 1.200,00, a rotação do ativo operacional é de 2,5 e o retorno do investimento é de 30%.**

14.7. O inverso do índice de retorno sobre o patrimônio líquido indica:
   (x) **o tempo necessário para a recuperação do capital próprio investido na empresa.**

14.8. Um crescimento no giro do patrimônio líquido indica:
   (x) **a existência de um volume de atividades superior às condições de financiamento das vendas através de recursos próprios.**

Capítulo 15: Valorização de Ações

15.1. As recomendações da análise *bottom up* são feitas com base nos seguintes fatores, exceto:
   (x) **Análise macroeconômica.**

15.2. Objetivando valorizar as ações da empresa, ao utilizarmos o desconto do fluxo de caixa temos que descontar os fluxos disponíveis para as ações, uma vez que a empresa tenha realizado uma série de atividades. Das atividades mencionadas abaixo, qual não deve ser considerada na construção dos fluxos disponíveis?
   (x) **Distribuído dividendos.**

15.3. Uma empresa possui 1 milhão de ações negociadas a R$ 0,70 cada uma. Seu fluxo de caixa estimado para os próximos seis anos apresenta-se da seguinte forma:

Anos	0	1	2	3	4	5	6
Valor	80.000	150.000	200.000	–200.000	–100.000	230.000	250.000

Sabendo que seu custo médio ponderado de capital é de 10% a.a., qual seria a recomendação a ser feita sobre suas ações?

(x) **Vender ou não comprar.**

15.4. Com base nos múltiplos e seus índices, classifique a segunda coluna de acordo com o seguinte critério.

R: (2); (4); (6); (1); (7); (5); e (3).

15.5. Com base nas vantagens e desvantagens da utilização da análise por múltiplos, classifique a segunda coluna de acordo com o seguinte critério.

R: (2); (1); (1); (2); (1); (2); e (2).

15.6. O índice valor dos lucros (P/L) relaciona:

(x) **o preço do título com o lucro líquido por ação.**

15.7. Em determinada empresa, o índice preço/valor teórico contábil (P/VTC) é de 1,1. Isso quer dizer que:

(x) **existe um fundo de comércio negativo, que quer dizer que as expectativas do mercado a respeito da empresa são pessimistas, dado que as decisões estratégicas que adota são acertadas e a opinião sobre sua gestão é favorável.**

15.8.
a) Resposta pessoal.
b) Resposta pessoal.
c) Resposta pessoal.

15.9. Resposta pessoal.

Capítulo 16: Análise Técnica de Ações

16.1. Relacione a primeira com a segunda coluna.

R: (1); (2); (1); (3); (2); (1); (1); e (2).

16.2. Sobre as premissas da análise técnica não podemos afirmar:

(x) **Todas as empresas têm um valor real que se reflete em suas cotações.**

16.3. Quais são os pressupostos da teoria Dow?

Os preços descontam tudo; e o mercado apresenta movimentos oscilatórios de três amplitudes distintas.

16.4. A teoria Dow consiste em uma série de artigos publicados pelo *The Wall Street Journal* entre 1900 e 1902 com o objetivo de identificar tendências de mercado. Relacione essas tendências com suas descrições.

R: (P); (T); e (S).

16.5. Sobre a análise gráfica, não podemos afirmar:

(x) **O gráfico ponto-figura é o mais popular dos gráficos dessa análise.**

16.6. Para a qualificação de uma tendência, devemos observar algumas características que representam os pontos de compra e venda. Relacione essas características com os pontos de compra e venda.

R: (C); (P); (P); (P); (C); e (C).

16.7. Não são padrões de continuação:

(x) **Ombro, cabeça e ombro.**

Bibliografia

ABASCAL, Eduardo M. **Investir en la bolsa**. Madrid: McGraw-Hill, 1999.

ALCÂNTARA, Eurípedes. A vida globalizada. **Veja**, São Paulo: Abril, jan. 1999.

AMAT, Oriol; PUIG, Xavier. **Análisis técnico bursátil**. Barcelona: Gestión 2000, 1993.

_____. **La bolsa:** Funcionamiento y técnicas para Investir. 6. ed. Barcelona: Deusto, 2000.

ARCAS, José M. López. **La bolsa de Europa**. Bilbao: Deusto, 1991.

ASCHINGER, Gerhard. A Natureza das Crises Financeiras. **Reúna**, Belo Horizonte, nº 3, mar. 1997.

ASSAF NETO, Alexandre. **Estrutura e análise de balanços:** um enfoque econômico-financeiro: comércio e serviços, indústrias, bancos comerciais e múltiplos. 3. ed. São Paulo: Atlas, 1999.

BAGEHOT, Walter. **Lombart Street**: a description of the money market. New York: Richard D. Irwin. Inc., 1962.

BARQUERO CABRERO, J. D.; HUERTAS COLOMINA, F. J. **Manual de banca, finanzas y seguros.** 2. ed. Barcelona: Gestión 2000, 1998.

BARROS, Benedicto Ferri de. **Mercado de capitais e ABC de investimentos.** 4. ed. São Paulo: Atlas, 1970.

BARTOLOME, Rafael Laborda. **La bolsa en el mundo.** Bilbao: Deusto, 1980.

BESSADA, Octávio. **O mercado futuro e de opções.** Rio de Janeiro: Record, 1994.

BODIE, Zvi; KANE, Alex; MARCUS, Alan J. **Fundamentos de investimentos.** Tradução de Robert Brian Taylor. 3. ed. Porto Alegre: Bookman, 2000.

BOLETINS DO BANCO CENTRAL DO BRASIL.

BOLSA DE FRANKFURT. Disponível em: <www.excchange.de>.

BOLSA DE MERCADORIAS & FUTUROS. Disponível em: <www.bmf.com.br>.

BOLSA DE VALORES DE SÃO PAULO. Disponível em: <www.bovespa.com.br>.

BOVESPA: Regulamento de operações da Bolsa de Valores de São Paulo, 8ª revisão, out. 2007.

_____ . Manual de procedimentos operacionais, 21ª revisão, out. 2009.

CADERNOS CVM: Fundos de Investimento, nº 3, jun. 2005.

CARVALHO, Fernando J. Cardim de. A crise financeira mundial e seus reflexos sobre o Brasil. **Boletim de Conjuntura**, Rio de Janeiro, v. 18, nº 3, out. 1998.

CARVALHO, Fernando Mauro; RODRIGUES, José Antonio; PINTO, Luiz Fernando da Silva; RODRIGUES, Sérgio Figueiredo. **Análise e administração financeira.** Rio de Janeiro: IBMEC, 1985.

CARVALHO, Roberto de Souza. **Método do ponto-e-figura:** um instrumento de análise para o mercado de ações. São Paulo: Saraiva, 1972.

CASILDA BÉJAR, R.; LAMOTHE FERNÁNDEO Z, P.; MONJAS BARROSO, M. **La banca y los mercados financieros.** Madrid: Alianza, 1997.

CAVALCANTI, Francisco. **Mercado de capitais:** o que é, como funciona. 7. ed. Rio de Janeiro: Elsevier, 2009.

CODINA, José Castro. **Manual de análisis técnico.** Madrid: Inversor, 1998.

CÓRDOBA, Miguel Bueno. **Análisis financiero de los mercados monetarios y de valores.** Madrid: AC, 1996.

COSTA, Luis Ran; FONT, Montserrat Vilalta. **Nuevos instrumentos financieros.** 2. ed. Madrid: ESIC, 1992.

CRESPO, Antônio Arnot. **Estatística fácil.** 17. ed. São Paulo: Saraiva, 1999.

DAMODARAN, Aswath. **Avaliação de investimentos: ferramentas e técnicas para determinação do valor de qualquer ativo.** Rio de Janeiro: Qualitymark, 1997.

DEHNER, Paulo. **Análise técnica.** São Paulo: Suma Econômica, 1995.

DEL VALLE, Vicente; IZARRA, Jésus Maria; ALCALÁ, Geni. **Productos y servicios financieros y de seguros.** Madrid: McGraw-Hill, 1997.

Ernst & Young Terco. **Como crescer: estratégia, gestão e recursos para sua empresa.** São Paulo, 2013.

ESTÉVEZ MARTÍNEZ, A. **Mercados financieros internacionales.** Madrid: Civitas, 2000.

FABOZZI, F. J.; MODIGLIANI, F.; FERRI, M. G. **Foundations of financial markets and institutions.** New York: Prentice-Hall, 1996. Tradução espanhola de Margarita Gómez Escudero e revisão técnica de Claudia Gallegos Seegrove: Mercados e Instituciones Financieras. Prentice-Hall Hispanoamericana, México, 1996.

FÉLIX, Antônio; HIDA, Hilton. As bolsas se transformam para competir. **Revista BOVESPA,** São Paulo, jan./fev. 2000.

FIPECAFI. **Manual de economia dos professores da USP.** São Paulo: Saraiva, 1992.

FRANKENBERG, Louis. E agora, o que fazer? **Exame.** São Paulo: Abril, v. 14, nº 16, nov. 1997.

GERMAIN, L. **Eficiência de mercado:** um espelho para as informações. Publicado en Mastering Finance, 1. ed., London, The Financial Times Management, 1997 (tradução de Kátia Roque e revisão técnica de Rubens Famá. Dominando finanças: financial times. São Paulo: Makron Books, 2000).

GITMAN, Lawrence J.; JOEHNK, Michael D. **Princípios de investimentos.** 8. ed. São Paulo: Pearson Addison Wesley, 2005.

GRAHAM, Benjamin. **O investidor inteligente.** Tradução de Lourdes Sette. Rio de Janeiro: Nova Fronteira, 2007.

GURLEY, J. G.; SHAW, E. S. Financial intermediaries and the saving investment process, **Journal of Finance,** New York, XI, p. 256-257, 1965.

GUITIÁN, Manuel; PARACHE, Félix Varela. **Sistemas Financieros ante la Globalización.** Madrid: Ediciones Pirámide, 2000.

HERNÁNDEZ, Benjamin. **Bolsa y estadística bursátil.** Madrid: Diaz de Santos, 2000.

HILLBRECHT, Ronald. **Economia monetária.** São Paulo: Atlas, 1999.

HULL, John. **Introdução aos mercados futuros e de opções.** São Paulo: BM&F, 1996.

INSTRUÇÕES DA CVM.

IBRI – Instituto Brasileiro de Relações com Investidores e BOVESPA – Bolsa de Valores de São Paulo. **Guia Ibri-Bovespa de Relações com Investidores.** São Paulo, 2007.

INSTITUTO EDUCACIONAL BM&FBOVESPA. **Apostila preparatória para a prova de certificação do PQO.** São Paulo, 2011.

INTER-LINK – Consultoria de Mercado de Capitais S/C Ltda. **Guia de abertura de capital.** São Paulo, 1998.

JONES, Stephany Griffith. A crise financeira do leste asiático: uma reflexão sobre suas causas, consequências e implicações para a política econômica. **Política externa,** São Paulo, v. 7, nº 3, dez. 1998.

JUNGER, George. A avaliação de risco. **Reúna,** Belo Horizonte, nº 2, ago. 1996.

KINDLEBERGER, C. P.; LAFFARGUE, J. P. **Financial Crises**: theory, history and politicy, Cambrige: Cambrige University Press, 1982.

LAHÓZ, André. Perigo. **Exame.** São Paulo: Abril, v. 32, nº 18, ago. 1998.

LEITE, Helio de Paula. **Introdução à administração financeira.** 2. ed. São Paulo: Atlas, 1994.

LLEWELLYN, D. T. **Análisis básico de la innovación financiera**, Papeles de Economía Española, FIES. CECA. v. 21, p. 24-36. 1988.

LONDON STOCK EXCHANGE. Disponível em: <www. stockex.com.uk>.

LOPES, João do Carmo; ROSSETTI, José Paschoal. **Economia monetária.** 6. ed. São Paulo: Atlas, 1992.

LÓPEZ DOMINGUEZ, Ignácio. **Cobertura de riesgos de interés y de cambio:** análisis práctico de los instrumentos financieros aplicables. Madrid: Instituto Superior de Técnicas y Prácticas Bancarias. 1995.

MANKIW, N. Gregory. **Princípios de micro e macroeconomia.** Rio de Janeiro: Campus, 1999.

MARTINEZ, Eduardo Abascal. **Invertir en bolsa:** conceptos y estrategias. Madrid: McGraw--Hill, 1998.

MASCAREÑAS PÉREZ-ÍÑIGO, J.; CACHÓN BLANCO, J. E. **Activos y mercados financieros:** las acciones. Madrid: Pirámide, 1996.

MATARAZZO, Dante Carmine. **Análise financeira de balanços.** 3. ed. São Paulo: Atlas, 1995.

MILONE, Giuseppe; ANGELINI, Flavio. **Estatística geral:** descritiva, probabilidades, distribuições. São Paulo: Atlas, 1993. v. 1.

MOTTA, I. E. Magalhães. **Quanto vale uma ação?** São Paulo: APEC, 1973.

NATIONAL ASSOCIATION OF SECURITIES DEALERS AUTOMATED QUOTATION SYSTEM. Disponível em: <www.nasdaq.com>.

NEW YORK STOCK EXCHANGE. Disponível em: <www.nyse.com>.

NÓBREGA, Mailson da; LOYOLA, Gustavo; GUEDES FILHO, Ernesto Moreira; PASQUAL, Denise de. **O mercado de capitais:** sua importância para o desenvolvimento e os entraves com que se defronta no Brasil. São Paulo: Tendências – Consultoria Integrada, maio 2000.

NORONHA, Marcio. **Análise técnica:** teorias, ferramentas e estratégias. Rio de Janeiro: Editec, 1995.

OLIVEIRA, Miguel Delmar de. **Introdução ao mercado de ações.** Rio de Janeiro: Comissão Nacional de Bolsas de Valores, 1988.

PASSOS, Carlos Roberto M.; NOGAMI, Otto. **Princípios de economia.** São Paulo: Pioneira, 1998.

PEDROSA, Mônica Rodríguez. **Apuntes de los mercados financieros internacionales.** Madrid: Editorial AC, 2001.

PEREIRA, Eduardo Novo Costa. **Reflexos de política econômica no mercado de capitais.** São Paulo: Seminário da Bolsa de Valores, 1987.

REIS, Arnaldo Carlos de Rezende. **Análise de balanços.** São Paulo: Saraiva, 1993.

ROSSETTI, José Paschoal. **Introdução à economia.** 17. ed. São Paulo: Atlas, 1997.

RUDGE, Luiz Fernando. **Mercado de capitais.** Belo Horizonte: CNBV, 1998.

SALANT, Stephen; HENDERSON, Dale. Market Anticipation of Government Policy and the Price of Gold, **Journal of Political Economy,** nº 86, p. 627-648, 1978.

SÁNCHEZ, José L. **Curso de bolsa y mercados financieros.** Barcelona: Ariel, 1996.

SANTOS, José Evaristo dos. **Mercado financeiro brasileiro:** instituições e instrumentos. São Paulo: Atlas, 1999.

SCHAWARTZ, A. J. **Money in Historical Perspective:** real and pseudo-financial crises. Chicago: Univ. of Chicago Press, 1986.

SILVA, Ermes Medeiros da et al. **Estatística para os cursos de economia, administração, ciências contábeis.** 3. ed. São Paulo: Atlas, 1999.

SIMONETTI, Eliana. O furacão vermelho. **Veja.** São Paulo: Abril, ago. 1999.

TEIXEIRA, Marco Aurélio. **Mercados futuros:** fundamentos e características operacionais. São Paulo: Bolsa de Mercadoria & Futuros, 1992.

THUROW, Lester. A desordem asiática: o colapso e a cura. **Política externa,** São Paulo, v. 6, nº 4, mar./maio 1998.

TOKIO SECURITIES EXCHANGE. Disponível em: <www.tse.org.jp>.

TOLEDO, Geraldo Luciano; ORVALLE, Ivo Izidoro. **Estatística básica.** 2. ed. São Paulo: Atlas, 1995.

TORRES, Ernani. **Poder e dinheiro.** Petrópolis: Vozes, 1997.

TRIGUEIROS, Florisvaldo dos Santos. **Dinheiro no Brasil.** 2. ed. Rio de Janeiro: Léo Christiano, 1987. 3 v.

ULHOA COELHO, Fábio. **Manual de direito comercial.** 16. ed. São Paulo: Saraiva, 2005.

WONNACOTT, Paul; WONNACOTT, Ronald. **Introdução à economia.** São Paulo: McGraw-Hill, 1985.